Die politischen Systeme der baltischen Staaten

Michèle Knodt · Sigita Urdze (Hrsg.)

Die politischen Systeme der baltischen Staaten

Eine Einführung

Herausgeberinnen
Michèle Knodt　　　　　　　　　　　Sigita Urdze
Darmstadt, Deutschland　　　　　　　Darmstadt, Deutschland

ISBN 978-3-531-19555-1　　　　　　ISBN 978-3-531-19556-8 (eBook)
DOI 10.1007/978-3-531-19556-8

Die Deutsche Nationalbibliothek verzeichnet diese Publikation in der Deutschen Nationalbibliografie; detaillierte bibliografische Daten sind im Internet über http://dnb.d-nb.de abrufbar.

Springer VS
© VS Verlag für Sozialwissenschaften | Springer Fachmedien Wiesbaden 2012
Das Werk einschließlich aller seiner Teile ist urheberrechtlich geschützt. Jede Verwertung, die nicht ausdrücklich vom Urheberrechtsgesetz zugelassen ist, bedarf der vorherigen Zustimmung des Verlags. Das gilt insbesondere für Vervielfältigungen, Bearbeitungen, Übersetzungen, Mikroverfilmungen und die Einspeicherung und Verarbeitung in elektronischen Systemen.

Die Wiedergabe von Gebrauchsnamen, Handelsnamen, Warenbezeichnungen usw. in diesem Werk berechtigt auch ohne besondere Kennzeichnung nicht zu der Annahme, dass solche Namen im Sinne der Warenzeichen- und Markenschutz-Gesetzgebung als frei zu betrachten wären und daher von jedermann benutzt werden dürften.

Einbandentwurf: KünkelLopka GmbH, Heidelberg

Gedruckt auf säurefreiem und chlorfrei gebleichtem Papier

Springer VS ist eine Marke von Springer DE. Springer DE ist Teil der Fachverlagsgruppe Springer Science+Business Media
www.springer-vs.de

Inhalt

Sigita Urdze/Michèle Knodt
Einleitung
Die baltischen Staaten – Vielfalt in Einheit und doch verschieden?   7

Joachim Tauber
Die Geschichte der baltischen Staaten bis 1945 17

Konrad Maier
Deutsche im Baltikum 35

Juris Rozenvalds
Baltische Staaten und ihre Gesellschaften
nach dem Zweiten Weltkrieg 55

Marianne Kneuer
Die baltischen Staaten als Transformationsstaaten 75

Vello Pettai
Lustration in den baltischen Staaten.
Aktive Vergangenheitsbewältigung seit 1991 97

Marianne Kneuer
Die baltischen Staaten und ihr Weg in die EU 117

Michèle Knodt/Sigita Urdze
Zentralisierung als Paradox:
Europäisierung in den baltischen Staaten? 139

Vaidotas A. Vaičaitis
Konstitutionelle Verfasstheit der baltischen Staaten 155

Michael Stoiber/Sigita Urdze
Beteiligungsformen ethnischer Minderheiten
und demokratische Qualität in den baltischen Staaten 173

Andrejs Urdze
Minderheiten und Minderheitenpolitik in den baltischen Staaten 197

Algis Krupavičius
Fluide Parteiensysteme in den baltischen Staaten 217

Tove Lindén
Interessenverbände und Zivilgesellschaft in den baltischen Staaten 241

Sonja Zmerli
Politische Kultur im Baltikum: Entwicklungsverläufe
und innergesellschaftliche Konfliktlinien 259

Sigita Urdze/Steffen Spendel
Korruption in den baltischen Staaten 281

Klaus Schrader/Claus-Friedrich Laaser
Aufbau und Bewährung der Marktwirtschaften im Baltikum 299

Anu Toots
Wohlfahrtsregime in den baltischen Staaten:
gemeinsame Vergangenheit, unterschiedliche Zukunft 323

Andrejs Urdze
Doch eine Erfolgsgeschichte? Zur wirtschaftlichen
und sozialen Entwicklung in den baltischen Staaten 343

Ognian Hishow
Wirtschaftsmodell und Integrationsprozess der baltischen Staaten.
Die Finanzkrise und ihre Konsequenzen 363

Claudia Matthes
Ostseekooperation im Schatten der EU. Baltische Regionalpolitik
mit unterschiedlichen Akzenten 379

Michèle Knodt/Sigita Urdze
Die konzentrierte Außenpolitik der baltischen Staaten 399

Autorenübersicht 417

Einleitung
Die baltischen Staaten – Vielfalt in Einheit und doch verschieden?

Sigita Urdze/Michèle Knodt

Von westlichen Betrachtern werden die drei baltischen Staaten Estland, Lettland und Litauen häufig in einem Atemzug genannt. Oberflächlich betrachtet erscheint dies durchaus gerechtfertigt. Besonders ein Blick auf die Landkarte verführt zur undifferenzierten Betrachtung. Sowohl im Hinblick auf ihre Fläche als auch auf ihre Einwohnerzahl handelt es sich bei den drei nebeneinander liegenden Staaten um die gleiche Kategorie eines kleinen Staates. Die Fläche Estlands ist mit 45 000 Quadratkilometern etwas kleiner als die Niedersachsens, die Lettlands und Litauens mit 65 000 Quadratkilometern jeweils etwas kleiner als die Bayerns. Auch die Einwohnerzahl aller drei Staaten ist gering; sie sind deutlich dünner besiedelt als das Gebiet der Bundesrepublik. So zählt Estland 1,3 Millionen, Lettland 2,2 Millionen und Litauen 3,2 Millionen Einwohner. In allen drei Staaten konzentriert sich ein großer Teil dieser Bevölkerung jeweils auf die Hauptstädte Tallinn, Rīga bzw. Vilnius[1], die sich in vielerlei Hinsicht von anderen Landesteilen unterscheiden. Bei näherem Hinsehen werden aber zahlreiche Unterschiede deutlich. Nur um einige beispielhaft zu nennen: Estland stellt den Vorreiter in Sachen Transformation und Konsolidierung des politischen Systems dar, Lettland gilt als der in der Ostseekooperation am stärksten engagierte Staat unter den baltischen Staaten und Litauen schließlich gelang am problemlosesten ein integrativer Umgang mit seinen ethnischen Minderheiten. Die hier vorliegende Einführung in die politischen Systeme der baltischen Staaten will sowohl Parallelen als auch Unterschiede zwischen diesen herausarbeiten. Darin unterscheidet sie sich von anderen Einführungen, in denen drei Staaten getrennt abgehandelt werden. Anders als in vorliegenden Vertiefungswerken wiederum wird hier die ganze Bandbreite der politischen Systeme thematisiert und nicht nur ausgewählte Bereiche.[2] Vielmehr legt dieser Band Wert auf eine vergleichende Analyse der baltischen Staaten in jedem Kapitel. Es ist zudem gelungen, nicht nur deutsche Autoren in diesem Band zu versammeln, sondern auch eine Reihe von Autoren aus den baltischen Staaten selbst.

---

1 Litauen ist das einzige der drei baltischen Staaten, das mit Kaunas (360 000 Einwohner) über eine weitere Großstadt verfügt, die mit der Hauptstadt (Vilnius 550 000 Einwohner) hinsichtlich der Bevölkerungsgröße konkurrieren kann.
2 Vgl. z. B. Smith et al. 2002; Böllhoff 2002; Ott 2003; Schmidt 2003; Meleshevich 2007; Hogan-Brun 2009 sowie die entsprechenden Kapitel in Ismayr 2010a.

In den Analysen der drei baltischen Staaten wird immer wieder deutlich, dass ein Ausgangspunkt für zentrale Unterschiede in deren Geschichte zu suchen ist. Unter anderem wurden Estland und Lettland nach dem Ersten Weltkrieg erstmals unabhängig, Litauen hingegen war schon im Mittelalter ein eigenständiges Fürstentum. Mit diesen Aspekten der Geschichte der baltischen Staaten beschäftigen sich die Beiträge von Joachim Tauber und Konrad Maier. Joachim Tauber bezieht in seinem Beitrag zwar auch Entwicklungen Estlands und Lettlands ein, legt aber einen deutlichen Schwerpunkt auf Litauen. Dabei geht er sowohl auf außenpolitische Abläufe als auf wichtige innenpolitische Ereignisse ein. Ein zentraler Aspekt seines Beitrags ist die Phase der deutschen Besatzung im Zweiten Weltkrieg 1940–1944. Der Beitrag von Konrad Maier hingegen fokussiert ergänzend stärker auf die Entwicklung in Estland und Lettland und dabei insbesondere auf den Einfluss der Deutschen als einer Bevölkerungsgruppe, die trotz ihrer zahlenmäßigen Begrenztheit einen außergewöhnlich starken Einfluss auf die Entwicklung in Estland und Lettland gehabt hat.

Allen drei Staaten ist gemeinsam, dass sie infolge von Okkupation und Annexion durch die Sowjetunion während des Zweiten Weltkrieges ihre Eigenstaatlichkeit verloren. Juris Rozenvalds Beitrag zu diesem Sammelband setzt ein bei der letzten Phase des Zweiten Weltkriegs und der Okkupation der Gebiete Estlands, Lettlands und Litauens und endet 1991 mit der Wiederherstellung der Unabhängigkeit der drei baltischen Staaten. In seiner Betrachtung von fast 50 Jahren Geschichte der baltischen Staaten und ihrer Gesellschaften thematisiert Juris Rozenvalds chronologisch verschiedene Perioden der Nachkriegsgeschichte und zeigt dabei, dass diese jeweils durch unterschiedliche Formen der Opposition gegen die Sowjetherrschaft geprägt sind. Auch in diesem Beitrag wird deutlich, dass trotz der parallel verlaufenden Annexion und Okkupation der baltischen Staaten die Entwicklung auch in der Sowjetphase unterschiedlich verlief. Ein Grund für diese Unterschiede ist Juris Rozenvalds zufolge darin zu sehen, dass die Gesellschaften der baltischen Staaten nicht als homogene Bevölkerungen zu verstehen sind, sondern durch unterschiedlich verlaufende Ein- und Auswanderungen geprägt sind, wobei jede dieser Gruppen die Entwicklung der baltischen Staaten auf unterschiedliche Art und Weise beeinflusste.

Unterschiedlich verlaufende Wege in der Transformationsphase sind das Thema von Marianne Kneuers Beitrag zum vorliegenden Sammelband. Während die baltischen Staaten dabei eine Reihe von Gemeinsamkeiten haben mit anderen post-sozialistischen Staaten, die ebenfalls zum Ende der 1980er Jahre eine Phase der Transformation durchliefen, betont Marianne Kneuer insbesondere zentrale Besonderheiten der baltischen Staaten im Hinblick auf Ausgangssituation, Verlauf und Rahmenbedingungen der Transformation. So mussten die baltischen Staaten zusätzlich zu der post-sozialistischen auch eine post-sowjetische Transformation durchlaufen. Dementsprechend wertet Marianne Kneuer die erfolgreiche Einbindung der baltischen Staaten in die Strukturen der EU eine „wahrhaftige Erfolgsgeschichte". Gleichzeitig betont sie aber auch Unterschiede zwischen den drei Staaten bei dieser Entwicklung. So gehört Estland – auch im

Vergleich mit anderen post-sozialistischen EU-Mitgliedern – zu denjenigen Staaten, die die Prozesse am erfolgreichsten durchlaufen haben, Litauen rangiert in einer Mittelposition, Lettland hingegen hat nach wie vor erhebliche Probleme und wird von Marianne Kneuer als nicht uneingeschränkt konsolidiert gewertet.

Zur Transformation und dem Neubeginn gehören auch die Bewältigung der Vergangenheit und die Auseinandersetzung vor allem mit Bespitzelung und Verfolgung in der sozialistischen Vergangenheit. Vello Pettai richtet in seinem Beitrag zu diesem Band seinen Blick darauf, wie seit 1991 welche Formen der aktiven Vergangenheitsbewältigung in den drei Ländern gewählt worden sind bzw. wo die Grenzen dieser jeweiligen Politiken waren. Vello Pettai befasst sich dabei in erster Linie mit Lustrationsprozessen, worunter diejenige Form der Vergangenheitsbewältigung zu verstehen ist, die sich dem Umgang mit ehemaligen sowjetischen Sicherheitsdienstmitarbeitern oder hochrangigen Mitgliedern der Kommunistischen Partei widmet. Deutlich wird, dass die drei baltischen Staaten diesen Bereich über die Jahre hinweg unterschiedlich angegangen sind. Bis heute ist dies ein nicht vollständig abgeschlossenes Kapitel für die Staaten und die Gesellschaften der baltischen Staaten. Nach wie vor wird noch nach Personen gesucht, die in den sowjetischen Sicherheitsapparat verwickelt waren.

Außenpolitisch entschieden sich Estland, Lettland und Litauen im Anschluss an die Wiedererlangung ihrer Unabhängigkeit für eine Westorientierung. Marianne Kneuers Beitrag führt im Detail den Weg der baltischen Staaten in die EU aus. Noch stärker als für die fünf anderen post-sozialistischen Staaten, die zur gleichen Zeit der EU beitraten, wertet Marianne Kneuer dies als enormen Erfolg für die baltischen Staaten: Es handelt sich bei den baltischen Staaten bislang um die einzigen post-sowjetischen Staaten, denen die Integration in die EU gelungen ist. Marianne Kneuer geht in ihrem Beitrag zunächst auf die Motive des EU-Beitritts aus Sicht der baltischen Staaten ein und verdeutlicht anschließend im Detail die Unterschiede zwischen den drei Staaten. So war über Jahre hinweg Estland deutlich weiter fortgeschritten als Lettland und Litauen, die beide ursprünglich erst zu einem späteren Termin der EU beitreten sollten. Weitere Themen des Beitrags von Marianne Kneuer sind Einfluss der EU auf die Demokratisierungsprozesse in den Staaten und die Folgen des Beitritts für die baltischen Staaten. Deutlich mehr Parallelen als beim Weg in die EU lassen sich zwischen drei Staaten im Hinblick auf die Auswirkungen der Europäisierung feststellen. Zu einem entsprechenden Schluss kommen Michèle Knodt und Sigita Urdze in ihrem Beitrag zur Europäisierung, der insbesondere auf die Regionalpolitik fokussiert. So bestand in allen drei bis heute zentralistisch ausgerichteten Staaten direkt nach der Wiedererlangung der Unabhängigkeit auf Gemeindeebene ein Wunsch nach stärkerer Dezentralisierung, der einher ging mit der Vorstellung einer hierdurch zu erzielenden Stärkung der Demokratisierung. Dem stand das nationalstaatliche Interesse nach einer starken Zentralregierung entgegen, so dass die für Reformen zuständige Zentralregierung diese nur sehr zögerlich anging und auch nur begrenzt finanzielle Mittel für die Reformen bereitstellte. Entgegen der üblichen Annahme, dass durch den Prozess der Europäisierung Regionalisierungstendenzen gestärkt würden, kann im Fall der baltischen Staaten festgestellt werden, dass der EU-Einfluss nicht die regionale und wenig die kommunale Ebene stärkte.

Erhebliche Unterschiede bestehen wiederum zwischen den Verfassungen der baltischen Staaten. Wie Vaidotas Vaičaitis in seinem Beitrag zu diesem Band im Detail ausführt, entschlossen sich Estland und Litauen zur Ausarbeitung neuer Verfassungen, während Lettland die Verfassung aus der Zwischenkriegszeit wieder in Kraft setzte. Ein weiterer Unterschied besteht darin, dass Estland und Lettland in den Kategorien von Steffani (1979) parlamentarische Systeme sind, Litauen hingegen zumeist als semi-präsidentielles System eingeordnet wird. Zentrales Kennzeichen eines parlamentarischen Systems ist nach Steffani die Abberufbarkeit der Regierung durch das Parlament sowie das Vorhandensein einer doppelten Exekutive, also sowohl eines Regierungschefs als auch eines Staatspräsidenten. Letzter ist nicht vom Vertrauen des Parlaments abhängig. Charakteristisch für semi-präsidentielle Systeme ist nach Duverger (1980) zum einen das doppelte Abhängigkeitsverhältnis der Regierung, die sowohl vom Parlament als auch vom Präsidenten abhängig ist und zum anderen der direkt gewählte Staatspräsident mit bedeutenden politischen Kompetenzen.

Abberufbarkeit der Regierung durch die Parlamente als Kriterium für ein parlamentarisches System in den Kategorien von Steffani ist in allen drei baltischen Staaten klar gegeben, wie dies auch im Beitrag von Vaidotas Vaičaitis deutlich wird. In Estland muss die gesamte Regierung zurücktreten, wenn das Parlament ein Misstrauensvotum gegenüber der Regierung oder dem Premierminister annimmt. Die Regierung hat auch ihrerseits die Möglichkeit, die Annahme eines Gesetzes mit der Vertrauensfrage zu verbinden und muss im Falle des Scheiterns des entsprechenden Gesetzes zurücktreten. Im Fall eines erfolgreichen Misstrauensvotums gegenüber der Regierung kann diese den Präsidenten auffordern, Neuwahlen auszurufen. In Lettland gilt dies bei einem Misstrauensvotum gegenüber dem Premierminister. Außerdem besteht dort die Möglichkeit, auch einzelnen Ministern gegenüber das Misstrauen auszusprechen. In Litauen schließlich ist die Möglichkeit eines Misstrauensvotums gegenüber der gesamten Regierung, gegenüber dem Premierminister sowie gegenüber einzelnen Ministern vorgesehen. Die Regierung muss darüber hinaus zurücktreten, wenn das Parlament zweimal in Folge nicht dem Programm einer neu gebildeten Regierung zustimmt. Außerdem sieht die Verfassung Litauens vor, dass eine Regierung, in der mehr als die Hälfte der Minister ausgewechselt worden sind, erneut vom Parlament bestätigt werden muss. Im Anschluss an ein erfolgreiches Misstrauensvotum gegenüber der Regierung kann diese dem Präsident Neuwahlen vorschlagen. Anders als in semi-präsidentiellen Systemen üblich, kann der Präsident nicht von seiner Seite aus entscheiden, die Regierung oder den Premierminister zu entlassen. Die Möglichkeit des Stellens einer Vertrauensfrage durch die Regierung ist weder in Lettland noch in Litauen in der Verfassung vorgesehen. Eine Besonderheit bezüglich der Möglichkeiten zur Parlamentsauflösung findet sich in der Verfassung Lettlands. Diese sieht auf die Initiative von einem Zehntel der Wahlbevölkerung hin ein Referendum über die Abberufung des Parlaments vor. In Litauen hat das Parlament mit einer Drei-Fünftel-Mehrheit seiner Mitglieder das Recht, sich selber aufzulösen. In keinem der drei Länder kann die Regierung vom Staatspräsidenten entlassen werden – ein Hinweis auf die nicht eindeutige Zuordnungsmöglichkeit Litauens zu semi-präsidentiellen Systemen.

Der Staatspräsident wird nur in Litauen direkt gewählt, so wie es dem semi-präsidentiellen Modell von Duverger (siehe oben) entspricht. In Estland und Lettland hingegen wird er vom Parlament bzw. im Falle Estlands – wie im Detail im Beitrag von Vaidotas Vaičaitis nachzulesen – beim Fehlen einer Zweidrittelmehrheit nach drei Wahlgängen durch eine Wahlversammlung gewählt. In allen drei Ländern ist das Amt laut Verfassung unvereinbar mit einem Parlamentsmandat. In Estland und Litauen ist darüber hinaus vom Präsidenten ausdrücklich das Ruhenlassen politischer Aktivitäten gefordert. Für parlamentarische Systeme nach den Kriterien von Steffani (siehe oben) untypisch ist, dass in Lettland der Präsident mit einer Zwei-Drittel-Mehrheit der Parlamentsabgeordneten abgewählt werden kann. Weder in Estland noch in Litauen ist eine entsprechende Möglichkeit vorgesehen. Die Aufgaben des Präsidenten sind in Estland und Lettland vorwiegend im repräsentativen Bereich zu finden. In Litauen sind die Befugnisse des Präsidenten weitreichender. So entscheidet der Präsident laut Verfassung beispielsweise grundlegende Fragen der Außenpolitik und führt diese Entscheidungen gemeinsam mit der Regierung aus. In der Realität aber fehlen ihm die Kompetenzen, um eigenständig die Außenpolitik gestalten zu können. Es ist daher nicht unumstritten, ob die Kompetenzen des Staatspräsidenten in ausreichendem Maße als „bedeutend" im Verständnis von Duverger eingestuft werden können, um Litauen tatsächlich als semi-präsidentielles System bezeichnen zu können. Die Einordnung Estlands und Lettlands als parlamentarische Systeme hingegen gilt als unstrittig (vgl. auch Ismayr 2010; Tiemann 2002).

Auch für den Umgang mit Minderheiten ergeben sich, wie Michael Stoiber und Sigita Urdze in ihrem Beitrag zu diesem Sammelband über Beteiligungsformen ethnischer Minderheiten und demokratische Qualität in den baltischen Staaten darstellen, u. a. aus den Verfassungen eine Reihe von Unterschieden. Zu nennen sind in diesem Zusammenhang insbesondere die russischsprachige Minderheit in allen drei Staaten sowie in Litauen und Lettland zusätzlich die polnischsprachige Minderheit. Aufgrund des Anteils von Minderheiten, der in einzelnen Regionen Estlands und Lettlands die 50-%-Marke übersteigt, wäre in diesen beiden Ländern den Minderheiten dem kontextualisierten Modell zur Demokratiemessung zufolge – das Modell wird in dem Beitrag erläutert – territoriale Autonomie zu gewähren. Zusätzlich wären in allen drei Staaten funktionale Minderheitenrechte zu gewähren. Tatsächlich bestehen zwischen den drei baltischen Staaten jedoch erhebliche Unterschiede. Zwar gewähren weder Estland noch Lettland territoriale Autonomie, Estland stellt aber deutlich stärker als Lettland und Litauen die funktionalen Autonomierechte sicher. Insgesamt ist Litauen jedoch derjenige der drei baltischen Staaten, dem durch die liberale Staatsangehörigkeitsgesetzgebung direkt nach der Wiedererlangung der Unabhängigkeit der Umgang mit den ethnischen

Minderheiten am besten gelungen ist. Unterschiede im Umgang mit Minderheiten insgesamt zeigt Andrejs Urdze in seinem Beitrag zu dem vorliegenden Band auf. Dabei wird deutlich, dass alle drei Staaten zu keiner Zeit eine ethnisch homogene Bevölkerung aufwiesen. Vielmehr sind alle drei Gesellschaften gekennzeichnet durch eine Vielzahl von ethnischen Minderheiten, die teils bereits seit Jahrhunderten in den baltischen Staaten ansässig sind, teils aber auch erst während der Sowjetphase ins Land kamen. Nach einer einleitenden Darstellung der jeweiligen Besonderheiten der baltischen Staaten im Hinblick auf die Zusammensetzung der Minderheiten geht Andrejs Urdze anschließend im Detail auf die Minderheitenpolitik seit der Wiedererlangung der Unabhängigkeit ein. Auch in diesem Beitrag wird deutlich, dass Litauen mit seinem niedrigeren Anteil an Minderheiten von Anfang an einen wesentlich inklusiveren Umgang mit diesen pflegte als Estland und Litauen.

Ein weiteres zentrales Thema beim Vergleich der drei baltischen Staaten ist die Interessenvermittlung durch Parteien, Verbände und zivilgesellschaftliche Organisationen. Während es sich bei den Parteiensystemen in den baltischen Staaten um einen von starken Wechseln charakterisierten Bereich handelt, sind die Zivilgesellschaften insgesamt schwach ausgeprägt. Der Beitrag von Algis Krupavičius zu diesem Sammelband widmet sich dem Vergleich der Parteiensysteme. Bei der einleitenden Darstellung der Gestaltung der Wahlsysteme, der Wahlbeteiligung sowie des Einflusses der Wahlverfahren auf die Parteiensysteme werden deutliche Unterschiede zwischen den drei baltischen Staaten deutlich. So bestehen in Estland und Lettland heute Verhältniswahlsysteme, in Litauen hingegen ein gemischtes paralleles Wahlsystem, bei dem Sitze teils über Verhältniswahl, teils über Mehrheitswahl vergeben werden. Im Weiteren fokussiert der Beitrag von Algis Krupavičius auf Entwicklung und Hauptmerkmale der Parteien und Parteiensysteme der drei baltischen Staaten. Kennzeichnend für alle drei Staaten ist eine große Fluidität in diesem Bereich, die mit häufigen Parteiumbenennungen, Parteiverschmelzungen und in der Folge auch häufigen Regierungswechseln einhergeht. Insgesamt gilt Estland auch in diesem Bereich als konsolidierter als Lettland und Litauen. Tove Lindéns Beitrag untersucht Entwicklungen der Zivilgesellschaft. Diese ist in allen, der Sowjetunion ehemals angehörenden Staaten, generell schwach ausgeprägt. Speziell in Bezug auf die baltischen Staaten verdeutlich Tove Lindén, dass seit der ersten Phase der Unabhängigkeit bis heute enorme Veränderungen in diesem Bereich stattgefunden haben. Für alle drei Staaten lässt sich zweifelsfrei feststellen, dass die aktivsten Phasen der Zivilgesellschaften während der Unabhängigkeitsbewegung in den Jahren 1988 bis 1991 waren. Mittlerweile ist das Engagement wieder deutlich abgeebt, was u. a. auf einen Mangel an finanziellen Ressourcen zurückzuführen ist. Weitere Probleme sind die nicht fest institutionalisierte Kommunikation zwischen Nichtregierungsorganisationen und staatlichen Behörden. Gleichwohl kann Tove Lindén einige Faktoren ausmachen, die das Entstehen eines „harten Kerns" an zivilgesellschaftlichen Akteuren fördern, so dass für die Zukunft Ansatzpunkte für eine Intensivierung der Aktivitäten in diesem Bereich insgesamt bestehen.

Die politische Kultur in den baltischen Staaten als wesentliche Voraussetzung für die politische Stabilität eines Lands untersucht Sonja Zmerli in ihrem Beitrag zu diesem Sammelband. Nach einer kurzen Einführung in das Konzept der politischen Kulturen erläutert Sonja Zmerli deren Ausprägungen in den drei baltischen Staaten. Dabei fokussiert sie sowohl auf Unterschiede und Gemeinsamkeiten zwischen den drei Staaten als auch auf Unterschiede und Gemeinsamkeiten zwischen den sprachlichen Ethnien innerhalb der einzelnen Staaten. Dabei wird deutlich, dass zwar zum Zeitpunkt des EU-Beitrittes der baltischen Staaten diese über eine breite demokratische Unterstützerbasis verfügten, gleichwohl aber erhebliche Unterschiede zwischen den drei Staaten bestehen. Am stärksten gilt dies für Lettland, in dem sich bisher am wenigsten stabile demokratische Wertorientierungen entwickelt haben. Hervorzuheben sind auch in Estland und Lettland z. T. erhebliche Unterschiede zwischen den sprachlichen Ethnien.

Sigita Urdze und Steffen Spendel fokussieren in ihrem Beitrag auf das Thema Korruption, die bis heute in allen drei baltischen Staaten ein erhebliches Problem darstellt. Auch in diesem Bereich sind deutliche Unterschiede zwischen den drei Staaten festzustellen. Während in Estland das Niveau der Korruption kontinuierlich sinkt und sich allmählich westeuropäischem Niveau annähert, ist für Lettland und Litauen nicht in gleichem Maße eine Verbesserung festzustellen. Gleichwohl ist festzuhalten, dass sich das Problem der Korruption in allen drei Staaten erheblich verringert hat. Von dem tatsächlichen Ausmaß der Korruption ist das von der Bevölkerung empfundene Ausmaß der Korruption zu unterscheiden – letzterer Wert bewegt sich in allen drei Staaten auf ähnlichem Niveau. Neben dieser deskriptiven Betrachtung der Entwicklung der Korruption begeben sich Sigita Urdze und Steffen Spendel in ihrem Beitrag zusätzlich auf die Suche nach Ursachen für die Unterschiede zwischen den drei baltischen Staaten. Als wahrscheinlichster Einflussfaktor erweist sich dabei die Regierungsstabilität, die, wie bereits angesprochen, in Estland am höchsten ist.

Die wirtschaftliche Entwicklung der baltischen Staaten, insbesondere auch unter Berücksichtigung der Auswirkungen der Wirtschafts- und Finanzkrise, ist das Thema der folgenden vier Beiträge zu diesem Sammelband. Den Auftakt machen Klaus Schrader und Claus-Friedrich Laaser mit ihrem Beitrag über Aufbau und Bewährung der Marktwirtschaften in den baltischen Staaten. Sie untersuchen, wie es den baltischen Staaten innerhalb relativ kurzer Zeit gelang, die Kriterien für einen EU-Beitritt zu erfüllen sowie ob es den drei Staaten gelungen ist, nach erfolgtem Beitritt Anschluss an die Wirtschaftsentwicklung der EU zu finden. Klaus Schrader und Claus-Friedrich Laaser kommen nicht zu einem einhelligen Bild dieser Entwicklungen. Zwar bescheinigen sie allen drei Staaten einen enormen Aufholprozess, insbesondere angesichts des Ausmaßes der zu bewältigenden Transformationen. Gleichzeitig verweisen die Autoren aber auch auf die Unterschiede zwischen den drei Staaten. Erneut unterscheidet sich Estland deutlich von Lettland und Litauen. Ein offenkundiges Beispiel der jüngeren Zeit hierfür war der Beitritt Estlands zur Euro-Zone im Jahr 2011, der für Lettland und Litauen aktuell noch nicht erreichbar ist. Trotz der enormen Einbrüche infolge der Wirtschaftskrise in allen drei Staaten bescheinigen Klaus Schrader und Claus-Friedrich Laaser allen drei Staaten das Potenzial, ihre Erfolgsgeschichte im wirtschaftlichen Bereich fortzuschreiben. Die Wohlfahrtsregime der baltischen Staaten sind das Thema des Beitrages von Anu Toots. Sie verweist darauf, dass die Unterschiede zwischen den jeweiligen Wohlfahrtsregimen nicht nur aus Unterschieden in der wirtschaftlichen Entwicklung resultieren, sondern auch politisch bedingt sind. Zwar ist in allen drei Staaten der Einfluss linker Parteien auf die Gestaltung der Wohlfahrtsstaaten eher gering gewesen. Dennoch ist festzustellen, dass in Litauen kommunistische Nachfolgeparteien deutlicheren Einfluss bewahren konnten als in den anderen beiden baltischen Staaten. Dies führte dazu, dass dort anders als in Estland und Lettland marktorientierte Sozialreformen erst relativ spät umgesetzt wurden. Insgesamt sieht Anu Toots größere Ähnlichkeiten der Wohlfahrtsregime der baltischen Staaten mit denjenigen ostasiatischer Staaten als mit westlichen Staaten. Zentrales Indiz hierfür ist, dass sozialpolitische Maßnahmen weniger ein eigenständiges Ziel der Politik denn ein Nebenprodukt der wirtschaftlichen Entwicklung darstellen. Ein gemeinsames Modell, das sich als „baltischer Wohlfahrtsstaat" bezeichnen ließe, hat sich jedoch nicht herausgebildet, dafür sind die Unterschiede, wie Anu Toots im Detail ausführt, insgesamt zu groß.

Sowohl der wirtschaftlichen als auch der sozialen Entwicklung seit der Wiedererlangung der Unabhängigkeit der baltischen Staaten widmet sich Andrejs Urdze in seinem Beitrag zu diesem Sammelband. Einmal mehr zeigt sich dabei, dass sich die Entwicklung in Estland dabei unterscheidet von derjenigen in den anderen beiden Staaten. Andrejs Urdze stellt in seinem Beitrag zunächst den wirtschaftlichen Höhenflug nach 1993 dar, der mit z. T. zweistelligen Wachstumsraten des BIP einherging. Umso stärker war der Einbruch durch die Wirtschafts- und Finanzkrise. Am stärksten davon betroffen war Lettland, das einen Einbruch seines BIP-Wachstums von über 25 % zu verkraften hatte. In allen drei Staaten wurde mit z. T. drastischen Maßnahmen insbesondere im sozialen Bereich auf die Krise reagiert. Bereits im zweiten Quartal des Jahres 2011 war jedoch wieder ein positives Wachstum des BIP zu verzeichnen. Das Fazit von Andrejs Urdze ist, dass sich alle drei baltischen Staaten auf einem guten Weg zur Überwindung der Krise zu befinden scheinen. Das Wirtschaftsmodell und den Integrationsprozess der baltischen Staaten mit besonderem Augenmerk auf die Finanzkrise und ihre Konsequenzen thematisiert Ognian Hishow in seinem Beitrag. Er untersucht dabei, wie sich die jeweiligen Wirtschaftsmodelle entwickelt haben sowie welche Unterschiede sich zwischen den drei baltischen Staaten einerseits und im Vergleich zu den anderen der EU im Jahr 2004 beigetretenen Staaten andererseits festzustellen sind. Bezüglich der Finanzkrise stellt Ognian Hishow fest, dass diese Lettland stärker getroffen hat als seine beiden Nachbarn. Insgesamt kommt er zu dem Schluss, dass der Catching-up-Prozess aller drei baltischen Staaten erfolgreich verlaufen ist, wenngleich sie in Krisenzeiten nach wie vor auf die Solidarität der anderen EU-Mitgliedstaaten angewiesen sind.

Derjenige Bereich, in dem sich möglicherweise die meisten Gemeinsamkeiten zwischen den baltischen Staaten feststellen lassen, ist die Außenpolitik. Wie Claudia Matthes

Beitrag zu dem vorliegenden Sammelband verdeutlicht, sind die drei Staaten vielfältige Formen der Kooperation im Ostseeraum eingegangen. Dabei hatte die regionale Kooperation für die baltischen Staaten stets ambivalenten Charakter. Zwar waren sie an entsprechenden Kooperationen im Rahmen ihrer Sicherheitsstrategie stets stark interessiert. Gleichzeitig sollte aber der Eindruck vermieden werden, dass aufgrund einer gelungenen regionalen Integration der Beitritt zu NATO und EU nicht mehr erforderlich sei. Seit dem erfolgten Beitritt zur EU hat, wie Claudia Matthes in ihrem Beitrag aufzeigt, die regionale Dimension für die baltischen Staaten an Bedeutung gewonnen hat. Dies gilt in besonderem Maße für Lettland, das anders als Estland mit Finnland und Polen mit Litauen keine bilaterale Partnerschaft mit einem Nachbar entwickeln konnte. Michèle Knodt und Sigita Urdze fokussieren auf die konzentrierte Außenpolitik der baltischen Staaten. Diese ist stark geprägt von ihrer Okkupation und Annexion durch die Sowjetunion im Zweiten Weltkrieg, die bis heute eine besondere Bedeutung Russlands in diesem Politikbereich bedingt. Damit erweisen sich die baltischen Staaten als ein typischer Fall von kleinen Staaten, für die eine starke Konzentration auf ausgewählte Themen in der Außenpolitik charakteristisch ist. Der Beitritt zur EU und zur NATO hat die Bedrohung durch Russland zwar verringert, aber nicht beseitigt. Innerhalb der EU gelingt es den baltischen Staaten, sich als Experten für bestimmte Themenfelder zu präsentieren – neben Russland insbesondere auch für andere Nachfolgestaaten der Sowjetunion. Diese Strategie erfährt jedoch immer an dem Punkt ihre Grenzen, an dem die Interessen einflussreicher, meist größerer Staaten berührt sind und den Interessen der kleinen Staaten entgegenstehen.

Dieser kurze Überblick über Vielfältigkeit und Gemeinsamkeiten zwischen den baltischen Staaten verdeutlicht, wie wichtig es ist, die drei baltischen Staaten nicht automatisch als eine Einheit zu behandeln. Auch lassen sich keine feststehenden Zweiergruppen bilden. Generell lässt sich zwar festhalten, dass in historischer Hinsicht Estland und Lettland über mehr Gemeinsamkeiten miteinander als mit Litauen verfügen. Mittlerweile überwiegen jedoch stärker die Gemeinsamkeiten zwischen Lettland und Litauen, während Estland sich in den vielfältigen Transformations- und Konsolidierungsprozessen zum Vorläufer entwickelt hat. Die genauere Betrachtung, wie sie hier kurz angerissen wurde, offenbart über diese sehr grobe Einteilung hinaus jedoch eine Reihe von weiteren Unterschieden. Diese genauere Betrachtung soll durch den vorliegenden Sammelband themenorientiert ermöglicht werden. Die Kapitel sind dabei thematisch sortiert und knüpfen in vielfältiger Weise aneinander an, bauen aber nicht aufeinander auf. Der Band präjudiziert somit kein chronologisches Abarbeiten, sondern kommt auch einer eklektischen Lesart entgegen. Er stellt sich damit ebenso vielfältig dar wie die baltischen Staaten selbst.

Literatur

Böllhoff, Uta. 2002. *10 Jahre Systemtransformation in den baltischen Staaten. Eine vergleichende empirische Analyse unter besonderer Berücksichtigung länderspezifischer Ausgangsbedingungen und Aspekten zur Integration in die Europäische Union*. Freiburg im Breisgau: Haufe.

Duverger, Maurice. 1980. A New Political System Model: Semi-Presidential Government. *European Journal of Political Research* 8: 165–187.

Hogan-Brun, Gabrielle. 2009. *Language politics and practices in the Baltic states*. Tallinn: Tallinn University Press.

Ismayr, Wolfgang (Hrsg.). 2010a. *Die politische Systeme Osteuropas*. Wiesbaden: VS Verlag für Sozialwissenschaften.

Ismayr, Wolfgang. 2010b. Die politischen Systeme Osteuropas im Vergleich. In ders.: *Die politischen Systeme Osteuropas*, 9–78. Wiesbaden: VS Verlag für Sozialwissenschaften.

Meleshevich, Andrey A. 2007. *Party systems in post-Soviet countries. A comparative study of political institutionalization in the Baltic States, Russia, and Ukraine*. New York: Palgrave Macmillan.

Ott, Wolfgang. 2003. *Besonderheiten der EU-Osterweiterung in bezug auf die baltischen Staaten*. Marburg.

Schmidt, Thomas. 2003. *Die Außenpolitik der Baltischen Staaten*. Wiesbaden: VS Verlag für Sozialwissenschaften.

Smith, David J., Artis Pabriks, And Thomas Lane und Aldis Purs. 2002. *The Baltic States. Estonia, Latvia and Lithuania*. London/New York: Routledge.

Steffani, Winfried. 1979. *Parlamentarische und präsidentielle Demokratie. Strukturelle Aspekte westlicher Demokratien*. Opladen: Westdeutscher Verlag.

Tiemann, Guido. 2002. Die baltischen Staaten. In *Politische Systeme und Beziehungen im Osteeraum*, Hrsg. Detlef Jahn und Nikolaus Werz, 57–79. München: Olzog.

Die Geschichte der baltischen Staaten bis 1945

Joachim Tauber

Der Begriff „Baltische Staaten", entstanden am Ende des Ersten Weltkrieges, lenkt den Blick auf eine Schicksalsgemeinschaft besonderer Art. Die Parallelität des Entstehens und Untergangs souveräner litauischer, lettischer und estnischer Staatlichkeit ist das bestimmende Typikum der baltischen Geschichte im 20. Jahrhundert. Erst mit den schwer erkämpften Staatsgründungen 1918/19 betraten Litauen, Lettland und Estland die europäische Bühne und erst dann kam es zu einer Synchronisierung der Zeitläufe und zum Verständnis der „Baltischen Staaten" als einer europäischen Subeinheit. Dabei wiesen Litauen, Lettland und Estland bis zum Beginn des 20. Jahrhunderts sprachlich, kulturell und historisch wenige Gemeinsamkeiten auf, sieht man einmal von der territorialen Nachbarschaft und der Zugehörigkeit zum russischen Zarenreich ab.

Im Folgenden soll ein Überblick über die Entwicklung bis 1945 gegeben werden, wobei der Schwerpunkt der Darstellung auf Litauen liegt, ohne dass die spezifischen Entwicklungen in Lettland und Estland außer Acht gelassen werden. Neben den außenpolitischen Abläufen wird auch auf wichtige innenpolitische Ereignisse eingegangen. Nicht zuletzt gilt der Phase der deutschen Besatzung im Zweiten Weltkrieg 1940–1944 ein besonderes Augenmerk.

Dass den baltischen Staaten überhaupt der Spielraum zu eigenen Staatsgründungen zuteil wurde, hängt eng mit dem Ablauf des Ersten Weltkrieges zusammen. Nachdem Litauen 1915 von den deutschen Truppen erobert worden war, dem 1917 und 1918 Lettland und Estland folgen sollten, unterstand die gesamte baltische Region den deutschen Besatzern. Eine Militärverwaltung regierte das Land, das die berühmt-berüchtigte Bezeichnung OberOst (für Oberbefehlshaber Ost) trug. Die Herrschaft der Militärs schlug sich in einer straffen Ausbeutung der Ressourcen der Region ebenso nieder wie in offenkundigen Germanisierungsbestrebungen, die deutliche Anklänge an koloniale Verhaltensnormen aufwiesen (Liulevicius 2002).

Da die deutsche Kriegspolitik auf eine Machterweiterung im Osten abzielte, zugleich aufgrund des Schlagwortes des Selbstbestimmungsrechts der Völker eine direkte Annexion des baltischen Raumes undurchführbar erschien, setzte man auf eine formale Selbständigkeit der Staaten, aber mit einer sehr engen Bindung an das Deutsche Reich. Deutlich wird dies an der ersten Unabhängigkeitserklärung Litauens im Dezember 1917, in der von einem ewigen Bündnis mit dem Deutschen Reich sowie einer Münz- und Militärunion die Rede war (Eidintas u. Žalys 1998, S. 24 ff.). Dann aber zeigte sich die Taryba, der von den Deutschen im Herbst 1917 konzedierte litauische Landesrat, widerspenstig, indem sie am 16. Februar 1918 ein weiteres Mal die Unabhängigkeit erklärte, diesmal jedoch mit keinem Wort auf eine besondere Beziehung zum Deutschen Reich einging, sondern von einem auf demokratischen Grundlagen fußenden litauischen Staatswesen sprach. Etwas anders verlief die Entwicklung in Lettland und Estland, denn hier stand den Militärs mit den Deutschbalten ein weitaus willfährigerer Ansprechpartner zur Verfügung als in Litauen. Schließlich sprachen sich die von Deutschbalten dominierten Landesversammlungen für einen Beitritt zum Deutschen Reich aus (Rauch 1990, S. 51 ff.). Eine wirkliche Selbständigkeit hätten die baltischen Länder unter diesen Umständen nicht erreichen können, doch die deutsche Niederlage im November 1918 beendete die Besatzungsherrschaft abrupt. Die deutsche Politik war zum Katalysator einer Entwicklung geworden, die weder von den Militärs in OberOst noch von der Reichsleitung in Berlin beabsichtigt worden war und die schließlich in die Unabhängigkeit der baltischen Staaten führen sollte.

Der eigentliche Kampf um die Unabhängigkeit begann jedoch erst mit dem Rückzug der demoralisierten deutschen Einheiten, denen auf dem Fuß Verbände der Roten Armee folgten. Dabei ging es nicht nur um die Unabhängigkeit an sich, sondern auch um die innere Ordnung der neuen Staaten. Die litauische Frage unterschied sich dabei von der lettischen und estnischen. Jene war durch eine andere Frontstellung gekennzeichnet, die sich im Streit um die territoriale Zugehörigkeit der Stadt Vilnius manifestierte. Polnische und litauische Ansprüche standen sich diametral entgegen: Während die einen auf die weit überwiegende polnischsprachige Bevölkerung und die kulturell-traditionellen Verbindungen mit Polen pochten, wiesen die anderen auf die historische Rolle der Stadt als Zentrum des Großfürstentums Litauen hin. Unter diesen Umständen überrascht es nicht, dass im Kampf um die litauische Unabhängigkeit nicht nur gegen die Rote Armee, sondern auch gegen polnische Einheiten gekämpft wurde. Mit deutscher Unterstützung gelang es zwar, die Bolschewiki vor Kaunas zum Stehen zu bringen, aber Vilnius, das in den wechselvollen Monaten mehrmals den Besitzer wechselte, blieb im November 1920 endgültig in polnischer Hand. Die Vilniusfrage sollte die litauische Außenpolitik während der ganzen Zwischenkriegszeit prägen (Senn 1959).

Eine weit größere Bedrohung stellten die bolschewistischen Truppen für die estnische und lettische Unabhängigkeit dar. Fast das gesamte Territorium der beiden zukünftigen Staaten geriet in die Hand der Roten Armee; am 3. Januar 1919 fiel Rīga. In Estland gab es seit 11. November 1918 eine provisorische Regierung, die unter dem Ministerpräsidenten Konstantin Päts den Aufbau einer eigenen Armee vorantrieb und schließlich gegen die Bolschewiki vorging. Jetzt zeigte sich, dass der rote Vormarsch im Januar 1919 seine Peripetie erreicht hatte. Schon Ende Februar 1919 war das estnische Territorium frei von Einheiten der Roten Armee. Auch die äußerst bedrohliche Lage in Lettland entspannte sich zusehends. Hier war die Republik am 18. November proklamiert und Kārlis Ulmanis zum Ministerpräsidenten berufen worden, eine lettische Sowjetrepublik wurde als Konkurrenzgründung wenige Tage später in Moskau ins Leben gerufen. In Lettland war die militärische Stabilisierung der Lage allerdings nur durch den Einsatz deutscher Freiwilligenverbände zu erreichen, was nach dem Zurückdrängen der Bolschewiki zu lettisch-deutschen bzw. estnisch-deutschen Auseinandersetzungen führte. Dennoch: Mitte 1919 hatten alle drei baltischen Staaten ihre Unabhängigkeit nach innen und außen gesichert, was vor allem in den Friedensverträgen mit Moskau zum Ausdruck kam (Rauch 1990, S. 75 ff.; Hiden u. Salmon 1991, S. 25–40). Auch die westliche Staatenwelt, die immer noch eine gewisse reservatio mentalis gegen die drei Staaten hegte und bei einem Sieg der „Weißen" im russischen Bürgerkrieg eine „Rückkehr" der Balten in ein erneuertes Russland nicht ausschließen mochte, erkannte vor dem Hintergrund der Fortdauer der bolschewistischen Herrschaft die drei Staaten 1921 (Lettland, Estland) und 1922 (Litauen) de jure an (Made 2008, S. 11).

Die innere Ordnung der neuen Staaten wurde durch Nationalversammlungen begründet, wobei alle drei – wenig überraschend – auf das Modell der demokratisch-parlamentarischen Republik setzten. In Estland verfügte das Parlament gar über eine so starke Stellung, „daß die Regierung beinahe den Charakter einer Parlamentskommission erhielt" (Rauch 1990, S. 82). Auch in Lettland und Litauen hatten die Volksvertretungen große Befugnisse erhalten, von denen insbesondere die Wahl des Staatspräsidenten zu erwähnen ist.

Die Innenpolitik aller drei Staaten war gekennzeichnet durch die Schaffung einer Staatsnation und eigenen Identität einerseits und durch die von diesen Aufgaben nicht zu trennenden sozial-wirtschaftlichen Umgestaltungen andererseits. Eben weil sich die drei baltischen Staaten als Nationalstaaten im klassischen Sinne verstanden, ergab sich fast zwangsläufig eine Spannungslinie entlang der ethnischen Grenzen. Dabei war es in Estland und Lettland eher die deutschbaltische Oberschicht, deren bisherige führende Stellung aufgehoben wurde, während sich in Litauen die politisch-diplomatische polnisch-litauische Auseinandersetzung geradezu zwangsläufig auch auf die polnischsprachige Minderheit ausdehnte, zumal diese auf dem Lande eher dem Stand der Grundbesitzer zugehörig war, während die litauischsprachige Bevölkerung in der Regel dem einfachen Bauernstand angehörte.

Insofern verfolgten die Agrarreformen im Baltikum neben den wirtschaftlichen Zielen immer auch deutlich ethnisch orientierte Absichten. Die Neuverteilung des Landes sollte auf Kosten der bisherigen landbesitzenden, meist nicht der Titularnation zugehörenden Schichten politische Dividenden erbringen und zugleich, ein weiteres wichtiges Ziel, die Attraktivität des sowjetisch-sozialistischen Zukunftsmodells massiv mindern, indem eine neue loyale Bauernschicht geschaffen wurde.

Die jeweiligen Reformen variierten in den Ausführungsbestimmungen: In Litauen setzten die Reformer mit 80 ha eine recht hohe Obergrenze für den privaten Landbesitz fest, darüber hinausgehender Besitz wurde unter Zahlung einer eher unbedeutenden Kompensation enteignet. Während es damit effektiv gelang, den Einfluss der polnischen (und russischen) Großgrundbesitzer auf ein Minimum zu begrenzen, ist das historische Urteil, was die Neusiedler betrifft, nicht nur positiv. Es entstanden in der Regel kleinbäuerliche Betriebe, deren Existenzfähigkeit immer sehr stark vom Exportmarkt abhing, was permanent zu staatlichen Eingriffen, Subventionen, Monokulturen usw. führte (Vaskela 1998).

In Lettland und Estland kam es zu weit radikaleren Landverteilungen, die auch stärker als in Litauen eine antikommunistische Prägung trugen. In Estland wurden 96,6 % des Landes enteignet, eine erst Mitte der 1920er Jahre gezahlte Entschädigung entsprach nicht dem tatsächlichen Wert des Landes. In Lettland wurde den ehemaligen Besitzern bei der Enteignung Restland bis zu 50 ha belassen. Wie in Litauen wurde in den anderen beiden baltischen Staaten das negative Ziel der Reformen, die politische und soziale Entmachtung der Grundbesitzer, erreicht, während die positiven Ziele der Schaffung eines einheimischen „gesunden" Bauernstandes nur partiell verwirklicht werden konnten. So dominierte auch in Lettland und Estland ein wirtschaftlich prekäres Kleinbauerntum, dessen Existenz immer durch die (welt)wirtschaftlichen Entwicklungen gefährdet war und der staatlichen Subvention bedurfte (Rauch 1990, S. 90 ff.).

Doch nicht die vermeintliche politische Unzuverlässigkeit der Landbevölkerung, sondern das Abwenden der politischen Elite von der 1918/19 geschaffenen Ordnung führte zu tiefen Umbrüchen in allen drei baltischen Republiken. Das Scheitern der demokratischen Staatsform ist dabei ein Typikum der europäischen Geschichte der Zwischenkriegszeit; die ostmitteleuropäischen Staaten bilden keine Ausnahme. In Litauen endete das demokratische Experiment bereits nach wenigen Jahren im Dezember 1926. Der Hintergrund für den Putsch junger Offiziere lag im spezifischen polnisch-litauischen Antagonismus verborgen; nachdem bis Mai 1926 eine konservativ-christdemokratisch-nationale Mehrheit die litauische Politik bestimmt hatte, kam nun die „linke" Opposition aus gemäßigten sozialdemokratischen Vertretern, Landvolkpartei und Kräften der Minderheiten an die Macht. Bald eskalierte die Stimmung durch die Obstruktion der Christdemokraten und durch die immer wieder kolportierten Gerüchte, die neue Regierung werde Litauen „verraten", indem sie die Forderung auf Vilnius aufgebe, der polnischen Minderheit Zugeständnisse mache und den bolschewistischen Umtrieben keinen Einhalt gebiete. So erschien der eigentliche Anlass für den Putsch, eine angeblich bevorstehende bolschewistische Verschwörung, der man zuvorkommen müsse, vielen nicht völlig aus der Luft gegriffen. Wie sich bald zeigen sollte, waren die eigentlichen Nutznießer des Putsches jedoch nicht die Christdemokraten, sondern die am nationalen Rand eine bislang unbedeutende Rolle spielenden Tautininkai (die „Völkischen"), die unter Führung des ersten Präsidenten der Republik Antanas Smetona standen. Nachdem Smetona seinen Konkurrenten Augustinas Voldemaras, den ersten Ministerpräsidenten des Landes, ausgestochen und das Parlament aufgelöst hatte, etablierte sich ein autoritäres Regime unter seiner unumstrittenen Vorherrschaft, das bis zum Juni 1940 an der Macht bleiben sollte (Truska 1996, S. 151–195).

Eine offene Frage ist, inwieweit die Entwicklung in Litauen durch den Staatsstreich Piłsudskis in Polen im Mai 1926 beeinflusst war, doch darf man getrost von einer gewissen Vorbildfunktion ausgehen. Dies gilt mutatis mutandis auch für die Ereignisse in Lettland und Estland 1934, wobei hier jedoch die Geschehnisse in Deutschland seit dem

30. Januar 1933 und die wirtschaftliche Entwicklung eine zentrale Rolle spielten. In Estland hielt sich Konstantin Päts an der Macht, indem er einem vermeintlichen Siegeszug der nationalistischen Freiheitskämpfer zuvorkam und unter Auflösung des Parlaments und Unterstützung durch die Armee weiter als Staatspräsident fungierte (12. März 1934). Auch in Lettland endete die Demokratie vor allem durch Druck aus rechtsradikalen Kreisen. Die sogenannten Donnerkreuzler standen ideologisch in ihrer antisemitisch-rassistischen Ausrichtung den Nationalsozialisten nahe und bedrohten das bisherige System. Kārlis Ulmanis, wie Päts und Smetona bereits bei der Staatsgründung einer der prominentesten politischen Führer, verkündete – offiziell wegen eines drohenden kommunistischen Umsturzes – in der Nacht vom 15. auf den 16. Mai 1934 das Kriegsrecht, das Parlament wurde sistiert, einige Parteien, darunter auch die Donnerkreuzler verboten (Rauch 1990, S. 142 ff.; Pajur 2001, S. 165–177).

Man hat für die nichtdemokratischen Regime Ostmitteleuropas den Begriff der Präsidialdiktaturen geprägt (Oberländer 2001, S. 3). Auffällig an der Krise des demokratischen Systems im Baltikum ist natürlich, dass ausgerechnet profilierte Vertreter der demokratischen Orientierung von 1918/19 zu den Führern der autoritären Regime wurden. Das weist auf Defizite hin, die im strukturellen Bereich zu suchen sind, zugleich aber auf krisenhafte Entwicklungen innerhalb der noch ungefestigten demokratischen Ordnung. In allen drei Staaten lassen sich geradezu klassische Problemfelder des Parlamentarismus feststellen (Vielzahl von Parteien, ideologische Gegensätze, häufige Regierungswechsel, schwache Zivilgesellschaft, Zergliederung in Subkulturen usw.). Die Kontinuität zwischen Staatsgründern und autoritären Herrscherfiguren legt zudem nahe, dass die parlamentarische Ordnung in einem gewissen Gegensatz zur Eigenstaatlichkeit bzw. zur Erhaltung derselben zu stehen schien. In diesem Sinne ist festzuhalten, dass alle drei Systeme stark national(istisch) orientiert waren, und somit dezidiert einem idealtypischen Nationalstaat nacheiferten. Zugleich stärkte die personale Kontinuität die Legitimität der Regime in besonderer Weise: Die staatliche Ordnung hatte sich gewandelt, die dramatis personae jedoch waren auf der Bühne geblieben.

In der Realität präsentierten sich alle drei Herrscher folgerichtig als patriarchalische Führer ihrer Nationen, was durch einen dementsprechenden Kult unterstrichen wurde. Deutlich wird dies beispielsweise an der neuen litauischen Verfassung aus dem Jahre 1928, die dem Staatspräsidenten, dem „Volksführer" Smetona, ausufernde exekutive und legislative Funktionen zubilligte. Dazu gehörte das Recht der Parlamentsauflösung, die Gesetzesinitiative und die Berufung und Entlassung von Regierungschef und Kabinett (Lopata 2001, S. 129 f.).

So tiefgreifend der innere Wandel von der Demokratie zum Präsidialregime auch erscheinen mochte, außenpolitisch waren die Umstürze mit keiner nennenswerten Neuorientierung verbunden. Schon in der Phase der Kämpfe um die Unabhängigkeit hatte sich gezeigt, dass die estnischen und lettischen Erfahrungen und Schlussfolgerungen sich von den litauischen unterschieden. In Tallinn und Rīga sah man – wenig überraschend nach dem Vormarsch der Roten Armee 1919 – vor allem in der Sowjetunion und in geringerem Maße im Deutschen Reich diejenigen Staaten, von denen am ehesten eine außenpolitische Gefährdung ausgehen konnte, denn das Streben Deutschlands nach einer Revision des Versailler Vertrages konnte in der weit von den Grenzen des zarischen Russlands abgedrängten Sowjetunion in den 1920er Jahren durchaus auf wohlwollendes Verständnis treffen. Da der deutsche und der sowjetische Revisionismus ihren gemeinsamen Nenner in einer antipolnischen Ausrichtung fanden, lag es nahe, dass Lettland und Estland ausgesprochen gute Beziehungen zu Warschau unterhielten. Dies führte zum Abschluss eines Nichtangriffs- und Konsultationspakts zwischen Polen, Finnland, Estland und Lettland, der am 17. März 1922 in Warschau unterzeichnet wurde (Rauch 1990, S. 108).

Ganz anders stellte sich die litauische Analyse der Lage dar: Sowohl die Sowjetunion als auch das Deutsche Reich unterstützten – aufgrund ihrer antipolnischen Politik – die litauischen Ansprüche auf Vilnius. Eine Verschärfung der polnisch-litauischen Spannungen entsprach den deutschen und sowjetischen Interessen, so dass in Kaunas mehr oder weniger offen (Sowjetunion) bzw. verdeckt (Deutschland) Litauen zu einem Ausharren in der Vilniusfrage geraten wurde. Zur Schwierigkeit der Situation trug bei, dass der litauische Handstreich auf das Memelgebiet im Januar 1923 zwar mit stillschweigender deutscher Zustimmung geschehen war, aber die deutsch-litauischen Beziehungen doch zunehmend durch den Streit um Memel belastet wurden. Das strategische Dilemma Litauens liegt klar auf der Hand: Während man in Memel Vertreter der Versailler Ordnung war, zählte man bei der Vilniusfrage zu den revisionistischen Mächten. Eine außenpolitische Lösung im Sinne von Kaunas ähnelte somit in fataler Weise einer Quadratur des Kreises (Tauber 2009, S. 177 ff.).

Eine außenpolitische Abstimmung der baltischen Staaten untereinander konnte unter diesen Umständen nie erreicht werden. Die Konferenzen und Gipfeltreffen in den 1920er Jahren bestätigten immer wieder den grundsätzlichen Antagonismus. Litauen boykottierte seinerseits alle Gespräche mit polnischer Teilnahme und versuchte beharrlich, Lettland und Estland auf die eigene Seite zu ziehen. Im Kern des Scheiterns aller baltischen Bündnispläne stand der polnisch-litauische Antagonismus, er verhinderte jegliche politische und militärische Zusammenarbeit im nördlichen Ostmitteleuropa, die französisch-polnische Bündnispolitik scheiterte beim Aufbau der nördlichen Flanke des „cordon sanitaire". Damit besitzt der Streit um Vilnius eine internationale Dimension, die weit über alle anderen territorialen Streitigkeiten unter den 1918/19 neuentstandenen ostmitteleuropäischen Staaten hinausreicht.

Selbst als es im Jahre 1934 endlich zu einer „Baltischen Entente" kam, stand die Vilniusfrage im Hintergrund. Litauens außenpolitische Situation hatte sich durch die polnisch-deutsche Entspannung (Nichtangriffserklärung Januar 1934) und die Verschärfung der Lage im Memelgebiet massiv verschlechtert. Parallel zu Sondierungen in Polen war Kaunas nun bereit, auch eine engere Kooperation mit den baltischen Nachbarn anzustreben. Der Wandel der litauischen Politik führte schließlich zu einem Gipfeltreffen in Kaunas im Juli 1934. Der schwierigste Punkt der Verhandlungen war, wie nicht anders zu erwarten, die Vilniusfrage. Litauen wollte von den potentiellen Partnern zumindest die Versicherung einer wohlwollenden Neutralität für seine „spezifischen Probleme", doch dazu waren Lettland und vor allem das polenfreundliche Estland nicht bereit. Nachdem die Gespräche im August 1934 in Rīga fortgesetzt worden waren, kam es schließlich doch noch zu dem Vertrag über „Freundschaft und Zusammenarbeit", der am 12. September 1934 in Genf beim Völkerbund unterzeichnet wurde.

Im Artikel 1 vereinbarten die baltischen Staaten eine Zusammenarbeit in der Außenpolitik und gegenseitige Unterstützung in internationalen Angelegenheiten. Im Artikel 3 wurde jedoch zugleich festgehalten, dass Litauens „spezifische Probleme" nicht unter den Artikel 1 fielen. Mindestens zweimal im Jahr sollten sich die Außenminister zu Gipfelgesprächen treffen, die Auslandsvertretungen eng zusammenarbeiten. Dem Vertrag konnten weitere Staaten beitreten, wenn alle drei (!) baltischen Staaten dem zustimmten (Anderson 1988; Feldmanis u. Stranga 1994).

Weitgehend unbekannt ist, dass Lettland und Estland in einem vertraulichen Protokoll erklärten, unter „spezifischen Problemen" sei nur die Vilniusfrage zu verstehen. Bereits in den lettisch-estnischen Vorgesprächen zum Treffen in Kaunas herrschte nämlich Einigkeit, dass die nationalsozialistische Aktivität im Memelgebiet auch eine Bedrohung für die eigenen Länder darstelle, weswegen man Litauen unterstützen müsse (Feldmanis u. Stranga 1994, S. 30 f.). Dieses Engagement erleichterte Litauen die Zustimmung zum Vertrag, doch bereits ab 1935 distanzierte man sich in Rīga und Tallinn mehr oder weniger von einer Unterstützung Litauens in Memel. Besonders deutlich wurde zwei Jahre später der estnische Gesandte in Kaunas: In einem Gespräch im November 1937 entgegnete er dem litauischen Außenminister Lozoraitis auf dessen Klarstellung, im Falle eines Angriffs auf Memel werde Litauen „bis zum Ende kämpfen", ungerührt, keine Nation werde auch „nur einen Finger heben", um Litauen zu helfen (Feldmanis u. Stranga 1994, S. 87).

Die Bedeutung der Baltischen Entente wird in der Historiographie daher übereinstimmend als gering bezeichnet. Sie sei „weak and helpless" (Feldmanis u. Stranga 1994, S. 84) gewesen, es habe sich um ein „moribund" (Eidintas u. Žalys 1998, S. 154) Bündnis gehandelt, das sich nur auf „mutual consultation" (Anderson 1988, S. 93) beschränkt habe. In der Tat ist die Bezeichnung Entente eher propagandistisch zu werten, denn weder wurde eine wirtschaftliche noch gar eine militärische Zusammenarbeit vereinbart bzw. erreicht, die regelmäßigen Außenministertreffen sollten sich bald als lästige Pflichtübungen entpuppen, von denen keine neuen Ansätze ausgingen.

Die entscheidende Schwäche der Baltischen Entente in den 1930er Jahren lag wie bereits am Ende des Ersten Weltkrieges in den völlig unterschiedlichen Bedrohungsperzeptionen der baltischen Staaten. Während Estland vor allem in der Sowjetunion eine potentiell aggressive Macht sah, unterhielt Kaunas außergewöhnlich gute Beziehungen zu Moskau. Vice versa galt Estland als der „polnische Freund" unter den Balten, was dem Grundkonsens der litauischen antipolnischen Politik diametral entgegenstand. Und die Letten fühlten sich sowohl von Moskau als auch Berlin bedroht. Der lettische

Außenminister Munters brachte 1935 die inneren Widersprüche auf den Punkt: „Lithuania with two serious problems and a strong orientation toward Moscow, which realistically is poorly justified. Estonia with its pathological mania about Poland and its entirely calcified doctrines in foreign policy [...] and a peculiar orientation toward Finland. And us – the country which has to maintain balance among all three and which faces all the pressure from nations which are dissatisfied with the independent policies of the Baltic States, including, sometimes, our allies, the Estonians" (Feldmanis u. Stranga 1994, S. 85).

Festzuhalten bleibt, dass sich an der nördlichen Flanke Ostmitteleuropas kein Sicherheits- und Bündnissystem entwickelte, das diesen Namen verdient hätte. Auch die baltische Kooperation wurde letztlich durch den litauisch-polnischen Antagonismus entwertet. Als sich Ende 1939 und Anfang 1940 die baltischen Außenminister zum, wie sich bald zeigen sollte, letzten Mal trafen und bereits die exterritorialen Basen der Roten Armee in den baltischen Ländern stationiert waren, stieß die litauische Aufforderung, das Vilniusgebiet als litauisches Territorium anzuerkennen, auf die strikte Ablehnung Lettlands und Estlands, wobei Rīga und Tallinn ihre Haltung mit der angesichts der faktischen Situation überraschenden Erklärung begründeten, Litauen habe das Vilniusgebiet von der Sowjetunion erhalten, was nicht der litauischen Neutralitätspolitik entspräche und daher illegal sei (Feldmanis u. Stranga 1994, S. 102). Symbolhaft hatte die Vilniusfrage nochmals ihre zentrale Bedeutung für das Baltikum bewiesen.

Die fehlende außenpolitische Kohärenz leistete den Entwicklungen ab März 1938 Vorschub, obwohl auch eine über die bloße Deklaration hinausgehende Baltische Entente das Kommende nicht hätte verhindern können. Bereits im März 1938 hatte Kaunas, gezwungen durch ein polnisches Ultimatum, als dessen Anlass eine (aufgrund des Schmuggels durchaus nicht seltene) Schießerei an der Demarkationslinie, bei der ein polnischer Grenzer ums Leben gekommen war, vorgeschoben wurde, die Aufnahme diplomatischer Beziehungen zwischen Litauen und Polen erzwungen (Senn 1982). Damit war die litauische Politik in der Vilniusfrage gescheitert, auch wenn Polen die Regierung in Kaunas nicht zu einem offiziellen Verzicht in der Angelegenheit nötigte. Auch die zweite außenpolitische Besonderheit des größten baltischen Staates fand eine erzwungene Lösung. Am 23. März 1939 stimmte Litauen nach einer ultimativen Drohung des deutschen Außenministers der „Rückkehr" des Memelgebietes in das Deutsche Reich zu (Tauber 1995, S. 115 ff.).

Der Weg in die Katastrophe wurde endgültig am 23. August 1939 in Moskau beschritten. Das nationalsozialistische Deutschland und die stalinistische Sowjetunion einigten sich in dem Geheimen Zusatzprotokoll zu ihrem Nichtangriffsvertrag über die Ein- und Aufteilung Ostmitteleuropas. Der für die baltischen Staaten entscheidende Passus lautete: „Für den Fall einer territorial-politischen Umgestaltung in den zu den baltischen Staaten (Finnland, Estland, Lettland, Litauen) gehörenden Gebieten bildet die nördliche Grenze Litauens zugleich die Grenze der Interessensphäre Deutschlands und der UdSSR. Hierbei wird das Interesse Litauens am Wilnaer Gebiet beiderseits anerkannt" (Hillgruber u. Hildebrand 1980, S. 64). Nachdem in einem weiteren Geheimen Zusatzprotokoll zum deutsch-sowjetischen Grenz- und Freundschaftsvertrag am 28. September 1939 im Tausch gegen polnische Gebiete auch Litauen der sowjetischen Interessensphäre zugeschlagen worden war (Hillgruber u. Hildebrand 1980, S. 68), zeichnete sich das Ende der Unabhängigkeit deutlich ab.

Die Sowjetunion ging sofort daran, die neue Abmachung in die Tat umzusetzen. Bereits am 29. September 1939 eröffnete der sowjetische Außenminister Molotov dem litauischen Gesandten, man erwarte den umgehenden Besuch des litauischen Außenministers, um die „freundschaftlichen" Beziehungen auszubauen. Damit in Kaunas keine Illusionen über das Ziel der Gespräche aufkamen, stellte Molotov klar, „[…] dass Litauen politisch zu fast 100 Prozent den Sowjets gehöre, und dass die Deutschen gegen das, was die Sowjets mit Litauen vereinbarten, nichts einzuwenden hätten" (Breslavskienė 1993, S. 68, Übers. J. T.). Die Aufzeichnungen über die „Verhandlungen" zwischen den Sowjets und der litauischen Delegation, an deren Spitze Außenminister Urbšys stand, belegen in einer für sich sprechenden Weise die zynische und skrupellose Politik der Sowjetunion. Die Anwesenheit Stalins unterstrich die Bedeutung, die Moskau den „Gesprächen" zumaß. Die Sowjets machten aus ihren Abkommen mit Hitler kein Geheimnis: „[…] Deutschland hat zugestimmt, dass Litauen, wie Lettland und Estland, in die Interessensphäre der UdSSR gehören" (Breslavskienė 1993, S. 71, Übers. J. T.). Stalin kam dann zum Kern der Sache: Der sowjetische Diktator forderte einen gegenseitigen Beistandspakt, zu dessen Sicherung und Umsetzung die Rote Armee exterritoriale Basen in Litauen erhalten sollte. Außerdem war die Sowjetunion bereit, das nach dem sowjetischen Einmarsch in Polen besetzte Vilniusgebiet an Litauen zu übergeben. Die verzweifelten Versuche der litauischen Delegation, die eigene Neutralität doch noch zu wahren, scheiterten an der Unnachgiebigkeit von Molotov und Stalin, immerhin gelang es, die Zahl der zu stationierenden Einheiten der Roten Armee von 50 000 auf 20 000 Mann deutlich zu vermindern (Tauber 1998, S. 52 ff.). Am 10. Oktober 1939 unterzeichnete Litauen den aufgezwungenen Beistandspakt. Analog verfuhr die Sowjetunion in Estland (28. September 1939) und Lettland (5. Oktober 1939), so dass alle drei baltischen Staaten Stationierungen von Truppen der Roten Armee auf ihrem Staatsgebiet zulassen mussten (Bleiere 2008, S. 188 ff.; Rauch 1990, S. 189–205).

Die völlige Abhängigkeit von der UdSSR zeigte sich anlässlich des sowjetisch-finnischen Winterkrieges 1939/40. Bei der Abstimmung im Völkerbund, inzwischen ein Relikt vergangener Zeiten, über den Ausschluss der Sowjetunion als Aggressor enthielten sich alle drei baltischen Staaten der Stimme. Die litauische Zensur überwachte die Presse, um sowjetkritische Neuigkeiten zu unterdrücken. Auf welcher Seite die Sympathien lagen, dürfte einleuchten. Die politische Polizei Litauens berichtete über die Stimmung der Bevölkerung: „Oft wurde gesagt, dass die Finnen ein Beispiel gegeben hätten, wie man sein Land verteidigen muss" (Truska 1996, S. 365).

Ob die Sowjetunion von vornherein ausschließlich eine direkte Okkupation der baltischen Staaten beabsichtigte und die Beistandspakte vom September/Oktober 1939 nur ein Zwischenstadium darstellten, ist eine offene Frage. Als Option, abhängig von der jeweiligen weiteren Entwicklung, gehörte ein solcher Schritt sicherlich zum Arsenal sowjetischer Politik. Der Verlauf des europäischen Krieges bot dann die Chance, die baltischen Staaten quasi im Windschatten Hitlers zu zerschlagen. Jedenfalls weisen die sowjetischen Aktionen, die am Beispiel Litauens geschildert werden sollen, einen klaren zeitlichen Bezug zu den militärischen Ereignissen in West- und Nordeuropa auf. Nach dem sowjetisch-finnischen Friedensschluss vom 12. März 1940 und dem deutschen Angriff auf Dänemark und Norwegen am 9. April 1940 häuften sich die Aktivitäten der weiterhin illegalen litauischen Kommunisten. Unmittelbar nach dem deutschen Angriff im Westen (10. Mai 1940) ging es Moskau offenkundig nur noch um eine Eskalation der diplomatischen Beziehungen: Zunächst wurden Vorwürfe erhoben, dass Rotarmisten in Litauen mit Wissen und Billigung litauischer Regierungsstellen entführt worden seien. Obwohl die Sowjets alles taten, um die litauischen Behörden an einer Aufklärung der „Entführungen" zu hindern, war Kaunas geradezu verzweifelt bemüht, die Beziehungen zu entspannen. Je deutlicher sich ein deutscher Sieg im Westen abzeichnete, desto schärfer wurde der sowjetische Ton. Als Molotov am 4. Juni dringend um einen Besuch des litauischen Ministerpräsidenten ersuchte, war klar, dass Moskau mehr im Sinn hatte als die im Oktober 1939 getroffene Regelung. Die sowjetischen Angriffe, die inzwischen nicht nur die „Entführungen" betrafen, sondern sich auf den Vorwurf konzentrierten, Litauen sabotiere das gegenseitige Beistandsbündnis, wurden immer heftiger, bis Molotov in der Nacht vom 9. auf den 10. Juni plötzlich behauptete, die drei baltischen Staaten hätten ein Militärbündnis miteinander geschlossen. Nur wenige Stunden nach dem Einzug deutscher Truppen in Paris, in der Nacht vom 14. auf den 15. Juni 1940, stellte die sowjetische Regierung Litauen ein Ultimatum. Neben der Ablösung der angeblich für die „Entführungen" Schuldigen forderte Moskau die Installierung einer Regierung, die den Beistandspakt wirklich respektiere. Damit brach die Sowjetunion zwar den Artikel 7 des Oktobervertrages, der die Einmischung in innere Angelegenheiten untersagte, doch das eigentliche Ziel wurde in der letzten Forderung des Ultimatums deutlich: Litauen hatte dem weiteren Einmarsch sowjetischer Truppen in ungenannter Höhe zuzustimmen! Eine Antwort erwartete die Sowjetregierung bis 10.00 Uhr am 15. Juni 1940, also nur wenige Stunden nach der Übergabe des Ultimatums. Ungewollt entlarvte Molotov selbst die ganze Angelegenheit als Farce, indem er der litauischen Delegation sagte: „Die [Rote] Armee marschiert morgen in Litauen ein, egal wie Ihre Antwort ausfallen wird" (Urbšys 1990, S. 93).

In Kaunas rang die Regierung um die Frage, ob man sich der Okkupation widersetzen solle. Den Ausschlag gab schließlich die Einsicht, dass jede militärische Gegenwehr nicht zuletzt aufgrund der bereits im Lande stationierten Einheiten der Roten Armee sinnlos sei und in einem Blutvergießen enden werde (Tauber 1998, S. 66 ff.). Am 15. Juni hielten weitere Truppen der Roten Armee ihren Einzug in Litauen. Estland und Lettland erhielten umgehend ähnliche Ultimaten und mussten die Okkupation nur wenige Stunden nach Litauen, am 17. Juni 1940, hinnehmen (Rauch 1990, S. 208 ff.; Bleiere 2008, S. 246 ff.).

In raschem Tempo wurden nun aus den unabhängigen Staaten neue Sowjetrepubliken. Um den Anschein von Freiwilligkeit aufrecht zu erhalten, inszenierten die Sonderbeauftragten Moskaus in Vilnius, Rīga und Tallinn manipulierte Parlamentswahlen; diese „Volksvertretungen" sprachen sich für den „freiwilligen Beitritt" ihres Landes zur Union der Sozialistischen Sowjetrepubliken aus. Bereits Anfang August 1940 war die Komödie mit der Annahme des Beitrittsgesuches der baltischen Länder durch den Obersten Sowjet in Moskau abgeschlossen (Rauch 1990, S. 211ff.; Taagepera 1993, S. 60ff.).

Das nun folgende Jahr Sowjetherrschaft hat sich tief ins kollektive Gedächtnis der Menschen im Baltikum eingegraben. Die Zerschlagung der bisherigen Wirtschaftsstruktur und der Umbau der Ökonomie zur Planwirtschaft, die permanente Agitierung gegen vermeintliche Klassenfeinde, der Aufbau eines Überwachungsapparates, die Ächtung der bisherigen Eliten, mit einem Wort: die Realität des Stalinismus zerstörte bei einer Mehrheit der Bevölkerung jegliche Illusionen über die Sowjetunion, die man sich vielleicht im Juni 1940 noch gemacht hatte.

Im Juni 1941 begannen dann noch großangelegte, offensichtlich von langer Hand geplante Festnahmen ganzer Familien, die als Staats- und Klassenfeinde ins Innere der Sowjetunion deportiert wurden. Inzwischen sind die Zahlen durch die historische Forschung ermittelt worden: Allein in Litauen wurden in diesen Julitagen ca. 18 000 Menschen (darunter Frauen und Kinder) nach Osten verschleppt, in Estland gerieten ca. 10 000 Personen in die Mühlen der stalinistischen Sicherheitsdienste, und in Lettland fielen ca. 15 500 Einheimische den Sowjets zum Opfer (Brandes et al. 2010, S. 398, 391, 226).

Als am Morgen des 22. Juni 1941 die Heeresgruppe Nord im Rahmen des deutschen Überfalls auf die Sowjetunion den Angriff auf das Baltikum begann, hing die Reaktion der Bevölkerung von ihren Erfahrungen mit dem Jahr der Sowjetherrschaft ab. Es ist nachvollziehbar, dass die deutschen Truppen in den baltischen Staaten als Befreier vom bolschewistischen Joch empfangen wurden: Die ersten Beobachtungen zum Verhalten der litauischen Bevölkerung stammen aus den Abendstunden des 22. Juni 1941: „<u>Bevölkerung</u> z. T. hocherfreut, deutscher Gruß, Blumen" (BA-MA RH 21-3/430, Bl. 5, Abendmeldung des Ic der Panzergruppe 3 vom 22. Juni 1941, 15.30 Uhr, Hervorh. i. Orig.). Selbst in Vilnius, wo die Litauer gegenüber Polen und Juden nur eine kleine Minderheit bildeten, war kein Unterschied zu den kernlitauischen Gebieten feststellbar: „In Wilna freudige Begrüßung der deutschen Truppen. Litauer sagen allgemein aus, daß Kampf zwischen Deutschland und Rußland mit Ungeduld erwartet sei. Zahlreiche litauische Fahnen in Dorf und Stadt" (BA-MA RH 21/430, Bl. 10 Rückseite, Abendmeldung des Ic der Panzergruppe 3 vom 24. Juni 1941).

Diese Euphorie über den deutschen Einmarsch wich bald der Ernüchterung, als klar wurde, dass auch die neuen Herren eine Besatzungspolitik verfolgten, die den baltischen Hoffnungen auf eine wie auch immer geartete Form der Selbstbestimmung umgehend eine Enttäuschung bereitete. Als Teil des Reichskommissariates Ostland unterstanden die Generalbezirke Estland, Lettland und Litauen dem schleswig-holsteinischen Gauleiter Hinrich Lohse, der in Rīga residierte. Allzu offensichtlich verfolgten der Reichskommissar und seine Vertreter eine Politik der Ausbeutung und rücksichtslosen Verfolgung der deutschen Interessen: Das von den Sowjets verstaatlichte Eigentum wurde ebenso wenig reprivatisiert wie eine staatliche Repräsentanz irgendeiner Art zugelassen wurde. Zudem wurden die Menschen zur Zwangsarbeit nach Deutschland deportiert. Die in den einzelnen Ländern ernannten einheimischen Generalräte waren und blieben machtlose Kollaborateure der deutschen Verwaltung. Auch wenn 1943 gewisse Zugeständnisse an die baltische Bevölkerung gemacht wurden (u. a. teilweise Reprivatisierung), waren diese Maßnahmen zum einen unzureichend und halbherzig, zum anderen kamen sie zu spät, um der deutschen Politik die schon 1941 verlorene Glaubwürdigkeit zurückzugeben.

Die baltischen Staaten befanden sich zwischen der deutschen Scylla und der sowjetischen Charybdis, denn je deutlicher sich die deutsche Niederlage abzeichnete, desto konkreter stellte sich die Frage nach dem Verhalten bei der Rückkehr der Sowjets. Unter diesen Umständen beschränkte sich die Resistenz gegen die Deutschen auf passiven Widerstand. Am deutlichsten wird diese Haltung in Litauen: Zwar scheiterte die Aushebung einer SS-Legion an den Boykottaufrufen der einheimischen illegalen politischen Gruppierungen, aber als die Deutschen Anfang 1944 litauische Verbände unter dem Befehl eines litauischen Befehlshabers aufstellen ließen und die Verwendung nur auf litauischem Boden zusagten, überstieg die Resonanz die Erwartungen. Diese litauischen Sonderverbände wurden nach wenigen Wochen von den Deutschen wieder entwaffnet, weil ihre militärische Brauchbarkeit gering war und die Vermutung, die Verbände würden eventuell auch gegen die Wehrmacht ihre Waffen erheben, wenn es den litauischen Interessen diente, nicht aus der Luft gegriffen erschien.

In allen drei baltischen Staaten wurden unter deutscher Führung einheimische Polizeieinheiten aufgestellt, die als Schutzmannschafts-Bataillone bezeichnet wurden. Als Polizeieinheiten der SS Himmlers zugeordnet und unterstellt, wurden diese Einheiten zum Symbol der Kollaboration zwischen Balten und deutschen Besatzern. Ihr Aufgabengebiet reichte vom bloßen Objektschutz über den Fronteinsatz und die Partisanenbekämpfung bis zur Teilnahme an Massenverbrechen gegen vermeintliche ideologische und rassische Gegner des Nationalsozialismus. Auch wenn die historische Forschung in den letzten Jahren die unterschiedlichen Einsatzarten oft bis zu einzelnen Kompanien rekonstruieren konnte und nicht jede Einheit zu einem Mordkommando verkam, gab es offensichtlich viele einheimische Polizisten und Kompanien, die Schuld auf sich luden. Berüchtigt ist der Auftritt des deutsch-litauischen 11. Polizeibataillons im weißrussischen Sluzk, der durch einen Bericht des nationalsozialistischen Gebietskommissars Heinrich Carl der Nachwelt überliefert wurde: „Was im übrigen die Durchführung der Aktion anbelangt, muß ich zu meinem tiefsten Bedauern hervorheben, daß letztere an Sadismus grenzte. Die Stadt selbst bot während der Aktion ein erschreckendes Bild. Mit einer unbeschreiblichen Brutalität, sowohl von Seiten der deutschen Polizeibeamten wie insbesondere von den litauischen Partisanen, wurde das jüdische Volk, darunter aber auch Weißruthenen aus den Wohnungen herausgeholt und zusammengetrieben. Überall in der Stadt knallte es, und in den einzelnen Städten häuften sich Leichen erschossener Juden. [...] Mehrfach habe ich mit gezogenem Revolver die deutschen Polizeibeamten wie auch die litauischen Partisanen aus den Betrieben herausdrängen müssen [...] sah ich mich verschiedene Stunden später noch gezwungen, zwei litauische Partisanen in voller Bewaffnung zu verhaften, da sie beim Plündern angetroffen wurden" (Browning 1993, S. 42 ff.).

Damit ist ein besonderes Kapitel des Zweiten Weltkrieges im Baltikum angesprochen: die Auslöschung der dortigen jüdischen Gemeinden. Dies gilt insbesondere für Litauen und Lettland, die bis zum deutschen Angriff eine große jüdische Bevölkerung aufwiesen, weniger für Estland, wo nur knapp 5 000 Juden lebten.

Mit der Einsatzgruppe A des Chefs der Sicherheitspolizei und des SD rückte hinter den Truppen der Wehrmacht ein Mordkommando in das Baltikum vor, dessen Aufgabe die Liquidierung der ideologischen Feinde des „Dritten Reiches" war (Wilhelm 1996). Unter den Opfern befanden sich von Anfang an sehr viele Juden, doch erst im August begannen die einzelnen Einsatzkommandos in der Sowjetunion auch Frauen und Kinder zu ermorden, und damit endgültig die Grenze zum Genozid zu überschreiten. Allein in Litauen, so ein (im Einzelnen teilweise fehlerhafter) Bericht des Chefs des Einsatzkommando 3, SS-Standartenführer Karl Jäger, starben von den rund 225 000 Juden bis zum 1. Dezember 1941 mehr als 130 000 Menschen (Bartusevičius et al. 2003, S. 303 ff.). In Lettland hatten vor dem Krieg ca. 93 000 Juden gelebt, allein die Hälfte in Rīga. Nach der ersten Pogrom- und Mordwelle wurden ca. 33 000 Menschen in das Ghetto in Rīga gezwungen, der zweiten großen Mordaktion im November/Dezember 1941 fielen mehr als 26 000 lettische Juden zum Opfer. Hintergrund dieses Massenmordes war das „Freimachen" des Ghettos für aus dem Deutschen Reich deportierte Juden (31 372 Menschen, von denen nur 1 147 den Holocaust überlebten) (Schneider 2008, S. 199; Angrick u. Klein 2006). Auch in Litauen folgte den Pogromen und den ersten Mordwellen die Ghettoisierung der Überlebenden (Vilnius, Kaunas und Šiauliai). Im Herbst und Frühwinter 1941 fanden in den Ghettos in Litauen und Lettland die berüchtigten „Aktionen" statt, bei denen meist nach Arbeitsfähigkeit selektiert diejenigen zu Mordstätten gebracht wurden, die den Besatzern als „unnütz" erschienen. Nach einer Phase der „Stabilisierung" setzten ab Spätsommer 1943 die Liquidationen der Ghettos ein, die Überlebenden kamen in KZ-Arbeitslager in Lettland und Estland, und schließlich in KZs im Deutschen Reich. Nur wenige Tausend jüdische Menschen aus Litauen und Lettland überlebten die Jahre der deutschen Herrschaft. Estland hatte dagegen nur einen verschwindend geringen jüdischen Anteil an der Bevölkerung, so dass die Morde an den rund 1 500 Menschen, denen die Flucht nicht gelungen war, fast ausschließlich in den ersten Wochen und Monaten durchgeführt wurden.

Erst in den letzten Jahren ist das Thema der einheimischen Kollaboration beim Massenmord in der historischen Forschung und der Öffentlichkeit der baltischen Staaten aufgegriffen worden. In allen drei Staaten wurden im Vorfeld des EU-Beitritts Internationale Kommissionen mit der Erforschung der Ereignisse beauftragt.[1] Die Beteiligung der einheimischen Bevölkerung erstreckte sich nicht nur auf die in Lettland und Litauen aufgestellten Hilfspolizeieinheiten oder ausgesprochene Mordeinheiten wie das Rollkommando Hamann in Litauen oder die Mörder unter dem Befehl von Viktor Arajs in Lettland. Detailstudien zeigen, dass die Morde in der Provinz ohne die einheimische Verwaltung vor Ort, die die personelle und sachliche Infrastruktur für die Massenmorde zur Verfügung stellte und nach den Morden den jüdischen Besitz unter der Bevölkerung verteilte, in dieser Rasanz, Dynamik und „Effizienz" nicht möglich gewesen wären. Spiegelbildlich belegen die Berichte jüdischer Überlebender die Empfindung, sich in einer feindlich gesinnten Umwelt zu befinden, deren verstörendstes Charakteristikum die Teilnahmslosigkeit der nichtjüdischen Augenzeugen war (z. B. Ganor 1997, S. 51–64). Selten sind Erinnerungen an Vergangenes derartig konträr wie die der baltischen Juden und der Litauer, Letten und Esten an die Jahre 1941–1944.

Als sich 1944 die deutsche Niederlage abzeichnete und die Rückkehr des Sowjetregimes bevorstand, entschlossen sich Zehntausende, mit den fliehenden Deutschen nach Westen zu gehen und ihre Heimat zu verlassen. In den DP-Camps in den westalliierten Besatzungszonen befanden sich fast 60 000 Litauer, die meisten von ihnen fanden noch in den 1940er Jahren den Weg in die USA. Ein weiterer Teil der Bevölkerung leistete den Okkupanten in allen drei baltischen Ländern bewaffneten Widerstand. Die Waldbrüder, wie die antisowjetischen Partisanen genannt wurden, sind heute ein Symbol nationaler Verklärung, aus damaliger sowjetischer Sicht handelte es sich um „faschistische Banditen", die mit allen Mitteln zu bekämpfen waren. Während am 9. Mai 1945 in Europa die Waffen schwiegen, ging der brutale und mitleidslose Krieg im Baltikum weiter, erst Anfang der 1950er Jahre hatten sowjetische Spezialverbände den Widerstand endgültig gebrochen.

Aus Sicht der Westmächte waren die baltischen Staaten kein Thema, um dessen Willen man eine Konfrontation mit dem östlichen Kriegsalliierten einzugehen bereit war. Die sowjetische Haltung war schon länger bekannt: Stalin hatte bei seinen ersten Gesprächen mit dem englischen Außenminister Anthony Eden im Dezember 1941 keinen Zweifel gelassen, dass an eine Veränderung der zwischen ihm und Hitler vereinbarten Grenze zuungunsten der Sowjetunion nicht zu denken sei. Da die alliierten Mächte auf ihrer ersten Kriegskonferenz 1943 in Teheran zugleich eine Westverschiebung Polens vereinbarten, spielte die Zukunft der baltischen Staaten bei den Verhandlungen über Nachkriegseuropa keine Rolle. Obwohl das Memelgebiet nicht zum Besitzstand der Sowjetunion am 22. Juni 1941 gehörte, stand seine Zugehörigkeit zur Litauischen Sozialistischen Sowjetrepublik außer Frage, zumal Stalin für die Sowjetunion den nördlichen Teil Ostpreußens forderte (und schließlich auch erhielt).

---

1 Litauen: www.komisija.lt; Lettland: http://www.president.lv/pk/content/?cat_id=7; Estland: http://www.historycommission.ee. Zugegriffen: 2.1.2012.

Bereits in Teheran war somit das Schicksal Litauens, Lettlands und Estlands besiegelt worden. Daran änderte die im Kalten Krieg praktizierte Politik der Nichtanerkennung der sowjetischen Okkupation der baltischen Staaten durch die wichtigsten westlichen Staaten, vor allem die USA, Großbritannien, Frankreich und später die Bundesrepublik Deutschland nichts, denn außer dem formalen Weiterbestehen der diplomatischen Vertretungen der baltischen Staaten u. a. in den USA und Großbritannien, handelte es sich vornehmlich um ein diplomatisches Schattenboxen. Georg von Rauch formulierte das Maximum dessen, was in den 1970er und 1980er Jahre möglich schien, wenn er meinte, es sei „auch innerhalb der Grenzen der Sowjetunion eine Entwicklung nicht undenkbar, die dahin führt, daß es unter dem Einfluß von veränderten machtpolitischen Konstellationen oder innerer gesellschaftlicher Wandlungen zweckmäßig erscheint, die verfassungsmäßigen Rechte auch der baltischen Sowjetrepubliken zu erweitern". Als geradezu phantastisch mussten die anschließenden Formulierungen anmuten: „Wenn darüber hinaus Gedanken aufkommen, den baltischen Staaten könnte in der ferneren Zukunft gegenüber der Sowjetunion eine Stellung eingeräumt werden, die der der drei Beneluxstaaten gegenüber den ihnen benachbarten Großmächten entspräche, so braucht diese Vorstellung nicht anders als ein Schritt auf dem Weg zu einer gesamteuropäischen Friedensordnung, die auch die Sicherheit der Sowjetunion garantiert, verstanden zu werden" (Rauch 1990, S. 227).

Vor diesem Hintergrund mögen die knapp 20 Jahre Unabhängigkeit der baltischen Staaten auf den ersten Blick als historische Randnotiz erscheinen, doch sollte ihre Bedeutung für die zukünftige Entwicklung nicht unterschätzt werden. Zum einen gelang es in dieser relativ kurzen Zeitspanne, eine nationale Identität zu schaffen und den Glauben an die Unabhängigkeit in breiten Teilen der baltischen Bevölkerung zu verankern, wie der Kampf um die Selbständigkeit am Ende des 20. Jahrhunderts so deutlich unter Beweis stellte. Zum anderen erfuhren alle drei baltischen Staaten in diesen beiden Jahrzehnten einen Modernisierungsschub; die Ausbildung einer hochgradig differenzierten Gesellschaftsstruktur geschah zwischen 1919 und 1939. Im Moment der Okkupation im Juni 1940 übernahmen die Sowjets die Herrschaft in Ländern, die nur noch wenig von den stark agrarisch-feudal ausgerichteten Sozialbeziehungen des späten 19. Jahrhunderts geprägt waren. Ohne diesen sozialökonomischen Modernisierungsschub hätte es die Rückkehr der baltischen Staaten nach Europa am Ende der 1980er Jahre des vergangenen Jahrhunderts nur schwerlich gegeben.

Literatur

Anderson, Edgar. 1988. The Baltic Entente 1914–1940 – Its Strength and Weakness. In *The Baltic in International Relations between the Two World Wars*, Hrsg. John Hiden und Aleksander Loit, 79–99. Stockholm: Centre for Baltic Studies at the University of Stockholm.

Angrick, Andrej und Peter Klein. 2006: *Die „Endlösung" in Rīga. Ausbeutung und Vernichtung 1941–1944*. Darmstadt: Wissenschaftliche Buchgesellschaft.

Bartusevičius, Vincas, Joachim Tauber und Wolfram Wette (Hrsg.). 2003. *Holocaust in Litauen. Krieg, Judenmord und Kollaboration*. Köln: Böhlau.

Bleiere, Daina. 2008. *Geschichte Lettlands. 20. Jahrhundert*. Rīga: Jumava.

Brandes, Detlef, Holm Sundhausen und Stefan Troebst (Hrsg.). 2010. *Lexikon der Vertreibungen. Deportation, Zwangsaussiedlung und ethnische Säuberung im Europa des 20. Jahrhunderts*. Köln: Böhlau.

Breslavskienė, Laimutė. 1993. *Lietuvos okupacija ir aneksija 1939–1940*. Vilnius: Mintis.

Browning, Christopher. 1993. *Ganz normale Männer. Das Reserve-Polizeibataillon 101 und die „Endlösung" in Polen*. Reinbek bei Hamburg: Rowohlt.

Eidintas, Alfonsas und Vytautas Žalys. 1998. *Lithuania in European Politics. The Years of the First Republic 1918–1940*. New York: St. Martin's Press.

Feldmanis, Inesis und Aivars Stranga. 1994. *The Destiny of the Baltic Entente 1934–1940*. Rīga: Latvian Inst. of Internat. Affairs.

Ganor, Solly. 1997. *Das andere Leben. Kindheit im Holocaust*. Frankfurt am Main: Fischer.

Hiden, John und Patrick Salmon. 1991. *The Baltic Nations and Europe. Estonia, Latvia and Lithuania in the Twentieth Century*. London: Longman.

Hillgruber, Andreas und Klaus Hildebrand. 1980. *Kalkül zwischen Macht und Ideologie. Der Hitler-Stalin-Pakt: Parallelen bis heute?* Zürich/Osnabrück: Edition Interfrom; Vertrieb für die BR Deutschland A. Fromm.

Liulevicius, Vejas Gabriel. 2002. *Kriegsland im Osten: Eroberung, Kolonisierung und Militärherrschaft im Ersten Weltkrieg*. Hamburg: Hamburg Editions.

Lopata, Raimundas. 2001. Die Entstehung des autoritären Regimes in Litauen. Voraussetzungen, Legitimierung, Konzeption. In *Autoritäre Regime in Ostmittel- und Südosteuropa 1919–1944*, Hrsg. Erwin Oberländer, 95–141. Paderborn: F. Schöningh.

Made, Vahur. 2008. The Baltic States and Europe, 1918–1940. In *The Baltic Question during the Cold War*, Hrsg. John Hiden, Vahur Made und David J. Smith, 7–20. London/New York: Routledge.

Oberländer, Erwin. 2001. Die Präsidialdiktaturen in Ostmitteleuropa – „Gelenkte Demokratie". In ders.: *Autoritäre Regime in Ostmittel- und Südosteuropa 1919–1944*, 3–17. Paderborn: Schöningh.

Pajur, Ago. 2001. Die „Legitimierung" der Diktatur des Präsidenten Päts und die öffentliche Meinung in Estland. In *Autoritäre Regime in Ostmittel- und Südosteuropa 1919–1944*, Hrsg. Erwin Oberländer, 163–213. Paderborn: F. Schöningh.

Rauch, Georg von. 1990. *Geschichte der baltischen Staaten*. München: Deutscher Taschenbuch Verlag.

Schneider, Gertrude. 2008. *Reise in den Tod. Deutsche Juden in Rīga*. Dülmen: Laumann.

Senn, Alfred Erich. 1959. *The Emergence of Modern Lithuania*. New York: Columbia University Press.

Senn, Alfred Erich. 1982. The Polish Ultimatum to Lithuania, March 1938. *Journal of Baltic Studies* XIII: 144–156.

Taagepera, Rein. 1993. *Estonia. Return to Independence.* Boulder Colo.: Westview Press.

Tauber, Joachim. 1995. Die Memelfrage im Rahmen der deutsch-litauischen Beziehungen 1919–1939. In *Deutschland und Litauen. Bestandsaufnahmen und Aufgaben der historischen Forschung*, Hrsg. Norbert Angermann und Joachim Tauber, 107–118. Lüneburg: Institut Nordostdeutsches Kulturwerk.

Tauber, Joachim. 1998. „Wäre Selbstmord Ihrer Meinung nach besser". Die letzten Monate der litauischen Republik, März 1939 bis Juni 1940. In *Die deutsche Volksgruppe in Litauen*, Hrsg. Boris Meissner, Sabine Bamberger-Stemmann und Detlef Henning, 46–70. Hamburg: Bibliotheca Baltica.

Tauber, Joachim. 2009. Grundzüge der litauischen Außenpolitik 1918–1939. In *Litauisches Kulturinstitut (Hrsg.): Jahrestagung 2008.* Lampertheim, 157–216.

Truska, Liudas. 1996. *Antanas Smetona ir jo laikai.* Vilnius: Valstybinis leidybos centras.

Urbšys, Juozas. 1990. *Atsimininai.* Kaunas: Spindulys.

Vaskela, Gediminas. 1998. *Žemės reforma Lietuvoje 1919–1940.* Vilnius: LII leidykla.

Wilhelm, Hans-Heinrich. 1996. *Die Einsatzgruppe A der Sicherheitspolizei und des SD 1941/42.* Frankfurt am Main: Peter Lang.

Deutsche im Baltikum

Konrad Maier

Im folgenden Kapitel steht eine Bevölkerungsgruppe im Mittelpunkt, die zahlenmäßig immer recht gering war, jedoch auf Dauer in der baltischen Region ein Maß an Autonomie und Selbständigkeit, an Dominanz und Machtposition erfuhr, wie die Geschichte nur wenige Beispiele kennt. Nicht die gegenwärtige Bedeutung der Deutschen im Baltikum findet hier das Interesse, sondern die Wechselfälle, Kontinuitäten und Brüche der Vergangenheit für diese Bevölkerung, die bis ins 18. Jahrhundert hinein keine nationale Eigenbezeichnung kannte, schließlich die regionale Kategorie „Balten" wählte und sich erst im Zeitalter nationaler Identitätssuche und -findung im Laufe des 19. Jahrhunderts als „Deutschbalten" bezeichnete.[1] Der Terminus „Baltendeutsche" blieb vorrangig der NS-Ideologie und deren Vertretern vorbehalten. Mit der Umsiedlung der Deutschbalten 1939/41 (vgl. dazu Loeber 1972) fand die Geschichte dieser Gruppe in der baltischen Region ein Ende, wobei diese Siedlungsregion aufgrund der historischen Entwicklung in erster Linie die heutigen unabhängigen Staaten Estland und Lettland umfasst, die Bedeutung der Deutschbalten jedoch bisweilen weit über die Grenzen dieses Gebietes ausstrahlte.[2]

---

1   Grundlegende, einführende Literatur zum Themenkomplex „Deutschbalten" findet sich, um nur die wichtigsten zu nennen, bei: Schlau 1995a, 1995b, 1997; Pistohlkors 1994; Taube u. Thomson 1973; Rexheuser 1991; Kühnel 1991; Angermann 1990. Zu Einzelaspekten findet sich eine inzwischen unüberschaubare Reihe wichtiger Werke; verwiesen sei hier vor allem auf die jährlich in der Zeitschrift für Ostforschung (bzw. ab 1994: Zeitschrift für Ostmitteleuropa-Forschung) erscheinende Baltische Bibliographie, bearb. v. Hellmuth Weiss bzw. Paul Kaegbein, die seit 1994 in Buchform vom Herder-Institut Marburg in den „Bibliographien zur Geschichte und Landeskunde Ostmitteleuropas" herausgegeben wird; als letztes liegt der Band für das Jahr 2000 vor.

2   Zu verschiedenen Zeiten ist dies bei der Untersuchung von Perioden des zarischen Imperiums nicht von der Hand zu weisen, so v. a. im 18. und 19. Jahrhundert, nicht nur was die Beteiligung von Deutschbalten am zarischen Militär angeht, sondern auch deren Beitrag in der Entwicklung der Wissenschaften und der Verwaltung des russischen Imperiums.

1 Die baltischen Deutschen vom Spätmittelalter bis zur Eingliederung ins Zarenreich

Es waren Fernkaufleute, Priester und Mönche,[3] aber auch Kreuzfahrer aus vornehmlich nord- und mitteldeutschen Regionen, die gegen Ende des 12. Jahrhunderts – mit recht unterschiedlichen Motiven – aufbrachen, um die Länder an der Ostküste des Mare Balticum dem hansischen Handel zu erschließen, dem Christentum zu gewinnen oder eigene Macht in vermeintlich herrschaftsfreien Räumen zu erringen.[4] Bereits Jahrhunderte früher waren Kenntnisse über die Küstenregionen der Ostsee in die europäischen Metropolen gelangt, doch erst um 1180 ist eine zielgerichtete, folgenreiche Expansion aus Kerneuropa in die nordöstliche Peripherie zu registrieren. Die dort lebenden Völkerschaften lassen sich der indogermanischen Sprachfamilie (Kuren, Selen, Semgaller – die späteren Letten – als baltischer Zweig neben Litauern und Prussen) bzw. der finno-ugrischen Sprachgemeinschaft (Liven, Esten u. a.) zuordnen. Während in den südlichen Landesteilen aufgrund der Nähe zu russischen Fürstentümern (Polock [Polozk], Pleskau [Pskov]) Ansätze einer Feudalstruktur zu finden waren, lebten die seefahrenden Kuren und Esten – nach skandinavischem Beispiel (Gotland) – in landschaftlichen Vereinigungen, denen Älteste mit Landbesitz vorstanden. Die bäuerliche Kultur kannte befestigte Plätze und Handelsorte, aber keine Städte; das Handwerk (Schmiedekunst) war hochentwickelt. Die untereinander verfeindeten Stämme „unterlagen einem dreifachen Druck: Von Osten durch die Russen, von Westen durch die Schweden und Dänen und von Süden durch die wegen ihrer Raubzüge gefürchteten heidnischen Litauer" (Schlau 1995a, S. 52).

Die friedliche Missionierung des Raumes blieb erfolglos, so dass unter Bischof Albert von Buxhoeweden zu Beginn des 13. Jahrhunderts zur Schwertmission aufgerufen wurde, die die deutsche Eroberung sowie die Einführung des Feudalsystems nach sich zog. Mit Hilfe des Ritterordens der Schwertbrüder wurden Liven und Letten christianisiert, die russische Macht an der Düna (lett. Daugava, russ. Dvina) zurückgedrängt und in einem über 20-jährigen Kampf auch die Esten im Norden bis 1227 unterworfen[5] – dies jedoch v. a. mit Hilfe des dänischen Königs Waldemar II. Der Deutsche Orden als Nachfolger des Schwertbrüder-Ritterordens konnte seine Ostexpansion nach der Niederlage gegen die Novgoroder Russen unter Aleksandr Nevskij 1242 jedoch nicht fortsetzen, so

---

3 In Schlau 1997 wird von mehreren Personengruppen gesprochen, die die baltischen Deutschen bis ins 20. Jahrhundert konstituierten: die mittelalterlichen Fernhändler, die geistlichen Landesherren, das Stadtbürgertum, die Vasallen und Angehörigen der späteren Ritterschaften, die Literaten, die Hirschenhöfer, der landische deutsche Mittelstand, die nicht-deutsche Komponente [sic!], die Zuwanderer aus dem Deutschen Reich nach 1871 und die deutschen Kolonisten aus Wolhynien.
4 Allgemein zur Geschichte Alt-Livlands zuletzt Jähnig u. Militzer 2004.
5 Umfassend aus estnischer Sicht Vahtre 1990.

dass seitdem eine Grenze zwischen römisch-katholischem und russisch-byzantinischem Bereich an der Narva und dem Peipus-See entlang verläuft.[6]

Die Unterwerfung der Einheimischen durch die deutschen Machtträger (Bischöfe, Ritterorden, Vasallen) war in Form von Verträgen erfolgt, doch Gebietsteilungen und Streitigkeiten um die jeweilige Dominanz nahmen keine Rücksicht auf bestehende Siedlungsgrenzen. Selbst päpstliche Interventionen scheiterten angesichts der Besitz- und Erweiterungsinteressen der deutschen Eroberer. Die Unterwerfung der südlich herrschenden Litauer gelang dem Deutschen Orden jedoch nie. Bereits aus der Zeit der Eroberung des Baltikums resultierten Spannungen und Rivalitäten zwischen bischöflicher und Ordensmacht, die – unter wachsender Beteiligung deutscher Vasallen beider Machtzentren – im Rahmen des alt-livländischen Herrschaftsbereiches auf den sog. Ständetagen beigelegt wurden. Ein letzter Aufstand der autochthonen Bevölkerung in den Jahren 1343–1345 wurde in gemeinsamer Anstrengung mit den Dänen niedergeworfen, so dass nach 1346 der Deutsche Orden, der den dänischen Teil Estlands erwarb, die Einheit des Landes garantierte.

Der sich entwickelnde alt-livländische Ständestaat zeichnete sich nicht dadurch aus, dass eine zielgerichtete Ansiedlung deutschsprachiger bäuerlicher Bevölkerung forciert worden wäre; Adlige und deren Nachkommen sowie städtische Bürger aus deutschen Landen kamen in die baltische Region, um dort angesichts territorialer und ständischer Zersplitterung Freiräume für die eigene Machtsicherung und -erweiterung zu finden. Für die sich entwickelnden Feudalherren war es zudem sehr viel leichter, sich der Arbeitskraft der allmählich auf den Bauernstand herabgedrückten einheimischen Bevölkerung zu bedienen. Der Antagonismus zwischen Erzbischöfen und Ordensmeistern im 14., 15. und 16. Jahrhundert gipfelte auch in kriegerischen Auseinandersetzungen, unter denen neben den Vasallen der jeweiligen Mächte und den Bürgern der größeren Städte Riga, Reval (estn. Tallinn) und Dorpat (estn. Tartu) auch die bäuerliche, estnisch- und lettischsprachige Bevölkerung litt. Die Konfliktparteien destabilisierten zunehmend den Ständestaat, der seit Beginn des 16. Jahrhunderts seinem Untergang entgegenging.

Ein letztes Mal gelang es zwar noch dem Livländischen Ordensmeister Wolter von Plettenberg,[7] die auseinanderdriftenden Kräfte Alt-Livlands zu einen – im Kampf gegen das Großfürstentum Moskau, einen äußeren Feind, der sich bereits im 15. Jahrhundert anschickte, die „Sammlung der russischen Erde" bis an die Küsten der Ostsee voranzutreiben. Ivan III. musste nach der Niederlage seiner Truppen gegen die Ordensstreitmacht am Smolinasee (nahe Pskov) 1502 die Unabhängigkeit Alt-Livlands anerkennen und sie in mehreren Verträgen bis zur Mitte des 16. Jahrhunderts garantieren. Im Innern des altlivländischen Ständestaates erschütterte jedoch in dieser Phase äußeren Friedens und Wohlstands die Reformation das katholisch geprägte Staatswesen funda-

---

6 Hierzu prägnant und umfassend Goehrke 2002, vgl. auch Kala 2001. Zu den livländisch-russischen Beziehungen v. a. Selart 2007.
7 Zu seiner Person vgl. Angermann u. Misāns 2001.

mental (Schmidt 2002). Die neue Lehre erfasste v. a. die Bevölkerung der reichen Städte, während der Ordensmeister dem alten Glauben verhaftet blieb. Die Umbildung des Ordensstaates in einen dynastischen Fürstenstaat (wie in Preußen geschehen) erwies sich als undurchführbar, der Anachronismus eines Ordens- und Bischofsstaates zerbrach unter dem Angriff Ivans IV. während des Livländischen Krieges 1558–1582/83. Die deutschen Herren im Land unterwarfen sich – nach knapp 300 Jahren ständischer Herrschaft – den Nachbarmächten Schweden und Polen-Litauen, sodass im Ergebnis des Krieges der Ständestaat eine Teilung erfuhr: Der Norden der baltischen Region fiel unter dem Namen Estland an die schwedische Krone, die Mitte des Gebiets wurde als Livland dem Königreich Polen-Litauen einverleibt, während der Süden als Herzogtum Kurland unter die Lehnshoheit Polen-Litauens gestellt wurde. Die estnische Insel Ösel (estn. Saaremaa) fiel zunächst an Dänemark und wurde 1645 ebenfalls an Schweden angegliedert. Diese administrative Einteilung wurde bis 1917 – auch unter der Herrschaft Russlands – beibehalten.

Zum ersten Mal gelang es der deutschsprachigen Oberschicht trotz kriegerischer Verheerungen und trotz des Untergangs ihres Staatswesens, angesichts der konkurrierenden Interessen der Nachbarmächte die eigene Position zu bewahren, zu festigen und in Teilen sogar auszubauen.[8] Die neuen Herren Schweden und Polen-Litauen erkannten die korporativen Zusammenschlüsse der Vasallen – die Ritterschaften – und die Stadtobrigkeiten als legitime Provinzvertreter an und schlossen mit ihnen Unterwerfungsverträge. Das deutsche Recht wurde Landesrecht, die deutsche Sprache blieb Landessprache und die lutherische Kirche Augsburgischer Konfession wurde Landeskirche. Dadurch wurden dem deutschen Lehnsadel seine Rechte über die leibeigenen lettischen und estnischen Bauern garantiert, die bei dem gravierenden Herrschaftswechsel im 16. Jahrhundert keine Möglichkeit hatten, ihren Interessen Geltung zu verschaffen. Wer der Oberschicht angehörte, war „deutsch", die Unterschicht waren die „Undeutschen" – treffender lässt sich das Verhältnis von Macht und Ohnmacht im baltischen Raum seit dem 16. Jahrhundert – und bis ins 20. Jahrhundert hinein – nicht umschreiben.[9] Kontinuität und Autonomie – dieses Begriffspaar kennzeichnet die Stoßrichtung politischen Handelns, die für die deutsche Oberschicht, sei sie als Gutsherr auf dem Land, als Patrizier und Handwerker in der Stadt oder als Kleriker in Stadt und Land ansässig, maßgeblich und bestimmend wurde.

Zwischen Schweden und Polen-Litauen zog sich der Konflikt um die Dominanz im baltischen Raum bis 1629 hin – Schweden behielt die Oberhand.[10] Die deutschbaltische Oberschicht war erneut der Gewinner: die protestantische Bevölkerung Livlands löste sich vom katholischen Polen-Litauen und wurde Teil des schwedischen Königreichs.

---

8   Dieses Phänomen wird von Rexheuser 1991 sehr anschaulich beschrieben.
9   Eine wichtige Publikation gerade zur sozialgeschichtlichen Komponente der Geschichte des Baltikums ist Johansen u. Mühlen 1973.
10 Grundlegend hierzu immer noch Loit u. Piirimäe 1993.

Der Landadel konnte, begünstigt durch die ökonomischen und militärischen Erfordernisse des schwedischen Zentralstaats, die ritterschaftliche Selbstverwaltung ausbauen und seine autonome Stellung bzw. den Einfluss so weit ausbauen, dass Estland und Livland typische Adelsländer wurden, in denen das Repräsentationsorgan, der Landtag, ausschließlich aus Rittergutsbesitzern bestand. Allein Riga vermochte seinen Sitz zu behalten. Die ständischen Privilegien der Deutschbalten gerieten jedoch trotzdem Ende des 17. Jahrhunderts in Gefahr, als die Stockholmer Regierung einige Reformen durchzusetzen begann: Man war bestrebt, die leibeigenen Bauern vor gutsherrlicher Willkür zu schützen und ihnen auch bessere Bildung angedeihen zu lassen – vor allem angesichts religiöser Indifferenz der bäuerlichen Bevölkerung. Aus dieser Zeit stammen verstärkte Anstrengungen lutherischer Pastoren, in der Landessprache zu predigen und die Heiligen Schriften in die Volkssprache zu übersetzen. Die estnische und die lettische Schriftsprache sind „Kinder der Reformation", um die Entwicklung und Verschriftlichung haben sich unbestritten vor allem deutsche und schwedische lutherische Pastoren verdient gemacht. In diesem Zusammenhang verdient auch die Gründung der ersten Universität im Baltikum Erwähnung, die Academia Gustaviana zu Dorpat, gestiftet von Gustav II. Adolf als lateinisch-schwedische Universität nach dem Vorbild Uppsalas.

Gravierender für die deutschbaltische Oberschicht war ein weiteres Reformvorhaben des schwedischen Königs. Die vom schwedischen Reichstag 1680 beschlossene Güterreduktion, die die Eigentumsverhältnisse an Grund und Boden zu überprüfen hatte und vor allem in Livland eine weitgehende Gefährdung der Besitzrechte deutschbaltischer Adliger bedeutete, sollte auf Livland ausgedehnt werden und führte angesichts des adligen Widerstandes zur Aufhebung der ritterschaftlichen Selbstverwaltung und des sog. „Landesstaates" im Jahre 1694. Die Autonomie der Oberschicht war in Gefahr, so dass sich bald die Frage deutschbaltischer Loyalität gegenüber der schwedischen Krone stellte. Ein Livländer, Johann Reinhold von Patkul – seit dem 17. Jahrhundert kennen wir die lokale Regionalzuordnung deutschbaltischer Adliger als Est-, Liv- bzw. Kurländer –, war durch konspirative Tätigkeit maßgeblich am Ausbruch der nächsten größeren Militärauseinandersetzung um das Baltikum beteiligt. Im Nordischen Krieg (1700–1721) kämpfte Schweden gegen die Koalition aus Polen-Litauen, Russland und Dänemark um seine Vorherrschaft: König Karl XII. konnte nach anfänglichen Erfolgen nicht verhindern, dass das schwedischen Dominium maris Baltici bald der Vergangenheit angehörte und das russische Zarenreich unter Peter dem Großen im Baltikum das „Fenster nach Westen" aufstieß.

2 Deutsche und Deutschbalten im 18. und 19. Jahrhundert

Mit den Kapitulationen von 1710 und im Friedensvertrag von Nystad 1721 gelang es den deutschbaltischen Ritterschaften und Städten zum zweiten Mal, einen drohenden Machtverlust zu verhindern, ja, mehr noch, die bestehenden Rechte zu bestätigen und sogar noch zu erweitern. Der tatsächliche Landbesitz der deutschbaltischen Gutsherren erhielt Rechtsform, so dass man bis zum Ende des 19. Jahrhunderts von den „deutschen" Ostseeprovinzen Russlands sprach, obwohl die Deutschen hier nur eine dünne Oberschicht stellten. Während anderswo in Europa der absolutistische Fürstenstaat über den Adel triumphierte und die Macht zentralisierte, wahrten die Ritterschaften in den baltischen Provinzen ihre politische Eigenständigkeit und waren immer darauf bedacht, Ansätzen von staatlichem Zugriff auf die eigene Autonomie möglichst schnell und deutlich zu begegnen.

Die Folgen des Nordischen Krieges waren zunächst verheerend. Aufgrund der militärischen Operationen und der Ausbreitung der Pest dürfte vor allem die ländliche Bevölkerung, Esten, Letten und Deutschbalten gleichermaßen, gelitten haben. Die Städte erholten sich hingegen von den Schrecken des Krieges am schnellsten – die Stadtmagistrate profitierten von den neuen Handelsmöglichkeiten innerhalb des russischen Riesenreichs, während die lettische und estnische Bauernbevölkerung sich mit einer weiteren Verschlimmerung der rechtlichen Situation und einer allumfassenden Ausbeutung der Arbeitskraft im System der Leibeigenschaft konfrontiert sah. Die staatliche und gutsherrliche Willkür traf die „Undeutschen" mit voller Härte und erst gegen Ende des 18. Jahrhunderts lassen sich staatliche und aufklärerisch motivierte Reformansätze erkennen.

Die Verbindungen der deutschbaltischen Oberschicht ins deutsche Kaiserreich waren in der zweiten Hälfte des 18. Jahrhunderts so eng wie nie zuvor. Zahlreiche Est-, Liv- und Kurländer studierten an deutschen Universitäten, Vertreter bürgerlicher Berufe fanden in den baltischen Provinzen viel leichter Arbeit und Brot als in den deutschen Ländern. Einwanderer fanden Pfarr- und Lehrerstellen (sog. Hofmeister), aus denen sich der Stand der „Literaten" entwickelte, dem neben Pastoren und Lehrern auch andere akademisch Gebildete angehörten. Diese Intellektuellen der Aufklärung[11] brachten neue geistige Impulse ins Land, geprägt vor allem von pietistischem Gedankengut. Führende Geistesgrößen aus Deutschland wirkten in den Ostseeprovinzen, u.a. Johann Gottfried Herder oder Johann Georg Hamann. Die städtische Kultur in Riga, aber auch in Mitau (lett. Jelgava) zog Akademiker und Literaten in die baltische Region, in der sich aufklärerische Ideen artikulierten, vor allem in Bezug auf die sozialen Verhältnisse. Die Ideen von Freiheit und Menschenwürde, zumeist artikuliert von Theologen, gerieten in Konflikt mit der elenden und rechtlosen Lage der einheimischen Bauern; die Leibeigenschaft wurde von diesen Personen, so z.B. Johann Georg Eisen oder Peter Ernst Wilde, als unerträgliche Schmach gekennzeichnet. Der bekannteste unter ihnen, der Journalist Garlieb Helwig Merkel, publizierte seine Anklageschrift „Die Letten, vorzüglich in Liefland …" in Leipzig 1796 und prangerte das menschenverachtende System der Leibeigenschaft mit scharfen Worten an (Heeg 1996).

---

11 Hierzu vgl. Elias 1996. Zum wohl wichtigsten Vertreter der Aufklärung im Baltikum Jürjo 2006.

Die Lösung der Bauernfrage wurde zur alles entscheidenden innenpolitischen Frage in den deutschbaltisch dominierten Ostseeprovinzen vom Ende des 18. bis weit ins 19. Jahrhundert hinein.[12] Unter Katharina II. begann die russische Staatsmacht vermehrt, auf Reformen auf diesem Gebiet zu drängen, und erste Initiativen wurden mit Hilfe aufgeklärter Literaten in die Wege geleitet bzw. die deutschbaltischen Ritterschaften gezwungen, sich mit der Frage bäuerlicher Reformen zu beschäftigen. Die Zarin hatte noch weitergehende Pläne und sah die baltischen Provinzen als Modellfall und Experimentierfeld für Reformen im gesamten Zarenreich. Um weitere Quellen für staatliche Einkünfte zu erschließen, sollten unbequeme Privilegien und Autonomierechte, gerade in den Provinzen Estland, Livland und Kurland, verändert werden, so dass z. B. im Rahmen der von der Zarin durchgeführten Statthalterschaftsverfassung (Elias 1978) vor allem die städtischen Freiheiten spürbar beschnitten wurden. Erneut sahen sich die deutschbaltischen Ritterschaften sowie die deutsch bestimmten Stadtverwaltungen in den Provinzen in der Gefahr, Autonomie und Machtkontinuität zu verlieren. Mit dem Tode Katharinas im Jahr 1796 war der „Spuk der Reformen" vorbei, ihr Sohn Paul I. kassierte die Veränderungen seiner Mutter und kehrte zu den altbewährten Privilegien und Autonomiegewährungen für die Ritterschaften zurück.

Mit der Machtübernahme durch Alexander I. im Jahr 1801 bekam die Diskussion um Agrarreformen neue Nahrung. Er unterstützte reformfreundliche Landadlige und gewährte unter dem Einfluss des zeitgenössischen Wirtschaftsliberalismus in den Jahren 1816, 1817 und 1819 eine Bauernbefreiung, die jedoch aufgrund der fehlenden Zuteilung von Landeigentum an die Bauern scheitern musste. Es waren weniger die Initiativen von deutschbaltischer Seite, die diese Reform in die Realität umsetzten, sondern das Bemühen der zarischen Bürokratie. Doch die sich daran anschließenden, immer gewalttätiger werdenden Bauernunruhen in den Ostseeprovinzen ließen selbst die deutschbaltischen Gutsherren zu der Erkenntnis kommen, dass das altüberkommene Wirtschaftssystem an seine Grenzen gekommen war. Die willkürliche, grenzenlose Ausbeutung der bäuerlichen Arbeitskraft führte zu sozialem Unfrieden und fehlender Kaufkraft im Lande, die entstehenden Monokulturen (Getreide, Kartoffeln) schufen zusätzliche finanzielle Abhängigkeiten für die Gutsbesitzer. Schließlich reifte bei Teilen der Ritterschaften Mitte des 19. Jahrhunderts die Überzeugung, dass eine zweite Reformetappe unvermeidlich sei. Diese führte – im Rahmen langer Übergangsfristen – zur Trennung von Gutsland und Bauernland, zur Ablösung der Fronpacht durch Geldpacht und zum Übergang von Pachthöfen in bäuerlichen Besitz. Erstmals wurde der bislang in ihren Rechten eingeschränkten estnischen und lettischen Bevölkerung eine Möglichkeit eröffnet, Autonomie und ökonomischen Fortschritt zu erzielen. Im Ergebnis machte der eigenbesitzliche Bauernstand jedoch nur ein knappes Drittel der Landbevölkerung aus, die Masse der landarmen oder landlosen Agrarbevölkerung wurde von diesen Reformen nicht berück-

---

12 1795 war Kurland im Zuge der dritten Teilung Polens ebenfalls an das Zarenreich gefallen.

sichtigt, was die Spannungen zwischen Landbevölkerung und deutschbaltischen Gutsherren spürbar verschärfte.[13]

Im Zuge der Agrarreformen zu Beginn des 19. Jahrhunderts wurde der Ausbau des muttersprachlichen lettischen und estnischen Grundschulwesens auf dem Lande vorangetrieben. Dieser erfolgte in enger Zusammenarbeit zwischen Ritterschaften und evangelisch-lutherischer Landeskirche, die sich die Oberaufsicht über das Schulsystem sichern wollten. Zwar wurde nun erstmals in größerem Maßstab Bildung für die bäuerlichen Schichten ermöglicht, doch die Diskrepanz der Bildungschancen blieb bestehen. Wer eine höhere Bildung und damit gesellschaftlich angesehene Berufe anstrebte, musste in der deutschsprachigen Oberschicht aufgehen, musste seine ethnischen Wurzeln verlieren und sich dem Deutschen assimilieren. Auch im 19. Jahrhundert galt: wer „deutsch" war, war oben, wer „estnisch" oder „lettisch" war, blieb unten.[14]

Die Universitas Dorpatensis entwickelte sich im 19. Jahrhundert zu dem wohl wichtigsten deutschbaltischen kulturellen Zentrum der baltischen Region. Für ca. 100 Jahre hatte die Universität ihre Tore geschlossen und wurde erst unter Alexander I. 1802 wiedereröffnet – als deutschsprachige, autonome Hochschule mit dem Recht, Professoren aus dem Ausland zu berufen. Diese kleine „Gelehrtenrepublik" veränderte die ständische Welt der Provinzen und trug zu einer zeitweisen Annäherung des Adels und der Literaten bei, d. h. zu einer gewissen Feudalisierung des gebildeten Bürgertums. Die Hochschule förderte die kulturelle Eigenständigkeit des baltischen Deutschtums, diente als Integrationsort für die Est-, Liv- und Kurländer und öffnete ihre Tore auch für diejenigen aus der estnischen und lettischen Bevölkerung, die sich dem Deutschtum assimilieren wollten. Julius Eckardt bezeichnete sie als „Herz des Landes", als Vorschule für den Dienst in den autonomen Verwaltungskörperschaften, in denen sich das deutschbaltische politische Bewusstsein herausbildete und Generationen deutschbaltischer Akademiker prägte.

Die Blütezeit der Universität fällt in die zweite Hälfte des 19. Jahrhunderts, als sich die Einzelfächer immer stärker als exakte Wissenschaften profilierten. Unter Alexander II. ließ behördlicher Druck nach und unter dem Einfluss einzelner Forscherpersönlichkeiten galt die Dorpater Hochschule als wichtige Bildungsinstitution im Ostseeraum, die auch in das gesamte russische Imperium ausstrahlte. Einen internationalen Ruf erwarb sich Dorpat vor allem durch die Medizinische Fakultät, doch auch die Theologische Fakultät hatte eine besondere Bedeutung. Deutschbaltische Forschungsreisende und Seefahrer zeichneten sich zudem durch internationale Leistungen bei der Erforschung der russischen Flora und Fauna, der Geografie und Geologie aus, deren Ergeb-

---

13 Zu Fragen der Agrarproblematik im Baltikum vgl. die große Anzahl von Publikationen des estnischen Historikers Juhan Kahk et al. 1999.
14 Die Eigenbezeichnung „Este" (estn.: eestlane) stammt erst aus dem 19. Jahrhundert. Bis dahin bezeichneten sich die bäuerlichen, Estnisch sprechenden Gruppen nur als „Landvolk" (estn.: „maarahvas").

nisse im Weltmaßstab gewürdigt wurden.[15] Die Universität war in erster Linie für die Deutschbalten eine Alma mater, für die zunehmend nationalbewussten Esten und Letten konnte sie das nur eingeschränkt sein.

Im 19. Jahrhundert zeichnete die Deutschbalten eine fast sprichwörtliche Zarentreue aus, die sich in der großen Zahl hoher und höchster Staatsämter im Russischen Reich widerspiegelte. Im Zeitalter von „nationalem Erwachen" erschien dies als Anachronismus, der seine Erklärung in der Konservierung ständestaatlicher Überzeugungen der deutschbaltischen Oberschicht, v. a. der Ritterschaften, hatte. Dieser russische Reichspatriotismus wurde gerade am Anteil des deutschbaltischen Adels im kaiserlich-russischen Offizierskorps sichtbar, der am Ende des 18. und in der ersten Hälfte des 19. Jahrhunderts immens war. Die landesstaatliche Autonomie der Ostseeprovinzen wurde noch verstärkt durch die Kodifizierung des baltischen Ständerechts und der Behördenverfassung. Allein Ritterschaftsangehörige (Gutbesitzer) besetzten die Landesämter mit dem Recht der Steuerbewilligung und der Gesetzesinitiative; der russische Gouverneur hatte das Aufsichtsrecht. Andererseits erwartete man staatlichen Schutz im Falle sozialer Unruhen. Das System konnte jedoch nur in einer patriarchalischen, vorindustriellen, protonationalen Agrargesellschaft funktionieren.

In der zweiten Hälfte des 19. Jahrhundert wurde die privilegierte Stellung der Deutschbalten zunehmend in Frage gestellt, und dies von zwei Seiten: von „unten" durch die national selbstbewussteren Esten und Letten, die eine stärkere Berücksichtigung ihrer ökonomischen und auch stärker politischen Forderungen bis hin zur Gleichstellung mit den Deutschbalten einforderten; und von „oben" durch den großrussischen Nationalismus oder Panslawismus, der seit Alexander II. an Einfluss gewann. Unter dem Einfluss der deutschen Romantik und der Aufklärung, maßgeblich betrieben von deutschbaltischen Pastoren und Gelehrten, den sog. Esto- und Lettophilen, entstanden Zentren nationaler Identitätsbildung in Dorpat und Riga, wobei sich die deutschbaltischen Estophilen aktiv an ausgesprochen nationalen Plänen der Esten beteiligten.[16] Neben kulturellen wurden zunehmend auch soziale und nationale Forderungen der Bauernbevölkerung laut, und hier verkannte man von deutschbaltischer Seite lange Zeit den elementaren Charakter der neuen Bewegung. Ohne Verständnis für den Wunsch der Esten und Letten, höhere Bildung in der Muttersprache zu erlangen, ging man wie selbstverständlich davon aus, die „Nationalen" würden im Deutschtum aufgehen. Eine Zusammenarbeit mit Esten

---

15 Einige Namen seien hier erwähnt: Karl Ernst von Baer, Alexander Theodor von Middendorff, Gregor von Helmersen, Friedrich Schmidt, Eduard Baron von Toll, Adam Johann von Krusenstern, Fabian von Bellingshausen, Otto von Kutzebue, Ferdinand Baron von Wrangell, Adolf von Harnack, Ernst von Bergmann, Jakob Baron von Uexküll, Gustav Tammann, Wilhelm Ostwald, Georg Dehio, Theodor Schiemann, Johannes Haller, Leopold von Schroder u. v. a. m. Vgl. zu wichtigen Persönlichkeiten der deutschbaltischen Geschichte v. a. Lenz 1970 sowie die Online-Version auf www.balt-hiko.de Zugegriffen: 1.1.2011.
16 Erwähnt sei hier die Herausgabe des estnischen Volksepos „Kalevipoeg" (1857 ff.).

und Letten wurde immer problematischer und kam Ende des 19. Jahrhundert fast vollständig zum Erliegen.

Vor allem nach der nationalen Einigung Deutschlands unter Bismarck wurden die Deutschbalten in den „westlichen Grenzmarken" von Petersburg und Moskau aus mit zunehmendem Misstrauen beobachtet und es wurde gefordert, die Autonomierechte zu beseitigen. Die Verschmelzung der beiden Initiativen von unten (estnisch-lettisch) und oben (national-russisch) konnte jedoch nicht gelingen, nachdem deutlich wurde, dass nach der Ermordung Alexanders II. 1881 eine Politik der administrativen und kulturellen Zentralisierung, von vielen als „Russifizierung" bezeichnet, auf der Tagesordnung stand. Der Forderung des Slawophilen Jurij Samarin, die Privilegien der Deutschbalten zu beseitigen, wurde vom Professor für Geschichte an der Universität Dorpat, Carl Schirren, in der „Livländischen Antwort" begegnet, indem er das nationale Eigenrecht der Provinzen verteidigte und unter der Losung „Feststehen und Ausharren" für die deutschbaltische Bildungsschicht programmatische Überlegungen aussprach. Diese Verteidigung überkommener Rechtspositionen förderte jedoch einen konservativen Immobilismus, der sich gegen Reformen der ständischen Landesverfassung wandte und damit eine Abwehrhaltung einnahm, die sich einer perspektivischen Neuordnung der Ostseeprovinzen endgültig versperrte.

Die zunehmend als bedrückend empfundenen Unifizierungsreformen führten zu einer ersten großen Rückwanderungswelle ins Deutsche Reich, in deren Folge Intellektuelle, Akademiker, Historiker und Publizisten der baltischen Heimat den Rücken kehrten, um in Berlin bzw. im Reich Einfluss auf die öffentliche Meinung zu nehmen. Diese von Abwehr gekennzeichneten, von ihrer Kulturmission überzeugten Deutschbalten agitierten gezielt gegen das Zarenreich, so dass ihre Beteiligung an Annexionsabsichten, die sich im Ersten Weltkrieg deutlich artikulierten, nicht von der Hand zu weisen ist.

Mit dem Regierungsantritt Alexanders III. 1881 begann eine konsequente Zentralisierungspolitik in den Provinzen. Die Konversionsbewegung zur orthodoxen Staatskirche wurde unterstützt, die russische Sprache in Behörden und Ämtern sowie in der Schule eingeführt. Die ständischen Gerichtsorgane wurden durch staatliche ersetzt und die Universität Dorpat wurde russifiziert.[17] In den Provinzen selbst hatten sich seit den 1860er Jahren soziale, wirtschaftliche und politische Wandlungen vollzogen, die das alltägliche Leben spürbar veränderten. Industrialisierung und Urbanisierung, die Einführung der Gewerbe- und Passfreiheit ließen die althergebrachten Formen des Zusammenlebens von Ober- und Unterschicht anachronistisch erscheinen. Mit dem Ausbau von Schwerindustriebetrieben entstand eine estnisch und lettisch dominierte Arbeiterschaft, die soziale und politische Forderungen artikulierte. Die nationale Zusammenset-

---

17 Grundlegend hierzu immer noch Thaden 1983.

zung der städtischen Bevölkerung veränderte sich fast schlagartig,[18] so dass die Deutschbalten, die niemals mehr als 10 % der Bevölkerung ausgemacht hatten, in Handel und Gewerbe sowie in der Beamtenschaft zunehmend von Esten und Letten abgelöst wurden. In der ständisch gegliederten, konservativen deutschbaltischen Gesellschaft fanden sozialdemokratische oder klassenkämpferische Ideen keinen Boden, so dass man die Berechtigung und Dynamik sozialer Unzufriedenheit bei anderen Nationalitäten lange verkannte.

Diese Unzufriedenheit entlud sich in der Revolution von 1905/07, die von Petersburg auf die Ostseeprovinzen übergriff und sich v. a. gegen die deutschbaltischen Gutsbesitzer und die Landpastoren richtete, die Stützen des Feudalsystems. Estnisches und lettisches städtisches und ländliches Proletariat sowie Bürgertum und Intelligenz verbanden ihre ökonomischen Forderungen mit der Idee von weitergehender Autonomie. Im Herbst 1905 eskalierte die Gewalt vor allem im lettischsprachigen Gebiet. Dem revolutionären Terror begegnete man von deutschbaltischer Seite mit Gegenterror, drakonischen Vergeltungsmaßnahmen und mit Strafexpeditionen, was eine unüberbrückbare Entfremdung zwischen der deutschbaltischen Oberschicht und der estnischen und lettischen Bevölkerungsmehrheit hervorrief. Damit wurde das Ende der patriarchalischen Verhältnisse in Liv-, Est- und Kurland eingeläutet. Die national konnotierten Bevölkerungsgruppen organisierten sich in ihren Milieus und für die Deutschbalten war die „nationale Selbsthilfe", die Organisation politischer, sozialer, kultureller und wirtschaftlicher Zusammenschlüsse (z. B. Vereine) auf der Grundlage ethnischer, d. h. hier deutschbaltischer Zugehörigkeit, der Ausweg aus dem Dilemma, die eigene Existenz weiter zu begründen. Ein Miteinander in der gemeinsamen Heimat war unmöglich geworden, allenfalls soziale Parallelwelten charakterisierten die Ostseeprovinzen für die wenigen Jahre bis zum Ausbruch des Ersten Weltkriegs.

3 Die Deutschbalten als Minderheit in der Zwischenkriegszeit

Mit dem Ausbruch des Krieges im Sommer 1914 eröffnete sich für die Deutschbalten in den Ostseeprovinzen ein Konflikt zwischen ihrer Treuepflicht gegenüber dem Zaren und ihren nationalen Überzeugungen als Deutsche. Das Klima im Zarenreich war geprägt von einem ständig zunehmenden Misstrauen, von Verdächtigungen und Denunziationen, so dass die sprichwörtliche deutschbaltische Zarentreue an ein Ende kam; nationale Solidarität mit dem Deutschen Reich verdrängte die einstige Reichstreue. Mit dem Ausbruch der Russischen Revolution im Februar 1917 und den sich daran anschließenden gravierenden Einschnitten in die politische, ökonomische und soziale Ordnung

---

18 In Riga stieg der Anteil der Letten von 1867 bis 1897 von 23,5 auf 41,64 %, in Reval stieg der Prozentsatz der Esten im gleichen Zeitraum von 51,8 auf 88,7 %. Hierzu v. a. Hirschhausen 2006; Wohlfart 2006; Jansen 2004.

der Ostseeprovinzen[19] schien der Ruin der Deutschbalten nur noch eine Frage der Zeit zu sein.[20] Von deutschbaltischer Seite wurden deshalb Kontakte zur Reichsleitung bzw. zur Obersten Heeresleitung geknüpft, um eine deutsche Besetzung Estlands und Lettlands zu erreichen. Der Sieg der Bolschewiki in der Oktoberrevolution 1917 schien alle Befürchtungen von deutschbaltischer Seite zu bestätigen. Während die estnischen und lettischen Politiker eine betont nationalstaatliche Konzeption mit einer Agrarreform auf Kosten der Großgrundbesitzer ins Auge fassten, gingen die Vertreter der deutschbaltischen Ritterschaften einen konträren Weg. Schon während der Kriegsjahre waren im Deutschen Reich Pläne einer Besiedlung und Eindeutschung des Baltikums aufgekommen und am 28. Januar 1918 erklärten die Ritterschaften die „Unabhängigkeit Livlands und Estlands" unter Berufung auf das Selbstbestimmungsrecht der Völker – sie waren der Überzeugung, die Bevölkerung der Ostseeprovinzen zu repräsentieren – und baten die deutsche Reichsleitung, den Schutz der beiden Provinzen zu übernehmen. Von den Bolschewiki für „vogelfrei" erklärt, wurden mehrere hundert Deutschbalten verhaftet und nach Sibirien deportiert. Die Hilferufe an Wilhelm II., Hindenburg und Ludendorff beschleunigten den deutschen Vormarsch ins Baltikum und den Abschluss des Friedensvertrages von Brest-Litowsk zwischen dem Deutschen Reich und Sowjetrussland.

Auf die Unabhängigkeitsbestrebungen der Esten und Letten schien man keine Rücksicht nehmen zu müssen. Die Unabhängigkeitserklärung des Rettungskomitees des estnischen Maapäev vom 24. Februar 1918 war in deutschbaltischen Augen nur ein unwichtiges Zwischenspiel auf dem Weg des Baltikums unter den Schutz des Deutschen Reiches. Diese neu entdeckte Schicksalsverbundenheit der Deutschbalten mit Deutschland gipfelte in einer Verkennung der tatsächlichen Machtverhältnisse im zu Ende gehenden Weltkrieg. Während in den Provinzen die deutsche und deutschbaltische Vormachtstellung befestigt wurde und sogar die Universität Dorpat als deutsche Landesuniversität ihre Tore öffnete, ging das Deutsche Kaiserreich unter und mit ihm verschwanden die drei Kaiserreiche, die Ostmittel- und Osteuropa seit dem Wiener Kongress dominiert hatten. Im November 1918 fanden sich die Deutschbalten in Estland und Lettland nicht mehr als dominante Oberschicht wieder, sondern als nationale Minderheit, die eine neue Existenz in zwei neuen Staaten suchen musste.[21]

Während sich die Deutschbalten in Estland sehr schnell als wichtige Stützen der neuen estnisch-nationalen Regierung erwiesen und das „Baltenregiment" als militärische Einheit den Kampf Estlands gegen die Bolschewiki unterstützte, waren die Verhält-

---

19 Anfang April 1917 wurden die Verwaltungseinheiten der Provinzen neu geordnet, das estnische und lettische Sprachgebiet wurde voneinander getrennt, so dass Alt-Estland und Nordlivland zusammengefasst wurden, ebenso wie Südlivland und Kurland. Auf Grundlage demokratischer Wahlen wurde in Estland ein Landtag (estn. Maapäev) ins Leben gerufen, dessen Zusammensetzung die Deutschbalten boykottierten.
20 Grundlegend zu den entscheidenden Entwicklungen am Ende des Ersten Weltkrieges Hehn, Rimscha u. Weiss 1971, 1977.
21 Für die Zeit von 1918 bis 1940 vgl. Garleff 1976, vgl. auch Meissner, Loeber u. Hasselblatt 1996.

nisse in Lettland sehr viel komplizierter. Hier waren nach der deutschen Kapitulation Teile der deutschen Militärmacht im Lande geblieben und hatten sich zu reichsdeutschen Freikorpseinheiten zusammengeschlossen. Deren Vertreter favorisierten eine deutschorientierte Politik, was zum einen den Kampf gegen die Rote Armee bedeutete, aber auch Pläne zur Wiederherstellung der deutschbaltischen Dominanz. Die „Baltische Landeswehr" war maßgeblich an der Rückeroberung Rigas beteiligt, doch spielte sie auch eine unrühmliche Rolle bei der Beseitigung der lettischen Regierung unter Kārlis Ulmanis und der Errichtung eines deutschen Marionettenregimes unter Andrievs Niedra. Im Vormarsch der Landeswehr nach Norden kam es im Juni 1919 zu einem Aufeinanderprallen mit lettischen und estnischen Einheiten, in dessen Verlauf die Deutschbalten geschlagen wurden. Nach der „Schlacht von Wenden" (lett. Cēsis, estn. Võnnu) war jeglicher deutschbaltische Anspruch auf maßgebliche Mitsprache an der Zukunft der baltischen Staaten diskreditiert.

Auch die politische Macht der deutschbaltischen Ritterschaften kam an ein Ende. Bürgerliche Kräfte innerhalb der Deutschbalten bestimmten nun die Politik der Bevölkerungsgruppen in Lettland und Estland. Sie mussten die ersten einschneidenden Maßnahmen der nationalen Regierungen erleben, die in radikalen Agrarreformen 1919/20 bestanden.[22] Von der deutschbaltisch dominierten Historiografie jener Jahre dominiert, galten diese Reformen als „Revolution", als Abrechnung mit der deutschbaltischen Volksgruppe, als Mittel, um die wirtschaftliche und politische Macht des deutschbaltischen Adels für immer zu brechen. Ein weiteres Argument für diese Reformen, die Befriedigung des Landhungers der Massen sowie die Immunisierung gegen bolschewistische Agitation, wurde von deutschbaltischer Seite aus nicht erkannt. Viele Deutschbalten – vor allem adlige Grundbesitzer – sahen für sich keine Zukunft mehr in den neugegründeten baltischen Staaten und wanderten in einer dritten Migrationswelle ins Reich ab.[23] Vertrauen in und Sympathie für die neue parlamentarisch-demokratische Ordnung Estlands und Lettlands konnte bei den Deutschbalten somit nur schwer entstehen.

Die beiden deutschbaltischen Volksgruppen – in Estland und Lettland – schufen sich eigene Volkstumsorganisationen und eigene Parteien, die sie in den Parlamenten der Republiken vertraten. Vor allem im Bildungsbereich waren hier Erfolge zu verzeichnen: In Lettland gelang es bereits 1919, eine Schulautonomie für die eigene Minderheit zu erringen[24] und sich auf vereinsrechtlicher Grundlage in der Deutsch-Baltischen Volksgemeinschaft zusammenzuschließen; in Estland reüssierte die deutschbaltische Minderheit nach langen Diskussionen und Verhandlungen[25] mit einer weitergehenden

---

22 Vgl. hierzu vor allem Rosenberg 1996.
23 Nach der ersten Emigrationswelle im Zuge der Russifizierung am Ende des 19. Jahrhunderts waren auch während und nach der ersten Russischen Revolution von 1905/07 viele Deutschbalten ins deutsche Kaiserreich ausgewandert.
24 Diese ging 1934 während des autoritären Ulmanis-Regimes wieder verloren.
25 Hierzu vgl. Vasara 1995.

Übereinkunft: 1925 verabschiedete das estnische Parlament ein „Gesetz über die Kulturautonomie der Minderheiten", das große Zugeständnisse an die nationalen Minderheiten in Estland[26] beinhaltete: Jeder konnte sich in einem Nationalkataster registrieren lassen, auf dessen Grundlage eine Kulturselbstverwaltung ins Leben gerufen wurde. Vor allem im Bereich des muttersprachlichen Unterrichts und Bildungssystems erzielten die Deutschbalten hier mit Hilfe des Selbstbesteuerungsrechts große Erfolge, immer auch unterstützt von Zahlungen aus dem Reich zur Erhaltung der Kulturarbeit. Den Vertretern der deutschbaltischen Volksgruppen – Paul Schiemann, Werner Hasselblatt und Ewald Ammende – ging es hierbei „um die Herstellung eines guten, partnerschaftlichen Verhältnisses zu den staatstragenden Mehrheitsvölkern in der baltischen Heimat" (Schlau 1995a, S. 87).

Mit der Machtübernahme durch Hitler in Deutschland vertieften sich die Spannungen in Estland und Lettland, verschärft auch durch die autoritären Systeme in den Republiken, die im Jahre 1934 dort Staatsstreiche durchgeführt hatten. Die neue Politik, v. a. der lettischen Regierung, ging immer deutlicher zu Lasten nationaler Minderheiten im Land und bewirkte erneut eine Abwanderung vorwiegend junger Deutschbalten nach Deutschland. Die nationalsozialistische Propaganda Hitler-Deutschlands trug dazu bei, dass völkische Organisationen im Baltikum entstanden, die sich „Bewegung" nannten und offen Verbindungen zur NSDAP suchten. Während in Estland diese Entwicklung kaum festzustellen war, konnte sie in Lettland nicht übersehen werden.

4 Das Ende der Deutschbalten im Baltikum – die Umsiedlung von 1939/41

Mit dem Abschluss des Hitler-Stalin-Paktes vom 23. August 1939[27] wurde der Existenz der Deutschbalten in den baltischen Staaten die Grundlage entzogen. In einem geheimen Zusatzprotokoll des Nichtangriffspaktes wurden die baltischen Staaten Lettland, Estland und Litauen der sowjetischen „Interessensphäre" zugeschlagen und der Willkür Stalins überlassen, der die völlig isolierten baltischen Staaten mit Hilfe von „Stützpunktverträgen" und „Beistandspakten" für die Annexion durch die Sowjetunion vorbereiten ließ. Die damit verbundene Gefahr für die deutschbaltische Bevölkerungsgruppe, unter die Herrschaft der Sowjetunion zu fallen, führte von verschiedener Seite aus zu Initiativen, dieser Bedrohung zu begegnen. Vor allem deutschbaltische Politiker versuchten angesichts der Erfahrungen kommunistischen Terrors aus den Jahren 1917–1919, die Reichsregierung unter Hitler zu umfassender Hilfe zu bewegen. Am 6. Oktober 1939 verkündete Hitler im Reichstag, eine Neuordnung der ethnografischen Verhältnisse in Osteuropa durch Umsiedlung durchführen zu lassen – die vertraglichen Vereinbarun-

---

26 Neben den Deutschbalten waren dies v. a. Russen, Schweden und Juden. Zu Fragen der Minderheitenpolitik in Estland vgl. v. a. Hasselblatt 1996.
27 Zu den Auswirkungen auf die baltischen Staaten Pistohlkors 1990.

gen hierfür waren bereits in den Wochen vorher getroffen worden. Die in ihrer Mehrzahl völlig überraschten Deutschbalten in Estland und Lettland wurden zur „Rückkehr ins Reich" aufgerufen und die überwältigende Mehrheit der deutschen Bevölkerungsgruppe in diesen Staaten folgte der Aufforderung, die alte Heimat für immer zu verlassen. Die Furcht vor Bolschewisierung war der Motor für die meisten, auch wenn die Geschlossenheit, mit der die Deutschbalten dem „Ruf des Führers" folgten, späterhin als Ergebnis einer bereits vollzogenen Gleichschaltung interpretiert wurde. Die meisten Deutschbalten verstanden die Flucht als letzte Rettung vor einer Gefahr, vor der sie nur Hitler-Deutschland bewahren konnte.[28]

Vom 15. Oktober bis 15. November 1939 wurde die Umsiedlung[29] durchgeführt, zumeist von den Deutschbalten selbst organisiert. Aus Estland brachen 14 368 Personen nach Westen auf, aus Lettland waren es 52 498 Menschen (Schlau 1995a, S. 91). Das zurückgelassene Vermögen wurde einer Treuhand-Gesellschaft übergeben und zur Verrechnung von Warenlieferungen aus der Sowjetunion verwendet. Die Neuansiedlung der Deutschbalten erfolgte in den „Reichsgauen" Wartheland und Danzig-Westpreußen, die von Polen erobert worden waren (Volkmann 1981). Dort übernahmen sie den beschlagnahmten polnischen Besitz, nachdem die früheren Eigentümer von Nazi-Deutschland vertrieben worden waren. Während einer Nachumsiedlung 1941 folgten ca. 17 000 weitere Personen, Deutschbalten, aber auch Esten und Letten, die verwandtschaftliche Verbindungen zur deutschbaltischen Volksgruppe nachweisen konnten. Nur wenige Deutschbalten blieben in der alten Heimat zurück – nach mehr als 700 Jahren hatte die deutsche Bevölkerungsgruppe an der Ostküste der Ostsee zwangsweise eine neue Heimat gefunden.

Kurzzeitig träumten einige – nach dem Überfall Hitler-Deutschlands auf die Sowjetunion im Juni 1941 – von einer Rückkehr in die Heimat.[30] Dies erwies sich jedoch als trügerische Illusion. Deutschbaltische Militärangehörige dienten während des Russlandfeldzugs in der Wehrmacht, doch an eine Rückkehr der Bevölkerung in die alte Heimat war von der Regierung Hitler nie gedacht worden.

5 Deutsche im Baltikum und Deutschbalten in Deutschland nach 1945

Abgesehen von einer kleinen deutschsprachigen Minderheit im Baltikum, die im Zuge russlanddeutscher Auswanderung nach Westen, von Kasachstan kommend, im Baltikum „hängengeblieben" ist, kann man heute davon sprechen, dass der Anteil deutsch-

---

28 Einen interessanten Einblick in die estnischen Interpretationen der deutschbaltischen Umsiedlung vermittelt Kivimäe 1995.
29 Von Interesse hierbei eine estnischsprachige Publikation Kivimäe 2000. Interessant auch die Erinnerungen des letzten Vorsitzenden der deutschbaltischen Kulturselbstverwaltung in Estland Weiss (1990).
30 Hierzu v. a. Schröder 2001.

sprachiger Menschen im Baltikum gegen Null geht. Doch diejenigen, die nach Flucht und Vertreibung aus den Ansiedlungsgebieten in den Westzonen der neuen Bundesrepublik Deutschland eine neue Heimat fanden, erinnerten sich nach 1945 ihrer Verbindungen politischer, ökonomischer und auch kultureller Art und empfanden eine Verpflichtung, der „alten Heimat" Unterstützung zukommen zu lassen, was sich in vielerlei Bereichen und Aktivitäten manifestiert, ohne dass man von einer Renaissance deutscher Kultur im Baltikum sprechen könnte. Seit den 1950er Jahren besteht die Aufgabe der jüngeren Generationen deutschbaltischer Herkunft darin, die eigene Kultur vor dem Vergessenwerden zu bewahren als Bindeglieder zwischen Vergangenheit und Zukunft, aber auch als Hilfestellung für Esten und Letten, gerade angesichts der langen sowjetischen Okkupation und der Jahre wirtschaftlicher Schwierigkeiten nach 1991. In privaten Initiativen wurde humanitäre Unterstützung gewährt, beginnend bereits in den 1980er Jahren, wobei der Höhepunkt dieser Maßnahmen angesichts materieller Nöte im Baltikum in der Mitte der 1990er Jahre lag: Spendenaufrufe, Bücherspenden, Päckchensendungen für das alltägliche Leben, Aufnahme von Esten und Letten in Gastfamilien, Stipendien für Studenten aus dem Baltikum, Hilfen für staatliche kommunale Einrichtungen wie Kliniken oder bäuerliche Wirtschaften, humanitäre Hilfe für Suppenküchen, für die Unterstützung von Straßenkindern, für Altenheime, für Rentner, Behinderte und kinderreiche Familien.[31] Ein ausgedehnter Bereich von Hilfsmaßnahmen betraf den kirchlichen Sektor: Unterstützung von Pastoren, Materialspenden für Kirchen, Renovierungsunterstützung, Zuschüsse für Freizeiteinrichtungen, die Sonntagsschularbeit, die Renovierung von Gemeinderäumen u. ä. m.

Der wohl bedeutendste Bereich deutschbaltischer Initiativen in der baltischen Region umfasst den wissenschaftlich-kulturellen: Herausgabe von Zeitschriften und Zeitungen, Durchführung von Konferenzen und Edition wissenschaftlicher Publikationen. In Zeitungen deutschbaltischer Provenienz überwiegen Informationen zur aktuellen Situation, wobei ausführliche Berichte fast ausschließlich um deutschbaltische Befindlichkeiten kreisen. Selten werden Themen behandelt, die eine kritische Würdigung deutschbaltischen Handelns in der Geschichte beinhalten (nationales Erwachen, Bauernbefreiung, Landeswehrkrieg, Agrarreformen des 20. Jahrhunderts), die Fixierung auf die eigene Volksgruppe ist nicht von der Hand zu weisen. Autoren in der Regel lettischer und estnischer Herkunft erhalten Gelegenheit, Themen der älteren baltischen Geschichte darzustellen, die die deutschbaltische Volksgruppe, deren Geschichte und Verdienste zum Thema haben.

Die Carl Schirren-Gesellschaft Lüneburg, das Kulturwerk der deutschbaltischen Landsmannschaft, veranstaltet seit mehr als zehn Jahren Baltische Seminare zu ausgewählten Themen der allgemeinen und Kulturgeschichte des Baltikums. Hier wird die allmähliche Öffnung der Veranstaltungen für Themen nicht-deutschbaltischer Prove-

---

31 Dass diese humanitäre Hilfe aber auch von nicht-deutschbaltischen Personengruppen initiiert wurde (z. B. im Rahmen von Städtepartnerschaften), muss hier nicht besonders hervorgehoben werden.

nienz deutlich, doch sind Veranstaltungen in Erinnerung an die eigene, deutschbaltische Geschichte im Baltikum immer noch in der Überzahl. Die Zusammenarbeit mit lettischen und estnischen Institutionen im Baltikum, die in den 1990er Jahren sehr erfolgreich gestartet war, tritt inzwischen auf der Stelle, da es den baltischen Kooperationspartnern nicht mehr darum geht, die deutschbaltischen Verdienste immer wieder in den Mittelpunkt von Forschungen zu stellen, sondern eine differenziertere Sicht auf die eigene und gemeinsame Geschichte zu wagen, auch unter Einbeziehung kontrovers diskutierter Themen.

Die deutschbaltischen Initiativen im Baltikum waren in den 1980er und 1990er Jahren recht erfolgreich. 700 Jahre lang, von der Eroberung durch die Deutschen bis zu deren Umsiedlung, war es nicht gelungen, im Verhältnis der Esten zu den Deutschbalten die Belastungen auszuräumen. Doch seit dem 14. Juni 1941[32] scheint für fast alle Esten nur noch ein eindeutig positives Verhältnis zu den Deutschen zu existieren. Die Deutschbalten verkörperten für die estnische Bevölkerung in den Jahren nach Glasnost und Perestrojka den Traum von weit zurückliegendem Glück – je drückender die Sowjetmacht empfunden wurde, desto sehnsüchtiger konstruierte man eine Gegenposition zur russisch oktroyierten Kultur und Gesellschaft. Und man fand diese Gegenposition in der verklärten Sicht auf die deutschbaltisch-estnische bzw. deutschbaltisch-lettische Geschichte.

Inzwischen hat sich diese Situation gewandelt! Die stereotype Wiederholung eigener kultureller Leistungen von deutschbaltischer Seite berücksichtigt nicht ausreichend, dass diese ihren materiellen und kulturellen Erfolg auch der Existenz einer autochthonen Unterschicht verdankten. Immer noch ist bei Deutschbalten die Mentalität anzutreffen, dass im Vordergrund die Verdienste um die „gemeinsame Heimat" stehen, die eigene Existenz als Opfer der Geschichte interpretiert wird und unbequeme oder konträre Interpretationen gerne ausgeblendet werden. Doch die Deutschbalten dürfen in ihrer historischen Bedeutung für das Baltikum nicht isoliert gesehen werden – und v. a. auch sich nicht selbst isoliert sehen. Als Nachbarn, als Eroberer oder Kolonisten, als Herren oder Untertanen, Mehrheit oder Minderheit haben sie immer und überall in so enger Berührung mit anderen ethnischen Gruppen gestanden, dass die deutschbaltische so wenig wie die lettische oder estnische Geschichte des Baltikums zu verstehen und zu beurteilen ist, wenn man sie ausschließlich vom Blickpunkt einer einzelnen Volksgruppe betrachtet.

---

32 Der Tag der ersten großen stalinistischen Massendeportation estnischer Intellektueller, Politiker und wohlhabender Bürger, nachdem im August 1940 die Republik Estland – wie auch die anderen baltischen Republiken – völkerrechtswidrig von der Sowjetunion annektiert worden war. Dieses Datum erklärt, warum die baltischen Völker den Überfall Hitler-Deutschlands auf die Sowjetunion am 22. Juni 1941 als Befreiung vom sowjetischen Joch verstanden.

Literatur

Angermann, Norbert. 1990. *Die Baltischen Länder. Ein historischer Überblick.* Lüneburg: Nordostdeutsches Kulturwerk.

Angermann, Norbert und Ilgvars Misāns (Hrsg.). 2001. *Wolter von Plettenberg und das mittelalterliche Livland, Schriften der Baltischen Historischen Kommission 7.* Lüneburg: Nordostdeutsches Kulturwerk.

Elias, Otto-Heinrich. 1978. *Reval in der Reformpolitik Katharinas II. Die Statthalterschaftszeit 1783–1896. Quellen und Studien zur baltischen Geschichte 3.* Bonn: Wissenschaftliches Archiv.

Elias, Otto-Heinrich (Hrsg.). 1996. *Aufklärung in den baltischen Provinzen Rußlands. Quellen und Studien zur baltischen Geschichte 15,* Hrsg. in Verbindung mit Indrek Jürjo, Sirje Kivimäe und Gert v. Pistohlkors. Köln: Böhlau.

Garleff, Michael. 1976. *Deutschbaltische Politik zwischen den Weltkriegen. Die parlamentarische Tätigkeit der deutschbaltischen Parteien in Lettland und Estland. Quellen und Studien zur baltischen Geschichte 2.* Bonn-Bad Godesberg: Wissenschaftliches Archiv.

Goehrke, Carsten. 2002. Das Baltikum um 1200 im Spannungsfeld der umgebenden Mächte: ein Bild unserer Gegenwart? In *Die baltischen Staaten im Schnittpunkt der Entwicklungen. Vergangenheit und Gegenwart,* Hrsg. Carsten Goehrke und Jürgen v. Ungern-Sternberg, 9–24. Basel: Schwabe.

Hasselblatt, Cornelius. 1996. *Minderheitenpolitik in Estland. Rechtsentwicklung und Rechtswirklichkeit 1918–1995.* Hamburg: Bibliotheca Baltica.

Heeg, Jürgen. 1996. *Garlieb Merkel als Kritiker der livländischen Ständegesellschaft. Zur politischen Publizistik der napoleonischen Zeit in den Ostseeprovinzen Rußlands. Europäische Hochschulschriften III: Geschichte und ihre Hilfswissenschaften 718.* Frankfurt am Main: Peter Lang.

Hehn, Jürgen v., Hans v. Rimscha und Hellmuth Weiss (Hrsg.). 1971. *Von den baltischen Provinzen zu den baltischen Staaten. Beiträge zur Entstehungsgeschichte der Republiken Estland und Lettland 1917–1918.* Marburg: Herder-Institut.

Hehn, Jürgen v., Hans v. Rimscha und Hellmuth Weiss (Hrsg.). 1977. *Von den baltischen Provinzen zu den baltischen Staaten. Beiträge zur Entstehungsgeschichte der Republiken Estland und Lettland 1918–1920.* Marburg: Herder-Institut.

Hirschhausen, Ulrike v. 2006. *Die Grenzen der Gemeinsamkeit. Deutsch, Letten, Russen und Juden in Riga 1860–1914.* Göttingen: Vandenhoeck & Ruprecht.

Jähnig, Bernhart und Klaus Militzer (Hrsg.). 2004. *Aus der Geschichte Alt-Livlands. Festschrift für Heinz von zur Mühlen zum 90. Geburtstag. Schriften der Baltischen Historischen Kommission 12.* Münster: LIT-Verlag.

Jansen, Ea. 2004. The National Awakening of the Estonian Nation. In *Estonia. Identity and Independence,* Hrsg. Jean-Jacques Subrenat, 83–106. Amsterdam: Rodopi.

Johansen, Paul und Heinz v. zur Mühlen. 1973. *Deutsch und Undeutsch im mittelalterlichen und frühneuzeitlichen Reval, Ostmitteleuropa in Vergangenheit und Gegenwart 15.* Köln: Böhlau.

Jürjo, Indrek. 2006. *Aufklärung im Baltikum. Leben und Werk des livländischen Gelehrten August Wilhelm Hupel (1737–1819). Quellen und Studien zur baltischen Geschichte 19.* Köln: Böhlau.

Kahk, Juhan. 1999. *Bauer und Baron im Baltikum. Versuch einer historisch-phänomenologischen Studie zum Thema „Gutsherrschaft in den Ostseeprovinzen".* Tallinn: Tallinna Raamatutrükikoda.

Kala, Tiina. 2001. The Incorporation of the Northern Baltic Lands into the Western Christian World. In *Crusade and Conversion on the Baltic Frontier 1150–1500*, Hrsg. Alan V. Murray, 3–20. Aldershot: Ashgate.

Kivimäe, Jüri. 1995. „Aus der Heimat ins Vaterland". Die Umsiedlung der Deutschbalten aus dem Blickwinkel estnischer nationaler Gruppierungen. In: *Nordost-Archiv IV* H. 2: 501–520.

Kivimäe, Sirje (Hrsg.). 2000. Umsiedlung 60. Baltisakslaste organiseeritud lahkumine Eestist. 24. Novembril 1999 Tallinna Linnaarhiivis toimunud konverentsi ettekanded. Tallinn.

Kühnel, Horst (Hrsg.). 1991. *Die Deutschen im Baltikum. Geschichte und Kultur. Fünf Vorträge.* München: Haus des Deutschen Ostens.

Lenz, Wilhelm (Hrsg.). 1970. *Deutsch-baltisches Biographisches Lexikon.* Köln: Böhlau.

Loeber, Dietrich A. (Hrsg.). 1972. *Diktierte Option: die Umsiedelung der Deutschbalten aus Estland und Lettland. Dokumentation.* Neumünster: Wachholtz.

Loit Aleksander und Helmut Piirimäe (Hrsg.). 1993. *Die schwedischen Ostseeprovinzen Estland und Livland im 16.-18. Jahrhundert,* Acta Universitatis Stockholmiensis. Studia Baltica Stockholmiensia 11. Stockholm: Acta Universitatis Stockholmiensis.

Meissner, Boris, Dietrich A. Loeber und Cornelius Hasselblatt (Hrsg.). 1996. *Die deutsche Volksgruppe in Estland während der Zwischenkriegszeit und aktuelle Fragen des deutsch-estnischen Verhältnisses.* Hamburg: Bibliotheca Baltica.

Pistohlkors, Gert v. 1990. Der Hitler-Stalin-Pakt und die Baltischen Staaten. In *Hitler-Stalin-Pakt 1939. Das Ende Ostmitteleuropas,* Hrsg. Erwin Oberländer, 75–97. Frankfurt am Main: Fischer.

Pistohlkors, Gert v. 1994. *Baltische Länder.* Berlin: Siedler.

Põltsam, Inna. 2002. Einfluß der lutherischen Reformation auf den Alltag in Livland. In *Estnische Kirchengeschichte im vorigen Jahrtausend,* Hrsg. Riho Altnurme, 73–85. Kiel: Wittig.

Rexheuser, Rex. 1991. *Die Deutschbalten. Ein Überblick über ihre Geschichte.* Lüneburg: Nordostdeutsches Kulturwerk.

Rosenberg, Tiit. 1996. Agrarfrage und Agrarreform in Estland 1919: Ursachen und Folgen. In *The Independence of the Baltic States: Origins, Causes, and Consequences. A Comparison of the Crucial Years 1918–1919 and 1990–1991,* Hrsg. Eberhard Demm, Roger Noel und William Urban, 87–95. Chicago: Lithuanian research and studies center.

Schlau, Wilfried (Hrsg.). 1995a. *Die Deutschbalten.* Studienbuchreihe der Stiftung Ostdeutscher Kulturrat 6. München: Langen Müller.

Schlau, Wilfried (Hrsg.). 1995b. *Tausend Jahre Nachbarschaft. Die Völker des baltischen Raumes und die Deutschen.* München: Bruckmann.

Schlau, Wilfried (Hrsg.). 1997. *Sozialgeschichte der baltischen Deutschen.* Köln: Wissenschaft und Politik.

Schmidt, Christoph. 2002. *Auf Felsen gesät. Die Reformation in Polen und Livland.* Göttingen: Vandenhoeck & Ruprecht.

Schröder, Matthias. 2001. *Deutschbaltische SS-Führer und Andrej Vlasov 1942–1945. „Russland kann nur von Russen besiegt werden": Erhard Kroeger, Friedrich Buchardt und die „Russische Befreiungsarmee".* Paderborn: Schöningh.

Selart, Anti. 2007. *Livland und die Rus' im 13. Jahrhundert.* Quellen und Studien zur baltischen Geschichte 21. Köln: Böhlau.

Taube, Arved v. und Erik Thomson. 1973. *Die Deutschbalten. Schicksal und Erbe einer eigenständigen Stammesgemeinschaft.* Lüneburg: Carl-Schirren-Gesellschaft.

Thaden, Edward C. (Hrsg.). 1983. *Russification in the Baltic Provinces and Finland, 1855–1914.* Princeton: University Press.

Vahtre, Sulev. 1990. *Muinasaja loojang Eestis. Vabadusvõitlus 1208–1227*. Tallinn: Olion.

Vasara, Vesa. 1995. Das estnische Parlament und die Deutschbalten. Zu den Debatten bis zur Verabschiedung der Kulturautonomie 1925. *Nordost-Archiv IV* H. 2: 479–500.

Volkmann, Hans-Erich. 1981. Zur Ansiedlung der Deutschbalten im „Warthegau". *Zeitschrift für Ostforschung* 30: 527–558.

Weiss, Hellmuth. 1990. Zur Umsiedlung der Deutschen aus Estland 1939–1941. Erinnerungsbericht. Mit einer Einl. u. Anm. v. Wilhelm Lenz. *Zeitschrift für Ostforschung* 39: 481–502.

Wohlfart, Kristine. 2006. *Der Rigaer Letten Verein und die lettische Nationalbewegung von 1868 bis 1905*. Marburg: Herder-Institut.

Baltische Staaten und ihre Gesellschaften nach dem Zweiten Weltkrieg

Juris Rozenvalds

Der vorliegende Beitrag deckt fast 50 Jahre der Geschichte der baltischen Staaten und ihrer Gesellschaften ab: von der letzten Phase des Zweiten Weltkriegs in Europa, als die sowjetische Armee in das Gebiet von Estland, Lettland und Litauen zurückkehrte, bis 1991, als die baltischen Staaten wieder vollwertige Mitglieder der Weltgemeinschaft wurden. In der aktuellen wissenschaftlichen Literatur werden die baltischen Staaten als besonderer Fall postkommunistischer Transformation betrachtet, vor allem wegen der großen Bedeutung ethnischer Fragen und der Wiederherstellung der unabhängigen Staatlichkeit nach fast 50 Jahren erzwungener Eingliederung in die Sowjetunion (Kitschelt et al. 1999). Im baltischen sozialen und politischen Diskurs wird die sowjetische Periode der Nachkriegszeit als „zweite Besetzung", „totalitäre Diktatur", „Kolonisierung", „imperialistische Dominanz der UdSSR" u. Ä. charakterisiert. Jede der zuvor genannten Bezeichnungen erfasst einige Merkmale der Sowjetära in den baltischen Staaten. Dennoch sind sie unzureichend für ein korrektes Verständnis der Komplexität und Dynamik gesellschaftlicher und politischer Prozesse in fast 50 Jahren Nachkriegsgeschichte. Um diesem Ziel näher zu kommen, müssen einige Stereotype bezüglich der baltischen Nachkriegsgeschichte aufgezeigt werden.

Zunächst ist das Verständnis der Nachkriegsgeschichte der baltischen Republiken im Rahmen der „Kolonisierung" zu nennen, wonach monolithische estnische, lettische und litauische Gemeinschaften einem monolithischen Parteienstaat gegenüber standen (der in diesem Verständnis explizit nicht-estnisch, nicht-lettisch und nicht-litauisch war). Tatsächlich aber wanderten am Ende des 19. und zu Beginn des 20. Jahrhunderts Angehörige der baltischen Nationen aus unterschiedlichen Gründen sowohl nach Westen als auch nach Osten aus. In jeder baltischen Nation kann daher zwischen drei Gruppen unterschieden werden – „Einheimische", „Westler" und „Ostler". Jede Gruppe hat unterschiedliche historische Erfahrungen und unterschiedlich starke Einflussmöglichkeiten auf soziale, kulturelle und politische Prozesse in der Nachkriegsgeschichte der baltischen Gesellschaften. Unterschiedliche Größenverhältnisse und Formen des Zusammenspiels zwischen den zuvor genannten Gruppen scheinen für die Erklärung der Unterschiede zwischen den Entwicklungspfaden baltischer Gesellschaften nach dem Krieg wichtig zu sein.

Zweitens haben die Ereignisse der „Singenden Revolution" und des gemeinsamen Strebens der baltischen Republiken für Freiheit z. T. eine irreführende Vorstellung von

„ewiger" baltischer Gemeinschaftlichkeit erzeugt. In Wirklichkeit folgte die historische Entwicklung der baltischen Nationen (besonders in Estland und Lettland auf der einen und Litauen auf der anderen Seite) sowohl vor der Gründung der unabhängigen Staaten nach dem Ersten Weltkrieg als auch zur Sowjetzeit recht unterschiedlichen Pfaden der sozialen, kulturellen und politischen Entwicklung – trotz des gemeinsamen Schicksals, dass den baltischen Staaten durch die gewaltsame Angliederung von 1940 auferlegt wurde.

Schließlich muss auch die schwarz-weiß Sicht auf die Sowjetära als homogene Periode von Unfreiheit in scharfem Kontrast zur Freiheit, die mit der Wiedererlangung der unabhängigen Staatlichkeit erreicht wurde, erwähnt werden. Aus dieser Sichtweise kam der Totalitarismus mit der Wiederkehr der sowjetischen Diktatur 1944 über die baltischen Gesellschaften und verschwand erst zu Beginn der „Singenden Revolution" (Zīle 2005).

Das vorliegende Kapitel basiert auf der Annahme, dass sich die sowjetische Herrschaft nach dem Tod Stalins von einem totalitären zu einem posttotalitären Regime wandelte. In Übereinstimmung mit Linz und Stepan (1996) werden posttotalitäre Regime charakterisiert durch das Entstehen eines begrenzten sozialen, ökonomischen und institutionellen Pluralismus, während gleichzeitig eine Partei das Machtmonopol behält, was zur Entstehung einer „zweiten Kultur" und einer „Parallelgesellschaft" führt. Im Gegensatz zu einer totalitären, umfassenden, begeisternden Mobilisierung, die auf die Erschaffung einer neuen Gesellschaft und einer neuen „Art" von Mensch zielt, setzt das posttotalitäre Regime auf pragmatischen Konsens, Routinemobilisierung und Konformismus. Posttotalitäre Führer sind selten charismatisch und ihr Verhalten wird durch interne „Parteiendemokratie" eingeschränkt.

Jede der genannten Perioden in der Nachkriegsgeschichte der baltischen Gesellschaften ist durch unterschiedliche Formen der Opposition gegen die Sowjetherrschaft charakterisiert. In Anlehnung an den estnischen Forscher Ruutsoo wird in diesem Kapitel unterschieden zwischen offenem Widerstand auf mehreren Ebenen zu Stalins Zeiten, „angepasstem" Widerstand im posttotalitären Regime und dem Wiederaufleben des offenen Widerstands und dessen Institutionalisierung zwischen 1987 und 1991 (Ruutsoo 2004, S. 122).

1 Am Rande des Abgrunds – Sowjetisierung und offene Widerstandsbewegung. 1944–1953

Zwischen 1944 und 1945 kamen die Gebiete Estlands, Lettlands und Litauens, die 1940 besetzt worden waren, wieder unter die Kontrolle der UdSSR. Der Krieg verursachte hohe materielle Schäden und kostete zahlreiche Menschenleben. In Litauen starben ungefähr 350 000 Menschen, in Lettland 250 000 und in Estland 65 000 (Эрлихман 2004, S. 28 ff.). Viele Bewohner der baltischen Staaten wurden am Ende des Krieges zu Flüchtlingen. Der Westen wurde nicht nur von denjenigen als Ziel gewählt, die zu den der sowjetischen Herrschaft „fremden" Gesellschaftsschichten gehörten – also dieser vermeintlich feindlich gegenüber standen – oder die mit dem Naziregime kooperiert hatten. Beispielsweise flüchteten 2 062 Lehrer, über die Hälfte der lettischen Ärzte, Ingenieure, Architekten und lutherischen Pastoren (Kreicbergs 1989, S. 222; Krastiņš 1992, S. 121 ff.) und 380 von 640 Lehrkräften der Universität Lettlands (Strods 1999). Bedingt durch die Emigration in westliche Staaten verloren Lettland und Estland jeweils ca. 60 000 Einwohner, Litauen verlor ca. 50 000 Einwohner (Эрлихман 2004, S. 29).

Zum Ende des Krieges waren die Gebiete der baltischen Staaten beträchtlichen Änderungen unterworfen, wobei der Wandel jeweils in eine andere Richtung verlief. Zusätzlich zur Stadt Vilnius, die dem Territorium Litauens schon im Zweiten Weltkrieg zugeschlagen worden war, bekam Litauen in Übereinstimmung mit dem Beschluss der Potsdamer Konferenz auch Klaipėda (Memel). Estland und Lettland hingegen mussten zwischen 1944 und 1945 große Gebiete an die Russische Sozialistische Föderative Sowjetrepublik (RSFSR) abtreten. Somit wurden etwa 5 % des estnischen Gebiets aus Vorkriegszeiten durch die RSFSR annektiert. Der gesamte Gebietsverlust Lettlands betrug nach dem Zweiten Weltkrieg fast 2 000 Quadratkilometer bzw. 3 % des Territoriums aus Vorkriegszeiten.

Die Rückkehr der sowjetischen Truppen bedeutete eine Fortsetzung des Prozesses der Sowjetisierung der baltischen Staaten, der zwischen 1940 – 1941 begonnen hatte, aber während der Okkupation durch Deutschland gestoppt und zum Teil rückgängig gemacht worden war. Sowjetisierung bedeutete dabei die Implementation der absoluten Kontrolle der kommunistischen Nomenklatur der UdSSR über das ökonomische, politische und kulturelle Leben in Übereinstimmung mit Stalins Doktrin der drei Säulen des Sozialismus – Industrialisierung, Kollektivierung der Landwirtschaft und Kulturrevolution. Entsprechend der in der UdSSR vor dem Krieg etablierten Praxis bedeutete Kontrolle in erster Linie Repressionen und Deportationen. Die erste Welle der Deportationen begann bereits 1944–1945.

Das Ende des Zweiten Weltkriegs in Europa bedeutete nicht das Ende des bewaffneten Kampfes im Gebiet des Baltikums. Der Zusammenprall der Großmächte wurde abgelöst durch den bewaffneten Widerstand gegen den Sieger dieser Schlacht – das totalitäre Sowjetregime. Die Mitglieder des bewaffneten Widerstands im Baltikum wurden „Waldbrüder" genannt. Die Hauptgründe für den Widerstand waren der sowjetische Terror von 1940 bis 1941 und die Wiederherstellung des Terrors nach der Vertreibung der deutschen Truppen, Hoffnungen auf einen bewaffneten Konflikt zwischen der Sowjetunion und deren westlichen Verbündeten aus Kriegszeiten und ein radikaler sozialer Wandel im Rahmen des Prozesses der Sowjetisierung. Im Laufe der zehn Jahre (1944–1953), als die „Waldbrüder" nach offiziellen sowjetischen Angaben in den baltischen Staaten am aktivsten waren, waren in Litauen ca. 38 108 Personen an der Bewegung beteiligt. 20 083 antisowjetische Kämpfer starben in Kämpfen, während auf sowjetischer Seite 14 094 Personen starben (Stašaitis 2000, S. 121 f.). In Lettland und Estland war die Bewegung weniger stark. Dies lässt sich möglicherweise durch den höheren Bevölkerungsverlust aufgrund der erzwungenen Emigration zum Ende des Krieges erklären. In den ländlichen Gebieten wies die „Waldbrüder"-Bewegung Bürgerkriegselemente auf – ihre Aktivitäten richteten sich vor allem gegen lokale Vertreter der Sowjetmacht. Der Hass auf die Handlanger war stärker als der auf die Soldaten der Besatzungsarmee. Andererseits waren neben beträchtlichen, dem Innenministerium unterstehenden Spezialeinheiten der Miliz (ca. 70 000 Soldaten in Litauen) (Misiunas u. Taagepera 1993, S. 91) auch Zerstörungsbataillone, die aus Einheimischen bestanden, aktiv am Kampf beteiligt. Dennoch war der Anteil der ortsansässigen Bevölkerung, die in den Strukturen der Milizen und der Sicherheitsbehörden eingebunden war, sehr gering. Beispielsweise waren 1955 in Lettland nur 29,4 % des KGB-Personals Letten (Bleiere et al., 2005, S. 320). Die militärische Übermacht der Sowjetunion, die mangelnde Unterstützung durch den Westen, schwierige Lebensbedingungen im Wald und die Zerstörung des Unterstützungsnetzwerkes für die Kämpfer durch Massendeportationen trugen jeweils ihren Teil dazu bei, dass sich die Bewegung der „Waldbrüder" im Baltikum zu Beginn der 1950er Jahre aufzulösen begann. Die letzten Kämpfe der „Waldbrüder" fanden 1955–1956 in Estland statt (Laar 2007, S. 41). Der letzte bekannte „Waldbruder" kehrte jedoch erst 1995 aus dem Wald zurück (Grīnberga 1995).

Die Beziehungen zwischen dem Sowjetregime und den Bewohnern der baltischen Republiken können nicht vollständig verstanden werden, wenn sie nur aus der Perspektive des bewaffneten Widerstands und anhand des Ausmaßes der Repressionen betrachtet werden. Die Bewohner der baltischen Republiken galten beim Sowjetregime generell als unzuverlässig. Dieses Misstrauen betraf auch einheimische Kommunisten, denen es gelungen war, den Krieg zu überleben. Schwerpunktmäßig wurden die Führungsstrukturen aus Personal aus den „alten", besonders den slawischen Republiken der UdSSR gebildet sowie aus Vertretern der baltischen Staaten, die in der Zwischenkriegszeit in der Sowjetunion gelebt hatten. Nach Angaben des Bevölkerungszensus 1939 lebten 143 589 Esten, 128 630 Letten und Lettgallen[1] sowie 32 624 Litauer in der UdSSR (Demoskop weekly 2011). Dieser Prozess hatte bereits 1940–1941 begonnen und setzte sich stark ausgeprägt in der zweiten Hälfte der 1940er Jahre fort, als tausende Personen mit lettischen und estnischen Wurzeln in das Land ihrer Vorfahren zurückkehrten, obwohl sie bereits die Verbindung zu ihrer Sprache und Kultur verloren hatten. Diese Personen, die in Lettland den Beinamen „Stroh-Letten" erhielten und in Estland als „Ja-Esten" (Misiunas u. Taagepera 1993, S. 78) bezeichnet wurden, blieben den Einheimischen meist auch nach mehreren Jahrzehnten, die sie in Lettland und Estland verbracht hatten, fremd. Die Zahl der Litauer, die am Ende des 19. und zu Beginn des 20. Jahrhunderts nach Russland gezogen waren, war nicht so groß. Gleichwohl war es in den ersten Jahren nach dem Krieg gängige Praxis, zentrale Posten mit Kadern zu besetzen, die weder

---

1   Lettgallen sind die Bevölkerungsgruppe des östlichen Lettlands (Latgale), die eine von der Hochsprache abweichende Form des Lettischen sprechen und schreiben.

zu Litauen noch zu Litauern eine Beziehung hatten. Die Besetzung zentraler Machtposten mit Zugezogenen wurde in allen drei baltischen Republiken gängige Praxis. In Führungspositionen wurden Personen mit estnischen, lettischen oder litauischen Nachnamen aufgestellt. In den ersten Nachkriegsjahren stellten Zugezogene die Mehrheit der Mitglieder der kommunistischen Parteien in Estland, Lettland und Litauen.

Sowjetisierung bedeutete auch die völlige Unterordnung des wirtschaftlichen Lebens unter die Kontrolle der Strukturen der Kommunistischen Partei und durch die Interessen der Allunionsministerien, -organisationen und -unternehmen. Gleichzeitig wurden die Möglichkeiten der Regierungen der Republiken, die wirtschaftliche Entwicklung zu überwachen, stark eingeschränkt. In den Machtstrukturen der UdSSR in den baltischen Staaten gab es zwei interagierende Herangehensweisen bei der Gestaltung der Nachkriegs-Industrialisierungspolitik. Diese können unter Vorbehalt als erstens pragmatisch und zweitens ideologisch-strategisch bezeichnet werden. Aus der pragmatischen Perspektive waren die baltischen Staaten, besonders Lettland und Estland, die schon vor dem Krieg vergleichsweise stark industrialisiert waren, sehr attraktiv aufgrund ihrer vergleichsweise hochqualifizierten Arbeitskräfte und der entwickelten Infrastruktur, die im Krieg nicht so stark zerstört worden war wie beispielsweise im benachbarten Weißrussland. Dies bedeutete, dass die Rentabilität der Investitionen in die Wirtschaft hier höher war als in anderen Republiken der UdSSR. Aus der ideologisch-strategischen Sichtweise wollte die UdSSR ihre Vorherrschaft in der baltischen Region festigen und die erzwungene Industrialisierung wurde eines der wichtigsten Mittel. Der Zustrom von Ausländern in die baltischen Staaten stellte sich oft als Hauptziel der imperialistischen Politik heraus, der es offensichtlich an einer wirtschaftlichen Grundlage mangelte. Die Gründung neuer Unternehmen oder die Erweiterung bereits bestehender Unternehmen wurde durchgeführt, ohne die Bedingungen für eine ausgeglichene Entwicklung der Republiken zu berücksichtigen. Stattdessen lag der Fokus auf der Einbindung von Arbeitskräften aus anderen Republiken der UdSSR. Während der ersten Nachkriegsjahre erlebten Lettland und Estland einen massiven Zustrom von Migranten aus anderen Teilen der UdSSR, besonders aus slawischen Republiken. Die Geschwindigkeit der ökonomischen Entwicklung in Litauen war in den ersten Nachkriegsjahren im Vergleich zu Estland und Lettland geringer. Bis zum Ende der fünfziger Jahre wurde die „Waldbrüder"-Bewegung in Litauen erheblich durch den Zustrom von Migranten aus anderen Republiken geschwächt. In späteren Jahren schwand der Bedarf nach dem Import von Arbeitskräften in Litauen, da dieser Bedarf durch einheimische Arbeitskräfte gedeckt werden konnte.

Anders als in anderen Regionen der UdSSR dominierten eher kleinbäuerliche Strukturen die Landwirtschaft der baltischen Republiken. In der zweiten Hälfte der 1940er Jahre wurde daher die „Umstrukturierung" der landwirtschaftlichen Verhältnisse eine der Hauptaufgaben im Rahmen des Sowjetisierungsprozesses. Bereits Ende 1946 und Anfang 1947 wurde mit der Kollektivierung der Agrarwirtschaft in den baltischen Republiken begonnen. Jedoch lag der Anteil von kollektivierten Landwirtschaftsbetrieben auch zwei Jahre später – zu Beginn des Jahres 1949 – in Litauen bei nur 4 % und in Lettland bei 8 % (Misiunas u. Taagepera 1993, S. 99). Um den Widerstand gegen die Kollektivierung zu brechen und die Unterstützung für die „Waldbrüder" zu zerstören, wurden Ende März 1949 in allen drei baltischen Republiken Massendeportationen von „sozial fremden" Bevölkerungsgruppen durchgeführt. Während der Durchführung der Operation „Priboi" vom 25. bis zum 28. März 1949 wurden 20 072 Personen aus Estland, 28 656 Personen aus Litauen und 40 688 Personen aus Lettland deportiert (Estonian International Commission for the Investigation of Crimes Against Humanity 2009, S. 448). Fast drei Viertel der Deportierten waren Frauen und Kinder bis zum Alter von 16 Jahren. Die Repressionen führten zu den beabsichtigten Resultaten – bereits Ende 1949 war die Kollektivierung in 93 % der lettischen, 80 % der estnischen und 62 % der litauischen Landwirtschaftsbetriebe eingeführt (Misiunas u. Taagepera 1993, S. 102). Die durch ideologische Überlegungen des Stalinismus begründete Kollektivierung wurde zur nachhaltigsten Beeinträchtigung der Landwirtschaft in den baltischen Staaten im 20. Jahrhundert. Sowohl die Produktivität als auch die Produktionsmengen sanken in allen zentralen Bereichen der Landwirtschaft. Der Schock, der Ende der 1940er und zu Beginn der 1950er Jahre auftrat, war noch Jahre später spürbar.

Die Sowjetisierung des kulturellen Lebens bedeutete vor allem eine genaue Kontrolle des Bildungssystems, der Lehrinhalte und des Lehrpersonals sowie die Einbindung der Jugend in Pionier- und Komsomol-Organisationen. Die Universitäten der baltischen Republiken standen unter massivem politischem und ideologischem Druck, was sowohl die Studenten als auch die Lehrer beeinflusste. Beispielsweise wurden zwischen 1944 und 1948 17 % der Studenten der größten akademischen Bildungseinrichtung in Lettland – der Staatlichen Universität Lettlands – wegen falscher Klassenzugehörigkeit oder schlechten Ergebnissen in ideologischen Fächern zu Studienabbrechern. Zwischen 1949 und 1950 wurde ein Fünftel des Lehrpersonals, darunter ein großer Teil der Professoren, die vor dem Krieg tätig waren, entlassen.

Die Russifizierung war ein wesentlicher Teil der Sowjetisierung. Sie beinhaltete nicht nur den Kampf gegen „bourgeoisen Nationalismus", der in den Baltischen Staaten 1944 begann und seinen Höhepunkt 1944 erreichte, und die Einführung der russischen Sprache in allen Bereichen des gesellschaftlichen Lebens, was durch einen massiven Zustrom von Ausländern in das Baltikum unterstützt wurde, sondern auch die Stärkung der Ideologie der russischen Nation als „großer Bruder". Es wurden somit alle Bereiche des geistigen Lebens beeinflusst. Die Sowjetisierung beeinträchtigte das künstlerische Leben in den baltischen Republiken stark, da die Elemente des sozialistischen Realismus in der Kunst gestärkt und die engen Verbindungen zur westlichen Kunsttradition, die in den vorigen Jahrzehnten die Basis für das künstlerische Leben in den baltischen Staaten dargestellt hatte, ausgelöscht werden sollten. Kampagnen gegen die „apolitische Kultur", „Formalismus" und „Kosmopolitismus" Ende der 1940er Jahre zielten in diese Richtung. Die Vertreter der künstlerischen Elite, die in ihrem Heimatland blieben, entschieden sich aus Angst vor Repressionen zum großen Teil für das Schweigen. Zwischen 1949 und 1953 nahm daher die künstlerische Tätigkeit in den drei baltischen Republiken deutlich ab.

In den ersten neun Nachkriegsjahren befanden sich die Nationen der baltischen Republiken in einem verzweifelten Existenzkampf und balancierten am Rande des Abgrunds – niemand war vor plötzlichen Repressionen sicher und die baltischen Nationen waren von der Auslöschung bedroht. Zwischen 1944 und 1953 wurden in Estland 30 000 Personen inhaftiert, 23 000 deportiert und 3 000 kamen im Widerstandskampf ums Leben (Estonian International Commission for the Investigation of Crimes Against Humanity 2009, S. 39). Kurz nach dem Tod von J. Stalin räumte der Erste Sekretär der Kommunistischen Partei Lettlands, J. Kalnbērziņš, in seinem Bericht an das Zentralkomitee der lettischen Kommunistischen Partei ein, dass im Zeitraum von 1945 bis 1953 119 000 Personen aus Lettland deportiert worden waren (Bleiere 2005, S. 304).[2] Die Zahlen im Fall von Litauen schwanken von 108 362 bis 350 000 (Statiev 2010, S. 62, 177).

Erst nach dem Tod des Kreml-Diktators im März 1953 änderte sich die Situation und der Prozess der Entstalinisierung setzte ein. Er ging mit einer Abkehr von der rigorosen Autokratie des Übervaters, Stalins Persönlichkeitskult und dem Staatsterror als unentbehrliche Merkmale des Sowjetregimes einher.

2   Normalisierung und Stagnation. 1953–1987

Stalins „Eiszeit" wurde durch Chruschtschows „Tauwetter" ersetzt. Dies veränderte die Gesamtstimmung in der Gesellschaft. Es gab einen starken Rückgang der Zahl politisch motivierter Verhaftungen. Beispielsweise sank sie in Lettland von 10 541 zwischen 1949 und 1953 auf 393 zwischen 1954 und 1958 (Vīksne u. Kangeris 1999). Die Existenz der baltischen Nationen war nicht mehr direkt bedroht. Auf der anderen Seite wurde jedoch Mitte der 1950er Jahre offensichtlich, dass die Sowjetherrschaft im Baltikum bestehen bleiben würde. Im Laufe der „Normalisierung" der sowjetischen Herrschaft passte sich die Mehrzahl der Bewohner der baltischen Republiken allmählich an die neuen Verhältnisse an und arrangierte sich mit dem Regime.

Stalins Diktatur und der staatlich organisierte Terror hatte alle Republiken gleichermaßen betroffen. Als die baltischen Republiken im Rahmen der „Normalisierung" einen gewissen Grad an Freiheit erhielten, zeichneten sich zwei unterschiedliche, aber eng miteinander verbundene Trends ab. Vor allem kam es mit der „Normalisierung" des gesellschaftlichen Lebens Mitte der 1950er Jahre zur Entwicklung regionaler Beziehungen (Simon 1986, S. 372). Der baltische Regionalismus entfaltete sich auf zwei Arten – „top-down" und „bottom-up". Die „top-down" Entwicklung gestaltete sich als Teil der zentralen administrativen, ökonomischen und militärischen Machtstrukturen der UdSSR. Gleich nach Kriegsende wurde der gemeinsame Baltische Militärbezirk gegründet. Der Bezirk umfasste die Gebiete Estlands, Litauens, Lettlands und der Region Kaliningrad der RSFSR. Gleichzeitig wurden auch die Baltische Grenzschutzregion und

---

2   Latvijas vēsture. 20. gadsimts, S. 304.

die Baltische Luftverteidigungszone eingerichtet. Mitte der 1960er Jahre wurde die Baltische Wirtschaftsregion gebildet, Bahnlinien der baltischen Republiken und der Region Kaliningrad wurden zu einem gemeinsamen baltischen Bahnsystem verbunden und zahlreiche Vertretungen von All-Unionsinstitutionen gegründet, die für alle drei baltischen Republiken zuständig sein sollten. Die „bottom-up" Entwicklung der Beziehungen erfolgte besonders in den Bereichen Kultur, Wissenschaft und Sport. Gemeinsame Kunstausstellungen, das baltische studentische Gesangs- und Tanzfestival *Gaudeamus*, regelmäßige Veranstaltungen in unterschiedlichen wissenschaftlichen Disziplinen und regionale Sportveranstaltungen wurden von den baltischen Republiken gemeinschaftlich organisiert.

Moskau war misstrauisch gegenüber der Entwicklung regionaler Kooperation zwischen den baltischen Staaten und erlaubte diese nur in eindeutig unpolitischer Gestalt. Weißrussland, die Region Kaliningrad oder sogar nordwestliche Regionen der RSFSR wurden künstlich in diese gemeinsamen Veranstaltungen der baltischen Republiken eingebunden. Es gab jedoch auch noch eine Seite des baltischen Regionalismus, die nicht der ideologischen Kontrolle unterlag. Im Falle des Baltikums dienten das Gemeinschaftsgefühl aufgrund des gemeinsamen historischen Schicksals nach 1940, die westlich orientierte Kultur und ähnliche sozio-politische Probleme in der Nachkriegszeit als Basis für diese Einheit. Sowohl Angehörige der Titularnationen der baltischen Republiken als auch eine beträchtliche Zahl von Ausländern, die in den baltischen Republiken lebten, identifizierten sich selbst als „Balten", vor allem, wenn sie sich außerhalb der Grenzen ihrer Republiken befanden. In anderen Regionen der UdSSR wurden die baltischen Republiken als „sowjetischer Westen" gesehen.

Eins der entscheidenden Merkmale des „Tauwetters", das alle baltischen Republiken gemein hatten, war die Wiederherstellung von Verbindungen zur Außenwelt. In der zweiten Hälfte der 1950er Jahre wurden die Hauptstädte der baltischen Republiken für den Besuch ausländischer Touristen geöffnet. Dies führte innerhalb von zwölf Jahren – von 1965 bis 1977 – beispielsweise zu einer Verzehnfachung von ausländischen Touristen in Estland (Raun 2001, S. 189). Am Ende der 1950er und zu Beginn der 1960er Jahre änderte sich auch die Politik der UdSSR bezüglich der Emigration zu Kriegszeiten: von Aufrufen zur Rückkehr ins Heimatland über begrenzte kulturelle Kontakte bis zur Propagierung des sowjetischen Lebensstils unter Emigranten. Angesichts der Tatsache, dass der überwiegende Anteil estnischer, lettischer und litauischer Familien emigrierte Verwandte hatte und hat, wurden die staatlich erlaubte Wiederaufnahme der Kontakte mit den emigrierten Bevölkerungsgruppen und damit einhergehende Kenntnisse über das Ausland zu einem wichtigen Faktor in der Schaffung öffentlichen Bewusstseins und zu einer wichtigen Quelle materieller Unterstützung. Die während des Krieges emigrierten Personen begannen, ihre Heimatländer öfter zu besuchen. Die Aktivitäten der in den Westen emigrierten Bevölkerungsteile richteten sich auf die Politik des jeweiligen westlichen Landes, in dem diese beheimatet waren. Zielsetzung war dabei, die Aufmerksamkeit des Westens auf das Baltikum zu lenken und eine offizielle Anerkennung der Annektierung der baltischen Staaten zu verhindern. In dieser Hinsicht waren insbesondere die Aktivitäten anlässlich der Konferenz über Sicherheit und Zusammenarbeit in Europa (KSZE) 1975 in Helsinki bedeutend, die von der baltischen Emigrantengemeinschaft koordiniert wurden, da die Führung der UdSSR hoffte, dass die Annektierung zusammen mit den Grenzen der Nachkriegszeit in Europa auf der Konferenz anerkannt werden würde.

Unter der wachsenden Freiheit und der zunehmenden Offenheit gegenüber der Außenwelt zeigten sich allmählich wichtige Unterschiede bei der Entwicklung der baltischen Republiken. Beispielsweise wurden die geografischen, kulturellen, religiösen und sprachlichen Verbindungen zwischen Litauen und Polen zu einem wichtigen Faktor. Das ideologische Leben war hier in den Nachkriegsjahren stets freier gewesen und der Marxismus hatte den ideologischen Bereich nie vollständig dominiert. Auch Estland und Finnland waren traditionell über sprachliche, kulturelle und historische Gemeinsamkeiten verbunden. Die Verbindung wurde sogar noch stärker, als die Fährlinie zwischen Tallinn und Helsinki (eingestellt 1940) 1965 wieder eröffnet wurde. Ein wichtiger Aspekt der Verwestlichung war zudem die Möglichkeit, seit 1958 finnische Fernsehprogramme in Nordestland zu empfangen. Diese Formen der Verbindungen und Identifizierung bestanden in Lettland zu diesem Zeitpunkt nicht.

Ein weiterer entscheidender Faktor, der die unterschiedliche Entwicklung der baltischen Republiken beeinflusste, war das Vorhandensein militärischer und bürokratischer Machtstrukturen der UdSSR. Dies wirkte sich in Lettland stärker aus als in den Nachbarrepubliken Litauen und Estland. Das regionale Hauptquartier dreier sowjetischer Militärdistrikte befand sich in Rīga. Der Kommandant des baltischen Militärdistrikts war üblicherweise Mitglied des Büros des Zentralkomitees der Kommunistischen Partei Lettlands.

Die Entstalinisierung war in allen drei baltischen Republiken eng mit der „Renationalisierung" der lokalen kommunistischen Parteien und des Sowjetapparats verknüpft. Dies manifestierte sich in Estland, Lettland und Litauen auf unterschiedliche Weise, wobei Lettland und Litauen die Extreme darstellten. In Litauen ging mit zunehmender Sicherheit in ideologischen Fragen ein steiler Anstieg von Litauern in der Kommunistischen Partei Litauens einher – in den 1980er Jahren machten Litauer zwei Drittel der Mitglieder aus. In Lettland scheiterten die Versuche der sogenannten „Nationalkommunisten" – loyale Parteimitglieder mit Untergrunderfahrung aus Vorkriegszeiten –, die Autonomie der Republik zu erhöhen und den Stellenwert der lettischen Sprache zu sichern. Lettland wurde infolgedessen zu einem Laboratorium des Neo-Stalinismus. Der Anteil von Letten in der Kommunistischen Partei Lettlands lag bis zum Beginn der Perestroika unter 40 %.

Die erzwungene Industrialisierung und Urbanisierung der baltischen Republiken wurde zu einem wichtigen Instrument für die Implementierung der Ziele der strategischen Vereinigung und Konsolidierung seitens der Führung der UdSSR. In Estland und Lettland begannen diese Prozesse bereits in den 1940ern, in Litauen erst in den 1960ern. Ein starker Anstieg konnte beim Bruttosozialprodukt pro Kopf der Republiken beobachtet werden. 1968 übertrafen alle baltischen Republiken den Durchschnittswert der

UdSSR: Litauen um 15 %, Lettland um 42 % und Estland um 44 % (Misiunas u. Taagepera 1993). Die wirtschaftliche Entwicklung der baltischen Republiken in der Nachkriegszeit führte zudem zu einer Verbesserung des Lebensstandards, auch wenn dieser Effekt der wirtschaftlichen Entwicklung hinterherhinkte.

Eine besondere Bedeutung für die Entwicklung der Wirtschaft der baltischen Republiken wurde dem Thema des wirtschaftlichen Führungsmodells zugesprochen. Dieses variierte von extremer Zentralisierung während der Zeit Stalins (die All-Unions-Ministerien kontrollierten ungefähr 90 % der gesamten Wirtschaft der baltischen Staaten) bis hin zur Priorität territorialer Planung während Chruschtschows „Tauwetter" (die Republiken erhielten die Kontrolle über ungefähr 80 % der Industrie). Zwischen 1962 und 1965 wurde dieser Prozess wieder umgekehrt. Die Planung der Volkswirtschaft entsprechend des Produktionszweiges wurde zum zentralen Prinzip. Die baltischen Republiken verloren immer mehr die Kontrolle über die Industrieunternehmen in ihren Gebieten. Die Gebote der All-Unions-Ministerien und die Missachtung der Interessen der Republiken zeichneten sich sehr schnell ab und manifestierten sich auf besonders schmerzvolle Weise in Form eines massiven Zustroms von Gastarbeitern aus anderen Republiken der UdSSR, vor allem aus Russland, in die Gebiete der baltischen Republiken. Nach Angaben von Misiunas und Taagepera übertraf die Anzahl der Immigranten, die zwischen 1965 und 1985 in die baltischen Republiken gekommen waren, um sich dauerhaft niederzulassen, eine halbe Million und schwankte zwischen 24 000 in Estland von 1975 bis 1979 bis hin zu 64 000 in Lettland von 1970 bis 1974 (Misiunas u. Taagepera 1993, S. 281).

Als ein Ergebnis dieser Prozesse nahm der Anteil der Einheimischen in den 1970er und 1980er Jahren nicht nur in Lettland (von 56,8 % im Jahr 1970 auf 52,0 % im Jahr 1989) und Estland (von 68,2 % auf 61,5 %) weiter ab, sondern auch Litauen war zum ersten Mal seit den Deportationen nach dem Krieg betroffen (von 80,1 % auf 79,6 %). Die Folgen der Zuwanderung waren besonders in Lettland und Estland verheerend, insbesondere angesichts des geringen natürlichen Bevölkerungswachstums dieser Ethnien. Andererseits wurden die baltischen Nationen nicht wesentlich von den Assimilationsprozessen innerhalb der Sowjetunion berührt. Auch in Fällen, in denen Vertreter der Titularnationen eine Ehe mit Ausländern eingingen, identifizierten sich die Kinder aus dieser Ehe meist mit den Titularnationen (Anderson u. Silver 1983, S. 476). Russische Sprachkenntnisse variierten unter den baltischen Staaten. Letten und Litauer beherrschten die russische Sprache von 1970 bis 1989 zunehmend. Esten hingegen stellten die einzige Bevölkerungsgruppe der Unionsrepubliken der UdSSR dar, in der sich die Russischkenntnisse zwischen 1970 und 1979 tendenziell verschlechterten. Dies war vor allem ein Indikator für die Protesthaltung. Zwischen 1980 und 1989 konnte ein ähnlicher Trend bei Litauern beobachtet werden – die Zahl der Personen, die die russische Sprache beherrschten, sank von 52,1 % auf 37,6 % (Mežs et al., 1994, S. 18). Andererseits aber unterschieden sich große Teile der russischsprachigen Bevölkerung in den baltischen Staaten von der einheimischen Bevölkerung im Hinblick auf die Informationsquellen und die Werteorientierung. Dies lässt sich am ehesten durch die geringen Kenntnisse der Sprache der einheimischen Bevölkerung erklären. 1970 beherrschten nur 13 % der Russen in Estland und 18 % in Lettland die einheimische Sprache (Parming 1980, S. 404).

Nach den Jahren der Stagnation unter Stalins Herrschaft Ende der 1950er und Anfang der 1960er erlebte das kulturelle und künstlerische Leben eine schnelle Renaissance. Eine gewisse Befreiung im Bereich der Kultur ging einher mit einer größeren Freiheit in der Wahl der Themen und der kreativen Arbeitsweisen und auch mit einer teilweisen Rehabilitierung der künstlerischen Kultur der Vorkriegszeit und sogar der Werke von Künstlern im Exil. Mehrere Bereiche der Kunst leisteten gleichzeitig einen Beitrag zur Verbreitung und zur Bildung einer expliziten öffentlichen Stimmung. Dies traf besonders auf die Dichtung zu, die in den 1960ern und 1980ern in der Gesellschaft so beliebt war wie nie zuvor. Sie äußerte Ideen und Stimmungen oft in einer symbolischen Form, deren Verbreitung sonst nicht erlaubt gewesen wäre. Unterschiedliche Arten volkstümlicher Kunst, angefangen mit Holzschnitzereien in Litauen bis zu Chor- und Gesangsfestivals in Estland und Lettland, wurden neben der professionellen Kunst zu einem wichtigen Zeugnis nationaler Bestrebungen.

Die Sowjetmacht versuchte gegenüber der künstlerischen Elite der baltischen Staaten eine Politik aus „Zuckerbrot" und „Peitsche" anzuwenden. Auf der einen Seite wurde in den baltischen Staaten im Vergleich zu den anderen Republiken der UdSSR insgesamt ein höheres Niveau an kreativer Freiheit erlaubt. Auf der anderen Seite wurden öffentliche Repressionen und ökonomische Sanktionen gegen diejenigen gerichtet, die die durch das Regime gesetzten Grenzen überschritten. Die Betreffenden wurden zum Schweigen oder ins Exil gezwungen. Sowjetische Künstlerverbände waren einer der wichtigsten Mechanismen zur Sicherstellung der ideologischen Kontrolle. Gleichzeitig stellten sie eine Art „Bund" dar, da die Zugehörigkeit zu einem Künstlerverband die Knüpfung wichtiger Kontakte erleichterte, eine Reihe von Privilegien sowie ein garantiertes Einkommen für die künstlerische Elite sicherstellte. Im Laufe der Zeit bewegte sich die Entwicklung der Künstlerverbände weg von der Rolle als einfaches „Zahnrad" des Sowjetsystems. Ein paradoxes Modell der Koexistenz posttotalitärer Herrschaft und künstlerischer Elite entwickelte sich und wurde in einem Interview mit dem lettischen Plakatkünstler Juris Dimiters deutlich: „During the Soviet times we bit hands and feet of those who fed us and we bit hard although they fed us hard – I used to live only in creative culture centres – it is paradoxical" (Телеграф 2004). Nach der Invasion in die Tschechoslowakei fragte der ehemalige Erste Sekretär des Zentralkomitees der Kommunistischen Partei Lettlands, J. Kalnbērziņš, besorgt, was passieren würde, wenn die Lettische Schriftstellervereinigung zu einer anti-sowjetischen Organisation werden würde (Апине 2000, S. 209). Es stellte sich heraus, dass er ein Hellseher war. In der künstlerischen Elite der baltischen Staaten staute sich in diesen Jahren ein erhebliches kritisches Potential an und im Verlauf der „Singenden Revolution" spielten sowohl einzelne Künstler als auch die Künstlerverbände der Republiken eine besonders wichtige Rolle.

Das Bewusstsein für den nationalen Geist und die regionalen Besonderheiten und die Betonung dieser Aspekte stand in deutlichem Widerspruch zu den Ambitionen der offiziellen sowjetischen Ideologie. Zu Beginn der 1960er Jahre wurde die „Renationalisierung" wieder durch Trends der Vereinigung und Denationalisierung bezüglich der Nationen der UdSSR ersetzt. Ende der 1970er Jahre begann mit einer neuen Welle der Russifizierung der Versuch, die Nutzung der russischen Sprache im gesellschaftlichen Leben, in der alltäglichen Kommunikation und in der Bildung auszuweiten. Prozesse der „Internationalisierung" wirkten sich auf Lettland besonders stark aus, da die russische Sprache nach der Verdrängung der „Nationalkommunisten" eindeutig auf der Ebene hochrangiger Machtpositionen der Republik vorherrschte und die lettische Sprache aus vielen Berufsfeldern verdrängt wurde, insbesondere in Städten. Allerdings konnten auch in Estland und Litauen ähnliche Bestrebungen in den Machtstrukturen beobachtet werden.

Obwohl der bewaffnete Widerstand gegen das Sowjetregime in den baltischen Staaten zu Beginn der 1950er Jahre unterdrückt worden war, setzte sich die massenhafte Frustration mit der Politik Moskaus fort und in den 1960ern formierte sich die Opposition gegen das Sowjetregime neu als Dissidentenbewegung. Die Aktivierung der Widerstandsbewegung wurde durch externe und interne Umstände begünstigt. Das wachsende Interesse westlicher Staaten, insbesondere der USA, am Problem der baltischen Staaten, dass durch Aktivitäten von dort wohnenden Exil-Balten geweckt wurde, kann als zentraler externer Faktor betrachtet werden. Die Verbesserung der Beziehungen zwischen Ost und West führte zu einer Öffnung des Sowjetregimes und ließ auf dessen Transformation hoffen. Neben der allgemeinen Unzufriedenheit mit der Russifizierung, der Vormachtstellung der kommunistischen Ideologie, der Einschränkung der Glaubensfreiheit und der erzwungenen Industrialisierung kann die Rückkehr derjenigen, die in den 1940ern und 1950ern deportiert worden waren, als interner Faktor genannt werden.

Die Dissidentenbewegung in den baltischen Republiken entstand als Teil einer gewaltlosen Widerstandsbewegung in der UdSSR, die sich in der zweiten Hälfte der 1960er Jahre bildete. Anders als Dissidentenbewegungen in anderen Regionen der UdSSR besaß die Bewegung im Baltikum ein starkes nationales Element und hatte mehr Unterstützung in der öffentlichen Meinung, besonders in Litauen und Estland. Die Dissidentenbewegung erhielt einen neuen Auftrieb durch die Konferenz über Sicherheit und Zusammenarbeit in Europa in Helsinki (KSZE 1975), da die UdSSR sich durch die Unterzeichnung der Schlussakte von Helsinki verpflichtete, die Menschenrechte einzuhalten. Die Dissidentenbewegung war in Litauen am stärksten, wo neben der Helsinki Gruppe, die bereits 1976 gegründet worden war, auch die Katholische Kirche zu einem wichtigen Bestandteil des Widerstandes wurde. In der zweiten Hälfte der 1970er Jahre bildeten sich zahlreiche Widerstandsorganisationen im Untergrund der baltischen Republiken: die Litauische Freiheitsliga, die Lettische Unabhängigkeitsbewegung, Lettlands Christlich Demokratische Union, die Nationale Front Estlands und die Estnische Demokratische Bewegung. Zu Beginn der 1980er Jahre begannen harte Zeiten für die Dissidentenbewegung: Die aktivsten Mitglieder wurden entweder inhaftiert oder verließen die

UdSSR. Die litauische Helsinki Gruppe löste sich 1983 auf (Girnius 1984). Jedoch zeigte sich in den folgenden Jahren, dass das Widerstandspotential der baltischen Nationen hoch blieb.

3 Liberalisierung des Sowjetregimes. Die baltischen Republiken auf ihrem Weg zur Wiederherstellung der Unabhängigkeit. 1987–1991

1985 begann Michail Gorbatschow mit der Politik der Perestroika und Glasnost. Diese bot bisher ungekannte Ausdrucks- und Betätigungsmöglichkeiten. Die Liberalisierung des Sowjetregimes hatte begonnen. Gegen seinen eigenen Willen hatte Gorbatschow Kräfte entfesselt, die er nicht mehr kontrollieren konnte und bewies somit, dass es unmöglich ist, Staatssozialismus zu reformieren.

Die Äußerung der öffentlichen Unzufriedenheit begann in Lettland und Estland im Zusammenhang mit politisch neutralen ökologischen Problemen. Im Herbst 1986 begannen Proteste gegen den geplanten Bau eines weiteren Wasserkraftwerkes im Fluss Daugava und gegen die Förderung von Phosphoritvorkommen in Mittelestland. 1987 folgten auch Protestveranstaltungen zu heikleren politischen Themen in Form von „Kalenderdemonstrationen" – Massenveranstaltungen, die von Dissidentengruppen organisiert wurden und an wichtige Daten in der Geschichte der baltischen Staaten erinnerten. In Lettland versammelten sich mehrere tausend Personen vor dem Freiheitsdenkmal im Zentrum von Rīga, um an den Jahrestag der Deportation vom 14. Juni 1941 zu erinnern. Zwei Monate später fand eine noch größere Versammlung vor dem Freiheitsdenkmal statt, um an den Jahrestag des Molotow-Ribbentrop Paktes zu erinnern. Am selben Tag fanden kleinere Kundgebungen in Tallinn und Vilnius statt.

Der Zeitraum vom Ende der 1980er bis zum frühen Anfang der 1990er Jahre wurde zur „Sternstunde" der kreativen Intelligenz in den baltischen Staaten. Künstlerverbände waren die ersten vom Sowjetregime anerkannten Organisationen, die offen über ökologische Probleme und Fragen der Sprache, Geschichte und nationalen Symbole sprachen. Sie kooperierten auch enger mit den Exil-Gemeinschaften. Kurz: sie wurden zu Zentren für die entstehende Opposition gegen das Sowjetregime und spielten daher eine wichtige Rolle bei der Herausbildung der oppositionellen Massenbewegungen in den baltischen Republiken, die 1988 gegründet wurden – zuerst in Estland, später in Lettland und in Litauen.

Die Intensivierung der politischen Massenveranstaltungen in allen drei baltischen Republiken schuf ein neues Phänomen für das Sowjetregime – offene Ausübung von „bottom-up" Druck. Dieser führte zu Veränderungen auf den höchsten Befehlsebenen der baltischen Republiken, zur Transformation der Sprachpolitik sowie zu einer veränderten Haltung gegenüber Vorkriegssymbolen, die während der sowjetischen Herrschaft überhaupt nicht präsent waren. Bis Ende 1988 wurden die estnische, lettische und litauische Sprache in den Verfassungen der baltischen Republiken als offizielle Amtssprachen festgelegt. Die Vormachtstellung der russischen Sprache, die in den Nachkriegsjahren aufgebaut wurde, begann zu bröckeln. Seit dem Herbst 1988 wurde Litauens Trikolore aus der Vorkriegszeit wieder zur offiziellen Flagge der Republik. In Lettland und Estland existieren Vorkriegssymbole bis 1990 parallel zu Symbolen aus der Sowjetzeit.

Im Oktober 1988 fanden in allen drei baltischen Republiken Kongresse der zu Massenbewegungen angewachsenen Volksbewegungen statt. Die Beziehungen zwischen diesen und den obersten Autoritäten stellten sich als eher schwierig heraus. Einfache Mitglieder der kommunistischen Partei spielten eine wichtige Rolle bei der Gründung der Bewegungen. Dies wurde von der KPdSU-Führung akzeptiert und Vertreter der obersten Führung der drei Republiken nahmen an den konstituierenden Kongressen der Volksbewegungen teil. Offensichtlich gab es zu Beginn sowohl auf der Ebene der Parteiführung in Moskau als auch in den Hauptstädten der baltischen Republiken die Hoffnung, dass diese Volksbewegungen unpolitische und gegenüber dem Regime loyale Gebilde werden würden, um diese mit den radikaleren antikommunistischen Unabhängigkeitsbewegungen zu kontrastieren, die sich 1988 in allen drei baltischen Staaten gebildet hatten. Somit sollte weiterhin die Politik des „teile und herrsche" verfolgt werden. Mit der Zeit wurde klar, dass die Idee der Perestroika von den Volksbewegungen anders interpretiert wurde als es die offizielle Linie der KPdSU vorsah. Die Beziehungen kühlten daher ab. Zu einem großen Teil lag dies an der schnellen Radikalisierung der Situation in den baltischen Staaten, wo die zunehmenden Forderungen nach Freiheit ihren Anfang nahmen mit der Souveränitätserklärung Estlands. Damit beanspruchte Estland das ausschließliche Recht auf die eigenen natürlichen Ressourcen, Produktionsmittel und öffentliche Infrastruktur sowie die Priorität der Gesetze Estlands vor denjenigen der UdSSR. Moskau reagierte scharf auf die Souveränitätserklärung Estlands und erklärte diese für verfassungsfeindlich. Dies verzögerte lediglich die Annahme ähnlicher Erklärungen in Litauen und Lettland, verhinderte aber nicht eine weitere Steigerung der Forderungen: Die Wiederherstellung der Unabhängigkeit der baltischen Staaten rückte in den Vordergrund. Der Rat des litauischen *Sąjūdis* erklärte bereits im Februar 1989 die Wiederherstellung der Unabhängigkeit zum Ziel der Bewegung, das Gleiche wurde Ende Mai 1989 auch vom Vorsitz der lettischen Volksfront erklärt.

Die immer klarere Opposition gegen die zentralen Strukturen der UdSSR erforderte eine engere Koordinierung. Die Jahre der „Singenden Revolution" wurden zur goldenen Ära der Kooperation in der baltischen Region. Die baltischen Republiken trafen alle wichtigen Entscheidungen auf ihrem Weg zur staatlichen Unabhängigkeit gemeinsam. Der „Baltische Weg" wurde zum deutlichsten und emotionalsten Beweis regionaler Solidarität. Ungefähr zwei Millionen Menschen nahmen teil und bildeten am 50. Jahrestag des Molotow-Ribbentrop-Paktes am 23. August 1989 Hand in Hand eine 600 km lange Kette von Tallinn nach Vilnius.

Die Volksbewegungen bewiesen ihre Macht und ihren wachsenden Einfluss deutlich bei den Wahlen zum Kongress der Volksdeputierten der Sowjetunion im Frühjahr 1989 – die Volksbewegungen konnten in allen drei baltischen Republiken deutliche Gewinne erzielen. Den baltischen Delegierten des Kongresses der Volksdeputierten gelang es in Zusammenarbeit mit russischen Demokraten, die Regierung der UdSSR zu zwingen, die Existenz geheimer Protokolle zuzugeben. Gleichwohl beharrte diese bis zum Zusammenbruch der UdSSR darauf, dass es keine Verbindung zwischen den geheimen Protokollen und der Inklusion der baltischen Staaten in die UdSSR als Ergebnis von „Volksrevolutionen" gab.

Die Anerkennung der Existenz geheimer Zusatzprotokolle intensivierte nicht nur die Probleme in den Beziehungen zwischen Moskau und den rebellischen baltischen Republiken – sie führte auch dazu, dass die Frage der Legitimität der neugeschaffenen Machtstrukturen der baltischen Republiken auf die Agenda gelangte. In den Jahren der „Singenden Revolution" wurden in den baltischen Republiken zwei Wege zur Wiedererlangung der Unabhängigkeit diskutiert. Der erste kann als „sozial realistischer" Weg bezeichnet werden, da seine Unterstützer den demografischen Wandel berücksichtigten, der in der Nachkriegszeit eingesetzt hatte, und betonten, dass die Machtübernahme und die Wiederherstellung der Unabhängigkeit auf parlamentarischem Wege erreicht werden müsse, ohne eine soziale Gruppe an der Teilnahme an den Wahlen zu hindern. Der zweite Weg war der „legalistische" Weg zur Wiederherstellung der Unabhängigkeit. Dabei wurde die Rechtsnachfolge in den Vordergrund gestellt und die Unrechtmäßigkeit der sowjetischen Besatzung betont. Alle Personen, die sich nach Juni 1940 im Baltikum angesiedelt hatten, wurden als illegale Immigranten betrachtet, die nicht das Recht hatten, über die Zukunft der baltischen Republiken zu entscheiden. Die Versuche, eine Balance zwischen Rechtsnachfolge und Realität zu finden, hatten in Litauen keine besondere Bedeutung: Der Anteil der Immigranten aus der Nachkriegszeit in der Gesellschaft war vergleichsweise gering und die Rückkehr zu den Bedingungen vor dem Pakt hätte Anlass zu Bedenken bezüglich der Wiedervereinigung der Region Vilnius mit Litauen geben können. Im Gegensatz dazu spielte in Estland und Lettland der Konflikt zwischen „Realisten" und „Legalisten" – letztere vertreten durch die „Bürgerkongresse" (gewählt 1990) – eine wichtige Rolle im politischen Prozess. Die lebhaftesten Debatten darüber, inwiefern der Bürgerkongress als alternative Machtstruktur für den Obersten Rat angesehen werden könne, gab es in Estland. Lettland erlebte aus unterschiedlichen Gründen keine so dramatische Situation. Die ethnische Struktur Lettlands führte dazu, dass eher moderate Lösungen gesucht wurden. Ein großer Teil der lettischen Nicht-Letten bestand aus sogenannten „alten Russen", die aus Vorkriegszeiten ein Recht auf lettische Bürgerrechte hatten. Schließlich kooperierte die lettische nationale Unabhängigkeitsbewegung, anders als ihr Pendant in Estland, enger mit der lettischen Volksfront.

Ein beträchtlicher Teil der Ausländer im Baltikum verfolgte die Wiedereinführung von Symbolen aus der Vorkriegszeit und die plötzlichen Änderungen in der Sprachpolitik mit Skepsis. Dies gab einen zusätzlichen Impuls an die Verfechter des Hardliner-Ansatzes in den Partei- und Regierungsstrukturen und förderte die Konsolidierung von Gegnern des Wandels. Ende 1988 und gleich zu Beginn des Jahres 1989 entwickelten sich in allen drei baltischen Republiken „internationalistische" Bewegungen, die von Hardlinern innerhalb der Partei, Managern von All-Unionsunternehmen und Armeestrukturen unterstützt wurden. Das Paradox des baltischen „Internationalismus" zeigt sich in der gängigen Anekdote über den Unterschied zwischen einem Nationalisten und einem Internationalisten aus dieser Zeit: „Der Internationalist beherrscht eine Sprache sehr gut, der Nationalist beherrscht jedoch zwei Sprachen". Allerdings wurde die Position der Nationalitäten, die nicht der Titularnation angehörten – vor allem derjenigen slawischer Herkunft – zu einem wichtigen Faktor im politischen Prozess der baltischen Republiken, besonders in Estland und Lettland. In diesem Zusammenhang muss an die beträchtlichen Unterschiede zwischen den baltischen Republiken erinnert werden. Während zum Beispiel der Großteil der Nicht-Esten in Estland aus Immigranten aus der Nachkriegszeit bestand, so gab es in Lettland auch einen großen Anteil an „alten" Russen oder Weißrussen, die bereits vor dem Krieg dort gelebt hatten, und dies hatte einen erheblichen Einfluss auf die öffentliche Meinung. Auch die unterschiedlichen Positionen der Volksbewegungen müssen berücksichtigt werden. Ausländer waren in den konstituierenden Kongressen der Volksbewegungen in Estland und Litauen kaum vertreten. Wegen der komplizierten ethnischen Zusammensetzung in Lettland richtete die lettische Volksfront mehr Aufmerksamkeit auf die Einbeziehung aller Einwohner Lettlands zu dieser Zeit.

Die Verdrängung der kommunistischen Parteien der baltischen Republiken in den Wahlen im Frühjahr 1989 zeigte deutlich, dass sie in ihrer bisherigen Form nicht weiter bestehen konnten. Das Wesen und die Geschwindigkeit der Transformationsprozesse hingen direkt von der ethnischen Zusammensetzung der kommunistischen Parteien ab. Die schnellsten Veränderungen traten daher in Litauen auf. Ende Dezember 1989 unterstützte die Kommunistische Partei Litauens in einer Sondersitzung die Abspaltung von der KPdSU und die Bildung einer neuen Partei mit einer überwältigenden Mehrheit von vier Fünfteln der Abgeordneten.

Ähnliche Prozesse fanden auch in den Kommunistischen Parteien Lettlands und Estlands statt. Angesichts der ethnischen Zusammensetzung erfolgten die Änderungen jedoch langsamer, die Reformisten waren gezwungen, andere Strategien zu verfolgen und die Transformationsprozesse brachten andere Ergebnisse mit sich. Der 20. Kongress der Kommunistischen Partei Estlands im März 1990 unterstützte die Abspaltung von der KPdSU und dies führte sofort zur Spaltung innerhalb der Partei. Die Reformkommunisten behielten die Kontrolle über das Eigentum und die organisationellen Ressourcen der Kommunistischen Partei Estlands. Zudem verlief die Spaltung innerhalb der Partei nicht immer eindeutig entlang ethnischer Zugehörigkeit – eine Reihe von hauptsächlich russischen Organisationen aus Nordestland verblieb in der Gruppe der unabhängigen kommunistischen Partei. Die Beibehaltung des multiethnischen Charakters der Partei minderte die Spannungen in der estnischen Gesellschaft, da keine der kommunistischen Parteien die exklusive Repräsentation der Interessen einer einzelnen ethnischen Gruppe beanspruchen konnte.

Die Ereignisse in der Kommunistischen Partei Lettlands nahmen eine andere Richtung. Die Reformkommunisten repräsentierten hauptsächlich die ländlichen Gebiete und stellten ungefähr ein Drittel der Delegierten auf dem Kongress der Kommunistischen Partei Lettlands (April 1990). Dadurch waren sie gezwungen, den Kongress zu verlassen und die Unabhängige Kommunistische Partei Lettlands zu gründen. Diese Partei umfasste nur eine geringe Zahl von Nicht-Letten. Die Mehrheit, die der KPdSU loyal gegenüberstand, behielt die Kontrolle über Eigentum und Organisationsressourcen der Kommunistischen Partei Lettlands und wählte zudem den ultra-konservativen Alfrēds Rubiks zum neuen Generalsekretär des Zentralkomitees der Kommunistischen Partei Lettlands. Seit dem Frühjahr 1990 hatte die Kommunistische Partei Lettlands eine ausgesprochen negative Einstellung gegenüber den Kräften, die die Unabhängigkeit unterstützten, angenommen. Zudem förderte sie aktiv Spannungen zwischen den ethnischen Gemeinschaften, indem sie den „Nationalisten" nahezu Pläne zur Vernichtung der Ausländer in Lettland andichtete. Die destruktive Position der Kommunistischen Partei Lettlands förderte die Spaltung des politischen Spektrums in Lettland anhand ethnischer Merkmale und verstärkte die Neigung, die „Linken" immer in Verbindung zum „Russischen" zu sehen, die sich schon zu Sowjetzeiten im lettischen Bevölkerungsteil ausgebildet hatte. In den folgenden Jahren behinderte es zudem die Bildung einer gemäßigten linken Politikalternative in Lettland.

1990 wurden in allen baltischen Republiken Wahlen zum Obersten Rat abgehalten, die sich unter den politischen Umständen dieser Zeit als Wahl für oder gegen die Unabhängigkeit erwiesen. Kräfte, die die Idee der Unabhängigkeit unterstützten, gewannen in allen drei Republiken. Der überzeugendste Sieg wurde von den Unterstützern der Unabhängigkeit in Litauen gefeiert, wo Kandidaten der moskautreuen Kommunistischen Partei nur sieben von 141 Sitzen erhielten. Die Ergebnisse in Lettland und Estland waren nicht so eindrucksvoll, jedoch wählte die Mehrheit der Wähler, darunter auch ein beträchtlicher Anteil der russischsprachigen Einwohner, den Weg in die Unabhängigkeit.

Der neu gewählte Oberste Sowjet der Litauischen Sozialistischen Sowjetrepublik verabschiedete am 11. März 1990 das Gesetz zur Wiederherstellung des Staates Litauen und verkündete damit das Ende der Besatzung. Die Antwort des „Zentrums" war schnell und deutlich. Das Gesetz wurde am 15. März als unrechtmäßig erklärt und gegen Litauen wurden Sanktionen verhängt; eine wirtschaftliche Blockade wurde im April errichtet und zeigte sich in der Unterbrechung der Ölzufuhr an die Ölraffinerieanlage in Mažeikiai. Es kam jedoch bis dahin nicht zur Anwendung unmittelbarer Gewalt, abgesehen von der Ergreifung von Deserteuren aus der sowjetischen Armee und der Übernahme von Teilen des Eigentums der Kommunistischen Partei in Vilnius. Unter Berücksichtigung der scharfen Reaktion aus Moskau entschieden sich die neu gewählten Obersten Räte in Estland und Lettland für einen moderateren Weg. Am 30. März 1990 verkündete der Oberste Rat Estlands die Einleitung einer Übergangsphase bis zur vollständigen Unabhängigkeit und eine ähnliche Erklärung wurde am 4. Mai vom Obersten Rat Lettlands abgegeben. Unter diesen Umständen war Litauen gezwungen, Zugeständnisse zu machen und am 23. Juni 1990 verkündete der Oberste Rat ein Moratorium zur Implementierung des Gesetzes zur Wiederherstellung der Unabhängigkeit. Die Erklärungen der baltischen Republiken – egal wie radikal sie waren – bedeuteten nicht die Wiederherstellung der tatsächlichen Unabhängigkeit, da sie noch immer eng mit dem wirtschaftlichen System der UdSSR verflochten waren und die Armee der UdSSR noch immer auf ihrem Gebiet stationiert war. Moskau kontrollierte die Außengrenzen der baltischen Republiken. Die Handlungsmöglichkeiten der Regierungen, die durch die Volksbewegungen gebildet wurden, waren ziemlich eingeschränkt. Im Sommer 1990 begann eine Phase des „Abwartens" in den Beziehungen zwischen den rebellischen baltischen Republiken und den zentralen Machtstrukturen der UdSSR. Im Herbst 1990 nahm der Einfluss der konservativen Kräfte in der Regierung der UdSSR offensichtlich zu. Die Konservativen waren bereit, Gewalt anzuwenden, um „die Ordnung wieder herzustellen". Dies wurde im Januar 1991 schnell durch die tragischen Ereignisse in Litauen und Lettland bestätigt. Mitte Januar gab es Versuche, die Regierungen der Republiken mittels moskautreuer politischer Gruppen, Armee und paramilitärischer Einheiten zu stürzen. In Vilnius wurden in der Nacht des 13. Januar 14 Verteidiger des Fernsehturms getötet während in Rīga sieben Personen ihr Leben in den Kämpfen mit moskautreuen Kräften zwischen dem 16. und 22. Januar verloren. Tausende unbewaffnete Menschen bewachten in Litauen und Lettland Tag und Nacht zentrale staatliche Gebäude.

Es erscheint als sehr unwahrscheinlich, dass direkt nach den blutigen Zwischenfällen in Vilnius und Rīga im Januar 1991 viele ernsthaft daran glaubten, dass die vollständige Wiederherstellung der Unabhängigkeit der baltischen Staaten nur mehr eine Sache von acht Monaten sein sollte. Dieses Mal überschlugen sich jedoch die Ereignisse, obwohl die baltischen Republiken nicht im Rampenlicht standen – alles hing mit dem Scheitern von Gorbatschows verzweifelten Versuchen zusammen, den Republiken die Unterzeichnung eines Unionsvertrages anzubieten. Die baltischen Republiken beteiligten sich nicht mehr an diesem Prozess. Die Unterzeichnung des Vertrages war für den 20. August geplant, aber der Putschversuch in Moskau begann bereits am 19. August. Die russischen demokratischen Kräfte unter der Führung von B. Jelzin spielten eine entscheidende Rolle bei der Niederschlagung des Putsches. Die baltischen Republiken nutzten sofort die Möglichkeiten, die sich aus der Vereitelung des Putsches ergaben. Am 20. August 1991 verkündete Estland die vollständige Wiederherstellung der unabhängigen Staatlichkeit und am 21. August wurde eine ähnliche Erklärung in Lettland verabschiedet. Island erkannte am 23. August als erstes westliches Land die Unabhängigkeit Estlands und Lettlands an, gefolgt von den Ländern der Europäischen Gemeinschaft am 26. August, den USA am 2. September und dem Staatsrat der UdSSR am 6. September. Trotzdem dauerte es drei weitere Jahre, bis die russischen Streitkräfte am 31. August 1994 vollständig aus den Gebieten der baltischen Staaten abgezogen waren. Das tragische Kapitel, das 1940 geöffnet wurde, konnte als geschlossen betrachtet werden.

Literatur

Anderson, Barbara A. und Brian Silver. 1983. Estimating Russification of Ethnic Identity Among Non-Russians in the USSR. *Demography* 20/4: 461–489.

Апине, Илга (2000): Закат номенклатуры. In *Балтийский архив*, VI, Hrsg. Юрий Абызов, 206–222. Рига: Даугава.

Bleiere, Daina, Iigvas Butulis, Inesis Feldmanis, Aivars Stranga und Antonijs Zunda. 2005. Latvijas vēsture. 20. gadsimts. Rīga: Jumava.

Demoskop weekly. 2011. *Всесоюзная перепись населения 1939 года. Национальный состав населения по республикам СССР No. 469–470*, 6.–19.6.2011. http://demoscope.ru/weekly/ssp/sng_nac_39.php. Zugegriffen: 12.6.2011.

Estonian International Commission for the Investigation of Crimes Against Humanity. 2009. *Estonia since 1944*. Reports of the Estonian International Commission for the Investigation of Crimes Against Humanity. Tallinn.

Эрлихман, Вадим. 2004. *Потери народонаселения в XX веке. Справочник*. Москва: Русская панорама.

Girnius, Saulius. 1984. *Current Events: The Demise of the Lithuanian Helsinki Group*. http://www.lituanus.org/1984_2/84_2_05.htm. Zugegriffen: 26.9.2011.

Grīnberga, Māra. 1995. Pēdējā pasaules kara pēdējais mežabrālis. *Diena* 18.5.1995.

Kitschelt, Herbert, Radoslaw Markowski und Gabor Toka. 1999. *Post-Communist Party Systems. Competition, Representation, and Inter-Party Cooperation*. Cambrindge: Cambridge University Press.

Krastiņš, Jānis. 1992. Komunistiskais genocīds Latvijas kulktūrvidē. In *Komunistiskā totalitārisma un genocīda prakse Latvijā*, Hrsg. Irēna Sneidere, 121–123. Rīga: Zinātne.

Kreicbergs, Helmuts. 1989. *Vainīgie un nelaimīgie*. Rīga: Avots.

Laar, Mart. 2007. *The Forgotten War. Armed Resistance Movement in Estonia in 1944–1956*. Tallinn: Grenader.

Linz, Juan und Alfred. C. Stepan. 1996. *Problems of Democratic Transition and Consolidation: Southern Europe, South Amercia and Post-Communist Europe, Baltimore*. London: John Hopkins University Press.

Mežs, Ilmārs, Edmunds Bunkše und Kaspars Rasa. 1994. The Ethno-demographic Status of the Baltic States. *GeoJournal* 33/1: 9–25.

Misiunas, Romuald und Rein Taagepera. 1993. *The Baltic States. Years of Dependence: 1940–1990*. London: C. Hurst & Co.

Parming, Tonu. 1980. Population Processes and the Nationality Issue in the Soviet Baltic. *Soviet Studies* 32/3: 398–414.

Raun, Toivo. U. 2001. *Estonia and Estonians*. Stanford: Hoover Institution Press.

Ruutsoo, Rein. 2004. Estonia. In *Dissent and Opposition in Communist Eastern Europe*, Hrsg. Detlef Pollack und Jan Wielgohs, 119–140. Aldershot: Ashgate Publishing Company.

Simon, Gerhard. 1986. *Nationalismus und Nationalitätenpolitik in der Sowjetunion*. Baden-Baden: Nomos.

Stašaitis, Arūnas. 2000. Lithuania's Struggle against Soviet Occupation 1944–1953. *Baltic Defence Review* Jg. 1 H. 3: 115–122.

Statiev, Alexander. 2010. *The Soviet Counterinsurgency in the Western Borderlands*. Cambridge: Cambridge University Press.

Strods, Heinrihs (Hrsg). 1999. *Latvijas Valsts Universitātes vēsture*. Rīga: Latvijas Universitātes žurnāla „Latvijas vēsture" fonds.

Vīksne, Rudīte und Kangeris, Kārlis (Hrsg.). 1999. *No NKVD līdz KGB. Politiskās prāvas Latvijā: 1940–1986*. Rīga: Latvijas vēstures institūta apgāds.

Zīle, Ļubova. 2005. The Last act of Totalitarianism. In *The Baltic Way to Freedom*, Hrsg. Jānis Škapars, 253–263. Rīga: Zelta grauds.

Die baltischen Staaten als Transformationsstaaten

Marianne Kneuer

Estland, Lettland und Litauen gehören zu der Gruppe post-sozialistischer Staaten, die Ende der 1980er Jahre eine Entwicklung in Richtung Demokratie und Marktwirtschaft begonnen sowie bald den eindeutigen Wunsch einer „Rückkehr zu Europa" in Form der Mitgliedschaft in der Europäischen Gemeinschaft artikuliert hatten. Zusammen mit den vier Visegrad-Staaten und Slowenien traten sie 2004 als erste Ländergruppe der EU bei, die als die erfolgreichsten Fälle post-sozialistischer Transformation betrachtet werden. Zweifelsohne gibt es Analogien in den Transformationspfaden dieser post-sozialistischen Länder und gemeinsame Merkmale, die auf ihre politische, wirtschaftliche und gesellschaftliche Entwicklung zutreffen; nämlich den Umbau, erstens, von einer staatssozialistischen Diktatur zu einer pluralistischen und freiheitlichen Demokratie; zweitens, von einer gelenkten Planwirtschaft zu einer (sozialen) Marktwirtschaft; drittens, von einer demobilisierten, bevormundeten zu einer partizipativen Gesellschaft mit bürgergesellschaftlichen Strukturen und demokratischen Werten; und schließlich viertens, die außenpolitische Neuorientierung in Richtung Westen (EG, NATO), die erhebliche zusätzliche Anpassungsprozesse erforderte.

Es lassen sich allerdings auch zentrale Unterschiede zwischen den Ausgangssituationen, dem Verlauf und den Rahmenbedingungen der Transformationen in Nordost- und Ostmitteleuropa erkennen. Die baltischen Länder sind die einzigen neuen EU-Mitglieder, die nicht nur eine post-sozialistische, sondern eine post-sowjetische Transformation durchliefen. Anders als die Satellitenstaaten des Ostblocks waren Estland, Lettland und Litauen jedoch ihrer Eigenstaatlichkeit beraubt und politisch-institutionell sowie wirtschaftspolitisch Teil der Sowjetunion. Anders als bei anderen neuen EU-Mitglieder (Ausnahme: Slowenien) ist bei den baltischen Staaten die Erlangung der Unabhängigkeit ihren Transformationen vorgeschaltet oder anders gesagt: der Transformationsprozess stand im Kontext des Unabhängigkeitskampfes. Als fünfter Aspekt kommt also bei den baltischen Transformationen die Staatlichkeitsfrage hinzu, also die Bestimmung der Grenzen für ein Staatsgebiet und eine Bevölkerung, was das „Dilemma der Gleichzeitigkeit" (Offe 1994) noch verstärkt.

Nicht nur spezifische Merkmale der Transformationen selbst, sondern auch etliche, noch zwanzig Jahre nach der Unabhängigkeit fortdauernde innere und außenpolitische Befindlichkeiten und Probleme lassen sich von diesem Hintergrund ableiten. Die genannten Aspekte prägten den demokratischen Übergang und beeinflussen bis heute sowohl die innere Situation (Stellenwert nationaler Identität, Frage der Staatsbürgerschaft, gesellschaftliche Konfliktlinien und deren Spiegelung im Parteiensystem, die wirtschaftspolitische Orientierung etc.) als auch die außenpolitischen Parameter. So dürfte die russlandskeptische Haltung nirgendwo so ausgeprägt sein wie in den baltischen Staaten, speziell in Estland und Lettland. Vor diesem Hintergrund ist auch die anhaltende Debatte und das bis in die jüngste Zeit reichende Insistieren auf der Beistandsgarantie nach Artikel 5 des NATO-Vertrags zu verstehen.

Dieser Beitrag geht zwei zentralen Annahmen nach: Erstens: Trotz gemeinsamer Merkmale heben sich die baltischen Transformationen von denen der anderen post-sozialistischen EU-Mitglieder ab, insbesondere, was die Ausgangssituation, aber auch die Erbschaften angeht. Zweitens: Auch innerhalb der oft als Einheit („Baltikum") betrachteten Staaten und trotz gemeinsamer Rahmenbedingungen bei der Transformation gibt es in der Entwicklung Estland, Lettland und Litauens Unterschiede. In einer vergleichenden Untersuchung werden somit Gleichförmigkeit und Kontrast im Vergleich herausgearbeitet. Zunächst werden die transformationstheoretischen Prämissen erläutert, auf deren Grundlage die Untersuchung vorgenommen wird (Kapitel 2). Die Analyse erfolgt dann im Sinne des Phasenmodells an Hand von Regimeende, Transition und Konsolidierung der drei Länder (Kapitel 3). Zudem werden auch die externen Bedingungen und Einflussfaktoren einbezogen (Kapitel 4). Schließlich werden die Transformationserfolge und Defizite skizziert und Erklärungsfaktoren für die Spezifika der baltischen Transformationen diskutiert (Kapitel 5).

1 Transformationstheoretische Prämissen

Transformation bezeichnet als übergreifender Terminus den Übergang von einem Systemtypus zu einem anderen. In den Sozialwissenschaften allgemein als Begriff zur Beschreibung von Wandlungsprozessen bekannt, wird er insbesondere seit den Umbrüchen 1989 in der Politikwissenschaft benutzt, um die in den post-sozialistischen Systemen ablaufenden Umbauprozesse zu beschreiben. Auf Grund der umfassenden Konnotation lassen sich unter Transformation die verschiedenen, parallel ablaufenden Prozesse fassen: die politische Umwandlung zu einem demokratischen als auch die wirtschaftliche Umwandlung zu einen marktwirtschaftlichen System, die Veränderungsprozesse in der Gesellschaft und nicht selten auch Staatsbildungsprozesse. Der Begriff ist weiter gefasst als Demokratisierung, womit zuvorderst die politische Dimension verbunden wird (Kneuer 2010).

Die Transformationsforschung unterscheidet drei Phasen: das Ende des nicht-demokratischen Regimes, die Transition hin zu einem neuen, demokratischen System und schließlich dessen Konsolidierung. Der Systemwechsel beginnt mit dem Zusammenbruch oder der Ablösung des autokratischen Systems, wobei dem auch eine Liberalisierungsphase vorausgehen kann. Die Transition umfasst die formal-legale Seite, das heißt, die Herausbildung der Institutionen von dem Moment, da das „alte" autokratische Regime abgelöst ist. Auch wenn sich Beginn und Abschluss der Transitionsphase nicht immer eindeutig festlegen lassen und sich die einzelnen Phasen überlappen können, so stellen die Gründungswahlen („founding elections") einen erkennbaren Anfangspunkt dar. Als Endpunkt schlägt Merkel (2010, S. 109) die Verabschiedung der Verfassung, die die „neue" Struktur und ihre inhärenten Regeln festschreibt, vor. Während der Transition sind diese Regeln nicht nur fluide, sondern auch von den verschiedenen Akteuren umkämpft; der Ausgang ist infolgedessen offen und die Demokratie längst nicht gesichert.

In der Konsolidierungsphase werden die in der Transition geschaffenen Institutionen und Regeln mit demokratischem Leben – also mit demokratischen Verhaltensmustern und demokratischen Einstellungen – gefüllt. Es geht somit um die Internalisierung von demokratischen Werten und Prinzipien sowie deren Anwendung und Befolgung in den politischen Prozeduren. Der Konsolidierungsprozess sollte mit einer fortschreitenden Verfestigung demokratischer Verfahren im politischen Alltag, aber auch mit einer Verfestigung demokratischer Einstellung sowohl in der politischen Elite als auch in der Bevölkerung einhergehen. Im besten Falle kann dann am Ende des Konsolidierungsprozesses eine gefestigte, persistente Demokratie stehen, in der Demokratie als „only game in town" gilt und die „rules of the game" nicht nur von allen Akteuren befolgt, sondern auch als legitim angesehen werden.

Gemeinhin herrscht Konsens darüber, dass diese Konsolidierungsphase länger dauert und komplexer ist als die Transition. Um diese Komplexität besser erfassen zu können, haben Juan Linz und Alfred Stepan ein Modell generiert (1996). Es unterscheidet drei Ebenen – „behavioural", „attitudinal", „constitutional" – und versteht unter Konsolidierung, dass kein signifikanter nationaler Akteur das Ziel hat, einen nichtdemokratischen Staat zu errichten (behavioural); die überwiegende Mehrheit der öffentlichen Meinung glaubt, dass demokratische Verfahren und Institutionen am besten geeignet sind, um das Gemeinwesen zu regieren (attitudinal) und dass sich Regierungs- und Nichtregierungsakteure gleichermaßen den Gesetzen, Verfahren und Institutionen unterwerfen, um ihre politischen Konflikte zu lösen (constitutional). Diesem Drei-Ebenen-Modell von Linz und Stepan hat Wolfgang Merkel eine vierte Ebene hinzugefügt, nämlich die repräsentative (Merkel 2010, S. 110 ff.). Damit sind die intermediären Institutionen gemeint, die Artikulation und Aggregation von Interessen und Bedürfnissen der Bevölkerung gewährleisten und an Staat und Regierung kanalisieren. Insbesondere Parteien und Interessengruppen, ebenso aber Medien und zivilgesellschaftlichen Gruppen kommt hierbei ein hoher Stellenwert zu.

Jenseits dieser Phasenbetrachtung plädieren Demokratisierungsforscher dafür, auch das vorhergehende Regime miteinzubeziehen als wichtige Determinante, die den Transitionspfad mit prägen kann (Pridham 1994, S. 17). Dabei geht es um „Erbschaften" der autokratischen Phase, aber auch um die präautoritäre Vergangenheit, wie etwa die Kontinuität bestimmter Institutionen (z. B. Parteien, Gewerkschaften). Auch vorhergehende demokratische Erfahrungen können die neuen demokratischen Arrangements und die

Form historischer Erinnerung beeinflussen oder Referenzpunkte bilden (O'Donnell u. Schmitter 1986, S. 21f.). Jüngere Studien weisen zudem auf die Bedeutung der externen Dimension von Demokratisierungs- bzw. Transformationsprozessen hin. Lange Zeit vernachlässigt, wurden sie insbesondere im Zusammenhang mit den EU-Erweiterungen auf den Einfluss externer Akteure analysiert (Kneuer 2007). Demokratisierungen werden demnach als Prozesse verstanden, die sowohl eine innere als auch eine äußere Dimension haben, wobei diese zudem interagieren.

Die folgende vergleichende Analyse wird die Transformation der baltischen Staaten an Hand der vorgestellten Phasen untersuchen (Kapitel 3) und auch auf externe Faktoren (Kapitel 4) eingehen. Bei der Analyse der Transformationen wird der Schwerpunkt auf die politischen Aspekte und weniger auf den wirtschaftlichen Umbau gelegt.

2 Die Transformationen der baltischen Staaten

Die Transformation der baltischen Staaten wird im Folgenden an Hand des Phasenmodells untersucht, wobei in Regimeende, Transition und Konsolidierung unterschieden wird. Zudem werden – wie oben ausgeführt – die Erbschaften miteinbezogen, sowohl die der autokratischen als auch die der davor liegenden demokratischen Systeme.

2.1 Das Ende des autokratischen Systems: Aufstand gegen die Kolonialmacht

Das Ende der kommunistischen Herrschaft umfasst den Beginn des massenhaften Aufbegehrens gegen die sowjetische Imperialmacht 1986/87 bis zum Frühjahr 1990, als die Wahlen zum Obersten Rat der sowjetischen Teilrepubliken von den Volksfronten gewonnen worden waren und somit Oberste Räte hervorgegangen waren, in denen die kommunistische Parteielite abgelöst war. Die von den estnischen und lettischen Volksfronten sowie der litauischen Sąjudis geführten Regierungen läuteten in der Folge die Transition ein.

Bei den Ursachen für das Regimeende greifen mehrere Faktoren ineinander: Zum einen ermutigte die Politik des neuen Generalsekretärs der KPdSU, Michail Gorbatschow, Studenten, Intellektuelle, Schriftsteller, aber auch teilweise Reformpolitiker der nationalen Kommunistischen Parteien, Freiräume für Eigenständigkeit zu einzufordern und zu nutzen. Dies verband sich dann schnell mit Bewegungen des „nationalen Wiedererwachens" in den baltischen Staaten, deren Ziel die „Wiederherstellung der Unabhängigkeit" war, so der Historiker und erste demokratische Ministerpräsident Estlands Mart Laar oder auch Vytautas Landsbergis, der erste demokratische Staatspräsident Litauens (Laar 2009a, 2009b; Landsbergis 2009). Es wäre zu kurz gegriffen, den Zerfall des Sowjetimperiums als Ursache des Regimeendes anzuführen, denn der August-Putsch von 1991, das Ende der Sowjetunion und damit die Anerkennung der Unabhängigkeit der baltischen Staaten stellen den Endpunkt der nationalen Mobilisierung in Estland, Lettland und Litauen dar, die bereits Jahre vorher begonnen hatte. Der Mauerfall sowie die ersten Wahlen und Transitionen in Ostmitteleuropa stellten sicher eine Ermutigung dar. Allerdings beschränkte sich die internationale Gemeinschaft auf moralische Unterstützung des Unabhängigkeitskampfes, da alles andere eine offene Provokation der UdSSR gewesen wäre. Nach den Kategorien von Merkel (2010, S. 101) wäre die Verlaufsform des Regimeendes einzuordnen als ein von unten erzwungener Systemwechsel, der einherging mit staatlicher Wiederherstellung. Die Begrifflichkeit ist hier wichtig, da die baltischen Protestbewegungen explizit nie von Staatsneugründungen sprachen, sondern sich in der Kontinuität der Zwischenkriegsrepubliken sahen, die 1940 auf Grund der gewaltsamen Annektierung illegal beendet worden waren (Bungs 2002, S. 175).

Dies deutet auf die zentrale Bedeutung der Vergangenheit hin, die als Interpretationsfolie für das Regimeende, aber auch die anderen Transformationsphasen dient. Das gilt für die leidvollen Erfahrungen als Sowjetrepubliken ebenso wie für den positiven Referenzpunkt der Zwischenkriegszeit, während derer alle drei Länder eine Phase demokratischer Staatlichkeit erlebten. Allerdings bestehen wichtige Unterschiede zwischen Estland und Lettland auf der einen Seite und Litauen auf der anderen. Zum einen weist Litauen eine längere Geschichte eigenständiger Staatlichkeit auf, was einen starken Sinn für nationale Solidarität und ein besonderes Selbstbewusstsein bedingte, das sich im Kontext des Regimeendes durch eine frühere Ablösung von der UdSSR zeigte (Krickus 1997, S. 291). Estland und Lettland dagegen hatten seit dem Mittelalter weitgehend unter Fremdherrschaft verschiedener Mächte existiert, so dass die Staatsgründung 1918 etwas bislang Unerreichtes darstellte und einen bedeutungsvollen Markstein für die nationale Identitätsbildung verkörperte. Zum anderen sind die Phasen der Demokratieerfahrung unterschiedlich lang: In Estland und Lettland bestanden demokratische Regierungen bis 1934, in Litauen lediglich bis 1926, bevor autoritäre Regime installiert wurden. Sowohl die Republiken der Zwischenkriegszeit als auch die gewaltsame Einverleibung durch die Sowjetunion bildeten zentrale Referenzpunkte für die Unabhängigkeitsbewegung.[1] Geschichte und Umwelt waren die Themen, die die Anti-Regimebewegungen Ende der 1980er Jahre mobilisierten, wobei die Geschichte als tiefere Ursache und die ökologischen Streitpunkte eher als Auslöser zu betrachten sind.

Die ersten Anti-Regime-Demonstrationen und Aktivitäten organisierten sich Ende der 1980er Jahre in allen drei baltischen Staaten, wurden schnell von breiten Bevölkerungsteilen unterstützt und brachten so die sowjetische Autorität zum Bröckeln. Das zentrale Motiv dieses Aufbegehrens verkörperte der Kampf um Souveränität, was zunächst bedeutete, dass man (mehr) Eigenständigkeit innerhalb der Sowjetunion anstrebte. Interessanterweise waren es von Moskau geplante Großprojekte, die in allen

---

[1] Kaum eine Rolle spielte dabei die Besatzung durch die Nationalsozialisten. Die Verarbeitung dieses Kapitels der Vergangenheit beginnt langsam; steht aber weiterhin hinter der – vor allem in Lettland – als deutlich schlimmer perzipierten Besatzung der Sowjets zurück.

drei Ländern Proteste wegen ökologischer Bedenken hervorbrachten (Kasekamp 2010, S. 161; Dawisha u. Parrott 1997, S. 54). In Estland sollte der Phosphor-Tagebau ausgeweitet werden, in Lettland ging es um ein Wasserkraftwerk am Daugava Fluss, und in Litauen wollte die UdSSR einen dritten Reaktor im Kernkraftwerk Ignalina bauen, was kurz nach der Katastrophe in Tschernobyl die Bevölkerung aufbrachte. Es war unverfänglicher, das unpolitische Thema Umwelt als Anlass zu benutzen, um gegen die sowjetische Bevormundung aufzubegehren. Neben der tatsächlichen Sorge, die die Menschen in den drei Ländern wegen dieser Vorhaben umtrieb, stand noch ein weiterer Aspekt: Man fürchtete, dass diese Projekte einen weiteren umfangreichen Zuzug russischer Arbeiter auslösen würden, was gerade in den beiden Ländern mit hohem russischen Bevölkerungsanteil – Estland und Lettland – als Problem betrachtet wurde (Kasekamp 2010, S. 160 ff., siehe dazu auch Tab. 1). Der Erfolg der Proteste – die drei Großprojekte wurden nicht durchgeführt – ermutigte zu weiteren Aktionen und führte zur Politisierung der Protestbewegung.

In der Folge entlud sich in den Massenprotesten der sogenannten „Kalenderdemonstrationen" das über Jahrzehnte aufgestaute Leiden an der gewaltsamen Annektierung 1940, die mit Deportationen, Repression und massiver Russifizierungspolitik sowie dem Verlust der nationalen Eigenständigkeit einhergegangen war. Man nahm nationale Gedenktage zum Anlass, sich zu versammeln: zuerst in Lettland (Juni 1987), um an die Massendeportationen von 1941 zu erinnern. Des Jahrestags des Hitler-Stalin-Paktes wurde seit 1987 in Tallinn, Rīga und Vilnius gleichzeitig von Demonstranten gedacht; 1989 erlangte dies weltweite Aufmerksamkeit, als drei Millionen Menschen zwischen den Hauptstädten eine Kette bildeten. Die Bedeutung des Vergangenheitsbezugs wird auch dadurch deutlich, dass sich die Oppositionen explizit in die Kontinuität der Zwischenkriegsrepubliken stellten. Die Wiederherstellung der Republiken wurde als Dekolonisierung verstanden (Meri 1993, S. 18).[2]

Neben den Massenprotesten wurde die sowjetische Führung weiterhin durch die Gründung von Volksfronten herausgefordert, die sich im Oktober 1988 gründeten und Zusammenarbeit vereinbarten: die estnische Volksfront Rahvarinne, die lettische Volksfront Tautas Fronte und die litauische Sąjudis Bewegung (dazu Bungs 2002, S. 176; Tiemann 2002, S. 62 f.; Dawisha u. Parrott 1997, S. 54 ff.). Ihre Ziele waren Demokratisierung und wirtschaftliche Eigenverantwortung, wobei sie sich auf Gorbatschows *Perestroika* beriefen, und zunächst noch nicht die Unabhängigkeit anstrebten, deren Realisierung für unrealistisch gehalten wurde. Die Volksfronten bewegten sich noch im Kontext des sowjetischen Institutionensystems; so wurde die Parteiführung durch Reformer ersetzt, und man stellte Kandidaten für die Wahlen zum sowjetischen Deputiertenkongress 1989 auf, die die Volksfronten gewannen. Die litauische KP preschte dann Ende 1989 vor und erklärte ihre Unabhängigkeit von der KPdSU. Die harsche Reaktion Moskaus ließ aber deutlich werden, dass eine einvernehmliche Lösung *innerhalb* der So-

---

2 In Lettland hieß der Slogan der Volksfront „Deokkupation, Desowjetisierung, Dekolonialisierung".

wjetunion nicht möglich sein würde. Bei den Wahlen zum Obersten Sowjet der drei sowjetischen Teilrepubliken im Frühjahr 1990, den ersten vollständig freien in Osteuropa, errangen die Volksfronten die Mehrheit und stellten fortan die Regierung: unter Edgar Savisaar in Estland, Kazimira Prunskienė in Litauen und Ivars Godmanis in Lettland. Damit war die kommunistische Führung in den drei Ländern abgelöst. Die neu gewählten Parlamente erklärten, nicht mehr die Obersten Sowjets der Sowjetischen Sozialistischen Republiken Estlands, Lettlands und Litauens, sondern „Oberste Räte" von Estland, Lettland und Litauen zu sein. Als Teilrepublik standen sie zwar weiterhin unter sowjetischer Kuratel, der Startschuss für eine neue Etappe mit dem Ziel der Unabhängigkeit war jedoch gefallen.

2.2   Transition: Auf dem Weg zu Unabhängigkeit und Demokratie

Der Übergang zur Unabhängigkeit setzte gleichzeitig mit dem Übergang zur Demokratie ein. Die demokratische Transitionsphase begann somit, ohne dass eine vollständige Eigenstaatlichkeit bestand. Dieser Umstand einer „independence within a transition" (Plakans 1997, S. 257) ist insofern ungewöhnlich, als der Demokratisierungsprozess ablief, ohne dass eine Staatsbildung vorausgegangen war. Daher stellen die baltischen Staaten einen einzigartigen Fall dar: „they gave democratic representation to a nation within a state before independence" (Linz u. Stepan 1996, S. 406). In anderen Fällen von Sezession wie etwa der Tschechoslowakei wurde zunächst der Demokratisierungsprozess begonnen und dann die Trennung vollzogen, weswegen dann von „doppelter Transition" gesprochen werden kann – einmal im ursprünglichen, dann im getrennten Staat (Kneuer 2005). In den baltischen Staaten dagegen liefen Unabhängigkeits- und Demokratisierungsbestrebungen parallel. Die Wahlen von 1990 markierten als Gründungswahlen den Beginn der Transitionsphase, was auch dadurch deutlich wird, dass die neue politische Elite das politische Programm von Unabhängigkeit, demokratischem und wirtschaftlichem Umbau in Angriff nahm.

Die einzelnen Schritte der neu gewählten nationalen Parlamente manifestierten den Konfrontationskurs gegen die UdSSR. Litauen änderte seinen Namen von „Litauischer Sozialistischer Sowjetrepublik" in „Republik Litauen", erklärte die sowjetische Verfassung für ungültig und manifestierte damit seinen Bruch mit der UdSSR. Die Obersten Räte in Estland und Lettland waren etwas vorsichtiger und verkündeten im Mai 1990, sie befänden sich in der Übergangsphase zum Austritt aus der Sowjetunion. Diese Schritte blieben nicht ohne Reaktionen von Seiten Moskaus. Der Wirtschaftsblockade gegen Litauen im April 1990, die letztlich scheiterte, folgten im Januar 1991 militärische Aktionen: Sowjetische Soldaten besetzten den Fernsehturm und das Innenministerium in Vilnius und sowjetische Spezialtruppen das Innenministerium in Rīga. Litauer formten einen Schutzschild um das Gebäude des Obersten Rates; Esten und Letten errichteten Barrikaden, um öffentliche Gebäude zu schützen. 14 litauische und fünf lettische Zivilisten wurden dabei getötet. Der Einsatz von Gewalt jedoch bestärkte die Balten zusätzlich in ihrem Bestreben nach Selbstbestimmung. Die baltischen Länder boykottierten die von Gorbatschow für die Sowjetrepubliken initiierte Volksbefragung zur stärkeren Föderalisierung der UdSSR, mit der einer Abtrennung entgegengewirkt werden sollte. Im März 1991 hielten Litauen, Lettland und Estlands ihrerseits eigene Referenden zur Wiederherstellung der Unabhängigkeit ab, die Beteiligungsquoten von über 80 % hatten und bei denen sich jeweils eine klare Mehrheit der Einwohner – auch der russischsprachigen in Lettland – für die Unabhängigkeit aussprach.[3] Nichtsdestotrotz kamen die baltischen Staaten aber nicht weiter in ihrem Versuch, mit der Sowjetunion die Abtrennung zu verhandeln. Erst der Putsch gegen Gorbatschow am 19. August 1991 machte jene Kettenreaktion möglich, die mit der Anerkennung der Unabhängigkeit durch die UdSSR am 6. September und der internationalen Anerkennung durch die Aufnahme in die Vereinten Nationen elf Tage später gegeben war.

Mit der Wiedergewinnung der Staatlichkeit setzte zugleich der Prozess der Staatsbildung ein, der drei Herausforderungen beinhaltete: zum einen die Verfassungsgebung, zum zweiten den Aufbau einer institutionellen Architektur und drittens schließlich die Definition des Staatsvolkes.

Bei der Verfassungsgebung dominierte die bereits während des Unabhängigkeitskampfes manifestierte Sichtweise, dass sich die baltischen Republiken in der Kontinuität der Zwischenkriegszeit sahen. In Lettland fand dies seinen deutlichsten Ausdruck, da dort bereits 1990 und dann nach der Unabhängigkeit bekräftigt, schlichtweg die Lettische Verfassung von 1922 wieder in Kraft gesetzt wurde. Der Rekurs auf die Zwischenkriegsverfassungen hatte neben dem symbolischen Wert und der völkerrechtlichen Bedeutung aber auch andere Implikationen. So enthielt die Verfassung Lettlands von 1922 keinen Grundrechtskatalog und keine Bestimmungen zur Judikative; außerdem verfügte Lettland noch nicht über ein gewähltes Parlament und einen Präsidenten. Zudem wurden die Schwächen der Verfassung von 1922 übernommen, ohne die Elemente, die zu der Instabilität des damaligen Systems geführt hatten, zu überarbeiten (Sprudzs 2001, S. 140 f.). Insgesamt war die verfassungsrechtliche Situation in Lettland recht unübersichtlich, bis das neu gewählte Parlament 1993 die alte Verfassung endgültig wieder einsetzte.[4] Litauen vollzog eine andere Variante, indem dort zusammen mit der Unabhängigkeitserklärung die Verfassung von 1938 für eine Stunde reinstalliert wurde, um dann ein provisorisches Grundgesetz zu verabschieden. Schwieriger und konfliktreicher stellte sich dann der Entwurf einer neuen, endgültigen Verfassung heraus. Dies lag teils an der Unentschlossenheit, teils daran, dass es keinen einfachen Bezug auf die Verfassungstradition gab (die Zwischenkriegszeit umfasste drei Verfassungen – 1922, 1928 und 1938), teils ging es um die Details bei der Ausgestaltung der Verfassung, wie

---

3   In Litauen stimmten 90,47 %, in Lettland 73,68 % und in Estland 77,73 % für die Unabhängigkeit.
4   Unübersichtlich auch deswegen, weil bis 1993 die sowjetische Verfassung ebenfalls weitergalt, soweit sie nicht der lettischen Verfassung von 1992 widersprach (Tauber 2006, S. 114).

der Stellung des Präsidenten und dessen Verhältnis zum Regierungschef und zur Legislativen (Gelazis 2001, S. 172 ff.). Estland setzte eine verfassungsgebende Versammlung ein, wobei die Frage, wie sich diese zusammensetzen sollte, bereits ein konfliktreiches Thema war, was sich auch aus der in den Jahren zuvor entwickelten Dualität zwischen dem Obersten Rat und dem estnischen Kongress, einer Vertretung der Bürgerkomitees, ergab. Der Kompromiss, die Verfassungsgebende Versammlung aus beiden Organen paritätisch zu bestücken, machte den Weg für das Entwerfen einer neuen Verfassung frei (Pettai 2001, S. 112 ff.).

Der Aufbau der Institutionen gestaltete sich insbesondere im Hinblick auf das Regierungssystem kontrovers: Parlamentarisch oder präsidentiell waren hier die Alternativen, denen sich die drei Staaten gegenübersahen. Es soll hier nicht darum gehen, die politischen Systeme Estland, Lettlands und Litauens zu klassifizieren, sondern darum, deutlich zu machen, dass vor allem bei der Gestaltung der Stellung des Staatspräsidenten sehr unterschiedliche Vorstellungen aufeinander trafen. In Estland sahen drei der fünf Entwürfe präsidentielle Systeme vor, und wiederum spielte ein – verklärender – Blick auf die Zwischenkriegszeit eine Rolle, denn nach einer ersten Phase des Super-Parlamentarismus (1920–1934) wurde das darauf folgende autoritäre Regime von Präsident Päts als stabilisierend empfunden (Pettai 2001, S. 121). Letztlich aber setzten sich die Befürworter eines parlamentarischen System durch. Auch in Litauen war die Funktion des Präsidenten bis in die letzten Beratungen der Verfassungskommission umstritten. Die Volksfrontbewegung Sajudis wollte eine starke Stellung des Präsidenten verankert sehen, womit ihrem Parteivorsitzenden Vytautas Landsbergis, gleichzeitig Amtsinhaber, mehr Macht zugewachsen wäre. Das litauische Mischsystem stellt daher einen Kompromiss zwischen der präsidentiellen und der parlamentarischen Variante dar (Gelazis 2001).[5] Die Besonderheit in Lettland war, dass es zwar einerseits sofort seine alte Verfassung von 1922 in Kraft setzte und damit kein Vakuum entstand, andererseits aber die Anpassung der institutionellen Struktur an die Erfordernisse einer modernen Demokratie des 21. Jahrhunderts nur schrittweise und daher sehr langsam vonstatten ging. Zwar ist die Regierungsform Lettlands parlamentarisch, dennoch gab es auf Grund der instabilen Regierungen mehrmals eine Debatte über die Stärkung des Präsidenten sowie mehrere Versuche des Präsidenten Guntis Ulmanis, seine Rolle aufzuwerten (Norgaard u. Johannsen 1999, S. 60 ff.). Allen drei politischen Systemen ist gemeinsam, dass die Präsidenten ein relativ großes Gewicht haben, was sich nicht nur aus der verfassungsmäßigen Ausgestaltung des Amtes, sondern auch aus dem Rollenverständnis der jeweiligen Amtsinhaber und deren Amtsführung ergab. Nicht nur im semi-präsidentiellen Litauen,

---

5 In der Literatur gibt es recht unterschiedliche Interpretationen des litauischen Typus: Während Tauber (2006) ihm nur „auf den ersten Blick" einen parlamentarisch-präsidentiellen Charakter zuweist, ordnet Brunner (2002) Litauen eindeutig so ein. Andere Autoren bezeichnen Litauen als semi-präsidentiell (Tiemann 2002; Gelazis 2001).

sondern auch in Estland und Lettland ist es daher immer wieder zu Spannungen oder Konflikten zwischen den Verfassungsorganen gekommen.

Die Definition des Staatsvolkes stellte hauptsächlich in Estland und Lettland die größte Herausforderung dar. Pettai benutzt für Estland die Bewertung eines „negative engineering" (2001, S. 112), das man gleichermaßen auch auf Lettland anwenden kann. Gemeint ist damit die exklusive Haltung, den nicht zur Titularnation angehörenden Bürgern – überwiegend die russische Bevölkerung – die Staatsbürgerschaft zu verwehren. Der Hintergrund ist, dass sich die Bevölkerungsanteile von Esten bzw. Letten auf der einen und Russen auf der anderen Seite sich auf Grund der massiven Russifizierung während der Sowjetzeit signifikant verschoben hatten. Für beide Nationen war der Erhalt ihrer Kultur, Sprache und Traditionen ein essentieller Aspekt, den sie bis 1991 bedroht sahen. Der Kampf um die Unabhängigkeit ging mit einem, teils recht radikalen, nationalen Wiederwachen einher.

Tabelle 1   Bevölkerungszusammensetzung Estland, Lettland

	Estland		Lettland	
	Anteil ethnischer Bev.	Anteil russischer Bev.	Anteil ethnischer Bev.	Anteil russischer Bev.
1934 (EE) 1935 (LV)	88,1 %	8,2 %	77,0 %	8,8 %
1989	61,5 %	30,3 %	52,2 %	34,0 %
2009	68,0 %	25,7 %	59,4 %	27,6 %

Quelle: EU-Kommission[6]

Im November 1991 wurde in Estland das Staatsbürgerschaftsrecht von 1938 und in Lettland das von 1937 wieder eingesetzt, was bedeutete, dass alle diejenigen, die nicht bereits damals als Staatbürger anerkannt waren, entrechtet dastanden. Das heißt, dass die russischen Minderheiten überwiegend staatenlos und ohne politische Teilhaberechte sind. Dieser nationalistische Impetus der estnischen und lettischen Staatsbildungsprozesse schuf keine integrierenden Nationalstaaten, sondern zementierte die Entwicklung von Parallelgesellschaften, was sich bis heute als problematisch erweist. Trotz mehrfacher Änderungen der Staatsbürgerschaftsgesetze, die auf Grund des Drucks externer Akteure wie EU, Europarat, OSZE durchgeführt wurden und Regeln für die Naturalisierung der russischen Bevölkerung hinzufügten, besteht die ethnische Konfliktlinie fort, was sich unter anderem auch in der Parteienlandschaft widerspiegelt. Für die na-

---

6   http://ec.europa.eu/enlargement/archives/enlargement_process/past_enlargements/eu10/estonia_en. htm#Overview%20of%20key%20documents%20related%20to%20 enlargement. Zugegriffen 2.1.2012.

tionale Rekonstruktion waren die Entscheidungen, die die estnische und lettische Regierung trafen – auch in Bezug auf die Sprachengesetze – wenig hilfreich (Henderson 1997; Pettai 2001; Bungs 2002). Nach der Unabhängigkeit war die Bereitschaft der russischen Bevölkerung, die estnische bzw. lettische Staatsbürgerschaft zu erlangen, recht hoch. Auf Grund der zunächst restriktiven Handhabung waren dann aber viele vormals loyale Russen enttäuscht. Als später dann die Einbürgerung möglich wurde, lief die Naturalisierung schleppend. Die litauische Gesellschaft war von jeher homogener, und es fehlten die negativen Erfahrungen der Russifizierung. Die litauische Regierung fuhr von Anfang an eine liberale und inklusive Staatsbürgerschaftspolitik, indem sie die Naturalisierung der – freilich kleineren – Gruppen russischer, polnischer und anderer Bevölkerungsteile erlaubte.

Es zeigte sich, dass Lettland zwar den konstitutionellen Prozess übermäßig schnell vollzog durch die sofortige Einsetzung der 1922er Verfassung, aber dadurch letztlich die institutionelle Gestaltung einer modernen Demokratie des 21. Jahnhundert erschwerte und damit die Konsolidierung verlangsamte, weil etliche Regelungen, wie etwa des Wahlsystems oder des Staatsbürgerschaftsrechts, teilweise mehrfach überarbeitet werden mussten (Sprudzs 2001, S. 140). In Estland und Litauen war die Erarbeitung einer neuen Verfassung ein kontroverser Prozess, an dessen Ende Kompromisse erlangt werden konnten. In beiden Ländern traten 1992 die Verfassungen in Kraft;[7] noch im selben Jahr fanden Wahlen statt. In Lettland verzögerte sich die erste Wahl (1993), weil die Frage des Wahlvolkes erst geklärt werden musste.

Nach dem Erreichen der Unabhängigkeit wartete die Staats- und Institutionenbildung mit neuen und ebenso großen Herausforderungen, die auf unterschiedliche Weise und mit unterschiedlichem Erfolg gelöst wurden. Während der Transition waren die „multiplen Vergangenheiten" eine zentrale Interpretationsfolie geblieben, die gerade in Estland und Lettland gesellschaftspolitische Konfliktlinien perpetuierte. Das institutionelle Design, dessen Grundlagen in der Transitionsphase gelegt wurde, beinhaltete, wie sich zeigte, etliche formal-institutionelle Instabilitätsfaktoren (Tiemann 2002).

2.3 *Konsolidierung: Ungleichzeitige Entwicklungen, unterschiedliche Ergebnisse*

Von den Konsolidierungsprozessen der ostmitteleuropäischen Staaten sind etliche Phänomene wie ein gewisser „transition blues", oft auch im Zusammenhang mit den wirtschaftlichen Problemen, oder eine abnehmende Partizipation der Bürger bzw. deren Verlust an Vertrauen in die politische Elite und in politische Institutionen bekannt. In den baltischen Staaten zeigen sich verschiedene Aspekte eigener bzw. besonderer Aus-

---

7 In Estland fand im Juni 1992 ein Referendum statt, bei dem mit großer Mehrheit (91 %) dem Entwurf zugestimmt wurde. Im Vorfeld des Volksentscheids war befürchtet worden, dass eventuell das Quorum von 50 % Beteiligung nicht erfüllt werden könnte, was letztlich aber nicht der Fall war.

prägung: So ist die Instabilität der Regierungen selbst im osteuropäischen Vergleich hoch, was auch mit den ebenfalls vergleichsweise instabilen Parteiensystemen zusammenhängt. Des Weiteren ist die Frage nationaler Identität weiterhin prekär und die Frage der Integration der Minderheiten in Estland und Lettland ungelöst. Und schließlich erschwerte auf der gesellschaftlichen Ebene ein „incorporative-clientelistic mode of inclusion" einerseits das Entstehen zivilgesellschaftlicher und horizontaler Formen politischer Organisation und förderte andererseits klientelistische Netzwerke, die vor allem von den Oligarchen gepflegt werden. Im Verlauf der Konsolidierung manifestierte sich die unterschiedliche Entwicklung der drei Staaten: Während Estland zum „regional front-runner" wurde, wiesen Lettland und Litauen eine deutlich langsamere politische Konsolidierung und wirtschaftliche Entwicklung auf.

Auf der institutionellen Ebene war in allen drei baltischen Staaten zunächst eine fluide und instabile Situation festzustellen. Im ersten Jahrzehnt nach den ersten Wahlen gab es in Estland und Lettland zehn sowie in Litauen zwölf Regierungen; bis heute sind es siebzehn Regierungen in Lettland, fünfzehn in Litauen und zwölf in Estland. Damit bilden die baltischen Länder die Schlusslichter im Vergleich mit den anderen neuen EU-Mitgliedern. Diese Instabilität lässt sich zum einen auf in die Verfassungen eingebaute institutionelle Vorkehrungen zurückführen, wie etwa die Möglichkeit der Parlamente, nicht nur den Regierungschef, sondern auch einzelne Minister per Misstrauensvotum abzuberufen, oder durch die relativ stark konstruierten Staatspräsidenten. Das heißt, die Vorkehrungen zur Sicherung der Regierungsstabilität sind eher schwach (Tiemann 2001, S. 70). Dies zeigte sich sogar jüngst: Nachdem Staatspräsident Zatlers 2011 erstmalig von seinem Recht Gebrauch gemacht hatte, das Parlament aufzulösen und die Bürger dies mit überwältigender Mehrheit (94,3 %) in einem Referendum bestätigt hatten, fanden nach nur knapp einem Jahr erneut Wahlen statt. Der Parlamentsauflösung war ein Konflikt zwischen Präsident und Parlament vorausgegangen, bei dem es um die Aufhebung der Immunität des Abgeordneten und Oligarchen Šlesers gegangen war, um die Strafverfolgung wegen Korruptionsvorwürfen zu ermöglichen. Da das Parlament dies ablehnte, griff der Präsident zu jenem Instrument der Parlamentsauflösung, obwohl ihm dies die Aussichten auf eine Wiederwahl durch das Parlament, die im Juni 2011 anstand, praktisch zunichte machte.

Einen deutlichen Einfluss auf die Konsolidierung der institutionellen Ebene hatte zweifelsohne die Annäherung an die EU. Im Hinblick auf die angestrebte Mitgliedschaft nahmen die baltischen Länder Reformen vor, die zur Erfüllung der Beitrittskriterien erforderlich waren und die zugleich von der EU unterstützt wurden. Allerdings zeigte sich, dass die drei Länder unterschiedliche Entwicklungsstadien aufwiesen, und die EU trug dieser Tatsache auch entsprechend Rechnung, indem mit Estland als dem einzigen Land des Baltikums im März 1998 Beitrittsverhandlungen begonnen wurden. Lettland und Litauen gehörten zu der zweiten Gruppe, mit der ab Februar 1999 verhandelt wurde. Alle drei Länder wurden 2002 als beitrittsreif bewertet und wurden am 1. Mai 2004 in die EU aufgenommen. Der EU-Beitritt kann als Ausweis für die Konsolidierung der baltischen

Demokratien gelten, legt man den Maßstab institutioneller Stabilität und Funktionsfähigkeit zu Grunde.

Betrachtet man die repräsentative Ebene der intermediären Institutionen, so ist deren Konsolidierung bis heute noch nicht vollständig gegeben. Die Parteiensysteme sind weiterhin von einer hohen Fragmentierung und Volatilität geprägt.[8] Die fluiden Parteiensysteme, aber auch das konfliktive Elitenverhalten führte bislang zu schwierigen Mehrheitsbildungen bzw. dem Problem, Mehrheiten dauerhaft aufrechtzuerhalten. Aufschlussreich war, dass bei den regulären Parlamentswahlen in Lettland (2. 10. 2010) und in Estland (6. 3. 2011) die Regierungsparteien wiedergewählt und die Amtsinhaber bestätigt wurden, obgleich sie einen strengen und für etliche Bevölkerungsteile schmerzvollen Sparkurs nach der Wirtschafts- und Finanzkrise durch geführt hatten. Dies deutete auf eine beginnende Stabilisierung hin. In Lettland jedoch gerieten die politischen Konstellationen durch jene Neuwahlen in 2011 bald wieder erheblich in Bewegung.

Tabelle 2 Fragmentierung und Volatilität in den baltischen Staaten (als ø 1990–2011)

	Fragmentierung	Volatilität
Estland	5,6	28,1 %
Lettland	6,5	35,7 %
Litauen	6,4	49,7 %

Eigene Berechnung. Fragmentierung als effektive Zahl der elektoralen Parteien (> 3 %) nach Laakso-Taagepera. Fragmentierung gilt als niedrig bei < 3 %, als Mittel bei 3 = 5 % und als hoch bei 5 %. Volatilität gemessen mit Pedersen-Index.

Zwar sind die schwache Verankerung der Parteien und die schwache Parteiidentifikation der Wähler ein Phänomen, das auch aus anderen neuen Demokratien bekannt ist, ungewöhnlich aber ist die fehlende ideologische und programmatische Differenzierung zwischen den Parteien. Nur in Litauen hatte sich im ersten Jahrzehnt eine bipolare Struktur herausgebildet, die bis 1998 eine größere Stabilität als in den anderen beiden Ländern garantierte. Es gab eine programmatische Konkurrenz, und eine stabile Mehrheitsbildung war möglich. Diese Situation endete allerdings mit der Regierungskrise 1999, bei der ein Machtkampf zwischen Präsident und Ministerpräsident nicht nur Parlament und Regierungschef schwächte, sondern auch die politische Ordnung Litauens erschütterte und das Ansehen der Parteien beschädigte.

„Klassische" *cleavages*, wie sie die westeuropäischen Parteienlandschaften strukturieren, sind in den baltischen Staaten nur schwach vorhanden. Zunächst dominierten

---

8 Im Vergleich dazu: In Deutschland und Österreich lag die Volatilität in den ersten 20 Jahren nach der Redemokratisierung bei gut 8, in Spanien, Portugal und Griechenland bei gut 15 %.

die Konfliktlinien Kommunismus versus Antikommunismus und Kolonialstatus versus Unabhängigkeit. Nachdem diese Konflikte gelöst waren, entstanden jedoch keine anderen *cleavages* bis auf das ethnische in Estland und Lettland.[9] Dort existiert zudem ein Oligarchen-*cleavage*. Der sozioökonomische Gegensatz aber ist kaum ausgeprägt: Traditionelle sozialdemokratische Programmatik wird nicht vertreten, und es herrscht ein großer wirtschaftspolitischer Konsens im Hinblick auf marktliberale Politik.[10] In der estnischen Parteienlandschaft ist diese Agglomeration von (markt)liberalen, konservativen Parteien ohne progammatischen Gegenpol besonders akzentuiert. Auch häufige Parteispaltungen, -fusionen und -neuformierungen tragen zu der Fluidität und Unübersichtlichkeit bei, die ein konstantes Wählerverhalten erschweren. Charismatische Persönlichkeiten des öffentlichen Lebens haben es nicht schwer, mit populistischen Methoden oder populären Themen (Anti-Korruption) schnelle Erfolge zu erzielen. Die aktuellen Trends der Wahlen 2010 und 2011 untermauern letztlich die unterschiedlichen Konsolidierungsfortschritte der baltischen Länder im Bereich der Parteien und Parteiensysteme, insofern Estland am weitesten fortgeschritten ist und sich die in 2010 erhoffte Stabilisierung in Lettland nicht bewahrheitete.

Die anderen gesellschaftlichen Organisationen wie Gewerkschaften oder Arbeitgeberverbände sind in der Gesellschaft ebenfalls schwach verankert. In Bezug auf die zivilgesellschaftlichen Strukturen lässt sich zwar eine vielfältige Landschaft von Vereinen, Stiftungen und NGOs feststellen, deren Organisationsgrad, Ressourcen und Funktionsgrad sind jedoch recht unterschiedlich. Der hohe Mobilisierungsgrad während des Unabhängigkeitskampfes konnte nicht kanalisiert werden in eine neue Rolle zivilgesellschaftlicher Strukturen in den demokratischen Gesellschaften.

Auch in Bezug auf die Verhaltensebene und die politische Kultur kann man noch nicht von vollständiger Konsolidierung sprechen. Zwar lässt sich auf Grund der sozialistischen Erbschaft in allen osteuropäischen Transformationsstaaten das Phänomen geringer Partizipation und zunehmender Entfremdung zwischen Bürgern und politischer Elite feststellen. In den baltischen Ländern lassen sich derweil besondere Ausprägungen erkennen. Dass Mitgliedschaft in politischen Parteien und Gewerkschaften kein großes Interesse bei den Bürgern hervorruft, lässt sich durchaus aus der Einparteienherrschaft der KPdSU erklären. Aber auch der Partizipationsgrad in anderen, freiwilligen Organisationen ist recht niedrig: in Estland 15 %, in Lettland 17 %, in Litauen 12 % (Koroleva u. Rungule 2006, S. 249). Als zunehmend besorgniserregend aber werden die niedrige Wahlbeteiligung und das geringe Vertrauen in die politischen Institutionen gewertet, vor

---

9   So steht das „Harmonie-Zentrum" in Lettland für eine Politik, die sich eher an der russischsprachigen Bevölkerung orientiert; es wird zudem vermutet, dass dieses gute Verbindungen der russischen Partei „Vereinigtes Russland" hat und von dieser – auch finanziell – unterstützt wird. In Estland findet die populistische „Zentrumspartei" von Edgar Savisaar in der russischsprachigen Minderheit starken Rückhalt.

10 Selbst „soziale" Marktwirtschaft ist ein Konzept, das kaum eine Partei in den baltischen Staaten vertritt, da das Adjektiv „sozial" mit „sozialistisch" konnotiert wird.

allem das Vetrauen in die politischen Parteien, das nirgendwo in den Neuen Mitgliedsstaaten so niedrig ist wie in Lettland und Litauen. Interessant ist vor allem, dass dort das Vertrauen nach 2003 so deutlich einbrach. In Estland konnte es sich zumindest halten.

Tabelle 3   Vertrauen in die Parteien

	2001	2002	2003	2004	2005	2006	2007	2008	2009	Ø
Estland	12	13	18	15	18	16	22	19	17	17
Litauen	7	8	11	9	5	8	7	10	5	8
Lettland	7	9	18	9	8	9	7	5	2	8
Ø NMS-2004	11	13	14	7	10	10	11	12	10	11
Ø EU15	17	18	15	16	19	19	25	29	25	20

Eigene Zusammenstellung auf der Candidate Countries Barometer (CEEB) Herbst 2001, 2002, Frühjahr 2003, 2004 sowie Eurobarometer (EB) 64, 66, 68, 70, 72. NMS-2004 = Neue Mitgliedsstaaten seit 2004.

Auf dem Hintergrund der starken Mobilisierungseffekte, die der Kampf für die Unabhängigkeit hervorrief, ist das starke Abfallen der Partizipation verwunderlich. Solange es um Eigenstaatlichkeit und die Zukunft der Nation gegangen war, waren die Bürger sehr aktiv gewesen. Als Politik jedoch eine Frage von Institutionalisierung wurde, wandten sie sich ab. Es besteht nicht nur ein gewisses Desinteresse, sondern auch ein Argwohn gegenüber dem Staat und seinen Institutionen. Ihnen wird wenig Loyalität entgegen gebracht; klientelistische und partikularistische Netzwerke spielen dagegen eine nicht zu unterschätzende Rolle, die insbesondere Esten und Letten bereits während der Sowjetzeit im Sinne einer nationalen Strategie des Überlebens gebildet hatten. Solche – exklusiven – Netzwerke werden als problematisch angesehen, weil sie horizontale Formen politischer Organisation wie Gewerkschaften oder Parteien unterminieren (Lagerspetz u. Vogt 1998; Lagerspetz u. Maier 2006). Ein besonderes Problem in Lettland und Litauen ist des Weiteren der Einfluss der so genannten Oligarchen. Es handelt sich meist um Geschäftsmänner, die im Zuge der Privatisierung zu großem Reichtum gekommen sind, und die sich durch private, klientelistische Netzwerke eine erhebliche Machtstellung in den Ländern aufgebaut haben. Sie beeinflussen die Politik zum einen, indem sie eigene Parteien gegründet haben und finanzieren, zum anderen, indem sie Medien halten (Zeitungen, Fernsehsender) und so die öffentliche Meinung zu beeinflussen im Stande sind.[11]

Der Mangel an universalistischer Loyalität gegenüber Staat und Politik als Ganzem wird auch als Haupthindernis für das Initiieren einer stärker inklusiven Politik der In-

---

11 Zu diesen Oligarchen werden gezählt die lettischen Politiker Andris Šķēle und Ainārs Šlesers sowie Rolandas Paksas und Viktor Uspaskich in Litauen.

tegration nationaler Minderheiten und einer lebensfähigen bürgerlichen Gesellschaft gesehen (Lagerspetz u. Maier 2006, S. 99). Bis heute sind in Estland und Lettland keine integrierenden Nationalstaaten entstanden. Weder bei Staatsbürgern noch bei Nicht-Staatsbürgern hat sich im ersten Jahrzehnt eine Haltung herausgebildet, bei der sich auf individueller Ebene eine Verantwortlichkeit für den Staat und die Demokratie oder das Gefühl entwickelt hat, man könne oder solle die Entwicklung des Gemeinwesens (positiv) beeinflussen (Bungs 2002, S. 187).

In den 1990er Jahren herrschte nach Reetz eine Einstellung vor, bei der die Bevölkerung Demokratie als Vehikel betrachtet, um die Unabhängigkeit zu erhalten (2006, S. 232). Dieses Verständnis lässt sich auf die Formel bringen: „If the price for sovereignty (understood as a nation state), is democracy – let it be democracy." Demokratie wird von den Bürgern in den baltischen Staaten überwiegend als beste Staatsform bewertet. Interessanterweise scheinen sich Unterstützung von Demokratie und die gleichzeitige Befürwortung von starken Führungspersönlichkeiten durch einen nicht unbedeutenden Bevölkerungsanteil nicht zu widersprechen. Diese positive Einstellung zu starken Führungspersönlichkeiten erklärt auch den Erfolg charismatischer Politiker mit autoritärem Appeal. In Untersuchungen, die nach starken und schwachen Demokraten, unentschiedenen Bürgern und Autokraten differenzierten, ergab sich zudem, dass in Estland der höchste Anteil „starker Demokraten" (25 %) zu finden war, während der fast gleiche Anteil in Litauen (23 %) als „Autokraten" einzuschätzen waren (Tilma u. Rämmer 2006, S. 291).

Tabelle 4 Einstellung zur Demokratie, Zustimmung in %

	Estland	Lettland	Litauen	Ost-D
Demokratie ist eine sehr/ziemlich gute Regierungsform.	89	89	88	96
Ein starker Führer, der sich nicht um Parlament oder Wahlen kümmern muss, ist sehr/ziemlich gut.	38	46	64	18
Das vergangene System war sehr/ziemlich gut.	47	43	51	53
Das derzeitige System ist sehr/ziemlich gut.	53	42	49	60

Quelle: World Values Survey 1996

Während Demokratie als abstrakte Idee unangefochten war und auch geblieben ist, trifft dies weniger auf das konkrete Funktionieren demokratischer Systeme zu. So meinten Mitte der 1990er Jahre ein Drittel bis zur Hälfte der Esten, Litauer und Letten, in der Demokratie gebe es keine Ordnung; vor allem die Letten und Litauer meinten, in der Demokratie gebe es zu viel Unentschlossenheit (Alisauskiene 2006, S. 135). Kurz vor dem EU-Beitritt waren etwa ein Drittel der baltischen Bürger mit dem Funktionieren ihrer Demokratie zufrieden. Heute haben sich die Werte in Estland gesteigert, in Litauen jedoch sind sie auf 17 % gefallen (CCEB 2004, Eurobarometer 73, 1/2010).

Die differenzierte Betrachtung der Konsolidierungsprozesse belegt in allen drei baltischen Ländern eine Ungleichzeitigkeit der Entwicklung: Die institutionelle Ebene hat sich auch nach dem EU-Beitritt als stabil erwiesen, ja sogar erstaunlich stabil, wenn man dies im Lichte des externen Schocks der Wirtschafts- und Finanzkrise von 2008/09 mit anderen weitaus länger bestehenden Demokratien vergleicht. In Lettland, das am stärksten betroffen war und kurz vor dem Staatsbankrott stand, wurde die Regierung Dombrovskis, die einen strikten Sparkurs mit erheblichen Einschnitten gefahren war, im Oktober 2010 sogar wiedergewählt. Estland hat ebenfalls einen strikten Sparkurs verordnet und trotz der Krise die Kriterien für den Beitritt in die Euro-Zone erfüllen können, deren Mitglied das Land seit Januar 2011 ist. Einen geringeren Konsolidierungsgrad weisen die repräsentative Ebene, das Verhalten von Eliten und Bürgern sowie die politische Kultur der Länder auf. Es bedarf vor allem der Aktivierung einer konstruktiven Zivilgesellschaft, die – ohne ihre kritische Distanz gegenüber dem Staat aufzuheben –, den weiteren Ausbau der Demokratie unterstützt und einen Beitrag zur gesellschaftlichen Selbstorganisation leistet. Als problematische Enklave könnten sich in solch einem Prozess jene angesprochenen partikularistischen *patron-client networks* erweisen, die klientelistische Strukturen und Korruption befördern.[12] Eine inklusive nationale Identität konnte sich nur in Litauen herausbilden, in Estland und Lettland haben sich Parallelgesellschaften von Titularnation und russischer Minderheit entwickelt.

3 Externe Faktoren

Im Gegensatz zum langjährigen Mainstream der Transitionsforschung (insbesondere O'Donnell u. Schmitter 1986) haben nicht zuletzt die post-kommunistischen Fälle deutlich gemacht, dass internationale Faktoren eine Rolle spielen können. Unabhängig davon, wie viel Einfluss und Wirkung externen Faktoren für die jeweiligen Phasen des Systemwechsels zugeschrieben werden kann, ist Demokratisierung als ein Prozess zu verstehen, der sowohl eine interne als auch eine externe Dimension hat, wobei beide Dimensionen, sei es auf Akteurs- oder auf Strukturebene interagieren (Kneuer 2007, S. 22, 34f.).

---

12 In Estland sind Korruption und Klientelismus deutlich geringer als in den beiden anderen Ländern. In der Skala des Corruption Perception Index (CPI) 2010 von Transparency International, der von 9 (very clean) bis 0 (highly corrupt) geht, liegt Estland mit 6.5 auf Platz 26 von 178 Ländern. Litauen wird mit 5.0 und Lettland mit 4.3, also deutlich schlechter, bewertet. Unter den neuen EU-Mitgliedern werden sie nur noch von Rumänien und Bulgarien übertroffen, im gesamteuropäischen Vergleich nur noch von Italien. http://www.transparency.org/policy_research/surveys_indices/cpi/2010/results. Zugegriffen am 2.1.2012.

Es mag Auslegungssache sein, inwieweit man die Gorbatschow'sche Politik von *Perestroika* und *Glasnost* als genuin „externen Faktor" im Hinblick auf das Erwachen der baltischen Proteste ab 1986 bezeichnen mag. Zweifelsohne aber bot diese Politik eine Legitimation für Schritte der Selbstverwaltung, die in dieser Zeit von den kommunistischen Regierungen unternommen wurden. Und unbestreitbar wurde die UdSSR spätestens seit den Wahlen 1990 als eine „externe" Macht perzipiert. Auf dem Tableau externer Akteure, die im Laufe der Demokratisierung relevant wurden, spielte die UdSSR und seit ihrem Zusammenbruch Russland die wichtigste Rolle während des Regimeendes im Hinblick auf die Abtrennung aus dem sowjetischen Staatenverbund, aber auch bei der Absicherung der Demokratie spielte Russland als weiterhin perzipierte Bedrohung eine entscheidende Rolle. Bei der konsequent betriebenen Annäherung an die USA, bei dem Streben in die NATO, der die baltischen Staaten 2004 beitraten, aber auch bei der seither weiter verfolgten Konkretisierung der Beistandsgarantie durch die NATO stand jener konkrete sicherheitspolitische Aspekt im Vordergrund. Der russisch-georgische Krieg 2008 veranlasste die drei Länder zudem, konkretere Beistandspläne von der NATO einzufordern und auf konkrete Aktionen zur Erhöhung der militärischen Bereitschaft zu drängen.

Die Rückkehr nach Europa begleitete die baltischen Demokratisierungen ebenso wie in den ostmitteleuropäischen Ländern. Historisch und kulturell hatten Estland, Lettland und Litauen immer zu Europa gehört, und so verstanden sich Elite wie Bürger auch nach 1991. Der Einfluss der EG/EU war während des Regimeendes und der Transition noch relativ gering. Erst in der Konsolidierungsphase und insbesondere durch die Vorbereitung auf die EU-Mitgliedschaft erlangte die EU erheblichen Einfluss auf die politischen und wirtschaftlichen Reformprozesse; das betraf konstitutionelle Fragen wie die Abschaffung der Todesstrafe und Minderheitenrechte ebenso wie die institutionelle Ebene, etwa die Ausgestaltung der staatlichen und justiziellen Verwaltung. Die EU erwies sich insofern als Konsolidierungsrahmen für diese Staaten.

Andere Einflüsse regionaler Art beziehen sich auf Vorbildfunktionen auf Grund geopolitischer Nähe oder historisch-kultureller Gemeinsamkeiten. So sieht sich Estland den skandinavischen Ländern nahe und betrachtet diese eher als Vorbilder als zum Beispiel Deutschland (finnische und schwedische Investoren sind sehr präsent, wie etwa im Bankenbereich). Litauen dagegen weist eher mitteleuropäische Traditionen auf und orientiert sich eher an Deutschland oder Polen. Kooperation der drei baltischen Länder findet ihre Grenzen in der Konkurrenzsituation, in der man sich sieht. Die drei Länder finden vor allem dann zu einer gemeinsamen Position, wenn es um die Kontra-Haltung zu Russland geht oder bei dem für alle drei prekären Thema Energiesicherheit, wie etwa dem aktuellen Projekt eines gemeinsamen Atomkraftwerkes in Litauen (Ignalina).

4 Conclusio: gleicher Start, unterschiedliches Rennen

Die Kraftanstrengung, die die baltischen Staaten unternehmen mussten, um auf gleicher Höhe mit den ostmitteleuropäischen Staaten in EU und NATO einzutreten, ist ungleich größer gewesen, bedenkt man, dass der Ausgangspunkt eine kollektivierte, gleichgeschaltete, im Sowjetverband unterjochte Gesellschaft mit den Institutionen einer sozialistischen Diktatur und einer Planwirtschaft war. Die Erfüllung der politischen und wirtschaftlichen Bedingungen der EU und die irreversible Einbindung in die euro-atlantische Gemeinschaft stellen somit eine wahrhaftige Erfolgsgeschichte dar. Die Konsolidierungserfolge spiegeln jedoch eine Varianz wider. Im Vergleich zu den anderen post-sozialistischen EU-Mitgliedern rangiert Estland zusammen mit Tschechien und Slowenien (und vor Ungarn) in der Spitzengruppe, Litauen befindet sich mit Polen und der Slowakei in einer Mittelposition; Lettland bildet mit Bulgarien und Rumänien, den späteren EU-Mitgliedern, das Schlusslicht und kann nicht als uneingeschränkt konsolidiert gelten (Merkel 2007). Auffällig ist, dass alle drei baltischen Länder insgesamt schlechter abschneiden in Bezug auf die Konsolidierung der repräsentativen Ebene: Da fällt selbst das ansonsten zu den *best performers* gehörende Estland zurück, und Lettland befindet sich auf einem Niveau mit der Ukraine. Im Hinblick auf die Konsolidierung der politischen Kultur liegen Litauen und Lettland am unteren Ende der NMS-2004.

Was die erste Annahme angeht, die davon ausging, dass sich die baltischen Staaten von den anderen post-sozialistischen EU-Mitgliedern abheben, so gilt dies zumindest nicht bezüglich der Transformationsergebnisse. Was den Konsolidierungsstand nach dem EU-Beitritt angeht, auf den hier Bezug genommen wird, so stellen die baltischen Staaten keine homogene Gruppe dar, sondern repräsentieren ganz im Gegenteil mit Estland eine der erfolgreichsten und mit Lettland die am wenigsten fortgeschrittene Konsolidierung der EU-2004 Mitglieder. Wohl aber bestätigt sich, dass bestimmte Merkmale post-sozialistischer Transformationen in allen drei Ländern eine deutlich akzentuiertere Ausprägung haben, nämlich die Schwäche der Parteien und anderer intermediärer Institutionen, die unterentwickelte Loyalität zum Staat und seinen Institutionen und die exklusive nationale Identität (Ausnahme: Litauen).

Die zweite Annahme, dass sich trotz gemeinsamer Ausgangssituation und Rahmenbedingungen Unterschiede innerhalb der baltischen Gruppe ergeben, hat sich bestätigt. Betrachtet man die historisch-kulturellen Hintergründe, die Ausgangsbedingungen des Unabhängigkeitskampfes und die demographischen Rahmenbedingungen der Transformation, so weisen Estland und Lettland mehr Gemeinsamkeiten auf als Litauen, das auf Grund seiner historischen Traditionslinien, der starken Stellung des katholischen Kirche, bestimmter Züge des Regierungssystems und der ethnischen Zusammensetzung eher mitteleuropäisch anmutet und sich insofern von den anderen beiden Ländern absetzt. In Bezug auf die wirtschaftliche Entwicklung und die Annäherung an europäische Standards jedoch nimmt Estland eine klare Vorreiterrolle ein. Dort wurden sehr früh, intensiv und konsequent Maßnahmen zur Liberalisierung und Privatisierung der

Wirtschaft unternommen. Das hat ausländische Investoren angezogen; die Auslandsinvestitionen waren zwischen 1989 und 1998 doppelt so hoch wie in den anderen beiden Staaten. Estland steht im Hinblick auf die wirtschaftlichen Leistungen (Wachstumsraten, Wettbewerbsfähigkeit, geringe Diskriminierung, geringe Korruption) an der Spitze der post-sozialistischen Staaten. In Litauen und Lettland ging der wirtschaftliche Umbau langsamer vonstatten. Litauen hat in Bezug auf das institutionelle Design (Regierungsform, Wahlsystem) und die Staatsbürgerschaftspolitik einen anderen Weg als Estland und Lettland eingeschlagen. Auch in Bezug auf die Beziehungen zu Russland haben sich die litauischen Regierungen pragmatischer verhalten, was sich einerseits den fehlenden Spannungen wegen der russischen Minderheit verdankt, andererseits aber auch aus der russischen Haltung, die etwa an der Regelungen der Grenzen wegen der Enklave Kaliningrad stärker interessiert war als in den anderen beiden Fällen.[13]

Wie lassen sich diese Befunde erklären? In der Transformationsforschung werden unterschiedliche Erklärungsansätze verfolgt; die wichtigsten sind institutionalistische, akteurszentrierte, legacy-orientierte und strukturalistische. Die Betrachtung der baltischen Staaten macht deutlich, dass eine ähnliche institutionelle Ausgestaltung nicht zwangsläufig zu ähnlichen Konsolidierungsergebnissen führt, sondern dass auch das Verhalten der Akteure und die Akteurskonstellationen Einfluss nehmen. So lässt sich die Schwäche der Parteiensysteme aller Länder nicht von den Wahlsystemen ableiten. Der litauische Fall zeigt, dass die vom Grabensystem erwartete Stabilität nur zwei Legislaturen hielt und sich dann ähnliche Verhältnisse wie in den anderen beiden Staaten mit Verhältniswahl einstellten. Es steht zu vermuten, dass Verhaltensmuster – sowohl der politischen Elite als auch der Bürger – in den baltischen Staaten stärker zu Buche schlagen als in den Staaten, die nicht Teil der Sowjetunion waren. Hier bedürfte es weiterer Untersuchungen. Zweifelsohne aber stellen die Vergangenheitsbezüge eine zentrale Prägekraft der baltischen Transformationen dar, die zum einen die innergesellschaftliche Integration, aber auch eine konstruktivere Gestaltung der Beziehungen zu Russland bis heute beeinflussen. Verlauf und Ergebnis der baltischen Transformationen lässt sich nur in einer Kombination dieser verschiedenen Faktoren erklären. Welche Gewichtung und welchen Stellenwert die einzelnen Faktoren haben und wie sie interagieren, dies wäre weitere Analysen wert.

---

13 Die Grenzverträge zwischen Estland und Russland sowie Lettland und Russland harren bis heute der Ratifizierung.

Literatur

Alisauskiene, Rasa. 2006. Lithuania: civic society and democratic consolidation. In *Democracy and Political Culture in Eastern Europe*, Hrsg. Hans-Dieter Klingemann, Dieter Fuchs und Jan Zielonka, 256–277. Milton Park: Routledge.

Bungs, Dzintra. 2002. Die Rückkehr Estlands, Lettlands und Litauens nach Europa (1989–1999). In *Vom Baltikum bis zum Schwarzen Meer*, Hrsg. Ute Gabanyi und Klaus Schroeder, 173–196. München: Bayrische Landeszentrale für politische Bildungsarbeit.

Gelazis, Nida. 2001. Institutional Engineering in Lithuania: Stability through Compromise. In *Democratic Consolidation in Eastern Europe, Vol. 1: Institutional Engineering*, Hrsg. Jan Zielonka, 165–186. Oxford: Oxford University Press.

Karen Henderson and Neil Robinson. 1997. *Post-Communist Politics: An Introduction.* London: Prentice Hall.

Kasekamp, Andres. 2010. *A History of the Baltic States.* Basingstoke: Palgrave Macmillan.

Kneuer, Marianne. 2010. Transformationsforschung, Systemwechselforschung, Demokratieforschung. In *Politikwissenschaft in Deutschland*, Hrsg. Irene Gerlach, Eckhard Jesse, Marianne Kneuer und Nikolaus Werz, 265–291. Baden-Baden: Nomos.

Kneuer, Marianne. 2007. *Demokratisierung durch die EU. Süd- und Ostmitteleuropa im Vergleich.* Wiesbaden: VS Verlag für Sozialwissenschaften.

Kneuer, Marianne. 2005. Aufbau der Demokratie in der Slowakei. In *Osterweiterung der Europäischen Union*, Hrsg. Wolfgang Bergsdorf, Hans Hoffmeister, Alexander Thumfart und Wolf Wagner, 155–179. Weimar: Rhino-Verlag.

Koroleva, Ilze und Ritma Rungule. 2006. Latvia: democracy as an abstract value. In *Democracy and Political Culture in Eastern Europe*, Hrsg. Hans-Dieter Klingemann, Dieter Fuchs und Jan Zielonka, 235–256. Milton Park: Routledge.

Krickus, Richard J. 1997. Democratization in Lithuania. In *The consolidation of democracy in East-Central Europe*, Hrsg. Karen Dawisha und Bruce Parrott, 290–334. Cambridge: University Press.

Laar, Mart. 2009a. Nationales Erwachen in Estland – damals und jetzt. In *Nationalismus im spät- und postkommunistischen Europa, Bd. 2: Nationalismus in Nationalstaaten*, Hrsg. Egbert Jahn, 176–206. Baden-Baden: Nomos.

Laar, Mart. 2009b. Erfolgreiche Wiedergeburt nach fast völliger Auslöschung. In *Die Wiedervereinigung Europas*, Hrsg. Tunne Kelam, 53–93. Brüssel.

Meri, Lennart. 1993. *Das Baltikum – Prüfstein für die Union Europas.* Robert-Bosch-Vortragsreihe. Stuttgart.

Lagerspetz, Mikko und Henri Vogt. 1998. Estonia. In *Handbook of Political Change in Eastern Europe*, Hrsg. Sten Berglund, Tomas Hellén und Frank H. Aarebrot, 55–89. Cheltenham: Edward Elgar.

Lagerspetz, Mikko und Konrad Maier. 2006. Das politische System Estlands. In *Die politischen Systeme Osteuropas*, Hrsg. Wolfgang Ismayr, 71–111. Wiesbaden: VS Verlag für Sozialwissenschaften.

Linz, Juan J. und Alfred Stepan. 1996. *Problems of Democratic Transition and Consolidation.* Baltimore/London: The John Hopkins University Press.

O'Donnell, Guillermo und Philippe Schmitter. 1986. *Transitions from Authoritarian Rule, Bd. 4: Tentative Conclusions about Uncertain Democracies.* Baltimore/London: The John Hopkins University Press.

Merkel, Wolfgang. 2010. *Systemtransformation.* Wiesbaden: VS Verlag für Sozialwissenschaften.

Merkel, Wolfgang. 2007. Gegen alle Theorie? Die Konsolidierung der Demokratie in Ostmitteleuropa. In *Politische Vierteljahresschrift* 48/3: 413–433.

Norgaard, Ole und Lars Johannsen. 1999. *The Baltic Staates after Independence*. Cheltenham: Edward Elgar.

Offe, Claus. 1994. *Der Tunnel am Ende des Lichts. Erkundungen der politischen Transformation im Neuen Osten*. Frankfurt am Main: Campus.

Pettai, Vello. 2001. Estonia: Positive and Negative Institutional Engineering. In *Democratic Consolidation in Eastern Europe, Vol. 1: Institutional Engineering*, Hrsg. Jan Zielonka, 111–139. Oxford: University Press.

Plakans, Andrejs. 1997. Democratization and political participation in postcommunist societies: the case of Latvia. In *The consolidation of democracy in East-Central Europe*, Hrsg. Karen Dawisha und Bruce Parrott, 245–290. Cambridge: University Press.

Pridham, Geoffrey. 1994. Democratic transition in theory and practice: Southern European lessons for Eastern Europe. In *Democratization in Eastern Europe. Domestic and international perspectives*, Hrsg. Geoffrey Pridham und Tatu Vanhanen, 15–38. London: Routledge.

Reetz, Axel. 2008. Baltische Staaten: Politiker als Fixpunkte und verschiedene Varianten von parteipolitischer Fluidität. In *Osteuropäische Demokratien als Trendsetter? Parteien und Parteiensysteme nach dem Ende des Übergangsjahrzehnts*, Hrsg. Ellen Bos und Dieter Segert, 229–251. Opladen: Leske + Budrich.

Sprudzs, Adolf. 2001. Rebuilding Democracy in Latvia: Overcoming a Dual Legacy. In *Democratic Consolidation in Eastern Europe, Vol. 1: Institutional Engineering*, Hrsg. Jan Zielonka, 139–165. Oxford: University Press.

Tauber, Joachim. 2006. Das politische System Litauens. In *Die politischen Systeme Osteuropas*, Hrsg. Wolfgang Ismayr, 153–189. Wiesbaden: VS Verlag für Sozialwissenschaften.

Tiemann, Guido. 2002. Die baltischen Staaten. In *Politische Systeme und Beziehungen im Ostseeraum*, Hrsg. Detlef Jahn und Nikolaus Werz, 57–80. München: Olzog.

Titma, Mikk und Andu Rämmer. 2006. Estonia: changing value patterns in a divided society. In *Democracy and Political Culture in Eastern Europe*, Hrsg. Hans-Dieter Klingemann, Dieter Fuchs und Jan Zielonka, 277–308. Milton Park: Routledge.

Lustration in den baltischen Staaten.
Aktive Vergangenheitsbewältigung seit 1991

Vello Pettai

Die baltischen Staaten werden oft als Beispiel für einen progressiven und zukunftsorientierten potskommunistischen Transformationsprozess genannt.[1] Allerdings mussten sich auch diese drei Staaten in großem Maße der Vergangenheitsbewältigung widmen, was zum Teil zu spürbaren gesellschaftlichen Spannungen und gelegentlich sogar zur Lähmung des politischen Systems führte. Das Ausmaß des vergangenen Unrechts, mit dem sich die Länder auseinander setzen müssen, ist in der Tat umfassend: stalinistischer Terror und Deportationen sowohl 1941 als auch in den späten 1940er Jahren, weitere politische Repressionen nach 1956, Enteignungen und Eigentumsrückgabe, Staatsbürgerschaftskonflikte, Streitigkeiten über die historische Vergangenheit sowie internationale Konflikte mit Russland über die Interpretation vergangener Ereignisse. All diese Themen werden in der Literatur unter dem Begriff „retrospective justice" zusammengefasst, was auch unterschiedliche Forderungen nach Gerechtigkeit im Rahmen der Vergangenheitsbewältigung umfasst.

Dieses Kapitel wird sich vorrangig mit den Lustrationsprozessen befassen, also mit jener Form der Vergangenheitsbewältigung, in der es um den Umgang mit ehemaligen sowjetischen Sicherheitsdienstmitarbeitern oder hochrangigen Mitgliedern der Kommunistischen Partei geht. Die baltischen Staaten haben im Laufe der Jahre unterschiedliche Ansätze verfolgt. Im Folgenden werden vier Lustrationsansätze betrachtet, die in Estland, Lettland und Litauen zu unterschiedlichen Zeitpunkten verfolgt wurden. Die Bandbreite reicht dabei von freiwillig-symbolischen Maßnahmen bis zur strafrechtlichen Verfolgung. Zudem wird gezeigt, dass der gesamte Bereich der Vergangenheitspolitik (engl. „transitional justice") zunehmend umstrittener wurde, sodass einzelne Fälle sogar bis vor den Europäischen Gerichtshof für Menschenrechte (EGMR) gelangten. Obwohl seit dem Beginn der Unabhängigkeit der baltischen Staaten bereits 20 Jahre vergangen sind, dauert die Suche nach Personen mit Verwicklungen zum sowjetischen Sicherheitsapparat und deren Bestrafung immer noch an. Dies trifft vor allem auf Litauen zu, das zugleich auch die härtesten Maßnahmen anwandte. In Estland ist im Gegensatz dazu die Debatte weitgehend abgeklungen, obwohl einzelne Verfahren noch nicht zum Abschluss gebracht wurden.

---

1 Dieser Beitrag wurde unterstützt im Rahmen eines Sonderforschungsbereichs, Nr. SF0180128s08, finanziert durch das estnische Ministerium für Bildung und Forschung.

1 Ausgestaltung der Vergangenheitspolitik

Lustration wird definiert als Ermittlung gegen und ggf. Bestrafung von Personen, die mit dem Geheimdienst eines ehemals totalitären Regimes kollaborierten (vgl. Appel 2005; Ellis 1997; Letki 2002; Williams et al. 2005). Das Konzept umfasst sowohl unterschiedliche Möglichkeiten zur Überprüfung der Vergangenheit von Personen als auch unterschiedliche Formen der Bestrafung bei nachgewiesener Zusammenarbeit. Lustration ist somit ein Begriff, der ein breites Spektrum an Maßnahmen umfasst. Hier wird zu zeigen sein, für welche Maßnahmen innerhalb dieses Spektrums sich die baltischen Staaten entschieden haben.

Die unterschiedlichen Formen der Lustration sind in Abbildung 1 dargestellt. Zudem werden sowohl besondere zeitliche Abläufe deutlich als auch die unterschiedlichen Ebenen von beteiligten politischen Akteuren. In anderen Worten: Neben den unterschiedlichen Formen der möglichen Bestrafungen für ehemalige Agenten des Regimes wird dabei deutlich, dass Lustrationsbestrebungen oft in *Zyklen* stattfinden und dass auf eine Welle von Maßnahmen meist Gegenreaktionen oder die juristische Infragestellung folgt, was wiederum neue gesetzliche Bemühungen erforderlich macht. Die genaue Ausgestaltung der Zyklen ist zwar nicht immer klar erkennbar. Es wird jedoch deutlich, dass Lustration sich als langwieriges Thema erweisen kann. Schließlich ist auch die Untersuchung der an den Prozessen beteiligten unterschiedlichen Typen institutioneller Akteure wichtig. Dies gilt insbesondere für die relevanten Aufsichtsbehörden und ihre spezifischen Kompetenzen. In den meisten Fällen sind dies die Exekutivorgane. Es kann sich jedoch auch um *ad hoc* eingerichtete Instanzen handeln, die dann meist nicht ausreichend institutionalisiert sind, um das volle Ausmaß an moralischen, politischen und rechtlichen Fragen bearbeiten zu können, die mit Lustrationsprozessen einhergehen.

Betrachtet man zunächst nur die zeitliche Dimension, so wird deutlich, dass die Entwicklung in den baltischen Staaten parallel zu Prozessen in anderen post-kommunistischen Staaten Zentral- und Osteuropas verlief. Unmittelbar nach der Wiedererlangung der Unabhängigkeit im August 1991 wurden zahlreiche Maßnahmen zur Entfernung von politischem Personal, das direkt mit dem früheren KGB in Verbindung stand, eingeleitet. Dies beinhaltete einerseits das schnelle Verbot und die Auflösung des sowjetischen Geheimdienstes (KGB) auf baltischem Gebiet. Andererseits wurden in Lettland und Litauen Maßnahmen getroffen, um Parlamentarier zu identifizieren, die mit dem KGB in Verbindung gestanden hatten und diese so schnell wie möglich aus den Parlamenten auszuschließen. Wie noch gezeigt werden wird, öffnete dieses Vorgehen erstmals die sprichwörtliche Büchse der Pandora in Bezug darauf, wie eine solche frühere Kollaboration mit dem KGB bewiesen werden könnte und welche Maßnahmen der Bestrafung in der Folge ergriffen werden sollten.

Mit der Zeit entwickelten alle drei baltischen Staaten auch andere Lustrationsansätze, die sich teilweise zwischen den drei Ländern unterschieden. Beispielsweise wurde

Abbildung 1 Typen von „Transitional Justice" in den baltischen Staaten

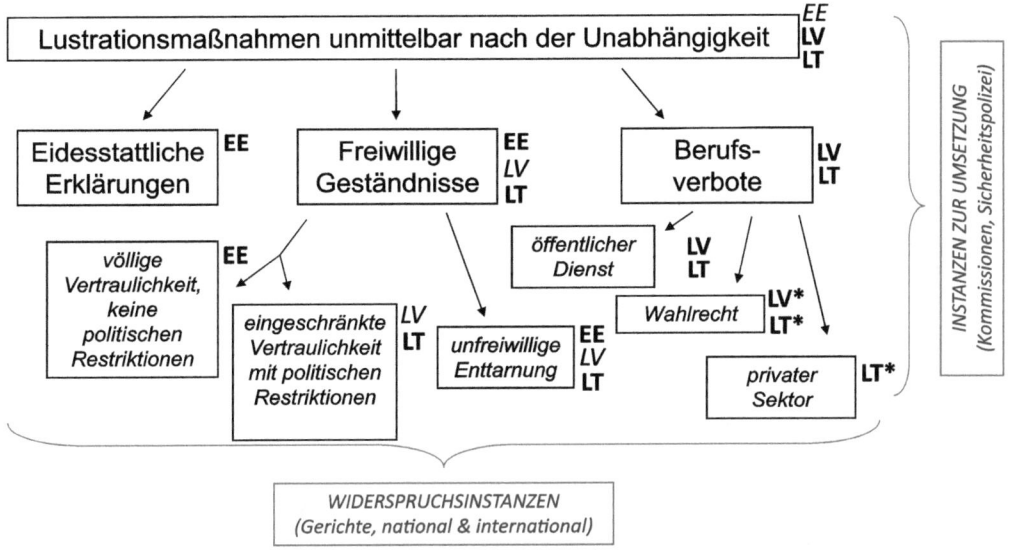

EE = Estland　　LV = Lettland　　LT = Litauen

kursiv = Maßnahme vorgeschlagen, aber nicht angenommen

* = Maßnahme zu späterem Zeitpunkt von einem Gericht aufgehoben

nur in Estland die Möglichkeit eines allgemeinen Verbots für politische Aktivitäten für ehemalige hochrangige Mitglieder der Kommunistischen Partei Estlands erwogen, allerdings ohne dass dies in die Tat umgesetzt wurde. In der Literatur wird eine solche Maßnahme als „detotalitarization" bezeichnet. Ferner war Estland der einzige baltische Staat, in dem die weitgehend symbolische Form der Lustration eidesstattlicher Erklärungen angenommen wurde. Derweil versuchten Lettland und Litauen, unterschiedliche Arten von Berufsverboten gegen frühere sowjetische Agenten einzuführen. Unter anderem sollten diese vom öffentlichen Dienst ausgeschlossen werden, nicht für ein gewähltes Amt kandidieren und auch bestimmte Posten im privaten Sektor nicht besetzen dürfen. Viele dieser Maßnahmen waren so umstritten, dass es zu Auseinandersetzungen vor Gericht kam. Schließlich implementierten bzw. erwogen alle drei Länder die Möglichkeit der Abgabe von freiwilligen Geständnissen. Mittels dieser sollte es Ex-Agenten innerhalb einer bestimmten Frist erlaubt sein, eine eidesstattliche Erklärung zu ihrer Vergangenheit bei eigens dafür bestimmten Behörden abzugeben. Auch hier unterschied sich Estland von Lettland und Litauen. Estland erklärte sich bereit, alle eidesstattlichen Erklärungen streng vertraulich zu behandeln, während ehemalige Funktionäre des sowjetischen Regimes in Litauen trotz einer solchen Erklärung eine Offenlegung ihrer Vergangenheit fürchten mussten, wenn sie für ein politisches Amt kandidierten. Lettland erwog ebenfalls die Einführung eines ähnlichen Verfahrens, verwarf die Überlegungen jedoch wieder.

Im nächsten Abschnitt soll zunächst ein Überblick über die Akten des KGB und anderer verfügbarer Materialen gegeben werden, die nach der Wiedererlangung der Unabhängigkeit in den baltischen Staaten verblieben sind. Hierdurch wird deutlich, wie intensiv es den Balten möglich war, sich mit ihrer Vergangenheit auseinanderzusetzen. Anschließend werden die vier großen Kategorien möglicher Lustrationsmaßnahmen dargestellt, die in Abbildung 1 aufgeführt sind: Sofortmaßnahmen unmittelbar nach der Unabhängigkeit, eidesstattliche Erklärungen, freiwillige Geständnisse und Berufsverbote. Abschließend erfolgt ein kurzer Vergleich der baltischen Staaten mit anderen postkommunistischen Ländern Mitteleuropas.

2 KGB-Archive und andere erhaltene Archive

Im Gegensatz zu den postkommunistischen Staaten in Mitteleuropa war es für die baltischen Staaten deutlich schwieriger, ihre sowjetische KGB-Vergangenheit aufzuarbeiten, da der repressive Apparat nicht auf baltischem Boden entstanden war, sondern zentral von Moskau aus eingeführt und kontrolliert wurde. Als die sowjetische Herrschaft im baltischen Raum um 1989 zu bröckeln begann, wurden der KGB und andere sowjetische Sicherheitsdienste vorsichtiger bei operativen Aktivitäten, deren Dokumentation sowie Archivierung. Die baltische Region wurde zunehmend instabil, und die Vertreibung der sowjetischen Staatsmacht erschien immer wahrscheinlicher. Es gibt zahlreiche Hinweise darauf, dass der KGB bereits im Jahr 1990 begann, besonders sensible Materialien aus den baltischen Staaten zu entfernen.

In den Tagen nach dem gescheiterten Putschversuch zwischen dem 19. und dem 21. August 1991 war der KGB alarmiert. In allen drei Staaten war nun offensichtlich, dass der KGB seine Arbeit zu gegebener Zeit würde einstellen müssen und die verbleibenden kompromittierenden Materialien schnellstmöglich vernichtet oder entfernt werden müssten. Am Wochenende des 24. und 25. August sahen Zeugen Rauch aus dem KGB-Hauptquartier in Tallinn aufsteigen. Vermutlich wurden ca. 30 000 Karteikarten von Personen verbrannt, die mit dem KGB zusammengearbeitet oder Kontakt mit ihm gehabt hatten (Sildam u. Mattson 1997). Berichten zufolge wurde Asche verbrannter Akten auch in Vilnius gefunden (Skucas 2004). Dennoch konnte in allen drei Hauptstädten ein recht großer Teil des historischen KGB-Materials sichergestellt werden. Einige dieser Akten stammen sogar noch vom Ende der 1940er Jahre. Darüber hinaus entdeckten lettische Behörden etwa 5 000 KGB-Karteikarten, die den in Tallinn vermutlich verbrannten Akten ähnelten. Da die Akten in Leinensäcken gefunden wurden, wurden die Funde später in Anspielung auf die Vorgängerorganisation des KGB aus der Vorkriegszeit als „Tscheka-Säcke"[2] bezeichnet. Der Ausdruck „Die Tscheka-Säcke öffnen" oder nicht wurde zu einem Sinnbild für das Dilemma der Lustrationsbemühungen in Lettland. Neben diesen Säcken entdeckten die lettischen Behörden auch eine elektronische Datenbank des KGB, als „Alfa" bezeichnet, die eine weitere Quelle für Namen und andere Informationen darstellt.

In den Wochen nach der Wiedererlangung der Unabhängigkeit leiteten alle drei baltischen Regierungen Maßnahmen ein, um den KGB auf ihrem Gebiet formal aufzulösen. Beispielsweise wurde in Litauen eine spezielle parlamentarische Kommission eingerichtet, um die staatliche Übernahme von KGB-Eigentum und -Material im ganzen Land zu überwachen. Der estnische Ministerpräsident Edgar Savisaar handelte in den letzten vier Monaten des Jahres 1991 mit dem damaligen KGB-Chef Vadim Bakatin drei formale Transferprotokolle aus. Nach der Auflösung der UdSSR führten die baltischen Staaten ihre Gespräche mit der Russischen Föderation weiter. Dabei ging es in erster Linie um die Rückgabe historischer Archive.[3] Jedoch konnten nur wenige wichtige Akten jemals wiedererlangt werden.

3 Lustrationsmaßnahmen unmittelbar nach der Unabhängigkeit

Als Estland, Lettland und Litauen im August 1991 ihre Unabhängigkeit wiedererlangten, war Politikern in allen drei Ländern bewusst, dass Fragen der Lustration schon bald thematisiert werden würden. Das Bewusstsein um die Dringlichkeit dieses Themas wirkte sich jedoch unterschiedlich aus. Lettland und Litauen ergriffen fast sofort Maßnahmen, während Estland das Thema zunächst aus verfassungsrechtlicher Perspektive prüfte.

Ein logischer erster Schritt war in allen drei Ländern zunächst das Verbot der Kommunistischen Partei der Sowjetunion mit all ihren parteinahen Organisationen. In Lettland ging der Gesetzgeber noch einen Schritt weiter, indem auch Personen betroffen waren, die nach dem 13. Januar 1991 Mitglied in einzelnen, besonders prosowjetischen Gruppierungen waren. Der 13. Januar 1991 wurde als Datum gewählt, da dies der Tag war, an dem das „Komitee für nationale Rettung Lettlands" erklärte, es wolle die Macht im Land übernehmen und das lettische Parlament sowie die Regierung auflösen. Die Bildung des Komitees stellte eine koordinierte Aktion im Rahmen der Versuche von sowjetischer Seite dar, die Unabhängigkeitsbestrebungen und Proteste in den baltischen Ländern im Januar 1991 gewaltsam zu unterdrücken. Diese Versuche von sowjetischer Seite begannen mit der Erstürmung des von Demonstranten besetzten Fernsehturms von Vilnius und der damit einhergehenden Tötung von 13 Demonstranten. Nach diesem gescheiterten Versuch der Unterdrückung der Proteste zog sich das „Komitee für natio-

---

2 „Tscheka" steht für die russischen Buchstaben ЧК, eine Abkürzung des Begriffs *чрезвычайная комиссия* (Außerordentliche Allrussische Kommission), der Vorläuferorganisation des KGB.
3 Vergleiche z. B. Skucas (2004) für eine Auflistung der an Litauen zurückgegebenen Akten.

nale Rettung Lettlands" zunächst in den Hintergrund zurück. Während des Putschversuches im August 1991 kündigte es jedoch erneut an, die Macht übernehmen zu wollen. Als sich dieses Mal die de facto Erlangung der Unabhängigkeit Lettlands abzeichnete, reagierten die lettischen Institutionen schnell und entschlossen. Sie beschuldigten das Komitee und andere prosowjetische Organisationen, einen Putsch gegen die demokratischen Kräfte in Lettland unterstützt zu haben. Das Parlament verbot diese Gruppierungen nicht nur, sondern entzog allen Mitgliedern das aktive Wahlrecht für Parlamentswahlen und Wahlen in ein höheres Amt. Zu einem späteren Zeitpunkt wurde zusätzlich in einem weiteren Gesetz der Ausschluss von bereits amtierenden Abgeordneten oder Ratsmitgliedern auf lokaler Ebene beschlossen, die nach dem Januar 1991 Mitglied der betreffenden Gruppierungen waren. Insgesamt 15 gewählte Repräsentanten wurden infolge dessen auf nationaler und lokaler Ebene ihrer Posten enthoben.[4]

In Litauen wurde im Dezember 1991 ein ähnliches Gesetz angenommen, das eine Überprüfung aller Parlamentarier hinsichtlich einer möglichen Verbindung mit dem KGB und anderen Sicherheitsdiensten vorschrieb. Im Falle einer Enttarnung ehemaliger Agenten sollte eine spezielle Nachwahl stattfinden. Die Gajauskas Kommission (benannt nach dem ehemaligen politischen Gefangenen und Dissidenten Balys Gajauskas) führte zahlreiche Untersuchungen durch und präsentierte fünf verdächtige Personen. Zu ihnen zählten unter anderem die frühere Premierministerin Kazimiera Prunskienė und Virgilijus Čepaitis, ein bekannter Anführer der Unabhängigkeitsbewegung Sąjūdis. Während sich Čepaitis freiwillig aus der Politik zurückzog, ging Prunskienė gerichtlich gegen die Anschuldigungen der Kommission vor. Der Hauptvorwurf der Kommission bezog sich darauf, Prunskienė habe nach Auslandsreisen in den 1980er Jahren schriftliche Berichte für den KGB verfasst. Im September 1992 verlor Prunskienė den Prozess. Da zu diesem Zeitpunkt ohnehin Neuwahlen stattfanden, wurde sie nicht formal aus ihren Ämtern entlassen. Prunskienė beteuerte weiterhin ihre Unschuld und bezeichnete die Anschuldigungen als Versuch, sie in Verruf zu bringen. So verkörpert der Prunskienė-Fall das Ausmaß, in dem sich das Aufzeigen der Verbindungen von Politikern mit dem ehemaligen KGB zu einer heißen politischen Affäre entwickelte.

Im Unterschied zu Lettland und Litauen gab es in Estland weder Bestrebungen noch Rufe danach, amtierende Abgeordnete auf eine mögliche Verbindung zum KGB hin zu überprüfen. Auch Personen, die in Verbindung mit anderen prosowjetischen Gruppen standen, wurden nicht ausgeschlossen. Ganz im Gegenteil saßen einige Abgeordnete, die noch zuvor entschiedene Gegner der Unabhängigkeitsbewegung waren, als Delegierte in der Verfassungsgebenden Versammlung, die eine neue Verfassung für das Land erarbeiten sollte.

---

4   Latvijas Republikas Augstākā Padome (1992). Siehe auch Latvijas Republikas Satversmes Tiesa (2000).

4 Eidesstattliche Erklärungen

Estlands Entscheidung, keine umfassende „Dekommunisierungsmaßnahmen" zu ergreifen, führte zur Durchführung weitgehend symbolischer Maßnahmen wie schriftlicher eidesstattlicher Erklärungen *(süümevanne)*. Bis zum 31. Dezember 2000 mussten alle Personen, die sich um ein öffentliches Amt auf nationaler und lokaler Ebene bewerben wollten, in einer Stellungnahme bezeugen, dass sie nie Mitglied eines ausländischen Sicherheitsdienstes gewesen oder an der aktiven Verfolgung von Mitbürgern beteiligt waren. Als erste gaben die zu dieser Zeit amtierenden Politiker (sowohl im Parlament als auch in der Regierung und Verwaltung) eine solche Erklärung ab. In den folgenden achteinhalb Jahren unterzeichneten zehntausende Personen ein entsprechendes Dokument. Nur wenige von ihnen wurden kritisch hinterfragt oder vor Gericht angefochten.

Trotz einer späteren gesetzlichen Fixierung dieses Systems wurde schnell deutlich, dass die Umsetzung nicht im Detail durchdacht worden war. Insbesondere wurde nicht festgelegt, welches Gericht für die Anfechtung einer eidesstattlichen Erklärung zuständig sein sollte. Dieses Versäumnis wurde offenbar, als drei Bürger die eidesstattliche Erklärung der damals höchsten Amtsperson des Landes, des Präsidenten Lennart Meri, anfechten wollten. Meri verkündete 1996, dass er sich für eine zweite Amtszeit bewerben wolle. Zu Sowjetzeiten war Meri (geboren 1929) ein international bekannter Produzent von Dokumentarfilmen und Schriftsteller. Sein Vater war ein estnischer Diplomat, und Meri verbrachte einen Großteil seiner frühen Kindheit im Ausland, in Paris und in Berlin. Nach der sowjetischen Machtübernahme wurde er mit seiner Familie nach Sibirien deportiert und konnte erst 1948 nach Estland zurückkehren. Aufgrund seiner erfolgreichen Karriere in Literatur und Film wurden Meri schließlich sogar Auslandsreisen gestattet, während derer er auch estnische Emigranten traf.

Insbesondere die letzten beiden Aspekte von Meris Biografie – die Auslandsreisen und die Treffen mit Emigranten – wurden von den drei Klägern aufgegriffen, als sie im September 1996 Meris eidesstattliche Erklärung anfochten. Meri hatte den Eid bereits im August abgelegt, als er zum ersten Mal als Präsident kandidierte, ohne dass dieser damals thematisiert worden wäre. Vier Jahre später wurden jedoch starke Zweifel an dessen Wahrheitsgehalt geäußert. Zwei Mitglieder des estnischen Parlaments, Eldur Parder und Villu Müüripeal, sowie zusätzlich der emigrierte estnische Journalist und politische Aktivist Jüri Estam behaupteten, dass Meri einen Meineid geleistet hätte und reichten eine Klage ein. In einer etwas ausschweifenden Stellungnahme vor Gericht äußerten die Kläger Zweifel an Meris früher Rückkehr aus Sibirien. Sie argumentierten, dass seine Rückkehr vor dem Tode Stalins ohne eine Zusammenarbeit mit dem Regime nicht möglich gewesen sein könne. Der Journalist Estam behauptete, dass Meri während seiner Treffen mit estnischen Emigranten Berichte für eine eigene Sowjetbehörde in Estland verfasst haben müsse, die für die Überwachung der Aktivitäten von emigrierten Esten zuständig war. In beiden Fällen waren die Kläger überzeugt, dass Meri zweifellos mit den Sicherheitsbehörden kooperiert haben müsse und demzufolge in seiner Erklärung gelogen habe.

Zum Entsetzen der Kläger weigerte sich das Stadtgericht in Tallinn, den Fall anzunehmen, da es sich nicht als zuständig betrachtete. Das Gericht betonte in einer überraschenden Erklärung, dass das Gesetz zur Durchführung der eidesstattlichen Erklärung von 1992 zwar eine gerichtliche Anfechtung der Erklärung vorsah. Es sei aber nicht klar, ob dieser Sachverhalt in die Zuständigkeit der Straf-, Zivil- oder Verwaltungsgerichte falle. Das Stadtgericht argumentierte, es besitze nicht die Kompetenzen, um dies zu entscheiden und lehnte daher die Behandlung des Falles Meri ab. Somit oblag es nun dem estnischen Staatsgerichtshof, über den Sachverhalt zu entscheiden. Einige Monate später entschied dieser, dass die Zuständigkeit bei den Verwaltungsgerichten liege, da der Eid dem Schutz des öffentlichen Interesses diene und somit in den Bereich des öffentlichen Rechts falle.

Über diesen Fall hinaus wurden in den 1990er Jahren mehrfach eidesstattliche Erklärungen angezweifelt, die prominenteste darunter die von Meris Nachfolger Arnold Rüütel im September 2006. Insgesamt wurde dennoch nur eine Person formal aus dem Amt entlassen. Im März 2000, kurz bevor die gesetzliche Regelung auslief, erhob die Staatsanwaltschaft Anklage gegen Vadim Tomilov, Mitglied des Stadtrates von Narva. Er wurde beschuldigt, zwischen 1984 und 1988 in Narva für den KGB gearbeitet und hiermit anders als in seiner eidesstattlichen Erklärung anlässlich seiner Kandidatur für den Stadtrat gehandelt zu haben. Im März 2001 gab ein Verwaltungsgericht der Klage statt und forderte die Nationale Wahlkommission auf, Tomilovs Mandat aufzuheben.

Als das Gesetz zur eidesstattlichen Erklärung Ende 2000 auslief, wurden im Parlament Forderungen nach einer Verlängerung der Regelung laut. Einige konservativ-nationalistische Abgeordnete erarbeiteten einen entsprechenden Gesetzesentwurf. Jedoch gab es zahlreiche Einwände von Justizbehörden und auch vom damaligen Premierminister, Mart Laar. Da das Gesetz zur eidesstattlichen Erklärung durch ein Ausführungsgesetz zur estnischen Verfassung in Kraft trat und durch ein Referendum bestätigt wurde, sei eine Verlängerung der Regelung nur mit einem erneuten Referendum oder einer Verfassungsänderung möglich. Diese Optionen seien jedoch nicht praktikabel.

5   Freiwillige Geständnisse

Eine weitere wichtige Lustrationsmaßnahme in den baltischen Staaten war es, ehemaligen KGB-Agenten oder Mitgliedern anderer sowjetischer Sicherheitsdienste einen Anreiz für freiwillige Geständnisse zu bieten. Sollten sich frühere Agenten freiwillig melden und ihre Beziehungen zum KGB bzw. zu anderen Sicherheitsdiensten offenlegen, so wurde ihnen im Gegenzug eine vertrauliche Behandlung und Geheimhaltung der Geständnisse durch den Staat versprochen. Dieser Ansatz hat zwei Vorteile und einen Nachteil. Zunächst hatten die ehemaligen Agenten hierdurch die Möglichkeit, ihre Kollaboration zu gestehen und indirekt auch die gesellschaftliche Verantwortung für ihre Taten zu übernehmen. Darüber hinaus bot das Vorgehen den Vorteil, dass die baltischen Behörden nützliche Informationen über die Arbeitsweise des KGB erhielten und hierdurch abschätzen konnten, wie stark die sowjetischen „Altlasten" noch immer in der Gesellschaft verankert waren. Gleichzeitig aber würde die versprochene Amnestie nicht unbedingt zu einem formalen Versöhnungsprozess zwischen Tätern und Opfern beitragen und erst recht die Bestrafung der Täter verhindern.

Estland verabschiedete 1995 als erstes der baltischen Länder ein Gesetz, das es ermöglichte, Informationen und Daten ehemaliger Agenten zu sammeln und wenn nötig, auch die Namen von Personen zu veröffentlichen, die aktiv mit ausländischen Sicherheitsdiensten zusammengearbeitet hatten.[5] Gemäß der Auffassung, dass Estland zwei Besatzungen erleiden musste (durch die Nazis und durch die Sowjetunion), sah auch das Gesetz die Informationssammlung über Agenten beider Besatzungsmächte vor. Die Regelung betraf somit Personen, die für oder mit der Gestapo, dem KGB, dem militärischen Nachrichtendienst der Sowjetunion (GRU) oder einer der Vorgängerorganisationen gearbeitet hatten. Bis zum 1. April 1996 konnten sich die betreffenden Personen freiwillig bei der estnischen Sicherheitspolizei melden und eine vollständige Erklärung über ihre ehemalige Zusammenarbeit mit den genannten Organisationen abgeben. Falls sie diese Frist versäumten und die Sicherheitspolizei ausreichende Beweise gegen sie anführen konnte, würde ihr Name daraufhin in einer Sonderausgabe des amtlichen Gesetzblattes *Riigi Teataja* in einer Liste ehemaliger Agenten bzw. Komplizen der Besatzer genannt werden. Es konnte nach Verstreichen der Frist also durchaus auch zu einer *unfreiwilligen* Enttarnung kommen. Die Formulierung des Gesetzes bezog ganz bewusst nicht nur ehemalige Geheimdienstagenten ein, sondern fand beispielsweise auch Anwendung auf ehemalige Bewohner oder Eigentümer von Wohnungen, die als geheime Treffpunkte genutzt wurden, auf Personen, die Vertraute von Sicherheits- und Informationsorganisationen waren oder auf Personen, die bewusst und freiwillig in irgendeiner anderen Form mit den genannten Organisationen kooperiert hatten (siehe Art. 4, Abs. 2) (Sildam 1996).

Als Ausgleich für solche Geständnisse versprach das Gesetz, dass all diejenigen Informationen, die keine Straftat umfassten, von der Sicherheitspolizei auf Dauer als Staatsgeheimnis behandelt würden und dem Geständigen keine Nachteile drohten. Auch wenn Beweise gesammelt würden und der Betreffende die Frist ohne Meldung verstreichen ließe, würde ihm eine Fristverlängerung von einem Monat gewährt, um sich vor einem Gericht vertraulich zu den Anschuldigungen zu äußern. Erst danach würde der Name der betreffenden Person veröffentlicht werden.

Das Versprechen der Straffreiheit und Geheimhaltung sollte möglichst viele Personen dazu bewegen, Geständnisse abzulegen. Der gewünschte Erfolg stellte sich jedoch

---

5 Eesti Vabariigi *Riigikogu* (1995), online: http://www.legaltext.ee/en/andmebaas/tekst.asp?loc=text&dok =XX00037&keel=en&pg=1&ptyyp=RT&tyyp=X&query=okupeerinud+riikide. Zugegriffen 2.1.2012.

nicht ein. Experten hatten die Zahl möglicher Verdächtiger im Vorfeld auf 20 000 geschätzt. Bis zum 1. April 1996 waren jedoch nur 1 153 Personen dem Aufruf gefolgt. Daraufhin ging die Agentur zur zweiten Arbeitsphase über, der Überprüfung der KGB-Kollaborationsverdächtigen, die sich bisher nicht gemeldet hatten. So veröffentlichte die Sicherheitspolizei zwischen 1998 und 2010 13 Listen mit den Namen von insgesamt 647 Ex-Agenten (145 Frauen und 502 Männern) in der *Riigi Teataja*. Es wurde keine einzige Person mit Verbindungen zu den Geheimdiensten der Nazis genannt. Bei jeder Namensnennung waren detaillierte Informationen zur Tätigkeit des Verdächtigen angegeben. Obwohl der sowjetische KGB die meisten seiner Geheimakten schon vor August 1991 aus den baltischen Staaten bringen konnte, scheint die Sicherheitspolizei also Zugriff auf einige Datenbanken mit ausführlichen Informationen zu ehemaligen Agenten zu haben.

Das Gesetz schrieb vor, dass neben den Angaben zur ehemaligen Tätigkeit beim KGB auch Informationen zum derzeitigen Arbeitsplatz und Arbeitgeber des Betroffenen veröffentlicht werden sollten. Obwohl diese Maßnahme zu einer zusätzlichen Bloßstellung der Beschuldigten und ihrer Arbeitgeber führte, wurde sie damit gerechtfertigt, dass die Öffentlichkeit und auch die Arbeitgeber auf die Vergangenheit ihrer Mitarbeiter aufmerksam gemacht werden müssten. Anders als in Litauen waren die Arbeitgeber jedoch gesetzlich nicht dazu verpflichtet, Strafmaßnahmen gegen die beschuldigten Mitarbeiter einzuleiten.

Aufgrund der vergleichsweise positiven Erfahrungen mit der Einführung freiwilliger Geständnisse in Estland wurde auch in Litauen und Lettland über die Etablierung ähnlicher Regelungen nachgedacht. Bis zum Ende der 1990er Jahre waren beide Länder durch eine ganze Reihe von öffentlichen Skandalen gegangen, die sich auch auf die anderen Maßnahmen im Rahmen der Vergangenheitspolitik bezogen, wie beispielsweise das Verbot der Kandidatur für öffentliche Ämter oder andere Berufsverbote für ehemalige KGB-Agenten (s. u.). Da diese Vorgehensweise nur dauerhafte politische Kontroversen zu erzeugen schien, erschien es als angebracht, das System der freiwilligen Geständnisse auch in Litauen und Lettland anzuwenden.

Zu diesem Zweck verabschiedete der litauische Seimas im November 1999 ein Gesetz zur Abgabe von Geständnissen, zur Erfassung und zum Schutz der Personen, die mit den Spezialeinheiten der ehemaligen UdSSR in Beziehung gestanden haben.[6] Ähnlich wie in Estland sieht auch die litauische Regelung die Erfassung aller ehemaligen KGB-Agenten vor, die ihre Tätigkeiten gestanden haben, und garantiert ihnen unter bestimmten Bedingungen Immunität.

Im Unterschied zu Estland sah das litauische Gesetz die Bildung einer eigenen Lustrationskommission vor, die mit der Prüfung der Meldungen beauftragt wurde. Die fünf Mitglieder der Kommission wurden durch unterschiedliche Institutionen vorgeschla-

---

6 Online: http://www.parliament.ge/files/437_1262_432392_lustrationlawLithuania.pdf. Zugegriffen: 15.3.2011.

gen. Eines durch die Staatsanwaltschaft, jeweils zwei Mitglieder von der litauischen Abteilung für Staatssicherheit und vom Zentrum zur Erforschung des Genozids und des Widerstands Litauens (LGGRTC)[7]. Bei dem Forschungszentrum handelt es sich um eine von der Regierung gegründete Stiftung, die für den Erhalt und die Sicherung der vergleichsweise umfangreichen KGB-Akten in Litauen zuständig ist. Die Kandidaten wurden mit Zustimmung des Ausschusses für nationale Sicherheit und Verteidigung des Seimas – des Parlaments Litauens – durch den Leiter der Abteilung für Staatsicherheit ernannt. Dementsprechend wurde die Zusammensetzung des Komitees daher vom Parlament kaum beeinflusst und unterlag auch sonst nur geringer externer Kontrolle.

Die Frist für eine freiwillige Meldung wurde für den Zeitraum von März bis August 2000 angesetzt. Betroffene wurden aufgefordert, sowohl detaillierte Angaben zu ihren Beziehungen zum KGB zu liefern als auch alle Akten und Dokumente aus dieser Zeit, die sich noch in ihrem Besitz befanden, einzureichen. Bei der Übermittlung von falschen Angaben drohte ein Strafverfahren wegen Meineids. Nach einer Prüfung durch die Lustrationskommission sollten die Informationen und Akten als Staatsgeheimnis betrachtet und für die Öffentlichkeit unzugänglich aufbewahrt werden.

Ein weiterer Unterschied zur estnischen Regelung besteht im Grad der garantierten Straffreiheit für Geständige. In Litauen wurde Bewerbern für wichtige öffentliche Ämter keine Geheimhaltung garantiert. Die Namen von Präsidentschaftskandidaten, Kandidaten für einen Sitz im Parlament bzw. in Gemeinderäten und Anwärtern auf ein Ministeramt konnten veröffentlicht werden, auch wenn sich die Personen zuvor freiwillig gemeldet hatten. Falls sich eine Person nicht innerhalb der Frist meldete und eine Kollaboration nachgewiesen werden konnte, sollte der Arbeitgeber zudem dazu verpflichtet sein, die betreffende Person fristlos und ohne Abfindungszahlungen zu entlassen.

Trotz dieser strengen Regelungen und der relativ späten Einführung des Gesetzes mehr als zehn Jahre nach der formalen Unabhängigkeit Litauens 1990, erzielte die Maßnahme in Litauen beträchtliche Erfolge. Etwa 1 500 Personen meldeten sich freiwillig innerhalb der gesetzten Frist. Die Lustrationskommission nahm unterdessen unter der Leitung von Dalia Kuodytė, Vorsitzender des LGGRTC, ihre Hauptarbeit auf. Bis zum Oktober 2006 hatte die Kommission über 100 Fälle von möglichen ungemeldeten Kollaborationen mit dem KGB formal überprüft und 53 Entscheide bekannt gegeben (Eurasian Secret Services Daily Review 2006). Bis Ende 2009 stieg die Zahl der untersuchten Fälle auf 119 und die der Kollaborationsentscheide auf 59. Die Namen von 29 Personen, die ihre Vergangenheit als KGB-Agenten nicht fristgerecht gemeldet hatten, wurden im amtlichen Gesetzblatt *Valstybės žinios* veröffentlicht (Balkelis u. Davoliūtė 2009).

Lettland zog als letztes der baltischen Länder die Einführung einer Regelung für freiwillige Geständnisse in Betracht. Anfang 2000 wurde dieser Ansatz erstmals im Parlament auf der Grundlage eines Gesetzesvorschlages debattiert. Die Abgeordneten der nationalistischen Partei „Für Vaterland und Freiheit/LNNK" orientierten sich in ihrem

---

7 „Lietuvos gyventojų genocido ir rezistencijos tyrimo centras"

Vorschlag an der Gesetzgebung in Estland und Litauen und plädierten für eine sechsmonatige Meldefrist für ehemalige Agenten und Mitarbeiter des KGB. Nach Verstreichen der Frist sollte eine Untersuchungskommission innerhalb des Amtes für Verfassungsschutz alle nichtgemeldeten Personen, die im Verdacht standen, mit dem KGB kooperiert oder gearbeitet zu haben, überprüfen. Bei Bestätigung der Anschuldigungen sollten die Namen der betreffenden Personen im amtlichen Gesetzesblatt *Latvijas Vēstnesis* veröffentlicht werden (Požarnovs et al. 2000). Nach dem Vorbild der strengeren litauischen Regelungen sollte auch den Personen, die ihre KGB-Verbindungen freiwillig gemeldet hatten, eine Kandidatur für öffentliche Ämter untersagt werden. Der Gesetzesvorschlag wurde an den zuständigen Parlamentsausschuss weitergeleitet, aber letztendlich nicht angenommen.

Es wurde stattdessen über eine generelle nichtfreiwillige Veröffentlichung aller Namen debattiert, die in den vorhandenen Akten bzw. den sogenannten „Tscheka-Säcken" zu finden waren. Eine Überprüfung der einzelnen Namen war dabei nicht vorgesehen. Der Ministerpräsident Andris Šķēle schlug diese Option 1999 als erster hochrangiger Politiker vor und warb im Jahr darauf nochmals dafür. Šķēle trat jedoch von seinem Amt zurück bevor erste formale Schritte im Gesetzgebungsprozess eingeleitet werden konnten. Im Mai 2004 kam das Thema erneut auf die politische Agenda. Während einer allgemeinen Parlamentsdebatte über Lustrationsmaßnahmen wurde eine Gesetzesänderung zur Veröffentlichung aller KGB-Akten überraschend mit einer deutlichen Mehrheit von 78 zu 9 Stimmen angenommen. Wenig später wurde die gesamte Gesetzesvorlage verabschiedet und das bisherige Lustrationssystem Lettlands stand kurz davor, komplett auf den Kopf gestellt zu werden.

Nur die lettische Präsidentin Vaira Vīķe-Freiberga stand dem Gesetzesvorhaben noch im Weg. Sie legte sofort ein Veto ein und verwies die Gesetzesvorlage zurück an die Saeima – das Parlament Lettlands – zur erneuten Überprüfung. Die Präsidentin argumentierte, dass eine massenhafte Enthüllung der Namen in den KGB-Akten ohne vorherige Überprüfung nicht zulässig sei. Es könne nicht sichergestellt werden, dass die veröffentlichten Informationen der Wahrheit entsprächen. Die Saeima nahm die Argumente sehr ernst und verabschiedete nach einer Woche eine neue Gesetzesvorlage. Darin wurde die Regierung aufgefordert, lediglich die gesamte Lustrationsgesetzgebung bis zum 1. Juni 2005 zu überprüfen und entsprechende Verbesserungsvorschläge vorzulegen.

Die Vorschläge der Regierung im folgenden Jahr waren sehr zurückhaltend. Daraufhin nahmen nationalistische Parlamentsabgeordnete ihre Kampagne für eine vollständige Veröffentlichung aller Namen wieder auf. Zwischen Juni und Oktober 2005 stimmten die Parlamentarier in zwei Abstimmungen für die unverzügliche Öffnung der „Tscheka Säcke". Beide Male legte Präsidentin Vīķe-Freiberga ihr Veto ein. Das politische Tauziehen resultierte in einer zunehmend hitzigen Debatte zwischen nationalistischen Politikern und liberalen Intellektuellen über Ethik und Moral einer uneingeschränkten Veröffentlichung (Zake 2010). Schließlich ließ das Interesse an dem Thema nach den Parlamentswahlen im Herbst wieder nach. Lettlands Lustrationspolitik basiert auch weiterhin vorrangig auf unterschiedlichen Berufsverboten, die im folgenden Abschnitt erörtert werden.

6   Berufsverbote

Die letzte Gruppe von Lustrationsmaßnahmen, die in den baltischen Staaten angewendet wurden, sind Berufsverbote für ehemalige Agenten: im Verwaltungsdienst, bei der Kandidatur für ein Wahlamt und bei der Annahme bestimmter Positionen im privaten Sektor. Abbildung 1 zeigt, dass nur Lettland und Litauen diese Maßnahmen ergriffen haben. Beide Länder etablierten die Berufsverbote zudem sehr bald nach der Unabhängigkeit. Seither wurden die Maßnahmen beständig weiterentwickelt. Gleichzeitig wurden sie auch besonders oft gerichtlich überprüft, sowohl auf nationaler als auch auf internationaler Ebene.

In Lettland wurde bereits im Oktober 1992 über ein Verbot zur Ausübung von Wahlämtern für ehemalige Agenten nachgedacht. Das lettische Parlament beschloss, dass alle Kandidaten bei der kommenden Wahl im Juni 1993 dazu verpflichtet sein sollten, eidesstattlich zu versichern, dass sie keine Verbindungen zu sowjetischen Geheimdiensten oder Überwachungsbehörden hatten bzw. haben. Die Erklärung sollte dabei der Nationalen Wahlkommission vorgelegt werden. Wenige Monate später wurden die Bestimmungen weiter verschärft, indem erklärt wurde, dass entsprechende Personen sich nicht als Kandidaten aufstellen lassen dürften.

Um jedoch verdächtige Kollaborateure effektiv aussortieren zu können, mussten zuvor die verbliebenen KGB-Dokumente gesichert und gesichtet werden. Dazu bedurfte es einer eigens eingerichteten Institution. Am 25. März 1992 beschloss das lettische Parlament die Gründung einer Kommission für die Untersuchung der Verbrechen des totalitären Regimes *(Totalitāro režīmu noziegumu izmeklēšanas komisija)* und beauftragte sie mit der systematischen Aufarbeitung der ihr anvertrauten KGB-Archive. Zudem sollte die Kommission den Aufbau eines groß angelegten Forschungszentrums für die Dokumentation der Folgen des Totalitarismus *(Totalitārisma seku dokumentēšanas centrs)* als institutionalisierte Forschungsstelle unterstützen.

Im ersten Jahr ihres Bestehens hielten sich die beiden Einrichtungen eher im Hintergrund und widmeten sich der Durchsicht der von ihnen verwalteten Akten. Sie waren dazu verpflichtet, alle KGB-Dokumente streng vertraulich zu behandeln. Dennoch konnten die beiden Einrichtungen im Anschluss an die Parlamentswahlen am 5. und 6. Juni 1993 nicht widerstehen, eine sensationelle Entdeckung zu veröffentlichen. Der Leiter der Kommission, Dainis Vanags, und der erste Chef des Forschungszentrums, Paulis Kļaviņš, verkündeten, dass fünf der neu gewählten Parlamentsmitglieder trotz der im Vorfeld der Wahlen eingeleiteten Lustrationsmaßnahmen KGB-Akten hatten. Daraus folgte, dass die Abgeordneten vermutlich gegen das Verbot einer Kandidatur für ehemalige KGB-Mitarbeiter verstoßen hatten. Vanags und Kļaviņš veröffentlichten keine weiteren Details und betonten die Notwendigkeit, diesen Fall vertraulich zu behandeln. Jedoch erschütterte schon die bloße Behauptung, das erste neu gewählte Parlament seit der Unabhängigkeit könne mit ehemaligen KGB-Agenten besetzt sein, die politische Elite des Landes.

In der ersten Sitzung des Parlaments im Juli wurde sofort ein Ausschuss zur Untersuchung der Vorwürfe eingerichtet, der in seiner Arbeit vom Generalstaatsanwalt Lettlands unterstützt wurde. Das Parlament ordnete an, dass jedes Parlamentsmitglied, dem eine Kollaboration mit dem KGB nachgewiesen werden könne, sofort aus seinem Amt entlassen werden solle. Trotz Geheimhaltung sickerten schon bald Informationen durch, und die Medien veröffentlichten die Namen von fünf Beschuldigten: Georgs Andrejevs, Edvīns Inkēns und Andrejs Siliņš (Mitglieder der gemäßigten liberalen Partei „Lettischer Weg"), Aivars Kreituss (Mitglied der Demokratischen Partei) und Roberts Milbergs (Mitglied der Partei „Für Vaterland und Freiheit"). Diese Ergebnisse waren für die Öffentlichkeit sehr überraschend. Georgs Andrejevs war zu diesem Zeitpunkt Außenminister. Roberts Milbergs geriet ebenfalls in Verlegenheit, da er stets als überzeugter Antikommunist aufgetreten war. Bald wurde jedoch klar, dass der parlamentarische Untersuchungsausschuss ohne klare Richtlinien und prozedurale Vorgaben nicht viel bewirken konnte.

Die öffentliche Diskussion zog sich über fast zwei Jahre hin. Erst im April 1994 stimmten die Abgeordneten nach einer langen Debatte für eine „Suspendierung" der Mandate der betreffenden Abgeordneten bis zur Feststellung ihrer Schuld bzw. Unschuld in einem Gerichtsverfahren. Georgs Andrejevs verlor durch den Skandal schließlich sein Regierungsamt. Er trat am 7. Juni als Außenminister und einen Tag später als Parlamentsabgeordneter zurück. Währenddessen verabschiedete die Saeima ein Gesetz zum Erhalt und zur Nutzung der Dokumente des früheren Staatssicherheitskomitees und zur Klärung der Kollaboration einzelner Personen mit dem KGB, um die Vergangenheit der anderen vier Parlamentarier näher untersuchen zu können. Auf dieser rechtlichen Basis konnte das Parlament alle Dokumente, die sich auf Milbergs, Kreituss, Inkēns und Siliņš bezogen, an die Staatsanwaltschaft weiterleiten. In den nächsten sechs Monaten wurden alle vier Fälle vor Gericht verhandelt und nur Inkēns wurde von allen Vorwürfen freigesprochen. Bezüglich Kreituss, Milbergs und Siliņš bestätigte das Gericht die Echtheit der als Beweismittel vorgebrachten KGB-Dokumente. Jedoch gab es keine Hinweise darauf, dass die Beschuldigten bewusst mit dem KGB zusammengearbeitet hatten (Budovskis 1995). Die Saeima beschloss als Reaktion auf die Gerichtsverfahren im März 1995, die Mandate der zuvor Beschuldigten wieder in Kraft zu setzen. Die Aufregung um die so genannten „Tscheka Fünf" hat gezeigt, wie riskant auch zukünftige Untersuchungen von Kollaborationen mit dem KGB werden könnten.

Als die ursprüngliche Diskussion um die „Tscheka Fünf" langsam abebbte, standen in Lettland im Oktober 1995 erneut Parlamentswahlen an. In diesem Zusammenhang bereitete die Saeima ein neues Wahlgesetz vor, welches sowohl die Kandidatur ehemaliger KGB-Mitarbeiter als auch Personen, die nach dem 13. Januar 1991 Verbindungen zu bestimmten prosowjetischen Gruppierungen hatten, untersagte (s. o.). Hinzu kam die Stärkung der Rolle des Forschungszentrums für die Dokumentation der Folgen des Totalitarismus. Unter anderem wurde das Zentrum beauftragt, alle Kandidatenlisten für die Wahl zu überprüfen und in den Archiven nach möglichen Verbindungen zum KGB zu suchen. Die Namen verdächtiger Kandidaten sollten dann an die Zentrale Wahlkommission weitergeleitet werden. Die Formulierung des neuen Gesetzes war allerdings erstaunlich vage. So musste das Forschungszentrum beispielsweise nur Dokumente heranziehen, die Hinweise auf eine mögliche Kooperation[8] mit dem KGB oder anderen sowjetischen Sicherheitsdiensten lieferten.[9] Der Nachweis einer tatsächlichen bzw. bewussten Mitarbeit musste nicht erbracht werden. Die Einschätzung wurde vielmehr den Gerichten überlassen. Die Zentrale Wahlkommission war in jedem Fall dazu verpflichtet, die Informationen auf den endgültigen Kandidatenlisten neben den Namen der betreffenden Personen zu veröffentlichen. Die betroffenen Kandidaten konnten sich kaum gegen die Vorwürfe wehren, denn für eine gerichtliche Anfechtung blieb bis zur Wahl kaum Zeit.

Hierdurch wurde Lettlands Umgang mit Wahlen noch weniger eindeutig. Einerseits hatte das Land ein formales Verfahren zur Überprüfung der Kandidaten gegründet, die in öffentliche Ämter gewählt bzw. ernannt werden wollten. Andererseits konnte diese Einrichtung aber nur Fälle von *möglicher* vergangener Kollaboration anprangern und keine weitergehenden Nachforschungen von sich aus anstellen. Bei einem Anfangsverdacht musste das Forschungszentrum die relevanten Dokumente sofort an die Staatsanwaltschaft übermitteln. Diese entschied dann, ob sie den Fall weiter verfolgte oder nicht. Alle Beschuldigten befanden sich während dieses langwierigen Prozesses in einer problematischen Situation.

Litauen begann erst in den späten 1990er Jahren über unterschiedliche Berufsverbote für ehemalige KGB-Agenten zu debattieren. Die bisherigen Regierungen unter der Führung der „Demokratischen Arbeitspartei Litauens", Nachfolgerin der Kommunistischen Partei, hatten das Thema Lustration zuvor erfolgreich von der politischen Agenda ferngehalten. Als die nationalistische Partei „Vaterlandsunion/Konservative Litauens"[10] in den späten 1990er Jahren wieder an die Macht gelangte, warb sie intensiv für die Entwicklung einer umfassenden Lustrationspolitik. Wie oben dargestellt, zählte dazu auch die Möglichkeit zur freiwilligen Meldung bei staatlichen Behörden für ehemalige Geheimdienstagenten. Den Geständigen wurde daraufhin zum Teil vertrauliche Behandlung der Informationen zugesichert.

---

8   Formulierung im lettischen Gesetzestext: „*varētu būt sadarbojušies*".
9   Gesetz zu den Parlamentswahlen, Artikel 15, online: http://web.cvk.lv/pub/public/28126.html und http://web.cvk.lv/pub/public/28367.html. Zugegriffen: 20. 3. 2011.
10 Litauische Bezeichnung: Tėvynės Sąjunga (Lietuvos Konservatoriai), TS(LK).

Gleichzeitig schrieb die Regelung vor, dass jeder, der von den Behörden als ehemaliger KGB-Mitarbeiter enttarnt wird, in den nächsten zehn Jahren nicht im Verwaltungsdienst arbeiten darf. Dazu gehören insbesondere Tätigkeiten im Justizwesen, im diplomatischen Dienst, bei Vollzugs- und bei Aufsichtsbehörden. Zudem wurden zahlreiche andere Tätigkeiten untersagt. Ehemalige KGB-Mitarbeiter durften nicht als Anwälte oder Notare, Mitarbeiter in Banken oder anderen Kreditinstituten sowie Sicherheitsfirmen oder Detekteien tätig sein und nicht an strategischen wirtschaftlichen Projekten arbeiten. Auch die Arbeit an Kommunikationssystemen, als Lehrer, Ausbilder oder Leiter von Bildungseinrichtungen war untersagt. Zudem durfte keine Tätigkeit ausgeübt werden, die das Tragen einer Waffe erforderlich machte.[11]

Litauen begann damit als erstes der baltischen Länder, die Lustrationsgesetzgebung auch auf den privaten Sektor auszuweiten. Dabei lag der Fokus insbesondere auf Bereichen, in die sich vermeintlich viele ehemalige KGB-Agenten eingeschlichen hatten und damit eine potentielle Gefahr für die nationale Sicherheit und wirtschaftliche Entwicklung darstellten. Obwohl drei Parlamentsabgeordnete sofort die Rechtmäßigkeit der Regelung in Frage stellten und das Verfassungsgericht einschalteten, konnten mehrere Ex-Mitarbeiter des KGB identifiziert werden. Unter anderem wandten sich auch private Unternehmen an die staatlichen Behörden, um sicher zu gehen, dass sie nicht gesetzeswidrig handelten (Immigration and Refugee Board of Canada 2002). Dies heizte die Diskussion im Vorfeld der Gerichtsentscheidung zur Klage der Parlamentsabgeordneten noch zusätzlich an.

Die betreffenden Abgeordneten kritisierten konkret das zehnjährige Berufsverbot für ehemalige KGB-Mitarbeiter und den staatlichen Eingriff in den privaten Sektor. Aus ihrer Sicht konnten die Eingriffe nur gerichtlich angeordnet werden, da es sich um strafrechtliche Maßnahmen handelte. Das Gericht seinerseits bestätigte in seiner Entscheidung grundsätzlich das Lustrationsprinzip und den Eingriff in den privaten Sektor in Bezug auf ehemalige KGB-Agenten. Es forderte das Parlament lediglich dazu auf, die endgültige Entscheidungsfindung des litauischen Forschungszentrums zu Genozid und Widerstand (LGGRTC) und der Abteilung für Staatssicherheit anders zu gestalten und den Beschuldigten eine Möglichkeit zur gerichtlichen Anfechtung der Vorwürfe einzuräumen.

Diese Entscheidung ermöglichte es vielen Betroffenen, die aufgrund der Regelung entlassen bzw. an der Ausübung bestimmter Berufe gehindert wurden, eine Klage vor dem EGMR einzureichen. Zwischen 2004 und 2009 bestätigte der EGMR in drei Fällen das Recht des litauischen Staates, selbst entscheiden zu können, welche Maßnahmen zur Wahrung der Staatssicherheit notwendig seien. Jedoch wurde betont, dass diese Maßnahmen nicht automatisch auf private Unternehmen übertragen werden könnten. In der Urteilsbegründung des EGMR heißt es: „The Court reiterates that the require-

---

11 Litauisches Lustrationsgesetz, online: http://www.parliament.ge/files/437_1262_432392_lustrationlaw-Lithuania.pdf. Zugegriffen: 21.3.2011.

ment of an employee's loyalty to the State is an inherent condition of employment with State authorities responsible for protecting and securing the general interest. However, such a requirement is not inevitably the case for employment with private companies" (European Court of Human Rights 2004a). Zudem kritisierte das Gericht die ungenaue Definition der Tätigkeiten im privaten Sektor. Es sei kein begründeter Zusammenhang zwischen den betreffenden Tätigkeiten und den durchaus legitimen Zielen der Maßnahmen zu erkennen. Schließlich äußerte das Gericht erneut Bedenken bezüglich der Angemessenheit einer Bestrafung von Personen, deren Dienst im KGB schon über zehn Jahre her sei.

Nach diesen Rückschlägen begann das Parlament Ende 2005 erneut, das litauische Lustrationsgesetz nachzubessern. Eine Überarbeitung des Gesetzes war umso dringender als im Januar desselben Jahres drei hochrangige Politiker als ehemalige KGB-Reservisten enttarnt worden waren. Der Außenminister Antanas Valionis war einer dieser drei Beschuldigten und äußerte sich als erster zu den Vorwürfen. Er bestätigte Medienberichte über seine ehemalige Tätigkeit als Hauptmann der Reserve beim KGB. Kurz darauf trat der Vizepräsident des Parlaments, Alfredas Pekeliūnas, nach Berichten über seine Zugehörigkeit zu den Reserveeinheiten des KGB von seinem Amt zurück. Als jedoch auch der Direktor der Staatssicherheitsabteilung, Arvydas Pocius, als ehemaliger KGB-Reservist enttarnt wurde, geriet der gesamte Lustrationsprozess und insbesondere die Arbeit der Lustrationskommission in Verruf. Pocius war durch sein Amt dazu berechtigt, selber Mitglieder der Lustrationskommission zu ernennen.

Bezüglich ehemaliger Reservisten wies die litauische Gesetzgebung zuvor eine Lücke auf. Die betreffenden Personen waren nicht gefordert, ihre Verbindungen zum KGB freiwillig bei den Behörden zu melden. Als jedoch bekannt wurde, dass zahlreiche hochrangige Beamte in diese Kategorie fielen und insgesamt etwa 415 Akten zu ehemaligen KGB-Reservisten existierten, begannen die Beschuldigungen, Anklagen und Untersuchungen von neuem. Der Seimas berief sofort eine Kommission ein, um Vorschläge für den Umgang mit ehemaligen Reservisten zu erarbeiten. Nach zweimonatiger Beratung kam die Kommission zu dem Schluss, dass die Rolle der Reserveeinheiten des KGB nicht eindeutig zu bestimmen sei. Es gäbe keinen Hinweis darauf, dass die betreffenden Personen bewusst mit den Sicherheitsdiensten kollaboriert, d. h. selbst repressive Handlungen durchgeführt hätten (Anušauskas 2006). Die drei Hauptpersonen in dem Skandal, Valionis, Pocius und Pekeliūnas, blieben daher verschont und konnten ihre Ämter auch weiterhin ausüben.

Angesichts der Debatte wurden auch die Bemühungen zur Ausbesserung der Lustrationsprozeduren in einem neuen Licht gesehen. Obwohl die litauische Regierung dem Parlament mehrere Änderungsvorschläge zur Lösung der Probleme unterbreitet hatte, debattierten die Abgeordneten über ein Jahr. Unterdessen kam es im Januar 2006 zu einem weiteren KGB-Skandal, der sich dieses Mal um einen Berater des Premierministers Algirdas Brazauskas drehte. Vilius Kavaliauskas wurde von der Lustrationskommission beschuldigt, in den 1980er Jahren als sowjetischer Journalist in den USA mit dem

KGB kooperiert zu haben. Kavaliauskas ging gerichtlich gegen diese Anschuldigungen vor, verlor jedoch im Oktober 2007 schließlich vor dem Obersten Verwaltungsgericht.

Während dieser Entwicklungen diskutierten die Abgeordneten über Änderungen der litauischen Lustrationsregelungen und konzentrierten sich insbesondere darauf, die Gruppe ehemaliger KGB-Reservisten in das bestehende System zu integrieren. Ein erster Gesetzesentwurf zum formalen Ausschluss ehemaliger Reservisten von öffentlichen Ämtern wurde im Mai 2007 von Präsident Adamkus mit einem Veto abgelehnt. Er begründete seine Entscheidung unter anderem mit den jüngsten Urteilen des EGMR. Nach diesem Rückschlag einigten sich die Abgeordneten schließlich darauf, ehemaligen Reservisten eine erneute Frist zur freiwilligen Meldung bei den Behörden zu gewähren, ähnlich wie zuvor im Jahr 2000. Ein entsprechendes Gesetz wurde im Oktober vom Parlament verabschiedet. Präsident Adamkus legte jedoch erneut sein Veto ein und wurde darin durch das Verfassungsgericht bestätigt. Als die Partei „Vaterlandsunion/Konservative Litauens" nach den Parlamentswahlen im September 2008 wieder an die Macht gelangte, kündigte sie neue Gesetze zur Regelung des Lustrationsprozesses an, so dass die Lustrationskommission ihre Arbeit auf einer anderen Grundlage effektiv fortsetzen und beenden könne. Bis Anfang 2011 wurden jedoch noch keine formalen Gesetzesentwürfe verabschiedet.

7 Zusammenfassung

Seit ihrem gemeinsamen Kampf gegen die Sowjetunion und der Wiedererlangung der Unabhängigkeit haben die drei baltischen Staaten unterschiedliche Wege in der Vergangenheitsbewältigung und im Umgang mit dem KGB-Erbe eingeschlagen. Während in Estland die Lustrationsdebatte und auch die Lustrationspolitik mit der Zeit langsam an Bedeutung verloren, wurde das Thema in Lettland und Litauen mit jedem Skandal und jedem Untersuchungsverfahren stärker diskutiert. In beiden Ländern wird weiter nach endgültigen Lösungen gesucht. Zudem ist eine paradoxe Entwicklung zu beobachten. Je strenger die Lustrationsmaßnahmen sind, die ein Land ergreift, desto höher ist die Wahrscheinlichkeit, dass diese Maßnahmen von gerichtlichen Instanzen rückgängig gemacht werden. Inzwischen sind 20 Jahre vergangen, seit die sowjetische Herrschaft im Baltikum endete und strenge Lustrationsmaßnahmen werden immer weniger als gerechtfertigt bzw. angemessen angesehen. Darüber hinaus werden die gerichtlichen Korrekturen zunehmend vom Europäischen Gerichtshof für Menschenrechte entschieden. Dies zeigt, dass die nationalen Gerichte oft nicht mehr in der Lage sind, dieses Thema emotionsfrei zu behandeln. In der Lustrationspolitik hat die internationale Ebene somit an Bedeutung gewonnen und wird zumindest in Litauen und Lettland die nationale Debatte weiterhin beeinflussen.

Literatur

Anušauskas, Arvydas. 2006. The Solution to the Problem of KGB Reserve and/or National Security Interests. In *Lithuanian Annual Strategic Review 2005*, Hrsg. Raimundas Lopata, Jurate Novagrockiene und Gediminas Vitkus, 195–226. Vilnius: Lithuanian Military Academy.

Appel, Hilary. 2005. Anti-Communist Justice and Founding the Post-Communist Order: Lustration and Restitution in Central Europe. *East European Politics & Societies* 19/3: 379–405.

Balkelis, Tomas und Violeta Davoliūtė. 2009. National Report on Lithuania. How the Memory of Crimes Committed by Totalitarian and/or Other Repressive Regimes in Europe Is Dealt With. Carlos Closa Montero, European Commission, Directorate General for Justice, Freedom and security, Direction D: Fundamental rights and citizenship.

Budovskis, Māris. 1995. Latvijas Republikas 5.Saeimas plenārsēde. *Stenogramma* 9.3.1995.

Eesti Vabariigi Riigikogu. 1995. Eestit okupeerinud riikide julgeolekuorganite või relvajõudude luure- või vastuluureorganite teenistuses olnud või nendega koostööd teinud isikute arvelevõtmise ja avalikustamise korra seadus. *Riigiteataja* I(17/233).

Ellis, Mark S. 1997. Purging the Past: The Current State of Lustration Laws in the Former Communist Bloc. *Law and Contemporary Problems* 59/4: 181–196.

Eurasian Secret Services Daily Review. 2006. Amendments to Lithuanian law urge KGB collaborators to confess Soviet past. *Eurasian Secret Services Daily Review* 16.10.2006.

European Court of Human Rights. 2004a. Chamber Judgment in the Case of Sidabras and Džiautas v. Lithuania. 27 July.

European Court of Human Rights. 2004b. Chamber Judgment in the Case of Zhdanok v. Latvia. 17 June.

Immigration and Refugee Board of Canada. 2002. *Lithuania: Treatment of former KGB agents and the availability of state protection (Jan. 1998–Oct. 2002)*. LTU39440.E. 7 October. http://www.unhcr.org/refworld/docid/3f7d4dc623.html. Zugegriffen: 17.5.2010.

Latvijas Republikas Augstākā Padome. 30.6.1992. Par grozījumiem Latvijas Republikas likumā ,Par Latvijas Republikas tautas deputāta statusu'.

Latvijas Republikas Satversmes Tiesa. 2000. Par Saeimas vēlēšanu likuma 5.panta 5. un 6.punkta un Pilsētas domes un pagasta padomes vēlēšanu likuma 9.panta 5. un 6.punkta atbilstību Latvijas Republikas Satversmes 89. un 101.pantam, Eiropas Cilvēka tiesību un pamatbrīvību aizsardzības konvencijas 14.pantam un Starptautiskā pakta par pilsoņu un politiskajām tiesībām 25.pantam.

Letki, Natalia. 2002. Lustration and Democratisation in East-Central Europe. *Europe-Asia Studies* 54/4: 529–552.

Požarnovs, Andrejs, Māris Grīnblats, Juris Galerijs Vidiņš, Jānis Straume und Juris Dobelis. 2000. Latvijas pilsoņu, nepilsoņu, bezvalstnieku un ārvalstnieku, kuri strādājuši bijušās PSRS speciālajos dienestos vai sadarbojušies ar tiem, atzīšanās, reģistrācijas un uzskaites kārtības likums. *Likumprojekts nr 513, Latvijas Republikas Saeima*, 7.3.2000.

Sildam, Toomas. 1996. Kaitsepolitseis on end ules andnud ligi 1000 eriteenistuste kaastöötajat. *Päevaleht* 27.3.1996.

Sildam, Toomas und Toomas Mattson. 1997. Eesti NSV KGB taganemine. *Luup* 4.8.1997.

Skucas, Tomas. 2004. Lithuania: A Problem of Disclosure. *Demokratizatsiya: The Journal of Post-Soviet Democratization* 12/3: 411–425.

Williams, Kieran, Brigid Fowler und Aleks Szczerbiak. 2005. Explaining lustration in Central Europe: a ,post-communist politics' approach. *Democratization* 12/1: 22–43.

Zake, Ieva. 2010. Politicians versus Intellectuals in the Lustration Debates in Transitional Latvia. *Journal of Communist Studies and Transition Politics* 26/3: 389–412.

Die baltischen Staaten und ihr Weg in die EU

Marianne Kneuer

1 Einführung

Als Estland, Lettland und Litauen im Mai 2004 zusammen mit fünf anderen post-sozialistischen Staaten der Europäischen Union (EU) beitraten, war dies der Abschluss eines erfolgreichen, zugleich aber auch vergleichsweise härteren Weges dieser Länder: Immerhin handelte es sich bei den baltischen Staaten um die einzigen ehemaligen Sowjetrepubliken, die Mitglied der EU wurden. Deutlicher noch als bei den ostmitteleuropäischen Staaten waren nationale und internationale Neuorientierung aufs Engste miteinander verknüpft, denn die Erlangung der Eigenstaatlichkeit geschah in einem Zug mit der dezidierten Abwendung vom politischen System der Sowjetunion und dem von ihr vertretenen Gesellschafts- und Wirtschaftsmodell und der gleichzeitigen Hinwendung zum Westen.

Die Entwicklung der Außenpolitik fand in den ersten Jahren nach der Unabhängigkeit unter besonderen Rahmenbedingungen statt: Erstens verfügten die baltischen Staaten nach 1991 über keine institutionellen Strukturen und keinerlei außenpolitische, sicherheitspolitische oder diplomatische Erfahrung. Ob diplomatischer Dienst, Armee oder Zoll – all diese Strukturen mussten erst aufgebaut werden. Für Außen-, Sicherheits- und Außenhandelspolitik war schließlich jahrzehntelang Moskau zuständig gewesen. Zweitens waren die Wirtschaften teilweise weiterhin mit Russland verflochten, und diese Abhängigkeiten mussten sukzessive ersetzt werden. Drittens folgten die Regierungen in den baltischen Staaten zunächst noch taktischen Erwägungen, solange Russland Truppen auf ihrem Boden stationiert hatte. Dazu kam, dass es in den drei Ländern während der Volksfrontregierungen starke Befürworter von Neutralität als Alternative gab (Schmidt 2000, S. 129).[1] Diese Haltung verschwand jedoch quasi mit dem Abzug der russischen Truppen 1994. Erst nach der Lösung dieses „most pressing concern for the Baltic States" (Kasekamp 2010, S. 193) konnten die Länder die Ziele ihrer eigenständigen Außenpolitik – EU- und NATO-Integration – mit voller Kraft verfolgen. 1995 stellten Estland, Lettland und Litauen den Antrag auf Beitritt zur EU, und sieben Jahre spä-

---

1   Der damalige Außenminister und spätere Präsident Estlands, Lennart Meri, sprach 1992 von einem „cordon sanitaire", das sein Land zwischen Russland und dem Westen bilden sollte (Schmidt 2000, S. 92).

ter wurden bereits die Beitrittsverträge unterzeichnet – im Vergleich mit Spanien und Portugal bei der Süderweiterung kann man dies als relativ schnellen Prozess betrachten.

Die Osterweiterung hat in den 1990er Jahren einen hohen Stellenwert in der Europaforschung erlangt, und inzwischen ist die Literatur hierzu ebenso zahlreich wie unübersichtlich. Bei den Länderanalysen liegt allerdings der Schwerpunkt eher auf den Visegrád-Staaten, da sie eine Vorreiterrolle im Erweiterungsprozess einnahmen. Nachdem die Erweiterungspolitik der EG/EU lange ein „vernachlässigtes Thema" (so der Titel bei Wallace 2000) gewesen war, erlangte die wissenschaftliche Betrachtung von Strategien und Instrumentarium im Zuge der Osterweiterung zunehmend Relevanz. Erweiterung kann nach Schimmelfennig und Sedelmeier (2005, S. 503) als ein gradueller und formeller Prozess horizontaler Institutionalisierung von Regeln und Normen definiert werden. Das heißt, Institutionen oder auch organisatorische Normen verbreiten sich über die Grenzen der Mitgliedsstaaten hinaus. Jenseits der eingeforderten Übernahme von Regeln ist die Diffusion von Normen oder die freiwillige und antizipierende Adaption ebenfalls denkbar. Zudem unterstreichen Schimmelfennig und Sedelmeier (2005), dass diese horizontale Institutionalisierung bereits vor der Zulassung als EU-Mitglied beginnen und sich auch nach dem Beitritt fortsetzen kann.

Ein zentraler Aspekt, der in den theoretisch-konzeptionellen Studien ebenso wie in den Länderanalysen im Vordergrund steht, ist der Einfluss der EU auf den Reform- und Demokratisierungsprozess. Die Erweiterungspolitik der EU verkörpert in der Tat einen einzigartigen Ansatz, bei dem das Angebot einer Mitgliedschaft und die Unterstützung bei der Transformation miteinander verknüpft sind. Dieses Paradigma einer Demokratisierung qua Integration (Kneuer 2007, S. 378) bietet zudem einen Konsolidierungsrahmen, in dem das Beitrittsland langfristig eingebunden eine Garantie gegen demokratische Rückfälle erwarten kann. Ähnliches gilt für die Einbindung der Wirtschaft in den europäischen Binnenmarkt und Wirtschaftsraum. Einerseits unterstützt also die EU die Beitrittskandidaten in ihrem Transformationsprozess durch finanzielle Hilfe und technische Programme. Andererseits erhält sie dabei ein erhebliches Steuerungspotenzial (Kneuer 2007, S. 108 ff.). Die Konditionalitätspolitik funktioniert auf der Grundlage des starken Hebels, den der Beitrittswunsch darstellt und der die EU in die Lage versetzt, die Erfüllung politischer und wirtschaftlicher Kriterien sowie die Anpassung an den *acquis communautaire* einzufordern und zu erzwingen. Die Beziehungen zwischen Beitrittskandidat und EU sind dabei asymmetrisch und die EU bestimmt Tempo und Inhalt der Verhandlungen. Dennoch basiert dieses Anreiz-Druck-System weder allein auf Freiwilligkeit noch auf purem Zwang.

Der Einfluss der EU auf die nationalen Strukturen, Prozesse und Politikinhalte wird in der Europaforschung als Europäisierung bezeichnet (Green Cowles et al. 2001; Radaelli 2000; Börzel u. Risse 2000). Es hat sich gezeigt, dass dieser Einfluss bei Beitrittskandidaten besonders stark ist. Dies liegt an den zusätzlichen Dimensionen von Konditionalität und der asymmetrischen Verhandlungssituation (Grabbe 2001, 2003).

Es kann zudem unterstellt werden, dass erstens die Anpassungsprozesse bei Beitrittskandidaten schneller vonstattengehen und dass zweitens die nationalen Eliten offener für den Einfluss der EU sind, denn letztlich sind auch diese bestrebt, neue Strukturen zu installieren und die alten zu ersetzen. EU-Vorgaben einerseits und die Suche der Eliten nach Optionen für institutionelle Neustrukturierung und policy-Wandel andererseits greifen so ineinander. Damit sind drittens die direkten Einwirkungen von Seiten der EU deutlich stärker als bei Mitgliedern, und die Beitrittskandidaten haben eine stärker konsumierende Position. Daher macht es Sinn zwischen Mitglieds- und Beitrittseuropäisierung zu unterscheiden (Axt et al. 2007, S. 144).

In dem folgenden Beitrag wird der Weg der baltischen Staaten in die EU nachgezeichnet. Dabei werden zunächst die Motive und Ziele beleuchtet und die schrittweise Annäherung an die EU bis zum Beitritt skizziert, wobei die Unterschiede im Beitrittsprozess zwischen den drei Staaten herausgearbeitet werden (Kapitel 2). Der Einfluss der EU auf die Ausgestaltung des Demokratisierungsprozesses wird in Kapitel 3 am Beispiel der Minderheitenpolitik verdeutlicht. Kapitel 4 schildert abschließend die Folgen des Beitritts der baltischen Staaten.

2 Von der Sowjetrepublik zum EU-Mitglied: Drei verschiedene Wege

2.1 *Motive und Ziele*

Das Diktum der „Rückkehr zu Europa" hatte im Nordosten Europas die gleiche Symbolkraft wie in Polen, Ungarn und der Tschechoslowakei. In den baltischen Staaten fühlte man sich historisch und kulturell diesem Europa ebenso zugehörig und wollte am europäischen Projekt teilhaben. Des Weiteren stand die – damals noch: – EG für Demokratie und ein erfolgreiches Wirtschafts- und Wohlstandsmodell, beides erklärte Ziele der Eliten in den baltischen Staaten. Ähnlich wie in den anderen Beitrittsländern wurde jedoch deutlich, dass politische Gründe eine deutliche Priorität vor wirtschaftlichen Motiven hatten. Die Hilfe, die die EG seit 1989 Polen, Ungarn und bald auch weiteren Ländern im Rahmen des PHARE-Programms gewährte und die 1991 mit den Visegrád-Staaten verhandelten Assoziierungsabkommen (Europaabkommen) stellten attraktive Angebote dar. Schließlich versprachen sich die Eliten auch den notwendigen externen Druck, um die ohnehin erforderlichen Reformen in Politik und Wirtschaft durchzuführen (Bedarff u. Schürmann 1998, S. 105).

Dennoch hätte man vermuten können, dass für die baltischen Länder, die gerade mit großem Mut die Eigenstaatlichkeit errungen hatten, eine baldige Abgabe von Souveränität, wie sie eine EG/EU-Mitgliedschaft mit sich brachte, eher mit Vorbehalt betrachtet wurde. Tatsächlich wurde bald deutlich, dass die Sicherung der Unabhängigkeit zum zentralen Ziel der künftigen Außenpolitik gemacht wurde. Interessant ist daher, dass die politischen Eliten in Estland, Lettland und Litauen den Beitritt zur EG/EU (und zur NATO) als den besten Weg betrachteten, diese Unabhängigkeit zu bewahren. Programmatische Sätze aus außenpolitischen Dokumenten verdeutlichen dies:

> „Joining the European Union (EU) is essential to the likelihood of the survival of the Latvian people and the preservation of the Latvian state" und „Lithuania's foreign policy seeks to ensure the independence, security and welfare of the state as well as the freedom, human rights and welfare of its citizens. In implementing these goals Lithuania seeks to participate fully in Western political, economic and collective security structures […]".[2]

Dies muss vor dem Hintergrund der Erfahrung der sowjetischen Okkupation gesehen werden. Die Lehre, die daraus gezogen wurde, war, dass nur die Einbindung in die euroatlantischen Strukturen inklusive der Sicherheitsgarantien, die sich die baltischen Staaten von der NATO erhofften, sie vor Russland schützen könnten.

So unterschiedlich die institutionelle Ausgestaltung der Regierungssysteme und auch die Vorstellungen bei dem wirtschaftlichen Umbau in den drei Ländern waren, außenpolitisch gab es einen großen und weitgehenden Konsens der Eliten in Bezug auf das Ziel der Westintegration. Die Parteien in Estland, Lettland und Litauen sind praktisch alle einhellig pro-europäisch ausgerichtet. Lediglich die populistische Zentrumspartei von Edgar Savisaar in Estland nimmt eine EU-skeptische Haltung ein (Beichelt 2004, S. 86 ff.). Wie jedoch sah die Unterstützung des EU-Beitritts auf Seiten der Bevölkerung aus? Was das Image der EU angeht, so war dies in den baltischen Staaten das schlechteste unter den post-sozialistischen Beitrittskandidaten. Ab 1994 überwog sogar die schlechte Meinung über die EU die gute, was ansonsten nur noch in einem Land, nämlich Tschechien, vorkam.

Tabelle 1 Positives/negatives Image der EU (in %)

	1991	1992	1993	1994	1995	1996	1997
EE	37/35	32/37	31/38	29/38	30/35	24/57	30/50
LV	45/29	40/32	40/32	35/39	35/29	26/53	33/46
LT	51/21	43/31	45/33	34/41	23/31	22/40	34/38

Quelle: Central and Eastern European Candidate Barometer (CEEB)

Auch bei der Befürwortung einer EU-Mitgliedschaft wiesen die baltischen Staaten die niedrigsten Werte auf.

---

2   Siehe dazu die Darstellung von außenpolitischen Dokumenten der jeweiligen Außenministerien in Schmidt (2000, S. 131 ff.), nach der hier zitiert wurde. Zu Lettland vgl. auch Nies 1995.

Tabelle 2   Befürwortung der EU-Mitgliedschaft im Vergleich (in %)

	RO	BU	PL	SK	SLO	HUN	CZ	LT	LV	EE
1997	71	57	63	62	57	56	49	40	40	35
2001	85	74	51	58	41	60	46	41	33	33
2004	70	65	42	46	40	45	41	52	33	31

Quellen: Central and Eastern European Barometer 1997, European Commission 2002, Eurobarometer 2004.6

Die Zahlen legen die Vermutung nahe, dass die EU-Mitgliedschaft in den baltischen Staaten weitgehend ein von Eliten gesteuertes Projekt darstellte, das nicht in gleichem Maße von der Bevölkerung getragen worden war.

2.2   Annäherung und Beitrittsverhandlungen: Estland eilt voraus, Litauen und Lettland hinken hinterher

Die Unabhängigkeit der baltischen Staaten wurde von der EG sehr schnell – innerhalb einer Woche – anerkannt, und die Aufnahme diplomatischer Beziehungen erfolgte ebenfalls umgehend. Der nächste Schritt bestand dann 1992 darin, dass die EG und die drei Staaten Handels- und Kooperationsabkommen abschlossen. Zugleich wurden Estland, Lettland und Litauen in die Gruppe von Ländern aufgenommen, die über das Programm PHARE finanzielle Hilfe bekam. Insbesondere diesem letzten Aspekt wohnte eine nicht zu unterschätzende Bedeutung inne, denn PHARE, 1989 als Hilfsprogramm für Polen und Ungarn geschaffen, wandte sich mittlerweile an die Transformationsländer Ostmitteleuropas, während die Nachfolgestaaten der UdSSR mit dem Programm TACIS unterstützt wurden.[3] Vor 1992 waren die baltischen Staaten noch über TACIS gefördert worden, dann aber stellte die EU sie – obwohl ehemalige Sowjetrepubliken – mit den Visegrád-Staaten und den Staaten Südosteuropas gleich. 1994 schlossen die EU und die baltischen Staaten Freihandelsabkommen und verhandelten zugleich über Assoziierungsabkommen, wie sie bereits mit Tschechien, Ungarn, Polen, der Slowakei, Rumänien und Bulgarien abgeschlossen worden waren. Die Europaabkommen schufen einen Rahmen für den politischen Dialog zwischen dem Beitrittskandidat und der EU und stellten die weitere Basis dar für die technische und finanzielle Hilfe der EU. Das Ziel war es, mit den Europaabkommen die graduelle Integration zu unterstützen. Auch die institutionellen Grundlagen in Form von Assoziationsausschüssen auf Beamtenebene und Assoziationsräten auf Ministerebene zielten darauf, die Umsetzung der Reformen

---

3   PHARE ist die Abkürzung von Pologne et Hungarie Assistance pour la Reconstruction Economique, TACIS steht für Technical Assistance to the Commonwealth of Independent Countries.

zu begleiten und technische Fragen in diesen Foren zu klären. Des Weiteren gab es die gemischten Parlamentarischen Ausschüsse, in denen jeweils estnische, lettische und litauische Abgeordnete und Abgeordnete des Europäischen Parlaments saßen. Wie auch schon bei den Handelsabkommen beinhalteten die Europaabkommen mit den baltischen Staaten eine Suspendierungsklausel – auch „Baltikum-Klausel" genannt –, mit der sich die EU absicherte, insofern sie sich das Recht vorbehielt, die Verträge bei Verstößen gegen demokratische Prinzipien oder Menschenrechte auszusetzen (Europäische Kommission 1995).

Nachdem die Europaabkommen gezeichnet waren, stellten Estland, Lettland und Litauen in der zweiten Jahreshälfte 1995 Beitrittsanträge. Dieser relativ späte Start der Assoziierung hatte keineswegs Nachteile für die Länder. Es erwies sich eher als Vorteil, dass die grundsätzliche Entscheidung zur Erweiterung durch die EU auf dem Gipfel von Kopenhagen 1993 bereits getroffen war. Während die Avantgarde – Tschechoslowakei, Polen und Ungarn – 1991 noch um eine Beitrittszusage von Seiten der EG rang und die Verhandlungen der Europaabkommen damit nicht unerheblich belastet waren (siehe dazu Mayhew 1998; Torreblanca 1997), sah die Situation Mitte der 1990er Jahre ganz anders aus. Die Türen der EU waren offen und die Kriterien klar formuliert. Die Bedingungen der EU bestanden aus folgenden Punkten: 1. Stabilität der politischen Institutionen, die Demokratie, Rechtsstaatlichkeit, Menschenrechte und Schutz sowie Achtung der Minderheiten garantieren, 2. Existenz einer funktionierenden Marktwirtschaft und die Fähigkeit dem Wettbewerbsdruck innerhalb der EU standzuhalten sowie 3. Übernahme der Gemeinschaftsverpflichtungen inklusive der politischen, wirtschaftlichen und Währungsunion. Das Weißbuch zum Binnenmarkt der Kommission von 1995 stellte die Grundlage für die baltischen Ländern bei der Anpassung an den Binnenmarkt dar.

Durch die Assoziierung waren die Türen zum Beitritt geöffnet. Dies wurde von den baltischen Regierungen als enormer Erfolg betrachtet. Der nächste Schritt war die Eröffnung von Beitrittsverhandlungen. Der Europäische Rat von Madrid 1995 hatte die Europäische Kommission beauftragt, Stellungnahmen zu den Beitrittsgesuchen abzugeben. Dieser Kommissionsbericht vom Juli 1997 – die Agenda 2000 – enthielt eine überraschende Wendung: Nachdem die EU bislang die drei baltischen Länder immer als einen Block behandelt hatte, spiegelten die Empfehlungen für die Aufnahme von Verhandlungen ein deutlich differenzierteres Bild wider: So gehörte Estland zusammen mit Polen, Tschechien, Ungarn, Slowenien und Zypern in die Gruppe von Ländern, mit denen die EU Verhandlungen beginnen sollte, während Lettland und Litauen neben Rumänien, Bulgarien und der Slowakei zunächst ausgeschlossen blieben. Die Kommission begründete dies bei Lettland und Litauen vor allem mit wirtschaftlichen Aspekten. Beide Länder seien zwar bei der Etablierung von Marktwirtschaften weit fortgeschritten. Defizite wurden jedoch in beiden Ländern im Bereich Privatisierung, im schwachen Bankensektor sowie in der industriellen Restrukturierung gesehen. Schwierigkeiten sah die Kommission auch in der Fähigkeit, dem Wettbewerbsdruck innerhalb der Union standzuhalten. Alle drei Länder wurden als funktionierende Demokratien bewertet, in Bezug auf Lettland wurde jedoch eine Einschränkung wegen der nicht zufrieden stellenden Integration der russisch-sprachigen Minderheit gemacht, und es wurde konstatiert, dass Lettland seine Bemühungen bei der Naturalisierung der russisch-sprachigen Minderheit beschleunigen müsse. Estland wurde als funktionierende Marktwirtschaft bewertet, die eine gute makroökonomische Entwicklung zeige und einen schnellen Prozess der Liberalisierung und Privatisierung hinter sich gelegt habe. Zudem sei der Bankensektor gesund und Estland habe den komparativen Vorteil, dass seine Leichtindustrie im Binnenmarkt besser bestehen könne. Auch bei der Übernahme und Umsetzung des auf den Binnenmarkt bezogenen Acquis Communautaire wurden Estland größere Fortschritte attestiert als Lettland und Litauen (Europäische Kommission 1997a, 1997b, 1997c).

Auf dem Gipfel von Luxemburg, der im Dezember 1997 über die Empfehlung zu entscheiden hatte, wurde diese Zweiteilung der Beitrittskandidaten, aber auch die Auswahl der ersten Verhandlungsgruppe durchaus kontrovers diskutiert (Pettai 2001; Schmidt 2000). Letztlich machte sich der Rat die Kommissionsempfehlung zu eigen, legte aber zugleich das sogenannte Startlinienmodell fest, was bedeutete, dass die Kandidaten aus der zweiten Reihe bei entsprechenden Fortschritten zu den Mitgliedern der ersten Gruppe aufschließen oder sie sogar überholen konnten. Als zentrales Instrument zur Überprüfung der Fortschritte[4] bzw. zur Feststellung von weiterhin bestehenden Defiziten wurde ein Monitoring eingeführt, bei dem die Kommission jährlich den Stand der Vorbereitungen aufgeschlüsselt nach den drei Kopenhagener Kriterien veröffentlichte. Zudem führte der Europäische Rat ein weiteres Instrument ein, nämlich die Beitrittspartnerschaft, mit der die abgelehnten Länder in einer verstärkten Heranführungsstrategie weiter intensiv unterstützt werden sollten. Zusätzlich wurde für Litauen, Lettland und die anderen drei ausgeschlossenen Länder eine Aufholfazilität als besondere Finanzhilfe der EU zur Beschleunigung der Beitrittsvorbereitungen in bestimmten Bereichen geschaffen. In Lettland betraf dies die Korruptionsbekämpfung und die industrielle Umstrukturierung. Schließlich wurden ihnen Beitrittsverhandlungen zu einem späteren Zeitpunkt in Aussicht gestellt.

Welche Reaktionen gab es auf die Agenda 2000? Zunächst hatte keines der drei Länder mit dieser Aufspaltung gerechnet. Die Enttäuschung war vor allem in Litauen sehr groß. Lettland war auf Grund seiner von Anfang an geringeren Erwartungen weniger enttäuscht (Schmidt 2000, S. 238). Trotz der positiven Aufnahme in Estland war man sich dort darüber bewusst, dass es auch im Sinne der Vertretung baltischer Interessen wichtig sein würde, dass auch die Nachbarländer bald verhandelten. Was aber waren die Gründe für diese Bevorzugung Estlands? In der Literatur werden verschiedene Mo-

---

[4] Fortschritte überprüft die Kommission anhand der „tatsächlich gefassten Beschlüsse, der tatsächlich angenommenen Rechtsvorschriften, der tatsächlich ratifizierten internationalen Übereinkünfte (unter gebührender Berücksichtigung der Umsetzung) und der tatsächlich ergriffenen Maßnahmen [...]" (so in allen jährlichen Fortschrittsberichten festgehalten).

tive angeführt (Bungs 1998, S. 26 ff.; Schmidt 2000, S. 236). Zunächst ist hier die bereits weiter fortgeschrittene marktwirtschaftliche Entwicklung zu nennen, die auch von der Kommission ins Feld geführte wurde. Allerdings, so wird auch eingewendet, sei der Unterschied zwischen Estland und den anderen beiden Ländern nicht so groß gewesen, und zugleich sei Estland hinter die anderen Länder der ersten Gruppe abgefallen. Ein zweites Moment war daher sicherlich, dass die EU ein symbolisches Signal setzen wollte, indem sie ein ehemaliges Mitglied der Sowjetunion einschließen wollte. Alle drei baltischen Länder erschienen der Kommission wahrscheinlich als eine Überlastung der Möglichkeiten, so dass sie sich nur für einen Kandidaten entschieden hat. Ein weiterer Grund mag die neue Konstellation nach der EU-Erweiterungsrunde von 1995 gewesen sein. Mit den neuen Mitgliedern Schweden und Finnland hatte sich die nordische Komponente der EU deutlich verstärkt, was sich in der Nordischen Dimension, die 1999 ins Leben gerufen wurde, niederschlug. Diese Länder waren Anwälte der baltischen Länder und verstärkten sozusagen die „baltische Lobby" (Schmidt 2000, S. 232). Aber auch hier wurde differenziert: Finnland stand Estland sehr nahe; die beiden Länder sind kulturell, sprachlich und historisch eng verbunden. Lettland und Litauen dagegen hatten keine so starken Fürsprecher.

Im März 1998 begann die Kommission die Verhandlungen mit der ersten oder auch „Luxemburg-Gruppe" und im Herbst 1998 gab sie den ersten Fortschrittsbericht heraus. Dieser war in verschiedener Hinsicht anders als erwartet. Für Lettland und Litauen, die gehofft hatten, alsbald und möglicherweise nach diesem Bericht in die erste Gruppe aufzuschließen, erfüllte sich diese Erwartung nicht. Die entscheidende Wendung für die Länder der zweiten Gruppe kam im Laufe des Jahres 1999, jedoch nicht als „Belohnung" der erreichten Fortschritte, sondern vielmehr als Reaktion auf eine internationale Krise. Der Kosovo-Krieg der NATO zwang die EU dazu, Möglichkeiten weiterer Destabilisierung im Südosten Europas vorzubeugen, so dass Rumänien und Bulgarien, die zudem die NATO unterstützt hatten, möglichst rasch Verhandlungen angeboten werden sollten. Die EU entschied daher auf dem Gipfel von Helsinki im Dezember 1999, die Zweiteilung aufzuheben.[5] Im Februar 2000 wurden somit auch Verhandlungen mit Lettland und Litauen sowie den anderen drei Ländern – der so genannten „Helsinki-Gruppe" – eröffnet. Dabei wurde das Prinzip der Differenzierung unterstrichen (Europäische Kommission 1999c), indem die Kommission weiterhin das Öffnen und Schließen der Verhandlungskapitel vom individuellen Fortschritt bei den Verhandlungen abhängig machte. Damit sollte der Reformwille in den einzelnen Kandidatenländern beibehalten werden, denn die Kommission fürchtete, dass ansonsten die Kandidaten eine Art „Durchwinken" bei

---

5 Die Kommission formulierte dies so: „Following the dramatic changes in Europe, particulary in the aftermath of the Kosovo crisis, the European Commission proposed today that accession negotiations should be opened with all remaining candidate countries that respect democracy, the rule of law, human rights and minorities, i. e. Bulgaria, Latvia, Lithuania, Malta, Romania and Slovakia" (Europäische Kommission 1999c).

den Verhandlungen annehmen und ihre Anstrengungen reduzieren könnten. Andererseits stellte dieses Prinzip der Differenzierung einen zusätzlichen Anreiz für die Länder der Helsinki-Gruppe dar, denn für sie galt weiterhin das meritokratische Prinzip: Auch wer später begonnen hatte, konnte bei guten Fortschritten aufschließen.

Ähnlich wie etwa bei der Slowakei, die 1997 aus politischen Gründen ausgeschlossen worden war, zeigte sich bei Lettland und Litauen, dass die verzögerte Verhandlungsaufnahme die Motivation der Staaten gesteigert hatte. In der Tat legten Lettland, Litauen und die Slowakei zwischen Februar 2000 und der Unterzeichnung der Beitrittsverträge genau zwei Jahre später dieselbe Wegstrecke zurück wie Estland und die anderen Länder, die zwei Jahre zuvor mit den Verhandlungen begonnen hatten. Betrachtet man die reine Verhandlungszeit – also zwei Jahre –, so war dies sogar extrem schnell. Andererseits muss man sagen, dass zum einen durch die Beitrittspartnerschaft an der Erfüllung der Beitrittskriterien weitergearbeitet worden war und dass zudem auch durch spezielle High Level Working Groups die Übernahme des *acquis* besonders fokussiert angegangen wurde.

So wie die anderen Kandidaten hielten auch die baltischen Staaten im Jahr 2003 Referenden ab. Die Vermutung, dass der verspätete Verhandlungsbeginn – ähnlich wie er bei der Elite den Ehrgeiz angestachelt hatte – die Unterstützung für den Beitritt vergrößert hätte, traf in Lettland und Litauen kaum zu. Während man in der Slowakei diesen Effekt an der Zustimmungsquote von 92 % beobachten konnte, kommt nur Litauen dem nahe. In den anderen beiden baltischen Staaten war dies nicht in ähnlichem Ausmaß der Fall.

Auch das Eurobarometer vermittelt keinen anderen Eindruck: Lettland und Estland weisen kurz vor dem Beitritt mit 33 bzw. 31 % die niedrigsten Zustimmungsquoten aller Beitrittskandidaten auf (siehe auch Tab. 2). Als die baltischen Staaten am 1. Mai 2004 der EU im Zuge der präzedenzlosen Osterweiterung beitraten, schien dieses Projekt weiterhin eines der Eliten zu sein, aber nicht der Bevölkerungen. Nichtsdestotrotz stellten diese Beitritte eine Erfolgsgeschichte dar, gerade weil der Weg von der Sowjetrepublik

Tabelle 3   PHARE-Mittel in den baltischen Staaten 1992–2002
(in Millionen ECU/Euro)

PHARE-Mittel	Estland	Lettland	Litauen
1992–1999	187	320,3	328
2002–2002	83,8	98,0	142,2
Fazilität für den institutionellen Aufbau (nach 2002)	9,4	5,0	18,5

Eigene Berechnungen nach Europäische Kommission 2002a, 2002b, 2002c

Tabelle 4   EU-Referenden in den baltischen Staaten

	Beteiligung (in %)	Ja-Stimmen in %		Nein-Stimmen in %	
		der abgegebenen Stimmen	der Wahlberechtigten	der abgegebenen Stimmen	der Wahlberechtigten
Estland	64,02	66,51	44,58	33,00	21,13
Lettland	72,53	66,96	48,57	32,33	23,45
Litauen	63,30	89,92	56,92	8,85	5,60

Quelle: Beichelt 2004

zum EU-Mitglied für diese Länder – und zwar sowohl für die Eliten als auch für die Bevölkerungen – zweifelsohne härter war als für die anderen neuen Mitgliedsstaaten.

3   Der europäische Hebel: Der Einfluss der EU auf die Transformation der baltischen Staaten während des Beitrittsprozesses

In der Betrachtung des Annäherungs- und Beitrittsprozesses der baltischen Staaten lässt sich erkennen, dass sich der Einfluss der EU sukzessive gesteigert und auch qualitativ stark verändert hat. Bei der Osterweiterung werden gemeinhin drei Phasen der Beitrittsvorbereitung unterschieden (Kutter u. Trappmann 2006): die erste, relativ kurze Phase, in der PHARE und Handelsliberalisierungen greifen und teilweise auch bereits Europaabkommen verhandelt und abgeschlossen werden; die zweite Phase ab 1993, in der durch die Kopenhagener Kriterien, den strukturierten Dialog und das Weißbuch Binnenmarkt einerseits die Bedingungen für den Beitritt formuliert sind und damit andererseits die Hebelwirkung zunimmt. Die dritte Phase schließlich umfasst die eigentlichen Beitrittsverhandlungen bzw. die Beitrittsvorbereitung, bei der die EU nicht nur die stärkste Hebelwirkung entfaltet, sondern auch durch Monitoring und Kontrolle die Entwicklung der drei Bereiche der Kopenhagener Kriterien und darüber hinaus auch weitere Aspekte (wie etwa Dezentralisierung) steuern kann. Die Einflussmechanismen der EU bestehen dabei nicht allein in der Regelerzwingung, sondern auch in der Sozialisierung, die vor allem in den Gremien und Dialogforen im Rahmen der Europaabkommen und durch die Kontakte der Parlamentarier in den europäischen Parteienfamilien gefördert wird. Auch durch Programme wie Twinning kann es durch Austausch oder Beratung beim Aufbau staatlicher oder dezentraler Strukturen zu *social learning*-Effekten kommen.

Unterscheidet man die Hebelwirkung der EU in passive und aktive *leverage* (Vachudova 2005), so kann man sagen, dass in der Periode bis 1995 in den baltischen Staaten ein passiver Hebel dominierte, insofern die EU bis dahin kaum direkte Steuerungsmöglichkeiten hatte – etwa durch institutionelle Ansatzpunkte oder qua Konditionalitätspolitik des Beitrittsverfahrens. Zwar hat die Unterstützung der EG/EU bei allen post-sozialistischen Transformationsländern mit der technischen Hilfe PHARE und Handels- oder Freihandelsabkommen begonnen, was einer relativ niedrigen Steuerungsintensität entspricht. In den baltischen Staaten dauerte diese Phase, die in den Visegrád-Staaten gerade einmal zwei Jahre umfasste, aber deutlich länger. Andererseits hatte die EG PHARE, die Unterstützung der Europäischen Bank für Wiederaufbau und auch die Europaabkommen bereits mit politischen Bedingungen verknüpft, so dass die Methode der Konditionalität schon bekannt war. Die baltischen Staaten hatten bereits in dieser Phase in einer Form antizipierender *compliance* bestimmte, als wichtig erachtete Schritte unternommen, die ihnen die Akzeptanz als Beitrittskandidat erleichtern sollten. Darunter kann man etwa den Beitritt zum Europarat (Estland und Litauen 1993; Lettland 1995) fassen.

Die EU gibt jedoch keine institutionellen Designs vor (als Ausnahme kann man die Dezentralisierung nennen, da sie die vertikale Gewaltenteilungsstruktur betrifft) und hält auch kein konkretes Demokratiemodell bereit, das sie im Zuge des Beitrittsprozesses exportiert. Eher tritt die EU als Exporteur von demokratischen Normen bzw. als „Agentur forcierten Normentransfers" (Kutter u. Trappman 2006, S. 35) auf. Die politischen Kriterien zielen einerseits auf demokratische Standards, deren Beachtung, aber auch Umsetzung gefordert wird. Andererseits achtete die EU darauf, dass die Umsetzung der in Gesetzen festgelegten demokratischen Prozesse und Verfahren durchgeführt werden konnte. Bereits auf dem Gipfel von Madrid 1995 hatte der Europäische Rat darauf hingewiesen, dass die Justiz- und Verwaltungsbehörden so leistungsfähig sein müssten, dass der Besitzstand auch um- und durchgesetzt werden könne. Erst durch das Monitoring ab 1998 wurden aber die konkreten Defizite und auch das Ausmaß der noch unzureichenden institutionellen Kapazitäten deutlich. Es zeigte sich in den Beitrittsverhandlungen, dass die Verwaltungskapazität ein großer Schwachpunkt aller Kandidaten war. Die baltischen Staaten betraf dies auch deswegen, da, wie anfangs dargestellt, die staatlichen und kommunalen Verwaltungen sowie die Justizverwaltung nach der Unabhängigkeit erst aufgebaut werden mussten. Alle drei Länder wurden von der Kommission zu weitreichenden Reformen ihres öffentlichen Dienstes aufgefordert. Je näher der Abschluss der Verhandlungen rückte, desto mehr Druck machte der Europäische Rat und betonte in Göteborg (2001), „dass die Beitrittskandidaten unbedingt in der Lage sein müssen, den gemeinschaftlichen Besitzstand wirksam umzusetzen und anzuwenden, und dass sie dafür ihren Verwaltungs- und Justizapparat unter erheblichen Anstrengungen ausbauen und reformieren müssen" (Europäische Kommission 2001).

Die aktive *leverage* der EU – definiert als „deliberate engagement with the domestic politics of states applying for membership" (Vachudova 2005, S. 143) – beginnt mit dem Vorbereitungsprozess auf den Beitritt, den Vachudova 1994/95 ansetzt, erreicht aber durch die intensive Heranführung seit 1997/98 und das Monitoring eine gesteigerte

Qualität. Dabei wurden die politischen Kriterien schwerer gewichtet als die wirtschaftlichen. So hatte der Europäische Rat von Luxemburg im Dezember 1997, als er die Aufnahme der Verhandlungen festsetzte, konstatiert:

„Die Einhaltung der politischen Kriterien von Kopenhagen stellt eine unabdingbare Voraussetzung für die Eröffnung von Beitrittsverhandlungen dar. Die wirtschaftlichen Kriterien und die Fähigkeit, die sich aus dem Beitritt ergebenden Verpflichtungen zu erfüllen, wurden bisher und werden auch weiterhin aus einer zukunftsorientierten, dynamischen Sicht heraus beurteilt werden." (Europäischer Rat 1997, Punkt 25)

Damit wird einerseits das ungeschriebene Prinzip der Priorität der politischen Dimension festgeschrieben, andererseits nochmals ein deutliches Signal an die künftigen Beitrittskandidaten gesendet, dass an den politischen Voraussetzungen keinerlei Abstriche gemacht werden. Ohne demokratische und rechtsstaatliche Verhältnisse, ohne Verankerung und Umsetzung der Achtung von Menschen- und Minderheitsrechten, so das eindeutige Signal, ist ein Beitritt unmöglich. Dahingegen werden bei der Erfüllung der wirtschaftlichen Kriterien und der Anpassung an den *Acquis* andere, weichere Maßstäbe angelegt (Kneuer 2007, S. 116).

Im Folgenden wird am Beispiel des Minderheitenschutzes in Estland und Lettland das Steuerungspotenzial der EU im Sinne der aktiven Hebelwirkung näher betrachtet. In Litauen war dieses Problem nicht vorhanden. Der mangelnde Schutz von Minderheiten war im Laufe des Beitrittsprozesses ein wiederkehrender Anlass zur Kritik und zu konkreten Empfehlungen von Seiten der Kommission. Zunächst soll Estland betrachtet werden: Bereits vor dem angestrebten Beitritt zum Europarat war von diesem bemängelt worden, dass Estland kein passives Wahlrecht für Nicht-Esten auf kommunaler Ebene vorsah (Pettai 2001, S. 272 ff.). Auch der restriktive Sprachtest wurde von der OSZE kritisiert. In dieser Phase besteht die Reaktion Estlands in einer „Pseudoübernahme" (Schimmelfennig et al. 2003, S. 333). Erst im Zuge der stärkeren Konditionalität des Beitrittsverfahrens wandelte sich dieses Verhalten zu einer vollständigen Regelbefolgung. Im Zuge der Prüfung der politischen Kriterien durch die EU wurden Defizite in drei Bereichen erkennbar: bei der Einbürgerung von Nicht-Esten bzw. Nicht-Letten, bei der Behandlungen der Staatenlosen sowie bei den Integrationsbemühungen. Bereits im ersten Fortschrittsbericht von 1998 wurde Estland in Bezug auf die mangelnde Integration der nicht-estnischen bzw. staatenlosen Bevölkerung kritisiert. Die Kommission forderte Maßnahmen zur Erleichterung der Einbürgerung und zur besseren Integration der Nicht-Esten, vor allem der staatenlosen Kinder, und den Ausbau des Estnischunterrichts für Nichtmuttersprachler (Europäische Kommission 1998a). Tatsächlich konnte bereits der nächste Bericht von 1999 eine Gesetzesänderung in Bezug auf die Einbürgerung von Kindern vermelden. 1999 nahm die Kommission Anstoß an einem geänderten Gesetz zur Parlaments- und Kommunalwahl, nach dem die Kandidaten ausreichende Estnischkenntnisse nachweisen mussten. Auch ein weiteres Gesetz, das die Regelung des estnischen Sprachgebrauchs im privaten und öffentlichen Bereich regelte, wurde bemängelt, da es möglicherweise nicht mit der Freizügigkeit vereinbar sei. In summa bezeichnete die Kommission diese Gesetze als „Rückschritte" (Europäische Kommission 1999a). Auch hier wurde wiederum das Gesetz zur Regelung des Sprachgebrauchs gemäß der Kommissionsempfehlungen geändert; das Wahlgesetz jedoch nicht. Der letzte Bericht vor Unterzeichnung der Beitrittsverträge enthält dann weitere Empfehlungen, wie beispielsweise ein stärker proaktives Handeln, um Einbürgerungen zu erleichtern (Europäische Kommission 2002a).

Im Falle Lettlands lässt sich in der frühen Phase internationalen Drucks von Seiten des Europarates und der OSZE eine geringe Resonanz in Form von Nichtübernahme erkennen. Erst im Zuge des Beitrittsprozesses ist eine höhere Resonanz zu beobachten, die aber weiterhin keine vollständige, sondern eher die widerwillige Übernahme einschließt (Schimmelfennig et al. 2003, S. 326). Das lettische Staatsbürgerschaftsrecht wurde von OSZE, Europarat und EU kritisiert, da alle Bürger, die in der Zwischenkriegszeit nicht bereits naturalisiert waren, zu Staatenlosen wurden. Lettland änderte dieses Gesetz erst 1994, aber in weiterhin unbefriedigender Weise, denn es wurden enge jährliche Einbürgerungsquoten festgelegt (Pettai 2001, S. 273 f.). Zwar war Lettland 1997 nicht wegen seiner Minderheitenpolitik aus der Luxemburg-Gruppe ausgeschlossen worden, dennoch war die Erfüllung der politischen Kriterien nur als eingeschränkt vermerkt worden. Der erste Fortschrittsbericht beinhaltete eine längere Aufzählung der als kritisch bewerteten Aspekte: die Beschleunigung und Erleichterung von Einbürgerungen, vereinfachte Staatsbürgerschaftsprüfungen, die Verbesserung der Integration sowie der Ausbau von lettischem Sprachunterricht für die russischsprachige Bevölkerung (Europäische Kommission 1998b). Der stärkere Hebel der EU wirkte: Das von der Kommission als Hemmnis bezeichnete Quotensystem wurde im Frühjahr 1998 abgeschafft. Präsident Ulmanis hatte vor dem Parlament deutlich gemacht, dass eine weitere Nichtbefolgung der europäischen Empfehlungen eine internationale Isolation zur Folge hätte (Schimmelfennig et al. 2003, S. 331).

Auch auf den Bericht von 1998 reagierte die lettische Regierung, so dass 1999 bereits alle OSZE-Empfehlungen erfüllt waren. Als 1999 ein neues Sprachengesetz vom Parlament verabschiedet wurde, bei dem dann wiederum OSZE, Europarat und EU Bedenken äußerten, hatte dies zur Folge, dass der Präsident das Gesetz nicht verkündete. Tatsächlich wurde es dem Parlament zur Prüfung zurückgegeben und dann Ende 1999 in einer bereinigten Form angenommen (Europäische Kommission 1999b). Auch 2000 und 2002 – mit nahender Beendigung der Verhandlungen – hielt die Bereitschaft der Regierung an, die angemahnten Punkte zu modifizieren: Maßnahmen zur Vereinfachung der Einbürgerung wurden endlich vorgenommen (kostenloser Sprachunterricht zur Vorbereitung auf die Staatsbürgerschaftsprüfung, Senkung der Gebühr für die Einbürgerung, Informationskampagne zur Einbürgerung), ein Integrationsprogramm wurde verabschiedet und schließlich wurden auch die Sprachnachweise im Wahlgesetz aufgehoben (Europäische Kommission 2000, 2001, 2002b). Dennoch blieben einige Aspekte ungelöst, wie etwa die anhaltende Weigerung des lettischen Parlaments, das Rahmenübereinkommen des Europarates zum Schutz der Minderheiten zu ratifizieren.

Als Gründe für die Veränderungen des Verhaltens, das man im estnischen wie im lettischen Fall beobachten kann, lassen sich zum einen die Kosten-Nutzen-Bilanz anführen. Schimmelfennig et al. (2003) stellen fest, dass im Zeitverlauf die Kosten der Regelbefolgung geringer geworden sind. Ein gewichtiges Argument jedoch ist der stärkere Hebel der EU im Vergleich zu OSZE und Europarat, was sich auch daran erkennen lässt, dass die Befolgung stärker geworden ist, je näher der Termin zur Bestimmung der endgültigen Kandidaten 2002 rückte. Als dritter Aspekt muss des Weiteren die nationale Konstellation berücksichtigt werden: Gemessen an der Regierungsdauer und der Regierungsstabilität weist Lettland eine deutlich instabilere politische Situation auf als Estland. Das heißt, selbst wenn die Regierung von Europarat oder EU geforderte Gesetzesänderungen anstrebte, konnte es sein, dass im Zuge der parlamentarischen Debatte, wegen prekärer Minderheitsverhältnisse oder auf Grund von Verzögerung durch vorzeitige Neuwahlen, bestimmte Gesetze nicht durchsetzbar waren oder Änderungen durchgeführt wurden, die letztlich keine Verbesserung darstellten (wie etwa bei dem Ersetzen der Quoten durch Einbürgerungsfenster). Letztlich ist aber auch dieser interne Faktor abhängig von dem Hebel zu sehen. Er wirkt weniger stark bei OSZE und Europarat und stärker bei der EU. Daher ist es zweifellos richtig, wenn Pettai folgert: „More than any other single mechanism of influence, the EU made most Estonian and Latvian politicians realize that improving the citizenship issue was critically important" (Pettai 2001, S. 275).

4 Nach dem Beitritt ist vor dem Beitritt – Herausforderungen für die baltischen Länder als EU-Mitglieder

Der Beitritt zur EU war der Abschluss eines Weges von Reformen und Anpassungen an die Normen und Standards der EU. Die baltischen Länder haben von dem Inkrafttreten der Europaabkommen bis zum Abschluss der Beitrittsverhandlungen enorme Leistungen vor allem auch auf wirtschaftlichem Gebiet und bei der Anpassung an das Gemeinschaftsrecht erbracht, auf die hier nicht im Detail eingegangen werden konnte. Dennoch war sowohl den drei Ländern als auch der Kommission klar, dass nicht alle Schwachpunkte beseitigt worden und weiterhin kritische Aspekte vorhanden waren. Dazu zählten in Lettland und Litauen insbesondere die Korruption und in allen drei Fällen die mangelnde Effizienz in Verwaltung und Justiz. In den Monitoringberichten von 2003 werden daher Empfehlungen zur weiteren Verbesserung gegeben und es wird dazu aufgerufen, sofortige Maßnahmen zur Behebung von Unzulänglichkeiten einzuleiten. Das waren in Estland zum Beispiel verschiedene Rechtsvorschriften (Gleichstellung) sowie der Ausbau von Verwaltungskapazitäten. In Litauen ging es um Vorschriften im Zahlungsverkehr und Korruptionsbekämpfung. In Lettland dagegen war die Liste deutlich länger und bezog sich unter anderem auf noch nicht abgeschlossene Reformen im Justizwesen, die Struktur des öffentlichen Dienstes und die administrative Gebietsreform sowie die notwendige Bekämpfung von Korruption (Europäische Kommission 2003a, 2003b, 2003c). Dies weist allerdings bereits auf ein zentrales Problem hin, das der Konditionalitätspolitik inhärent ist: Mit dem Beitritt eines Landes ist kein Hebel mehr vorhanden, womit die Beseitigung weiterhin bestehender Defizite nicht mehr in der Form möglich ist wie vorher. Auf Nichteinhaltung von Richtlinien kann dann per Klage reagiert werden und „eine anhaltende und schwerwiegende Verletzung" der Grundsätze von Freiheit, Demokratie, Achtung der Menschenrechte und Rechtsstaatlichkeit kann mit der Aussetzung bestimmter Rechte, einschließlich der Stimmrechte, geahndet werden.[6] Dieser Sanktionsmechanismus war, veranlasst durch die bevorstehende Osterweiterung, im Vertrag von Amsterdam verankert worden. Die Schwelle für solch ein Vertragsverletzungsverfahren ist allerdings hoch, so dass insbesondere Maßnahmen zur Beseitigung von Defiziten in Justiz oder der Korruption von außen kaum mehr angemahnt oder gar erzwungen werden können.

Der Beitritt bedeutet für die neuen Mitgliedsstaaten, ihre Position in der europäischen Staatengemeinschaft finden und sich ein Profil erarbeiten zu müssen. Estland, Lettland und Litauen gehören zu den „kleineren" Mitgliedsstaaten; eine Charakterisierung, die bis auf Polen auf praktisch alle Länder der Osterweiterung zutrifft. Erkennbar wird dies an der Sitzverteilung im Parlament und der Stimmverteilung im Rat.

Tabelle 5 Sitzverteilung im Parlament und Stimmverteilung im Rat

	Estland	Lettland	Litauen
Sitze im EP (von 732)	6	8	12
Stimmen im Rat (von 345)	4	4	7

Eigene Zusammenstellung

Estland und Lettland gehören mit Zypern, Slowenien und Luxemburg (nur Malta hat weniger Sitze) zu der Gruppe der Kleinstaaten, während Litauen zur nächsten – mittelkleinen – Gruppe (mit Irland, Österreich, Finnland, Dänemark und der Slowakei) zu zählen ist. Das Gewicht der drei Staaten – selbst zusammen genommen – ist also recht limitiert. Mit Siim Kallas hatte Estland 2004 ein politisches Schwergewicht nach Brüssel geschickt: Er war zuvor Ministerpräsident seines Landes gewesen und war zunächst für Wirtschafts- und Währungsfragen zuständig. Mit der Neubenennung im Oktober 2004 wurde er einer der sieben Vizepräsidenten mit dem Portfolio Verwaltung, Audit und Be-

---

6 Art. 7, Vertrag von Amsterdam. Diese Möglichkeit wurde auch im Vertrag von Lissabon festgeschrieben.

trugsbekämpfung. Seit 2010 zeichnet er für Verkehr verantwortlich, weiterhin als Vizepräsident. Der lettische Kommissar Andris Piebalgs, ebenfalls seit 2004 dabei, ist zurzeit für Entwicklungspolitik zuständig. Der litauische Kommissar Algirdas Šemeta stieß 2009 zur Kommission. Der vormalige Finanzminister seines Landes übernahm das Ressort für Steuern, Zollunion, Audit und Betrugsbekämpfung. Das Personaltableau der Kommission spiegelt somit die von vorneherein immer vorhandene Vorreiterrolle Estlands wider.

Auch wenn das Gewicht der baltischen Staaten rechnerisch eher als marginal einzuschätzen ist, so lässt sich an verschiedenen Aspekten dennoch zeigen, dass ihre klaren Positionen die EU-Politik in den letzten Jahren prägten: So führte die kritische Position gegenüber Russland – auch zusammen mit Polen und anderen – zu einer Verzögerung des Abschlusses des Partnerschaftsabkommens mit Russland. Auch im Georgien-Krieg waren die Positionen der baltischen Staaten ganz klar auf der Seite Georgiens. Für die baltischen Staaten stellte Russland den Aggressor dar, und dieser Übergriff rief Erinnerungen an die eigene Geschichte wach. Das lässt aber nicht darauf schließen, dass die baltischen Staaten sich eher in obstruktiver Weise bemerkbar machen. Insgesamt gesehen lassen sie sich eher als konstruktive EU-Mitglieder kennzeichnen. Alle drei Länder hatten zum Beispiel den Verfassungsvertrag bereits ratifiziert und verabschiedeten auch den Lissabon-Vertrag ohne Probleme.

Politisch und wirtschaftlich stellten die Jahre seit dem Beitritt eine stetige Stabilisierung dar. Die Wachstumsraten waren – auch im Vergleich mit den alten Mitgliedsstaaten – beeindruckend; man sprach von den baltischen Tigern. Zwar hatten alle drei Länder enorme Einbrüche zu erleiden während der Finanz- und Wirtschaftskrise. Estland schaffte es dennoch, sein angestrebtes Ziel des Beitritts in die Eurozone am 1. Januar 2011 zu erreichen. Lettland und Litauen führten rigide Pläne zur Haushaltskonsolidierung ein, um den Euro-Rettungsschirm im Gegensatz zu Griechenland zu vermeiden. Lettland nahm zwar IWF-Kredite in Anspruch, und die Einschnitte – gerade im Sozialbereich – trafen die Menschen hart, aber alle drei Länder sind stolz darauf, diese Krise bislang gut gemeistert zu haben. Für Lettland und Litauen hat sich das Ziel Euro-Zone verschoben. Die Mehrheit der Bürger in Lettland und Litauen (59 bzw. 50 %) erwarten den Beitritt zur Euro-Zone in der nahen Zukunft zwischen 2013 und 2015 (Eurobarometer Flash 2010).

Großes Interesse haben die baltischen Staaten an einer gemeinsamen europäischen Energiepolitik, die ihre spezifischen Belange besser berücksichtigt. Bei dem Pipelineprojekt Nordstream, das zwischen Bundeskanzler Schröder und Präsident Putin vereinbart worden war, waren die drei Staaten – obgleich die Leitungen vor ihren Küsten entlanglaufen – nicht einbezogen worden. Dies wurde in Tallinn, Rīga und Vilnius als Affront betrachtet. Im Bereich der Energiepolitik hat sich in den letzten Jahren eine engere Zusammenarbeit zwischen den drei Regierungen ergeben. Erst im Frühjahr 2010 richteten die drei Regierungschefs einen Brief an den Präsidenten des Europäischen Rates, in dem sie unterstrichen, dass eine synchrone Integration der baltischen Staaten in das Europäische Stromnetzwerk eine EU-Priorität werden sollte. Bislang war die regionale Kooperation zwischen den drei Ländern trotz geographischer Nähe und ähnlichen Hintergrunds nicht sehr stark. Man empfand sich eher als Konkurrenten; nicht zuletzt auch durch die Zweiteilung im Beitrittsprozess. Langsam scheint sich aber – zumindest bei dem überaus relevanten Thema Energiesicherheit – die Erkenntnis zu formen, dass das Sprechen mit einer baltischen Stimme vorteilhaft ist.

Die EU hat auf die durch die Osterweiterung gestärkte Bedeutung der Ostseeregion mit der Baltic Sea Strategy von 2009 reagiert. Die Nordische Dimension von 1999, die Island, Norwegen und Russland mit einschließt, konnte keine besondere Wirkung entfalten. Daher wurde sie auf dem Gipfel von Helsinki 2006 „neu gestartet", wobei mit der Formulierung von sechs prioritären Sektoren[7] zudem die Ziele konkreter gefasst wurden. Nach dem Beitritt der drei baltischen Ostseeanrainer plus Polen eröffnen sich für die regionale Kooperation in dieser Region neue Möglichkeiten, die die EU mit der Strategie für den Ostseeraum von 2009 anvisiert. Dabei konzentriert sie sich auf vier Bereiche: Umwelt, wirtschaftliche Entwicklung, Verkehrsnetze und Sicherheit. Die generellen Ziele liegen dabei zunächst in dem verstärkten Dialog und in Schritten zur engeren Kooperation. Dies soll unter anderem auch der verbesserten Verständigung dienen. Darüber hinaus sollen diese regionalen Bünde auch die wirtschaftliche Kooperation und Integration intensivieren und letztlich zu einer nachhaltigen Entwicklung führen.[8] Trotz dieser engeren Zielauswahl bei der Ostseestrategie stellt sich die Frage, ob die EU mit der Nordischen Dimension und der Ostseestrategie nicht eine Doppelung geschaffen hat. Man wird beobachten müssen, ob hier Synergien oder eher Reibungsverluste entstehen.

Die sowjetische Vergangenheit stellte auch für die außenpolitische Neuorientierung der baltischen Staaten eine relevante Motivlage dar: Ziel der Orientierung an der euroatlantischen Gemeinschaft von EU und NATO war die Einbindung in Strukturen, die einen erneuten und so traumatisch empfundenen Übergriff von Besatzern und Kolonisatoren verhindern sollten. Die Gestaltung der Beziehungen zu dem schwierigen Nachbarn Russland stellt zweifelsohne eine Herausforderung dar; hierbei sollten die baltischen Staaten allerdings ihre historisch und geographisch exponierte Lage konstruktiv nutzen (Kempe 2007). Für die künftige Rolle der baltischen Staaten wäre es eine große Chance, wenn der weiterhin als Ballast empfundene Fluch umgedeutet werden würde in ein besonderes Potenzial der Kooperation im Ostseeraum. Dies würde sowohl innenpolitisch im Verhältnis mit den russischen Minderheiten als auch außenpolitisch im Verhältnis zu Russland entspannend wirken.

---

7 Economic cooperation, Freedom, Security and Justice, External security, Research, Education and Culture, Environment, Nuclear safety and Natural resources, Social welfare and Health care.
8 Siehe dazu Political Declaration on the Northern Dimension Policy http://eeas.europa.eu/north_dim/docs/pol_dec_1106_en.pdf. Zugegriffen: 15.3.2011.

Wie wird das europäische Projekt in Estland, Lettland und Litauen heute gesehen? Auf der Ebene der politischen Parteien und Eliten ist der europapolitische Konsens unverändert. Lediglich der populistisch euroskeptische Kurs der estnischen Zentrumspartei, die bei den letzten Parlamentswahlen im März 2011 mit gut 23 % wieder zweitstärkste Partei wurde und damit einen stabilen Wählerstamm besitzt, trübt dieses ansonsten sehr einheitlich positive Bild. Die politische Elite in den drei baltischen Staaten nutzt die Möglichkeiten, die die EU-Mitgliedschaft ihnen gibt, zur Vertretung ihrer Interessen. Nur im Falle Russlands geschieht dies weniger konstruktiv. Die Meinung der Bevölkerung ist nur in Estland stabil geblieben. Dort unterstützt eine knappe Mehrheit die EU-Mitgliedschaft; zwischenzeitlich ist diese zwischen 2007 und 2009 sogar auf fast zwei Drittel gestiegen. In den anderen beiden Ländern allerdings sind die Werte seit dem Beitritt gefallen; in Litauen von 69 auf 48 %. In Lettland denkt inzwischen die Mehrheit der Bürger (52 %), dass die EU keine gute Sache sei. Mit Tschechien zusammen sind dies die einzigen Länder der EU mit solch einer negativen Sicht. Dies deckt sich auch mit der Einschätzung, inwieweit die Bürger Vorteile von der Mitgliedschaft wahrnehmen: In Estland ist der Anteil der Bürger, die Vorteile in der Mitgliedschaft sehen, seit dem Beitritt deutlich gestiegen auf immerhin drei Viertel der Bürger. In Litauen sind es zwei Drittel; am geringsten ist der Wert in Lettland mit 41 % (Eurobarometer 2004.10, 2010.6). Insofern kann man schlussfolgern, dass die lettischen Bürger entweder noch nicht recht in der EU angekommen sind oder negative Entwicklungen in ihrem Land mit der EU verbinden. Auf die Frage, was EU für sie bedeutet, nennen sie mehrheitlich negative Aspekte: Arbeitslosigkeit, Bürokratie und Geldverschwendung (Eurobarometer 2010.6). Die Schere zwischen Elite und Bürgern ist noch nicht beseitigt, sondern eher größer geworden. In Estland und Litauen hingegen ist die EU-Mitgliedschaft sechs Jahre nach dem Beitritt kein Elitenprojekt mehr; hier herrscht ein breiter Konsens zwischen Elite und Bürgern in Bezug auf eine überwiegend positive Beurteilung.

Literatur

Axt, Heinz-Jürgen, Antonio Milososki, und Oliver Schwarz. 2007. Europäisierung – ein weites Feld. Literaturbericht und Forschungsfragen. *Politische Vierteljahresschrift* 48: 136–147.

Bedarff, Hildegard, und Bernd Schürmann. 1998. *NATO und EU aus der Perspektive Ostmitteleuropas. Meinungsbilder der Eliten in Polen, der Tschechischen Republik, Estland und Lettland*. Berlin: LIT-Verlag.

Beichelt, Timm. 2004. *Die Europäische Union nach der Osterweiterung*. Wiesbaden: VS Verlag für Sozialwissenschaften.

Börzel, Tanja A., und Thomas Risse. 2000. When Europe Hits Home: Europeanization and Domestic Change. *EUI Working Paper RSC No. 2000/56*. San Domenico. European University Institute.

Bungs, Dzintra. 1998. *The Baltic States: Problems and Prospects of Membership on the European Union*. Baden-Baden: Nomos.

Central and Eastern Eurobarometer (CEEB) 1991–1997. http://ec.europa.eu/public_opinion/archives/cceb_en.htm. Zugegriffen: 2.1.2012.

Eurobarometer 2004.6, 2004,10, 2005.10, 2006.10, 2007.0, 2008.10, 2009.10, 2010.6. http://ec.europa.eu/public_opinion/index_en.htm. Zugegriffen: 2.1.2012.

Eurobarometer Flash. 2010. *No. 307- Introduction of the euro in the new Member States, September 2010*. http://ec.europa.eu/public_opinion/flash/fl_307_en.pdf. Zugegriffen: 2.1.2012.

European Commission. 2002. *Candidate Countries Eurobarometer 2001. March 2002*. http://ec.europa.eu/public_opinion/archives/cceb/2001/cceb20011_en.pdf. Zugegriffen: 2.1.2012.

Europäische Kommission. 1995. Über die Berücksichtigung der Wahrung der Grundsätze der Demokratie und der Achtung der Menschenrechte in den Abkommen zwischen der Gemeinschaft und Drittländern. In *Bulletin der Europäischen Union*. Beilage 3/95: 3–14.

Europäischer Rat. 1997. *Schlussfolgerungen des Europäischen Rates von Luxemburg, „Die Erweiterung der Europäischen Union"*. http://www.consilium.europa.eu/ueDocs/cms_Data/docs/pressData/de/ec/00400.D7.htm. Zugegriffen: 28.3.2011.

Europäische Kommission. 1997a. Agenda 2000 – Commission Opinion on Estonia's Application for Membership of the European Union, DOC/97/12. http://ec.europa.eu/enlargement/archives/pdf/dwn/opinions/estonia/es-op_en.pdf. Zugegriffen: 2.1.2012.

Europäische Kommission. 1997b. Agenda 2000 – Commission Opinion on Latvia's Application for Membership of the European Union, DOC/97/14. http://ec.europa.eu/enlargement/archives/pdf/dwn/opinions/latvia/la-op_en.pdf. Zugegriffen: 2.1.2012.

Europäische Kommission. 1997c. Agenda 2000 – Commission Opinion on Lithuania's Application for Membership of the European Union, DOC/97/15. http://ec.europa.eu/enlargement/archives/pdf/dwn/opinions/lithuania/li-op_en.pdf. Zugegriffen: 2.1.2012.

Europäische Kommission. 1998a. Regelmäßiger Fortschrittsbericht Estland 1998. http://ec.europa.eu/enlargement/archives/pdf/key_documents/1998/estonia_de.pdf. Zugegriffen: 2.1.2012.

Europäische Kommission. 1998b. Regelmäßiger Fortschrittsbericht Lettland 1998. http://ec.europa.eu/enlargement/archives/pdf/key_documents/1998/latvia_de.pdf. Zugegriffen: 2.1.2012.

Europäische Kommission. 1999a. Regelmäßiger Fortschrittsbericht Estland 1999. http://ec.europa.eu/enlargement/archives/pdf/key_documents/1999/estonia_de.pdf. Zugegriffen: 2.1.2012.

Europäische Kommission. 1999b. Regelmäßiger Fortschrittsbericht Lettland 1999. http://ec.europa.eu/enlargement/archives/pdf/key_documents/1999/latvia_de.pdf. Zugegriffen: 2.1.2012.

Europäische Kommission. 1999c. Mitteilung der Kommission IP/99/751. http://europa.eu/rapid/pressReleasesAction.do?reference=IP/99/751&format=PDF&aged=1&language=DE&guiLanguage=en. Zugegriffen 2.1.2012.

Europäische Kommission. 2000. Regelmäßiger Fortschrittsbericht Lettland 2000. http://ec.europa.eu/enlargement/archives/pdf/key_documents/2000/lv_de.pdf. Zugegriffen: 2.1.2012.

Europäische Kommission. 2001. Regelmäßiger Fortschrittsbericht Lettland 2001. http://ec.europa.eu/enlargement/archives/pdf/key_documents/2001/lv_de.pdf. Zugegriffen: 2.1.2012.

Europäische Kommission. 2002a. Regelmäßiger Fortschrittsbericht Estland 2002. http://ec.europa.eu/enlargement/archives/pdf/key_documents/2002/ee_de.pdf. Zugegriffen: 2.1.2012.

Europäische Kommission. 2002b. Regelmäßiger Fortschrittsbericht Lettland 2002. http://ec.europa.eu/enlargement/archives/pdf/key_documents/2002/lv_de.pdf. Zugegriffen: 2.1.2012.

Europäische Kommission. 2002c. Regelmäßiger Fortschrittsbericht Litauen 2002. http://ec.europa.eu/enlargement/archives/pdf/key_documents/2002/lt_de.pdf. Zugegriffen: 2.1.2012.

Europäische Kommission. 2003a. Umfassender Monitoring-Bericht über die Vorbereitungen Estlands auf die Mitgliedschaft. http://ec.europa.eu/enlargement/archives/pdf/key_documents/2003/cmr_ee_final_de.pdf. Zugegriffen: 2.1.2012.

Europäische Kommission. 2003b. Umfassender Monitoring-Bericht über die Vorbereitungen Lettlands auf die Mitgliedschaft. http://ec.europa.eu/enlargement/archives/pdf/key_documents/2003/cmr_lv_final_de.pdf. Zugegriffen: 2.1.2012.

Europäische Kommission. 2003c. Umfassender Monitoring-Bericht über die Vorbereitungen Litauens auf die Mitgliedschaft. http://ec.europa.eu/enlargement/archives/pdf/key_documents/2003/cmr_lt_final_de.pdf. Zugegriffen: 2.1.2012.

Grabbe, Heather. 2001. How does Europeanization affect CEE governance? Conditionality, diffusion and diversity. *Journal of European Public Policy* 8/(6): 1013–1031.

Grabbe, Heather. 2003. Europeanization goes east: power and uncertainty in the EU accession process. In *The Politics of Europeanization*, Hrsg. Kevin Featherstone und Claudio Radaelli, 303–327. Oxford: University Press.

Green Cowles, Maria, James Caporaso, und Thomas Risse. 2001. *Transforming Europe. Europeanization and Domestic Change.* Ithaca: Cornell University Press.

Kasekamp, Andres. 2010. *A History of the Baltic States.* Basingstoke: Palgrave Macmillan.

Kempe, Iris. 2007. Schwierige Nachbarschaft. *Financial Times Deutschland* 9.5.2007.

Kneuer, Marianne. 2007. *Demokratisierung durch die EU. Süd- und Ostmitteleuropa im Vergleich.* Wiesbaden: VS Verlag für Sozialwissenschaften.

Kutter, Amelie, und Vera Trappmann. 2006. Das Erbe des Beitritts: Zur Analyse von Europäisierungseffekten in mittel- und osteuropäischen Gesellschaften. In dies.: *Das Erbe des Beitritts. Europäisierung in Mittel- und Osteuropa*, 13–57. Baden-Baden: Nomos.

Mayhew, Alan. 1998. *Recreating Europe. The European Union's Policy towards Central and Eastern Europe.* Cambridge: University Press.

Nies, Susanne. 1995. *Lettland in der internationalen Politik. Aspekte seiner Außenpolitik (1918–95).* Berlin: LIT-Verlag.

Pettai, Vello. 2001. Estonia and Latvia: International Influences on Citizenship and Minority Integration. In *Democratic Consolidation in Eastern Europe. Vol. 2: International and Transnational Factors*, Hrsg. Jan Zielonka und Alex Pravda, 257–287. Oxford: University Press.

Radaelli, Claudio M. 2000. Policy Transfer in the European Union: Institutional Isomorphism as a Source of Legitimacy. *Governance* 13: 5–24.

Schimmelfennig, Frank, und Ulrich Sedelmeier (Hrsg.). 2005. *The Politics of European Union Enlargement. Theoretical Approaches.* London: Routledge.

Schimmelfennig, Frank, Stefan Engert, und Heiko Knobel. 2003. Europäisierung in Osteuropa: Reaktionen auf die demokratische Konditionalität. *Österreichische Zeitschrift für Politikwissenschaft* 3: 321–337.

Schmidt, Thomas. 2000. *Die Außenpolitik der baltischen Staaten.* Opladen: Leske + Budrich.

Torreblanca Payá, José Ignacio. 1997. *The European Community and Central Eastern Europe (1989–1993): Foreign Policy and decision-making.* Madrid: Instituto Juan March de Estudios e Investigaciones.

Urdze, Sigita und Michèle Knodt. 2006. Regionalisierungstendenzen in Lettland durch die Europäisierung? In *Jahrbuch des Föderalismus 2006*, Hrsg. Europäisches Zentrum für Föderalismus-Forschung Tübingen, 357–369. Baden-Baden: Nomos.

Urdze, Sigita und Michèle Knodt. 2010. Regionalisiert, dezentralisiert oder doch unitarisch? Das europäisierte Litauen zwanzig Jahre nach der Unabhängigkeit. In *Jahrbuch des Fö-*

deralismus 2010, Hrsg. Europäisches Zentrum für Föderalismus-Forschung Tübingen, 260–273. Baden-Baden: Nomos.

Vachudova, Milada Anna. 2005. *Europe Undivided. Democracy, Leverage, and Integration after Communism*. Oxford: University Press.

Wallace, Helen. 2000. EU Enlargement, A Neglected Subject. In *State of the European Union. Risks, Reforms, Resistance, and Revival, Vol. V*, Hrsg. Maria Green Cowles und Michael Smith, 150–163. Oxford: University Press.

Zentralisierung als Paradox: Europäisierung in den baltischen Staaten?

Michèle Knodt/Sigita Urdze

Matsuzato stellte 2007 in einem Artikel die Frage, ob Litauen „The Last Bastion of Unitarism" (Matsuzato 2007) sei. Dieser Beitrag wird genau dieser Frage nachgehen und zeigen, dass in allen drei baltischen Staaten trotz Europäisierung, die mit einer Förderung der Regionalisierung einhergeht, der unitarische Charakter der baltischen Staaten weiter gestärkt wurde. Wie zu zeigen sein wird, hat die starke Betroffenheit der baltischen Staaten von der weltweiten Wirtschaftskrise diese Effekte – ebenfalls u. a. bedingt durch die Politik der EU – noch zusätzlich verstärkt.

Ganz allgemein kann Europäisierung als ein adaptiver Prozess von Organisationen an eine veränderte Umgebung beschrieben werden: „Europeanization is an incremental process re-orienting the direction and shape of politics to the degree that EC political and economic dynamics become part of the organizational logic of national politics and policy-making" (Ladrech 1994, S. 69). Gerade im Fall der neuen EU-Mitgliedstaaten ist es im Zuge des Beitrittsprozesses zu einer starken „Re-orientierung" nationaler Akteure hin zur EU-Ebene sowie zur „Inkorporierung" von auf der EU-Ebene konsolidierten Werten, Normen, Regeln etc. in die nationale Politikgestaltung gekommen. Durch diesen Anpassungsprozess vollzieht sich, so die Annahme, ein Wandel politischer Institutionen im Land. Dieser Wandel sollte sich sowohl in der formalen Organisation von Entscheidungsprozessen als auch in den Routinen und den dominierenden Paradigmen und Normen ausmachen lassen (Urdze u. Knodt 2006) – für den Kontext des vorliegenden Beitrags bedeutet dies, dass eine stärkere Regionalisierung zu erwarten wäre.

Im Hinblick auf Regionalisierung als Teil des institutionellen Wandels wird zum einen in dem Teil der Europäisierungsliteratur, der das Augenmerk ausschließlich auf die Wirkung der Übernahme des „Acquis" legt von einer, wenn auch, geringeren Wirkung der EU auf Regionalisierungsprozesse ausgegangen (vgl. z. B. Sturm u. Dieringer 2005; Kettunen u. Kungla 2005). Hier wird argumentiert, dass im „Acquis" keinerlei Aussagen zu dezentralisiertem Regieren festgeschrieben sind und von diesem daher nur geringe Wirkung entfaltet wird (vgl. z. B. Sedelmeier 2006). Eine Regionalisierung geht jedoch vor allem von der Einbindung der Staaten in die europäische Regionalpolitik aus. Da die Vorgaben der EU vor allem im Bereich der Regionalpolitik u. a. mit dem Prinzip des von der EU eingeforderten Partnerschaftsprinzips[1] eindeutig auf die Einbindung einer regionalen Ebene hinauslaufen, ist gerade in diesem Bereich ein beträchtlicher institutioneller Wandel im Hinblick auf eine Regionalisierung auch unitarischer Staaten durch Europäisierung zu erwarten. So argumentiert auch der Teil der Literatur über die Europäisierung der neuen EU-Mitgliedstaaten, der sich mit Regionalpolitik beschäftigt, dass die Wirkung der EU auf die jeweiligen Mitgliedstaaten vor allem dann groß sein müsste, je stärker sich ihre Organisation, ihre Entscheidungsstrukturen und ihre normative Orientierung von denen von der EU gewünschten unterschieden (vgl. u. a. Radaelli 2004). Doch kann institutioneller Wandel nicht alleine mit Anpassungsdruck begründet werden. Neuere Studien zur Europäisierung haben gezeigt, dass es daneben auch zusätzliche innerstaatliche Einflüsse, wie etwa von Vetoakteuren geben muss, die entweder Regionalisierung vorantreiben oder sie zu verhindern versuchen. Dazu sind Pfadabhängigkeiten zu untersuchen, die einer stärkeren Regionalisierung entgegenstehen (Urdze u. Knodt 2006, 2010). Zusätzlich wird in diesem Beitrag ein weiterer Erklärungsfaktor untersucht werden. Bisher wird in allen Untersuchungen von einem stabilen Impuls der europäischen Ebene ausgegangen. Hier wird jedoch angenommen, dass die Haltung der EU und damit der Druck der europäischen Ebenen Veränderungen wie etwa Lernprozessen unterworfen sein kann.

1 Vor dem Beitritt zur EU: Veränderung formaler Organisation durch Beitrittsverhandlungen

Seit der Wiederherstellung der Unabhängigkeit der baltischen Staaten im Jahr 1990 haben gravierende Änderungen in deren jeweiliger Kommunal- und Bezirksstruktur stattgefunden. Die Ausrichtung dieser Änderungen ist nicht zuletzt auf die EU-Beitrittsverhandlungen zurückzuführen.

Zunächst lag der Schwerpunkt der Arbeit der neu gewählten Gemeindevertreter jedoch auf allgemeinen Demokratisierungsprozessen. Reformprozesse der öffentlichen Verwaltung kamen erst später ins Blickfeld (Vanags u. Vilka 2006, S. 625). Vor der Wiedererlangung der Unabhängigkeit gab es in Estland, Lettland und Litauen zwar formal eine lokale Ebene, auf der 1989 erstmals nach dem Zweiten Weltkrieg demokratische Wahlen stattfanden. Die unter sowjetischer Herrschaft existierende lokale Ebene war jedoch weitgehend einflusslos (Vanags u. Vilka 2006, S. 625). Erste Gesetze über die lokale Selbstverwaltung wurden in allen drei Staaten noch vor der Wiederherstellung der Un-

---

1 Mittels des Partnerschaftsprinzips soll in den Strukturfonds eine Zusammenarbeit gewährleistet werden zwischen Kommission, Mitgliedstaaten „den regionalen und lokalen Behörden und den übrigen zuständigen öffentlich-rechtlichen Behörden; den Wirtschafts- und Sozialpartnern; sonstigen zuständigen Einrichtungen, die in diesem Rahmen relevant sind" (Rat der Europäischen Union 1999).

abhängigkeit angenommen bzw. eingeleitet (Mäeltsemees 2000, S. 64; Vanags u. Vilka 2000, S. 120; Beksta u. Petkevicius 2000, S. 169). Von Anfang an war bei den neugewählten Gemeindevertretern eine Befürwortung der Stärkung der lokalen Selbstverwaltung festzustellen, die verbunden war mit dem Streben nach stärkerer Demokratisierung. Parallel dazu standen bei den Überlegungen zur Umstrukturierung der nationalen und lokalen Verwaltung fast von Anfang an auch Anforderungen der EU an entsprechende Reformen im Fokus der Aufmerksamkeit, da der EU-Beitritt bereits Anfang der 1990er Jahre angestrebt wurde (Pūķis u. Začesta 2003, S. 6 f.).

Trotz der durchgeführten Reformen macht eine Betrachtung der heutigen Kommunal- und Regionalstruktur jedoch deutlich, dass in allen drei baltischen Staaten die lokale Ebene nach wie vor nur über einen begrenzten Grad an Unabhängigkeit gegenüber der Zentralregierung verfügt: In Estland sind die Kommunen zwar in der Verfassung verankert (§§ 154–160). Dennoch gilt ihr Spielraum gegenüber der Zentralregierung als nur begrenzt vorhanden, da es ihnen faktisch an finanzieller Unabhängigkeit von der Zentralregierung sowie einer klaren politischen Aufgabenteilung zwischen den beiden Ebenen mangelt (Tatar 2009). Die Stellung der Kommunen in Lettland ist vergleichbar mit dem estnischen System – obgleich die Kommunen in Lettland nicht in der Verfassung verankert sind (Latvijas Republikas Saeima 2010; The Ministry of Regional Development and Local Government 2010). Hier wird die Schwäche der Kommunen gegenüber der Zentralregierung bei den zuletzt durchgeführten Gebietsreformen besonders deutlich, bei denen sie zwar stärker als zuvor einbezogen wurden, letztlich aber doch nur sehr begrenzt Einflussmöglichkeiten hatten (Začesta u. Pūķis 2005). In Litauen sind die Kommunen ebenso wie in Estland in der Verfassung verankert. Die Aufgabenregelung in einem eigenständigen Gesetz macht jedoch deutlich, dass die Zentralregierung großen Einfluss auf kommunales Handeln besitzt (Burbulyte 2004). Auch hier ergibt sich eine weitere Beschränkung der Handlungsmöglichkeiten aus den nur begrenzt vorhandenen finanziellen Ressourcen (Vanags u. Vilka 2006).

Ein noch geringeres Entwicklungspotential als die kommunale Ebene hat die regionale bzw. Bezirksebene entfaltet. So ist in den baltischen Staaten heute die Existenz einer eigenständigen Bezirksstruktur, die weitgehend unabhängig von den Vorgaben der Zentralregierung agieren könnte, kaum festzustellen. In Estland sind die Bezirke der Zentralregierung direkt untergeordnet, ihr Gouverneur wird vom Ministerkabinett der Zentralregierung ernannt (Riigikogu 2002). Auch die Planungsregionen Lettlands verfügen über keine eigenständige Legitimation und sind direkt der Zentralregierung unterstellt (Saeima 2008, 2009). Litauen schließlich ist in zehn Bezirken organisiert, die direkt der nationalen Regierung untergeordnet und somit Teil der zentralstaatlichen Administration sind (Open Society Institute 2005).

Insgesamt ist somit in der *polity*-Dimension keine wirkliche Tendenz zur Regionalisierung aufgrund der im Lichte eines Beitritts eigens induzierten Reformen zu konstatieren. Zu fragen ist daher, wie sich dies mit Blick auf die Impulse der Regionalisierung der europäischen Ebene erklären lässt? Warum konnten die Zentralregierungen in den baltischen Staaten ihre starke Stellung trotz Umstrukturierungen weitgehend beibehalten?

Zunächst ist festzuhalten, dass in allen drei baltischen Staaten Prozesse der Regionalisierung und Dezentralisierung von Anfang an durch mangelnde Finanzen beeinträchtigt wurden. In den nationalen Haushalten standen schlicht keine Mittel für die Regionalpolitik zur Verfügung (Pūķis u. Začesta 2003, S. 6 f.). Festzustellen ist aber auch, wie im Folgenden zu zeigen sein wird, dass trotz begonnener Reformen im Bereich der Regional- und Kommunalstrukturen der Wille zur Regionalisierung bzw. Dezentralisierung fehlte. Indikatoren für diesen fehlenden Willen sind die Verschleppung von Reformprozessen, das Blockieren von Maßnahmen bis hin zur Zurücknahme von Reformschritten sowie die widerwillige Anpassung auf starken Druck der EU. Dies trotz des ursprünglichen Wunsches, sich auf die Anforderungen der EU auszurichten.

In Litauen begannen Diskussionen um eine Restrukturierung der Selbstverwaltung bereits im Jahr 1991, diese wurden jedoch erst 1995 in Gesetzesform angenommen (Beksta u. Petkevicius 2000, S. 169 ff.). Auch danach wurde die Notwendigkeit weiterer Reformen betont, diese jedoch nicht direkt in Angriff genommen (Beksta u. Petkevicius 2000, S. 201). Die Reformen generell betreffend wird in Litauen ein Unwille auf Seiten der Zentralregierung festgestellt, Verantwortung an Gemeinden und Bezirke abzugeben (Vanags u. Vilka 2006, S. 625). In Lettland wurden Ende 1993 vom Ministerkabinett Rahmenbedingungen der Reformen der Selbstverwaltungen beschlossen (Vanags 2005, S. 15). Kennzeichnend für Lettland ist, dass während in den Jahren 1990–1992 die angenommenen Gesetze in diesem Bereich stärker in Richtung Dezentralisierung ausgerichtet waren, sich ab 1994 jedoch wieder Rückschritte in Richtung Unitarisierung erkennen lassen (Vanags u. Vilka 2000, S. 122). Seit der Annahme des Gesetzes „On local governments" im Jahr 1994 hat sich Lettland bis heute in einem kontinuierlichen Reformprozess befunden. Gesetzgebung und Gesetzesnovellierungen haben dabei – wenngleich in den einzelnen Stufen des Reformprozesses in unterschiedlichem Ausmaß – zu einer Verringerung des Einflusses der Regionen geführt (The Ministry of Regional Development and Local Government 2009). In Estland ist in den 1990er Jahren ebenso wie in Lettland ein ständiger Reformprozess zu verzeichnen (Mäeltsemees 2000, S. 66). Gemäß einem Gesetz aus dem Jahr 1994 wurde die Regionalpolitik unter der Leitung der Zentralregierung gestaltet (Ristkok u. Jauhiainen 1999, S. 69).

Neben diesen selbst-induzierten Reformprozessen ist mit dem Näherrücken des möglichen EU-Beitrittes der baltischen Staaten auch eine Zunahme von hierdurch ausgelösten Reformprozessen festzustellen. Diese bezogen sich zum einen auf die Entwicklung einer bis dahin bestenfalls in Ansätzen vorhandenen eigenständigen Regionalpolitik, die als Kapitel 21 einen Bestandteil der regelmäßigen Berichte der Kommission über die Fortschritte auf dem Weg zum Beitritt darstellte. Zum anderen waren in Bezug auf die Organisationen der Bezirksverwaltung und der kommunalen Selbstverwaltung Anpassungen vorzunehmen, um am europäischen Fonds zur Vorbereitung auf den Beitritt

(PHARE, ISPA und SAPARD) bzw. den Europäischen Strukturfonds (Kohäsionsfonds, EFRE und ESF) zu partizipieren. Dabei lässt sich eine zögerliche Vorgehensweise von Seiten der baltischen Staaten beobachten. So wurden fällige Schritte mehrfach erst im letzten Moment oder nach Mahnung durch die Kommission eingeleitet.

An dieser Stelle ist jedoch auch festzustellen, dass gerade bei der Entwicklung der Regionalpolitik die Vorgaben der EU einer zentralistisch ausgerichteten Vorgehensweise Raum ließen. Besonders deutlich wird der Zusammenhang zwischen dem spezifischen EU-Druck in Richtung Anpassungen an die Anforderungen der EU sowie die daraus resultierende zentralistisch organisierte Entwicklung einer Regionalpolitik im Falle Litauens. Die Europäische Kommission stellte in einem Bericht aus dem Jahr 1997 fest, dass Litauen bislang noch über keine Regionalpolitik verfüge. Hierauf reagierte Litauen unverzüglich durch die Annahme von Richtlinien zur Regionalpolitik im Jahr 1998 (Pūķis u. Začesta 2003). 1999 ratifizierte Litauen die „European Charter on Local Self-Governance"; 2000 wurde die Richtlinie zur Regionalpolitik in ein Gesetz übergeführt, wobei im Rahmen der Verwaltung und nationaler Unterstützung der Regionalpolitik eine Anpassung an EU-Anforderungen vorgenommen wurde. Gleichfalls ab 2000 standen die europäischen Fonds zur Vorbereitung auf den Beitritt auch für Litauen zur Verfügung. Die Nutzung dieser Fonds erleichterte es Litauen, die notwendigen administrativen Anpassungen vorzunehmen und gesetzliche Regelungen zu entwickeln, die für die Nutzung der eigentlichen Strukturfonds erforderlich waren. Der Druck zu Anpassungen wurde insbesondere durch die Ankündigung der Europäischen Kommission erhöht, keine finanzielle Unterstützung bereit zu stellen, solange nicht die in den Richtlinien zu den Fonds enthaltenen Anpassungen umgesetzt seien (Cepaitiene u. Zitkus 2003, S. 118 f.). Gleichfalls im Jahr 2001 wechselte die Verantwortung für die Regionalisierungspolitik von dem im Innenministerium aufgegangenen Ministerium für Reformen der Öffentlichen Verwaltung und lokale Selbstverwaltung zum Finanzministerium. Dies bedingte eine stärkere Zentralisierung der Umsetzung der Kohäsionspolitik (Nakrosis 2008). Nach der Annahme verschiedener anderer Entwicklungsprogramme und -pläne wurde 2002 das Nationale Entwicklungsprogramm von der Regierung verabschiedet, das u. a. auf EU-Erfordernisse bei Strukturprogrammen hin Anpassungen vornahm (Cepaitiene u. Zitkus 2003, S. 117). Trotz seiner zunächst zögerlichen Herangehensweise an Reformen im Bereich der Regionalpolitik war Litauen jedoch einer der ersten Beitrittskandidaten, die das entsprechende Kapitel im „Acquis" abgeschlossen hatten. Diese Geschwindigkeit wird damit erklärt, dass die Zentralregierung bei der Gestaltung der Regionalpolitik gerade keine Kompetenzen an die Regionen abgab (Nakrosis 2008, S. 4 f.).

Der überwiegende Teil der Anpassungen ist zurückzuführen auf entsprechende Empfehlungen bzw. Forderungen der Kommission. Diese werden jedoch nicht als durchgängig widerspruchsfrei beurteilt. So habe die Kommission zeitweise die Entwicklung einer eigenständigen Regionalpolitik unter Oberhoheit der Bezirke gefordert, später sei diese jedoch in dieser Eigenständigkeit nicht mehr erforderlich gewesen und die Integration dieses Politikbereiches in die Politik der Zentralregierung sei nahe gelegt worden (Nakrosis 2008, S. 3). Ein weiteres Beispiel für Änderungen in den Anforderungen der Kommission stellt die Umsetzung von PHARE dar: „It was decided to concentrate financial assistance from the PHARE Economic and Social Cohesion 2000 component in three Lithuanian ‚target' regions [...]. This decision was made after consultation with the Commission, which insisted on designating Utena county as a ‚target' region. However, after PHARE 2000 Review the Commission proposed introducing more of a sectoral approach similar to Objective 1 of the structural funds [...]. Thus, financial assistance from subsequent PHARE programmes was concentrated primarily in a sectoral manner on the development of business and human resources. Because of this change, the county administrations gradually lost their administrative capacity, which had been set up for the management of PHARE 2000 assistance" (Nakrosis 2008, S. 4).

Auch in Estland und Lettland wurden die notwendigen Anpassungsleistungen an die EU sowie die Einführung einer Regionalpolitik stark zentralistisch organisiert. In Lettland begannen entsprechende Prozesse ab dem Jahr 1998, nachdem die Kommission 1997 zu dem Schluss gekommen war, Lettland könne sich mittelfristig an dieser Politik der EU beteiligen. So wurden ab 1998 Gesetzesvorhaben angenommen, die explizit auf einen Ausgleich zwischen den Regionen zielten. Gleichzeitig wurden institutionelle Anpassungen im Bereich des Kompetenzzuschnitts der Ministerien vorgenommen, um die lettische Bearbeitung regionaler Probleme mit den EU-Erfordernissen kompatibel zu gestalten (European Commission 1998). Entsprechende Anforderungen der EU gingen auch in eine große, in der Zeit von 1998 bis 2004 durchgeführte Gebietsreform ein, die insbesondere dazu diente, besonders kleine regionale Einheiten miteinander zu verschmelzen, um diese existenzfähiger zu machen. Durchgängig war jedoch gerade die Regionalpolitik ein Bereich, in dem von der Kommission immer wieder allzu zögerliche Fortschritte angemahnt wurden (Europäische Kommission 2001). Insgesamt lässt sich für Lettland festhalten, dass der Beitritt zur EU und die damit verbundene Übernahme des „Aquis" die Durchführung von Reformprozessen der Regionalpolitik ohne Zweifel beschleunigt hat. Die Vorgaben der EU, vor allem im Bereich der Regionalpolitik, orientierten sich jedoch an Prinzipien der Abwicklung (wie etwa Partnerschaft oder Konditionalität) ohne Vorgaben im Bereich der *polity*-Dimension zu machen. Die Umsetzung blieb somit wie üblich dem Mitgliedstaat vorbehalten. Hier kann man nun beobachten, dass der Anpassungsprozess in Lettland hierarchisch von der lettischen Regierung geplant und durchgeführt wurde, ohne Anknüpfungspunkte an innerstaatliche Kräfte, die eine solche Reform vorangetrieben hätten. Somit ist es auch in Lettland durch die Europäisierung paradoxerweise zu einer im Vergleich zu den Jahren davor stärkeren Ausrichtung der Regionalpolitik auf die Zentralregierung gekommen (Urdze u. Knodt 2006).

Für Estland stellte die Kommission 1997 in der „Agenda 2000" fest, dass das Land mittelfristig in der Lage sein sollte, sich an der Strukturpolitik der EU zu beteiligen. Allerdings wurde festgestellt, dass es notwendig sei, „the necessary administrative and budgetary framework" (European Commission 1997, S. 11) ebenso zu schaffen wie „adequate structures of financial control" (European Commission 1997, S. 11). Die daran anschließende Anpassung an die Erfordernisse der EU erfolgte in Estland ähnlich wie in Lettland und Litauen. Die „European Charter of Local Self-Government" hatte Estland bereits 1994 ratifiziert. Auf den Bericht der Kommission folgte ab Anfang 1998 in Estland die Erarbeitung einer regionalen Entwicklungsstrategie, die zum einen auf die zunehmenden Unterschiede zwischen den einzelnen Regionen reagieren, zum anderen aber auch auf den Beitritt zur EU vorbereiten sollte. Zudem wurden Finanzmittel für die Entwicklung einer regionalen Politik mehr als verdoppelt. Kennzeichnend war auch für die Entwicklung der Regionalpolitik Estlands, dass deren Ausarbeitung weitgehend bei der Zentralregierung lag (Jauhiainen 2000, S. 198). So werden auch hier Zweifel daran geäußert, inwieweit in Estland ernsthaft eine Einführung einer regionalen Selbstverwaltung erwogen wurde. Vielmehr sei umgekehrt das Argument der notwendigen Anpassung an EU-Gepflogenheiten verwendet worden, um die Zahl der Kommunen zu verringern. Diese seien durch Verschmelzung eher in der Lage, sich europäischen Gepflogenheiten anzupassen (Kungla 2005, S. 329). Trotz in Estland vorhandener Ansätze zu „power devolution" wurde daher bereits 2000 bezweifelt, ob die Übernahme des „Acquis" und die notwendigen Anpassungsleistungen zu einer tatsächlichen „devolution" führen, also über eine pragmatische Anpassung an die EU-Forderungen hinausgehen würde (Jauhiainen 2000, S. 203). Die Zweifel an einem wirklichen Willen zur Dezentralisierung der Regionalpolitik bestätigten sich. So ist die Koordination der Regionalpolitik trotz aller Verweise auf das Partnerschaftsprinzip und die teilweise Einbeziehung von Vertretern der Zivilgesellschaft als zentralisiert zu bezeichnen. Die Hauptverantwortung liegt beim Finanzministerium (Kungla 2005, S. 331).

Deutlich wird in Bezug auf alle drei Länder, dass der Anpassungsdruck im Vorfeld des EU-Beitritts in starkem Umfang zu formalen Anpassungen an die Vorgaben der EU geführt hat. Auch haben die EU-Vorgaben zur Etablierung einer zuvor fehlenden Regionalpolitik geführt. Für alle drei Länder wurde aber auch festgestellt, dass paradoxerweise gerade die Notwendigkeit der Entwicklung einer Regionalpolitik zu einer Verstärkung von Zentralisierungstendenzen in diesem Bereich beigetragen hat, also keine Vetoakteure geschaffen wurden, die die Dezentralisierung hätten stärker befördern können. Die Notwendigkeit, bestimmte Änderungen in kurzer Zeit vorzunehmen, damit bestimmte Kapitel des „Acquis" geschlossen werden konnten oder um Zugriff auf Unterstützungszahlungen zu erhalten, hat zu einer zentralisierten Vorgehensweise geführt, bei der regionale, lokale und auch gesellschaftliche Akteure weniger gehört wurden als es den üblichen Vorgaben der EU im Bereich der Regionalpolitik entspricht.

2 Nach dem Beitritt zur EU: Regionalisierung und Lokalisierung durch die Einbindung in die Regionalpolitik und die Strukturfonds?

Alle drei baltischen Staaten erhalten Unterstützung aus den drei Strukturfonds der EU. Einer der Grundsätze der Förderung durch diese Fonds ist das Partnerschaftsprinzip, das für die aktuelle Förderperiode 2007–2013 erweitert wurde, „so dass alle Stellen, die in diesem Rahmen relevant sind und die Zivilgesellschaft, die Partner des Umweltbereichs, Nichtregierungsorganisationen sowie Einrichtungen zur Förderung der Gleichstellung von Männern und Frauen vertreten, an den Verhandlungen über die Verwendung der Strukturfonds beteiligt werden. Sie sind nicht nur an der Verwaltung, sondern an jeder Phase der Programmplanung beteiligt (Durchführung, Begleitung und Bewertung)" (Europäische Union 2007, S. 27). Die EU-Mitgliedstaaten, die Unterstützung aus diesen Fonds erhalten, sind gehalten, die Rahmenbedingungen dieser Unterstützung sowie ihre Umsetzung in nationalen Dokumenten anzunehmen (Council of the European Union 2006). Im Falle Estlands und Lettlands sind die Rahmenbedingungen zu finden in den „National Strategic Reference Frameworks" (NSRF) bzw. im Falle Litauens in der „National General Strategy"; die Umsetzung findet sich in Operationellen Programmen. Kennzeichnend für die Implementation der Strukturfonds in allen drei baltischen Staaten ist die Koordination und Ausgestaltung durch die Zentralregierung. An dieser Stelle ist also keine strikte Umsetzung des Partnerschaftsprinzips festzustellen. Dem Finanzministerium kommt jeweils eine zentrale Rolle zu. Entsprechend dem NSRF Lettlands beispielsweise wird das Finanzministerium deklariert als „Coordinating Authority and the OP Managing Authority, […] the sectoral ministries […] according to their policy areas as Responsible Authorities and performers of functions of Intermediate Bodies, the agencies […] as Cooperation Authorities according to the scope of delegation of functions of Intermediate Bodies […]" (Ministry of Finance of the Republic of Latvia 2007, S. 94). Das Finanzministerium ist zuständig für die Organisation, Verwaltung und Kontrolle aller Phasen der Strukturfondsnutzung (Ministry of Finance of the Republic of Latvia 2007, S. 95 f.). Ähnliche Regelungen finden sich auch in den betreffenden Dokumenten Estlands und Litauens (Republic of Estonia 2007; Government of the Republic of Lithuania 2007). An dieser Stelle ist bei der Organisation ein deutlicher Unterschied zu föderal organisierten Staaten festzustellen, in denen den nationalen Ministerien nur eine durchleitende Funktion zukommt und die Durchführung und Implementation der Strukturfondsförderung im Sinne des Partnerschaftsprinzips den regionalen Ministerien und Verwaltungen obliegt. Als Grund für die zentrale Organisation verweist die „National General Strategy" Litauens explizit auf die Landesgröße: „[h]aving regard to a small area of the country and limited potential of administrative capacities, an efficient administration of all operational programmes will be guaranteed by a common national management and control system of EU structural assistance […]" (Government of the Republic of Lithuania 2007, S. 53).

Entsprechend den Anforderungen der EU nehmen die Rahmendokumente aller drei Staaten für sich in Anspruch, das Partnerschaftsprinzip einzuhalten; in den Dokumenten Lettlands und Litauens ist diesem Thema ein eigener Abschnitt vorbehalten. Im NSRF Lettlands heißt es: „Latvia acknowledge [!] the partnership principle as one of the core principles in preparation and implementation of NSRF and OPs [operational programmes]. Latvia's objective was to involve all the relevant parties, including socio-economic partners, regional partners (planning regions, local municipalities and their associations) and respective NGOs in elaboration process of NSRF and OPs, thus ensuring the transparency and visibility of the process, as well as respecting the interests of partners and potential beneficiaries of the EU funds" (Ministry of Finance of the Republic of Latvia 2007). Im Weiteren wird darin im Detail beschrieben, wie das Partnerschaftsprinzip während der Planungsphasen des NSRF sowie der OPs berücksichtigt wurde. Regionale Partner, Kommunen, Gewerkschaften, Industrieverbände und NROs wurden in verschiedenen Phasen einbezogen (Ministry of Finance of the Republic of Latvia 2007, S. 100). Zusätzlich fanden öffentliche Diskussionen dieser Dokumente statt. Insbesondere bei der Ausarbeitung der OPs wurde regionalen Aspekten durch die Organisation von öffentlichen Diskussionen in den Planungsregionen besonderes Gewicht gegeben. Eine zentrale Rolle haben regionale und nichtstaatliche Partner auch im Monitoringausschuss. An dieser Stelle entsteht der Eindruck, dass das Partnerschaftsprinzip trotz aller festgestellten zentralistischen Tendenzen im Bereich der Regionalpolitik auch über seinen vorgeschriebenen Anwendungsbereich hinaus auf Abläufe bei der Umsetzung der Strukturfonds prägend wirksam wurde, also der dahinter stehende Gedanke einer Legitimitätssteigerung durch die Einbeziehung gesellschaftlicher Akteure übernommen wurde. Somit kann die Gestaltung des Entscheidungsprozesses hier auf den ersten Blick als die Übernahme einer legitimen europäischen Norm der Partnerschaft betrachtet werden. Auf Nachfrage bei den einzubindenden Partnern wird jedoch deutlich, dass diese Übernahme des Partnerschaftsprinzips oberflächlich geblieben ist. Weder Vertreter der Bezirksadministration noch Vertreter der lokalen Administration empfanden sich von der Zentralregierung ausreichend eingebunden. Sie gaben an, ihre Vorschläge hätten wesentlich größere Schwierigkeiten gehabt, sich durchzusetzen als Vorschläge der Zentralregierung, die Vorgaben gleichkamen. Als weiteres Problem werden die begrenzten Kapazitäten der Partner genannt, nennenswerte Beiträge zur Gestaltung des Rahmendokuments zu liefern. Somit änderte sich auch durch die Aufnahme des Partnerschaftsprinzips insgesamt nur wenig an dem zentralistischen Charakter der Durchführung und Umsetzung der Strukturfonds in den baltischen Staaten. Es lässt sich als paradoxes Ergebnis auch für die politics-Dimension festhalten, dass die EU zwar einerseits auf eine Stärkung der Bezirks- und Kommunalstruktur zielt, aber gerade die Vorgaben im Rahmen der Strukturfondsförderung eine Verstärkung der zentralistischen Regierungsformen bestärkt haben, für deren Lockerung es zumindest zeitweise Ansätze gegeben hatte (Knodt u. Urdze 2009). Zu einem entsprechenden Ergebnis kommen auch Pukis und Zacesta: „The implementation of the EU Structural Funds is accompanied by processes of concentration and centralisation" (Pukis u. Zacesta 2003, S. 14).

Lediglich für die lokale Ebene können in geringem Umfang Einflussgewinne bedingt durch die Europäisierung festgestellt werden. Es wurde bereits ausgeführt, dass die im Vorfeld des EU-Beitritts eingeführte Bezirksebene in den drei baltischen Staaten weitgehend bedeutungslos geblieben ist. Als Argument für die mangelnde Eigenständigkeit der Bezirke werden fehlende historische Anknüpfungspunkte angeführt. Anders als in anderen Sowjetrepubliken gab es in Estland, Lettland und Litauen keine Vorläufer für die heutigen Bezirke, die eine eigenständige Identität und damit auch ein Bestreben nach stärkerer Selbständigkeit hätten entfalten können (vgl. z. B. Matsuzato 2007, S. 395 f.). Die Schwäche der Bezirksebene bedingt auch eine Steigerung der Verantwortung der kommunalen Ebene vor allem in der Strukturfondsförderung. Dies bestätigten Experteninterviews der Autorinnen in Lettland und Litauen, und dies wird durch die Ergebnisse einer ähnlichen Studie über Estland (Tatar 2009) unterstützt. Nicht nur betonten die meisten Interviewpartner die Bedeutung der Kommunen bei der Verwendung von Strukturfondsmitteln. Deutlich wurde zudem, dass bei Fragen nach regionalen Aspekten in der Antwort häufig auf die lokale Ebene Bezug genommen wurde und nicht etwa auf die Bezirksebene. Unterstützt wird dieser Eindruck einer höheren Bedeutung der kommunalen Ebene durch die Ergebnisse einer in Lettland vor der letzten Gebietsreform durchgeführten Studie. Untersucht wurden Erfahrungen und Erwartungen lokaler und damals noch bestehender regionaler Selbstverwaltungen mit den Strukturfonds. Die Studie nimmt bei der Auswertung fast ausschließlich auf die Ergebnisse der lokalen Akteure Bezug. Insgesamt misst sie der sowohl der Bezirks- als auch der Kommunalebene die gleiche Bedeutung im Hinblick auf die Regionalpolitik bei (Popelis et al. 2006).

Eine weitere Schwächung der regionalen und kommunalen Ebene gegenüber der Zentralregierung ergibt sich aus der Stärke der Betroffenheit durch die weltweite Wirtschaftskrise. Besonders stark von dieser Krise betroffen war Lettland. Um den Staatshaushalt zu stabilisieren, musste es Ende 2008 Unterstützung durch Kredite in Milliardenhöhe von der EU, dem Internationalen Währungsfonds (IWF) sowie von Schweden in Anspruch nehmen (Hansen 2009). Dazu musste die Regierung Lettlands entsprechend der Vorgaben der Kreditgeber massive und bei der Bevölkerung extrem unpopuläre Einsparungen vornehmen. So wurde das Budget im Gesundheitsbereich um 30 % beschnitten, was zu massiven Entlassungen von medizinischem Personal führte (Jolly 2009). Aber auch Lettlands Nachbarn Estland und Litauen kamen nicht umhin, Maßnahmen wie Kürzungen von Gehältern im öffentlichen Dienst und Einschnitte im sozialen Bereich zu ergreifen (The Baltic Times 2009; International Monetary Fund 2009). Bedingt durch die Wirtschaftskrise wurde in den baltischen Staaten, insbesondere in Lettland, durch die z. T. drastischen Einsparungen die koordinierende Rolle der Zentralregierungen verstärkt. Das Gelingen entsprechender Haushaltseinsparungen bei einer dezentralen Organisation muss als extrem unwahrscheinlich gelten. Dies umso mehr als die unbedingte Angewiesenheit Lettlands auf umfassende Kredite in knapper Zeit einen enormen Handlungsdruck erzeugte. Die dramatische finanzielle Situation wirkt sich auch speziell bei der Nutzung der Strukturfonds aus. So wurde in den im Herbst 2009 durchgeführten Interviews mehrfach das Problem von auf lokaler und regionaler Ebene fehlenden Mitteln für die Kofinanzierung hervorgehoben. Dies ging so weit, dass z. T. auch für bereits bewilligte Projekte aufgrund fehlender Finanzierung Verträge nicht unterzeichnet wurden. Um überhaupt Projekte durchführen zu können, musste die Unterstützung der Zentralregierung erbeten werden. Wiederum speziell im Fall Lettlands ist jedoch festzustellen, dass trotz aller von der EU geschaffenen Möglichkeiten in diesem Bereich, die Kofinanzierung auf einen späteren Zeitpunkt zu verlegen und dergleichen, die massiven Einsparungen eine staatliche Kofinanzierung häufig nicht zuließen (European Commission 2009). Vielmehr war ein Zurückfahren aller Ausgaben durch den Zentralstaat auf ein Minimum und auf diejenigen Bereiche festzustellen, ohne die ein weiteres Funktionieren des Staates nicht möglich wäre – zu diesen zählen die Zentralregierungen aller drei baltischen Staaten nicht die Regionalpolitik. Somit bewirkte die Wirtschaftskrise sowohl direkt durch die verstärkte Koordinierung der Haushaltspolitik durch die Zentralregierung und die Notwendigkeit staatlicher Kofinanzierung als auch indirekt durch Einschränkungen in denjenigen Bereichen der Regionalpolitik, die ohne Unterstützung von EU-Finanzhilfen durchgeführt werden, eine Verringerung der Bedeutung dieses Politikbereiches und eine verstärkte Ausrichtung auf die Zentralregierung.

3 Weder stärker regionalisiert noch stärker dezentralisiert?

Eingangs wurde ein Artikel von Matsuzato zu Litauen mit der Überschrift „The Last Bastion of Unitarism?" (Matsuzato 2007) zitiert. Diese Frage Matsuzatos ist im Ergebnis zu bejahen, während die Vorhersagen der Europäisierungsliteratur eines durch die Europäisierung bedingten institutionellen Wandels hin zur stärkeren Regionalisierung und Dezentralisierung weitgehend zu verneinen sind.

Zusammenfassend lassen sich verschiedene Ergebnisse in Bezug auf die Europäisierung der baltischen Staaten im Bereich Regionalisierung und Dezentralisierung durch den EU-Beitritt und die Einbindung in die europäische Strukturfondsförderung festhalten. Einerseits bestand insbesondere direkt nach der Wiedererlangung der Unabhängigkeit auf Gemeindeebene ein Wunsch nach stärkerer Dezentralisierung, der einher ging mit der Vorstellung einer hierdurch zu erzielenden Stärkung der Demokratisierung. Dem stand das nationalstaatliche Interesse nach einer starken Zentralregierung entgegen, so dass die für Reformen zuständige Zentralregierung diese nur sehr zögerlich anging und die Reformen auch nur mit geringen finanziellen Mitteln ausstattete. Entgegen der üblichen Annahme, dass durch den Prozess der Europäisierung Regionalisierungstendenzen gestärkt würden, wurde im Fall der baltischen Staaten zum zweiten festgestellt, dass der EU-Einfluss nicht die regionale und wenig die kommunale Ebene stärkte. Als eigenständige Ebenen existieren in den baltischen Staaten lediglich die kommunale und die nationale Ebene während die Bezirksebene als regionale Ebene der nationalen direkt untergeordnet ist. Dabei zeigte sich, dass die üblichen Mechanismen institutionellen Wandels wie Auferlegung und Einbindung (Knodt 1998) wirksam wurden. Die bereits im Vorfeld zum EU-Beitritt stattfindende Auferlegung bewirkte vor allem administrative Veränderungen. Hier zeigt sich, dass die Wirkung der „Beitrittskonditionalität" im Sinne einer strikten Vorgabe als Bedingung des Beitritts wie üblich am stärksten ist, jedoch im Fall der baltischen Staaten auch Gestaltungsspielraum eröffnete. Zwar sind Anpassungsprozesse zu verzeichnen, vor allem um in den Genuss der finanziellen Vorteile der Strukturfondsförderung zu gelangen. Sowohl der Anpassungsprozess selbst als auch die spätere Durchführung und Implementation der Strukturfondsförderung sind jedoch durch eine zentralisierte Vorgehensweise gekennzeichnet. Die Einbindung brachte die vertikale Partnerschaft mit den Regionen nur im Sinne eines Einbezugs nachgeordneter (auch regionaler) Behörden ohne eigenständige Kompetenzen mit sich. Als Gründe hierfür konnten unterschiedliche Faktoren identifiziert werden:

Erstens waren die Anforderungen der Kommission in diesem Feld selber nicht widerspruchsfrei und Veränderungen unterworfen. Nachdem ursprünglich eine Stärkung der Bezirksverwaltung angestrebt wurde, rückte die Kommission in der Folgezeit von entsprechenden Empfehlungen ab und propagierte sogar eher zentralistisch ausgerichtete Empfehlungen. Dabei ist anzumerken, dass der von der EU ausgeübte Druck auf die baltischen Staaten in Richtung einer Regionalisierung geringer war als der auf größere unitarische Beitrittskandidaten. Erfolgreich hatten hier die baltischen Staaten unter Verweis auf ihre geringe Größe argumentieren können, dass eine wirkliche Regionalisierung gar nicht möglich sei (Matsuzato 2007).

Zweitens ist festzustellen, dass weder Gemeinden noch Bezirke jemals in einem Ausmaß an Einfluss gewonnen hätten, das es ihnen erlauben würde, in nennenswertem Umfang von ihrer Seite aus eine Dezentralisierung zu befördern. Vor allem die Bezirksebene konnte keine Eigenständigkeit erlangen, so dass kein gestalterisches Verhalten ermöglicht wurde. Kommunen haben zwar – z. T. sogar per Verfassung – garantierte Rechte, der Überblick über ihre Aufgaben und deren Ausführung hat jedoch verdeutlicht, dass auch deren gestalterische Freiheiten begrenzt sind, obgleich diesbezüglich auch Unterschiede zwischen den drei baltischen Staaten einzuräumen sind. Somit wurden keine Vetoakteure geschaffen, die aktiv eine Regionalisierung bzw. Dezentralisierung im institutionellen Eigeninteresse hätten vorantreiben und eine Zentralisierung hätten verhindern können.

Drittens ist auf die Pfadabhängigkeit bei Reformprozessen von Institutionen zu verweisen. Wie Pierson feststellt gibt es innerhalb von Verwaltungen erhebliche Beharrungspotenziale, wenn es um das Ändern von Routinen geht (Pierson 2004). Es ist davon auszugehen, dass auch im Falle der baltischen Staaten eine Zurückhaltung bei Verwaltungen gegenüber Veränderungen besteht, wenn es hierfür an ausreichenden Anreizen mangelt bzw. das Druckpotenzial derjenigen Akteure, die Routinen ändern wollen, nicht ausreichend hoch ist (vgl. auch Tatar 2009). Entsprechend fehlte der Wille zur Veränderung innerhalb der Zentralregierung. Kein ungewöhnlicher Befund, sondern eine weitere Bestätigung der Beharrungstendenzen gewachsener Strukturen und Politikstile, so wie er in der Literatur auch in anderen Fällen beobachtet wurde (vgl. u. a. Knodt 1998).

Literatur

Beksta, Arunas und Algirdas Petkevicius. 2000. Local Government in Lithuania. In *Decentralization: Experiments and Reforms – Local Governments in Central and Eastern Europe*, Hrsg. Tamas M. Horvath, 165–216. Budapest: Central European University Press.
Burbulyte, Gabriele. 2004. „*Leadership as endogenous factor developing center-periphery relation*". Paper prepared for the 12th Annual NISPAcee Conference „Central and Eastern European Countries inside and outside the European Union: Avoiding a new divide", 13–15.5.2004, Vilnius, Lithuania.
Cepaitiene, Neringa und Leonas Zitkus. 2003. *Regional Disparities and Readiness for EU Regional Instruments in Lithuania*. Readiness of the Candidate Countries for the EU Regional Policy, Hrsg. Vladimír Benč, 111–126, 3-5.11.2003, Bratislava.
Council of the European Union. 2006. *Council Decision of 6 October 2006 on Community strategic guidelines on cohesion* (2006/702/EC), 6.10.2006, 2006/702/EC.
Europäische Kommission. 2001. *Regelmäßiger Bericht der Kommission über Lettlands Fortschritt auf dem Weg zum Beitritt* 13.11.2001, SEK(2001) 1749.
Europäische Union. 2007. *Die Kohäsionspolitik 2007–2013. Erläuterungen und offizielle Texte.* http://ec.europa.eu/regional_policy/sources/docoffic/official/regulation/pdf/2007/publications/guide2007_de.pdf. Zugegriffen: 26.3.2010.
European Commission. 1997. *Agenda 2000 – Summary and conclusions of the opinions of Commission concerning the Applications for Membership to the European Union presented by the candidates Countries* 15.7.1997, DOC/97/8.
European Commission. 1998. *Regular report 1998 from the Commission on Latvia's progress towards accession*, COM(98) 704 final.
European Commission, Directorate-General for Economic and Financial Affairs. 2009. The EU's response to support the real economy during the economic crisis: an overview of Member States' recovery measure. *European Economy. Occasional Papers* 51.
Government of the Republic of Lithuania. 2007. *National General Strategy: The Lithuanian Strategy for the Use of European Union Structural Assistance for 2007–2013*.
Hansen, M. 2009. Die baltische Wende. *Die Zeit* 25.6.2009.
International Monetary Fund. 2009. *Lithuania – September 2009 Staff Visit, Concluding Statement*.
Jauhiainen, Jussi S. 2000. Estonian Regional Policy: Towards Multi-Level Governance in the New European Context? In *Estonia. Geographical Studies IX*, Hrsg. Jaan-Mati Punning, 186–204. Tallinn: Estonian Academy Publishers.
Jolly, David. 2009. Latvian Health Official Resigns Over Cuts. *New York Times* 17.6.2009.
Kettunen, Pekka und Tarvo Kungla. 2005. Europeanization of sub-national governance in unitary states: Estonia and Finland. *Regional and Federal Studies* 15/3: 353–378.

Knodt, Michèle. 1998. *Tiefenwirkung europäischer Politik. Eigensinn oder Anpassung regionalen Regierens?* Baden-Baden: Nomos.

Kungla, Tarvo. 2005. Die Entwicklung der Regionalstrukturen in Estland: Zwischen Transformation und Europäisierung. In *Europäisches Zentrum Für Föderalismus-Forschung*, Hrsg. Jahrbuch des Föderalismus 2005, 323–335. Baden-Baden: Nomos.

Ladrech, Robert. 1994. Europeanization of domestic politics and institutions. The case of France. *Journal of Common Market Studies* 32/1: 69–88.

Latvijas Republikas Saeima. 2010. *Par pašvaldībām* 1.1.2010.

Mäeltsemees, Sulev. 2000. Local Government in Estonia. In *Decentralization: Experiments and Reforms – Local Governments in Central and Eastern Europe*, Hrsg. Tamas M. Horvath, 63–114. Budapest: Central European University Press.

Matsuzato, Kimitaka. 2007. The Last Bastion of Unitarism? Local Institutions, Party Politics, and Ramifications of EU Accession in Lithuania. *Eurasian Geography and Economics* 43/5: 383–410.

Ministry of Finance of the Republic of Latvia. 2007. *Draft National Strategic Reference Framework 2007–2013*.

Nakrosis, Vitalis. 2008. *Effectiveness of implementing the EU cohesion policy in Lithuania*. Paper for the Fourth Pan-European Conference on EU Politics of the ECPR.

Open Society Institute. 2005. *Lithuania*. http://lgi.osi.hu/country_datasheet.php?id=205, Zugegriffen: 11.11.2009.

Pierson, Paul. 2004. *Politics in Time. History, Institutions, and Social Analysis*. Princeton: Princeton University Press.

Pūķis, Māris und Ligita Začesta. 2003. *Impact of the EU Regional Policy on Self-Governments in the Baltic States*. Riga: Union of Local and Regional Governments of Latvia.

Radaelli, Claudio M. 2004. Europeanisation: Solution or problem? *European Integration online Papers* 8/16.

Rat der Europäischen Union. 1999. Verordnung (EG) Nr. 1260/1999 des Rates vom 21. Juni 1999 mit allgemeinen Bestimmungen über die Strukturfonds 21.6.1999, 1260/1999.

Republic of Estonia. 2007. *Estonian National Strategic Reference Framework 2007–2013*.

Republic of Lithuania. 1992. *Constitution of the Republic of Lithuania* 25.10.1992.

Riigikogu. 2002. *Territory of Estonia Administrative Division Act* 20.4.2002.

Ristkok, Person Jussi S. Jauhiainen. 1999. Development of Regional Policy in Estonia. In *Regional Policy and Migration*, Hrsg. Mare Ainsaar, 61–78. Tartu: Tartu University.

Saeima. 2008. *Administratīvo teritoriju un apdzīvoto vietu likums* 31.12.2008.

Saeima. 2009. *Attīstības plānošanas sistēmas likums* 1.1.2009.

Sedelmeier, Ulrich. 2006. Europeanisation in new member and candidate states. *Living Reviews in European Governance* 1/3.

Sturm, Roland und Jürgen Dieringer. 2005. The Europeanization of Regions in Eastern and Western Europe: Theoretical Perspecitves. *Regional and Federal Studies* 15/3: 275–294.

Tatar, Merit. 2009. *The Impact of the European Union Regional Policy on Sub-National Mobilisation in a Unitary State: The Case of Estonia*. Understanding and Shaping Regions: Spatial, Social and Economic Futures RSA Annual Conference, 6–8.4.2009, Leuven, Belgium.

The Baltic Times. 18.2.2009. *Government agrees on budget cuts*.

The Ministry of Regional Development and Local Government. 2009. *History and Progress of Territorial Reform in Latvia*.

The Ministry of Regional Development and Local Government. 2010. *Local Governments*.

Urdze, Sigita und Michèle Knodt. 2006. Regionalisierungstendenzen in Lettland durch die Europäisierung? In *Jahrbuch des Föderalismus 2006. Föderalismus, Subsidiarität und Re-

gionen in Europa, Hrsg. Europäisches Zentrum Für Föderalismus-Forschung Tübingen, 357–369. Baden-Baden: Nomos.

Urdze, Sigita und Michèle Knodt. 2010. Regionalisiert, dezentralisiert, oder doch unitarisch? Das europäisierte Litauen zwanzig Jahre nach der Unabhängigkeit. In *Jahrbuch des Föderalismus 2010*, Hrsg. Europäisches Zentrum Für Föderalismus-Forschung Tübingen, 260–273. Baden-Baden: Nomos.

Vanags, Edvins und Inga Vilka. 2000. Local Government in Latvia. In *Decentralization: Experiments and Reforms – Local Governments in Central and Eastern Europe*, Hrsg. Tamas M. Horvath, 115–165. Budapest: Central European University Press.

Vanags, Edvins. 2005. Development of Local Government Reforms in Latvia. *Viešoji politika ir administravimas* 13: 15–24.

Vanags, Edvin und Inga Vilka. 2006. Local Government in the Baltic States: Similar but Different. *Local Government Studies* 32/5: 623–637.

Začesta, Ligita und Māris Pūķis. 2005. *The Possibility to Create Large-scale Regional Governments in Latvia*. http://www.oecd.org/dataoecd/2/45/34458330.pdf. Zugegriffen: 18. 2. 2010.

Konstitutionelle Verfasstheit der baltischen Staaten

Vaidotas A. Vaičaitis

1 Einleitung

Die politischen Ereignisse von 1988 bis 1990 in Ostmitteleuropa endeten mit dem Zusammenbruch der Sowjetunion. In Folge dieser Ereignisse stellten die drei baltischen Staaten ihre Unabhängigkeit nach 50 Besatzungsjahren wieder her. Im Mittelpunkt der Unabhängigkeitsbewegungen stand dabei die Betonung des de jure Fortbestands der Zwischenkriegsrepubliken auch während der sowjetischen Okkupation. Jedoch unterschied sich der Verfassungsgebungsprozess in den drei Staaten: In Litauen und Estland wurden 1992 neue Verfassungen ausgearbeitet, Lettland hingegen stellte die Gültigkeit der Zwischenkriegsverfassung aus dem Jahr 1922 wieder her.

Dieses Kapitel stellt eine kurze Einführung zu den Verfassungen der baltischen Staaten dar. Nach der Darstellung der Verfassungsgeschichte wird im Einzelnen eingegangen auf: Staatsstruktur, (De)Zentralisierung und Regierungssysteme, Verfassungsentwicklung, Legislative und Gesetzgebung, Staatsoberhaupt, Regierung, Menschenrechte sowie Rechtsprechung. Zu unterscheiden ist zwischen Verfassung und Verfassungswirklichkeit. Letztere wird weitgehend ausgeblendet. Der Fokus liegt auf dem Vergleich positiven Rechts.

2 Verfassungsgeschichte

Die modernen baltischen Staaten entstanden 1918, nach dem Ende des Ersten Weltkriegs und dem Zusammenbruch des Russischen Reiches. Diese sogenannten Zwischenkriegsrepubliken fanden 1940 ihr Ende, als die Sowjetarmee in Folge des Hitler-Stalin-Paktes die baltischen Staaten okkupierte. Inspiriert durch den zunehmenden Zusammenbruch des Sowjetimperiums und aufgrund des Wunsches, die Kommunistische Partei zu reformieren, formierten sich zwischen 1988 und 1990 zivilgesellschaftliche Kräfte in den baltischen Staaten. Zum einen rekrutierten sich diese aus den politischen, sozialen und religiösen Gruppen aus dem Untergrund. Hinzu kamen neu entstandene politische Gruppierungen und Bewegungen, die schnell Eingang in die Politikgestaltung fanden. Beispielsweise gewann am 24. 2. 1990 in Litauen die zentrale soziale und politische Bewegung *Sąjūdis* mit ihrem „Unabhängigkeitsprogramm" die ersten freien Wahlen und erhielt mehr als zwei Drittel der Parlamentssitze.[1]

Die erste Sitzung des neuen litauischen Parlaments fand am 10.3.1990 statt. Gleich am nächsten Tag verkündete das Parlament das *Gesetz über die Wiederherstellung der Unabhängigkeit der Republik Litauen*. Hieran schloss sich symbolträchtig die Annahme des *Gesetzes über die Wiederherstellung der Verfassung Litauens vom 12. Mai 1938* sowie des *Vorläufigen Grundgesetzes* an. Letzteres stellte eine Art Übergangsverfassung dar. Die Gültigkeit der Verfassung von 1938 wurde am gleichen Tag suspendiert. Die Verfassungsgebende Versammlung *(Atkuriamasis Seimas)* beendete ihre Arbeit 1992 mit der Annahme der Verfassung.

Im Anschluss an das erfolgreiche Beispiel Litauens wurde in Lettland am 4.5.1990 die *Erklärung über die Wiederherstellung der Unabhängigkeit* angenommen. Bereits am 30.3.1990 hatte der Oberste Sowjet Estlands eine Resolution zum politischen Status Estlands angenommen, wodurch er die *de jure* Existenz Estlands unterstrich und eine Übergangsphase bis zur Wiederherstellung der Unabhängigkeit einleitete. Anfang 1991 wurden sogenannte „Unabhängigkeitsreferenden" organisiert, um die demokratische Rechtfertigung der genannten Unabhängigkeitserklärungen zu unterstreichen.[2] Die große Mehrheit der Bevölkerung in allen drei Staaten stimmte für die Unabhängigkeit. Nach der Niederschlagung des Putsches vom 19.8.1991 in Moskau erkannte die Sowjetunion schließlich die Unabhängigkeit Litauens, Lettlands und Estlands an. 1992 wurden in Litauen und Estland neue Verfassungen erarbeitet und angenommen, in Lettland wurde 1993 die Gültigkeit der Zwischenkriegsverfassung aus dem Jahr 1922 völlig wieder hergestellt.

3 Staatsstruktur, (De)Zentralisierung und Regierungssysteme

Faktisch sind die baltischen Staaten zentralisierte unitarische politische Systeme ohne föderalistische Tradition. In Litauen und Estland gibt es aktuell zwei dezentrale Verwaltungsebenen: Gemeinden und Regionen. Nach der letzten territorialen Reform ist in Lettland nur die Ebene der Gemeinden erhalten geblieben. Gemeinden haben in allen drei Staaten direkt gewählte Vertreter, die Gouverneure der Regionen werden von der Zentralregierung ernannt. Die Rechtsprechung des Verfassungsgerichts Litauens sowie die nationale politische und juristische Elite befürworten den zentralistischen Staatsaufbau.[3] Zusammenfassend kann die Regionalisierung in den baltischen Staaten als De-

---

[1] In Lettland und Estland hießen die wichtigsten Unabhängigkeitsbewegungen der späten 1980er „Volksfronten".
[2] In Litauen fand das Referendum am 9.2.1991 statt, in Lettland und Estland am 3.3.1991.
[3] Beispielsweise urteilte das Verfassungsgericht am 13.12.2004, dass das in der Verfassung verankerte Recht der Gemeinden auf ein eigenes Budget nicht ein von der Zentralregierung unabhängiges Budget bedeute sowie dass Litauen ein einheitliches Budgetsystem habe.

zentralisierung der öffentlichen Macht bezeichnet werden, bei der die Regionen keine legislative Kompetenz haben und im Sinne der französischen Tradition als préfectures beschrieben werden können. Die Gemeinden haben trotz ihres verfassungsmäßigen Rechts auf ein eigenes Budget nicht das Recht zur Erhebung von Steuern. Fast alle ihre finanziellen Mittel kommen daher von der Zentralregierung. Mit dem Beitritt zur EU im Jahr 2004 wurde gleichwohl eine gewisse Dezentralisierung befördert. Seither kann zwischen den folgenden vier Ebenen unterschieden werden: Europäisch, national, (mit Einschränkungen) regional und kommunal. Litauische Regionen beispielsweise stellen nunmehr regionale Einheiten der Struktur der EU dar und erhielten einige neue Kompetenzen. Es muss sich erst zeigen, ob dies insgesamt zu mehr Dezentralisierung und Regionalisierung führen wird.

Regierungssysteme stellen nicht nur eine rechtliche Materie dar, sondern ebenfalls eine politische. Der Text der Verfassung Litauens aus dem Jahr 1992 ist gewissermaßen ein Kompromiss zwischen parlamentarischem und semi-präsidentiellem System. Einerseits benötigt die Regierung das Vertrauen des Parlaments und muss nach Parlamentswahlen zurücktreten (Art. 92 und 101), andererseits aber wird der Staatspräsident direkt vom Volk gewählt.[4] Der Präsident ernennt Premierminister und Minister. „The Government shall return its powers to the President of the Republic after the Seimas elections or upon election of the President of the Republic" (Art. 78, 84 und 92). Bedingt durch die direkte Wahl des Präsidenten Litauens sowie durch das Vorhandensein eines „starken" Verfassungsgerichts mit der Kompetenz, die Parlamentsgesetzgebung zu überprüfen, kann Litauen im französischen Sinne als *parlementarisme rationalisé* bezeichnet werden. Die Regierungssysteme Estlands und Lettlands hingegen sind wesentlich parlamentarischer ausgerichtet.

4 Verfassungsentwicklung und Möglichkeiten der Verfassungsänderung

Die Verfassungen Lettlands und Estlands bestehen aus einem Text. Die Verfassung Litauens hingegen enthält neben dem Haupttext drei weitere Gesetze von Verfassungsrang, die Bestandteil der Verfassung sind: Das *Verfassungsgesetz über den litauischen Staat* aus dem Jahr 1991, das *Verfassungsgesetz über den Nichtanschluss der Republik Litauen an postsowjetische Verbände im Osten* aus dem Jahr 1992 sowie das *Verfassungsgesetz über die Mitgliedschaft der Republik Litauen in der Europäischen Union* aus dem Jahr 2004. Die Verfassung Litauens aus dem Jahr 1992 wurde zunächst von der Verfassungsgebenden Versammlung *(Atkuriamasis Seimas)* und anschließend in einem Referendum angenommen. Die Verfassung Estlands aus dem gleichen Jahr wurde ebenfalls in einem Referendum angenommen, die Verfassung Lettlands im Jahr 1993 hingegen lediglich durch einen Parlamentsbeschluss in Kraft gesetzt. Sowohl durch die Parlamente als auch

---

4 In Lettland und Estland wird der Präsident vom Parlament gewählt.

durch Referenden können Verfassungsänderungen vorgenommen werden. In Litauen und Estland sind die beiden wichtigsten Abschnitte, der erste (Allgemeine Vorschriften) und der letzte (Ergänzungen der Verfassung), nur durch ein Referendum veränderbar.[5] Alle anderen Bestimmungen der Verfassungen dürfen durch das Parlament geändert werden (in Litauen und Estland muss zweimal mit qualifizierter Mehrheit abgestimmt werden). Die Realität zeigt jedoch, dass faktisch alle Verfassungsergänzungen durch Parlamentsabstimmungen vorgenommen werden.[6] Die Verfassungen Litauens und Lettlands wurden seit ihrer Annahme 1992 bzw. 1993 bereits neun Mal ergänzt. Die Verfassung Estlands aus dem Jahr 1992 wurde bis Ende 2010 vier Mal ergänzt (einschließlich der Änderung im Zuge des EU-Beitritts vom 14.9.2003).

1996 wurde die Verfassung Litauens erstmals in Bezug auf Artikel 47 geändert. Ursprünglich besagte dieser Artikel, dass Grundeigentum in Litauen für Privatpersonen – Staatsangehörige Litauens – oder den Staat möglich war. 1996 wurde dies dahingehend geändert, dass auch Unternehmen Land besitzen dürfen, allerdings nur solches, das nicht landwirtschaftlich genutzt wird – beispielsweise den Grund, auf dem die Firmengebäude stehen. 2003 wurden jegliche Restriktionen in Bezug auf Grundbesitz aufgehoben.[7] Auch Artikel 119 wurde zweimal geändert. Ursprünglich wurden Mitglieder der Gemeindevertretungen alle zwei Jahre gewählt. Durch eine Änderung im Jahr 1996 wurde deren Amtsperiode auf drei Jahre ausgedehnt, im Jahr 2002 auf vier Jahre. Zwei weitere Artikel – Art. 84 und 118 – wurden am 20.3.2003 geändert. Die Kompetenzen des Präsidenten wurden dahingehend erweitert, dass er mit Zustimmung des Parlaments fortan den Generalstaatsanwalt ernennen darf. Zuvor wurde dieser durch das Parlament ernannt. 2004 wurde zudem das *„Verfassungsgesetz über die Mitgliedschaft der Republik Litauen in der Europäischen Union"* mittels des gleichen Prozederes wie für Verfassungsänderungen (Art. 148) angenommen und ist seitdem Teil der Verfassung. Am 25.4.2006 wurde Art. 125 betreffend der Kompetenzen der Zentralbank Litauens geändert, damit diese mit EU-Recht übereinstimmt.

In Lettland wurde durch eine Verfassungsänderung 1994 das Wahlalter von 21 auf 18 Jahre gesenkt. 1996 wurde durch eine Änderung ein Verfassungsgericht eingerichtet. 1997 wurden wichtige Änderungen bezüglich des Ablaufs der Wahlen und der Parlamentsfunktionen, des Präsidenten – einschließlich der Verlängerung von dessen

---

5 Da es in der Verfassung Lettlands keinen eigenen Abschnitt zu Ergänzungen zur Verfassung gibt, ist für die Änderung des Art. 77 ein Referendum nötig. Dieser sieht vor, dass wenn das Parlament Art. 1, 2, 3, 4, 6 oder 77 der Verfassung ändert, diesen Änderungen in einem nationalen Referendum zugestimmt werden muss. Art. 6 der Verfassung schreibt allgemeine, gleiche, direkte und geheime Wahlen basierend auf dem Verhältniswahlrecht für die Parlamentswahl vor.
6 Die einzigen Ausnahmen stellen lediglich die Verfassungsergänzungen im Zuge des EU-Beitritts dar.
7 Seit der Änderung vom 23.10.2003 lautet Artikel 47 Abs. 3: „In the Republic of Lithuania foreign entities may acquire ownership of land, internal waters and forests according to a constitutional law". Ein am 20.3.2003 angenommenes entsprechendes Gesetz schreibt eine Übergangsperiode von sieben Jahren vor für den Erwerb von Landwirtschaft und Wäldern durch ausländische juristische Personen, einschließlich solcher aus EU-Staaten.

Amtsperiode von drei auf vier Jahre – und der Regierung vorgenommen. 1998 wurden neben der Ergänzung des Art. 8 – Grundlegende Menschenrechte – der offizielle Status der lettischen Sprache geregelt sowie die Notwendigkeit eines Referendums für die Änderung bestimmter Artikel eingeführt (Art. 4 und 77). 2002 wurde die Notwendigkeit eines Gelöbnisses für Parlamentarier eingeführt. Der offizielle Status der lettischen Sprache wurde weiterhin gestärkt, indem diese zur Arbeitssprache der staatlichen und kommunalen Behörden gemacht wurde. 2003 wurden zahlreiche Änderungen durchgeführt, um das Rechtssystem Lettlands an das der EU anzupassen. 2006 wurde durch eine Ergänzung Ehe als eine Verbindung zwischen Mann und Frau definiert.

5 Legislative und Gesetzgebung

5.1 Parlamentswahlen und Zusammensetzung der Parlamente

In allen drei Staaten besitzt jeder Bürger ab 18 Jahren das aktive Wahlrecht bei Wahlen zu den nationalen Parlamenten. Das passive Wahlrecht haben Staatsbürger ab 21 Jahren. In Litauen dürfen gemäß einem Gesetz Präsidenten und Richter, die durch ein Amtsenthebungsverfahren ihr Amt verloren haben, nicht für einen Parlamentssitz kandidieren.[8] Möglicherweise wird dieses Gesetz jedoch zukünftig vom Europäischen Gerichtshof für Menschenrechte in Bezug auf seine Angemessenheit zu überprüfen sein.

Alle drei baltischen Staaten haben Parlamente mit nur einer Kammer. Der *Seimas* Litauens hat 141 Mitglieder, der *Riigikogu* Estlands 101 und die *Saeima* Lettlands 100. Gemäß den Verfassungen Lettlands und Estlands werden Parlamentsmitglieder gemäß dem Verhältniswahlrecht gewählt, in Litauen hingegen nach einem gemischten System, wonach die Hälfte der Mitglieder (71) gemäß dem Mehrheitswahlrecht gewählt wird und die andere Hälfte (70) gemäß dem Verhältniswahlrecht. Die Amtsperiode in allen drei Parlamenten währt vier Jahre.

5.2 Parlamentsimmunität, Unvereinbarkeit und Amtsenthebungsverfahren

In allen drei Staaten genießen Mitglieder des Parlaments Immunität und dürfen nicht ohne Zustimmung des Parlaments verhaftet werden.[9] Darüber hinaus dürfen Parla-

---

[8] Diese Vorschrift wurde nach einer Entscheidung des Verfassungsgerichts vom 25.5.2004 eingeführt. Das Gericht urteilte in Bezug auf die Möglichkeit der Kandidatur eines vormaligen Präsidenten in Präsidentschaftswahlen, der zuvor aufgrund der Nichteinhaltung seines Eides aus dem Amt entfernt wurde, dass die betreffende Person nie (wieder) den betreffenden Eid ablegen dürfe, „as a reasonable doubt would always exist, which would never disappear [...], whether an oath repeatedly taken by this person to the Nation would not be fictitious".
[9] In Lettland haben Parlamentsmitglieder nicht nur in Bezug auf Straftaten Immunität, sondern auch in Bezug auf Amtsvergehen.

mentsmitglieder weder für ihr Stimmverhalten noch für ihre Reden in den Parlamenten beschuldigt werden. Damit ist die parlamentarische Immunität verbunden mit der Vorschrift, wonach Parlamentsmitglieder lediglich durch ein Amtsenthebungsverfahren aus dem Amt entfernt werden können. Allerdings ist ein Amtsenthebungsverfahren nur in der Verfassung Litauens enthalten, während in den Verfassungen Lettlands und Estlands ein solches Verfahren nicht vorgesehen ist, sondern in anderen Gesetzen geregelt wird. Mit Zustimmung des Parlaments kann ein Gerichtsverfahren wegen einer Straftat eröffnet werden, bei Verurteilung verliert der Parlamentarier seinen Sitz. In Litauen ist zusätzlich eine Entscheidung des Verfassungsgerichts nötig, ob ein Parlamentsabgeordneter seinen Eid gebrochen und der Verfassung schwerwiegend zuwider gehandelt hat. Danach ist ein weiterer Beschluss von nicht weniger als drei Vierteln aller Parlamentsmitglieder erforderlich, um den betreffenden Parlamentarier seines Amtes zu entheben (Art. 74). Insgesamt ist das Amtsenthebungsverfahren Litauens durch die Beteiligung des Verfassungsgerichts und weitere prozedurale Vorgaben wesentlich komplizierter als in Lettland und Estland. Dies kann bedeuten, dass, obwohl ein Parlamentsabgeordneter eines Verbrechens für schuldig befunden wurde und dies vom Verfassungsgericht als eine schwerwiegende Zuwiderhandlung gegen die Verfassung gewertet wurde, das Parlament dennoch beschließen kann, den Abgeordneten nicht aus seinem Amt zu entfernen. Ein entsprechender Fall ereignete sich 1998, als das Parlamentsmitglied Audrius Butkevičius der Bestechlichkeit überführt und zu einer Gefängnisstrafe verurteilt wurde. Im Parlament wurde jedoch nicht die erforderliche Mehrheit erreicht. Ein ähnliches Problem ereignete sich 2010, als trotz entsprechenden Beschlusses des Verfassungsgerichts bezüglich des Bruchs des Eides gegenüber dem Parlament und schwerwiegender Verletzung der Verfassung in Bezug auf zwei Abgeordnete nur einer der beiden seines Amtes enthoben wurde.

Gemäß der Rechtsprechung des Verfassungsgerichts Litauens darf ein Parlamentsabgeordneter nicht zwei Mandate innehaben. Beispielsweise darf er/sie nicht gleichzeitig Gemeindeabgeordneter sein. Ministerämter sind davon in Litauen und Lettland ausgenommen, in Estland wird das Mandat während der Zeit der Ausübung des Ministeramtes suspendiert. In diesem Fall kann ein weiterer Abgeordneter den Sitz einschließlich der gesamten Rechte und Pflichten übernehmen.

5.3 Gesetzgebung

Gesetzgebung ist naturgemäß eine der wichtigsten Funktionen von Parlamenten. Die Parlamente der baltischen Staaten haben „Generalvollmacht" in der Gesetzgebungsprozedur (im Gegensatz beispielsweise zum Parlament Frankreichs unter der Verfassung von 1958). Die Parlamente dürfen somit Gesetze in Bezug auf alle Bereiche der sozialen, wirtschaftlichen und ökonomischen Sphäre beschließen. Gemäß der (kontinentalen) europäischen Verfassungstradition enthalten die Verfassungen der baltischen Staaten keine Vorschrift ähnlich dem ersten Zusatzartikel der Verfassung der USA, wonach das Parlament bezüglich bestimmter Aspekte keine Gesetze erlassen darf. Dies bedeutet gleichwohl nicht, dass die Legislative eine *carte blanche* im Gesetzgebungsverfahren hat. Die Gesetzgebung der Parlamente muss in Übereinstimmung mit der Verfassung stehen – einschließlich der Rechtsprechung des Verfassungsgerichts (in Lettland und Litauen) bzw. des Obersten Gerichtshofs (in Estland), der Rechtsprechung des Europäischen Gerichtshofs für Menschenrechte und (seit dem Beitritt zur EU) mit der europäischen Gesetzgebung einschließlich der Rechtsprechung des Europäischen Gerichtshofs.

Die Gesetzgebungsverfahren der baltischen Staaten unterscheiden sich nur in wenigen Punkten. Jedes Parlamentsmitglied hat das Recht, ein Gesetz zu initiieren.[10] Dieses Recht haben auch die Regierung und der Präsident. In Lettland und Litauen haben Wahlberechtigte ebenfalls das Recht auf Gesetzesinitiative. Das Parlament muss diesen Entwurf prüfen (in Litauen muss dieser Entwurf von mindestens 50 000 litauischen Staatsangehörigen eingebracht werden, in Lettland von mindestens einem Zehntel der Wahlberechtigten).[11] Üblicherweise ist es die Regierung, die die Mehrheit der Gesetze vorbereitet. Das Gesetzgebungsverfahren der baltischen Staaten besteht aus drei Lesungen. Gesetze werden mit einer Mehrheit angenommen, wobei ein Quorum von nicht weniger als der Hälfte der Abgeordneten in allen drei Staaten erforderlich ist. Die Gesetzgebung in Estland und Litauen kann in zwei Arten unterteilt werden: gewöhnliche Gesetze und Gesetze von Verfassungsrang. Gewöhnliche Gesetze werden von einer einfachen Mehrheit der anwesenden Abgeordneten verabschiedet. Eine qualifizierte Mehrheit (die absolute Mehrheit aller Parlamentarier) ist notwendig für die Annahme von Gesetzen von Verfassungsrang.[12] Gesetze mit Verfassungsrang sollen die Vorschriften der Verfassungen näher ausarbeiten. Gemäß der Verfassung Estlands (Art. 104) gibt es 17 Gesetze mit Verfassungsrang: zum parlamentarischen Ablauf, zum Staatsbürgerschaftsrecht, zu Wahlen und Referenden, zum Gehalt des Präsidenten und der Parlamentsabgeordneten, zur Regierung, zum Amtsenthebungsverfahren, zur kulturellen Autonomie ethnischer Minderheiten, zum nationalen Budget, zur Bank Estlands, zu staatlichen Aufsichtsbehörden, zur Organisation der Gerichte sowie für den Staatsnotfall. In Litauen gibt es lediglich ein Gesetz mit Verfassungsrang – zum Erwerb von Grundeigentum durch ausländische juristische Personen in Litauen (20. 3. 2003).

Sobald ein Gesetz verabschiedet worden ist, muss es vom Präsidenten unterzeichnet und verkündet werden. Der Präsident hat das Recht auf ein suspensives Veto. In Litauen darf das Parlament das präsidentielle Veto mit absoluter Mehrheit aller Abgeordneten

---

10 In Lettland haben nicht einzelne Abgeordnete das Recht auf Gesetzesinitiative, sondern parlamentarische Ausschüsse oder eine Gruppe von mindestens fünf Abgeordneten.
11 In Estland gibt es kein solches Initiativrecht der Bevölkerung. Bis Ende 2010 wurde in Litauen noch nie ein Gesetz aufgrund einer entsprechenden Initiative angenommen.
12 In der Realität besteht die Annahme von Gesetzen mit Verfassungsrang in Litauen aus zwei Schritten: 1) Ergänzung der Verfassung mit Bezug auf ein Verfassungsgesetz, 2) Annahme eines Gesetzes mit Verfassungsrang mit qualifizierter Mehrheit.

im Falle eines gewöhnlichen Gesetzes und mit einer Drei-Fünftel-Mehrheit aller Abgeordneten im Falle von Gesetzgebung mit Verfassungsrang überstimmen. Das präsidentielle Veto in Lettland und Estland ist schwächer – eine einfache Mehrheit der anwesenden Abgeordneten kann es überstimmen. In Estland kann der Präsident das Gesetz an den Obersten Gerichtshof verweisen, um dessen Verfassungsmäßigkeit zu überprüfen. In Litauen und Lettland haben die Präsidenten kein entsprechendes Recht. Ein Gesetz trifft nach der Verkündigung durch den Präsidenten und Veröffentlichung im Amtsblatt in Kraft.

6 Staatsoberhaupt

6.1 Wählbarkeit

Die Verfassungen aller drei Staaten sehen vor, dass der Präsident das Staatsoberhaupt ist.[13] Kandidaten dürfen nicht jünger als 40 Jahre sein. In Lettland dürfen Kandidaten keine doppelte Staatsangehörigkeit haben. In Litauen darf der Kandidat nicht an den Eid gegenüber einem fremden Staat gebunden sein, muss für mindestens drei Jahre in Litauen gelebt haben und muss litauischer Herkunft *(pagal kilmę)* sein. Ein Gesetz schreibt darüber hinaus vor, dass ehemalige KGB-Offiziere und -Agenten die Zentrale Wahlkommission über ihren früheren Status informieren müssen und diese Information öffentlich in ihre Wahlkampagne mit aufnehmen müssen.

6.2 Präsidentschaftswahlen

In Litauen wird der Präsident direkt gewählt. In Lettland wählt das Parlament den Staatspräsidenten. Gemäß der Verfassung Estlands ist eine Mehrheit von mindestens zwei Dritteln der Parlamentsabgeordneten für die Präsidentenwahl erforderlich. Wird eine solche Mehrheit in drei Runden nicht erreicht, erhält die Wahlversammlung, bestehend aus Mitgliedern des Parlaments und Vertretern der Gemeinderäte, dieses Recht. Der aktuelle Präsident Hendrik Ilves ist der erste Präsident, der bereits im Parlament die erforderliche Mehrheit erzielte und bereits im ersten Wahlgang gewählt wurde. Alle drei Verfassungen begrenzen die Amtsperioden des Präsidenten auf zwei aufeinanderfolgende. In Litauen und Estland währt die Amtsperiode fünf Jahre. In Lettland stimmt diese mit der des Parlaments überein und währt vier Jahre. Nach der Wahl schwört der Präsident einen Eid.

---

13 In Lettland ist der Titel des Staatsoberhauptes „Präsident des Staates" *(Valsts Prezidents)*.

6.3 Immunität und Privilegien

In Litauen hat der Präsident volle strafrechtliche und administrative Immunität, d. h. der Präsident darf während seiner Amtszeit nicht verhaftet oder anders in seiner Freiheit beschränkt werden (Art. 86). In Lettland und Estland kann der Präsident nach Zustimmung einer Mehrheit des Parlaments (in Lettland nicht weniger als zwei Drittel des Parlaments) strafrechtlich belangt werden. In Litauen muss der Präsident während seiner Amtszeit seine Aktivitäten in politischen Parteien ruhen lassen. Gemäß einem gewöhnlichen Gesetz behält eine in das Amt des Präsidenten gewählte Person den Titel „Präsident" ihr Leben lang. Die litauische Gesetzgebung sieht vor, dass auch nach Ausscheiden aus dem Amt der Präsident das Recht auf Wohnung, Dienstwagen, Fahrer und Sicherheitsbediensteten behält. Im Falle eines Amtsenthebungsverfahrens entfallen diese Privilegien.

6.4 Rechte des Präsidenten

Die wichtigsten Rechte des Präsidenten liegen im Bereiche der Außenpolitik und der Verteidigung. Der Präsident entscheidet grundlegende außenpolitische Fragen, repräsentiert den Staat nach außen, unterzeichnet internationale Verträge und Abkommen, benennt Botschafter, vergibt diplomatische Grade und Titel und nimmt die Akkreditierungsschreiben ausländischer Diplomaten entgegen. Der Präsident ist der Oberbefehlshaber der Streitkräfte. Faktisch hat der Präsident jedoch nicht die Möglichkeiten, um in den Bereichen Außen- und Sicherheitspolitik mit den Außen- und Verteidigungsministerien zu konkurrieren. Im Bereich der Außenpolitik beispielsweise kommt der Präsident (mit einigen Ausnahmen) erst am Ende des Gesetzgebungsprozesses zum Zuge, während die Initiative vollständig in den Händen der Regierung und des Außenministers liegt. Das Gleiche gilt für die Verteidigungspolitik. Daher steht der Präsident zwar formal an der Spitze der Außen- und Sicherheitspolitik, handelt aber in Übereinstimmung mit der Regierung.

Als Staatsoberhaupt hat der Präsident das Recht, die Staatsbürgerschaft zu gewähren, staatliche Auszeichnungen zu verleihen und verurteilte Straftäter zu begnadigen. In Lettland und Estland müssen alle Dekrete des Präsidenten vom Premierminister oder vom zuständigen Minister gegengezeichnet werden. In Litauen gibt es nur vier Fälle, in denen eine Gegenzeichnung durch den zuständigen Minister erforderlich ist. Der Außenminister muss Dekrete für die Ernennung und Abberufung diplomatischer Vertreter der Republik Litauen unterzeichnen sowie für die Annahme der Akkreditierungsschreiben ausländischer Diplomaten. Der Verteidigungsminister muss Dekrete gegenzeichnen bezüglich der Vergabe der höchsten militärischen Ränge. Dekrete zur Vergabe der Staatsangehörigkeit Litauens müssen vom Innenminister gegengezeichnet werden, und der Premierminister muss ein Dekret zeichnen, durch das der Notfall ausgerufen wird. In allen Fällen stehen Dekrete des Präsidenten außerhalb jeglicher parlamentarischer Kontrolle.

In der Realität konzentriert sich die zentrale Kompetenz des Präsidenten auf den Bereich der Regierungsbildung, der Benennung hoher Beamter und öffentlicher Vertreter, einschließlich derjenigen der Judikative. Nach Parlamentswahlen ernennt der Präsident den Premierminister mit der Zustimmung der Mehrheit des Parlaments sowie die Kabinettsmitglieder auf Empfehlung des Premierministers. Der Präsident ernennt außerdem hochrangige Diplomaten und Militärs. Auf Empfehlung des Juristischen Rates ernennt der Präsident Litauens die Richter von Orts- und Bezirksgerichten sowie spezieller Gerichte und nominiert die Kandidaten für den Obersten Gerichtshof sowie für das Verfassungsgericht, die vom Parlament ernannt werden. Der Präsident Estlands ernennt Richter auf Vorschlag des Obersten Gerichtshofs. In der Realität ist der Präsident Litauens nicht das „formale" Staatsoberhaupt, so wie in einem reinen parlamentarischen System. Denn er wird direkt gewählt und hat öffentliche Unterstützung – der Präsident sorgt für eine gewisse Balance zwischen öffentlichen Institutionen und politischen Akteuren. Beispielsweise hat der Präsident beachtlichen Einfluss auf die Ministerwahl. Mit Zustimmung des Parlaments ernennt der Präsident den Generalstaatsanwalt, den Befehlshaber der Armee sowie das Oberhaupt des Sicherheitsdienstes.

Darüber hinaus hat der Präsident eine sehr wichtige Rolle im Gesetzgebungsprozess. Erstens hat er das Recht auf Gesetzesinitiative, obwohl die Hauptakteure in diesem Bereich die Regierung und Parlamentsausschüsse sind. Zweitens hat der Präsident das Recht zu einem suspensiven Veto für vom Parlament erlassene Gesetze. In Litauen kann das präsidentielle Veto von einer absoluten Mehrheit aller Abgeordneten überstimmt werden.[14] Gleichwohl nutzen die Präsidenten dieses Instrument nicht sehr oft. In Krisenzeiten oder während Minderheitsregierungen jedoch wird das Veto des Präsidenten zu einem effektiven Instrument. Schließlich schließt der Präsident stets den Gesetzgebungsprozess durch Verkündigung der Gesetze ab. Der Präsident Estlands kann ein Gesetz zur Überprüfung an den Obersten Gerichtshof verweisen. Der Präsident Litauens darf lediglich die Überprüfung einer Regierungsverordnung durch das Verfassungsgericht anordnen.

6.5 Auflösung des Parlaments

Der Präsident in den baltischen Staaten hat das Recht, das Parlament aufzulösen. In Estland und Litauen ist von diesem Recht aber bislang noch kein Gebrauch gemacht worden. Nach Art. 48 der Verfassung Lettlands hat der Präsident das Recht, die Auflö-

---

14 Das Parlament Litauens hat 141 Abgeordnete. Dementsprechend reichen 71 Stimmen aus, um das Veto für gewöhnliche Gesetzgebung zu überstimmen, während 85 Stimmen – drei Fünftel – erforderlich sind für das Überstimmen von Gesetzen mit Verfassungsrang.

sung des Parlaments *(Saeima)* vorzuschlagen. Im Anschluss hieran wird ein Referendum durchgeführt. Spricht sich darin die Mehrheit für die Auflösung aus, so gilt das Parlament als aufgelöst und innerhalb von zwei Monaten müssen Neuwahlen durchgeführt werden. Spricht sich in dem Referendum jedoch die Mehrheit gegen die Parlamentsauflösung aus, so beinhaltet dies automatisch ein Ausscheiden des Präsidenten aus seinem Amt und das Parlament muss einen neuen Präsidenten für die verbleibende Amtszeit wählen (Art. 50). Im Jahr 2011 machte der Präsident Lettlands Valdis Zatlers von seinem Recht auf Parlamentsauflösung Gebrauch (Art. 48). Beim Referendum am 23. 7. 2011 sprachen sich 90 % (bei einer Wahlbeteiligung von 45 %) für die Auflösung aus – dies weniger als ein Jahr nach der letzten Parlamentswahl. Somit mussten innerhalb der nächsten zwei Monate Neuwahlen organisiert werden. In Litauen ist das Recht des Präsidenten auf Parlamentsauflösung eher schwach, da es nur in zwei Fällen ausgeübt werden kann: (i) wenn das Parlament nicht innerhalb von 60 Tagen dem Regierungsprogramm zustimmt oder (ii) auf Vorschlag der Regierung, wenn das Parlament der Regierung nicht sein Vertrauen ausspricht (Art. 58). Die Macht des Präsidenten wird nicht nur dadurch eingeschränkt, dass sie auf diese zwei Fälle beschränkt ist und faktisch vom Willen der Regierung abhängt, sondern auch dadurch, dass nach der Auflösung ein neues Parlament eine neue Präsidentschaftswahl anberaumen kann (Art. 87). Hierin liegt der Grund, wieso Präsidenten so selten von ihrer Möglichkeit zur Parlamentsauflösung Gebrauch machen.

6.6 *Amtsenthebung des Präsidenten*

Formal ist ein Amtsenthebungsverfahren für den Präsidenten lediglich in der Verfassung Litauens geregelt. Dort ist nur ein einziger Grund vorgesehen – der Bruch des Eides, was als schwerwiegende Verletzung der Verfassung angesehen wird. Es gibt sechs Schritte im Amtsenthebungsverfahren des Präsidenten Litauens: i) Formierung eines Parlamentsausschusses zur Amtsenthebung, das die Tätigkeiten des Präsidenten untersucht und den Amtsenthebungsvorwurf formuliert; ii) der vorläufige Amtsenthebungsprozess, bei dem das Parlament den Vorwürfen zustimmt, einen parlamentarischen Kläger ernennt und den Vorwurf zum Verfassungsgericht für dessen rechtliche und verfassungsgemäße Kontrolle schickt; iii) die Beschlüsse des Verfassungsgerichts, ob die Tätigkeiten des Präsidenten tatsächlich die Verfassung verletzen;[15] iv) der formale Vor-

---

15 Gemäß der Verfassung (Art. 86 und 106) darf das Parlament lediglich dann für eine Amtsenthebung des Präsidenten stimmen, wenn das Verfassungsgericht urteilt, dass dessen Verletzungen der Verfassung schwerwiegend sind. Gemäß einer Entscheidung des Verfassungsgerichts vom 31. 3. 2004 kann das Amtsenthebungsverfahren nicht fortgeführt werden, wenn das Verfassungsgericht urteilt, der Präsident habe die Verfassung nicht verletzt oder nicht schwerwiegend verletzt. 2004 wurde der Präsident Rolandas Paksas mit einer Mehrheit von drei Fünfteln nach einem negativen Beschluss des Verfassungsgerichtes seines Amtes enthoben.

schlag der Parteien; v) die abschließenden Äußerungen des Präsidenten im Parlament; vi) eine Abstimmung im Parlament, ob der Präsident seines Amtes enthoben werden soll oder nicht. Gemäß einer Entscheidung vom 25. 5. 2004 des Verfassungsgerichts darf eine Person, die ihres Amtes enthoben wurde, nie wieder Präsident werden. In Lettland und Estland gibt es kein vergleichbares kompliziertes Verfahren. In Estland kann der Präsident mit Zustimmung der Mehrheit der Parlamentsabgeordneten nach Verurteilung in einem Strafverfahren seines Amtes enthoben werden (lediglich der Kanzler oder der Justizminister können ein entsprechendes Strafverfahren eröffnen). In Lettland kann der Präsident nur dann strafrechtlich verfolgt werden, wenn das Parlament dem mit einer Zwei-Drittel-Mehrheit zustimmt.

7 Die Regierung

7.1 Regierungsmandat

Die Regierung besteht aus dem Premierminister und den Ministern.[16] Daher ist der Präsident nicht Teil der Regierung. Premierminister und Minister werden vom Präsidenten ernannt, aber gemäß der üblichen parlamentarischen Verfahrensweise sollte die Partei mit den meisten Stimmen den Premierminister stellen. Die Regierung soll das Vertrauen des Parlaments genießen. In Lettland und Litauen dürfen Minister Parlamentsmitglieder sein. In Estland wird das Abgeordnetenmandat suspendiert, wenn ein Abgeordneter zum Minister ernannt wird. In Litauen sollte den Ministern immer ein Ministerium zugeordnet sein, während es in den anderen beiden baltischen Staaten auch Minister ohne Portfolio geben kann. In den baltischen Staaten gibt es keine Tradition der Bildung sogenannter *Schattenkabinette*.

7.2 Rechte der Regierung

Die Regierung stellt die Exekutive dar. Aber *Exekutive* in diesem Sinne bedeutet nicht nur, dass sich die Hauptaufgabe auf die *Ausführung* der parlamentarischen Gesetzgebung bezieht. In der Regel besteht die rechliche Grundlage für die Regierungskompetenzen in einem Parlamentsgesetz. Darüber hinaus erlässt die Regierung Verordnungen, indem sie auf Grundlage der Verfassung und des Verfassungsprinzips der Gewaltenteilung agiert.

Faktisch initiiert die Regierung den Großteil der politischen und rechtlichen Reformen und verfügt über die wichtigsten rechtlichen und politischen Instrumente für die

---

16 Die Verfassung Lettlands verwendet den Ausdruck „Ministerkabinett" *(ministru kabinets)* anstatt von „Regierung".

Umsetzung ihres Programms. Die Mehrheit der Gesetze wird von ihr entworfen, sie verwaltet öffentliches Eigentum, bereitet den Haushaltsentwurf vor, treibt Steuern ein und regelt die Verteilung dieser Einnahmen (durch das Finanzministerium und nachgeordnete Behörden). Darüber hinaus etabliert und unterhält sie durch das Außenministerium die wichtigsten diplomatischen Beziehungen mit anderen Staaten und ist – gemeinsam mit dem Präsidenten – der Hauptakteur in den Außenbeziehungen.

Die Verfassung weist der Regierung die Hauptverantwortung für die Verwaltung der Staatsangelegenheiten, die Wahrung der nationalen Sicherheit sowie der öffentlichen Ordnung zu. Faktisch übt die Regierung diese Aufgaben durch verschiedene Ministerien und Behörden aus. Der Regierung steht der Premierminister vor, der die Regierung repräsentiert und ihre Arbeit in den verschiedenen Ministerien und Behörden koordiniert. Regierungsverordnungen werden mit der Mehrheit der Kabinettsmitglieder angenommen und vom Premierminister sowie vom zuständigen Minister unterzeichnet. Wird die Regierung von nur einer Partei gebildet, so hat der Premierminister einen Handlungsspielraum ähnlich des Premierministers im Westminster Modell.[17] Wird die Regierung von einer großen Koalition gebildet, so ist der Handlungsspielraum des Premierministers stärker begrenzt. Im Juni 2006 wurde in der Geschichte der zweiten Republik Litauen erstmals ein Minderheitskabinett gebildet, das länger als ein Jahr hielt.

7.3 Vertrauen und Rechenschaftspflicht der Regierung

Die Regierung muss das Vertrauen des Parlaments haben und muss zurücktreten, wenn sie das Vertrauen verliert oder wenn das Parlament gegenüber dem Premierminister oder der Regierung ein Misstrauensvotum annimmt. Dies geschieht sehr selten. Die Regierung muss auch dann zurücktreten, wenn der Premierminister zurücktritt, was das Solidaritätsprinzip der Regierung widerspiegelt. Die Mehrheit des Parlaments kann einen Minister aus dem Amt abberufen. Minister sind dem Parlament gegenüber ebenfalls politisch rechenschaftspflichtig. Obgleich dies in der Verfassung Litauens nicht vorgesehen ist, besteht die Gepflogenheit, dass der Präsident den Vertrauensverlust gegenüber einem bestimmten Minister aussprechen kann, wenn es einen offensichtlichen Konflikt zwischen seinen privaten und öffentlichen Interessen gibt oder aufgrund anderer moralischer Bedenken. Dementsprechend muss das Parlament, wenn es einen Minister aus dem Amt abberufen will, kein kompliziertes Amtsenthebungsverfahren durchführen. So wie Parlamentsmitglieder haben auch Regierungsmitglieder während

---

17 Dies geschieht sehr selten. Beispielsweise ist es im modernen Litauen lediglich zweimal vorgekommen – nach den Parlamentswahlen von 1990, als die Bewegung Sąjūdis die Mehrheit erhielt (sich allerdings sehr bald in verschiedene Parteien spaltete), und nach den Wahlen von 1992, als die frühere Kommunistische Partei (Lietuvos Demokratinė Darbo Partija) die einzige Regierungspartei wurde.

ihrer Amtszeit rechtliche Immunität. Der Premierminister und andere Minister dürfen ohne Zustimmung des Parlaments nicht belangt oder verhaftet werden.

8 Menschenrechte

Die Grundidee der Menschenrechte als ein Instrument des Einzelnen, das gegen die Staatsmacht vor Gericht angeführt werden kann, entstand in westlichen Rechtssystemen nach dem Zweiten Weltkrieg. Unglücklicherweise gab es diese Grundidee in den baltischen Staaten während der sowjetischen Besatzungszeit nicht. Das sowjetische Rechtssystem basierte sehr stark auf Rechtspositivismus und ließ keinen Raum für die Grundidee der Menschenrechte. Daher hatten die Gesellschaften der baltischen Staaten zu Beginn der 1990er Jahre, als die Staaten ihre Unabhängigkeit zurückerlangten, keine Erfahrung, wie Demokratie, Rechtsstaatlichkeit und Menschenrechte in der Praxis umgesetzt werden können und welchen Problemen eine Gesellschaft bei der Umsetzung dieser Prinzipien begegnen kann. Es wurde bereits erwähnt, dass zwei Staaten (Estland und Litauen) sich nach Wiedererlangung ihrer Unabhängigkeit zur Entwicklung einer neuen Verfassung entschlossen, während Lettland sich für die Wiederannahme seiner Zwischenkriegsverfassung aus dem Jahr 1922 entschied. Dementsprechend wurden beim Entwerfen der Verfassungen Estlands und Litauens im Jahr 1992 eigene Abschnitte zu Menschenrechten eingeschlossen. In die Verfassung Lettlands wurde ein entsprechender Abschnitt erst im Jahr 1998 aufgenommen.[18] Die Ratifikation der Europäischen Menschenrechtskonvention (welche nach Annahme der Verfassungen erfolgte) und die Umsetzung der Rechtsprechung des Europäischen Gerichtshofs für Menschenrechte waren natürlich einige der wichtigsten Faktoren, die das Rechtssystem der baltischen Staaten geprägt haben und in der Folge die rechtliche Mentalität in Bezug auf das Konzept der Menschenrechte beeinflusst haben. Dies half sehr dabei, die Grenzen und Beschränkungen der Menschenrechte des Einzelnen zu entwickeln, was sich im Prinzip der Verhältnismäßigkeit und der Einsicht in die Notwendigkeit einer demokratischen Gesellschaft niederschlägt. Diese Veränderung der Rechtssysteme der baltischen Staaten kann gezeigt werden anhand der Bestimmungen bezüglich des *ius naturalis* (im Gegensatz zu einem reinen Rechtspositivismus) des Artikels 18 der Verfassung Litauens, wonach Menschenrechte und Freiheiten grundlegend sind. Dementsprechend ist der Ausdruck „natural human rights" im Rechtssystem Litauens verbreitet, während die Verfassungen Estlands und Lettlands die Formulierung „fundamental human rights" bevorzugen.

---

18 1991 wurde in Lettland ein vorläufiges Gesetz zu Menschenrechten als normales Gesetz angenommen und blieb bis zur Verfassungsänderung 1998 durch das Parlament das grundlegende Dokument in diesem Bereich. Aus diesem Grund steht der Abschnitt zu Menschenrechten in den Verfassungen Estlands und Litauens im Anschluss an den ersten Abschnitt, in der Verfassung Lettlands dagegen ist es der letzte Abschnitt.

Die Einrichtung eines Ombudsmannes ist ein modernes Instrument zum Schutz vor Menschenrechtsverletzungen. Die Verfassung Litauens beinhaltet ein entsprechendes Amt, das durch das Parlament für eine Periode von fünf Jahren besetzt wird. Die betreffende Person lässt sich beschreiben als „maladministration ombudsmen", da ihre Aufgabe gemäß Art. 73 ist, Beschwerden von Bürgern über bürokratische Willkür und den Missbrauch öffentlicher Macht zu überprüfen. Gemäß einem gewöhnlichen Gesetz gibt es zwei Ombudsleute in Litauen. Da die Machtbefugnisse des Ombudsmannes des *Seimas* beschränkt sind auf die Kontrolle der Bürokratie und des Amtsmissbrauches, wurden die Ämter der Ombudsleute für Gleichberechtigung und Schutz der Rechte von Kindern als eigene Behörden in den Jahren 1998 bzw. 2000 geschaffen. Die Institution des Ombudsmannes gilt nicht als ein richterliches Amt, da Empfehlungen des Ombudsmannes i. d. R. als ein Instrument des *soft law* betrachtet werden und daher nicht Gegenstand von Gerichtsverfahren sein können. Obwohl diese Empfehlungen formal nicht bindend sind, wird diesen von öffentlichen Behörden üblicherweise Folge geleistet (in Litauen gilt dies für ca. 80 % der Fälle). In Lettland basiert die Schaffung des Ombudsmannes auf einem gewöhnlichen Gesetz. In Estland hat der Justizkanzler ähnliche Vollmachten wie der Ombudsmann.[19]

9 Rechtsprechung

Der wichtigste Schutz vor der Beeinträchtigung der verfassungsmäßigen Rechte des Einzelnen liegt dennoch im Rechtssystem. In Litauen bestehen zwei unabhängige Gerichtssysteme: ordentliche Gerichte und Verwaltungsgerichte. Dies bedeutet, dass Verwaltungsgerichte als eigenständige Rechtsprechung funktionieren – mit dem Obersten Gerichtshof an der Spitze dieses Systems. In Estland und Lettland hingegen sind Verwaltungsgerichte nur in niedrigeren Instanzen tätig und sind ein Bestandteil des einheitlichen Rechtssystems mit dem Obersten Gerichtshof an der Spitze. In Übereinstimmung mit der kontinental-europäischen Tradition basiert das Rechtssystem der baltischen Staaten auf drei Instanzen: Gerichte der ersten Instanz, Berufungsinstanz und Kassation. In den baltischen Staaten gibt es prinzipiell kein Laienrichtersystem. Bestimmte Fälle werden jedoch in Lettland und Estland zunächst einem Ausschuss bestehend aus einem ausgebildeten Richter und zwei Laienrichtern vorgetragen.

In Litauen und Lettland wurde 1993 bzw. 1996 ein Verfassungsgericht mit der Kompetenz der Normenkontrolle geschaffen (s. u.). In Litauen werden die neun Verfassungsrichter für neun Jahre ernannt und dürfen nicht erneut ernannt werden. Alle drei Jahre

---

19 Die Kompetenzen des Justizkanzlers in Estland sind ziemlich umfangreich. Er agiert nicht nur als Ombudsmann, sondern hat auch die Kompetenz der ex ante Verfassungsüberprüfung. Er darf als Einziger ein Strafverfahren gegenüber dem Präsidenten, einem Parlamentsabgeordneten oder einem Minister einleiten.

setzt sich das Gericht neu zusammen durch die Ernennung dreier neuer Richter. Die Richter werden vom Parlament ernannt. Ein Kandidat wird vom Präsidenten der Republik vorgeschlagen, ein zweiter vom Parlamentssprecher und ein dritter vom Präsidenten des Obersten Gerichtshofs. Das Parlament ernennt außerdem den Präsidenten des Verfassungsgerichts nach Nominierung durch den Präsidenten. Die Richter haben Immunität und dürfen nicht ohne Zustimmung des Parlaments verhaftet oder strafrechtlicher Verfolgung ausgesetzt werden. Sie können nur durch ein Amtsenthebungsverfahren im Parlament aus ihrem Amt entfernt werden. Richter dieser Gerichte dürfen ebenso wenig wie die Richter anderer Gerichte ein anderes öffentliches Amt innehaben. Gemäß Art. 113 der Verfassung dürfen sie aber in ihrer akademischen Laufbahn voranschreiten. In Lettland werden vom Parlament sieben Richter für zehn Jahre ernannt. In Estland hat der Oberste Gerichtshof das Recht auf abstrakte und konkrete Normenkontrolle.

Die Verfassung Litauens sieht kein System der Verfassungsbeschwerde vor, wie dies in Deutschland der Fall ist und das es Einzelpersonen ermöglicht, sich an das Verfassungsgericht zu wenden. Anfragen an das Verfassungsgericht müssen von politischen Akteuren gestellt werden (Präsident, Parlament bzw. mindestens ein Fünftel der Abgeordneten – üblicherweise die Opposition –, oder die Regierung) oder von Richtern der ordentlichen Gerichte und der Verwaltungsgerichte. In Lettland haben wesentlich mehr Personen das Recht, sich an das Verfassungsgericht zu wenden, einschließlich Gemeinderäten, Generalstaatsanwalt, staatlichen Aufsichtsbehörden, der Nationalen Menschenrechtsbehörde sowie jedem Bürger, wenn er alle seine anderen Möglichkeiten ausgeschöpft hat.

Abstrakte Normenkontrolle bezieht sich auf all die Fälle, bei denen das Verfassungsgericht von einem politischen Akteur darum gebeten wird, ein Gesetz außerhalb des Kontextes eines Gerichtsverfahrens auf seine Verfassungsmäßigkeit zu überprüfen. In dieser Art der rechtlichen Überprüfung wird das Verfassungsgericht aufgefordert, eine rechtliche Frage zwischen zwei politischen Akteuren zu lösen, beispielsweise zwischen der Opposition im Parlament und der Regierung, repräsentiert durch die Parlamentsmehrheit.

Ordentliche und Verwaltungsgerichte können im Rahmen der konkreten Normenkontrolle eine Frage an das Verfassungsgericht verweisen, wenn Unsicherheit über die Verfassungsmäßigkeit eines rechtlichen Dokuments besteht. In einem solchen Fall wendet sich das Gericht an das Verfassungsgericht und suspendiert das Gerichtsverfahren bis zu dessen Entscheidung. Üblicherweise wird eine solche Suspension von den beteiligten Parteien gefordert, aber das Gericht darf dies ablehnen, wenn es dazu keinen rechtlichen Anlass sieht.

In beiden Ländern darf das Verfassungsgericht einen Akt des Parlaments, der Regierung, des Präsidenten oder einen internationalen Vertrag überprüfen. Das Verfassungsgericht Litauens darf zudem während eines Amtsenthebungsverfahrens und nach

Wahlen seine Meinung äußern. Aber in der Mehrheit der Fälle bezieht sich die diesbezügliche Kontrolle auf die Verfassungsmäßigkeit von Gesetzesvorschriften.

Das estnische Modell der Verfassungskontrolle liegt zwischen dem europäischen und dem amerikanischen Modell. Die Verfassungskontrolle wird nicht durch ein spezielles Gericht, sondern durch den Obersten Gerichtshof ausgeübt, der gleichzeitig die höchste Instanz im generellen Rechtssystem ist. Der estnische Oberste Gerichtshof hat in Bezug auf die Verfassungskontrolle sehr ähnliche Kompetenzen wie die Verfassungsgerichte Litauens und Lettlands und zum Teil sogar noch darüber hinausgehend. Es darf nicht nur *ex post* die parlamentarische Gesetzgebung beurteilen (wie dies z. B. in Litauen der Fall ist), sondern darf auch die Verfassungsmäßigkeit von Gesetzen überprüfen, die zwar verabschiedet worden sind, aber noch nicht in Kraft getreten sind (*ex ante* Überprüfung). Einige Funktionen der *ex ante* Kontrolle der Verfassungsmäßigkeit in Estland sind zudem auf den Justizkanzler übergegangen.

10 Fazit

Dieser kurze Überblick hat gezeigt, dass alle drei baltischen Staaten nach Wiedererlangung ihrer Unabhängigkeit und Demokratie Verfassungssysteme mit deutlichen Unterschieden geschaffen haben. Dies geschah trotz der gemeinsamen Erfahrungen der Zwischen- und Nachkriegszeit sowie ähnlicher Regierungsformen. Beispielsweise wurden in Estland und Litauen 1992 völlig neue Verfassungen angenommen, während Lettland sich entschloss, die Verfassung von 1922 wieder in Kraft zu setzen. In Litauen wird der Präsident direkt vom Volk gewählt, während sie oder er in Lettland und Estland indirekt gewählt wird. In Litauen und Lettland gibt es ein Verfassungsgericht, in Estland wird die Verfassungskontrolle vom Obersten Gerichtshof ausgeübt. Gleichwohl zeigt die Erfahrung von mittlerweile zwanzig Jahren, dass alle drei Verfassungen Demokratie, Konstitutionalismus und den sogenannten *parlementarisme rationalisé* in diesen Ländern befördern und den politisch-sozialen Bedürfnissen der jeweiligen Gesellschaft nach der Wiederherstellung der Unabhängigkeit in den 1990ern gerecht werden.

Literatur

Iljanova, Daiga. 2006. The Republic of Latvia. In *Constitutional law of 10 EU Member States. The 2004 Enlargement*, Hrsg. Constantijn Kortmann, Joseph Fleuren und Wim Voermans, V-3 – V-65. Deventer: Kluwer.

Merusk, Kale. 2006. The Republic of Estonia. In *Constitutional law of 10 EU Member States. The 2004 Enlargement*, Hrsg. Constantijn Kortmann, Joseph Fleuren und Wim Voermans, III-3 – III-73. Deventer: Kluwer.

Taube, Caroline. 2001. *Constitutionalism in Estonia, Latvia and Lithuania. A study in comparative constitutional law*. Uppsala: IUSTUS FÖRLAG.

Vaičaitis, Vaidotas A. 2006. The Republic of Lithuania. In *Constitutional law of 10 EU Member States. The 2004 Enlargement*, Hrsg. Constantijn Kortmann, Joseph Fleuren und Wim Voermans, VI-3–VI-68. Deventer: Kluwer.

Vaičaitis, Vaidotas A. 2007. *Introduction to Lithuanian Constitutional Law*. Vilniaus universiteto leidykla.

Beteiligungsformen ethnischer Minderheiten und demokratische Qualität in den baltischen Staaten

Michael Stoiber/Sigita Urdze

1 Einleitung

Die baltischen Staaten galten im Zuge der Demokratisierung Osteuropas häufig als Vorzeigeländer für eine – zumindest größtenteils – gelungene Transformation und Konsolidierung (vgl. Beichelt 2001). Als erfolgreicher Ausdruck des Prozesses kann die Aufnahme in die Europäische Union im Jahr 2004 gelten. Doch mischten sich auch immer wieder negative Aspekte unter die tendenziell positive Darstellung. Insbesondere wird die besondere Rolle thematisiert, die die russische Minderheit und andere nationale Minderheiten in den baltischen Staaten spielen. In der Phase der Beitrittsverhandlungen finden sich in den Dokumenten seitens der EU wiederholt, speziell in Bezug auf Estland und Lettland, Kritikpunkte in Bezug auf Minderheitenrechte und Staatsbürgerschaftsrecht (vgl. z. B. European Commission 1998, 2000). Doch auch in der wissenschaftlichen Diskussion wurden diese beiden Punkte immer wieder als Probleme im Prozess der endgültigen Konsolidierung identifiziert. Doch wirken sich diese Probleme tatsächlich negativ auf die demokratische Qualität aus? Bei Freedom House gelten alle drei Staaten schon ab der Transformationsphase 1991 als *free*, wobei noch kleinere Defekte bei politischen Rechten (Wert 2) und bürgerlichen Freiheiten (Wert 3) bestehen. 1997 wurden allen perfekte politische Rechte (Wert 1) und nur noch minimale Defizite bei den bürgerlichen Freiheiten konstatiert (Wert 2), 2005 gab es erstmalig die Bestwerte in beiden Kategorien, wobei in Lettland seither auch immer wieder kleinere Defizite (Wert 2) in beiden Dimensionen festgestellt werden.[1] Diese Defizite werden jedoch an zunehmender Korruption und Einschränkungen der Pressefreiheit festgemacht und nicht etwa an Problemen in Bezug auf den politischen Status von Minderheiten und Staatsbürgerschaftsrecht.[2] Wir gehen jedoch im Folgenden davon aus, dass der Umgang mit Minderheiten im politischen Prozess und die Staatsbürgerschaftsfrage relevante Kriterien sind, die für eine hohe demokratische Qualität zu berücksichtigen sind.

---

[1] Die Daten finden sich online unter: http://www.freedomhouse.org/template.cfm?page=439 (Zugegriffen: 24.10.2011)

[2] Freedom House, Country Report Latvia 2008 http://www.freedomhouse.org/template.cfm?page=22&year=2008&country=7429 und 2011 http://www.freedomhouse.org/template.cfm?page=363&year=2011&country=8073 (Zugegriffen: 24.10.2011).

Im folgenden Kapitel wird daher zunächst begründet, warum es in heterogenen Gesellschaften gesonderte Partizipationsmöglichkeiten z. B. in Form von Autonomierechten für größere Minderheitengruppen geben muss, um eine hohe demokratische Qualität erreichen zu können. Anschließend wird die besondere Problematik der Staatsbürgerschaft und ihr Zusammenhang mit demokratischer Qualität diskutiert (vgl. Stoiber 2011). In unserer empirischen Analyse werden zunächst die gesellschaftliche Heterogenität in den baltischen Staaten überprüft, die sich daraus ergebenden notwendigen Partizipationserfordernisse abgeleitet und deren Existenz überprüft. Anschließend werden die unterschiedlichen Regelungen zur Erlangung der Staatsbürgerschaft geprüft, um die Hürden zu bewerten, die zu überwinden sind. Abschließend diskutieren wir den problematischen Zusammenhang zwischen der Implementierung von Autonomierechten und staatlicher Stabilität.

2 Politische Minderheitenrechte, Staatsbürgerschaftsrechte und demokratische Qualität

Die Überlegungen, dass der politische Status von Minderheiten im Speziellen und der gesellschaftliche Kontext im Allgemeinen relevant für die Beurteilung der demokratischen Qualität politischer Systeme sind, sind Teil des kontextualisierten Modells der Demokratiemessung, wie es von Abromeit (2004) vorgeschlagen und von Stoiber (2008, 2011) spezifiziert, formalisiert und operationalisiert wurde. In diesem Beitrag wird auf Kernelemente dieser Logik zurückgegriffen, ohne dass das gesamte Modell ausführlich diskutiert werden muss. Uns geht es nicht um eine umfassende Beurteilung der demokratischen Qualität in den drei baltischen Staaten, sondern um die Analyse zweier problematischer Teilbereiche.

2.1 Die Bedeutung von Minderheiten und gesellschaftlicher Heterogenität für die demokratische Qualität

Gesellschaftliche Heterogenität kann zu Anforderungen an das institutionelle und prozedurale Arrangement von Demokratien führen, um die demokratische Qualität sichern zu können (vgl. Abromeit 2004; Stoiber 2008, 2011). So wird argumentiert, dass gesellschaftliche Heterogenität die einfache Welt der Mehrheitsdemokratie ins Wanken bringe und minimale demokratische Institutionen auf Basis der einfachen Mehrheitsregel nicht mehr ausreichen (Lane 1996, S. 245). Schließlich hat schon Tocqueville (1835/1840) die Anwendung des Mehrheitsprinzips an eine homogene Gesellschaft und die Abwesenheit dauerhafter Konfliktstrukturen, die wechselnde Mehrheiten verhindern, gebunden, da ansonsten die Tyrannei der Mehrheit drohe.

Wir verwenden für unsere folgenden Überlegungen ein individualistisch-liberales Demokratieverständnis, bei dem die effektive Beteiligung der Individuen an den kollektiven Entscheidungsprozessen im Zentrum steht:

„Demokratie strebt nach der Verwirklichung individueller Freiheit und Gleichheit. Sie ist die Ausdehnung der individuellen Selbstbestimmung auf den Bereich kollektiver Entscheidungen; sie vollzieht sich mittels einer effektiven Beteiligung der Individuen an den Entscheidungen, von denen sie betroffen sind." (Stoiber 2011, S. 137)

Gesellschaftliche Heterogenität wird dort zu einem Problem, wo sie eine effektive Beteiligung von bestimmten Gruppen von Individuen gefährdet, was immer dann geschieht, wenn die Chancengleichheit im politischen Prozess nicht mehr gegeben ist. Dementsprechend ergibt sich ein Defizit in der demokratischen Qualität, wenn die Effektivität politischer Partizipation eingeschränkt ist.[3] Die Gefahr, im politischen Entscheidungsprozess dauerhaft eine Minderheitenposition einzunehmen, trifft insbesondere für die „klassischen" Minderheiten zu.

Die Definition des Minderheitenbegriffs fällt nicht leicht, da dieser sowohl in der sozialwissenschaftlichen und juristischen Literatur als auch in der Politik und im Völkerrecht kontrovers diskutiert wird (vgl. z. B. Brunner 1996; Packer 1993; Pan 1999). Wir schließen an die Definition des Sonderberichterstatters der Minderheiten-Unterkommission des UN-Menschenrechtsausschusses Francesco Capotorti an. Bei einer Minderheit handelt es sich um

„... a group numerically inferior to the rest of the population of a State, in a non-dominant position, whose members – being nationals of the State – possess ethnic, religious or linguistic characteristics differing from those of the rest of the population and show, if only implicitly, a sense of solidarity, directed towards preserving their culture, traditions, religion or language." (Capotorti 1977)

Gerade im Liberalismus ist man jedoch skeptisch gegenüber solchen Gruppenrechten, doch Will Kymlickas (1995) Argumentation ist direkt anschlussfähig an das gewählte individualistisch-liberale Demokratieverständnis. Er zeigt, dass individuelle Freiheit vereinbar ist mit der Gewährung von Gruppenrechten für Minderheiten, die die Mehrheitsmacht der Gesamtgesellschaft („externer Druck") einschränken. Er argumentiert

---

3 Dieser Ansatz mündet in ein kontextualisiertes Modell der Demokratiemessung, wie es von Abromeit (2004) vorgeschlagen und von Stoiber (2008, 2011) spezifiziert, formalisiert und operationalisiert wurde. In diesem Beitrag wird auf Kernelemente dieser Logik zurückgegriffen, ohne dass das gesamte Modell ausführlich diskutiert werden muss.

insbesondere mit Gleichheitsgrundsätzen wie die Anerkennung der individuellen Unterschiedlichkeit (Kymlicka 1995, S. 108).[4]

Kymlicka identifiziert als explizit politische Rechte verschiedene Möglichkeiten der Selbstregierungsrechte und spezielle Repräsentationsgarantien für Minderheiten. Die Forderung nach spezieller Repräsentation ergibt sich aus einer mangelhaften Gleichheit im politischen Prozess, die institutionell zunächst durch ein proportionales Wahlsystem mit möglichst niedriger Repräsentationsschwelle herzustellen versucht werden kann. Doch reiche die formale Chancengleichheit oft nicht aus, da Minderheiten häufig auch sozial oder ökonomisch benachteiligt seien. Es bestünden somit systematische Nachteile und Barrieren, die den Forderungen nach einer Sicherung der Repräsentation z. B. über eine feste Anzahl an Parlamentsmandaten Raum verleihen würden (Kymlicka 1995, S. 32). So bewirkten niedrige Repräsentationshürden zumindest die Gelegenheit und spezielle Repräsentationsprivilegien die Sicherheit dafür, dass auf nationaler Ebene die Einspeisung der Minderheiteninteressen in den gesamtgesellschaftlichen Politikprozess gewährleistet wird.

Prinzipiell kommen als Selbstregierungsrechte in heterogenen Gesellschaften zwei unterschiedliche Mechanismen in Frage, die eine effektive Selbstbestimmung im politischen Prozess gewährleisten können: Autonomie- und Vetorechte (Goodin 1996, S. 639). Bei der Auswahl, welche Institutionalisierungsform die geeignete ist, ist auf die Stärke und insbesondere die regionale Konzentration der Minderheiten zu achten. Bei Kymlicka (1995, 1999) finden sich unter den verschiedenen Mechanismen allein unterschiedliche Arrangements von Autonomierechten. Sind Minderheiten regional konzentriert und bilden dort die Mehrheit, stellt die Gewährung von Autonomierechten in Form einer föderalen Staatsordnung die bestmögliche Lösung dar (Kymlicka 1995, S. 28, 1999, S. 33). Doch ist eine homogene Territorialität nicht immer gegeben, weshalb auch Autonomierechte für Gruppen vergeben werden können, die an die Zugehörigkeit der Individuen gebunden sind. Alternativ können zu Autonomierechten für bestimmte Gruppen Vetorechte in jenen Bereichen installiert werden, die für eine eigenständige Identität grundlegend sind (vgl. für die EU Abromeit 1998, S. 103 ff.). Doch Kymlickas Grundargument zu Gunsten von Selbstregierungsrechten geht nicht nur von einer Bewahrung der eigenen kulturellen Identität aus – diese könnte im Sinne einer Sicherung des Status Quo auch durch Vetorechte erreicht werden. Ihm geht es vielmehr um die Ausgestaltung der eigenen Kultur im größeren Rahmen des Gesamtstaates. Der Mehrheitskultur ist das grundlegend möglich, doch muss für Minderheiten ein positives Instrumentarium in Form von Autonomierechten geschaffen werden, das es der jeweiligen Minderheit erlaubt, den eigenen Status Quo in die gewünschte Richtung zu verändern.

Zur Begründung kommen die besonders intensiven Präferenzen ins Spiel, die den einzelnen Gruppen einer heterogenen Gesellschaft zu Eigen sind. Es kann sein, dass eine einzelne Entscheidung die Präferenzen der Gruppenmitglieder so nachhaltig ver-

---

4 Eine ausführliche Diskussion dieses Punktes findet sich in Stoiber (2011, S. 215 ff.).

letzt (extrem hohe externe Kosten[5]), dass eine Kompensation durch Gewinne aus anderen Entscheidungen nicht möglich ist. Folglich sind genau solche Entscheidungen mit Vetorechten auszustatten. Ein Abweichen von der Einstimmigkeit ist dann sinnvoll, wenn einerseits die Entscheidungskosten steigen und andererseits die externen Kosten nicht so hoch sind. Nun kann argumentiert werden, dass die Entscheidungskosten in heterogenen Gesellschaften besonders hoch sind, da die Suche nach Einstimmigkeit besonders mühsam ist. Die Entscheidungskosten würden entsprechend stark gesenkt, wenn auf die Mehrheitsregel zurückgegriffen würde. Doch verhindern das die hohen externen Kosten von Mehrheitsentscheidungen in heterogenen Gesellschaften. Denn dann droht insbesondere dauerhaftes Überstimmt-Werden einzelner Gruppen. Um einen gewissen Grundkonsens zu sichern, bei dem die negativen externen Kosten möglichst gering gehalten werden, die Entscheidungskosten aber nicht explodieren, sind daher in heterogenen Gesellschaften qualifizierte Mehrheiten die geeignete Entscheidungsregel. Vetorechte sind dann geeignet, wenn die externen Kosten tatsächlich enorm hoch liegen – also in den Fällen, in denen die Identität einer sozialen Gruppe durch Überstimmt-Werden tatsächlich bedroht ist. Doch erst wenn es sich bei den Gruppen um kulturelle Minderheiten handelt, greift das Argument der Identitätsbewahrung. So bleiben Autonomie und Vetorechte als Lösungen der Minderheitenproblematik vorbehalten. Einen Überblick der geeigneten Partizipationsmöglichkeiten für Gesellschaften mit Minderheiten findet sich in Abbildung 1.

Abbildung 1   Geeignete Beteiligungsformen für Gesellschaften mit Minderheiten

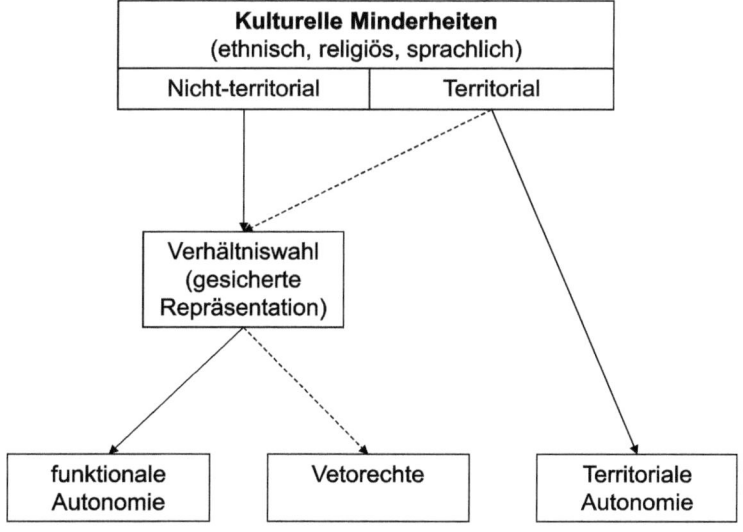

Quelle: eigene Darstellung in Anlehnung an Stoiber (2011, S. 234)

---

5   Zu externen Kosten und Entscheidungskosten vgl. Buchanan u. Tullock (1962).

Hier wird eine Interdependenz zwischen Repräsentation und alternativen Partizipationsinstrumenten deutlich. Bei „klassischen" Minderheiten ist zunächst zu prüfen, ob diese territorial konzentriert sind. Ist das nicht der Fall, wird eine Sicherung der Repräsentation auf nationaler Ebene notwendig. Hinzu kommt bei einer ausreichend hohen eigenen Identität und sozialer Organisation die Forderung nach einer Bereichs-Autonomie für die sensitiven Politikbereiche, welche die Identität der Minderheit betreffen. Als qualitativ schwächere Lösung können für diese Bereiche auch Vetorechte eingerichtet werden. Im Falle einer territorialen Konzentration der Minderheit ist die Einrichtung territorialer Autonomie angebracht, was im Umkehrschluss keine gesonderten Repräsentationsanforderungen auf nationaler Ebene erforderlich macht (vgl. Kymlicka 1995). Als qualitativ schlechtere „second-best"-Lösung bietet sich zweistufig zunächst ein Verhältniswahlsystem oder eine formal gesicherte Repräsentation an, auf denen dann analog zu den nicht-territorialen Minderheiten entweder eine Bereichsautonomie oder qualitativ schwächer Vetorechte aufbauen können.

Die alternative Form gesellschaftliche Heterogenität in Form von segmentierten Gesellschaften (vgl. Lijphart 1977) spielt in den baltischen Staaten keine Rolle. Daher sind die Überlegungen zu geeigneten Beteiligungsformen in solcherart strukturierten Gesellschaften (vgl. dazu Stoiber 2011, S. 227 ff.) an dieser Stelle nicht relevant.

2.2 Die Rolle der Staatsbürgerschaft

An dieser Stelle taucht eine Problematik auf, die schon in der Diskussion um den Minderheitenbegriff angedeutet wurde. Polyethnische Rechte können auch Nicht-Staatsbürgern gewährt werden. Doch wie sieht es mit den Selbstregierungsrechten aus? Der Entscheidung, welche politischen Minderheitenrechte zu gewähren sind, ist die Frage nach der Bindung von politischen Partizipationsrechten an die Staatsbürgerschaft vorgelagert.

So wird in der Regel die Institution Staatsbürgerschaft nahezu ausschließlich als Modus der Inklusion in den Nationalstaat verstanden, allerdings ohne explizit als solcher modelliert zu werden (vgl. Mackert 1999, S. 15, 2006, S. 21). In der modernen Diskussion dient vor allem das Konzept Marshalls (1991 [1965]) als Referenzpunkt. Doch die Frage nach einem damit verbundenen exklusiven Charakter einer auf den Nationalstaat bezogenen Staatsbürgerschaft ist erst Gegenstand der aktuellen Diskussion, herausgefordert durch das Phänomen zunehmender Immigration. Dabei treffe diese Problematik vor allem jene Nationen, die auf Basis einer ethnisch homogenen Gesellschaft die Staatsbürgerschaft an gemeinsame Herkunft und geteiltes kulturelles Erbe *(ius sanguinis)* binden. Dagegen falle den klassischen Einwanderungsländern wie den USA, Kanada und Australien die Anpassung leichter, da sie auf einen weiteren, im Grunde politischen Staatsbürgerschaftsbegriff zurückgreifen (vgl. Mackert 1999, S. 165).

Die Diskussion ist folglich eingebettet in ein Geflecht, das Staatsbürgerschaft, Nationalstaat, Demokratie und politische Partizipationsrechte umfasst. So haben sich zivile und politische Bürgerrechte als Kern der Demokratisierung und Etablierung der Volksherrschaft historisch in der Formierungsphase des modernen Nationalstaates herausgebildet, in der es zeitgleich zur Entwicklung der Staatsbürgerschaft kam (Held 1995, S. 67). Doch war es mehr als eine parallele Entwicklung, denn „der Staatsbürgerstatus setzt eine Bindung anderer Art voraus, ein unmittelbares Gefühl der Mitgliedschaft in einer Gemeinschaft auf der Grundlage der Loyalität gegenüber einer Kultur, die von allen geteilt wird" (Marshall 1991, S. 62). Folglich fußt der Staatsbürgerstatus europäischer Prägung auf der nationalen Gemeinschaft. Eine Ausweitung politischer Rechte sei daher immer mit der Frage nach der Mitgliedschaft in der politischen Gemeinschaft in Form der Staatsbürgerschaft verbunden gewesen (vgl. Held 1995, S. 68).

An dieser Stelle setzt wiederum die Argumentation zu Gunsten genuiner Minderheitenrechte an, da die Nationenbildung mit der Herausbildung einer bestimmten Kultur einhergehe, die in Form der nationalen Identität die Teilnahme an Gesellschaft und Staatsbürgerschaft regele. Minderheiten seien einem Assimilationsdruck ausgesetzt und würden in der Regel durch die nationale kulturelle Mehrheit benachteiligt. Sie reagierten darauf mittels eigener Identitätsbildung und der Forderung nach eigenen Rechten. Kymlicka (2007, S. 333 ff.) adressiert nun zwei unterschiedliche Gruppen. Für schon bestehende nationale Minderheiten führe das nicht zur Frage nach der Staatsbürgerschaft (die sie ja besitzen), sondern allein nach Partizipationsrechten im Sinne einer Selbstbestimmung. Dagegen stelle für Einwanderergruppen der Erwerb der Staatsbürgerschaft den ersten Schritt dar, auf dessen Basis dann weitere Überlegungen zur Gewährung von Minderheitenrechten erfolgen könnten (Kymlicka 2007, S. 335).

Doch was in dieser Verknüpfung von nationaler Gemeinschaft, Staatsbürgerschaft und demokratischen Rechten problematisch wird, ist die Bindung politischer Partizipationsrechte an die Staatsbürgerschaft. Denn auch Nicht-Staatsangehörige, die dauerhaft in einem Staat leben, sind von den im politischen System dieses Staates getroffenen kollektiven Entscheidungen betroffen. Sie zahlen z. B. Steuern und unterliegen dem gültigen Rechtssystem (vgl. Schoch 2001, S. 220). Dafür erwerben sie in der Regel die zivilen Grundrechte, aber lediglich begrenzte bürgerliche Rechte, die nicht mit denen der Staatsbürger gleichgestellt sind. Diese Argumentation führt zu einem Aufbrechen der in der europäischen Tradition bestehenden Kongruenz von Staatsbürgerschaft und volksbasiertem Nationenverständnis, um die Kongruenz zwischen dem *demos*, der die kollektiv verbindlichen Entscheidungen trifft, und den davon Betroffenen wiederherzustellen.

Es wird also – anders als bei Kymlicka – die Forderung aufgestellt, dass politische Rechte in Form von Partizipations- und Selbstregierungsmöglichkeiten allen dauerhaft in einem Staatswesen lebenden Individuen zugestanden werden müssen. Auf Basis seiner Betonung des Gleichheitsaspekts („strong principle of equality") ist Dahl in seiner Forderung der vollen Inklusion weitgehend. Sie basiert auf dem Kongruenzprinzip und der Logik kollektiv verbindlicher Entscheidungen. Jeder, der an diese Entscheidungen gebunden ist, müsse Mitglied des *demos* sein (Dahl 1989, S. 120). Dahl (1989, S. 127) gesteht lediglich den Ausschluss der Kinder von der politischen Teilhabe zu. Ebenso ausgeschlossen sind Durchreisende und Touristen. Das ist zwar noch keine operationale Definition mit eindeutigen Kriterien, macht aber deutlich, dass umgekehrt positiv formuliert nach Dahl alle dauerhaft in einem Land lebenden Erwachsenen über gleiche politische Teilhaberechte verfügen sollten. In Bezug auf die Staatsbürgerschaft als Kriterium ist Dahl dagegen sehr skeptisch, da diese „wholly contingent on circumstances that cannot be specified in advance" (Dahl, S. 120) sei. Es gebe keine kategorialen Kriterien für die Inklusion, es obliege vielmehr der Mehrheit des bestehenden *demos*, diese festzulegen.

Aufgegriffen wird die Problematik der Inklusivität des *demos* im Konzept der defekten Demokratie, in der im Subtyp der exklusiven Demokratie bestimmte Segmente der erwachsenen Bürger vom Wahlrecht oder der aktiven politischen Partizipation ausgeschlossen sind (Merkel 2004, S. 49). Dabei argumentieren die Autoren in Hinsicht auf die Staatsbürgerschaft eher konservativ, indem sie die politischen Beteiligungsmöglichkeiten an letztere binden. „Demos definiert das Volk weder territorial (Einwohner) noch ethnisch *(ethnos)*, sondern politisch. Es besteht aus jenem Personenkreis, der durch das Kriterium der Staatsbürgerschaft rechtlich verbunden ist" (Croissant u. Thierry 2000, S. 103).

Im Folgenden wird zunächst an die eher konservative Argumentationslinie angeschlossen. Der *demos*, für den die Kongruenzbedingung zutreffen muss, wird nicht territorial definiert, da sich hier sowohl normativ als auch pragmatisch ein Abgrenzungsproblem ergibt: Ab wann ist ein Individuum einem bestimmten Territorium als zugehörig zu zählen? Definiert man den *demos* jedoch politisch, ist eine Bindung an die Staatsbürgerschaft theoretisch und empirisch sinnvoll. Wenn politische Partizipationsrechte an die Staatsbürgerschaft gebunden sind, um ein eindeutiges Abgrenzungskriterium zu ermöglichen, wird der Erwerb der Staatsbürgerschaft zur zentralen Hürde für die individuelle politische Beteiligung. Daher ist zu prüfen, inwiefern es Nicht-Staatsbürgern, die dauerhaft in einem Staat leben, möglich ist, die Staatsbürgerschaft zu erlangen. Es müssen rechtliche Regelungen vorhanden sein, die es diesem Personenkreis ermöglichen, auf freiwilliger Basis nach einer bestimmten Aufenthaltszeit, die Staatsbürgerschaft oder analog die Staatsbürgerrechte zu erlangen (vgl. Croissant u. Thierry 2000, S. 103). Wenn dies nicht möglich ist oder es zu sehr hohen Hürden kommt, stellt das ein Defizit des Inklusionspostulats dar.

Um mögliche Defizite im Erwerb der Staatsbürgerschaft zu identifizieren, ist zu ermitteln, wie stark die Einschränkungen für diejenigen Ausländer bzw. Nicht-Staatsbürger sind, welche die Staatsangehörigkeit erwerben möchten. Es gibt zwei unterschiedliche Traditionen im Staatsangehörigkeitsrecht, die letztlich auch Effekte auf die Möglichkeit von Nicht-Staatsbürgern, die Staatsangehörigkeit zu erlangen, haben können. Im *ius sanguinis* ist die Staatsbürgerschaft Folge der Staatsangehörigkeit eines Elternteils oder zumindest von Vorfahren, im *ius soli* ist dagegen der Geburtsort des Bürgers entscheidend (vgl. Weil 2001, S. 92; Mackert 2006, S. 83). Die je eigene Tradition prägt die Verfahren, durch welche die Staatsbürgerschaft erlangt werden kann. Im Lauf des 20. Jahrhunderts kam es jedoch zu einer Konvergenz der Verfahren, so dass nun z. B. auch in nahezu allen Ländern mit der *ius sanguinis*-Tradition der Erwerb auf Basis des Geburtsortes als Zugangsmöglichkeit zur Staatsbürgerschaft eingerichtet ist (vgl. Weil 2001, S. 95). Die beiden relevanten Zugangsmöglichkeiten, für die unterschiedliche Restriktionen bestehen können, sind daher Einbürgerung sowie Einwanderer in der zweiten Generation.[6] Für die letzte Möglichkeit bestehen in der Regel gesonderte Vorschriften für einen erleichterten oder gar automatischen Zugang. Solche Sonderregeln reduzieren die negativen Auswirkungen der allgemeinen Restriktionen für die Einwanderung, da sie einen häufig doch recht großen Kreis an Nicht-Staatsbürgern betrifft.

Einschränkungen können sich durch formale Anforderungen und durch eine Prüfung der erfolgten Integration ergeben (vgl. Weil 2001, S. 96). Die erste formale Anforderung bei Einbürgerungsverfahren ist der Ausschluss von vorbestraften Personen. Die zweite bezieht sich auf die Aufenthaltsdauer eines Nicht-Staatsbürgers im entsprechenden Land.[7] Ein gewisser Zeitraum zwischen Beginn des Aufenthaltes und dem Beantragen der Staatsbürgerschaft kann dabei als legitim gelten, daher ist zu entscheiden, ab wann die Zeitdauer als Restriktion einzustufen ist. Die Grenze von mehr als fünf Jahren erscheint plausibel für die Bewertung als Restriktion, da bis zu dieser Zeitdauer den Nicht-Staatsbürgern die Integration in das Staatswesen zugetraut werden kann.

In Anschluss an das Argument der Integration werden auch Anforderungen an den schon erfolgten sozialen Integrationsprozess gestellt, die gegebenenfalls formal überprüft werden können. Das kann erstens durch eine Überprüfung in Form eines Staatsbürgerschaftstests erfolgen und umfasst einen Test der Kenntnis der nationalen Muttersprache, kann aber auch Wissensfragen zur Geschichte, Kultur oder Politik des Landes beinhalten. Zweitens kann die erfolgte Integration auch an der Befähigung zu einer eigenständigen Existenz im neuen Staatswesen festgemacht werden, was die ökonomische Komponente der Integration betont und von den Antragstellern ein ausreichendes Einkommen oder eine Arbeitstätigkeit verlangt.

3   Minderheiten, Staatsbürgerschaft und demokratische Defizite in den baltischen Staaten

Aufbauend auf die vorangegangenen theoretischen Überlegungen zur Beurteilung der demokratischen Qualität politischer Systeme soll im Folgenden nun die Situation der

---

6   Der Erwerb der Staatsbürgerschaft durch Heirat wird nicht gesondert berücksichtigt, da es sich um eine Sonderform handelt, die eine Subgruppe aller Nicht-Staatsbürger betrifft.
7   Die Verpflichtung, gegebenenfalls auf die frühere Staatsbürgerschaft zu verzichten, wird nicht als Einschränkung für den Zugang gewertet, da aus nationalstaatlicher Logik die mit der Staatsbürgerschaft verbundenen politischen Rechte exklusiv gedacht sind. Die Zuerkennung politischer Partizipationsmöglichkeiten für andere Staatsbürger innerhalb des europäischen Mehrebenensystems adressiert eine neue Problematik, die an dieser Stelle jedoch noch ausgeklammert wird.

Minderheiten und der Minderheitenrechte speziell in den baltischen Staaten untersucht werden. Zusätzlich erfährt dabei auch die Frage nach territorialer Stabilität Berücksichtigung.

3.1 Minderheiten, notwendige Partizipationsmöglichkeiten und Defizite

In Bezug auf mit Minderheiten verbundene Demokratieprobleme bilden die drei baltischen Staaten keine homogene Einheit. Grundsätzlich ist zu unterscheiden zwischen Estland und Lettland einerseits und Litauen andererseits. Dies gilt sowohl im Hinblick auf den Anteil der Minderheiten (sowohl historisch als auch nach der Wiedererlangung der Unabhängigkeit) als auch deren Zusammensetzung sowie auf den Umgang mit Minderheiten. Zu Beginn des Jahres 2010 machten Esten in Estland 68,8 % der Bevölkerung aus, Letten in Lettland 59,4 % und Litauer in Litauen 83,1 %. Für alle drei Länder gilt, dass der Anteil der Esten bzw. Letten bzw. Litauer seit der Wiedererlangung der Unabhängigkeit deutlich gestiegen ist (Statistics Estonia 2011a; Latvijas Statistika 2011a; Statistics Lithuania 2011a).

Allen drei Ländern ist gemeinsam, dass zu unterscheiden ist zwischen der ethnischen Zugehörigkeit von Personen und deren Staatsangehörigkeit. So ist beispielsweise i. d. R. mit der Bezeichnung „die Russen" die ethnische Gruppe der Russen gemeint und nicht etwa diejenigen, die die russische Staatsangehörigkeit haben.[8] In Bezug auf die Staatsangehörigkeit lassen sich drei Gruppen unterscheiden:

1. Angehörige einer ethnischen Minderheit mit der Staatsangehörigkeit eines anderen Landes,
2. Angehörige einer ethnischen Minderheit mit der Staatsangehörigkeit des baltischen Staates, in dem sie leben,
3. Angehörige einer ethnischen Minderheit ohne Staatsangehörigkeit.

Tabelle 1 verdeutlicht die unterschiedlichen Anteile von Minderheiten in den baltischen Staaten unter Berücksichtigung der unterschiedlichen Zählweisen.

Die Werte in Tabelle 1 machen deutlich, dass es zwischen den baltischen Staaten erhebliche Unterschiede in Bezug auf die an die Staatsangehörigkeit gebundenen Partizipationsmöglichkeiten gibt: In Litauen haben nahezu alle Einwohner die Staatsangehörigkeit des Landes, in Estland und besonders in Lettland hingegen trifft dies auf große Bevölkerungsteile nicht zu. Besonders hervorzuheben ist der Anteil der Bewohner ohne Staatsangehörigkeit. Hierbei handelt es sich um frühere Staatsangehörige der Sowjetunion, die als ständige Einwohner der beiden Länder registriert sind, aber weder die Staatsangehörigkeit Estlands bzw. Lettlands noch eines anderen Landes – beispielsweise

---

8   Im Folgenden werden diese Gepflogenheiten bei den Formulierungen übernommen.

Tabelle 1

	%-Anteil aller Minderheiten ethnisch	%-Anteil aller Minderheiten nach Staatsangehörigkeit		
		Staatsangehörigkeit eines anderen Landes	Ohne Staatsangehörigkeit	Angehörige ethnischer Minderheit mit Staatsangehörigkeit Estlands, Lettlands bzw. Litauens
Estland	31,2 (2010)	8,7 (2011)	7,0 (2011)	15,5
Lettland	40,6 (2010)	2,2 (2010)	15,0 (2010)	23,4
Litauen	16,9 (2010)	1,0 (2010)	0,1 (2010)	15,8

Quellen: Statistics Estonia 2011a, b; Latvijas Statistika 2011a; Pilsonības un migrācijas lietu pārvalde 2010; Statistics Lithuania 2011a, b; Estonia.eu 2011; eigene Berechnungen.

Russlands oder Polens – erworben haben. Sie sind also nicht zu verwechseln mit Flüchtlingen. Vielmehr werden für diese Gruppen eigene Fremdenpässe ausgestellt, die ihnen aufgrund einer Verordnung aus dem Jahr 2006 visumfreies Reisen im Schengen-Raum ermöglichen (Politsei- ja piirivalveamet 2011; Office of Citizenship and Migration Affairs 2011; Rat der Europäischen Union 2006).

Neben den Unterschieden in den Anteilen der Minderheiten in den baltischen Staaten gibt es auch Unterschiede in Bezug auf deren Zusammensetzung. In Estland und Lettland besteht die Bevölkerung jeweils mehr als zu einem Viertel aus Russen. In Litauen hingegen bilden Polen die größte ethnische Minderheit. Ein weiterer Unterschied zwischen den baltischen Staaten besteht in der Anzahl der Minderheiten, die im Weiteren Berücksichtigung finden. Dies gilt für die Minderheiten, die seit der Wiedererlangung der Unabhängigkeit der baltischen Staaten in dem betreffenden Staat zeitweise einen Anteil von mehr als 2 % gehabt haben. In Estland ist neben der russischen Minderheit auch die ukrainische Minderheit zu nennen, in Lettland zusätzlich die weißrussische, ukrainische und polnische Minderheit sowie in Litauen neben der polnischen Minderheit auch die russische Minderheit (Statistics Estonia 2011a; Latvijas Statistika 2011a; Statistics Lithuania 2011a). Die 2-%-Grenze wird aus zwei Gründen gezogen: Zum einen soll die Anzahl der zu untersuchenden Minderheiten überschaubar gehalten werden. Zum anderen gaben 1989 nahezu 50 % oder mehr der Ukrainer und Weißrussen in Estland, Lettland und Litauen an, ihre Muttersprache sei russisch. Damit einhergehend werden bei diesen beiden Bevölkerungsgruppen in den baltischen Staaten Assimilierungstendenzen zur russischen Bevölkerungsgruppe festgestellt (Hogan-Brun 2003, S. 124). Wichtig zur Identifikation als Minderheit ist neben dem Größenkriterium die eigene Identität (vgl. Stoiber 2011, S. 217). Aufgrund der relativen sprachlichen Nähe und der Assimilierungstendenzen sowie fehlender Hinweise in der Literatur auf das Vorliegen einer kulturellen und darauf aufbauenden politischen Identität wird diese im Folgenden als nicht vorhanden angenommen. Aus diesem Grund werden die ukrainischen und weißrussischen Minderheiten im Weiteren gemeinsam mit der russischen Minderheit behandelt. Insgesamt ergibt sich hieraus ein Bild, wonach in Estland eine ethnische Minderheit – Russen – lebt, für die spezifische Minderheitenrechte gegeben sein sollten, während in Litauen und Lettland zwei entsprechende Minderheiten zu finden sind – Polen und Russen (vgl. Tabelle 2, jeweils grau hinterlegt).

Tabelle 2 Bevölkerungszusammensetzung ethnisch 2010 in % und in absoluten Zahlen in Millionen.

	Esten bzw. Letten bzw. Litauer	Russen	Ukrainer	Weißrussen	Finnen	Polen
Estland	68,8 (0,92)	25,5 (0,34)	2,1 (0,03)	1,2 (0,02)	0,8 (0,01)	0,2 (0,002)
Lettland	59,4 (1,34)	27,6 (0,62)	2,5 (0,06)	3,6 (0,08)	k. A.	2,3 (0,05)
Litauen	83,1 (2,77)	4,8 (0,16)	0,6 (0,02)	1,1 (0,04)	k. A.	6,0 (0,20)

Quellen: Statistics Estonia 2011a; Latvijas Statistika 2011a; Statistics Lithuania 2011a.

Bevor im nächsten Schritt auf die notwendigen Partizipationsmöglichkeiten eingegangen wird, ist zuvor noch zu klären, inwieweit es sich bei den ethnischen Minderheiten um territoriale oder nicht-territoriale Minderheiten handelt. Die Tabellen 3 bis 5 machen deutlich, dass sich die ethnischen Minderheiten in den baltischen Staaten stark auf einzelne Regionen konzentrieren. Eine territoriale Minderheit in dem Sinne, dass sie in einem Territorium einen größeren Anteil an der Bevölkerung ausmacht als die Mehrheitsbevölkerung des Gesamtstaates (vgl. Stoiber 2011, S. 242) lässt sich aber nur für zwei Fälle feststellen (grau hinterlegt in Tabelle 4 und 5): Für das Ida-Viru county in Estland sowie für die Stadt Daugavpils in Lettland. Das Ida-Viru county liegt im äußersten Nordosten Estlands an der Grenze zu Russland; Daugavpils liegt im Südosten des Landes und ist die zweitgrößte Stadt Lettlands.

Aus den dargestellten Zahlen lassen sich die folgenden Partizipationsstrukturen als notwendig ableiten:

- In allen drei baltischen Staaten ist die Einrichtung funktionaler Autonomierechte notwendig – in Estland für die ethnische russische Minderheit, in Litauen und Lettland sowohl für die ethnische russische und polnische Minderheit. Notwendig wären somit Selbstbestimmung und Selbstverwaltung in für die Identität essentiellen Entscheidungsbereichen (Kultur, Unterricht, Rundfunk und Fernsehen, Mitsprache bei einer möglichen zweiten Staatsbürgerschaft, vgl. Stoiber 2011, S. 269 f.).

Tabelle 3 Anteil ethnischer Gruppierungen in Regionen Estlands
mit stärksten Anteilen an Minderheiten im Jahr 2000.

	Ethnische Russen in % und absoluten Zahlen	Ethnische Esten in % und absoluten Zahlen
Ida-Viru county	70,2 (126 478)	20,2 (36 365)
Tallinn (Teil von Harju county)	36,9 (147 783)	54,2 (217 248)
Harju county	32,8 (172 647)	58,8 (309 402)

Quelle: Statistics Estonia 2011a, c, eigene Berechnungen.

Tabelle 4 Anteil ethnischer Gruppierungen in Städten Lettlands
mit stärksten Anteilen an Minderheiten im Jahr 2011.

	Ethnische Russen in % und absoluten Zahlen	Ethnische Polen in % und absoluten Zahlen	Ethnische Letten in % und absoluten Zahlen
Daugavpils	51,8 (53 283)	14,4 (14 766)	18,0 (18 518)
Rēzekne	47,0 (16 239)	2,5 (859)	44,2 (15 279)
Rīga	40,7 (285 032)	2,0 (13 807)	42,5 (297 353)

Quelle: Latvijas Statistika 2011b.

Tabelle 5 Anteil ethnischer Gruppierungen in Regionen Litauens
mit stärksten Anteilen an Minderheiten im Jahr 2001.

	Ethnische Russen in % und absoluten Zahlen	Ethnische Polen in % und absoluten Zahlen	Ethnische Litauer in % und absoluten Zahlen
Vilnius county	11,6 (98 790)	25,4 (216 012)	54,9 (466 296)
Utena county	13,4 (24 962)	4,5 (8 428)	77,1 (143 340)
Klaipėda county	11,4 (44 082)	0,3 (975)	84,2 (324 798)

Quelle: Statistics Lithuania 2000a, b, eigene Berechnungen.

- In Estland und Lettland ist darüber hinaus auch territoriale Autonomie im Ida-Viru county bzw. in Daugavpils notwendig.[9]

Territoriale Autonomie
Entsprechende territoriale Autonomieregelungen im Ida-Viru county in Estland und in Daugavpils in Lettland sind nicht vorgesehen. Begrenzt sind auch die Möglichkeiten, die über die bestehenden Selbstverwaltungsstrukturen vorhanden sind. Sowohl Estland als auch Lettland haben einen zentralistischen Staatsaufbau. Die Bezirksstruktur – die im Falle des Ida-Viru county von besonderem Interesse wäre – ist in Estland sehr schwach ausgebildet. Die Bezirke sind der Zentralregierung direkt unterstellt, ihr Gouverneur wird vom Ministerkabinett der Zentralregierung ernannt (Riigikogu 2002). Somit hat das Ida-Viru county keine Möglichkeit, zu einer von der Zentralregierung unabhängigen Politik zu gelangen, die den besonderen Bedürfnissen der russischen Minderheit Rechnung tragen würde. Lettland seinerseits ist auf der kommunalen Ebene in 109 Gemeinden und neun kreisfreie Städte eingeteilt. Zu letzteren gehört Daugavpils als zweitgrößte Stadt. Zwar verfügt die kommunale Ebene in Lettland über eine größere Eigenständigkeit als die regionale Ebene und auch als die regionale Ebene im benachbarten Estland. Dennoch sind die Rechte der Kommunen in Lettland begrenzt. Ihre Hauptarbeit erstreckt sich auf das Ausführen von zentraler Ebene vorgegebenen Verwaltungsaufgaben; die gestalterischen Möglichkeiten sind deutlich stärker begrenzt. Dies ermöglicht es der Stadt Daugavpils nur begrenzt, speziell auf die Bedürfnisse der russischen Minderheit einzugehen, die dort die Mehrheit stellt (Trasberg 2009; Urdze u. Knodt 2006). Hinzu kommt, dass das Pro-Kopf-Einkommen sowohl im Ida-Viru county als auch in Daugavpils deutlich unter dem nationalen Durchschnitt liegt, also auch in finanzieller Hinsicht nur ein begrenzter Spielraum vorhanden ist (Statistics Estonia 2011d; Latvijas Statistika 2011c). Angesichts dieses Fehlens territorialer Autonomie wäre es umso dringlicher, dass die Minderheiten in diesen Staaten zumindest über funktionale Autonomie verfügen.

Funktionale Autonomie
In allen drei baltischen Staaten müssten ethnische Minderheiten über funktionale Autonomierechte verfügen. In Estland müsste es diese für die russische Minderheit, in Litauen und Lettland darüber hinaus auch für die polnische Minderheit geben.

In allen drei baltischen Staaten sind Minderheitenrechte in den Verfassungen verankert. Darüber hinaus bestehen Gesetze zum Schutz von Minderheiten. Die umfassendsten Rechte werden ihnen in der *estnischen* Verfassung zugestanden. Dort heißt es in Artikel 50: „National minorities have the right, in the interests of national culture, to establish self-governing agencies under conditions and pursuant to procedure provided

---

9 Eventuelle Probleme, die die Einrichtung territoriler Automie mit sich bringen könnten, werden in Kap. 3.3 diskutiert.

by the National Minorities Cultural Autonomy Act." Explizit thematisiert werden somit Selbstverwaltungseinrichtungen. Deren Funktionsweise wird in dem in der Verfassung genannten Gesetz weiter ausgeführt. Dieses legt in der Version von 2002 in Art. 2.2 fest, dass „persons belonging to the German, Russian, Swedish and Jewish national minority, and persons of national minorities with a population of over 3000 may establish cultural autonomy bodies". Angehörige dieser Minderheiten haben u. a. das Recht, nationale Organisationen zu errichten und in ihrer Muttersprache in gedruckter Form Veröffentlichungen zu publizieren. Weiterhin haben sie das Recht, die eigene Sprache in den Grenzen des Sprachgesetzes auch in der öffentlichen Verwaltung zu nutzen. Das Sprachengesetz in seiner Fassung aus dem Jahr 2007 legt in § 10 fest, dass: „in local governments where at least half of the permanent residents belong to a national minority, everyone has the right to receive answers from state agencies [...] in the language of the national minority as well as in Estonian." In den betreffenden Behörden darf die Minderheitensprache neben Estnisch Arbeitssprache sein. Der Schriftverkehr hat jedoch gemäß § 13 auf Estnisch zu erfolgen. Im „National Minorities Cultural Autonomoy Act" sind explizite Regeln vorgesehen für die Wahlen von „Cultural Autonomy Bodies". Diese werden von den Angehörigen der betreffenden Minderheiten gewählt – staatlicherseits wird ein Verzeichnis über die jeweiligen Angehörigen geführt. Aufgabe dieser Cultural Autonomy Bodies ist es, Aktivitäten der kulturellen Selbstverwaltung zu organisieren. Hierzu gehören, wie ebenfalls im Gesetz ausgeführt, Bildungseinrichtungen, Institutionen nationaler Kultur, Wirtschaftsunternehmen und Verlage in Zusammenhang mit der nationalen Kultur sowie nationale Wohlfahrtseinrichtungen. Für die Kosten der Durchführung der Wahlen zu den Cultural Autonomy Bodies kann Unterstützung vom Zentralstaat bereit gestellt werden. Die Arbeit finanziert sich aus zentralstaatlichen und kommunalen Mitteln, Beiträgen, Spenden u. Ä. sowie mittels der Unterstützung ausländischer Organisationen. Im Haushaltsgesetz für das Jahr 2010 waren für die „Estonian Union of National Minorities" knapp zwei Millionen estnische Kronen (ca. 130 000 Euro) vorgesehen. Die Höhe der Gesamtausgaben in Jahr 2010 war auf 88,4 Milliarden Euro veranschlagt (ca. 5,6 Milliarden Euro). Somit kann für Estland zumindest im Bereich der Kultur von der Möglichkeit funktionaler Autonomie gesprochen werden, sie fehlt jedoch rechtlich in den Bereichen Unterricht und Rundfunk/Fernsehen. Auch gibt es keine gesonderte Mitsprache für die Minderheit in Fragen der Staatsbürgerschaft.

In der *lettischen* Verfassung heißt es in Bezug auf Minderheitenrechte in Artikel 114: „Persons belonging to ethnic minorities have the right to preserve and develop their language and their ethnic and cultural identity." Daneben gibt es ein Gesetz „über die freie Entwicklung und die Rechte auf Kulturautonomie der nationalen und ethnischen Gruppen Lettlands". Dieses ist in seiner aktuellen Fassung aus dem Jahr 1994 wesentlich weniger ausführlich als das entsprechende estnische Gesetz. Artikel 5 legt fest, dass alle ständigen Einwohner Lettlands das garantierte Recht haben, eigene nationale Gesellschaften, Vereinigungen und Assoziationen zu gründen. Aufgabe des Staates ist es, deren Tätigkeit und materielle Sicherheit zu unterstützen. Artikel 10 legt über die genannten Gesellschaften, Vereinigungen und Assoziationen hinaus fest, dass es Aufgabe des Staates ist, die materiellen Rahmenbedingungen für die Bildung sowie sprachliche und kulturelle Entwicklung der nationalen und ethnischen Gruppen zu schaffen. Während im Falle Lettlands im Gegensatz zu Estland insbesondere offen bleibt, wie die nationalen Gesellschaften, Vereinigungen und Assoziationen zusammengesetzt werden sollen, geht Artikel 13 über die Regelungen im estnischen Gegenstück hinaus. Darin ist festgelegt, dass die nationalen Gesellschaften, Vereinigungen und Assoziationen nicht nur eigene Massenmedien schaffen dürfen, sondern auch ein Recht auf Nutzung der staatlichen Massenmedien haben. Somit handelt es sich in Lettland letztlich um klassische Minderheitenrechte, also polyethnische Rechte, die jedoch nicht Selbstregierungsrechte im Sinne einer funktionalen Autonomie darstellen (vgl. Kymlicka 1995, S. 26 ff.). Es fehlen gewählte Körperschaften, die solche Entscheidungen treffen könnten.

Auch in der Verfassung *Litauens* wird Bezug genommen auf Minderheitenrechte. Dort heißt es in Artikel 37: „Citizens belonging to ethnic communities shall have the right to foster their language, culture, and customs." Ebenso wie in Lettland enthält die Verfassung im Gegensatz zur Verfassung Estlands keinen Hinweis auf Einrichtungen der Kulturautonomie. Der Verweis auf „ethnic cultural organisation" findet sich im „Law on Ethnic Minorities". Allerdings ist dieses seit dem 1.1.2010 nicht mehr in Kraft. Ursprünglich sollte noch während der Geltungsdauer dieses Gesetzes ein Nachfolgegesetz angenommen werden, das europäischen und internationalen Standards entsprechen und Widersprüche mit dem Sprachgesetz auflösen sollte. Geplant sind Regelungen ähnlich zu den bereits zuvor bestehenden (European Commission against Racism and Intolerance 2011, S. 14). Vor diesem Hintergrund erscheint es als sinnvoll, dennoch auf das nicht mehr gültige Gesetz einzugehen. Neben dem Recht auf Errichtung von „ethnic cultural organisations" garantierte es ethnischen Minderheiten u.a. das Recht auf staatliche Unterstützung zur Entwicklung von Kultur und Bildung, zum Unterricht in der eigenen Sprache, auf Zeitungen und andere Publikationen und Informationen in der eigenen Sprache. Artikel 7 regelte die finanzielle Unterstützung der kulturellen Selbstverwaltung durch den Staat: Ebenso wie in Lettland fanden sich in dem Gesetz keine Regelungen darüber, wie die Einrichtungen der Kulturautonomie gewählt werden sollen und ob es für die Finanzierung Wahlen ggf. Unterstützung von staatlicher Seite gibt. Für die Nutzung der Minderheitensprache neben dem Litauischen in der Verwaltung einer Region reicht das Vorhandensein einer – allerdings nicht näher definierten – „substantial minority". Über die Gesetze der anderen beiden baltischen Staaten ging auch die Regelung hinaus, wonach „depending on demand and (economic) capacity, Lithuanian institutions of higher learning and specialised secondary schools, through contract with state and public organisations, shall train specialists to respond to the needs of particular ethnic cultures". Somit ähnelt der Befund dem Lettlands: Es gibt keine funktionale Autonomie, zudem scheint der Schutz der kulturellen Rechte von Minderheiten durch das Fehlen eines gültigen Gesetzes gefährdet, weshalb die Defizite in Litauen am größten erscheinen.

3.2 Staatsbürgerschaftsrecht und Defizite

Im Staatsbürgerschaftsrecht bestehen deutliche Unterschiede zwischen den baltischen Staaten. Während sich Litauen nach der Wiedererlangung seiner Unabhängigkeit zu einer sehr großzügigen Vorgehensweise entschloss, nahmen Estland und Lettland deutlich rigidere Vorschriften an.

Litauen entschied sich 1989, die Staatsangehörigkeit an alle diejenigen zu vergeben, die

- vor dem 15.7.1940 Staatsangehörige oder ständige Einwohner waren sowie deren Kinder und Enkel (also auch Litauer im Exil sowie deren Nachkommen),
- mit ständigem Aufenthaltsort in der litauischen SSR lebten, sofern sie in Litauen geboren wurden oder zumindest ein Eltern- oder Großelternteil in Litauen geboren wurde und nicht Bürger eines anderen Staates sind,
- zum Zeitpunkt der Annahme des Gesetzes mindestens zwei Jahre in der Litauischen SSR gelebt hatten und über eine Einkommensquelle verfügten (Supreme Soviet of the Lithuania Soviet Socialist Republic 1989).

Diese Staatsangehörigkeitsgesetzgebung Litauens führte dazu, dass zu Beginn des Jahres 2011 99,0 % der Bevölkerung die litauische Staatsangehörigkeit hatten (Statistics Lithuania 2011b). Deutlich mehr Hürden wurden von Anfang an für diejenigen gesetzt, auf die die oben geannten Bedingungen nicht zutreffen – vor allem also auf Personen, die zu einem späteren Zeitpunkt nach Litauen eingewandert sind. Diese müssen, um die Staatsangehörigkeit zu erlangen, u. a. zehn Jahre dauerhaft im Land gelebt haben, Sprachkenntnisse sowie Kenntnisse der Verfassung nachweisen. Im Kern hat sich daran bis heute nichts geändert (Supreme Soviet of the Lithuania Soviet Socialist Republic 1989; Lietuovos Respublikos Seimas 2010). Betrachtet man potentielle Restriktionen, die sich aus dem Zugang zur Staatsbürgerschaft auf die demokratische Qualität ergeben, so sind für Litauen insofern nur geringe Defizite festzustellen, da der staatsbürgerliche *demos* nahezu der Bevölkerung entspricht. Defizite bestehen jedoch für diejenigen Bevölkerungsgruppen, die bislang nicht die litauische Staatsangehörigkeit haben und für die der Zugang zu dieser durch die Hürde einer mindestens zehnjährigen Aufenthaltsdauer erschwert wird.

Estland und Lettland entschieden sich für eine restriktivere Vorgehensweise, wobei Lettland nochmals deutlich restriktiver vorging als Estland. Als Staatsangehörige galten in der ersten Gesetzesversion in beiden Ländern nur diejenigen, die bereits in der Zwischenkriegszeit die Staatsangehörigkeit des betreffenden Landes gehabt hatten sowie die jeweiligen Nachkommen (also einschließlich der ethnischen Minderheiten aus der Zwischenkriegszeit). Alle anderen mussten die Staatsangehörigkeit erst erwerben. Im Falle Estlands waren Voraussetzung dafür insgesamt drei Jahre Aufenthalt im Land beginnend ab dem 30.3.1990 sowie Sprachkenntnisse, in Lettland mindestens fünf Jahre

Aufenthalt im Land ab dem 4.5.1990 sowie Sprachkenntnisse (und eine Reihe kleinerer Punkte wie Eid etc.). Diese Daten bedeuteten, dass bei den ersten Wahlen in den beiden Ländern große Teile der Bevölkerung vom Wahlrecht ausgeschlossen waren (s. u.) (Järve 2007; Välisministeerium 2010; Thile 1999; Latvijas Republikas Saeima 1994) (Detailänderungen hier nicht erfasst). Dennoch waren die Regelungen nicht übermäßig restriktiv. Die drei bzw. fünf Jahre Mindestaufenthalt sind im internationalen Vergleich nicht als Hürde zu betrachten (vgl. Weil 2001). Einschränkend ist jedoch zu beachten, dass diesen Regelungen zufolge die estnische Staatsangehörigkeit frühestens ab 1993 und die lettische Staatsangehörigkeit frühestens ab 1995 erworben werden konnte. Dagegen wirken sich die geforderten Sprachkenntnisse durchaus als Restriktion aus, welche die demokratische Qualität einschränkt (vgl. Stoiber 2011, S. 273).

Lettland unterscheidet sich zusätzlich in seinem Staatsangehörigkeitsgesetz von 1994 von Estland durch die Einführung der sogenannten Fensterregelung. Diese legte zusätzlich zu der Fünfjahresfrist und Sprachkenntnissen als Voraussetzung für die Einbürgerung fest, dass nur bestimmte Altersgruppen in bestimmten Jahren eingebürgert werden durften. So wurden ab dem 1.1.1996 nur Anträge derjenigen bearbeitet, die in Lettland geboren waren und zum Zeitpunkt der Bearbeitung 16–20 Jahre alt waren; erst ab dem 1.1.2000 sollte Anträge aller in Lettland geborenen Personen bearbeitet werden, aber noch nicht derjenigen, die nicht in Lettland geboren waren (Latvijas Republikas Saeima 1994). Diese Einschränkung senkt die demokratische Qualität dagegen stark, da sie es nicht in Lettland geborenen Einwohnern nahezu unmöglich machte, die Staatsbürgerschaft zu erlangen. Lediglich bestimmte Personenkreise hatten einen automatischen Anspruch auf Einbürgerung: z. B. Ehepartner nach mindestens zehn Jahre Ehe und in lettischsprachigen Schulen ausgebildete Personen.

Im Verlaufe der folgenden Jahre wurden die Staatsangehörigkeitsgesetze in Estland und Lettland allmählich gelockert, nicht zuletzt aufgrund des Druckes von Europarat, OSZE und EU. Nachdem die Anforderungen an die Aufenthaltsdauer in Estland 1995 gesteigert worden waren – die Mindestaufenthaltsdauer wurde auf fünf Jahre vor Antragstellung festgelegt –, wurde 1998 eine Änderung angenommen, wonach nach dem 26.2.1992 in Estland geborene Kindern die Staatsbürgerschaft erhalten können, wenn ihre Eltern mindestens fünf Jahre im Land gelebt haben und nicht nach dem Gesetz eines anderes Landes dessen Bürger sind. Auf zunehmenden Druck von außen hin wurden die Anforderungen bei den Sprachtests schrittweise gesenkt und ab dem Beginn der 2000er die Integration von Nichtstaatsangehörigen von staatlicher Seite gesteigert, u. a. durch Sprachkurse, deren Kosten im Nachhinein voll erstattet werden. Im Gegensatz zu diesen vorsichtigen Lockerungen wurde 2006 die Mindestaufenthaltsdauer vor Antragstellung weiter auf acht Jahre erhöht, mindestens fünf Jahre davon als ständigen Wohnsitz (Järve u. Poelshchuk 2010; Riigikogu 2006). In Lettland wurde 1998 bisher letztmalig eine Änderung am Staatsangehörigkeitsgesetz vorgenommen. Damals wurde die Fensterregelung gestrichen, wonach nur Bevölkerungsgruppen bestimmten Alters in bestimmten Jahren der Erwerb der Staatsangehörigkeit gestattet war. Fortan ist es allen

Einwohnern nach fünf Jahren ständigem Wohnsitz möglich, die Staatsangehörigkeit zu beantragen – wobei jedoch i. d. R. ein Aufenthalt von fünf weiteren Jahren auf Basis einer befristeten Aufenthaltserlaubnis Voraussetzung für das Erlangen der ständigen Aufenthaltserlaubnis ist. Zudem wurde nach 21. 8.1991 in Lettland geborenen Kindern, die keine Staatsangehörigkeit besaßen, unter bestimmten Bedingungen die lettische Staatsangehörigkeit zuerkannt (Latvijas Republikas Saeima 1998; Krūma 2010).

Das rigide Staatsangehörigkeitsrecht Estlands und insbesondere Lettlands führte dazu, dass die Zahl der Naturalisationen bis heute eher niedrig geblieben ist. Der Höhepunkt der Einbürgerungen fand in Estland zudem von 1993 bis 1996 statt – in den Jahren wurden durchschnittlich ca. 20 000 Einwohner naturalisiert (Estonia.eu 2011). In Lettland war dies infolge des Staatsangehörigkeitsgesetzes vor 1995 gar nicht möglich und begann auch dann nur sehr stockend. Erst ab 1999 erreichten die Zahlen fünfstellige Werte (Pilsonības un migrācijas lietu pāvalde 2011).

3.3 Fazit – Tradeoffs zwischen Autonomierechten und Stabilität

Deutlich geworden ist, dass für Minderheiten sowohl in Estland als auch in Lettland in bestimmten Regionen territoriale Autonomie wünschenswert wäre. In allen drei baltischen Staaten wäre für Minderheiten funktionale Autonomie wünschenswert. In der Realität gibt es jedoch weder in Estland noch in Lettland territoriale Autonomie und auch keine Ansätze dazu, da die Staaten stark zentralistisch ausgerichtet sind. In Bezug auf funktionale Autonomie stellt sich die Situation anders dar. Diesbezüglich geht Estland am Weitesten. Es gibt ein Gesetz, das ausdrücklich regelt, wie Minderheiten ihre eigenen Selbstverwaltungs-Agencies wählen können. Darin ist auch geregelt, inwieweit die betreffenden Wahlen durch den Staat Unterstützung erfahren sollen. Allerdings wird im Budget des Staates deutlich, dass die faktische finanzielle Unterstützung recht gering ausfällt. Über die finanzielle Unterstützung in den anderen beiden Staaten diesbezüglich lässt sich nichts sagen, da hierzu im staatlichen Budget keine Angaben gefunden werden konnten. Selbstverwaltungs-agencies sind in Gesetzen über die Minderheiten in Lettland und Litauen prinzipiell auch enthalten. Deren genaues Zustandekommen ist jedoch nicht auf vergleichbarem Niveau geregelt wie in Estland. In Bezug auf Litauen ist noch besonders anzumerken, dass dieses Gesetz bereits seit dem 1.1.2010 nicht mehr in Kraft ist, somit also keine formale Grundlage für die Selbstverwaltungsrechte der Minderheiten mehr besteht. Damit kommt die Untersuchung insofern zu einem überraschenden Ergebnis als generell Litauen als derjenige der drei baltischen Staaten gilt, dem der Umgang mit den Minderheiten nach der Wiedererlangung der Unabhängigkeit am besten gelungen ist. In dieser Untersuchung jedoch schneidet Litauen im Hinblick auf die funktionale Autonomie am schlechtesten ab – in Bezug auf territoriale Autonomie entfällt der Vergleich, da es in Litauen, anders als in den anderen beiden baltischen Staaten, keine vergleichbar große Minderheit gibt.

Abschließend verbleibt noch die Frage, ob im speziellen Fall der baltischen Staaten territoriale Autonomie und die damit verbundene Erhöhung der demokratischen Qualität überhaupt als wünschenswert bezeichnet werden kann. In der Literatur gibt es verschiedene Auffassungen darüber, inwieweit Minderheiten entsprechende Rechte einzuräumen seien. So erkennt Gilbert (2002) an, dass es für Staaten ein Problem sein kann, bestimmten Bevölkerungsgruppen Autonomie zu gewähren. Insbesondere bestehe bei solchen Minderheiten ein Problem, deren „Heimatland" ein benachbarter Staat ist, die also externe Unterstützung erhalten. Dies berge die Gefahr von Sezession in sich. Gleichwohl betont Gilbert, der aus rechtswissenschaftlicher Sicht argumentiert, die Bedeutung des Rechts auf Selbstbestimmung, das durch Autonomie abgedeckt werden könne und dass auch durch internationales Recht gedeckt sei. Selbstbestimmung sei keinesfalls mit Sezession gleichzusetzen. Das Recht auf Autonomie sei fallabhängig zu gestalten und zu gewähren, „where a group within society is able to assert a claim to control its own affairs, it should be accorded the right so to do under international law. The right to autonomy for groups in society is a necessary consequence of the combined effect of the right to self-determination and the rights of persons belonging to minorities to enjoy their own culture." (Gilbert 2002, S. 353) Was die Gewährung von Autonomierechten in der Praxis betrifft, so betont Deets, dass der Westen kein klares Konzept in Bezug auf Sezession, Autonomie und Selbstbestimmung habe, wie sich am Falle Ex-Jugoslawiens gezeigt habe. So sei die Argumentation nach 1991 überwiegend so verlaufen, dass die vormaligen Bestandteile von Föderalstaaten ein entsprechendes Recht hätten. Dabei sei insofern auf kommunistisches Erbe zurückgegriffen worden, als eigene Republiken Bevölkerungsgruppen zugestanden wurden, die als Volk gefasst worden waren (Deets 2006).

Speziell für den Kontext der baltischen Staaten von Interesse sind die Untersuchungen von Jenne et al., Cornell sowie Charron. Jenne et al. kommen basierend auf quantitativen Untersuchungen – also ähnlich wie Gilbert in seinen Annahmen – zu dem Ergebnis, dass speziell territorial kompakte Gruppen eine erhöhte Neigung zur Sezession haben und Minderheiten, die externe Unterstützung erfahren, häufiger radikalere Forderungen erheben als Minderheiten ohne entsprechende Unterstützung (Jenne et al. 2007). Cornell untersucht gezielt Autonomie als Ursache von Konflikt in der Region Südkaukasus, insbesondere in Georgien. Er betont zwar, dass Autonomie nicht notwendigerweise zu Konflikt führe. „Yet it (Autonomie) has a strong causal relationship with both a minority's willingness and especially its capacity to revolt" (Cornell 2002, S. 275). Anstatt in Richtung Autonomie zu denken sollte, so Cornell, der Gebrauch von Ethnizität in der politischen Sphäre so weit irgend möglich vermieden werden. Stattdessen sollten politische Strukturen entwickelt werden, die „cut across ethnic and other communal divisions, encourage civic identities, but discourage the use of ethnicity in the political sphere" (Cornell 2002, S. 276). Zu einem anderen Ergebnis kommt Charron. Er betont, dass „a lack of civil war or separatism is hardly grounds for claims of success for either ethno-federalism or its rival (the unitary model) for diverse population" (Charron

2009, S. 586). Vielmehr müsse auch die „quality of governance" einbezogen werden. Im Rahmen einer quantitativen Analyse kommt er zu dem Schluss, dass „ethno-federalism showed to significantly outperform more integrationist institutions, such as the unitary model with respect to QoG indicators" (Charron 2009, S. 601).

Wägt man die theoretischen und empirischen Argumente zu Gunsten und wider Autonomieregelungen in einem Fazit für die baltischen Staaten ab, sind für uns folgende Schlussfolgerungen plausibel: Notwendig wäre auf jedenfall mehr funktionale Autonomie, wie partiell in Estland umgesetzt. In Bezug auf eine territoriale Autonomie in Estland und Lettland überwiegen jedoch die Bedenken. Speziell die jüngere Geschichte Georgiens in Bezug auf Südossetien und Abchasien zeigt, dass die Sorge vor Sezession bei territorialer Autonomie zumindest nicht ganz unbegründet wäre. Das Beispiel Estlands zeigt, dass es gelingen kann, Minderheiten zu integrieren; vom Ansatz her schlägt Estland also eine gelungene Richtung ein. Mit einer noch auszubauenden funktionalen Autonomie kann es gelingen, die identitätsrelevanten Themen zu behandeln, die politischen Kernthemen auf nationaler Ebene sind aber andere. Es ist jedoch zu betonen, dass es auch in Estland nach wie vor einen beachtlichen Anteil russischsprachiger Bevölkerung gibt, der noch immer staatenlos und somit von jeglicher Partizipation ausgeschlossen ist. Auch wenn die Situation erheblich günstiger ist als in Lettland, hat Estland trotz aller Erfolge auch noch Probleme, während in Litauen die Herausforderungen geringer sind.

Literatur

Abromeit, Heidrun. 1998. *Democracy in Europe. Legitimising Politics in a Non-State Polity*. New York/Oxford: Berghahn Books.
Abromeit, Heidrun. 2004. Die Messbarkeit von Demokratie: Zur Relevanz des Kontexts. *Politische Vierteljahresschrift* 45/1: 73–93.
Brunner, Georg. 1996. *Nationalitätenprobleme und Minderheitenkonflikte in Osteuropa. Strategien für Europa*. Gütersloh: Bertelsmann Stiftung.
Buchanan, James M. und Gordon Tullock. 1962. *The Calculus of Consent. Logical Foundations of Constitutional Democracy*. Ann Arbor: University of Michigan Press.
Capotorti, Franceso. 1977. *Study on the Rights of Persons Belonging to Ethnic, Religious and Linguistic Minorities*, UN Doc. E/CN.4/Sub.2/384/Rev.1 § 568.
Charron, Nicholas. 2009. Government Quality and Vertical Power-Sharing in Fractionalized States. *Publius – the Journal of Federalism* 39/4: 585–605.
Cornell, Svante E. 2002. Autonomy as a source of conflict – Caucasian conflicts in theoretical perspective. *World Politics* 54/2: 245–276.
Croissant, Aurel und Peter Thiery. 2000. Defekte Demokratie. Konzept, Operationalisierung und Messung. In *Demokratiemessung*, Hrsg. Hans-Joachim Lauth, Gert Pickel und Christian Welzel, 89–111. Wiesbaden: Westdeutscher Verlag.
Dahl, Robert A. 1989. *Democracy and its Critics*. New Haven, NJ: Yale University Press.
Deets, Stephen. 2006. Reimagining the boundaries of the nation: Politics and the development of ideas on minority rights. *East European Politics and Societies* 20/3: 419–446.

Estonia.eu. 2011. *Citizenship.* http://estonia.eu/about-estonia/society/citizenship?format=pdf. Zugegriffen: 7.9.2011.
European Commission. 1998. *Regular Report from the Commission on Estonia's progress towards accession.* http://ec.europa.eu/enlargement/archives/pdf/key_documents/1998/estonia_en.pdf. Zugegriffen: 4.5.2011.
European Commission. 2000. *Regular Report from the Commission on Latvia's progress towards accession.* http://ec.europa.eu/enlargement/archives/pdf/key_documents/2000/lv_en.pdf. Zugegriffen: 4.5.2011.
European Commission against Racism and Intolerance. 2011. *ECRI Report on Lithuania (fourth monitoring cycle).* http://www.coe.int/t/dghl/monitoring/ecri/Country-by-country/Lithuania/LTU-CbC-IV-2011-038-ENG.pdf. Zugegriffen: 16.9.2011.
Gilbert, Geoff. 2002. Autonomy and minority groups: A right in international law? *Cornell International Law Journal* 35/2: 307–353.
Goodin, Robert E. 1996. Designing Constitutions: the Political Constitution of a Mixed Commonwealth. *Political Studies* 44/3: 635–646.
Held, David. 1995. *Democracy and the Global Order. From the Modern State to Cosmopolitan Governance.* Cambridge: Polity Press.
Hogan-Brun, Gabrielle. 2003. Baltic National Minorities in a Transitional Seting. In *Minority Languages in Europe: Status – Framworks – Prospects*, Hrsg. Gabrielle Hogan-Brun und Stefan Wolff, 120–135. Houndsmills/New-York: Palgrave.
Järve, Priit. 2007. Citizenship Policies in the New Europe. In *Citizenship Politices in the New Europe*, Hrsg. Rainer Bauböck, Bernhard Perchinig und Wiebke Sievers, 45–65. Amsterdam: Amsterdam University Press.
Järve, Priit und Vadim Poleshchuk. 2010. *Country Report: Estonia, San Domenico die Fiesole.* http://eudo-citizenship.eu/docs/CountryReports/Estonia.pdf. Zugegriffen: 28.10.2011.
Jenne, K. Erin, Stephen M. Saideman und Will Lowe. 2007. Separatism as a bargaining posture: The role of leverage in minority radicalization. *Journal of Peace Research* 44/5: 539–558.
Krūma, Kristine. 2010. *Country Report: Latvia, San Domenico die Fiesole.* http://eudo-citizenship.eu/docs/CountryReports/Latvia.pdf. Zugegriffen: 28.10.2011.
Kymlicka, Will. 1995. *Multicultural Citizenship. A Liberal Theory of Minority Rights.* Oxford: Clarendon Press.
Lane, Jan-Erik. 1996. *Constitutions and Political Theory.* Manchester: Manchester University Press.
Latvijas Republikas Saeima. 1998. *Pilsonības likums.* http://www.likumi.lv/body_print.php?id=57512&version_date=10.11.1998. Zugegriffen 6.5.2011.
Latvijas Statistika. 2011. *IK02. Gross Domestic Product by Statistical Region, City and District.* www.csb.gov.lv. Zugegriffen: 12.9.2011.
Latvijas Repulikas Saeima. 1994. *Pilsonības likums.* http://www.likumi.lv/body_print.php?id=57512&version_date=25.08.1994. Zugegriffen: 6.5.2011.
Latvijas Statistika. 2011. *IS07. Resident Population by Ethnicity at the Beginning of the Year.* http://www.csb.gov.lv/. Zugegriffen: 7.9.2011.
Latvijas Statistika. 2011b. *IS20. Resident Population by Ethnicity and by Region and City under State Jurisdiction at the Beginning of the Year.* www.csb.gov.lv. Zugegriffen: 9.9.2011.
Latvijas Statistika. 2011c. *IK02. Gross domestic product by statistical region, city and district.* www.csb.gov.lv. Zugegriffen: 12.9.2011.
Lietuvos Respublikos Seimas. 2010. *Law on Citizenship.* http://www3.lrs.lt/pls/inter3/dokpaieska.showdoc_l?p_id=395555. Zugegriffen: 9.5.2011.

Lijphart, Arend. 1977. *Democracy in Plural Societies. A Comparative Exploration.* New Haven: Yale University Press.
Mackert, Jürgen. 1999. *Kampf um Zugehörigkeit. Nationale Staatsbürgerschaft als Modus sozialer Schließung.* Wiesbaden: VS Verlag für Sozialwissenschaften.
Mackert, Jürgen. 2006. *Staatsbürgerschaft. Eine Einführung.* Wiesbaden: VS Verlag für Sozialwissenschaften.
Marshall, Thomas H. 1965. *Class, Citizenship, and Social Development.* Garden City, NY: Anchor Books.
Merkel, Wolfgang. 2004. Embedded and Defective Democracies. In Consolidated or Defective Democracy? Problems of Regime Change, Hrsg. Aurel Croissant und Wolfgang Merkel. *Special Issue of Democratization* 11/5: 33–58.
Office of Citizenship and Migration Affairs. 2011. *Pases.* http://www.pmlp.gov.lv/lv/pakalpojumi/pases.html. Zugegriffen: 7. 9. 2011.
Packer, John. 1993. On the definition of minorities. In *The Protection of Ethnic and Linguistic Minorities in Europe*, Hrsg. John Packer und Kristin Myntti, 23–65, 187. Turku: Åbo.
Pan, Franz. 1999. *Der Minderheitenschutz im neuen Europa und seine historische Entwicklung.* Wien: Wilhelm Braumüller Verlag.
Pilsonības un migrācijas lietu pārvalde. 2010. *Latvijas iedzīvotāju sadalījums pēc valstiskās piederības (Datums=01. 07. 2010).* http://www.pmlp.gov.lv/lv/statistika/dokuments/2010/ISVP_Latvija_pec_VPD.pdf. Zugegriffen: 19. 9. 2011.
Pilsonības un migrācijas lietu pārvalde. 2011. *Naturalizācija 1995 – 2010.* http://www.pmlp.gov.lv/lv/statistika/dokuments/Naturalizacija_1995_2010.pdf. Zugegriffen: 6. 5. 2011.
Politsei- ja piirivalveamet. 2011. *Identity documents.* http://www.politsei.ee/en/teenused/isikuttoendavad-dokumendid/. Zugegriffen: 7. 9. 2011.
Rat der Europäischen Union. 2006. *Verordnung (EG) Nr. 1932/2006 des Rates vom 21. Dezember 2006 zur Änderung der Verordnung (EG) Nr. 539/2001 zur Aufstellung der Liste der Drittländer, deren Staatsangehörige beim Überschreiten der Außengrenzen im Besitz eines Visums sein müssen, sowie der Liste der Drittländer, deren Staatsangehörige von dieser Visumpflicht befreit sind 1932/2006.*
Riigikogu. 2002. *Local Government Council Election Act.*
Riigikogu. 2006. *Citizenship Act* (consolidated text Jun 2006).
Schoch, Bruno. 2001. Wer ist das Volk? Integration verlangt Bürgerrechte. In *Integration durch Partizipation*, Hrsg. Christian Büttner und Berthold Meyer, 219–250. Frankfurt am Main: Campus.
Statistics Estonia. 2011a. *PO0222: Population, 1 January by Year, Sex, County and Ethnic nationality.* http://pub.stat.ee. Zugegriffen: 7. 9. 2011.
Statistics Estonia. 2011b. *PC 217: Population, 31 March 2000 by Sex, Place of residence, Citizenship, Age and Ethnic nationality.* http://pub.stat.ee. Zugegriffen: 7. 9. 2011.
Statistics Estonia. 2011b. *PC 217: Population, 31 March 2000 by Sex, Place of residence, Citizenship, Age and Ethnic nationality.* http://pub.stat.ee. Zugegriffen: 7. 9. 2011.
Statistics Estonia. 2011c. *PC215: Population, 31 March 2000 by Sex, Place of residence and Citizenship.* http://pub.stat.ee. Zugegriffen: 7. 9. 2011.
Statistics Estonia. 2011d. *NAA50: Gross Domestic Product by County, Indicator and Year.* http://pub.stat.ee. Zugegriffen: 12. 9. 2011.
Statistics Lithuania. 2000a. *Population by ethnicity.* http://db1.stat.gov.lt/statbank/default.asp?w=1280. Zugegriffen: 9. 9. 2011.
Statistics Lithuania. 2011a. *Population at the beginning of the year by ethnicity, statistical.* http://www.stat.gov.lt/en/pages/view/?id=3038. Zugegriffen: 7. 9. 2011.

Statistics Lithuania. 2011b. *Population at the beginning of the year by citizenship*. http://db1.stat.gov.lt/statbank/SelectTable/omradeo.asp?Subjectcode=S3&PLanguage=1&Shownews=OFF&tree=false. Zugegriffen: 7. 9. 2011.

Statistis Lithuania. 2000b. *Population by citizenship*. http://db1.stat.gov.lt/statbank/default.asp?w=1280. Zugegriffen: 9. 9. 2011.

Stoiber, Michael. 2008. Ein neues, kontextualisiertes Maß für Demokratie. Konzeptualisierung und Operationalisierung. *Zeitschrift für Politikwissenschaft* 18/2: 209-231.

Stoiber, Michael. 2011. *Die Qualität von Demokratien im Vergleich: Zur Bedeutung des Kontextes in der empirisch vergleichenden Demokratietheorie*. Baden-Baden: Nomos.

Supreme Soviet of the Lithuanian Soviet Socialist Republic. 1989. *Law on Citizenship*. http://www3.lrs.lt/pls/inter3/dokpaieska.showdoc_bin?p_id=21839. Zugegriffen: 7. 5. 2011.

Thiele, Carmen. 1999. The Criterion of Citizenship for Minorities: The Example of Estonia. *ECMI Working Paper 5*. Flensburg: European Centre For Minority Issues.

Tocqueville, Alexis de. 1976 [1835/1840]. *Über die Demokratie in Amerika. Beide Teile in einem Band*. München: Olzog Verlag.

Trasberg, Victor. 2009. Baltic Local Governments' Fiscal Situation: Two Decades Of Reforms. *Journal of Baltic Studies* 40/2: 179-200.

Urdze, Sigita und Michèle Knodt. 2006. Regionalisierungstendenzen in Lettland durch die Europäisierung? In *Jahrbuch des Föderalismus 2010*, Hrsg. Europäisches Zentrum für Föderalismus-Forschung Tübingen, 375-369. Baden-Baden: Nomos.

Välisministeerium. 2010. *Citizenship*. http://www.vm.ee/?q=ru/node/5694. Zugegriffen: 10. 5. 2011.

Weil, Patrick. 2001. Zugang zur Staatsbürgerschaft. Ein Vergleich von 25 Staatsangehörigkeitsgesetzen. In *Staatsbürgerschaft in Europa, Historische Erfahrungen und aktuelle Debatten*, Hrsg. Christoph Conrad und Jürgen Kocka, 92-111. Hamburg: Edition Körber Stiftung.

Minderheiten und Minderheitenpolitik in den baltischen Staaten

Andrejs Urdze

Estland, Lettland und Litauen waren zu keiner Zeit Nationalstaaten mit einer ethnisch homogenen Bevölkerung. Neben den Angehörigen der jeweiligen Titularnation lebten dort, teilweise schon seit Jahrhunderten, andere Bevölkerungsgruppen – Deutsche, Russen, Juden, Polen u. a. In der Zwischenkriegszeit hatte Estland noch die ethnisch homogenste Bevölkerung und Lettland den höchsten Anteil an nationalen Minderheiten (vgl. Tab. 1). Während des Zweiten Weltkriegs und der folgenden sowjetischen Okkupation kam es vor allem in Lettland und Estland zu gravierenden Veränderungen der nationalen Zusammensetzung der Bevölkerung. In Lettland fiel der Anteil der Letten von 76 % im Jahr 1935 auf nur mehr 52 % im Jahr 1989. In Estland sank der Anteil der Titularnation von 88 % im Jahr 1934 auf 62 % im Jahr 1989. In Litauen veränderte sich von 1923 bis 1989 in erster Linie die Zusammensetzung der nationalen Minderheiten, während der Anteil der Litauer an der Gesamtbevölkerung nahezu unverändert bei ca. 80 % blieb. Auch wenn nach der Wiedererlangung der Unabhängigkeit der Anteil der jeweiligen Titular-

Tabelle 1 Nationale Zusammensetzung der Bevölkerung der Baltischen Staaten in %

	Estland			Lettland			Litauen		
	1934	1989	2010	1935	1989	2010	1923	1989	2010
Titularnation	88	62	69	76	52	59	81	80	83
Russen	8	30	26	11	34	28	2	9	5
Ukrainer/Weißrussen	–	5	3	2	8	6	–	3	2
Juden*	0,4	0,3	0,1	5	1	0,4	7	0,3	0,1
Deutsche	2	0,2	0,1	3	0,1	0,2	4	0,1	0,1
Polen	–	–	–	3	2	2	3	7	6

* Juden werden in den baltischen Staaten als eine ethnische Minderheit gezählt.

Quellen: Angaben für 1923/1934/1935 – Levits 1982, S. 18–142; Angaben für 1989 – Госкомстат СССР, S. 15 ff.; Angaben für 2010 – Statistics Estonia 2011, Latvijas statistika 2011a, Statistikos Departementas 2011.

nation allmählich wieder anstieg, so blieb das Verhältnis zwischen den nationalen Gruppen und die Minderheitenpolitik ein viel und kontrovers diskutiertes Thema.

Vor diesem Hintergrund zeichnet dieses Kapitel zunächst die Minderheitenpolitik der baltischen Staaten in der Zwischenkriegszeit nach und beschreibt kurz die Entwicklungen in der Sowjetzeit. Anschließend werden im Detail Minderheiten und Minderheitenpolitik der drei baltischen Staaten seit der Wiedererlangung der Unabhängigkeit behandelt. Ein besonderer Fokus liegt dabei auf der starken russischsprachigen Minderheit. Im Falle Litauens erfährt auch die polnische Minderheit besondere Aufmerksamkeit, die dort die größte nationale Minderheit bildet.

1 Minderheiten und Minderheitenpolitik in der Zwischenkriegszeit und Sowjetzeit

Vor dem Zweiten Weltkrieg war Estland mit einem Anteil von 90 % Esten an der Gesamtbevölkerung der ethnisch homogenste Staat (vgl. Tab. 1). Von den etwa 1,1 Millionen Einwohnern Estlands bildeten Russen mit 8 % die größte Minderheit. Da diese aber überwiegend im ländlichen Raum im Osten Estlands siedelten, hatten sie wenig Einfluss auf die politische, wirtschaftliche und soziale Entwicklung im Gesamtstaat. Umgekehrt war die deutsche Bevölkerung, die zwar nur 1,5 % der Bevölkerung stellte, im politischen und wirtschaftlichen Leben überproportional vertreten. Dies hat in erster Linie historische Gründe: Das Territorium des heutigen Estland und Lettland geriet im Mittelalter unter die Herrschaft der deutschen Ordensritter. Deutsche bildeten fortan die Oberschicht im Land. Hieran änderte sich auch während der Zugehörigkeit des heutigen Gebietes Estlands und Lettlands zum Russischen Reich nur wenig.

In Lettland stellten die Minderheiten 1935 etwa ein Viertel der knapp zwei Millionen Einwohner. Auch dort bildeten Russen mit über 10 % die größte Minderheit, wobei diese zur Hälfte aus orthodoxen Altgläubigen bestand, die bereits im 18. Jahrhundert im östlichen Teil Lettlands Zuflucht vor der Verfolgung in Russland gesucht und sich dort auf dem Lande niedergelassen hatten. Die zahlenmäßig zweitstärkste Minderheit bildeten Juden, die rund 5 % der Bevölkerung stellten. Zusammen mit der deutschen Bevölkerung, die nur 3 % der Bevölkerung ausmachte, hatten sie einen überproportionalen Anteil an der städtischen Bevölkerung und dort auch in der Oberschicht.

In Litauen lebten in den 1920er Jahren rund 2,5 Millionen Menschen, von denen ein Fünftel Nichtlitauer waren. Juden, die überwiegend in Städten siedelten, bildeten mit 7 % die größte Minderheit. Die deutsche Bevölkerung war mit einem Anteil von 4 % an der Gesamtbevölkerung Litauens zwar stark vertreten, hatte aber in Litauen kaum Einfluss auf die Entwicklung des Staates. Die Deutschen lebten überwiegend im Memelgebiet, das 1939 nach einer Volksabstimmung dem Deutschen Reich angeschlossen wurde.

In allen drei baltischen Staaten wurde den Minderheiten während der Zeit der parlamentarischen Demokratie weitgehende Kulturautonomie gewährt. Insbesondere Estlands Regelungen der Minderheitenfragen wurden als vorbildlich gerühmt: Die Kulturautonomie war in der Verfassung verankert, zudem bestand ein eigenes Gesetz über Kulturselbstverwaltung (von Rauch 1970, S. 118 ff.). Mit dem Ende der parlamentarischen Demokratie und der Umgestaltung der Staaten in zunehmend autoritäre Präsidialregime in Estland und Lettland im Jahr 1934 sowie in Litauen im Jahr 1926 erfolgte eine allmähliche Einschränkung der Minderheitenrechte.

In Folge des Zweiten Weltkriegs, der sowjetischen und deutschen Okkupation der Baltischen Staaten kam es zu gewaltigen und teilweise gewaltsamen Veränderungen der nationalen Zusammensetzung der Bevölkerung (vgl. Tab. 2). Als erstes verließ, in Folge des Hitler-Stalin-Pakts und der damit verbundenen Zuordnung des Baltikums zur Interessensphäre der Sowjetunion, der weitaus größte Teil der Deutschen die baltischen Staaten. Die jüdische Bevölkerung wurde, auch unter Mithilfe lokaler Polizeieinheiten, während der deutschen Besatzung fast vollständig vernichtet. Die estnische, lettische und litauische Bevölkerung wurde mehrfach stark dezimiert. Dies hat unterschiedliche Gründe: Während der ersten sowjetischen Okkupation 1940/41 wurden allein in einer Nacht 40 000 Menschen aus dem Baltikum deportiert. Durch direkte Kriegseinwirkung und durch Flucht vor den neuerlich anrückenden sowjetischen Truppen verringerte sich die Bevölkerung in Estland um weitere ca. 65 000 Menschen, in Lettland um ca. 115 000 Menschen und in Litauen um ca. 70 000 Menschen. Schließlich folgte eine zweite sowjetische Deportationswelle ab 1948. Davon war in allen drei baltischen Staaten etwa ein Zehntel der estnischen, lettischen und litauischen Bevölkerung betroffen (aus Estland ca. 75 000, aus Lettland ca. 136 000, aus Litauen 245 000 Menschen) (Schlau 1991,

Tabelle 2 Veränderungen in der Bevölkerungszusammensetzung der Baltischen Staaten zwischen 1939 und 1989

	Estland	Lettland	Litauen
Einwohner insgesamt 1939	1 134 000	1 995 000	2 435 000
Insgesamt 1989	1 566 000	2 667 000	3 673 000
Gesamtbevölkerung	+ 432 000	+ 672 000	+ 1 238 000
Titularnation	– 43 000	– 138 000	+ 876 000
Russen	+ 383 000	+ 695 000	+ 135 000
Ukrainer/Weißrussen	+ 70 000	+ 183 000	+ 100 000
Juden	+ – 0	– 73 000	– 173 000
Deutsche	– 14 000	– 60 000	– 37 000
Polen	+ 3 000	+ 10 000	+ 180 000

Eigene Berechnung basierend auf: Angaben für 1939: Schlau 1991, S. 370 ff.; Angaben für 1989: Госкомстат СССР 1989, S. 15 ff.

S. 368). Durch die im Jahr 1939 erfolgte Angliederung des Gebiets um die Stadt Vilnius an Litauen, das 1920 von Polen annektiert worden war und in dem viele Polen lebten, verdoppelte sich der Anteil der polnischen Bevölkerung in Litauen.

Nach der neuerlichen Annexion und Okkupation der baltischen Staaten durch die sowjetische Armee wurden Hunderttausende von Menschen aus anderen Teilen der Sowjetunion gezielt ins Baltikum geholt, um so die Anbindung an die Sowjetunion unumkehrbar zu machen. Die nationale Zusammensetzung der Bevölkerung veränderte sich insbesondere in Lettland und Estland grundlegend. 1989 betrug der Anteil der Esten in Estland nur noch knapp über 60 %. Weite Landstriche im Nordosten Estlands hatten eine überwiegend russischsprachige Bevölkerung. In Lettland waren die Letten – unter Berücksichtigung der dort stationierten Einheiten der Roten Armee – 1989 zu einer Minderheit im eigenen Land gemacht worden. In allen größeren Städten, insbesondere auch in der Hauptstadt Rīga, machten Letten weniger als die Hälfte der Bevölkerung aus. 1989 waren nur mehr 36,5 % der Bevölkerung Rīgas Letten, 47,3 % hingegen Russen. Den geringsten Anteil hatten Letten in der zweigrößten Stadt Lettlands, in dem im Osten des Landes gelegenen Daugavpils, in dem sie nur mehr 13,0 % der Bevölkerung ausmachten (Latvijas Statistika 2011b). Nur in Litauen blieb der Anteil der litauischen Bevölkerung auf Grund einer hohen Geburtenrate und einer sehr viel geringeren Zuwanderung mit 80 % weitgehend konstant, doch die Zusammensetzung der Minderheiten hatte sich stark verändert. Während vor dem Zweiten Weltkrieg die jüdische Bevölkerung insbe-

Tabelle 3   Sprachkenntnisse der unterschiedlichen Bevölkerungsgruppen in den baltischen Sowjetrepubliken 1989 in %

	Estnisch bzw. Lettisch bzw. Litauisch	Russisch
Estland		
Esten	98,9	33,6
Russen	13,7	98,6
Weißrussen	6,1	29,9
Ukrainer	6,9	39,7
Lettland		
Letten	97,4	65,7
Russen	21,1	98,8
Weißrussen	15,5	29,7
Ukrainer	8,9	43,8
Litauen		
Litauer	99,6	37,7
Russen	33,4	95,6
Weißrussen	17,0	34,8
Ukrainer	16,8	42,1
Polen	15,5	57,9

Quelle: Госкомстат СССР 1991, S. 120, 124, 140; vgl. auch Urdze 1991, S. 154 ff.

sondere die Städte stark geprägt hatte, so stellten 1989 Russen und Polen die größten Minderheiten (Levits 1982).

Die Nationalitätenpolitik der Sowjetunion war darauf ausgerichtet, langfristig ein einheitliches Sowjetvolk zu schaffen mit einer gemeinsamen russischen Sprache. Dementsprechend wurde der Gebrauch der russischen Sprache auf allen Ebenen gefördert und als Ausdruck des Internationalismus angesehen, wohingegen insbesondere die estnische und lettische Sprache aus dem öffentlichen Leben immer stärker verdrängt wurden. Die Einwanderer aus anderen Teilen der Sowjetunion wurden in keinster Weise dazu angehalten, die örtliche Sprache zu erlernen oder sich anderweitig zu integrieren. Diesbezügliche lokale Ansätze wurden als Zeichen von Nationalismus gedeutet und verurteilt. In Folge dessen beherrschten beispielsweise von den in Estland lebenden Russen, laut der Volkszählung von 1989, nur 14 % estnisch, von den im Lande lebenden Weißrussen gar nur 6 % (Госкомстат СССР 1991, S. 140) (vgl. Tab. 3).

2 Minderheiten und Minderheitenpolitik nach der Wiedererlangung der Unabhängigkeit

Nach der Wiedererlangung der Unabhängigkeit setzte in allen drei baltischen Staaten zunächst ein Auswanderungsprozess der nichtbaltischen Bevölkerung ein. Dies betraf vor allem Personen, die mit dem alten Regime in enger Verbindung standen, wie z.B. Angehörige der Armee und des KGB einschließlich ihrer Familien. Diese Auswanderung, vor allem nach Russland, vollzog sich überwiegend in den Jahren 1991 bis 1993. Danach nahm die Zahl der Auswanderer Jahr für Jahr sehr stark ab, bis dieser Prozess nach 2000 fast völlig zum Stillstand kam. Dies zeigt, dass die meisten ehemals zugewanderten Russen, Weißrussen und Ukrainer, die jetzt noch im Baltikum leben, nicht die Absicht haben in ihre Heimat zurückzukehren.

Durch diese Auswanderung und auch in Folge einer geringen Einwanderung von estnischen, lettischen und litauischen ehemaligen Emigranten bzw. deren Nachkommen veränderte sich die nationale Zusammensetzung in den 1990er Jahren zu Gunsten der Titularnationen, so dass 2010 die lettische Bevölkerung wieder fast 60 %, die estnische fast 70 % und die litauische 83 % in ihren jeweiligen Ländern betrug (vgl. Tab. 1). Gleichwohl gibt es nach wie vor einige Regionen, wie z.B. die Industrieregionen im Nordosten Estlands in und um Kohtla Järve und Narva sowie den Osten Lettlands in und um Daugavpils, in denen die russischsprachige Bevölkerung nach wie vor die Mehrheit stellt. In der Hauptstadt Lettlands Rīga sind Letten seit 2006 mit 42,4 % zwar mittlerweile die größte Bevölkerungsgruppe, bilden aber immer noch nicht die absolute Mehrheit (Latvijas Statistika 2011b).

Spätestens nach der Aufnahme der baltischen Staaten in die EU setzte eine Arbeitsmigration aus den baltischen Staaten in westliche EU-Mitgliedstaaten ein, bei der wiederum Angehörige der Titularnationen verstärkt vertreten sind. Aus Litauen sind

Tabelle 4   Gesamtbevölkerung der baltischen Staaten

	Estland	Lettland	Litauen
1989	1 566 000	2 666 000	3 675 000
1995	1 448 000	2 501 000	3 643 000
2000	1 372 000	2 382 000	3 512 000
2005	1 348 000	2 306 000	3 425 000
2010	1 340 000	2 248 000	3 329 000

Quelle: Eurostat 2011.

ungefähr 500 000 Menschen ins westliche Ausland auf einige Jahre oder auf Dauer ausgewandert. Für Lettland wird die Zahl auf bis zu 150 000 Menschen geschätzt.

In Folge der genannten Migrationsprozesse sowie einer sehr niedrigen Geburtenrate ist die Gesamtzahl der Einwohner der drei baltischen Staaten seit der Wiedergewinnung der Unabhängigkeit stark zurück gegangen: In Estland sank die Gesamtbevölkerung um ca. 14 %, in Lettland um ca. 16 % und in Litauen um ca. 9 % (vgl. Tab. 3).

Angesichts der nationalen Bevölkerungsverschiebungen während der Sowjetzeit wurde die Frage der Minderheitenpolitik insbesondere in Lettland und Estland zu einem vordringlichen Thema, wobei zwei ganz unterschiedliche Positionen aufeinander trafen: Der Großteil der Esten, Letten und Litauer, ebenso wie der größte Teil der alteingesessenen Minderheiten, ging davon aus, dass 1991 nicht neue Staaten entstanden waren, sondern dass die baltischen Staaten de jure nie aufgehört hatten zu existieren und so 1991 nur eine de facto Wiederherstellung der baltischen Staaten erfolgte. Diese Position war international völkerrechtlich anerkannt und von den meisten Regierungen der westlichen Staaten zu keiner Zeit aufgegeben worden. Infolgedessen wurde in Bezug auf die Staatsbürgerschaft an die Gesetzgebung der Vorkriegszeit angeknüpft. Demnach konnten zunächst einmal nur diejenigen Staatsbürger der baltischen Staaten sein, die selber oder deren Vorfahren Staatsbürger der baltischen Staaten gewesen waren. Umgekehrt war der größte Teil der zugewanderten Bevölkerung der Ansicht, dass die baltischen Staaten niemals okkupiert worden waren, sondern sich 1940 freiwillig der Sowjetunion angeschlossen hatten. Ihrer Meinung nach waren die 1991 proklamierten unabhängigen baltischen Staaten Neugründungen, so dass alle dort lebenden ständigen Einwohner einen automatischen Anspruch auf die Staatsbürgerschaft haben sollten. Diese Position wurde auch stets von Seiten Russlands vertreten. Somit war ein Konflikt im Inneren als auch in den Beziehungen zu Russland zwangsläufig vorprogrammiert.

In der Umsetzung der Minderheitenpolitik gibt es allerdings zwischen den drei baltischen Staaten große Unterschiede.

2.1 Litauen

In Litauen konnte man auf Grund der vergleichsweise günstigen nationalen Zusammensetzung eine Politik betreiben, die den Interessen der nationalen Minderheiten stark entgegenkam. Bereits 1990 wurde ein Gesetz erlassen, das allen ständigen Einwohnern Litauens bis 1992 die Möglichkeit eröffnete, ohne jegliche Voraussetzungen Staatsbürger Litauens zu werden. Ausgenommen waren lediglich ehemalige Angehörige des sowjetischen Militärs und der Geheimdienste. 2005 waren 99 % der ständigen Einwohner Litauens Staatsbürger Litauens. Nur knapp 9 000 Menschen waren Staatenlose, von denen wiederum 7 500 eine dauerhafte Aufenthaltserlaubnis hatten (HWWI 2007).

Die Minderheitenrechte sind im Gesetz über nationale Minderheiten von 1989 bzw. 1991 geregelt. Danach haben nationale Minderheiten das Recht, ihre Sprache zu pflegen, in der Bildung, in der Kultur, im Radio und Fernsehen zu verwenden. In territorialen Verwaltungseinheiten mit einer geschlossenen nationalen Minderheit muss von lokalen Behörden auch die Sprache der Minderheit neben der litauischen Amtssprache verwendet werden (Europäischen Kommission 2010a). Bereits 1991 wurden per Gesetz Minderheitenschulen eingerichtet. Diesen wurde die Möglichkeit gegeben, den gesamten Unterricht in der Sprache der Minderheit zu halten. Sie mussten lediglich gewährleisten, dass Litauischkenntnisse auf einem bestimmten vorgeschriebenen Niveau erworben wurden (Seimas of the Republic of Lithuania 1991a). Im Schuljahr 2002/03 stellten polnischsprachige Schulen den größten Anteil unter den Minderheitenschulen, gefolgt von russischsprachigen Schulen. Vereinzelt gab es Schulen auch in anderen Sprachen (Lithuanian Human Rights Association 2004).

Die russische Minderheit, die 2010 etwa 5 % der Bevölkerung ausmachte, siedelte in Litauen nicht kompakt, sondern über das Land verstreut vor allem in Städten. In Folge dessen war die russische Minderheit von Anfang an stark in die litauische Gesellschaft

Tabelle 5   Bevölkerung Litauens nach der Nationalität und Staatsbürgerschaft im Jahr 2000 in %

	Staatsbürgerschaft				
	Litauisch	**Russisch**	**Polnisch**	**Staatenlos**	**Andere**
Insgesamt	99,0	0,4	0,0	0,3	0,3
Litauer	99,9	0,0	0,0	0,0	0,0
Russen	92,5	5,0	0,0	2,1	0,5
Polen	98,9	0,0	0,3	0,6	0,2

Quelle: Statistics Lithuania 2000.

integriert. Bereits zur Sowjetzeit beherrschte mehr als ein Drittel der russischsprachigen Bevölkerung die litauische Sprache – ein Wert, der deutlich über den Werten für Estland und Lettland lag (vgl. Tab. 3) (Госкомстат СССР 1989, S. 15 ff.).

Polen stellen mit 7 % der Einwohnerschaft Litauens die größte Minderheit. Der größte Teil von ihnen lebt in Vilnius oder in Siedlungen im Grenzgebiet zu Polen, das in der Zwischenkriegszeit zu Polen gehörte, wo sie örtlich sogar die Mehrheit bilden. Während der Sowjetzeit sah die Mehrheit der dort lebenden Polen keine Veranlassung, die litauische Sprache zu erlernen. Nur 15 % der Polen waren am Ende der Sowjetzeit der litauischen Sprache mächtig und viele wünschten sich einen neuerlichen Anschluss an Polen (Juozaitis 1992). Dennoch gelang es den litauischen Regierungen während der ersten Jahre der Unabhängigkeit in relativ kurzer Zeit, Spannungen abzubauen und die polnische Bevölkerung in den neuen Staat zu integrieren. Alle Polen konnten nicht nur sofort Staatsbürger Litauens werden. Darüber hinaus wurden der polnischen Minderheit Sonderrechte zugestanden, wie z. B. die Repräsentanz im Parlament Litauens unter Umgehung der Vier-Prozent-Hürde. So stellt die Partei „Wahlbündnis der Polen Litauens" in der jetzigen Legislaturperiode 2008–2012 zwei von 141 Abgeordneten im litauischen Parlament, dem „Seimas". Ein dritter Pole ist über die Liste der Sozialdemokraten im Seimas vertreten. Hinzu kommt, dass der litauische Staat nach der Wiedererlangung der Unabhängigkeit einen Ausgleich mit dem polnischen Staat anstrebte. Bereits im April 1994 wurden die Beziehungen durch einen Vertrag auf eine neue freundschaftlich nachbarschaftliche Grundlage gestellt, was angesichts der tiefen, aus der Zwischenkriegszeit herrührenden Spannungen als eine besondere Leistung angesehen werden kann (Europäische Kommission 2010a). Polen hat so z. B., als es um die Aufnahme Litauens in die NATO ging, diesen Wunsch von Beginn an ausdrücklich unterstützt.

In den letzten Jahren haben die Spannungen zwischen Litauen und Polen wieder zugenommen. Ruslanas Irzikevičius, Redakteur des Internetmagazins „Lithuania Tribune", erklärt dies so: „Damals verband uns eine Interessengemeinschaft mit Polen: Wir kämpften gegen dieselben Angreifer, wir befreiten uns beide vom Kommunismus, traten der NATO und schlussendlich auch der EU bei. Doch dann, als wir alles erreicht hatten, fehlte uns plötzlich ein gemeinsames Ziel. Es stellte sich heraus, dass wir uns zu nahe waren, um Freunde zu sein" (Sygiel 2010). Auslöser der jüngsten Spannungen war ein Streit um die Schreibweise polnischer Namen. Im April 2010 wurde per Gesetz beschlossen, dass in Litauen alle Namen in litauischer Orthographie zu schreiben sind. Dieses Gesetz wurde von polnischer Seite als diskriminierend empfunden. Anfang 2011 folgte eine Gesetzesänderung in Bezug auf die Minderheitenschulen, wonach diese ab dem 1. 9. 2011 bilingual gestaltet sein müssen (Seimas of the Republic of Lithuania 2011). Auch dies löste insbesondere auf polnischer Seite Proteste aus (vgl. z. B. Tracevskis 2011; Centre for Eastern Studies 2011). Dennoch scheint es sich eher um politische als um reale Probleme zu handeln, denn selbst nach der Aussage des polnischen Europaabgeordneten Litauens Waldemar Tomaszewski sind „die Spannungen zwischen dem polnischen und litauischen Lager in der Gesellschaft nicht spürbar" (zitiert nach Sygiel 2010).

2.2 Estland

In Estland war die Situation von Anbeginn an grundlegend anders als in Litauen. Eine „Nulllösung" in Bezug auf die Staatsangehörigkeit wie in Litauen im Sinne der Vergabe der Staatsangehörigkeit an alle Einwohner wurde dort auf Grund der starken Einwanderung während der Sowjetzeit, durch die der Anteil der estnischen Bevölkerung von 88 % auf 62 % geschrumpft war, von der Mehrheit der Bevölkerung abgelehnt. Auf Grund des Staatsbürgerschaftsgesetzes vom Februar 1992 erhielten zunächst alle diejenigen die estnische Staatsbürgerschaft, die diese in der Zwischenkriegszeit gehabt hatten sowie deren Nachkommen. Damit erlangten auch etwa 80 000 der im Lande lebenden Nicht-Esten, deren Vorfahren bereits Staatsbürger Estlands waren, automatisch die Staatsbürgerschaft. Gleichzeitig wurde festgelegt, dass alle Einwohner Estlands, die länger als zwei Jahre im Lande lebten, die Staatsbürgerschaft beantragen und nach einem weiteren Jahr auch erhalten konnten. Voraussetzung war allerdings das Ablegen einer Prüfung über die Sprachkenntnisse und Kenntnisse der Verfassung sowie eine Loyalitätserklärung. Auf Grund der geringen estnischen Sprachkenntnisse war dies jedoch für die Mehrheit der russischsprachigen Bevölkerung eine große Hürde (vgl. Tab. 3). Dies führte anfangs zu Protesten. Das Gesetz wurde später mehrfach modifiziert, so u. a. die notwendige Aufenthaltsdauer auf fünf Jahre erhöht, doch die grundlegenden Regelungen blieben erhalten (Thiele 1999, 63 ff.). Die Möglichkeit zum Erwerb der Staatsbürgerschaft Estlands nutzten von 1992 bis 2010 über 150 000 Personen bzw. knapp die Hälfte der Nichtbürger, wobei die meisten von ihnen bereits in den 1990er Jahren Staatsbürger Estlands wurden. Seit 1999 können alle ab dem 26. 2. 1992 in Estland geborenen Kinder bis zu ihrem 15. Lebensjahr auf Antrag ihrer Eltern automatisch die Staatsbürgerschaft erwerben, welche bis 2010 in 11 000 Fällen erteilt wurde (Estonian Embassy 2010). Seit 2002 müssen Absolventen von Gymnasien keinen Einbürgerungstest mehr absolvieren. Trotzdem ist die Zahl der Einbürgerungen von Jahr zu Jahr geringer geworden. Seit das Fehlen der estnischen Staatsangehörigkeit das alltägliche Leben nicht behindert, Nicht-Esten alle Rechte in vollem Umfang zugestanden werden und jetzt auch Reisefreiheit in die EU-Länder gewährt wird, gibt es kaum mehr einen Grund für Nichtstaatsangehörige, die estnische Staatsbürgerschaft zu erwerben (Gruber 2008, 119 f.). Der Hauptnachteil gegenüber den Staatsbürgern dürfte, neben der fehlenden Partizipation auf staatlicher Ebene, für jüngere Leute jetzt vor allem darin zu sehen sein, dass sie nicht über die, seit dem 1. 5. 2011 auch für Deutschland geltende, europaweite Freizügigkeit für Arbeitnehmer verfügen. Sie haben somit nicht das Recht, uneingeschränkt in einem anderen EU-Mitgliedstaat zu arbeiten oder sich dort dauerhaft aufzuhalten (Botschaft der Bundesrepublik Deutschland 2011).

Umgekehrt haben viele Russen, insbesondere aus den nordöstlichen Industrieregionen Estlands, mittlerweile die russische Staatsbürgerschaft angenommen. Nach der Volkszählung aus dem Jahr 2000 lebten über 73 000 Russen mit russischer Staatsbürgerschaft in Estland (vgl. Tab. 6) (Europäische Kommission 2010b). In den folgenden

Jahren ist der Anteil der Russen, Ukrainer und Weißrussen, die die russische Staatsangehörigkeit angenommen haben, weiter angewachsen. 2009 waren bereits 8,5 % oder fast 115 000 der ständigen Einwohner Estlands russische Staatsbürger. Darüber hinaus sind noch immer rund 100 000 Einwohner oder 7,5 % der gesamten Bevölkerung staatenlos, wenn auch mit unbeschränkter Aufenthaltserlaubnis (Estonian Embassy 2010). Russische Staatsbürger und Staatenlose haben den Vorteil, ohne Visum die Grenze nach Russland passieren und so z. B. besser Handel treiben zu können, was insbesondere viele der Einwohner aus dem nordöstlichen Landkreis Idu-Virumaa nutzen. Für den älteren Teil der russischen Bevölkerung war ein wesentlicher Grund zum Erwerb der russischen Staatsbürgerschaft, dass sie mit deren Erwerb gleichzeitig den Anspruch auf Rente aus Russland für die Jahre erhalten, die sie in der Sowjetzeit gearbeitet haben und dies sogar früher als in Estland. Dadurch können sie ihre Rente wesentlich aufbessern oder sogar verdoppeln (Gruber 2008, S. 104 ff.).

In der mit etwa 70 000 Einwohnern drittgrößten Stadt Estlands Narva stellten Esten im Jahr 2000 weniger als 5 % der Bevölkerung; fast ein Drittel der Einwohner hatte dort die russische Staatsangehörigkeit, ein weiteres Drittel war staatenlos (Europäische Kommission 2010c). Der Alltag läuft dort nach wie vor fast ausschließlich in russischer Sprache ab. In Folge dessen ist die Umsetzung jeglicher Integrationsbestrebungen dort, wie in der gesamten nordöstlichen Region Estlands, äußerst schwierig.

Trotz der zunächst restriktiven Gestaltung der Staatsangehörigkeitsgesetzgebung bemühten sich führende Politiker in Estland auch schon in den ersten Jahren nach der Wiedererlangung der Unabhängigkeit, die Spannungen zwischen den Bevölkerungsgruppen gering zu halten. So wurde beispielsweise 1993, in Anknüpfung an die Vorkriegszeit, ein Gesetz über die kulturelle Autonomie nationaler Minderheiten verabschiedet, wodurch „die Möglichkeit zur Förderung ihrer Sprache und Kultur durch die muttersprachliche Bildung" gewährleistet wurde, was vom Großteil der russischsprachigen Minderheit genutzt wurde. 1996 wurde allen ständigen Einwohnern Estlands, ungeachtet ihrer Staatsbürgerschaft, das aktive Wahlrecht auf kommunaler Ebene gewährt

Tabelle 6   Bevölkerung Estlands nach Nationalität und Staatsbürgerschaft im Jahr 2000 in %

	Staatsbürgerschaft			
	Estnisch	Russisch	Staatenlos	Andere
Insgesamt	80	6,3	12,4	1,3
Esten	99,1	0,1	0,5	0,2
Russen	40,2	20,8	37,9	0,7

(Errechnet nach Europäische Kommission 2010c)

(Estonian Embassy 2010). Weitere wichtige Schritte zum Abbau von Spannungen waren die Einführung eines runden Tisches beim Staatspräsidenten, wo alle Minderheiten die Möglichkeit haben, ihre Probleme vorzubringen, 1998 die Schaffung eines Integrationsfonds sowie 2000 und 2008 die Verabschiedung eines Programms zur „Integration in die estnische Gesellschaft", bei der die aktive Förderung des Erwerbs der estnischen Sprache im Vordergrund steht. Durch die Umsetzung dieses Programms sollten allen Einwohnern gleichwertige Bildungschancen sowie Chancengleichheit bei der wirtschaftlichen, sozialen und politischen Teilhabe an der Gesellschaft gewährleistet werden (Estonian Embassy 2010). Das Integrationsprogramm aus dem Jahr 2000 sieht insbesondere einen Übergang zum zweisprachigen Unterricht in den 63 russischsprachigen Gymnasien vor. Ursprünglich mussten ab dem 1. September 2007 mindestens 60 % des Unterrichts in estnischer Sprache stattfinden. Nachdem allerdings festgestellt wurde, dass dies zu dem damaligen Zeitpunkt kaum zu realisieren sein würde, wurde der Termin auf den Schuljahresbeginn 2011/12 verschoben (Estonian Embassy 2010).

Schwierig gestaltet sich die Durchsetzung des Artikels 3 der Verfassung und der Sprachengesetzgebung aus dem Jahr 1995, wonach estnisch die Staatssprache und einzige Amtssprache Estlands ist. Alle Staatsbeamten müssen demnach estnisch können, doch „in der Praxis wird Russisch in den Gebieten mit einem hohen Anteil an Russischsprachigen in großem Umfang im Amtsverkehr gebraucht" (Europäische Kommission 2010). Auch Lehrer, Ärzte, im Dienstleistungssektor und im Handel Tätige müssen der estnischen Sprache mächtig sein, wenn sie nicht ihre Anstellung verlieren wollen (Diena[1] 17.5.2001). Die Durchsetzung dieser Forderung wird von Sprachinspektoren kontrolliert, deren Praxis häufig auf Widerstand stößt und vom Europarat kritisiert worden ist (Schuller 2011). Von russischer Seite werden dementsprechend immer wieder Forderungen erhoben, Russisch als zweite Staatssprache zuzulassen. In einzelnen Städten wurden Volksabstimmungen zur Einsetzung der russischen Sprache als zweiter Staatssprache durchgeführt, die staatlicherseits aber als unzulässig zurück gewiesen wurden (Diena 14.10.1999).

Auf innenpolitischer Ebene gab es zwar Parteien, die als eindeutige Interessenvertreter der russischen Bevölkerung auftraten, doch gelang es ihnen, bis auf die Wahlen 1995, nie, die Fünf-Prozent-Hürde zu überwinden. Dies, obwohl die russischen Staatsbürger rund 13 % der Wahlberechtigten stellen. Die Interessen der russischsprachigen Bevölkerung wurden so in erster Linie von der eher links orientierten Partei „Zentrum" unter Leitung des ehemaligen Vorsitzenden der Volksfront Estlands Savisaar wahrgenommen. Das „Zentrum" war aus den Wahlen von 1999 und 2003 jeweils als stärkste Fraktion hervorgegangen, doch die anderen eher rechts gerichteten Parteien waren nicht bereit, mit dem „Zentrum" eine Koalition einzugehen. So auch nicht nach den Wahlen vom März 2011, aus der es mit 23 % der Stimmen und 26 Abgeordneten als zweitstärkste Partei hervorging. Savisaar wurde zum Vorwurf gemacht, zur Finanzierung seines Wahl-

---

1 „Diena" ist der Name der größten lettischen Tageszeitung.

kampfs Gelder aus russischen Quellen entgegen genommen zu haben und darüber hinaus auch ein Kooperationsabkommen mit Putins Partei „Einiges Russland" geschlossen zu haben. Auf lokaler Ebene kann die Zentrumspartei jedoch ihre Interessen durchsetzen und vielfach geltend machen. So auch in der Hauptstadt Tallinn, wo Savisaar, dank des Wahlrechts auch der Nichtbürger, Bürgermeister ist (Ir[2] 12.1.2011; Vabariigi Valimiskomisjon 2011).

Trotz Integrationsbemühungen bestehen in Estland weiterhin Spannungen zwischen den Bevölkerungsgruppen. Besonders deutlich wurde dies am sogenannten „Denkmalstreit" im Jahr 2007. Der Streit entbrannte um den sogenannten „Bronzenen Soldaten" – ein Denkmal zur Erinnerung an gefallene Rotarmisten –, der nach dem Beschluss des estnischen Parlaments vom Zentrum Tallinns auf einen am Stadtrand gelegenen Soldatenfriedhof verlegt werden sollte. Für Teile der russischen Bevölkerung war der „Bronzene Soldat" ein Symbol für die „Befreiung vom Faschismus" und diente als Treffpunkt für Kundgebungen. Umgekehrt war das Denkmal für die meisten Esten ein Symbol der fünfzigjährigen sowjetischen Besatzung (Spolitis 2007, S. 3) Am 26. und 27. April, vor und während der Demontage des Denkmals, kam es in Tallinn zu gewalttätigen Protesten von etwa 1000 meist jugendlichen Demonstranten. Gleichzeitig fanden vor der Botschaft Estlands in Moskau Protestaktionen statt. Putin erklärte, die diplomatischen Beziehungen abbrechen zu wollen. Der Transithandel wurde unterbrochen und estnische Waren aus den Kaufhäusern Moskaus entfernt. Es folgte ein breit angelegter Internetangriff, um estnische Medien, Banken und Internetserver lahm zu legen, dessen Urheber in Russland vermutet wurden (Diena 3.5.2007; FAZ.net 2007; Stewart 2010, S. 11). Die massiven Proteste in Russland und der Cyberangriff verschärften die Spannungen innerhalb Estlands weiter und brachten die Beziehungen zu Russland vorübergehend fast zum Erliegen.

2.3 Lettland

Lettland hatte nach der Wiedererlangung der Unabhängigkeit in Bezug auf die Minderheitenpolitik die schwierigste Ausgangssituation, da dort der Russifizierungsprozess am weitesten fortgeschritten war, so dass von Seiten vieler Letten ernsthafte Sorgen um den Bestand der eigenen Sprache bestanden. Gleichzeitig machte es der hohe Anteil der russischsprachigen Bevölkerung notwendig, auch die Interessen dieser Minderheit, die in den Städten sogar z. T. die größte Bevölkerungsgruppe bildete, verstärkt zu berücksichtigen.

Vor der Erlangung der Unabhängigkeit war die Politik der Volksfront Lettlands – der wichtigsten treibenden Kraft in den Unabhängigkeitsbestrebungen Lettlands – darauf ausgerichtet, neben der lettischen Bevölkerung auch die nationalen Minderheiten für

---

2   „Ir" ist der Name eines wöchentlich erscheinenden lettischen politischen Magazins.

ihre Ziele zu gewinnen, denn ein grundlegender Wandel war nur zusammen mit zumindest einem Teil der Minderheiten zu erreichen. Diese Bemühungen hatten sichtbaren Erfolg. Die Zahl der Personen, die für eine demokratische Umwandlung der Gesellschaft und für die Wiederherstellung der staatlichen Unabhängigkeit Lettlands eintraten, wuchs auch in der nichtlettischen Bevölkerung. Dies zeigte sich sowohl bei den Wahlen zum Obersten Rat Lettlands vom 18. März 1990 wie auch bei der Volksabstimmung über die Unabhängigkeit am 3. März 1991, bei denen jeweils weit mehr als ein Drittel der nichtlettischen Bevölkerung für die Volksfront bzw. für die Unabhängigkeit stimmten (Levits 1991, S. 198; Hanne 1996, S. 58 ff.). Im März 1991 wurde das Gesetz „über die freie Entfaltung der nationalen und ethnischen Gruppen und deren Recht auf Kulturautonomie" verabschiedet, in kurzer Zeit entstanden 40 nationale Kulturvereine und neben den schon bestehenden über 200 Schulen mit russischsprachigem Unterricht wurden auch polnische, ukrainische, weißrussische, jüdische, litauische und estnische Schulen eröffnet. Darüber hinaus wurde allen ständigen Einwohnern Lettlands die Möglichkeit der Erlangung der Staatsbürgerschaft Lettlands in Aussicht gestellt (Urdze 1988, 1993; Hanne, S. 82; Ulmanis 1996).

Nach der realen Wiederherstellung der Unabhängigkeit 1991 entstand eine neue Situation, in der nationale Emotionen offener zu Tage traten. Es war nicht mehr so sehr von einer Demokratisierung der Gesellschaft die Rede, sondern in lettisch-nationalen Kreisen immer häufiger von einer Dekolonisierung und Deokkupation Lettlands (Urdze 1993, S. 182; Diena 9.10.1993; Piepgras 1991). Im Parlament wurde mehr Wert auf „lettische Interessen" und weniger auf „die Interessen Lettlands" gelegt.

In einem ersten Schritt wurde im Oktober 1991 allen ehemaligen Staatsbürgern Lettlands und ihren Nachkommen die Staatsangehörigkeit zugesprochen. Hierdurch erhielten zwar mehr als ein Drittel der in Lettland lebenden Russen automatisch die Staatsbürgerschaft, doch über 600 000 Einwohner blieben zunächst ohne Staatsbürgerschaft Lettlands. In den Folgejahren gelang es rechten Parteien eine weiter gehende Lösung hinauszuzögern bzw. eine Gesetzgebung durchzusetzen, die den Erwerb der Staatsbürgerschaft auf Grund von Quotenregelungen sehr erschwerte bzw. für die meisten Zugewanderten unmöglich machte (Hanne 1996, S. 82 ff.). Bis 1998 haben so auch nur rund 7 000 Einwohner die Staatsbürgerschaft erwerben können (Office of Citizenship and Migration Affairs 2011a).

Eine der estnischen Staatsbürgerschaftsgesetzgebung weitgehend entsprechende Lösung wurde erst 1998 verabschiedet. Danach konnte jeder, der mindestens fünf Jahre in Lettland gelebt hatte, nach einer Prüfung der grundlegenden Kenntnisse der lettischen Sprache, der Geschichte Lettlands und der grundlegenden Prinzipien der Verfassung sowie der lettischen Hymne, die Staatsbürgerschaft Lettlands erwerben. Doch die lange Phase der Unsicherheit hatte tiefe Spuren hinterlassen. Viele ehemals loyale, mit der Volksfront sympathisierende Nicht-Letten sahen sich getäuscht, beleidigt und diskriminiert (Kostaņecka 1997; Diena 29.5.2001). Nach 1991 wollten noch die meisten Nicht-Letten die Staatsbürgerschaft erwerben (Diena 29.10.1993), doch als dies endlich möglich war, begann der Prozess der Einbürgerung schleppend. Erstens waren die meisten zunächst gar nicht in der Lage, eine entsprechende Prüfung zu absolvieren, zweitens hatte man sich an die Situation als Nichtbürger gewöhnt, zumal diese auch Vorteile mit sich brachte, wie z. B. die visafreie Einreise nach Russland, und schließlich wurde die Absolvierung einer Prüfung von einigen auch als entwürdigend angesehen. Eine deutliche Zunahme der Zahl der Einbürgerungen war erst mit dem Beitritt Lettlands zur EU festzustellen (Diena 27. 8. 2004). Ab 2007 ging die Zahl der Einbürgerungen jedoch erneut deutlich zurück. Insgesamt haben von 1994 bis 2011 rund 135 000 Personen die Staatsbürgerschaft Lettlands erworben und zusätzlich wurden etwa 14 000 in Lettland geborene Kinder auf Antrag der Eltern eingebürgert (Office of Citizenship and Migration Affairs 2011a).

In Lettland sind zwar noch immer knapp 330 000 Einwohner staatenlos, doch die wenigsten von ihnen haben noch die Absicht, Staatsbürger Lettlands zu werden. 2009 haben erstmals sogar mehr als doppelt so viele Einwohner Lettlands die Staatsbürgerschaft Russlands (5 763) wie Lettlands (2 080) erworben. Dennoch ist Gesamtzahl der russischen Staatsbürger in Lettland mit 37 000, insbesondere im Vergleich zu Estland, noch relativ gering. Von den in Lettland lebenden rund 600 000 Russen hatten Anfang 2011 mittlerweile 60 % die Staatsbürgerschaft Lettlands, 5 % die Staatsbürgerschaft Russlands und 35 % waren staatenlos (vgl. Tab. 7) (Office of Citizenship and Migration Affairs 2011b).

Neben der Frage der Staatsbürgerschaft sorgte auch die Sprachengesetzgebung in Lettland für Spannungen. Die lettische Sprache wurde bereits 1989 zur Staatssprache erhoben. Nach der Wiedergewinnung der Unabhängigkeit wurde die Sprachengesetzgebung 1992, 1999 und 2006 dahingehend erweitert und verschärft, dass in immer mehr Bereichen des öffentlichen Lebens nur mehr der Gebrauch der lettischen Sprache zugelassen wurde bzw. Kenntnisse der lettischen Sprache nachgewiesen werden mussten. So hatten allein in den 1990er Jahren rund eine halbe Million Menschen eine Sprachprüfung zu absolvieren, mit drei, je nach Beruf, unterschiedlichen Schwierigkeitsgraden. Dies betraf nicht nur Beamte, sondern nach und nach alle im Dienstleistungsbereich Tätigen, wie z. B. Verkäufer, Busfahrer, aber auch Ärzte und selbst Reinigungspersonal.

Tabelle 7   Bevölkerung Lettlands nach der Nationalität und Staatsbürgerschaft am 1. 1. 2011 in %

	Staatsbürgerschaft		
	Lettisch	Andere als Lettisch	Staatenlos
Letten	99,8	0,1	0,1
Russen	59,8	5,1	35,1

Quelle: Office of Citizenship and Migration Affairs 2011b.

Ursprünglich regte sich dagegen starker Widerstand, doch allmählich wurden diese Regelungen notgedrungen akzeptiert. Mittlerweile gibt auch der weitaus größte Teil der Russen in Befragungen an, dass Einwohner Lettlands die lettische Sprache frei sprechen können müssen (Hanne 1996, S. 97–109; NZZ 6./7.11.1999; Tabuns 2010, S. 263). Die Sprachengesetze hatten zur Folge, dass sich der Anteil der Nicht-Letten, die angeben, lettisch sprechen zu können, in zehn Jahren mehr als verdoppelt hat. Aber auch 2002 konnten noch immer wesentlich mehr Letten russisch als umgekehrt Russen lettisch (Diena 19.10.2002).

Ein weiterer Aspekt, bezüglich dessen sehr unterschiedliche Auffassungen zwischen Letten und Russen bestanden, ist die Schulpolitik. Bereits Mitte der 1990er Jahre wurde programmatisch ein allmählicher Übergang der Unterrichtssprache in Mittelschulen von Russisch auf Lettisch festgelegt. Auch wenn die Termine immer weiter hinausgeschoben wurden und auch die Forderungen von 100 % auf 60 % Unterricht in lettischer Sprache heruntergeschraubt wurden, löste dies in den russischen Schulen große Proteste aus. Je näher das Datum der Einführung des Übergangs, der 1.9.2004, heranrückte, umso mehr nahm der Konflikt an Schärfe zu. 2004 gingen mehrfach mehrere Tausend russische Schüler auf die Straße mit Losungen wie „Hände weg von russischen Schulen". Protestierten zuvor in erster Linie Vertreter der alten sowjetischen Nomenklatura, die teilweise ihren verlorenen Privilegien nachtrauerten, so erreichte hier die Protestwelle die Jugendlichen, die ihren Unmut zum Ausdruck brachten, auf Distanz zum lettischen Staat gingen und eine negative Einstellung gegenüber der lettischen Sprache entwickelten (Curika 2009; Diena 31.8.2004, 2.9.2004). Die Schulreform wurde selbst in der lettischsprachigen Presse als „übereilt" bezeichnet, und es wurde kritisiert, dass diese durchgesetzt wurde, ohne Eltern und Schulen in den Reformprozess einzubeziehen (Diena 28.8.2004). Trotz aller Probleme bei der Umsetzung dieser Reform werden im Nachhinein auch die positiven Seiten hervorgehoben, nämlich dass die lettischen Sprachkenntnisse in Folge dessen in den letzten Jahren deutlich zugenommen haben: Es wird davon ausgegangen, dass jetzt fast alle Jugendlichen im Alter bis 27 Jahren lettisch sprechen (Ēlerte 2011a). Dadurch haben sich die Chancen dieser Jugendlichen auf dem Arbeitsmarkt deutlich verbessert (Glubiha 2010). Mehr noch, dadurch, dass jetzt fast alle russischen Jugendlichen lettisch sprechen, aber umgekehrt viele lettische Jugendliche nicht mehr russisch lernen, fühlen sich Letten sogar benachteiligt, denn auf dem Arbeitsmarkt wird zunehmend die Kenntnis der lettischen, englischen und russischen Sprache verlangt.

In Lettland war seit den ersten Wahlen 1993 stets die lettisch-nationale Partei „Für Vaterland und Freiheit" im Parlament vertreten. Zwar kam sie nie über 15 % hinaus, hatte aber doch einen sehr starken Einfluss auf die Nationalitätenpolitik, da sie in fast allen Regierungskoalitionen vertreten war und eine Zeit lang sogar den Ministerpräsidenten stellte. Immer wieder trat sie durch radikale nationale Forderungen hervor, so auch 2011, als sie per Volksentscheid erreichen wollte, dass ab dem 1. September 2012 in allen staatlichen und kommunalen Schulen Lettlands der Unterricht von der ersten Klasse an nur noch in lettischer Sprache erlaubt sein sollte (TB/LNNK 2011). Auf der anderen Seite waren von Beginn an Parteien im Parlament, die als Interessenvertreter der russischen Minderheit auftraten. In den ersten Jahren waren darunter noch viele, die gegen die Unabhängigkeit Lettlands gestimmt hatten und als eine Art Sprachrohr Moskaus auftraten (Jemberga 2005). Da keine dieser Parteien jemals an einer Regierungsbildung beteiligt war, war ihr Einfluss auf die Gesetzgebung gering. Umso mehr versuchten die betreffenden Parteien, auf europäischer oder internationaler Bühne in Erscheinung zu treten und dort ihre Forderungen und Belange bekannt und geltend zu machen. Ein gewisser Wandel zeichnet sich in den letzten Jahren ab: Die radikalere, stärker auf Moskau ausgerichtete Partei „Für Menschenrechte in einem vereinten Lettland" hat deutlich an Einfluss verloren und scheiterte bei den letzten Wahlen im Oktober 2010 erstmals an der Fünf-Prozent-Hürde. Umgekehrt hat die sich eher gemäßigt gebende, sozialdemokratisch ausgerichtete Partei „Harmonie Zentrum" in den letzten Jahren stark an Bedeutung zugenommen. Bei den Kommunalwahlen 2009 erlangte das „Harmonie Zentrum" in der Hauptstadt Rīga sogar mehr als ein Drittel der Stimmen und der damals erst 33 Jahre alte Nīls Ušakovs wurde zum Bürgermeister gewählt. Bei den Parlamentswahlen im Oktober 2010 erzielte das „Harmonie Zentrum" 26 % der Stimmen und wurde somit zweitstärkste Kraft im Parlament. Ein Angebot zur Regierungsbeteiligung von Seiten Valdis Dombrovskis von der Einheitspartei, die mit 31 % als Gewinner aus den Wahlen hervorgegangen war, wurde allerdings nach zwei Tagen Bedenkzeit abgelehnt, da dieses Angebot mit der Bedingung verknüpft war, die Okkupation Lettlands von Seiten der Sowjetunion anzuerkennen und Lettisch als einzige Staatssprache zu akzeptieren (LETA[3] 18.10.2010). Damit hätte sich das „Harmonie Zentrum" von einem über Jahre immer wieder vorgebrachten Geschichtsbild lösen müssen, was nicht nur Unverständnis bei einem Teil seiner Wähler ausgelöst hätte. Zudem hätte es sich damit gegen die bis heute aufrecht erhaltene Position Russlands gestellt, mit deren führender Partei „Einiges Russland" im Vorfeld der Wahlen ein Vertrag über eine Zusammenarbeit abgeschlossen worden war.

Letten und Russen unterscheiden sich zwar kaum im Bildung- oder Beschäftigungsniveau, beim Einkommen oder in der sozialen Lage. Im Alltag gab und gibt es viele Berührungspunkte zwischen Letten und Russen. Seit Ende der 1990er gab es zudem vielfältige staatliche Integrationsbemühungen. 2001 wurde ein Integrationsprogramm entwickelt und zur Umsetzung des Programms ein spezieller Integrationsfond eingerichtet und das Amt eines Integrationsministers geschaffen. Diese Bemühungen um eine Integration, um die Schaffung einer einheitlichen Gesellschaft, in der Menschen unterschiedlicher Nationalität friedlich zusammen leben können, wurde und wird von der großen Mehrheit der Russen (79 %) wie auch der Letten (84 %) begrüßt (Zepa et al. 2005). Dennoch sind sich die Bevölkerungsteile seit der Unabhängigkeit nicht näher gekommen, sondern haben sich eher entfremdet. Man lebt weitgehend in Parallelgesell-

---

3 „LETA" ist der Name der lettischen Nachrichtenagentur.

schaften. Dies betrifft insbesondere die Medienwelt. Letten lesen lettische Zeitungen, sehen lettisches Fernsehen, dagegen lesen in Lettland lebende Russen nicht nur russische Zeitungen, sondern sehen hauptsächlich auch russisches Fernsehen, so dass ihr Geschichtsbewusstsein und ihr Weltbild nach wie vor sehr stark von Moskau geprägt wird. Die Medien unterscheiden sich nicht nur sprachlich, sondern auch inhaltlich. Auch die Schule trägt nicht zur Integration bei, sondern verschärft sogar teilweise bestehende Gegensätze (Zepa et al. 2005, S. 6; Muižnieks 2010).

3 Fazit

Nach der Wiedergewinnung der Unabhängigkeit hatten sowohl Esten, Letten, Litauer als auch die eingewanderte russischsprachige Bevölkerung einen Umdenkungsprozess zu vollziehen. Einerseits musste man sich daran gewöhnen, dass die eingewanderten Russen im Lande leben bleiben und somit ein Teil der neuen Staatsnation sind, andererseits galt es zu verstehen, dass, wenn man im Baltikum leben bleiben wollte, dies auch eines Anpassungsprozesses bedarf und man nicht umhin kommen kann, die jeweilige Staatssprache zu lernen und sich mit dem Land zu identifizieren.

Nach wie vor sind jedoch in allen drei baltischen Staaten Voraussetzungen für ein friedliches Miteinander der Titularnationen mit den im Lande lebenden nationalen Minderheiten gegeben. Alle bisherigen empirischen Untersuchungen zeigen, dass die alltäglichen Beziehungen zwischen Esten, Letten, Litauern und Russen mehrheitlich von beiden Seiten als gut oder sogar sehr gut bewertet werden. Dabei wurden die Beziehungen von russischer Seite jeweils sogar noch positiver bewertet als von lettischer Seite. Nur jeweils weniger als 5 % bewerteten die Beziehungen als schlecht oder sehr schlecht (Rose u. Maley 1994; Rose 1997; Baltic Institute of Social Sciences 2005; Tabuns 2010). Die Ursache der Spannungen zwischen Esten, Letten, Litauern und Russen, so auch zwischen Litauern und Polen liegen demnach nicht so sehr in konkreten Erfahrungen des zwischenmenschlichen alltäglichen Zusammenlebens, sondern sind hauptsächlich Resultat politischer Auseinandersetzungen und Entwicklungen im Baltikum wie in Russland bzw. Polen, die in den Medien ihren Widerhall finden, durch diese verstärkt oder auch von diesen initiiert werden (Baltic Institute of Social Sciences 2005, S. 42).

Literatur

Госкомстат СССР. 1989. *Национальный состав населения СССР по данным всесоюзной переписи населения 1989 г.* Москва.
Baltic Institute of Social Sciences. 2005. *Etnopolitiskā spriedze Latvijā: konflikta risinājuma meklējumi*. Rīga.
Botschaft der Bundesrepublik Deutschland. 2011. *Merkblatt über die Freizügigkeit für Arbeitnehmer und Arbeitnehmerinnen*. http://www.riga.diplo.de/contentblob/3127274/

Daten/1253478/Download_2011_Merkblatt_Freizuegigkeit_fuer_Arbeitnehmer.pdf. Zugegriffen: 20. 9. 2011.
Centre for Eastern Studies. 2011. *Lithuanian will have a much greater share as the language of instruction at Polish schools in Lithuania*. http://www.osw.waw.pl/en/publikacje/ceweekly/2011-03-23/lithuanian-will-have-a-much-greater-share-language-instruction-polish. Zugegriffen: 20. 9. 2011.
Curika, Linda. 2009. *No skolas sola*. http://www.politika.lv/temas/sabiedribas_integracija/17267/. Zugegriffen 20. 9. 2011.
Ēlerte, Sarmīte. 2011. *Brīvā Latvija* Nr. 7, 12. 2. 2011.
Ēlerte, Sarmīte. 2011b. *Diena* 13. 11. 2011.
Estonian Embassy in Germany. 2010. *Die Bevölkerung Estlands und die nationalen Beziehungen*. http://www.estemb.de/estland/bevolkerung. Zugegriffen: 20. 9. 2011.
Europäische Kommission. 2010a. *Euromosaik-Studie Litauen*. http://ec.europa.eu/education/languages/euromosaic/doc4581_de.htm. Zugegriffen: 20. 9. 2011.
Europäische Kommission. 2010b. *Euromosaik Studie, Russisch in Estland*. http://ec.europa.eu/education/languages/euromosaic/doc4447_de.htm. Zugegriffen: 20. 9. 2011.
Europäische Kommission. 2010c. *Euromosaic III, Estonia. Country Profile*. http://ec.europa.eu/education/languages/euromosaic/et_en.pdf. Zugegriffen: 20. 9. 2011.
Eurostat. 2011. *Bevölkerung am 1. Januar nach Alter und Geschlecht*. http://epp.eurostat.ec.europa.eu. Zugegriffen: 20. 9. 2011.
FAZ.net. 2007. *Estland im Visier: „Ist ein Internetangriff der Ernstfall?"*. http://www.faz.net/artikel/C31325/estland-im-visier-ist-ein-internetangriff-der-ernstfall-30067794.html. Zugegriffen: 20. 9. 2011.
Glubiha, Aleksandra. 2010. *Eksperiments, kas izmainīja valsti*. http://www.politika.lv/temas/sabiedribas_integracija/eksperiments_kas_izmainija_valsti. Zugegriffen: 20. 9. 2011.
Gruber, Dennis. 2008. *Zuhause in Estland? Eine Untersuchung zur sozialen Integration ethnischer Russen an der Außengrenze der Europäischen Union*. Berlin: LIT Verlag.
Hanne, Gottfried. 1996. Ethnische Konfliktsituationen in Lettland seit der Perestroika. *BIAB-Berichte Nr. 3*. Berlin: Arbeitsbereich Baltische Länder.
HWWI (Hrsg.). 2007. Focus Migration. *Länderprofil Litauen Nr. 7*. Hamburg: Hamburgisches WeltWirtschaftsInstitut.
Jemberga, Sanita. 2005. *Diena* 21. 7. 2005.
Juozaitis, Arvydas. 1992. The Lithuanian Independence Movement and National Minorities. *Untersuchungen aus der FKKS Heft 3*. Mannheim: Forschungsschwerpunkt Konflikt- und Kooperationsstrukturen in Osteuropa (FKKS).
Latvijas statistica. 2011. *Pastāvīgo iedzivotāju nacionālais sastāvs 2010*. http://www.csb.gov.lv/, Zugegriffen: 20. 9. 2011.
Latvijas statistika. 2011b. *IS20. Resident population by ethnicity and by region and city under state jurisdiction at the beginning of the year 2010*. http://data.csb.gov.lv/. Zugegriffen: 20. 9. 2011.
Levits, Egil. 1991. Lettland unter der Sowjetherrschaft und auf dem Weg zur Unabhängigkeit. In *Die baltischen Nationen Estland Lettland Litauen*, Hrsg. Boris Meissner, 139–222. Köln: Markus-VG.
Levits, Egils. 1982. Die demographische Situation in der UdSSR. In *Acta Baltica XXI*, Hrsg. Institutum Balticum, 18–142. Königstein.
Lithuanian Human Rights Association. 2004. *Analytical Report PHARE RAXEN_CC. Minority Education. RAXEN_CC National Focal Point Lithuania*. http://www.pedz.uni-mannheim.de/daten/edz-b/ebr/04/AR_minority-education_LIT.pdf. Zugegriffen: 20. 9. 2011.

Muižnieks, Nīls (Hrsg.). 2010. *How integrated is Latvian Society? An Audit of Achievmants, Failures and Challenges*. Rīga: University of Latvia Advanced Social and Political Research Institute.

Office of Citizenship and Migration Affairs. 2011a. *Statistics on Naturalization*. http://www.pmlp.gov.lv/en/statistics/citizen.html. Zugegriffen: 20.9.2011.

Office of Citizenship and Migration Affairs. 2011b. *Iedzīvotāju sadalījums pēc nacionālā sastāva un valstiskās piederības*. http://www.pmlp.gov.lv/lv/statistika/dokuments/2011/ISVN_Latvija_pec_TTB_VPD.pdf. Zugegriffen: 1.1.2011.

Ozoliņš, Aivars. 2010. Zattlers Maskava. *Ir* 22.12.2010.

Piepgras, Ilka. 1991. *Berliner Zeitung* 27.11.1991.

Rose, Richard. 1995. *New Baltic Barometer II: A Survey Study*. Glasgow: Centre for the Study of Public Policy, University of Strathclyde.

Rose, Richard. 1997. *New Baltic Barometer III. A Survey Study*. Glasgow: Centre for the Study of Public Policy, University of Strathclyde.

Rose, Richard. 2005. *New Baltic Barometer VI. A Post-Enlargement Survey*. Glasgow: Centre for the Study of Public Policy, University of Strathclyde.

Rose, Richard; Maley, William. 1994. *Nationalities in the Baltic States. A Survey Study*. Glasgow: Centre for the Study of Public Policy, University of Strathclyde.

Schlau, Wilfried. 1991. Der Wandel in der Struktur der baltischen Länder. In *Die baltischen Nationen Estland Lettland Litauen*, Hrsg. Boris Meissner, 357–381. Köln: Markus-VG.

Schuller, Konrad. 2011. Unterwünschte Integrationshilfe aus Tallinn. *FAZ* 5.3.2011.

Seimas of the Republic of Lithuania. 1991. *Law on Education No I-1489*, 25.6.1991.

Seimas of the Republic of Lithuania. 2011. *Law on Education No XI-1281*, 17.3.2011.

Sloga, Gunta. 2005. Nav optimisma par Putina sodomie. *Diena* 22.1.2005.

Spolitis, Veiko. 2007. Der estnische Denkmalstreit und die Beziehungen zwischen Russland und den baltischen Staaten. *Russlandanalysen* 134/07.

Statistics Estonia. 2011. *Population Figure and Composition 2010*. http://pub.stat.ee. Zugegriffen: 20.9.2011.

Statistics Lithuania. 2000. *Population by citizenship and ethnicity*. http://www.stat.gov.lt. Zugegriffen: 20.9.2011.

Statistikos Departementas. 2011. *Percentage of total population, % by ethnicity and year 2010*. http://www.stat.gov.lt. Zugegriffen: 20.9.2011.

Stewart, Susan. 2010. Russische Außenpolitik im postsowjetischen Raum. Das Baltikum, die westliche GUS und der Südkaukasus im Vergleich. *SWP-Studie* Heft 5.

Sygiel, Aleksandra. 2010. *Polen in Litauen*. www.baltische-rundschau.eu/2010/06/05/polen. Zugegriffen: 20.9.2011.

Tabuns, Aivars. 2010. Identity, Ethnic Relations, Language and Culture. In *How integrated is Latvian Society? An Audit of Achievements, Failures and Challenges*, Hrsg. Nīls Muižnieks, 253–278. Rīga: University of Latvia Press.

TB/LNNK. 2011. *Notiek parakstu vākšana par latviešu valodu valsts skolās!* http://www.tb.lv/jaunums/notiek-parakstu-vaksana-par-satversmes-grozijumu-ierosinasanu, Zugegrifen: 20.9.2011.

Thiele, Carmen. 1999. *Selbstbestimmungsrecht und Minderheitenschutz in Estland*. Berlin: Springer.

Tracevskis, Rokas M. 2011. Poland's war against Lithuania over education law. *The Baltic Times* 6.4.2011.

Ulmanis, Guntis. 1996. „Saeimā, Ministru kabinetā, Laikraksta ‚Diena' pielikums" 6.3.1996.

Urdze, Andrejs (Hrsg.). 1991. *Das Ende des Sowjetkolonialismus. Der baltische Weg.* Reinbek bei Hamburg: Rowohlt Tb.

Urdze, Andrejs. 1993. Die Baltischen Staaten. In *Gesamteuropa. Analysen, Probleme, Entwicklungsperspektiven*, Hrsg. Cord Jaobeit und Alparslan Yenal, 176–193. Bonn: Leske Verlag.

Urdze, Andrejs. 1998. Eine gemeinsame Front. In *Baltisches Jahrbuch 1988.* Hrsg. Baltischer Christlicher Studentenbund, 24–38. Bonn.

Vabariigi Valimiskomisjon. 2011. *Riigikogu (parliamentary) Elections, March 6th 2011.* www.vvk.ee/general-info. Zugegriffen: 20.9.2011.

Rauch, Georg von. 1970. *Geschichte der Baltischen Staaten.* Stuttgart: Kohlhammer.

Zepa, Brigita; Inese Šūpule, Evija Kļave, Līga Krastiņa, Jolanta Krišāne und Inguna Tomsone. 2005. *Etnopolitiskā spriedze Latvijā: konflikta risinājuma meklējumi.* Rīga: Latvijas bibliogrāfijas institūts.

Zunda, Antonijs. 2000. Latvijas Krievijas attiecības. Kas pie horizonta? „*Neatkarīgā Rīta Avīze*" 4.1.2000.

Fluide Parteiensysteme in den baltischen Staaten

Algis Krupavičius

In den späten 1980er und frühen 1990er Jahren stellte Claus Offe fest, dass das postkommunistische Europa eine „dreifachen Transition" erlebte: Demokratisierung, ökonomische Transition sowie der Prozess des State Building (Offe 1992, S. 14). Die baltischen Staaten stellen Beispiele für eine erfolgreiche demokratische Transition nach 1989 dar. Sie gehörten zu den ersten Republiken der ehemaligen Sowjetunion, die bereits Anfang 1988 durch die friedliche „Singenden Revolution" Schritte in Richtung Demokratie unternahmen. Anders als andere Sowjetrepubliken konnten sie dabei an die erste Demokratisierungswelle der frühen 1920er Jahre anknüpfen, als sich dort demokratische politische Systeme etabliert hatten. Diese Erfahrung spielte eine wichtige Rolle während des Wiederaufbaus der Nationalstaaten in den frühen 1990er Jahren, vielfach wurde an Erfahrungen aus der Zwischenkriegszeit angeknüpft. Dies gilt auch für die Wahl- und Parteiensysteme, auf die der vorliegende Beitrag fokussiert. Der Verfassungsgebungsprozess in Litauen, Estland und Lettland veranschaulicht dabei die Bedeutung der Pfadabhängigkeit und des historischen Erbes für die Auswahl eines Wahlsystems und sogar die Form des Parteiensystems.

1 Wahlsysteme und Wahlen

Electoral engineering war ein wichtiger Bestandteil aller friedlichen Transitionen zur Demokratie seit den 1970er Jahren. Freie und wettbewerbsorientierte Wahlen waren ein entscheidendes Mittel zur Transformation des *Ancien Régime*, ohne das „the full array of institutions that constitute a new democratic political society – such as legislatures, constituent assemblies, and competitive political parties – simply cannot develop sufficient autonomy, legality, and legitimacy" (Linz u. Stepan 1996, S. 71). Die wichtigsten politischen Akteure akzeptierten den politischen Wettbewerb als den einzig sinnvollen Weg zur Etablierung einer stabilen demokratischen Ordnung. Darüber hinaus wurde „the convocation of elections an increasingly attractive means for conflict resolution" (O'Donnell u. Schmitter 1993, S. 40).

1.1 Gestaltung der Wahlsysteme: unterschiedliche Regelungen in ähnlichen Ländern

Die Entscheidung für ein Wahlsystem ist eine der wichtigsten politischen Aufgaben in der Übergangsphase in allen neuen Demokratien, da sie einen großen Einfluss auf andere politische Institutionen ausübt. Duvergers Gesetze über den Zusammenhang zwischen Wahl- und Parteiensystemen besagen, dass sich das Wahlverfahren stark auf die Parteienkonstellation auswirkt.

In den Nachfolgerepubliken der Sowjetunion wurde zunächst der Mechanismus der Mehrheitswahl des *Ancien Régime* übernommen, der zwei Wahlrunden mit Einpersonenwahlkreisen vorsah – so auch in Lettland und Litauen. Estland wich hiervon ab: Auf Vorschlag der Volksfront – der treibenden Kraft der Unabhängigkeitsbewegung – wurde noch vor den Parlamentswahlen 1990 das System der übertragbaren Einzelstimmgebung eingeführt. Trotz der unterschiedlichen Wahlmechanismen erhielten die Pro-Unabhängigkeits-Kräfte in allen drei Staaten die absolute oder relative Mehrheit der Sitze in den konstituierenden Parlamenten (48,5 % in Estland, 65,2 % in Lettland und 70,2 % in Litauen).[1]

Die zweite Runde der Wahlrechtsreformen fand im Rahmen der Verfassungsreformen von 1992 und 1993 statt. Allgemein zeigte sich bei diesen Reformen ein Trend zur Einführung von Verhältniswahlsystemen. Litauen wich hiervon insofern ab als dort teilweise das Mehrheitswahlrecht beibehalten wurde (vgl. Tabelle 1).

In Estland gibt es seit 1994 zwölf Mehrpersonenwahlkreise mit jeweils 6–13 Mandaten. Die Anzahl der Mandate richtet sich dabei proportional nach der Anzahl der Wahlberechtigten in einem Wahlkreis. Kandidaten werden von Parteien nominiert oder können unabhängig kandidieren. Das derzeitige estnische System kann als „flexible Liste" gewertet werden. Faktisch Praktisch ist die Flexibilität dabei deutlich höher als in anderen Ländern, z. B. Österreich, Belgien, Tschechien und den Niederlanden (Shugart 2007).

Lettland wurde im Rahmen der Wahlrechtsreform in fünf Mehrpersonenwahlkreise eingeteilt, die Zuteilung der Sitze zu den Parteien erfolgt nach dem Sainte-Laguë-Verfahren. Die Sperrklausel wurde bei 5 % festgelegt (zuvor: 4 %). Heidi Bottolfs betont, dass das lettische Wahlrecht „is an amended version of the 1922 law" (Bottolfs 2000, S. 82).

In Litauen fand eine schrittweise Reform des Wahlrechts statt, die zu einer Kombination von Elementen aus dem Erbe des formalen kommunistischen Wahlsystems und historischen Traditionen des nationalen Wahlsystems führte (vgl. auch Nadais 1992, S. 191 f.). Die Wahlen 1990 wurden nach dem Mehrheitswahlrecht des kommunistischen Regimes abgehalten. Nach heftigen Auseinandersetzungen zwischen den Verfechtern des Mehrheitswahlrechts (rechter Flügel der Sąjūdis) und eines Verhältniswahlrechts (gemäßigte und linke Fraktionen) und einer politischen Krise wurde 1992 der Kom-

---

[1] In den baltischen Staaten besteht keine Wahlpflicht. Die Altersgrenze für das passive Wahlrecht liegt in Litauen bei 25 Jahren und damit höher als in Estland und Lettland, wo die Grenze bei 21 Jahren liegt.

Tabelle 1 Parlamentswahlen und Wahlmechanismen

Litauen	1990 • Absolute Mehrheitswahl • 141 Sitze	1992 • Gemischtes paralleles Wahlsystem • Absolute Mehrheitswahl: 71 Sitze • Verhältniswahl: 70 landesweite Sitze • Sperrklausel: 4 %, 2 % für Parteien ethnischer Minderheiten	1996 • Gemischtes paralleles Wahlsystem • Absolute Mehrheitswahl: 71 Sitze • Verhältniswahl: 70 landesweite Sitze • Sperrklausel: 5 % für eine einzelne Parteiliste, 7 % für eine Koalitionsliste	2000 • Gemischtes paralleles Wahlsystem • Relative Mehrheitswahl: 71 Sitze • Verhältniswahl: 70 landesweite Sitze • Sperrklausel: 5 % für eine einzelne Parteiliste, 7 % für eine Koalitionsliste	2004, 2008 • Gemischtes paralleles Wahlsystem • Absolute Mehrheitswahl: 71 Sitze • Verhältniswahl: 70 landesweite Sitze • Sperrklausel: 5 % für eine einzelne Parteiliste, 7 % für eine Koalitionsliste
Lettland	1990 • Absolute Mehrheitswahl • 200 Sitze	1993 • Verhältniswahl: System mit Parteilisten und Vorzugswahl: 100 Sitze • Sperrklausel: 4 % für eine einzelne Parteiliste	1995, 1998, 2002, 2006, 2010, 2011 • Verhältniswahl: System mit Parteilisten und Rang-Wahl • 100 Sitze • Sperrklausel: 5 % für eine einzelne Parteiliste		
Estland	1990 • System der übertragbaren Einzelstimmgebung (Single Transferable Vote – STV) • 105 Sitze	1992 • Verhältniswahl: Parteilistensystem • 101 Sitze	1995, 1999, 2003, 2007, 2011 • Verhältniswahl: Parteilistensystem • 101 Sitze • Sperrklausel: 5 % für eine einzelne Parteiliste		

promiss eines Mischwahlsystems gefunden, das einen Mittelweg zwischen Repräsentation und Fragmentierung darstellt. Das Gesetz über die Seimas-Wahlen von 1992 sieht für 71 Einpersonenwahlkreise die Direktwahl und für 70 Einpersonenwahlkreise die Verhältniswahl über Parteilisten vor. Für die Gültigkeit der Ergebnisse der Einerwahlkreise ist eine Wahlbeteiligung von mindestens 40 % erforderlich. Shugart (2008) bezeichnet dies als ein ungewöhnliches gemischtes Mehrheitswahlsystem. Bei der Verhältniswahl werden die Sitze nach dem Hare-Niemeyer-Verfahren aufgeteilt. Dabei wurde eine 4 %-Hürde für alle Parteien mit Ausnahme der ethnischen Minderheiten festgelegt. Zudem wurde für die Gültigkeit der Verhältniswahl eine Mindestwahlbeteiligung von 25 % vorgeschrieben. 1996 wurde das Wahlrecht novelliert und seitdem vor jeder Parlamentswahl regelmäßig geändert. Die Sperrklausel wurde für einzelne Parteien auf 5 % und für Parteienkoalitionen auf 7 % erhöht. Die Gesetzesänderungen wurden von den größten Parteien initiiert und ausgeführt. Sie reflektierten den Wunsch der großen Parteien, die Zahl ernstzunehmender Konkurrenten zu reduzieren.

In Bezug auf die Kommunalwahlen ist Folgendes festzuhalten: In allen drei Ländern werden Kommunalverwaltungen (ebenso auch Abgeordnete des Europäischen Parlaments) per Verhältniswahl gewählt. Die unterschiedlichen Wahlsysteme auf nationaler und kommunaler Ebene in Litauen ermöglichen es den meisten Parteien, mindestens auf einer der beiden Ebenen vertreten zu sein. Zudem wird es den Parteien erleichtert, untereinander einen Modus vivendi zu finden und Koalitionen mit ideologisch sehr unterschiedlichen Parteien zu bilden. Letztendlich trägt dieses System jedoch zu einer Fragmentierung des Parteiensystems bei.

1.2 Wahlbeteiligung und der Einfluss der Wahlverfahren

Ein Merkmal des politischen Lebens in den baltischen Staaten ist die große Häufigkeit von Wahlen. Dies resultiert in einer niedrigen Wahlbeteiligung. Seit der Wiederherstellung der Unabhängigkeit 1990 fanden allein in Litauen 20 Wahlen statt, nicht berücksichtigt sind dabei Referenden und Stichwahlen in Präsidentschafts- und Parlamentswahlen.[2] In Estland fanden seither 14 Wahlen statt, in Lettland 13. Dies liegt zum einen an der Direktwahl des Präsidenten in Litauen. Zum anderen gibt es keine systematische Kopplung von Wahlen.

Die Wahlbeteiligung in den baltischen Staaten entwickelte sich analog zur sinkenden Beteiligung in anderen jungen mittelosteuropäischen Demokratien. Bei den ersten freien Wahlen lag sie noch bei 70–80 %, Jahr für Jahr sank der Anteil jedoch kontinuierlich. Heute weisen Litauen und Estland zusammen mit Polen die niedrigsten Wahlbe-

---

2   Es handelte sich dabei in nur zwei Fällen um vorgezogene reguläre Wahlen: 1992 nach der Selbstauflösung des Parlaments und 2004 nach der Amtsenthebung des Präsidenten Paksas.

Tabelle 2 Die wichtigsten Indizes für die baltischen Staaten: Disproportionalität, effektive Anzahl der Parteien im Parlament

	Estland			Lettland			Litauen		
	LSq Eff	Nv Eff	Eff Ns	LSq Eff	Nv Eff	Eff Ns	LSq Eff	Nv Eff	Eff Ns
Erste Mehrparteien-wahlen	7,23	8,84	5,9	4,14	6,21	5,05	9,61	4,62	2,99
Zweite Mehrparteien-wahlen	7,34	5,93	4,15	5,18	9,62	7,59	15,17	7,52	3,41
Dritte Mehrparteien-wahlen	4,57	6,88	5,5	4,66	6,94	5,49	10,42	7,22	4,22
Vierte Mehrparteien-wahlen	3,5	5,42	4,67	7,28	6,78	5,02	5,03*	5,78*	5,46
Fünfte Mehrparteien-wahlen	3,43	5,02	4,37	4,77	7,49	6	11,14*	8,90*	5,78
Sechste Mehrparteien-wahlen	5,4	4,76	3,84	2,81	4,43	3,93	–	–	–

*Die Ergebnisse für 1992–2000 basieren auf der Gesamtanzahl der Stimmen (Summe der Stimmen für die Listen und für die Einerwahlkreise) und der Gesamtzahl der Sitze. So sollten die Indizes berechnet werden, da Litauen ein gemischtes paralleles Wahlsystem nutzt. Die mit * gekennzeichneten Werte für 2004 und 2008 wurden jedoch auf der Basis der Listenstimmen (regional) und der Gesamtzahl der Sitze berechnet, da Zahlen für die Einerwahlkreise nicht erhältlich sind. Detaillierte Ergebnisse für die Wahlkreise von 2008 sind im Internet abrufbar unter http://www.vrk.lt/2008_seimo_rinkimai/output_en/rezultatai_vienmand_apygardose/rezultatai_vienmand_apygardose1turas.html, jedoch nicht in aggregierter Form.

(i) Der Gallagher Index (englisch: least squares index (LSq)) misst die Disproportionalität zwischen der Stimmverteilung und der Sitzverteilung;

(ii) effektive Parteienanzahl in Bezug auf die Wählerschaft (Eff Nv, auch als ENEP bezeichnet);

(iii) effektive Anzahl der Parteien im Parlament bzw. in der Legislative (Eff Ns, auch als ENPP bezeichnet);

(iv) alle drei Indizes für die Länder stammen von Gallaghers Internetseite zu Wahlsystemen bzw. basieren auf den dort verfügbaren Daten: http://www.tcd.ie/Political_Science/staff/michael_gallagher/ElSystems/.

teiligungen in Mittelosteuropa auf. Die Partizipationsrate liegt 7–10 % unter der durchschnittlichen Wahlbeteiligung der EU-27 in den letzten Parlamentswahlen (69,5 %). Lettland hatte einst die höchste Wahlbeteiligung in der Region, nach 2000 sank sie jedoch auf fast 60 % ab und glich der Beteiligung in Estland.[3]

---

3   2005 wurde in Estland ein Pilotprojekt zur Stimmabgabe über das Internet für Kommunalwahlen eingeführt, in der Hoffnung, junge Wähler zu mobilisieren und damit die Wahlbeteiligung zu erhöhen. Dabei wurden alle bisherigen Wahlmöglichkeiten beibehalten. Dies konnte den Trend der sinkenden Wahlbeteiligung jedoch nicht aufhalten – nur 1,85 % der Wähler stimmten im Internet ab. In den Kommunalwahlen 2009 wählten etwa 9,5 % der Wahlberechtigten online (Estonian Institute 2011).

Haben die unterschiedlichen Wahlverfahren zu unterschiedlichen Wahlergebnissen in den baltischen Staaten geführt? Vor allem die in allen baltischen Ländern ähnlich hohe Sperrklausel von 5–8 % sowie die Kombination mit Mehrheitswahlrecht und Stichwahlen in Litauen haben zur erwartbaren Reduktion der Parteienanzahl geführt. So haben beispielsweise die sechs Parlamentswahlen zwischen 1992 und 2011 in Estland deutlich gezeigt, dass kleine Parteien nur eine verschwindend geringe Chance haben, im Parlament vertreten zu sein und zum Teil gänzlich verschwanden. Bei der Parlamentswahl 1992 traten 38 Parteien an – 2003 sank diese Zahl auf elf und 2011 auf zehn Parteien. Insgesamt erhöhte sich in allen drei baltischen Staaten die effektive Anzahl der Parteien im Parlament auf über vier mit der Folge von Koalitionsregierungen (vgl. Tabelle 2).

2 Politische Parteien und Parteiensystem

Politische Parteien sind ein wichtiger Bestandteil moderner repräsentativer Demokratien. Sie sind das Bindeglied zwischen politischer Führung und Wählern, zwischen politischer Elite und Zivilgesellschaft, zwischen Herrschenden und Beherrschten. Eine schnelle Entwicklung und Reifung der Parteien und Stabilität der Parteiensysteme sind notwendige Voraussetzungen für die Konsolidierung der Demokratie in Mittelosteuropa und somit auch in den baltischen Staaten.

2.1 Zur Wiedererfindung der Parteien

In vielen postkommunistischen Staaten besteht tiefes Misstrauen gegenüber Parteien. Ihnen wird ein Mangel an Responsivität und Verantwortlichkeit attestiert, zudem scheinen sie unkonsolidiert und ständig im Wandel begriffen zu sein. In der ersten Demokratisierungsphase in den baltischen Staaten waren es vor allem Massenbewegungen, jedoch keine Parteien nach westlichem Verständnis, die eine Mobilisierung der Massen und eine Rekrutierung von Eliten ermöglichten. Die ersten freien und wettbewerbsorientierten Wahlen werden in der Literatur häufig als Gründungs- bzw. konstituierende Wahlen bezeichnet, da „without elections the full array of institutions that constitute a new democratic political society – such as legislatures, constituent assemblies, and competitive political parties – simply cannot develop sufficient autonomy, legality, and legitimacy" (Linz u. Stepan 1996, S. 71).

Die Gründungswahlen unterschieden sich stark von den darauffolgenden Wahlen, vor allem aufgrund der breit aufgestellten Dachorganisationen, die dazu tendierten, sich kurz nach den Wahlen in kleinere Gruppen aufzuspalten. Die politische Übergangsphase wurde in allen drei Ländern jeweils von drei Akteurstypen dominiert – Altkommunistischen Hardlinern, Gemäßigten und radikalen Nationalisten – die den politischen Wettbewerb in den baltischen Staaten de facto wieder einführten. Bezüglich dieser drei politischen Lager können zwei Modelle für die baltischen Staaten unterschieden werden. Im Fall Litauens wurden die Hardliner in eine eher unbedeutende Minderheitsposition gedrängt. Einige der radikalen Nationalisten konnten ebenfalls nicht mit den größeren politischen Gruppen, beispielsweise der Nationalen Front, Sąjūdis und der unabhängigen Kommunistischen Partei konkurrieren, die sich in der frühen Übergangsphase zu einem mehr oder weniger einheitlichen Block aus Gemäßigten entwickelt hatten. In Estland und Lettland konnte im Gegensatz dazu ein anderes Modell beobachtet werden. Das Lager der Hardliner war deutlich stärker, vor allem aufgrund der beträchtlichen Unterstützung durch Nicht-Esten und Nicht-Letten. Die politische Bühne wurde jedoch eher von Gemäßigten dominiert, die sich aus den Volksfronten und großen Teilen der Kommunistischen Parteien zusammensetzten. Die radikalen Nationalisten, die in Estland als Bürgerkomitees und in Lettland als Nationale Unabhängigkeitsbewegung auftraten, stellten die dritte wichtige Gruppe in der politischen Übergangsphase dar.

Bezüglich der Parteienentwicklung in den baltischen Staaten lassen sich ebenfalls verschiedene Formen unterscheiden, wobei in allen drei Staaten alle vier Formen anzutreffen sind: (1) die Wiedergeburt einiger *historischer* Parteien als Christ- und Sozialdemokraten; (2) die Desintegration der oppositionellen Massenbewegung und die Gründung neuer Parteien aus *ehemaligen Volksfrontbewegungen*; (3) *ehemals kommunistische* Parteien, die aus der früheren Kommunistischen Partei hervorgingen und schließlich (4) *neue* Parteien, die keine historischen Vorläufer und auch keine eindeutigen Verbindungen zu den Volksfrontbewegungen oder zur Kommunistischen Partei hatten – Beispiele für letzteres sind die Grünen und die Liberalen.

Die Rahmenbedingungen der Übergangszeit bestanden nur für kurze Zeit und seit 1992–1993 kann eine Institutionalisierung stabiler Parteien und Parteiensysteme beobachtet werden. Hardliner der alten Elite verschwanden schlichtweg aus der politischen Landschaft der baltischen Staaten. In Litauen gründeten die gemäßigten Akteure aus der alten Elite meist unterschiedliche Formen sozialdemokratischer und sozialistischer Gruppierungen bzw. schlossen sich ihnen an. Es gelang ihnen dort, erfolg- und einflussreiche linke politische Organisationen zu etablieren. Im gesamten Baltikum trugen Gemäßigte aus der ehemaligen demokratischen Opposition zur Gründung zahlreicher liberaler und Mitte-Rechts-Parteien bei, beispielsweise der Estnischen Sammlungspartei, der Partei „Lettlands Weg" und der „Vereinigung der Liberalen Litauens".[4] Die Radikalen der ehemaligen Opposition gründeten zahlreiche rechte und nationalistische Parteien, z. B. „Für Vaterland und Freiheit/Lettlands Nationale Unabhängigkeitsbewegung", „Vaterlandsunion" in Litauen etc.

Zwischen 1988 und 1991 wurden zusätzlich zahlreiche sogenannte historische Parteien als Nachfolger der politischen Organisationen der Vorkriegszeit neu gegründet.

---

4   Die Übersetzung der Parteinamen ist, soweit möglich, angelehnt an die in Ismayr 2010 verwendeten Bezeichnungen.

Diese Parteien können hauptsächlich vier Typen zugeordnet werden: (1) sozialdemokratische Parteien: z. B. „Sozialdemokratische Partei Litauens", die Sozialdemokratischen Arbeiterparteien Lettlands und Estlands; (2) christdemokratische Parteien: z. B. „Christdemokratische Partei Litauens", (3) Agrarparteien: z. B. „Bauernunion Lettlands" und (4) nationalistische Parteien: z. B. „Bund litauischer Nationalisten".

Zwei Jahrzehnte nach Beginn des Demokratisierungsprozesses haben nur wenige der historischen Parteien im Baltikum überlebt, die Verbleibenden haben kaum nennenswerten politischen Einfluss. Die christdemokratischen Parteien wurden, aufgrund der intensiven Säkularisierung der Gesellschaft während der kommunistischen Herrschaft, in den neuen Parteiensystemen an den Rand gedrängt. Einige ehemalige Agrarparteien konnten noch immer eine gewisse Unterstützung durch ihre Wählerschaft vorweisen, spielen mittlerweile jedoch nur eine untergeordnete Rolle. Nationalistische Gesinnungen verloren immer mehr an Bedeutung; in den späten 1990er Jahren gelang es ihnen meist nicht mehr, in die nationalen Parlamente einzuziehen. Die sozialdemokratischen Parteien waren als einzige aus der Gruppe der historischen Parteien erfolgreicher. Sie schlossen sich meist mit anderen linken Parteien zusammen. Als Beispiel sei hier die „Sozialdemokratische Partei Litauens" genannt.

2.2 Parteienorganisation

Vor 60 Jahren ging Duverger in seinem berühmten Werk *Les Partis Politiques* (1951) davon aus, dass alle Parteien entweder als Elite- oder als Massenparteien modelliert werden können. Das heutige Bild ist deutlich komplexer, zahlreiche neue Parteiformen sind hinzugekommen.

In den frühen 1990er Jahren wurden in den baltischen Staaten Parteiengesetze[5] verabschiedet: 1990 in Litauen, 1992 in Lettland und 1994 in Estland. Parteien wurden darin als freiwillige politische Organisationen definiert, deren Hauptaufgaben darin bestehen, Kandidaten für öffentlich gewählte Posten aufzustellen, politische Meinungen zu vertreten und Plattformen zu bieten. Zusätzlich sind einige wichtige Regelungen zur Parteienorganisation darin enthalten. Dementsprechend muss eine Partei in Estland für die Gründung mindestens 1 000 Mitglieder aufweisen, in Litauen 400 Mitglieder (2004 wurde diese Zahl auf 1 000 erhöht) und in Lettland nur 200 Mitglieder. Dies beeinflusste die Etablierung der durchschnittlichen Parteigröße in den drei Ländern. In Lettland hatten die Parteien im Jahr 2000 durchschnittlich 1 560 Mitglieder, in Estland 1999 durchschnittlich 1 678 Mitglieder und in Litauen 1999 durchschnittlich sogar 4 838 Mitglieder. In den folgenden Jahren stiegen diese Zahlen nur langsam an. Im vierten European Social Survey (2008/2009) wurde die Frage „Have you worked in a political party or action group in the last 12 months?" in Lettland von 1,2 % bejaht, in Estland von 3,0 %

---

5 Alle Parteiengesetze abrufbar unter: www.partylaw.leidenuniv.nl.

und in Litauen von 3,2 %. Die relativ geringe Zahl der Parteimitglieder hängt vermutlich mit allgemeineren Mustern der Parteienorganisation zusammen. In Litauen gelang es zumindest einigen Parteien, sich in Richtung Massenparteien zu entwickeln, insbesondere der „Vaterlandsunion/Christdemokraten Litauens", der „Sozialdemokratischen Partei Litauens", der „Arbeitspartei" und der Partei „Ordnung und Gerechtigkeit". Die wichtigsten Parteien Estlands können unter Berücksichtigung der Größe der Gesamtbevölkerung nicht als klein, sondern als mittelgroß eingestuft werden. Zu nennen sind die Parteien „Zentrum", „Res Publica", „Vaterland" sowie die „Reformpartei". Lettische Parteien basierten dagegen viel stärker auf dem Modell der Elitepartei.

Aufgrund neuer Wahlkampfmethoden und verstärkter Medienpräsenz spielen Parteivorsitzende in allen modernen demokratischen Systemen eine zunehmend wichtige Rolle. Es ist daher, wie Davis feststellte, nicht überraschend, dass „leadership recruitment and selection are key functions of a modern political party" (Davis 1998, S. 1). Die Wichtigkeit der Parteiführer ist in den baltischen Staaten oft auch dadurch gegeben, dass diese gleichzeitig auch die Parteigründer sind. So kann man in den Kategorien von Kitschelt et al. (1999, S. 46 ff.) das Verhältnis zwischen Parteien und Bürgern in den baltischen Staaten als „charismatische Bürger-Elite Beziehung" beschreiben. Dies führt zu einer delegativen Demokratie, in der die Führungspersonen die Aufmerksamkeit auf ihre Persönlichkeit lenken und bewusst keine verbindlichen Aussagen treffen, um Stimmenverluste zu verhindern.

Eine hohe Abhängigkeit der Parteien von einzelnen Führungspersonen führte vor allem in Lettland und Estland zu zahlreichen Konflikten auf der parteilichen Führungsebene. Angesichts der ausgeprägten Personalisierung der Parteipolitik in Estland stellten Svege und Daatland (2000) fest, dass estnische Parteien „seem more like vehicles for political ambition and power-seeking than advocates of specific social groups and ideologies" (Svege u. Daatland 2000, S. 66). Das gleiche Muster wurde auch in Lettland beobachtet, wo „parties are top-down establishments" (Bottolfs 2000, S. 90).

Der starke Einfluss einzelner Persönlichkeiten kann beispielhaft am Fall der lettischen Partei „Neue Zeit" illustriert werden. Die Partei wurde 2001 von Einars Repše – zwischen 1991 und 2001 Vorsitzender der Zentralbank – gegründet, der bekannt war für seine populistischen Standpunkte und seinen Kampf gegen Korruption. In den Parlamentswahlen 2002 verhalf er zuvor völlig unbekannten Parteikandidaten zu einem Mandat. Seit 2003 verloren er und seine Partei jedoch aufgrund seiner fragwürdigen Immobiliengeschäfte und seines konfrontativen Führungsstils deutlich an Beliebtheit. 2009 wurde Valdis Dombrovskis – Mitglied der Partei „Neue Zeit" und zwischen 2002 und 2004 Finanzminister – Premierminister und verhalf der Partei zu einer Führungsposition in der Mitte-Rechts-Koalition. Trotz der schweren Wirtschaftskrise in Lettland zwischen 2008 und 2010 wurde Dombrovskis, vor allem wegen seiner persönlichen Beliebtheit, in den Parlamentswahlen 2010 wieder gewählt, die „Neue Zeit" blieb weiterhin an der Macht.

Die erneuten Parlamentswahlen in Lettland im September 2011 boten ein weiteres Beispiel für die Bedeutung einzelner Persönlichkeiten. Zuvor hatte der ehemalige Präsident Lettlands Valdis Zatlers erstmals in der jüngeren Geschichte des Landes vom Recht der Auflösung der Saeima Gebrauch gemacht, was im Juli in einem Referendum bestätigt wurde. Unmittelbar nach dem Ende seiner Amtsperiode als Präsident beteiligte sich Zatlers mit seiner neugegründeten „Zatlers' Reformpartei" an den Wahlen zur Saeima und nutzte im Wahlkampf eine sehr starke Anti-Korruptionsrhetorik. Die neue Partei erhielt auf Anhieb 20,8 % der Stimmen und gewann damit 22 Sitze im Parlament.

Eine weitere Gemeinsamkeit im Hinblick auf die Parteienorganisation in den baltischen Staaten besteht in der Schwäche der außerparlamentarischen Organisationen. Viele Parteien entstanden in den frühen 1990er Jahren und wurden im Parlament durch die sogenannte „interne Mobilisierung" legitimiert. Dieser Weg der Parteientstehung trägt dazu bei, relativ starke parlamentarische Parteien hervorzubringen, die jedoch nur schwache Verbindungen zu außerparlamentarischen Organisationen aufweisen. Dies entspricht der zweiten Form der von Kitschelt et al. (1999) beschriebenen Formen der Beziehungen zwischen Partei und Bürgern, die als *legislative Fraktion oder Proto-Partei* bezeichnet wird. Dabei bilden einzelne Politiker im Gesetzgebungsprozess Koalitionen im Hinblick auf eine Vielzahl von politischen Fragen, ohne jedoch eine entsprechende Organisationsinfrastruktur auszubilden.

2.3 *Die Hauptakteure der baltischen Parteiensysteme*

Es ist bereits angeklungen, dass die baltischen Parteiensysteme stark fragmentiert sind. Dies gilt allerdings nicht in gleichem Maße für alle drei baltischen Staaten. So ist das litauische Parteiensystem trotz einer seit 2000 bestehenden Tendenz zur Fragmentierung verglichen mit den anderen baltischen Ländern relativ klar strukturiert. Die beiden einflussreichsten Parteien sind die linksgerichtete „Sozialdemokratische Partei Litauens" und die Mitte-Rechts-Partei „Vaterlandsunion/Christdemokraten Litauens": Die „Sozialdemokratische Partei Litauens" blieb seit 1990 für über zehn Jahre an der Macht, entweder allein oder in Koalitionsregierungen, und ist somit die Partei, die am längsten an der Regierung beteiligt war. Ihre Wurzeln liegen in der historischen „Sozialdemokratischen Partei Litauens" einerseits und in der „Litauischen Demokratischen Arbeitspartei" andererseits, die wiederum aus dem gemäßigten Flügel der ehemaligen „Kommunistischen Partei Litauens" hervorging. Der Hauptkonkurrent der „Sozialdemokratischen Partei Litauens" auf der politischen Bühne ist sicherlich die „Vaterlandsunion/Christdemokraten Litauens", die 1993 als „Vaterlandsbund/Konservative Litauens" gegründet wurde. Trotz zahlreicher Namensänderungen und Zusammenschlüsse mit anderen Parteien blieb die ideologische Position der Partei stets konstant, d. h. konservativ und christdemokratisch. Die „Vaterlandsunion/Christdemokraten Litauens" ist die wichtigste Mitte-Rechts-Partei und war zwischen 1996 und 2000 an der Regierung. Nach den Parlamentswahlen 2008 führte sie eine Mitte-Rechts-Regierungskoalition an und gelangte nach acht Jahren Opposition wieder an die Macht. Seit Ende 2008 war die

Partei aufgrund der globalen Wirtschafts- und Finanzkrise gezwungen, sehr unpopuläre Sparmaßnahmen durchzusetzen. Die Regierung unter Andrius Kubilius, seit 2003 Vorsitzender der „Vaterlandsunion/Christdemokraten Litauens", verlor daraufhin deutlich an Unterstützung.

Die estnische Parteienlandschaft ist im Vergleich zur litauischen weniger klar gegliedert. Hier sind vier Parteien hervorzuheben. Insgesamt sind die Mitte-Rechts-Parteien in Estland deutlich einflussreicher als in Litauen. Nach den letzten zwei Parlamentswahlen ist die liberale und marktorientierte „Reformpartei", deren Vorgänger die „Liberaldemokratische Partei" war, die führende Mitte-Rechts-Partei in Estland. Im März 2005 wurde der Parteivorsitzende Andrus Ansip Ministerpräsident. Die „Reformpartei" konnte in zwei aufeinanderfolgenden Parlamentswahlen die relative Mehrheit erreichen. Dies gilt auch für die Wahlen 2011, in der die „Reformpartei" trotz Wirtschaftskrise und Haushaltskonsolidierung erfolgreich in das Parlament gewählt wurde. Als weitere zentrale Partei ist „Vaterland und Res Publica", zu nennen, ein Koalitionspartner der „Reformpartei". Sie ist ein Bündnis aus den beiden namensgebenden Mitte-Rechts-Parteien, die im Juli 2006 fusionierten und in früheren Wahlen bereits deutliche Erfolge verzeichnen konnten. Beispielsweise stellte „Vaterland" von 1992–1994 und von 1999–2002 mit Mart Laar den damaligen Ministerpräsidenten. Eine weitere einflussreiche Partei ist das „Zentrum", das vor allem wegen des langjährigen Vorsitzenden Edgar Savisaar umstritten ist. Die Partei ist ideologisch in der Mitte anzusiedeln und sozialliberal orientiert. In den Parlamentswahlen wies sie stets eine stabile Wählerschaft auf. Edgar Savisaar, Vorsitzender des „Zentrums" und zwischen 1991 und 1992 estnischer Ministerpräsident, wurden von politischen Gegnern oftmals Autoritarismus, Vetternwirtschaft, Korruption, Machiavellismus und enge Verbindungen zur russischen Führungsschicht vorgeworfen. Trotz des Wahlerfolgs des „Zentrums" verhinderte die Führungspersönlichkeit Savisaars lange Zeit die Beteiligung der Partei an Regierungskoalitionen. Die linken Parteien in Estland werden primär durch die „Sozialdemokratische Partei" vertreten, die sich mehrmals mit kleineren Parteien fusionierte und 2004 in „Sozialdemokratische Partei" umbenannte. Zwischen 1992 und 2009 waren die Sozialdemokraten an vier Mitte-Rechts Regierungen mit der Partei „Vaterland" und der „Reformpartei" beteiligt.

Die lettische Parteienlandschaft ist im Vergleich zu den anderen beiden baltischen Staaten am unübersichtlichsten, da sie sich nach fast jeder Parlamentswahl grundlegend geändert hat. Beispielsweise traten zur Parlamentswahl 2006 19 Parteien an und sieben von ihnen zogen in die Saeima ein. Bei den Parlamentswahlen 2010 standen nur 13 Listen zur Wahl und fünf von ihnen erhielten Parlamentssitze. An den vorgezogenen Parlamentswahlen 2011 beteiligten sich 13 Parteilisten, erneut zogen nur fünf in die Saeima ein. Dementsprechend wurden nach den Wahlen 2006 noch vier Parteien zur Regierungsbildung benötigt, nach den Wahlen 2010 hingegen konnte eine Regierungsmehrheit aus zwei Parteilisten gebildet werden.

Das mitte-rechts-orientierte und liberale Bündnis „Lettlands Erste Partei/Lettlands Weg" entstand seit 2006 schrittweise aus dem Bündnis der beiden namensgebenden Parteien sowie unter Einbeziehung einiger kleinerer regionaler Parteien. Die Partei „Lettlands Weg" war 1993 von ehemaligen Aktivisten der „Volksfront Lettlands" gegründet worden und wurde bei ihrer ersten Parlamentswahl 1993 stärkste Partei in der Koalitionsregierung. Trotz sinkender Beliebtheit war sie bis 2002 an allen Koalitionsregierungen beteiligt. Zu den Parlamentswahlen 2010 trat das Bündnis „Lettlands Erste Partei/Lettlands Weg" zusammen mit der „Volkspartei" als Bündnis „Für ein gutes Lettland!" an, erhielt aber nur 7,7 % der Stimmen. Einer der engsten Verbündeten von „Lettlands Erste Partei/Lettlands Weg" in den letzten Jahren war die konservative mitte-rechtsorientierte „Volkspartei", die 1998 gegründet wurde. In den Parlamentswahlen 2002 wurde sie zur drittstärksten Kraft und in den Wahlen 2006 zur stärksten Partei im Parlament. Ein neuer Star auf der politischen Bühne Lettlands ist die Partei „Neue Zeit". Die rechte und populistische Partei wurde erst 2001 gegründet und erhielt in ihren ersten Parlamentswahlen 23,9 % der Stimmen als Ergebnis ihrer Kampagne gegen Korruption und Steuerhinterziehung. Die meisten Kandidaten der Partei waren 2001 noch politisch unbekannt. Nach der Wahl bildete die Partei eine Koalitionsregierung mit drei anderen Parteien. Von Oktober 2004 bis April 2006 war sie erneut an einer Regierungskoalition beteiligt, ab 2009 hatte sie dabei sogar die Führungsrolle inne. 2010 gewann das Wahlbündnis „Einigkeit", das von der „Neuen Zeit" angeführt wurde, die Parlamentswahlen mit 31,2 % der Stimmen und bildete zusammen mit der „Union der Grünen und Bauern" eine Koalitionsregierung. Letzteres ist eine gemäßigte grüne bzw. agrarisch und konservativ geprägte politische Allianz, die vor den Parlamentswahlen 2002 gegründet wurde und auf Anhieb zwölf Sitze in der Saeima gewann. In den Wahlen 2006 war die Union sogar noch erfolgreicher und erhielt 16,7 % der Stimmen bzw. 18 Sitze. Die besten Ergebnisse erzielte die „Union der Grünen und Bauern" in den Parlamentswahlen 2010 mit 19,7 % der Stimmen (22 Sitze). Schließlich ist noch das Bündnis „Harmonie Zentrum" zu nennen. Darin schlossen sich 2005 mehrere sozialdemokratische Parteien und Parteien der russischen Minderheit zusammen. In den Parlamentswahlen 2006 erhielt das Parteienbündnis 14,4 % der Stimmen und wurde zur zweitstärksten Oppositionspartei, in den Wahlen 2010 gar zweitstärkste politische Kraft in Lettland.

Zu den Parlamentswahlen 2011 fing ein neuer Wind an, in der lettischen Politik zu wehen – einigen der „Oligarchen"-Parteien, die eng mit wirtschaftlichen Interessen verwoben sind, gelang es nicht, Sitze in der Saeima zu erringen. Andris Šķēle beschloss im Vorfeld, seine „Volkspartei" aufzulösen. Deren früherer Koalitionspartner „Lettlands Erste Partei/Lettlands Weg" erhielt nur 2,4 % der Stimmen im Gegensatz zu 8 % bei den Wahlen 2010. Aivars Lembergs, Bürgermeister der Hafenstadt Ventspils und führende Figur des „Bündnisses der Grünen und Bauern" erhielt 12,2 % der Stimmen und 13 Parlamentssitze, was deutlich weniger war als bei den Wahlen 2010 mit 19,7 % der Stimmen und 22 Sitzen.

Die Wahlen 2011 bedeuteten ebenfalls einen Verlust für die Einheitskoalition, die nur 18,8 % der Stimmen und 20 Sitze erhielt. Hauptgewinner war „Zatlers' Reformpartei", die 20,8 % der Stimmen und 22 Sitze im Parlament gewann. Die rechtsorientierte „Nationale

Allianz" verbesserte ihre Position auf 13,9 % der Stimmen und verdoppelte die Anzahl ihrer Sitze fast von 8 auf 14. Das „Harmonie Zentrum" wurde zur stärksten politischen Kraft Lettlands mit 28,4 % der Stimmen und 31 Parlamentssitzen.

2.4 Parteiensysteme

Der vorige Abschnitt hat deutlich gemacht, dass insbesondere in Litauen und Estland mittlerweile eine Phase der Konsolidierung in Bezug auf die wichtigsten politischen Parteien eingesetzt hat. Gleichwohl kann diese Phase noch für keinen der drei baltischen Staaten als abgeschlossen gelten. So befinden sich die größten und wichtigsten Parteien der baltischen Staaten noch immer in einem erbitterten Wettbewerb um das politische Überleben. 2003 argumentierten Rose und Munro, dass „the stable party system is completely institutionalized when there is a *stable equilibrium* between supply and demand, in which the same parties compete at successive elections and votes change only a few percentage points from one election to the next" (Rose u. Munro 2003, S. 71). Die Situation in den baltischen Staaten kann jedoch eher als *„structural disequilibrium"* bezeichnet werden, ein Zustand mit starkem Wettbewerb zwischen den Parteien und einem stark schwankenden Parteienangebot von einer Wahl zur nächsten. Das derzeitige strukturelle Ungleichgewicht in den baltischen Staaten wird erst verschwinden, wenn sich eine stabile Parteienanzahl und damit ein stabiles Parteienangebot entwickelt. In diesem Zusammenhang ist die Parteibindung ein wichtiger Aspekt. Besonders in neuen Demokratien ist deren Analyse wichtig bei der Untersuchung von Parteiensystemen, da die Parteibindung „indicates attachment to a key institution that integrates citizens into the new democratic political order" (Dalton u. Weldon 2007, S. 180). Die politische Realität zeigt, dass die Parteibindung in fortgeschrittenen industrialisierten Demokratien insgesamt abnimmt und in jungen Demokratien meist nur schwach ausgeprägt ist (ebd.).

Laut dem European Social Survey stehen in Estland nur 45,2 % der Befragten einer Partei besonders nahe.[6] In Litauen liegt der Anteil bei 28,4 % und in Lettland bei 22,3 %. Dem steht ein durchschnittlicher Wert von 50 % in 29 europäischen Ländern gegenüber.[7] Dies bedeutet, dass die Abnahme der Parteiidentifikation in Lettland und Litauen besonders weit geht. Es scheint, dass das Modell zum sozialen Lernen von Philipp Converse, welches davon ausgeht, dass (a) junge Wähler zu einem gewissen Grad die Parteiidentifikation ihrer Eltern übernehmen und (b) die frühe Prägung der Neuwähler typischerweise durch die in einem stabilen Parteiensystem gemachten Erfahrungen verstärkt wird (Dalton u. Weldon 2007, S. 184), in den baltischen Staaten nicht funktio-

---

6 Die Frageformulierung lautete: „Gibt es eine bestimmte Partei, der sie sich näher als allen anderen Parteien fühlen?"
7 Die Daten sind zu finden unter http://ess.nsd.uib.no/ess/round4/.

niert. In der lettischen und auch der litauischen Gesellschaft existieren zahlreiche parteienfeindliche Einstellungen, an der sich trotz zunehmender Wahlerfahrung der Wähler nichts wesentlich verändert hat. Zudem erscheint die Bindung zwischen Bürgern und Parteien besonders in Lettland und Litauen sehr fragil.

Betrachtet man die aktuellen qualitativen Merkmale der baltischen Parteiensysteme (bzw. analysiert man die aktuelle Rolle der Parteien in den Systemen), wird deutlich, dass in keinem Land ein Parteiensystem mit einer dominanten Partei vorherrscht. Dies kann als typisch für Mittelosteueropa bezeichnet werden.

Die strukturellen Merkmale der Parteiensysteme Estlands, Lettlands und Litauens änderten sich seit 1992–1993 mehrmals, wie in Tabelle 3 dargestellt. Das Ausmaß des Wandels war dabei jedoch eher gering. Nach der Typologie von Blondel et al. gehören alle Parteiensysteme der Kategorie des reinen Mehrparteiensystems an (Blondel et al. 2007). Es standen nur zwei Optionen zur Verfügung: ein System mit einer dominanten Partei oder ein System ohne dominante Partei (vgl. Tab. 3).

Litauen ist bei dieser Klassifizierung der komplizierteste Fall. In den 1990er Jahren wurde das litauische Parteiensystem häufig als konstant von links nach rechts und zurück schwingendes politisches Pendel beschrieben. Nach der Parlamentswahlen 2000 kann Litauen kaum als Beispiel eines Zwei-Parteien-Systems, sondern eher als System mit moderatem Pluralismus und drei bis fünf Parteien als führenden politischen Akteuren klassifiziert werden. Die Fragmentierung des litauischen Parteiensystems seit 2000 förderte somit die Bildung eines multipolaren Parteiensystems ohne dominante Parteien.

Die baltischen Parteiensysteme unterscheiden sich auch bezüglich der Variable Ideologie. Es gibt dabei zwei Modelle: Das Parteiensystem in Litauen ist durch einen mehr oder weniger bipolaren Wettbewerb auf der sozioökonomischen Links-Rechts-Achse charakterisiert. In Estland und Lettland existiert dagegen eine unipolare Dominanz des Zentrums bzw. der Mitte-Rechts-Parteien.

Schließlich beeinflussen Parteien und Parteiensysteme auch deutlich die Zusammensetzung und die Stabilität bzw. Instabilität von Regierungen. Wie bereits erwähnt, führte die Bildung eines Mehrparteiensystems ohne dominante Parteien in allen drei Ländern ausnahmslos zu Koalitionsregierungen und zu einem Modell der Machtteilung im Bereich der Exekutive. Seit Mitte der 1990er Jahre waren in Estland, Lettland und Litauen in der Regel zwei bis vier Parteien an den Koalitionsregierungen beteiligt.

Die Lebensdauer der Regierungen hängt in allen drei baltischen Staaten vor allem von der Form der Kabinette und weniger von deren parteipolitischer Zusammensetzung ab. Wenn das Parteiensystem stark fragmentiert ist, ist die Lebensdauer der Kabinette tendenziell kürzer als in Ländern mit konsolidierten Parteiensystemen. Zudem ist die Wahrscheinlichkeit für die Bildung einer kleinstmöglichen Minderheitsregierung in fragmentierten Systemen höher. Im Ländervergleich variiert die Lebensdauer der Kabinette seit den frühen 1990er Jahren sehr stark. Auf der einen Seite steht Lettland mit tendenziell instabilen und kurzlebigen Kabinetten, die im Durchschnitt be-

Tabelle 3 Typologie der baltischen Parteiensysteme nach der Typologie von Blondel et al. 2007

Parteiensystem	Erste Mehrparteienwahlen	Zweite Mehrparteienwahlen	Dritte bis sechste Mehrparteienwahlen
Mehrparteiensystem mit einer dominanten Partei	Lettland (1993) Litauen (1992)	Estland(1995) Litauen (1996)	
Mehrparteiensystem ohne dominante Partei	Estland (1992)	Lettland (1995)	Lettland (1998, 2002, 2006, 2010) Estland (1999, 2003, 2007, 2011) Litauen (2000, 2004, 2008)

reits nach weniger als einem Jahr zerbrachen (0,93 Jahre), während der Durchschnitt in Mittelosteuropa bei 1,13 Jahren liegt (Blondel et al. 2007, S. 48). Auf der anderen Seite weisen Estland (1,30 Jahre) und Litauen (1,22 Jahre) zwischen 1990 und 2003 eine überdurchschnittliche Lebensdauer der Kabinette auf. In den letzten Jahren stieg die Stabilität der Kabinette in allen drei Ländern aufgrund besser institutionalisierter Parteien deutlich an.

Ein Regierungsposten wird von den meisten Parteipolitikern als Höhepunkt der politischen Karriere betrachtet. In neuen Demokratien ergibt sich jedoch ein etwas anderes Bild. Die Rekrutierung von Regierungseliten stellte für die Parteien ein Problem dar, da sie nur über eine begrenzte Personalbasis verfügten und gleichzeitig zahlreiche neue politische und administrative Posten besetzen mussten. Besonders in der ersten Hälfte der 1990er Jahre gehörten viele Minister keiner Partei an. Seither gibt es jedoch einen klaren Trend zum Bedeutungszuwachs der Parteien im Prozess der Besetzung von Ministerposten und zur Entsendung eigener Parteimitglieder in verschiedene Regierungen. Andererseits zeigen aktuelle Studien zu Entscheidungsfindungsprozessen der Regierungen in Mittelosteuropa, dass eine direkte Einbindung der Parteien in die Entscheidungsfindung der Kabinette nur in Litauen stark ausgeprägt ist, während der Einfluss in Estland und Lettland eher begrenzt ist (Blondel et al. 2007, S. 97).

Zusammenfassend lässt sich bezüglich der unterschiedlichen Entwicklungen in den baltischen Parteiensystemen sagen, dass sich die zentripetalen Tendenzen, die zu einer höheren Stabilität der Parteien und zu einer Konsolidierung der Parteiensysteme führen, gegenüber den zentrifugalen Trends durchsetzen. Das Gleichgewicht zwischen diesen beiden Entwicklungsrichtungen ist jedoch noch immer sehr fragil.

Literatur

Blondel, Jean, Ferdinand Müller-Rommel und Darina Malova. 2007. *Governing New European Democracies*. London: Palgrave Macmillan.
Bottolfs, Heidi. 2000. Latvia. In *Politics and Citizenship on the Eastern Baltic Seaboard. The Structuring of Democratic Politics from North-West Russia to Poland* , Hrsg. Frank H. Aaarebrot und Terje Knutsen, 77–107. Kristiansand: Nordic Academic Press.
Centrālā vēlēšanu komisija. 2011a. *The 10th Saeima elections*. http://web.cvk.lv/pub/public/29537.html. Zugegriffen: 23. 9. 2011.
Centrālā vēlēšanu komisija. 2011b. *Saeimas vēlēšanas Rezultāti*. www.velesanas2011.cvk.lv. Zugegriffen: 3. 11. 2011.
Dalton, Russel J. und Steven Weldon. 2007. Partisanship and Party System Institutionalization. *Party Politics* 13/2: 179–196.
Davis, James W. 1998. *Leadership Selection in Six Western Democracies*. Westpoint: Greenwood Press.
Duverger, Maurice. 1951. *Les Partis Politiques*. Paris: Armand Colin.
Estonian Institute. 2011. *Estonica – Encyclopedia about Estonia: Nature of the electoral system and basic trends in voter participation*. http://www.estonica.org/en/Society/Development_of_the_Estonian_political_landscape_until_2006/Nature_of_the_electoral_system_and_basic_trends_in_voter_participation/. Zugegriffen: 23. 9. 2011.
Gallagher, Michael und Paul Mitchell (Hrsg.). 2008. *The Politics of Electoral Systems*. London: Oxford University Press.
Ikstens, Jānis. 2010. La Lettonie. In *Les Démocraties Européennes*, Hrsg. Jean-Michele de Waele und Paul Magnette, 251. Paris: Armand Colin.
Ismayr, Wolfgang (Hrsg.). 2010. *Die politischen Systeme Osteuropas*. Wiesbaden: VS Verlag für Sozialwissenschaften.
Kitschelt, Herbert, Zdenka Mansfeldova, Radoslaw Markowski und Gábor Tóka. 1999. *Post-Communist Party Systems. Competition, Representation, and Inter-Party Cooperation*. New York: Cambridge University Press.
Linz, Juan José und Alfred C. Stepan. 1996. *Problems of Democratic Transition and Consolidation: Southern Europe, South America, and Post-Communist Europe*. Baltimore: The Johns Hopkins University Press.
Nadais, Antonia. 1992. Choice of Electoral Systems. In *The New Democratic Frontier: A Country by Country Report on Elections in Central and Eastern Europe*, Hrsg. Larry Garber und Eric Bjorlund, 190–203. Washington D.C.: National Democratic Institute for International Relations.
O'Donnell, Giullermo und Philippe C. Schmitter. 1993. *Transitions from Authoritarian Rule: Tentative Conclusions About Uncertain Democracies*. Baltimore: The Johns Hopkins University Press.
Offe, Claus. 1992. Capitalism by Democratic Design? Democratic Theory Facing the Triple Transition in East-Central Europe. In *Economic Institutions, Actors and Attitudes: East Central Europe in Transition*, Hrsg. György Lengyl, Claus Offe und Jochen Tholen, 11–22. Budapest: University of Economic Sciences.
Pettai, Vello. 2010. L'Estonie. In *Les Démocraties Européennes*, Hrsg. Jean-Michele de Waele und Paul Magnette, 133–146. Paris: Armand Colin.
Rose, Richard und Neil Munro. 2003. *Elections and parties in new European democracies*. Washington D.C.: Congressional Quarterly Press.

Shugart, Matthew. 2007. *Estonian election*. http://fruitsandvotes.com/?p=1162. Zugegriffen: 23. 9. 2011.

Shugart, Matthew. 2008. *Lithuanian elections: The inter-round phase*. http://fruitsandvotes.com/?p=1794. Zugegriffen: 23. 9. 2011.

Svege, Hans Petter und Christer C. Daatland. 2000. Estonia. In *Politics and Citizenship on the Eastern Baltic Seaboard. The Structuring of Democratic Politics from North-West Russia to Poland*, Hrsg. Frank H. Aaarebrot und Terje Knutsen, 49–76. Kristiansand: Nordic Academic Press.

Vabariigi Valimiskomisjon. 2011. *Riigikogu (parliamentary) Elections, March 6th 2011*. http://www.vvk.ee/?lang=en. Zugegriffen: 23. 9. 2011.

Tabelle 4   Litauische Parteien in den Parlamentswahlen, 1992–2008

	1992		1996		2000		2004		2008	
	Stimmen, %	Sitze	Stimmen, %	Sitze	Stimmen, %	Sitze	Stimmen, %	Sitze	Stimmen, %	Sitze
Christdemokratische Partei Litauens (LKDP)	12,6[1]	18	9,9	16	3,1	2	1,4	–	–	–
Partei der Liberalen Demokraten (Ordnung und Gerechtigkeit) (LDP)	–	–	–	2	–	–	11,4	10	12,7	15
Litauische Demokratische Arbeitspartei (LDDP)	44,0	73	9,5	12	–	–	–	–	–	–
Sozialdemokratische Partei (LSDP)	6,0	8	6,6	12	31,1	51	20,7[2]	31	11,7	25
Vaterlandsunion/Litauische Konservative (TS/LK)	21,2[3]	30	29,8	70	8,6	9	14,7	25	19,7	45
Arbeitspartei (DP)	–	–	–	–	–	–	28,4	39	9,0	10
Zentrumsvereinigung Litauens (LCS)	2,5	2	8,2	14	2,9	2	9,2	18	5,3	8
Vereinigung der Liberalen Litauens (LLS)	1,5	0	1,8	1	17,3	34	–	–	5,7	11
Neues Bündnis – Sozialliberale (NSSL)	–	–	–	–	19,6	29	20,7[4]	31	3,6	1
Vereinigung der Bauern und der Partei „Neue Demokratie" (VNDPS)	–	–	1,7[5]	1	4,1[6]	4	6,6	10	3,7	3
Partei der Auferstehung des Volkes (TPP)	–	–	–	–	–	–	–	–	15,1	16
Wahlbündnis der Polen Litauens (LLRA)	2,1	4	3,0	2	2,0	2	3,8	2	4,8	3
Bund der litauischen Nationalisten (LTS)	2,0	4	2,1	3	–	–	–	–	–	–
Junges Litauen (JL)	3,6	1	–	–	–	–	–	–	–	–
Vereinigung der Inhaftierten und Vertriebenen Litauens (LPKTS)	–[7]	–	–	1	1,2	1	–	–	–	–
Moderne Christdemokratische Union (MKDS)	–	–	–	–	–	–	–	1	–	–
Christdemokratische Union (KDS)	–	–	–	–	4,2	1	–	–	–	–

	1992		1996		2000		2004		2008	
	Stimmen, %	Sitze	Stimmen, %	Sitze	Stimmen, %	Sitze	Stimmen, %	Sitze	Stimmen, %	Sitze
Moderate Konservative Union (NKS)	–	–	–	–	2,0	1	–	–	–	–
Litauens Freiheitsunion (LIs)	1,2	–	–	–	1,3	1	–	–	–	–
Parteilos		1		4		3	1,8	6		4
Andere	3,3	0	27,4	0	2,6	0	2,0	0	8,6	0
Gesamt	100	141	100	138	100	141	100	141	100	141

1 Christdemokratische Partei Litauens (LKDP)/Vereinigung der Inhaftierten und Vertriebenen Litauens (LPKTS)/Demokratische Partei Litauens (LDP)
2 Wahlbündnis aus LSDP und NSS. 3 Sajūdis-Koalition
4 Vgl. LSDP
5 Bauernpartei Litauens
6 Bauernpartei Litauens
7 Vgl. Wert bei LLS

Tabelle 5   Lettische Parteien in den Parlamentswahlen, 1993–2011

	1993		1995		1998		2002		2006		2010		2011	
	Sitze	Stimmen, %	Sitze	Stimmen, %	Sitze	Stimmen, %	Sitze	Stimmen, %	Sitze	Stimmen, %	Sitze	Stimmen, %	Sitze	Stimmen, %
Lettlands Weg (LC)	36	32,4	17	14,7	21	18,1	0	4,9	10	8,6	–	–	–	–
Lettlands Erste Partei (LPP)	–	–	–	–	–	–	10	9,5						
Für ein gutes Lettland! (PLL)	–	–	–	–	–	–	–	–	–	–	8[1]	7,7	–	–
Šlesers Reformpartei LPP/LC	–	–	–	–	–	–	–	–	–	–	–	–	0	2,4
Neue Partei (JP)	–	–	–	–	8	7,3	–	–	–	–	–	–	–	–
Lettlands Christdemokratische Union (LDKS)	6	5	8	6,3	0	2,3	–	–	–	–	–	–	–	–
Lettlands Bauernbund (LZS)	12	10,7			0	2,5	12	9,4	18	16,7	22	19,7	13	12,2
Lettlands Grüne Partei (LZP)	0	1,2	8	6,3	0									
Lettische Nationale Unabhängigkeitsbewegung (LNNK)	15	13,4			17	14,7	7	5,4	8	6,9	8	7,7	14	13,9
Für Vaterland und Freiheit (TB)	6	5,4	14	11,9										
Partei der Volkseintracht (TSP)	13	12	6	5,6	16[2]	14,1	–[3]	–	–	–	–	–	–	–
Harmonie Zentrum (SC)[4]	–	–	–	–	–	–	–	–	17	14,4	29	26,0	31	28,4
Lettlands Sozialistische Partei (LSP)	–	–	5	5,6	16[5]	14,1	–[6]	–	–	–	–	–	–	–
Gleichberechtigung (L)	7	5,8	–	–	16[7]	14,1	–[8]	–	–	–	–	–	–	–
Demokratische Zentrumspartei (DCP)	5	4,8	–	–	–	–	–	–	–	–	–	–	–	–

Fluide Parteiensysteme in den baltischen Staaten

	1993		1995		1998		2002		2006		2010		2011	
	Sitze	Stimmen, %	Sitze	Stimmen, %	Sitze	Stimmen, %	Sitze	Stimmen, %	Sitze	Stimmen, %	Sitze	Stimmen, %	Sitze	Stimmen, %
Demokratische Partei Saimnieks (DPS)	–	–	18	15,2	0	1,6	–	–	–	–	–	–	–	–
Volksbewegung für Lettland (TKL)	–	–	16	14,9	0	1,7	–	–	–	–	–	–	–	–
Lettlands Einheitspartei (LVP)	–	–	8	7,1	0	0,5	–	–	–	–	–	–	–	–
Volkspartei (TP)	–	–	–	–	24	21,2	20	16,6	23	19,6	–	–	–	–
Lettische Sozialdemokratische Union (LSDA)	–	–	–	–	14	12,8	0	4,0	0	3,5	–	–	–	–
Neue Zeit (JL)	–	–	–	–	–	–	26	23,9	18	16,4	–	–	–	–
Für Menschenrechte in einem vereinten Lettland (PCTVL)[9]	–	–	–	–	–	–	25	19,0	6	6,0	0	1,4	–	–
Einigkeit[10]	–	–	–	–	–	–	–	–	–	–	33	31,2	20	18,8
Zatlers Reformpartei (ZRP)	–	–	–	–	–	–	–	–	–	–	–	–	22	20,8
Andere	0	9,3	0	12,4	0	3,2	0	7,3	0	7,9	0	6,3	0	3,5
Gesamt	100	100	100	100	100	100	100	100	100	100	100	100	100	100

1 Bündnis aus LC, LPP und TP
2 Bündnis aus TSP, LSP und L
3 Aufgegangen in PCTVL
4 Vereinigung aus TSP und kleinen Gruppen
5 Bündnis aus TSP, LSP und L
6 Aufgegangen in PCTVL
7 Bündnis aus TSP, LSP und L
8 Aufgegangen in PCTVL
9 Wahlbündnis aus TSP, L und LSP
10 Bündnis aus JL, Bürgerliche Union und Gesellschaft für eine andere Politik

Quellen: Ikstens 2010, Centrālā vēlēšanu komisija 2011a, 2011b

Tabelle 6 Estnische Parteien in den Parlamentswahlen, 1992–2011

	1992		1995		1999		2003		2007		2011	
	Sitze	Stimmen, %	Sitze	Stimmen, %	Sitze	Stimmen, %	Sitze	Stimmen, %	Sitze	Stimmen, %	Sitze	Stimmen, %
Vaterland (I)	29	22,0										
Estnische Nationale Unabhängigkeitspartei (ERSP)	10	8,8	8	7,9								
Res Publica (ResP)	–	–	–	–	–	–	28	24,6	–	–	–	–
Vaterland und Res Publica (I/ResP)	–	–	–	–	–	–	–	–	19	17,9	23	20,5
Sozialdemokraten (Gemäßigte) (M)	12	9,7[2]	6	6,0[3]	17	15,2	6	7,0	10	10,6	19	17,1
Reformpartei (ERe)	–	–	19	16,2	18	15,9	19	17,7	31	27,8	33	28,6
Sammlungspartei (KMU)	17	13,6[4]	41	32,2	7	7,6	–	–	–	–	–	–
Landvolkpartei bzw. Volksunion (EME bzw. ERa)	–	–	–	–	7	7,3	13	13,0	6	7,1	0	2,1
Zentrum (EK)	15	12,3[5]	16	14,2	28	23,4	28	25,4	29	26,1	26	23,3
Vereinigte Volkspartei; Verfassungspartei (K-EUR)	–	–	6	5,9[6]	6	6,1	0	2,2	–	1,0	–	–
Grüne (EER)	1	2,6			–	–	–	–	6	7,1	0	3,8
Unabhängige Royalisten (SK)	8	7,1	–	0,8	–	–	–	–	–	–	–	–
Estnische Bürger (EKo)	8	6,9	0	3,6	–	–	–	–	–	–	–	–
Unternehmer-Partei (EEE)	1	2,4	–	–	–	–	–	–	–	–	–	–

	1992		1995		1999		2003		2007		2011	
	Sitze	Stimmen, %	Sitze	Stimmen, %	Sitze	Stimmen, %	Sitze	Stimmen, %	Sitze	Stimmen, %	Sitze	Stimmen, %
Rechte (P)	–	–	5	5,0	–	–	–	–	–	–	–	–
Andere	0	14,6	0	8,2	0	8,4	0	2,8	0	2,4	0	4,6
Gesamt	101	100	101	100	101	100	101	100	101	100	101	100

1 Name der Partei fortan „Vaterland" („Isamaaliit" im Gegensatz zu „Isamaa" vorher)
2 Estnische Sozialdemokratische Partei/Estnisches Ländliches Zentrum
3 Estnische Sozialdemokratische Partei/Estnisches Ländliches Zentrum
4 Sichere Heimat (KK)
5 Volksfront (R)
6 Unsere Heimat ist Estland! (MKE)

Quellen: Pettai 2010, Vabariigi Valimiskomisjon 2011

Interessenverbände und Zivilgesellschaft in den baltischen Staaten

Tove Lindén

In vielen westlichen Demokratien gilt eine aktive Zivilgesellschaft[1] als Grundstein für eine lebendige, partizipative, liberale Demokratie (Tocqueville 1969; Putnam 1993; Lijphart 1999). Gleichzeitig konnte zum Ende des 20. Jahrhunderts sowohl in vielen postindustriellen als auch in den meisten postkommunistischen Staaten eine stetige Abnahme des Engagements in traditionellen zivilgesellschaftlichen Organisationen beobachtet werden. Der Grad zivilgesellschaftlicher Beteiligung ist insbesondere in den ehemaligen Sowjetrepubliken auch heute noch sehr gering (Norris 2002, S. 188 f.; Zepa 1999, S. 11). Dies liegt nicht nur am fehlenden Interesse der Regierenden, sondern auch am Desinteresse der breiten Bevölkerung an zivilgesellschaftlichem Engagement (Howard 2002, S. 165 f.).

Das vorliegende Kapitel analysiert die Entwicklung der Zivilgesellschaft in den baltischen Staaten seit der Phase der ersten Unabhängigkeit in der Zeit zwischen den beiden Weltkriegen bis heute. In einigen Abschnitten wird dabei eine detailliertere Betrachtung der Situation in Lettland erfolgen.

1 Zivilgesellschaft zwischen dem Ersten und dem Zweiten Weltkrieg

Die Entwicklung einer florierenden Zivilgesellschaft nach westlichem Verständnis fand in den baltischen Staaten erstmals in der Phase zwischen dem Ersten und Zweiten Weltkrieg statt. Nach der neu gewonnenen Unabhängigkeit vom zaristischen Russland blühte in den frühen 1920er Jahren die organisierte Zivilgesellschaft deutlich auf. So unterschiedliche Organisationen wie politische Parteien, Sport-, Jugend- und Frauenbewegungen, das Rote Kreuz, Arbeiter- und Pfadfinderbewegungen und religiöse Gruppierungen wurden damals gegründet. Viele der staatlichen Aufgaben im kulturellen und sozialen Bereich wurden lokalen Freiwilligenverbänden übertragen. Dies galt insbeson-

---

1 *Zivilgesellschaft* ist derjenige Bereich der Gesellschaft, in dem Individuen Einfluss auf Politik ausüben können oder durch die Beteiligung in Nichtregierungsorganisationen (NGOs) soziale Problemlagen bearbeiten und die Bereitstellung von Freizeit- und Bildungsangeboten ermöglichen können. Das hier verwendete Konzept der Zivilgesellschaft umfasst organisierte zivilgesellschaftliche Organisationen wie auch weniger organisierte Individuen und Gruppen, beispielsweise soziale Bewegungen und Internet-Netzwerke, aber auch einzelne Aktivisten.

dere für die Bereiche, für die der Staat nur begrenzte Ressourcen zur Verfügung stellte, wie beispielsweise den Aufbau von öffentlichen Bibliotheken, Chören, Schauspielgruppen, Berufs- und Erwachsenenbildung etc. Die betreffenden Organisationen wurden dafür vom Staat finanziell unterstützt. In Litauen war der säkulare Bereich der Zivilgesellschaft insgesamt etwas schwächer ausgeprägt, da die katholische Kirche das gesellschaftliche Leben weithin dominierte. Trotzdem entwickelte sich auch hier ein vielfältiges Gemeinschaftsleben.

In der zweiten Hälfte der 1920er Jahre kam es zu einer Konsolidierung der Verbandsbewegungen. Es kam in Lettland zur Gründung landesweiter Dachorganisationen sowie zur internationalen Vernetzung zivilgesellschaftlicher Organisationen. Ebenso konnten verschiedene internationale Verbände und Organisationen, wie u. a. die internationale Pfadfinderbewegung im Land Fuß fassen. Eine Ausnahme stellte die Entwicklung der politischen Parteien dar. Diese besaßen nur selten parteieigene Kulturorganisationen. Die Gewerkschaftsbewegungen und auch Organisationen zur Arbeiterbildung, Schauspielhäuser und Sportvereine etablierten sich hingegen stärker. Dennoch waren auch in Lettland, das unter den baltischen Staaten die traditionsreichste, größte und am besten organisierte Arbeiterklasse der baltischen Staaten aufwies, in den frühen 1920er Jahren nur 10 % der Arbeiter Mitglied in einer der beiden großen Arbeiterorganisationen des Landes. Dies liegt möglicherweise daran, dass Gewerkschaften und Arbeiterorganisationen von der Kommunistischen Partei und anderen in Lettland verbotenen Komintern-Organisationen als Forum für illegale Aktivitäten genutzt wurden, die zum großen Teil von der Sowjetunion finanziert wurden. Zudem war die Arbeiterklasse zunächst politisch organisiert, bevor sie sich gewerkschaftlich organisierte. Dies machte die Arbeiterpartei beliebter bei Arbeitern als die Gewerkschaften. Ende der 1920er Jahre kamen auch die skandinavischen Arbeiterbewegungen als zusätzlicher Einflussfaktor auf die Arbeiterklasse hinzu. Bis zur ersten Hälfte der 1930er Jahre fand zudem eine anti-lettische und eine pro-nationalsozialistische Mobilisierung durch verschiedene Gruppierungen statt, die durch Organisationen wie beispielsweise die *„Nationalpartei der Deutschen Balten"*, die *„Baltische Bruderschaft"* und die *„Deutschbaltische Volksgemeinschaft"* gebündelt wurden. Diese Entwicklungen bestärkten den lettischen Präsidenten Kārlis Ulmanis in seinem Vorhaben, den Einfluss der deutschen Minderheit einzudämmen (Gerner u. Hedlund 1993, S. 49; Lindén 1997, S. 11; Pabriks u. Purs 2001, S. 20; Ruutsoo 2002, S. 72 f., 88; Vardys u. Sedaitis 1997, S. 80 ff.; Interview mit Zeltiņa 2004).

Die starke Spaltung der politischen Landschaft in zahlreiche Kleinparteien stellte in allen drei baltischen Staaten ein Problem dar. Im Jahr 1931 existierten beispielsweise in Lettland nicht weniger als 103 Parteien. Diese politische Zersplitterung führte, zusammen mit der Depression der 1930er Jahre und dem Entstehen einer faschistischen Bewegung, in den baltischen Staaten zu einem Stillstand der demokratischen Entwicklung. Die Zeit einer lebendigen Zivilgesellschaft endete, und in allen drei Ländern wurde eine autoritäre Herrschaft etabliert – zunächst 1926 in Litauen, 1934 sowohl in Estland als auch in Lettland (Dellenbrant 1994, S. 82 f.). In Lettland unterstützte die paramilitärische Bewegung „Aizsargi" den Präsidenten Ulmanis dabei, einen Umsturz durchzuführen und die Macht zu übernehmen. Der Präsident war ein entschiedener Gegner von Minderheitenverbänden, nicht-patriotischen und linken Organisationen. Er ließ Gewerkschaften auflösen und beschränkte die Unabhängigkeit aller zivilgesellschaftlichen Organisationen und Verbände. Zahlreiche Politiker, Aktivisten und Sozialisten wurden zum Teil bis zu zwei Jahre in Lagern inhaftiert oder von der Polizei überwacht. Der Minister für öffentliche Angelegenheiten kontrollierte die Medien; zahlreiche Magazine und Zeitungen wurden eingestellt. Zur gleichen Zeit erstarkten in Lettland die rechtsgerichteten paramilitärischen Gruppen „Pērkonkrusts" und „Aizsargi". Letztere wurde ursprünglich während des Unabhängigkeitskrieges zwischen 1917 und 1918 als Bürgerwehr gegründet. In den frühen 1930er Jahren bot sie patriotische Bildung, Zivilschutz und Jugendsport an und fungierte als Leibwache des Präsidenten. Ferner organisierten sich lettische Frauen in eigenen Frauengruppen nach dem Vorbild von „Lotta Svärd"-Gruppen, einer Anfang der 1920er Jahre in Finnland gegründeten Freiwilligorganisation für Frauen, zu deren Zielen die Verteidigung der Unabhängigkeit ihres Landes gehörte (Lindén 1997, S. 12; Pabriks u. Purs 2001, S. 20 f.; Ruutsoo 2002, S. 76 f., 81 ff.).

2   Die baltischen Staaten unter sowjetischer Herrschaft

Während des Zweiten Weltkrieges und unter der folgenden sowjetischen Herrschaft wurden die Zivilgesellschaften der baltischen Staaten völlig zerstört. Dies begann 1940 mit dem Einmarsch der sowjetischen Armee in die baltischen Staaten und der folgenden massiven Sowjetisierung aller Lebensbereiche. Nur Organisationen, die mit der Kommunistischen Partei verbunden waren bzw. von ihr gebilligt wurden, waren erlaubt (Pabriks u. Purs 2001, S. 24 f.; Ruutsoo 2002, S. 97; Vardys u. Sedaitis 1997, S. 80 ff.). Dieser Prozess wiederholte sich auch nach der Invasion durch Deutschland 1941–1944. Die einzige erlaubte Organisation war zu diesem Zeitpunkt die deutsche NSDAP. Jedoch existierten in allen drei baltischen Staaten auch zahlreiche Gruppen und Guerillabewegungen, die sich gegen die Invasoren zur Wehr setzten. Beispielsweise gab es in allen drei Staaten bis in die frühen 1950er Jahre die Widerstandsbewegung „Waldbrüder", die von großen Teilen der Bevölkerung insgeheim unterstützt wurde (Försvarsmuseet 2008, S. 4; Pabriks u. Purs 2001, S. 25, 29 f.; Vardys u. Sedaitis 1997, S. 80 f.; Interview mit Ignats 1997).

Im Jahr 1944 gewann die Sowjetunion erneut die Kontrolle über die baltischen Republiken und die Sowjetisierung der baltischen Gesellschaften wurde fortgesetzt. Dies führte dazu, dass die Zivilgesellschaft aller Sowjetrepubliken vollkommen von der *Kommunistischen Partei der Sowjetunion* dominiert wurde, welche als einzige erlaubte Partei auch den Regierungsapparat kontrollierte und die ideologischen Richtlinien für alle sozialen Organisationen des Landes vorgab (Hill u. Frank 1986, S. 1 f., 125). Dissidenten und Andersdenkende wurden systematisch von Universitäten ausgeschlossen, an einer beruflichen Karriere gehindert, in psychiatrische Anstalten eingewiesen, inhaftiert oder deportiert (Lindén 1997, S. 12). Unabhängige zivilgesellschaftliche Organisationen und somit Möglichkeiten zur Mobilisierung der Bürger für spontane freiwillige Aktionen existierten nicht. Vielmehr etablierten die staatlichen kommunistischen Organisationen Richtlinien für ehrenamtliche Tätigkeiten, die auf der marxistischen Ideologie basierten und beispielsweise Arbeiter und Schulkinder zur Teilnahme an unbezahlter „Freiwilligenarbeit" verpflichteten (Juknevičius u. Savicka 2003, S. 129 f.).

Gewerkschaften
In der Sowjetunion fungierte der Zentralrat der sowjetischen Gewerkschaften als Dachverband aller Gewerkschaften. Fast alle sowjetischen Arbeiter wurden in diesem System erfasst, lediglich mit Ausnahme eines großen Teils der Arbeiter in landwirtschaftlichen Produktionsgenossenschaften. Das Hauptziel der sowjetischen Organisationen war die Vertretung der Regierung bei der Überwachung der „ideologischen Gesundheit des Arbeitsplatzes", der Förderung von Arbeitsdisziplin, Arbeitsmoral und Produktivität und der Bereitstellung von Wohlfahrtsleistungen, Kultur- und Sportangeboten etc. Ein weiterer, eher nebensächlicher Aufgabenbereich der Gewerkschaften umfasste den Schutz der Arbeiter vor bürokratischer und innerbetrieblicher Willkür, das Vorgehen gegen unsichere Arbeitsbedingungen und die Gewährleistung, dass die Betriebsführungen sich an kollektive Vereinbarungen hielten. Bis zur Zeit der Perestroika änderte sich an dieser Konstellation kaum etwas (Nations Encyclopedia 1989; Hill u. Frank 1986, S. 129 ff.; Katz 2001).

Kinder- und Jugendorganisationen
Zu den wichtigsten Kinder- und Jugendorganisationen gehörten die „Oktoberjugend" (Oktjabrjata) für Kinder zwischen 6 und 9 Jahren sowie die „Pioniere" für Kinder zwischen 10 und 15 Jahren. Beide Organisationen waren offen für alle und versprachen eine Umgebung voller „Spiel und Spaß". Die Organisation „Komsomol" bot einen ernsthafteren und anspruchsvolleren Weg für Jugendliche zwischen 16 und 28 Jahren. Sie war deutlich restriktiver bezüglich der Kriterien für eine Mitgliedschaft. Die Kommunistische Partei überwachte Komsomol direkt und rekrutierte zukünftige Mitglieder unter diesen Jugendlichen. In den drei genannten Organisationen wurden nahezu alle Schulkinder erfasst. Die Mitgliederzahl nahm jedoch auch in der Hochzeit der sowjetischen Kinder- und Jugendorganisationen mit zunehmendem Alter ab. Viele Jugendliche traten nach den Pionieren keiner anderen Jugendorganisation bei. Die Kinder- und Jugendorganisationen arbeiteten eng mit den Schulen zusammen und verbanden Freizeitaktivitäten mit politischer Bildung und „*Vospitanie*"-Training, einem Programm zur moralischen und sozialen Charakterbildung. Die Jugendlichen fungierten dabei als gewählte Vertreter beim Komsomol oder bei Gewerkschaften, leiteten Bildungskurse im Rahmen des Komsomol oder engagierten sich in unterschiedlichen Gruppen und Vereinen. Inhalt der Übungen konnte zudem die Arbeit in Wohnanlagen, in der Jugendabteilung

der Polizei sowie während der Sommerferien in Brigaden als Aushilfen auf Bauernhöfen und in Fabriken sein (Avis 1990b, S. 226). Das Ziel dieser Bildungsangebote war die Kontrolle des Verhaltens und die Förderung der richtigen kommunistischen Einstellungen und Werte der sowjetischen Kinder und Jugendlichen (Avis 1990a; Kassof 1965, S. 3, 99 f.; Riordan 1989, S. 137 f.; Sutherland 1999, S. 17 f.).

Nicht-kommunistische Aktivitäten
Als sich die politische Situation Ende der 1960er Jahre unter Breschnew verschlechterte, wurden die meisten offiziellen Jugendorganisationen (vor allem Komsomol) zunehmend formeller und bürokratischer und hatten nur noch das Ziel, die dominierende Parteiideologie zu verbreiten. Die jüngere Generation wandte sich von ihnen ab. Die Kluft zwischen offizieller und inoffizieller Jugendkultur wurde infolgedessen immer breiter. Letztere wurde aufgrund der im Laufe der Jahre sich entspannenden Beziehungen zwischen West und Ost allmählich von der westlichen Jugendkultur geprägt. Viele Jugendliche und junge Erwachsene entwickelten daraufhin eine ablehnende Haltung gegenüber der offiziellen sowjetischen Ideologie und zögerten nicht, dies auch offen zu zeigen (Frisby 1989, S. 4 f.). Dieser Prozess gewann während der *Perestroika* in der zweiten Hälfte der 1980er und zu Beginn der 1990er Jahre weiter an Bedeutung, als sich Jugendliche in offiziell nicht genehmigten Aktivitäten engagierten, indem sie verbotene Clubs gründeten oder sich heimlich trafen. Im Jahr 1987 waren nur etwa 65 % der beitrittsberechtigten Jugendlichen Mitglied des Komsomol. In ländlichen Gegenden, in denen die Organisation nie besonders populär gewesen war, waren in den frühen 1980er Jahren sogar nur 6 % der Jugendlichen Mitglied (Riordan 1989).

3 Die Singende Revolution[2]

Vor allem in Estland und Lettland konnte Mitte der 1980er Jahre ein deutlicher Wandel der Eliten auf lokaler Ebene beobachtet werden. Die alten Kader wichen einer neuen Generation aus jungen, gut ausgebildeten, dynamischen und westlich orientierten Funktionären, die während des Zweiten Weltkriegs bzw. in der Nachkriegszeit geboren worden waren. Sowohl in Lettland als auch in Estland konnte Gorbatschow unter den lokalen Funktionären, die deutlich stärker leistungs- und reformorientiert waren als die alten Kader und die das stagnierende System innerhalb des Rahmens der Sowjetunion reformieren wollten, schon sehr früh Unterstützer für seine Pläne einer Reform des sowjetischen Wirtschaftssystems finden. Ursprünglich zielten diese Bemühungen auf eine

---

2 Die Unabhängigkeitsbewegung gegen die Sowjetunion, die während der Perestroika ihren Höhepunkt erreichte, wird häufig als „*Singende Revolution*" bezeichnet. Dieser Name bezieht sich auf die friedlichen Demonstrationen im Baltikum, bei denen estnische, lettische und litauische Volkslieder während der Demonstrationen für mehr Freiheit gesungen wurden.

möglichst weitgehende Lockerung der Union der Sowjetrepubliken, um jeweils nationale Eigeninteressen verfolgen zu können. In Litauen setzte der Wandel erst etwas später ein, was auf zwei Ursachen zurückzuführen ist: Zum einen wanderten zu Sowjetzeiten in die Republik Litauen deutlich weniger russischsprachige Immigranten ein und die Bevölkerung bestand zu 80 % aus ethnischen Litauern. Zum anderen setzte sich die lokale Elite zum großen Teil aus eher mittelmäßigen und konservativen, an Moskau orientierten Bürokraten zusammen (Levits 1987, S. 185 f.; Lindén 1997, S. 12; Vardys u. Sedaitis 1997, S. 97 f.).

Im Rahmen von Gorbatschows Politik „*Glasnost*" bekamen die sowjetischen Bürger die Möglichkeit, offen über die Themen zu diskutieren, die zuvor totgeschwiegen wurden (Lindén 1997, S. 12). Diese Öffnung trug bald darauf zu einer Verstärkung der Unabhängigkeitsbewegung in den baltischen Staaten bei. Sie war gekennzeichnet durch ein hohes Maß an zivilgesellschaftlicher Aktivität in neugegründeten Nichtregierungsorganisationen, sozialen und politischen Bewegungen sowie auf individueller Basis. Erschwert wurde die Entwicklung einer organisierten Zivilgesellschaft Ende der 1980er Jahre in den baltischen Staaten wie in der gesamten Sowjetunion jedoch durch den Mangel an Erfahrungen mit der Gründung und dem Funktionieren solcher Organisationen. Dies führte dazu, dass staatliche Komitees und Organisationen zunächst als Geburtsstätte von später unabhängigen zivilgesellschaftlichen Organisationen fungierten. So brachten unterschiedliche Staats- und Parteiorganisationen, einschließlich des Komsomol und der Parteistrukturen sowie verschiedene akademische Einrichtungen Aktivisten hervor (Sperling 1999, S. 23 f.).

In allen drei baltischen Staaten waren es zu Beginn vor allem umweltpolitische Themen, die eine große Anzahl an Bürgern vereinten und gegen die sowjetische Obrigkeit aufbrachten (Dellenbrant 1994, S. 89; Lieven 1993). Dies waren zu Beginn auch die einzigen offiziellen zivilgesellschaftlichen Organisationen, wie u. a. der 1987 gegründete lettische „*Umweltschutzclub*", die erste Umweltorganisation des Landes (Orr i. E., S. 6). So versammelten sich hunderttausende Personen bei Kundgebungen und demonstrierten gegen ein weiteres geplantes Phosphorit-Bergwerk in Estland, gegen eine U-Bahn-Linie in der Altstadt Rīgas in Lettland und gegen das litauische Kernkraftwerk „*Ignalina*", das nach den gleichen Bauplänen wie der kurz zuvor zerstörte Reaktor im ukrainischen Tschernobyl gebaut werden sollte. Dissidenten, die bis vor kurzem noch im Untergrund agiert hatten, nahmen nun an öffentlichen Demonstrationen teil und traten an die Seite von Bürgern, die bisher nicht den Mut gehabt hatten, sich der Staatsmacht zu widersetzen (Lindén 1997, S. 12). Die Aktionen erstreckten sich ebenso auf kulturelle Bereiche, wie den Schutz nationaler kulturhistorischer Denkmäler (Ignats 1992, S. 4, 14; Lieven 1993). Die positiven Erfahrungen, dass Protest vom Staat nicht mit Gewalt oder Vergeltung beantwortet wurde, sondern dass lokale Behörden Bürgermeinungen sogar ernst nahmen und geplante Projekte stoppten, verringerte allmählich die zuvor das Handeln prägende Angst zivilgesellschaftlicher Aktivisten (Noorgard et al. 1994, S. 52). Die Umweltdebatten beförderten zudem die Erkenntnis, dass die Struktur des Sowjetsystems und die damit einhergehenden beschränkten Kompetenzen der lokalen Ebene nicht ausreichten, um die eigenen Ziele zu erreichen. Daher richteten sich die Anstrengungen bald darauf, die Entscheidungsmacht verstärkt auf die lokale Ebene in Lettland zu verlagern (Ignats 1992, S. 8 f.).

Im Herbst 1988 schlossen sich unterschiedliche Gruppen in den drei baltischen Staaten zusammen und gründeten Dachorganisationen, die als *„Volksfronten"* bezeichnet wurden. Ziel der Organisationen war ursprünglich die Unterstützung von Gorbatschows Reformprogramm und die Verwirklichung einer größeren wirtschaftlichen und politischen Unabhängigkeit für die sozialistischen Republiken des Baltikums. Die Ziele verschoben sich langsam und im Herbst 1989 bzw. Frühling 1990 wurde die völlige Unabhängigkeit von der Sowjetunion gefordert. Auch andere von der kommunistischen Partei unabhängige Organisationen engagierten sich für die Unabhängigkeit. Sogar innerhalb der lokalen kommunistischen Parteien setzte sich eine Minderheit für mehr Unabhängigkeit ein. Daraus entstand eine Spaltung der Parteien in Unterstützer der Moskauer Zentralmacht und Befürworter lokaler Autonomie. Als Antwort auf die Gründung der „Volksfronten" wurden 1989 die *„Interfront-Bewegungen"* gegründet, die für sich in Anspruch nahmen, die Interessen der russischsprachigen Bewohner der baltischen sozialistischen Republiken zu repräsentieren. Die Interfront-Bewegungen waren völlig loyal zur zentralen sowjetischen Staatsmacht und zielten darauf ab, Unabhängigkeitsbestrebungen zu unterbinden. Sie konnten jedoch nur eine begrenzte Anzahl von Unterstützern mobilisieren (Lindén 1997, S. 12 f.).

Eine weitere Ebene politischer Bewegungen, auf der sich Unabhängigkeitskämpfer formierten, stellte die 1989 in Estland und 1990 in Lettland gegründete *„Bürgerkongress-Bewegung"* dar, die zur damaligen Zeit am stärksten nationalistisch ausgerichtete Bewegung im baltischen Raum. Die Mitglieder reisten durch Estland und Lettland, um diejenigen zu registrieren, die zwischen dem Ersten und dem Zweiten Weltkrieg Bürger der Republik Estland bzw. Lettland gewesen waren. Diese Personen und ihre Nachkommen wurden von diesen Bewegungen als die „echten" Bürger des heutigen Estland bzw. Lettland angesehen. Der Bürgerkongress behauptete, ein alternatives Parlament darzustellen, das unabhängig von sowjetischen Staatsmacht agiere. Er organisierte Wahlen außerhalb des offiziellen politischen Rahmens, an denen nur zuvor durch den Kongress erfasste bzw. registrierte Personen teilnehmen durften. Die Bewegungen sprachen als erste öffentlich die Tatsache aus, dass die baltischen Staaten von der Sowjetunion unrechtmäßig besetzt worden waren und verlangten die völlige Unabhängigkeit der baltischen Republiken. Die Mitgliedschaft in den unterschiedlichen pro-baltischen Bewegungen und Organisationen überschnitt sich oft und Aktivisten engagierten sich häufig in mehreren Gruppen (Lindén 1997, S. 13).

4   Die Wiedergewinnung der Unabhängigkeit im Jahr 1991

Als die baltischen Staaten im August 1991 ihre Unabhängigkeit wiedererlangten, wurde ein Transformationsprozess hin zu Demokratie und Marktwirtschaft initiiert. Die *Volksfront* zerfiel in eine große Anzahl unterschiedlicher pro-estnischer, -lettischer und -litauischer Organisationen. Gleichzeitig gründeten Mitglieder der *Interfront*-Bewegung und ehemalige Mitglieder der Kommunistischen Partei linke pro-russische Organisationen mit dem Ziel, den großen Anteil der russischsprachigen Bevölkerung hauptsächlich in Estland und Lettland zu vertreten. Die *Bürgerkongress-Bewegung* mündete in deutlich nationalistisch geprägten Organisationen, die eine Annäherung Estlands und Lettlands an Westeuropa vorantrieben und den Einfluss der russischsprachigen Immigranten zugunsten der ethnischen Esten und Letten eindämmen wollten (Lindén 1997, S. 13, Anhang 5–8, 2008, S. 163; Zepa 1999, S. 11). Auch nach dem Regimewechsel bestand ein großer Teil der „neuen" politischen Elite aus ehemaligen Mitgliedern der Kommunistischen Partei. Eine Ausnahme stellen die nicht-parteigebundenen zivilgesellschaftlichen „core activists"[3] dar, von denen laut der Studie der Autorin in Lettland nur 4 % der Kommunistischen Partei angehört hatten. Jedoch waren 71 % von ihnen ehemalige Mitglieder der sowjetischen Kinder- und Jugendorganisationen, der Gewerkschaften oder der künstlerischen Berufsverbände gewesen (Lindén 2008, S. 165; Steen 1997).

In der Phase kurz nach der Unabhängigkeit änderte sich das Ziel der Protestaktionen vom gemeinsamen Kampf für Freiheit und Unabhängigkeit von der Sowjetunion hin zur Kritik an den schwierigen sozio-ökonomischen Bedingungen, am langsamen Tempo der unterschiedlichen Reformen und an den enttäuschenden Leistungen der staatlichen Institutionen allgemein. Im Vergleich zur Perestroika-Phase nahm das zivilgesellschaftliche Engagement nach der Wiedererlangung der Unabhängigkeit zudem so stark ab, dass es als „Massenpassivität" bezeichnet werden kann (Lindén 1997, S. 17 ff.). In Lettland gab es ab Mai 1994 einen kurzen Aufschwung des zivilgesellschaftlichen Lebens. Die Protestaktionen waren jedoch eher vorübergehender Natur und insbesondere die armen Bevölkerungsgruppen sanken immer tiefer in die soziale Teilnahmslosigkeit. Noch 1991 gaben 51 % der lettischen Bevölkerung an, Mitglied in mindestens einer sozialen Organisation zu sein. 1999 traf dies nur noch auf 22 % zu, von denen der Großteil in Gewerkschaften organisiert war (UNDP 1996, S. 93, 1997, S. 43; Rīga NGO-Center 2000/01, S. 21). Die genaue Messung des Organisationsgrades der baltischen Bevölkerungen in unterschiedlichen Gruppen ist schwierig, da die Angaben je nach Quelle stark variieren. Beispielsweise gibt das Rīga NGO Center in Lettland an, dass die Mitgliederzahlen lettischer NGOs seit 1994 gestiegen sind. Gleichzeitig betont Howard (2002), dass zu Beginn des 21. Jahrhunderts nur 6 % der Bevölkerung in Litauen und Estland bzw. 7 % in Lettland Mitglied in einer NGO waren (Rīga NGO Center 2002; Howard 2002, S. 165). Die Forschung der Autorin in Lettland bestätigt sowohl Howards als auch Zepas

---

3   Zur Definition des Ausdrucks „core activists" vgl. Fußnote 5.

(1999) Daten und zeigt, dass zu Zeiten der *Perestroika* 24 % der lettischen Bevölkerung als „core activists" tätig waren, 2004 aber nur noch 6 % (Lindén 2008). 2006 gaben 38 % der Letten an, sich in NGOs zu engagieren. 2008 sagten dies nur noch 34 %. Der Human Development Report der UNDP für Lettland von 2009 gibt an, dass sich 9 % der Bevölkerung an zivilgesellschaftlichen Aktivitäten beteiligt haben bzw. dies in Zukunft vorhaben. Daraus lässt sich jedoch keine konkrete Zahl für das tatsächliche zivilgesellschaftliche Engagement ableiten. Unklar bleibt auch, bei wie vielen Personen es sich um „core activists" handelt (UNDP 2009, S. 19, 29). Unabhängig von einzelnen Quellen lässt sich jedoch eine abnehmende Tendenz beim zivilgesellschaftlichen Engagement beobachten.

Wie kann die starke Abnahme des zivilgesellschaftlichen Engagements erklärt werden? Zunächst ist anzumerken, dass sich die nicht-kommunistischen neuen Organisationen nicht schnell genug entwickeln konnten, um den plötzlichen Zusammenbruch der alten sowjetischen Organisationen zu kompensieren (Zepa 1999, S. 11). Alle drei baltischen Staaten waren und sind geprägt durch ein schwach elitäres[4] demokratisches System mit geringer Bürgerbeteiligung, einen Mangel an politischem Interesse und Wissen der Bevölkerung über grundlegende Freiheits- und Partizipationsrechte und zudem durch Korruption in unterschiedlichem Ausmaß (Steen 1997; Lindén 1997; Pabriks u. Purs 2001, S. 81). Zudem ziehen wie in allen politischen Systemen besonders Organisationen, die Partikularinteressen der eigenen Mitglieder dienen, beispielsweise Gewerkschaften, mehr Aktivisten und Mitglieder an, als Organisationen, die zum Wohl der gesamten Gesellschaft beitragen wollen, beispielsweise durch die Unterstützung sozial benachteiligter Gruppen oder die Bekämpfung von Korruption. Seit 2004 steigt die Anzahl der neu eingetragenen NGOs in Lettland von Jahr zu Jahr, während gleichzeitig auch zahlreiche NGOs jeden Monat ihre Arbeit einstellen (UNDP 2009, S. 30; USAID 2009, S. 136).

Weitere Faktoren, die zur Passivität der Bürger in allen drei Staaten beitrugen, sind die weitverbreitete Armut, der alltägliche Überlebenskampf und allgemeine Verdrossenheit bei großen Teilen der Bevölkerung. Ursprünglich war dies ein Resultat der wirtschaftlichen Krise während der 1990er Jahre, die die Kluft zwischen unterschiedlichen sozio-ökonomischen Gruppen innerhalb der Bevölkerung größer machte, als dies jemals zu Sowjetzeiten der Fall gewesen war. Obwohl sich die Wirtschaft zu Beginn des 21. Jahrhunderts erholte, verbesserte sich die Situation großer Teile der Bevölkerung nicht ausreichend, um die Zufriedenheit der Bevölkerung deutlich zu verbessern (Gassmann 1998; Latvia's Central Statistical Bureau 2001, S. 59; Lindén 2001; Norkus 2007, S. 22; Vardys u. Sedaitis 1997, S. 201 ff.). In jüngster Zeit hat sich die finanzielle Lage der lettischen und vermutlich auch estnischen und litauischen NGOs aufgrund der Finanzkrise von 2008 verschlechtert und somit wurden auch die Mitgliederwerbung und andere organisatorische Aufgaben erschwert (USAID 2009, S. 137). Für die meisten NGOs

---

4 Siehe die Analyse von Anton Steen (1997) zu den Eliten und den demokratischen Systemen in den drei baltischen Staaten nach der Unabhängigkeit von der Sowjetunion.

in den baltischen Staaten war es ohnehin stets schwierig, die Finanzierung ihrer Aktivitäten sicherzustellen. Daher sind sie auch in ihrer Größe und hinsichtlich der Organisationsstrukturen stark eingeschränkt. Meist fußt die gesamte Arbeit der Organisationen auf dem Engagement einer oder weniger zentraler Personen. Diesen Einzelpersonen fehlen oft erfahrene bzw. aktive ehrenamtliche Mitarbeiter und Erfahrung mit demokratischen Strukturen. Diejenigen Organisationen, die genug finanzielle Mittel haben, um Büroräume zu mieten und hauptamtliche Mitarbeiter zu bezahlen, sind oft entweder sehr mitgliederstark oder erhalten finanzielle Unterstützung aus dem Ausland. In den ersten 15 Jahren nach der Unabhängigkeit hatten viele NGOs die Möglichkeit, finanzielle Unterstützung beispielsweise aus Skandinavien oder Deutschland einzuwerben. Nach dem Beitritt zur Europäischen Union besteht diese Möglichkeit kaum noch. Es wird davon ausgegangen, dass EU-Mitgliedstaaten so weit entwickelt sind, dass sie in diesem Bereich keine finanzielle Unterstützung von anderen Staaten benötigen. Baltische NGOs müssen sich nun so wie alle anderen NGOs in der EU um Projekte aus unterschiedlichen EU-Fördermitteln bewerben. Dies ist zeitaufwändig und oft zu kompliziert, insbesondere für kleinere Organisationen (Lindén 1997, S. 19 f., 2001; Interview mit Logina 2002; Interviews mit Zeltiņa 2004 und 2008; BTI 2010, S. 8)

Weitere Gründe für die geringe Anzahl von zivilgesellschaftlichen „core activists" in den baltischen Staaten in den 1990er und frühen 2000er Jahren könnten zudem Zeitmangel, fehlender Glaube der Bevölkerung an eine positive Zukunft sowie ein fehlendes Bewusstsein für eigene Möglichkeiten zur Beeinflussung der Politik sein. Es gibt kaum Erfahrungen mit zivilgesellschaftlichem Engagement in demokratischen Strukturen. Zudem stehen den einzelnen Bürgern bzw. Organisationen für die Kommunikation mit Politikern nur wenige institutionalisierte Kanäle zur Verfügung (Pabriks u. Purs 2001, S. 82; UNDP 1996, S. 87; Lindén 2001; Interview mit Logina 2002). 2004 wurde die lettische Gesetzgebung geändert, um die Zivilgesellschaft zu stärken und eine rege Kommunikation zwischen NGOs und staatlichen Akteuren zu ermöglichen. Seit 2005 gibt es ein Gremium, das sich aus Vertretern von NGOs und verschiedener staatlicher Institutionen zusammensetzt und NGOs in den politischen Entscheidungsfindungsprozess einbezieht. Darüber hinaus sind seit 2007 Vertreter unterschiedlicher NGOs in jedem Ministerium auch in parlamentarischen Ausschüssen und Arbeitsgruppen mit dem Ziel vertreten, an der Entwicklung und Evaluierung von Strategiepapieren und Gesetzen beteiligt zu werden. Mehrere Minister haben zudem Gremien eingerichtet, die eine regelmäßige Konsultation von NGOs und Beamten gewährleisten sollen (UNDP 2009, S. 29; Civic Alliance 2010; USAID 2009, S. 136 ff.).

5 „Core activists" als Basis der Zivilgesellschaft

Interessant ist die Tatsache, dass sich viele Personen *trotz* dieser schwierigen Situation für ein aktives Engagement in unterschiedlichen Organisationen entscheiden. Die Autorin führte 2004 eine Studie in Lettland durch, um zu untersuchen, welche Faktoren eine Rolle bei der Entscheidung für zivilgesellschaftliches Engagement als „core activist" spielen. Einige der interessantesten Ergebnisse werden im Folgenden vorgestellt.[5]

Demografische Merkmale
Aktivisten in nichtkommunistischen Organisationen des postsowjetischen Lettland leben häufiger in der Hauptstadt Rīga als außerhalb der Hauptstadt. Weiterhin dominieren Frauen bei den zivilgesellschaftlichen „core activists", obwohl sie unter Politikern nur eine Minderheit darstellen. Männer sind dagegen eher in höheren Positionen der Organisationen vertreten. Daraus folgt, dass sie angesichts der geringeren Gesamtzahl männlicher „core activists" einen überproportional starken Einfluss auf das Agenda-Setting und den Entscheidungsfindungsprozess innerhalb der Organisationen haben. Dieser Effekt könnte dadurch ausgeglichen werden, dass Frauen mit einer höheren Wahrscheinlichkeit auch bei der Organisation angestellt sind, bei der sie sich engagieren und somit Zugang zur alltäglichen Arbeit in den Büros – und damit auch Einfluss auf das Agenda-Setting und Entscheidungsfindungsprozesse – haben. Interessant ist auch, dass der Anteil der weiblichen „core activists" in zivilgesellschaftlichen Organisationen umso höher ist, je weiter sie von der Hauptstadt entfernt sind. Männliche „core activists" sind dagegen in Rīga in der Überzahl. Diese Ergebnisse stimmen mit der Verteilung des Frauenanteils in der öffentlichen Politik und Verwaltung überein. Je kleiner die Verwaltungsstruktur, desto höher ist der Frauenanteil sowohl unter den Abgeordneten als auch unter den Führungskräften der Verwaltung. Der größte Frauenanteil ist demnach in sehr kleinen ländlichen Bezirken zu finden (Lindén 2008, S. 255 ff.).

Lettische Staatsbürger dominieren die Zivilgesellschaft fast völlig, während ständige Einwohner, also Einwohner ohne die lettische Staatsangehörigkeit, die überwiegend von der russischsprachigen Bevölkerungsgruppe gestellt werden, meist nur eine passive Rolle spielen. Diejenigen unter ihnen, die sich dennoch zivilgesellschaftlich engagieren, haben im Durchschnitt ein etwas geringeres Bildungsniveau und häufiger Führungs-

---

5 Es handelt sich um Ergebnisse einer Studie, die von der Autorin 2004 in Lettland durchgeführt wurde. Dabei wurde untersucht, welche Merkmale und Faktoren bei der individuellen Entscheidung für ein Engagement als „core activist" in einer zivilgesellschaftlichen Organisation eine Rolle spielen, also durchschnittlich mindestens ein- bis zweimal in zwei Wochen innerhalb eines Zeitraums von drei Monaten an verschiedenen Aktionen von Organisationen/Verbänden teilzunehmen. Die Ergebnisse wurden in zwei Umfragen erhoben. Zum einen wurden mittels einer Zufallsstichprobe unter 4 000 NGOs ausgewählte 502 zivilgesellschaftliche „core activists" in ganz Lettland befragt und zum anderen wurde aus der lettischen Gesamtbevölkerung mittels eines mehrstufigen Verfahrens eine repräsentative Stichprobe von 1 000 Personen für die Befragung eine Gruppe von „non-activists" extrahiert. Die gesammelten Daten wurden dann basierend auf den Umfrageergebnissen und auf theoretischen Vorüberlegungen mit einer deskriptiven Korrelationsanalyse ausgewertet. Folgende Merkmale wurden getestet: a) demografische und b) sozio-ökonomische Merkmale, c) Organisationserfahrung und persönlicher Einfluss in Netzwerken sowie d) Werte, Bürgerkompetenzen und die Gründe bzw. Motivationen für zivilgesellschaftliches Engagement (für eine detailliertere methodologische Diskussion der Ergebnisse vgl. Lindén 2008).

erfahrungen aus kommunistischen Organisationen als lettische Aktivisten. Sie belegen zudem eher Posten in den oberen Hierarchieebenen der Organisationen für die sie arbeiten und haben den größten Anteil bei den Führungspositionen inne. Nicht-ethnische Letten, die „core activists" sind, weisen zudem im Vergleich zu lettischen Aktivisten tendenziell eine höhere Empathiefähigkeit, ausgeprägteres soziales Vertrauen und einen stärkeren Wunsch, Bedürftigen zu helfen, auf. Sie haben zudem überproportional oft die eigenen administrativen und organisatorischen Fähigkeiten als sehr hoch eingestuft. Andererseits erhielten die russischsprachigen Aktivisten eher wenig positive Unterstützung für ihr erstes Engagement in nichtkommunistischen Organisationen und schätzen ihre eigene politische und staatsbürgerliche Bildung seltener als hoch ein (Lindén 2008, S. 224).

Im postsowjetischen Lettland gehören die meisten zivilgesellschaftlichen „core activists" der gebildeten Mittelschicht an, die oft unter angespannten finanziellen Verhältnissen leidet. Ein hohes Bildungsniveau ist ausschlaggebend für zivilgesellschaftliches Engagement. Dies trifft stärker für die Besetzung einer höheren Position innerhalb der jeweiligen Organisation und tendenziell auch eher für ein Engagement von Frauen im Vergleich zu Männern zu. „Core activists" mit einem geringen Bildungsniveau sind bei den entsprechenden Organisationen hingegen eher als einfache Angestellte zu finden als Aktivisten mit höheren Bildungsabschlüssen. Ein hohes Einkommen als Voraussetzung für das Engagement ist nur für männliche Aktivisten und Führungskräfte ausschlaggebend. Ein weiteres interessantes Ergebnis ist, dass sich gerade Geringverdiener signifikant öfter für das Wohl der Gesellschaft und die Lösung sozialer Probleme verantwortlich fühlen, eine höhere Empathiefähigkeit aufweisen und altruistische Motivationen für ihr Engagement angeben. Anscheinend erhöhen eigene Erfahrungen mit Armut die Wahrscheinlichkeit für altruistisches Verhalten (Lindén 2008, S. 258 ff.).

Werte und Bürgerkompetenzen
Unter den zivilgesellschaftlichen „core activists" in Lettland scheinen organisatorische Fähigkeiten die am meisten verbreitete Kompetenz zu sein. Um ein „core activist" zu werden, müssen diese Fähigkeiten jedoch auch mit anderen Faktoren kombiniert werden. Viele Aktivisten weisen ein hohes Maß an politischer Bildung auf. Männer äußern häufiger eine entsprechende Selbsteinschätzung als Frauen. Ein weiterer Erklärungsfaktor für starkes Engagement ist eine ausgeprägte Empathiefähigkeit. Personen mit hoher Empathiefähigkeit entscheiden sich öfter aus altruistischen Motiven als aus Eigeninteresse für zivilgesellschaftliches Engagement. Weibliche Aktivisten, Führungspersonen und Gründungsmitglieder haben tendenziell ein höheres Einfühlungsvermögen als männliche oder angestellte Aktivisten in niedrigeren Positionen bzw. solche Aktivisten, die auf niedrigeren Organisationsebenen Wahlämter innehaben (Lindén 2008, S. 229 ff.). Interessanterweise scheint grundlegendes soziales Vertrauen für die Entscheidung, ein „core activist" zu werden, weniger wichtig zu sein als in zahlreichen westlichen Debatten vermutet wird. Dies ist insofern nicht überraschend als es in der Sowjet-

union als autoritärem Staat schwieriger war, generelles Vertrauen zu entwickeln, als in offenen demokratischen Staaten. Aktivisten mit einem ausgeprägten sozialen Vertrauen sind unter den Gründern und Mitarbeitern nichtstaatlicher Organisationen jedoch in der Mehrzahl. Bezüglich des Faktors hoher administrativer und subjektiv empfundener Kompetenzen ist festzustellen, dass sich besonders Gründungsmitglieder, Vorsitzende und andere Führungspersonen als sehr kompetent einschätzen und auch entsprechende Kompetenzen verstärkt aufweisen (Lindén 2008, S. 263 ff.).

Organisatorische Erfahrungen und Netzwerkeinfluss
Ein interessantes Ergebnis der Studie ist zudem, dass Führungserfahrung, beispielsweise aus den kommunistischen Kinder- und Jugendorganisationen oder Gewerkschaften, die Entscheidung für zivilgesellschaftliches Engagement insbesondere bei jungen Frauen und Mädchen deutlich beeinflusst. Aktivisten, die früher am sowjetischen „*Vospitanie*-Programm" teilgenommen haben, weisen zudem meist eine stärkere Ausprägung bestimmter Werte und Bürgerkompetenzen auf als „core activists" ohne diese Erfahrung. Der größte Erfolg des *Vospitanie* Prozesses scheint jedoch die Förderung von organisatorischen Kompetenzen,[6] staatsbürgerlicher und politischer Bildung („civic literacy")[7] sowie Empathiefähigkeit zu sein (Lindén 2008, S. 227). Von den Personen, die sich in den genannten Bereichen besonders hoch einstuften, hatten 82 % (hohe Einschätzung organisatorischer Fähigkeiten), 77 % (hohe Einschätzung der politischen Bildung) bzw. 78 % (hohe Einschätzung der Empathiefähigkeit) bereits Erfahrungen mit dem *Vospitanie* Programm in kommunistischen Organisationen oder Bildungseinrichtungen gesammelt.

Tabelle 1   Zusammenhang der Erfahrungen der „core activists" mit dem *Vospitanie*-Programm und Bürgerkompetenzen in %

	Hohe Empathiefähigkeit	Hohe organisatorische Kompetenzen	Hohe staatsbürgerliche und politische Bildung
Erfahrung mit *Vospitanie*	78	77	82
Keine Erfahrung mit *Vospitanie*	18	19	16
Summe	100	100	100

Quelle: Lindén (2008)

---

6   Das eigene Wissen wird als ausreichend eingeschätzt, um unterschiedliche Aktionen zu organisieren.
7   „Civic Literacy" bedeutet die Selbsteinschätzung eines ausreichenden Verständnisses der Zusammenhänge in der Politik.

Ein weiterer Faktor für zivilgesellschaftliches Engagement im postsowjetischen Lettland ist die persönliche Vernetzung mit Aktivisten, die als Vorbilder fungieren können. Dabei dienen diese Vorbilder im lettischen Fallbeispiel eher als Inspiration für potentielle „core activists", während sie auf die Werbung passiver Mitglieder kaum Wirkung entfalten. Aktivisten mit Vorbildfunktion können zudem den negativen Einfluss eines geringeren Bildungsniveaus auf die Wahrscheinlichkeit von zivilgesellschaftlichem Engagement ausgleichen. Es scheint insgesamt wichtiger zu sein, ein Mitglied aus der Organisation, der man beitreten möchte, persönlich zu kennen statt aktiv angeworben zu werden. Aktivisten, die bereits in kommunistischen Organisationen Führungserfahrung gesammelt haben, tendieren eher dazu, eigene nicht-kommunistische Gruppen zu gründen während Personen ohne vorherige organisatorische Erfahrungen eher bereits existierenden Gruppen beitreten. Einer der wichtigsten Faktoren bei der Erklärung von „core activism" in Lettland scheint zudem das Vorhandensein von positiver Unterstützung durch das persönliche Netzwerk des potentiellen Aktivisten zu sein. Diese Unterstützung kann sogar einzelne negative Einstellungen anderer Netzwerkmitglieder zur Aufnahme von zivilgesellschaftlichem Engagement ausgleichen (Lindén 2008, S. 260 ff.).

6   Fazit

Die Gesellschaften der baltischen Staaten konnten erst seit relativ kurzer Zeit Erfahrungen mit Demokratie und unabhängiger Zivilgesellschaft sammeln. Das erste Mal bestand diese Möglichkeit in den 14 Jahren während der ersten Unabhängigkeit zwischen den Weltkriegen. Auch die Wiedererlangung der Unabhängigkeit nach einem halben Jahrhundert Sowjetherrschaft ist erst 20 Jahre her. Zu Zeiten der Perestroika und während der Unabhängigkeitsbewegung 1988–1991 lebten die baltischen Zivilgesellschaften auf. Bis zum Jahr 2010 ist das zivilgesellschaftliche Engagement wieder deutlich schwächer und unbeständiger geworden. Es besteht ein Mangel an Geld und Freiwilligen und auch die Kommunikation zwischen NGOs und staatlichen Behörden ist nicht fest institutionalisiert. Allerdings gibt es in Bezug auf den zuletzt genannten Aspekt, die Kommunikation, beispielsweise in Lettland positive Entwicklungen. Dies liegt nicht zuletzt am Einsatz von engagierten Einzelpersonen. Die Untersuchung in Lettland hat gezeigt, dass viele Faktoren, die wichtig sind für zivilgesellschaftliche Aktivitäten in westlichen Staaten, auch im postsowjetischen Lettland von Bedeutung sind. Zivilgesellschaftliches Engagement wird dabei vom Bildungsniveau, der Fähigkeit zur Empathie und dem Bildungsgrad beeinflusst. Weiterhin ist das Vorhandensein von positiven Vorbildern sowie von positiver Unterstützung von zentraler Bedeutung. Staatsbürgerschaft und Geschlecht sind weitere wichtige Faktoren, aber anders als in westlichen Staaten dominieren in Lettland Frauen den zivilgesellschaftlichen Sektor, obwohl Männer überproportional stark in den Führungsebenen vertreten sind. Gleichfalls nicht entscheidend für den lettischen Kontext ist das Vorhandensein von sozialem Vertrauen. Zudem konnte gezeigt werden, dass die Eigenwahrnehmung der Fähigkeit, Aktivitäten durchführen zu können, sowie das Vorhandensein früherer Führungserfahrung aus kommunistischen Organisationen zentrale Merkmale der aktiven Zivilgesellschaft in Lettland sind.

Literatur

Avis, George. 1990a. Preface. In ders.: *The Making of the Soviet Citizen*. Kent: Routledge.
Avis, George. 1990b. Student Response to Communist Upbringing in Soviet Higher Education. In ders.: *The Making of the Soviet Citizen*, 212–235. Kent: Routledge.
BTI. 2010. *Bertelsmann Transformation Index 2010 – Latvia Country Report*. http://www.bertelsmann_transformation_index.de/fileadmin/pdf/Gutachten_BTI2010/ECSE/Latvia.pdf. Zugegriffen: 28.11.2010.
Civic Alliance – Latvia. 2010. *Internetpräsenz*. http://www.nvo.lv/recourse.php?lang=en&id=568, Zugegriffen: 29.11.2010.
Dellenbrant, Jan Åke. 1994. The Re-emergence of Multi-partyism in the Baltic States. In *The New Democracies in Eastern Europe – Party Systems and Political Cleavages*, Hrsg. Sten Berglund und Jan Åke Dellenbrant, 74–116. Aldershot: Elgar.
Försvarsmuseet. 2008. *Nyckeln till Norrlands lås. Del. 4. Världen står i brand*. http://www.forsvarsmuseum.se/skolmat/del_4_andrav%C3%A4rldskriget_txt.pdf. Zugegriffen: 16.12.2010.
Frisby, Tanya. 1989. Soviet Youth Culture. In *Soviet Youth Culture*, Hrsg. Jim Riordan, 1–15. Bloomington: Indiana University Press.
Gassmann, Franziska. 1998. Who and Where are the Poor in Latvia? *Paper contributing to the Latvian UNDP project „Support to Development of a National Poverty Eradication Strategy"*, Rīga: Ministry of Welfare and UNDP.
Gerner, Kristian und Stefan Hedlund. 1993. *The Baltic States and the End of the Soviet Empire*. London: Routledge.
Hill, Ronald J. und Peter Frank. 1986. *The Soviet Communist Party*. Boston: Allen & Unwin.
Howard, Marc Morjé. 2002. The Weakness of Post-communist Civil Society. *Journal of Democracy* 13/1: 157–169.
Ignats, Ülo. 1992. *Den stora omvälvningen i Baltikum*. Stockholm: Föreningen Östeuropainformation.
Juknevičius, Stanislovas und Aida Savicka. 2003. From Restitution to Innovation: Volunteering in Post-Communist Countries. In *The Values of Volunteering. Cross-Cultural Perspectives*, Hrsg. Paul Dekker und Loek Halman, 127–142. New York/Boston: Kluwer Academic/Plenum Publishers.
Kassof, Allen. 1965. *The Soviet Youth Program: Regimentation and Rebellion*. Cambridge, Mass.: Harvard University Press.
Katz, Katarina. 2001. *Gender, Work and Wages in the Soviet Union: A Legacy of Discrimination*. Basingstoke: Palgrave.
Latvia's Central Statistical Bureau. 2001. *Statistical Yearbook of Latvia*: Latvia.
Levits, Egil. 1987. National Elites and Their Political Function Within the Soviet System: The Latvian Elite. *Journal of Baltic Studies* 18/2: 176–190.
Lieven, Anatol. 1993. *The Baltic Revolution: Estonia, Latvia, Lithuania and the Path to Independence*. New Haven: Yale University Press.
Lijphart, Arend. 1999. *Patterns of Democracy: Government forms and Performance in Thirty-six Countries*. New Haven, Conn.: Yale University Press.

Lindén, Tove. 1997. Estland, Lettland och Litauen – partisystemets omvandling 1990–1996. *Course Paper at the Department of Political Science.* Sweden: Stockholm University.

Lindén, Tove. 2001. Kulturmöten – erfarenheter från samarbetsprojekt mellan organisationer i Sverige och Estland, Lettland respektive Litauen. *Internal office report for Forum Syd.* Stockholm: Forum Syd.

Lindén, Tove. 2008. *Explaining Civil Society Core Activism in Post-Soviet Latvia.* Doctoral Thesis in Political Science at Stockholm University, Stockholm.

Nations Encyclopedia. 1989. *Soviet Union; Social Organizations; Trade Unions, based on the Country Studies Series by Federal Research Division of the Library of Congress.* http://www.country-data.com/cgi-bin/query/r-12547.html. Zugegriffen: 31.1.2008.

Noorgard, Ole, Lars Johannsen und Anette Pedersen. 1994. The Baltic Republics Estonia, Latvia and Lithuania: The Development of Multi-Party Systems. In *Political Parties of Eastern Europe, Russia and the Successor States,* Hrsg. Bogdan Szajkowski, 47–65. Harlow: Longman.

Norkus, Zenonas. 2007. Why Did Estonia Perform Best? The North-South Gap in the Post-Socialist Economic Transition of the Baltic States. *Journal of Baltic Studies* 38/1: 21–42.

Norris, Pippa. 2002. *Democratic Phoenix. Reinventing Political Activism.* Cambridge: Cambridge University Press.

Orr, Scott D. Identities and NGOs in Eastern Europe. Work in progress. (im Erscheinen).

Pabriks, Artis und Aldis Purs. 2001. *Latvia – the challenges of change.* London: Routledge.

Putnam, Robert D. 1993. *Den fungerande demokratin. Medborgarandans rötter i Italien.* Stockholm: SNS Förlag.

Rīga NGO Center. 2000/01. *NGO Sector in Latvia, Report.* Rīga: Rīga NGO Center.

Rīga NGO Center. 2002. *NGO Sector in Latvia 2000/01.* Rīga: Rīga NGO Center.

Riordan, Jim. 1989. The Role of Youth Organizations in Communist Upbringing in the Soviet School. In ders.: *Soviet Youth Culture,* 136–160. Basingstoke/London: Macmillan.

Ruutsoo, Rein. 2002. *Civil Society and Nation Building in Estonia and the Baltic States – Impact of traditions on mobilisation and transition 1986–2000. A historical and sociological study.* Acta Universitatis Lapponiensis. Rovaniemi: Lapin yliopisto.

Sperling, Valerie. 1999. *Organizing Women in Contemporary Russia Engendering Transition.* Cambridge/New York: Cambridge University Press.

Steen, Anton. 1997. *Between Past and Future: Elites, Democracy and the State in Post-Communist Countries. A Comparison of Estonia, Latvia and Lithuania.* Aldershot: Ashgate.

Sutherland, Jeanne. 1999. *Schooling in the New Russia. Innovation and Change, 1984–95.* Basingstoke et al.: Macmillan.

Tocqueville, Alexis de. 1969. *Democracy in America.* New York: HarperCollins.

UNDP. 1996. Latvia. Human Development Report, Rīga: United Nations Development Programme.

UNDP. 1997. Latvia. Human Development Report, Rīga: United Nations Development Programme.

UNDP. 2009. Latvia. Human Development Report, Rīga: United Nations Development Programme.

USAID. 2009. *The 2009 NGO Sustainability Index.* http://www.usaid.gov/locations/europe_eurasia/dem_gov/ngoindex/2009/Latvia.pdf. Zugegriffen: 29.1.2010.

Vardys, Stanley und Judith Sedaitis. 1997. *Lithuania: The Rebel Nation.* Boulder: Westview Press.

Zepa, Brigita. 1999. Civic Participation in Latvia. In dies.: *Conditions of Enhancement of Civic Participation. Academic Research Report,* 3–36. Rīga: Baltic Data House.

Interviews

Ulo Ignats: Chefredakteur der schwedischen „Estonian Daily", Interview im Jahr 1997.
Līga Logina: Rīga NGO Center, Lettland, Interview im Jahr 2002.
Marija Zeltiņa: NGO Aktivistin, Rīga und Latgale, Lettland, Interviews in den Jahren 2004 und 2008.

Politische Kultur im Baltikum: Entwicklungsverläufe und innergesellschaftliche Konfliktlinien

Sonja Zmerli

1 Einleitung

Legitimität und Stabilität demokratischer Regime gründen auf breiter gesellschaftlicher Unterstützung – denn im Unterschied zu autokratischen Systemen gehört es zum Wesen der Demokratie, Gewalt als Mittel der Herrschaftsdurchsetzung zu ächten. Eine wesentliche Voraussetzung politischer Stabilität resultiert aus der Kongruenz zwischen der Struktur eines politischen Systems und der politischen Kultur eines Landes (Almond u. Verba 1963). Während der Begriff der politischen Kultur zunächst grundsätzlich die gesellschaftliche Summe und Verteilung aller individuellen Einstellungen zu politischen Objekten beschreibt und damit wertneutral ist, werden an die politische Kultur eines demokratischen Staates konkrete Erwartungen geknüpft, die dessen Stabilität, Effektivität und Legitimität gewährleisten sollen. Dabei zeichnet sich die sogenannte „Civic Culture" oder auch Staatsbürgerkultur durch politisch interessierte und kenntnisreiche Bürger aus, die sich dem demokratischen politischen System verbunden fühlen, demokratische Wertorientierungen verinnerlichen und befähigt und willens sind, politische Entscheidungsprozesse aktiv mitzugestalten. Wie zahlreiche empirische Untersuchungen jedoch belegen, wird dieser Anspruch des skizzierten Idealtypus einer Staatsbürgerkultur selbst in langjährig etablierten demokratischen Gesellschaften nur in Teilen eingelöst. Hinzu kommt, dass politische Einstellungen zeitliche Wandlungsprozesse durchlaufen, die als Spiegel der Entwicklungen institutioneller und wirtschaftlicher Performanz erscheinen.

Tatsächlich belegen zahlreiche international vergleichende empirische Studien einen deutlichen Zusammenhang zwischen hoher subjektiver Zufriedenheit mit der wirtschaftlichen Leistungsfähigkeit eines demokratischen Systems und einer höheren Akzeptanz demokratischer Institutionen sowie der individuellen Entwicklung demokratischer Wertorientierungen. Aus diesen Beobachtungen lässt sich zweierlei folgern: Erstens ist zu erwarten, dass die mittel- bis langfristige Akzeptanz, Unterstützung und gesellschaftliche Verankerung demokratischer Regierungssysteme in einem Wechselverhältnis zu deren politischer, wirtschaftlicher und sozial-integrativer Effektivität stehen. Zweitens wäre anzunehmen, dass die für die individuelle politische Unterstützung zentrale Systemeffektivität im Zeitverlauf in den Hintergrund rücken und durch die Anerkennung der demokratischen Ordnung mit ihrem Wertekanon und Teilhaberechten als Wert an sich ergänzt werden könnte. Ebenso wäre im Umkehrschluss angesichts tiefgreifender wirtschaftlicher und politischer Veränderungen und Herausforderungen gerade für osteuropäische Transitionsgesellschaften ein gegenläufiges Szenario vorstellbar: Die vielfach zu Beginn der Transformationsphase in die Demokratie gesetzten hohen individuellen Erwartungen könnten mit einer Verschlechterung der persönlichen wirtschaftlichen Lage und erkennbaren institutionellen Defiziten vielfach in Enttäuschung oder gar Ablehnung umschlagen und zu einer abermaligen Verstetigung ehemals entwickelter autoritärer Einstellungen führen. Tatsächlich bescheinigen zahlreiche empirische Studien postkommunistischen Gesellschaften unmittelbar nach dem radikalen Systemwechsel eine unerwartet hohe Befürwortung demokratischer Wertorientierungen und eine breite Unterstützung demokratischer Herrschaftsformen. Vergleichbare Einstellungsmuster existieren gleichermaßen für Bürger der baltischen Staaten, die mit dem Ende der sowjetischen Herrschaft ihre nationale Unabhängigkeit wiedererlangten. Gleichzeitig verweisen Zeitverlaufsstudien zu Transitionsgesellschaften auf eine vergleichsweise instabile und eher schwach ausgeprägte Unterstützung politischer Institutionen und Akteure (Zmerli 2004, 2011). Die Ursachen dieser beunruhigenden Entwicklungen werden vielfach auf die äußerst entbehrungsreichen Umbruchsphasen und institutionelle Unzulänglichkeiten zurückgeführt, die im deutlichen Widerspruch zu den anfangs hohen politischen und wirtschaftlichen Erwartungen an einen Regimewechsel stehen (Rose u. Mishler 2011). Catterberg und Moreno bezeichnen diese Konstellation gar als „honeymoon effect" (2006). Wie verschiedene empirische Untersuchungen zu den demokratischen Aufbaujahren der baltischen Staaten zudem belegen, wird Demokratie als Herrschaftsform zwar vielfach als abstrakter Wert unterstützt, konkretere Fragen zum zugrundeliegenden Demokratieverständnis offenbaren jedoch oftmals ein eher unzureichendes Verständnis demokratischer Voraussetzungen (Alisauskiene 2006; Koroleva u. Rungule 2006). Als nicht minder problematisch erweist sich eine weitere Besonderheit der baltischen Staaten, nämlich der mehr als ein Viertel betragende Bevölkerungsanteil russischsprachiger Minderheiten in Estland und Lettland, die mit dem Ende der sowjetischen Herrschaft ihren vormaligen gesellschaftlichen und politischen Elitestatus einbüßten und in den Folgejahren lediglich in eingeschränktem Umfang nationale Staatsbürgerrechte erlangten.[1] Vielfach stand der Einbürgerung die Auflage der Beherrschung der jeweiligen Landessprache im Wege. Aus Sicht der politischen Kulturforschung sind diese ausgeprägten innergesellschaftlichen Konfliktlinien folgenreich, beruht doch die Akzeptanz und Unterstützung eines politischen Systems auch auf einer umfassenden gesellschaftlichen Integration ethnischer, sprachlicher oder religiöser Minderheiten. Empirische Studien, die sich mit diesen innergesellschaftlichen Phänomenen befassen, weisen tatsächlich Einstellungsdivergenzen zwischen Mehrheits- und Minderheitsgesellschaften nach (Koroleva u. Rungule 2006; Titma u. Rämmer 2006).

---

1 Der russischsprachige Bevölkerungsanteil in Litauen beläuft sich hingegen auf weniger als 10 %. Die russischsprachigen Minderheiten in Estland, Lettland und Litauen werden im Folgenden als ethnische Russen bezeichnet. Hierzu zählen aber auch Russischsprachige aus der Ukraine und Weißrussland.

Folglich erwachsen aus diesen Einstellungskonstellationen zusätzliche Herausforderungen an die fragile Stabilität und Legitimität der noch jungen baltischen Demokratien.

Zum besseren Verständnis dieser Sachverhalte und zur Beschreibung jüngster Trends widmet sich der vorliegende Beitrag daher in zweifach vergleichender Perspektive den Besonderheiten der politischen Kulturen Estlands, Lettlands und Litauens. Im Einzelnen werden die zentralen Kennzeichen der politischen Kultur(en) der drei baltischen Gesellschaften nachgezeichnet. Überwiegen politische Einstellungen und Orientierungen, die mit den Erfordernissen stabiler demokratischer Systeme kompatibel sind, oder existieren Inkongruenzen zwischen politischer Struktur und politischer Kultur? Lassen sich ferner Einstellungsdivergenzen zwischen den sprachlichen Ethnien innerhalb der baltischen Gesellschaften ermitteln, und welche Rückschlüsse ergeben sich im Hinblick auf die Stabilität und Legitimität der politischen Systeme?

Methodisch lässt sich ein wesentlicher Teil der Fragestellungen allein auf der Grundlage von Längsschnittstudien bearbeiten. Hierfür besonders geeignet sind im Wortlaut weitgehend identische Bevölkerungsumfragen, die zu verschiedenen Messzeitpunkten im Rahmen des „New Baltic Barometer"-Forschungsprojekts erhoben wurden. Diese Datengrundlage ermöglicht nicht nur eine Beobachtung der Entwicklung identischer Indikatoren, sondern erhebt und operationalisiert verschiedene Typologien demokratischer Einstellungsmuster. Ergänzt werden die auf diesen Datensätzen beruhenden empirischen Befunde durch Analysen aktueller Umfragen der European Social Survey-Erhebungswellen.

Eine einführende Darstellung in das Konzept der politischen Kultur bildet den Auftakt der nachfolgenden Untersuchungen. Nach einer Daten- und Methodendiskussion ist das sich anschließende empirische Kapitel der Beschreibung und Verteilung politischer Einstellungen in den drei baltischen Staaten gewidmet. Dabei wird in zwei Analyseschritten vorgegangen. Im ersten Schritt konzentriert sich die Darstellung und Interpretation auf einen im Zeitverlauf angelegten Ländervergleich. Im zweiten Schritt erfolgt eine vergleichende Analyse der gesellschaftlichen Binnenstrukturen politischer Einstellungsmuster. Welche Rückschlüsse die empirischen Befunde auf die gegenwärtige Lage und mögliche zukünftige Entwicklungen zulassen, diskutiert das abschließende Kapitel.

2 Politische Kultur als theoretisches Konzept

Die Bestimmung der politischen Kultur eines Landes leitet sich aus der Kenntnis der gesellschaftlichen Verteilung aller individuellen politischen Einstellungen und Wertorientierungen ab (Almond u. Verba 1963). Wesentlich ist dabei zum einen die Unterscheidung zwischen der Mikro- und der Makroebene als Analyseebenen, zum anderen eine Definition des zentralen Begriffs politischer Einstellungen. Gemäß Icek Ajzen versteht man unter Einstellungen grundsätzlich „die **Neigung**, konsistent (positiv oder negativ) **auf Objekte**, Personen oder Ereignisse **zu reagieren**" (Ajzen 1988, S. 4, zitiert nach Gabriel 2005, S. 464, Hervorhebungen in Gabriel). Sichtbar und relevant werden Einstellungen allerdings erst, wenn sie entweder verbal geäußert werden oder zu beobachtbarem Verhalten führen. Politische Einstellungen sind durch ihren Bezug auf politische Objekte gekennzeichnet, ermöglichen also die Erfassung der politischen Realität, unterscheiden sich in ihren Funktionen aber nicht grundsätzlich von anderen individuellen Einstellungen. Eine weiterführende funktionale Kategorisierung politischer Einstellungen erfolgt vielfach im Hinblick auf individuelle Kognitionen, Affekte, Verhaltensdispositionen und Wertorientierungen. Kognitive Einstellungen, wie politisches Interesse oder politische Kenntnisse, dienen der Wahrnehmung und Systematisierung politischer Wirklichkeit. Gefühle als affektive Einstellungen beruhen auf individuellen Bedürfnissen und finden ihren Ausdruck in persönlichen Vorlieben und Abneigungen gegenüber politischen Objekten, Personen oder Ereignissen. Die individuell wahrgenommene Vertrauenswürdigkeit politischer Institutionen oder Akteure wäre dieser Einstellungskategorie zuzuordnen. Aus individuellen kognitiven und affektiven politischen Einstellungen ergeben sich mögliche politische Verhaltensabsichten, die auch als konative Einstellungen bezeichnet werden. Politische Wertorientierungen oder auch evaluative Orientierungen beruhen hingegen auf moralischen Standards. Oftmals spiegeln sie gesellschaftliche Vorstellungen des Wünschenswerten wider und ermöglichen individuelle Präferenzordnungen (Gabriel 2005, S. 465). Die Präferenz der Demokratie als Herrschaftsform wäre ein Messbeispiel dieser Einstellungskomponente aus der empirischen Sozialforschung.

Eine größtmögliche Kongruenz zwischen der politischen Kultur und Struktur einer Nation gilt als Voraussetzung jedweder Systemstabilität. Idealtypisch akzeptieren und unterstützen Bürger die für das Regime charakteristischen Werte, Verhaltensnormen, Verfahrensregeln und Herrschaftsstrukturen (Gabriel 2005, S. 462). Wie aber die politische Kultur eines demokratischen Regimes beschaffen sein sollte, um ein hohes Maß an Systemstabilität zu gewährleisten, lässt sich aus diesen Prämissen nicht ableiten. Diese Frage ist aber umso wichtiger, als demokratische Regime zur Herstellung und Durchsetzung gesamtgesellschaftlich verbindlicher Entscheidungen auf die prinzipielle Unterstützung ihrer Bürger angewiesen sind. Gerade in Krisenzeiten steht daher weniger die Stabilität als vielmehr die Überlebensfähigkeit des demokratischen Systems im Blickpunkt des Interesses (Pickel u. Pickel 2006, S. 52). Denn allein autoritäre oder totalitäre Regime greifen auf Gewalt als vermeintlich legitimes Mittel der Herrschaftsdurchsetzung zurück. Eine richtungsweisende Orientierung geben Almond und Verba, deren Konzept einer „Civic Culture" oder auch Staatsbürgerkultur bis heute einschlägige Studien nachhaltig beeinflusst (1963). Maßgebend für die Bestimmung der Merkmale der politischen Kultur einer Nation sind politische Einstellungen gegenüber vier politischen Zielbereichen. Als ersten Bezugspunkt identifizieren sie den einzelnen Bürger mit dessen politischen Überzeugungen, Interesse und Wissen. Nicht der Bezug zu politischen Objekten, sondern die Wahrnehmung des Selbst als politisch Handelnder ist die zentrale

Kategorie. Als zweite relevante Referenzkategorie benennen sie das politische System als Ganzes. Konzeptionell recht unscharf beziehen sich politische Einstellungen beispielsweise auf die Demokratie als Herrschaftsform oder politische Institutionen als Institutionen. Ob und inwiefern das (politische) Selbst politische Entscheidungsprozesse beeinflussen kann, äußert sich in individuellen Inputbewertungen des politischen Systems. Analog beeinflusst die Performanz eines politischen Systems individuelle Outputbewertungen als vierten Zielbereich politischer Einstellungen (Almond u. Verba 1963; Pickel u. Pickel 2006, S. 61). Vor dem Hintergrund dieser vier identifizierten Zielbereiche orientiert sich eine Typologisierung politischer Kulturen an den konkreten Ausprägungen individueller Einstellungen. Zunächst sind drei reine Formen politischer Kulturen vorstellbar. In der parochialen Kultur (parochial culture) ist die Beziehung zwischen der Bevölkerung und dem Staat kaum entwickelt. Weder verfügt sie über nennenswertes politisches Interesse oder Wissen noch hegt sie gegenüber politischen Objekten positive oder ablehnende Empfindungen. Für die Herausbildung evaluativer Wertorientierungen fehlen somit notwendige individuelle Grundlagen. Anders verhält es sich bei der sogenannten Untertanenkultur (subject culture). In dieser Konstellation entwickeln Bürger Einstellungen gegenüber dem politischen System und dessen Outputleistungen. Die eigene Rolle als politischer Akteur und daraus resultierende individuelle Inputbewertungen bleiben jedoch unterentwickelt. Bürger einer partizipativen Kultur (participant culture) entsprechen dem modernen Bild eines mündigen Bürgers: Sie sind politisch kenntnisreich, bewerten die In- und Outputleistungen des politischen Systems und betrachten sich als relevante politische Akteure.

Das Konzept der „Civic Culture" verbindet positive Einstellungen gegenüber den Strukturen und Prozessen des politischen Systems mit einem ausgeprägten partizipativen Anspruch. Die derart beschaffene Kongruenz zwischen politischer Struktur und Kultur schafft den Handlungsraum für mündige Bürger, Untertanen und parochial orientierte Personen. Gleichzeitig kann sich dieser Einstellungsmix auch bei einzelnen Bürgern ausbilden. Eine derartige Mischung aus partizipativen und nicht-partizipativen Orientierungen verringert den an das politische System, seine Institutionen und Akteure gerichteten Anforderungs- und Handlungsdruck und stellt die Regierbarkeit des politischen Systems sicher, die in beachtlichem Umfang auf die Akzeptanz und Befolgung politischer Entscheidungen durch die Bevölkerung angewiesen ist (Almond u. Verba 1963; Pickel u. Pickel 2006, S. 62 ff.).

Lediglich eine überschaubare Anzahl empirischer Studien befasst sich explizit mit den Kennzeichen und Veränderungen der politischen Kultur(en) im Baltikum. Oftmals sind baltische Gesellschaften jedoch Teil umfassender empirischer Analysen, die Entwicklungen in mittel- und osteuropäischen Transitionsgesellschaften auswerten (Gabriel u. Zmerli 2006; Zmerli 2004, 2011). Überwiegend steht dabei die Analyse affektiver und evaluativer politischer Einstellungstrends im Forschungsinteresse. Der Zeitvergleich politischer Kognitionen und Verhaltensabsichten ist dagegen aufgrund unvollständiger Datenbestände häufig nicht möglich.

Die nachfolgenden empirischen Untersuchungen beleuchten den Zeitraum von 1993 bis 2008 und reichen somit über den Zeithorizont vergleichbarer Studien hinaus. Insofern ermöglichen sie belastbare Aussagen über den zeitlichen Wandel und die gegenwärtigen Kennzeichen politischer Kultur(en) im Baltikum.

3 Daten, Methoden, Operationalisierungen

Die Mehrzahl der nachfolgenden deskriptiven empirischen Analysen basiert auf den Umfragen des „New Baltic Barometer" (NBB), die zwischen 1993 und 2004 im Auftrag des Center for the Study of Public Policy, Aberdeen, erhoben wurden und umfangreiche individuelle politische Einstellungen und Orientierungen ethnischer Balten und Russen messen. Dabei handelt es sich um repräsentative Zufallsstichproben mit mindestens 1 000 in persönlichen Interviews Befragten.[2] Die in die vorliegende Untersuchung eingehenden Indikatoren des NBB wurden in den Jahren 1993, 1995/1996, 2000/2001 sowie 2004 erhoben. Mit Hilfe gleichlautender Erhebungsinstrumente sind auf dieser Datengrundlage problemlos Aussagen über zeitliche Entwicklungen möglich. Für die zentralen Fragestellungen sind insbesondere Variablen zum politischen Interesse sowie zur Demokratiezufriedenheit im eigenen Land bedeutsam. Ferner werden Indikatoren des Vertrauens in die Polizei, die Gerichte, den Staatspräsidenten, das Parlament sowie politische Parteien analysiert. Eine Besonderheit dieser Befragungen liegt ferner darin, aus der Verknüpfung der Antworten auf verschiedene Fragen Demokratie-Typologien zu generieren, die näheren Aufschluss über Einstellungen gegenüber demokratischen Werten geben. Für die vorliegende Untersuchung wird eine Typologie konstruiert, die sich aus folgenden Fragen zusammensetzt: „Some people think this country would be better governed if parliament were closed down and all parties were abolished; how likely do you think this is to happen in the next few years?". „Very likely, maybe, not very likely, not at all likely". „If Parliament was closed down and parties abolished, would you: definitely approve, somewhat approve, somewhat disapprove, definitely disapprove". Die Typologie unterscheidet zwischen zuversichtlichen und besorgten Demokraten sowie hoffnungsvollen und entmutigten autoritätsaffinen Bürgern. Zur Kategorie der zuversichtlichen Demokraten zählen all jene, die eine Auflösung des Parlaments und Abschaffung politischer Parteien ablehnen und gleichzeitig ein solches Szenario in ihrem Land für wenig wahrscheinlich halten. Besorgte Demokraten hegen hingegen die Befürchtung, dass Parlament und Parteien in naher Zukunft abgeschafft werden könnten. Hoffnungsvolle Befragte mit autoritären Überzeugungen befürworten die Abschaffung dieser politischen Institutionen und halten das Eintreten eines solchen Falls für wahrscheinlich. Entmutigte autoritätsaffine Befragte sprechen sich zwar für eine Abschaffung

---

2   Für weitere Informationen zum New Baltic Barometer siehe http://www.abdn.ac.uk/cspp/catalog2_0.shtml.

von Parlament und politischen Parteien aus, schätzen ein solches Szenario dagegen als wenig wahrscheinlich ein.

Zur Fortschreibung und Aktualisierung verschiedener NBB-Befunde zu politischem Interesse, Demokratiezufriedenheit und politischem Vertrauen wurde ferner auf die Daten des „European Social Survey" (ESS) der Jahre 2004, 2006 und 2008 zurückgegriffen.[3] Allerdings nahmen nicht alle drei baltischen Staaten in gleichem Umfang an den ESS-Befragungswellen teil. Während Estland in allen drei Wellen vertreten ist, gilt dies für Lettland nur für 2006 und 2008 sowie für Litauen lediglich für das Jahr 2008. Darüber hinaus existieren Abweichungen gegenüber den im NBB erhobenen Items im Hinblick auf den genauen Fragewortlaut und die Codierung der Antworten. Eine klare Unterscheidung zwischen ethnischen Gruppierungen kann auf der ESS-Datengrundlage ebenfalls nicht vorgenommen werden. Insofern sind die empirischen Befunde der NBB- und ESS-Umfragen nur bedingt miteinander vergleichbar. Darüber hinaus sind die besonders aufschlussreichen Fragebatterien der Demokratie-Typologien des NBB nicht in den Datensätzen des ESS enthalten.

4 Empirische Befunde im inter- und innerstaatlichen Vergleich

Die durch die Bevölkerungsumfragen erhobenen Items decken drei der im zweiten Kapitel erörterten politischen Einstellungsarten ab. So gibt die Frage nach dem Ausmaß politischen Interesses Aufschluss über individuelle kognitive politische Einstellungen. Angaben zur Zufriedenheit mit der Demokratie und Vertrauen in verschiedene politische Akteure und Institutionen informieren über affektive politische Einstellungen. Die konstruierte Demokratie-Typologie gibt ferner Aufschluss über politische Wertorientierungen. Eine Untersuchung politischer Verhaltensabsichten kann aufgrund der eingeschränkten Datenlage nicht erfolgen.

4.1 Politisches Interesse

Die Untersuchung politischen Interesses auf der Basis der NBB liefert im Zeit- und Ländervergleich erkennbar divergierende Ergebnisse (Tabelle 1). Während sich politisches Interesse in allen drei Ländern auf einem mittleren Skalenniveau bewegt, sind in Estland tendenziell rückläufige, in Litauen jedoch bis 2004 gegenüber 1993 deutlich zunehmende Trends beobachtbar. Geringfügige Schwankungen existieren dagegen in Lettland. Insgesamt ist diesen Befunden ein erkennbares politisches Interesse in allen drei baltischen Gesellschaften zu entnehmen.

---

3 Für weitere Informationen zum European Social Survey, Stichprobenziehung und Erhebungsinstrumente siehe http://www.europeansocialsurvey.org/.

Sofern die Unterschiede zwischen den ethnischen Gruppierungen betrachtet werden, ergeben sich interessante Einblicke in innergesellschaftliche Divergenzen (Tabelle 1). So wird beispielsweise für Estland und Lettland deutlich, in welchem Ausmaß sich ethnische Balten von ethnischen Russen unterscheiden. Letzteren muss insgesamt geringeres politisches Interesse attestiert werden. In Litauen liegen vergleichbare Divergenzen lediglich für das Jahr 2004 vor. Möglicherweise sind diese uneinheitlichen Entwicklungen auf unterschiedliche Mechanismen zurückzuführen. In Estland ist beispielsweise zu beobachten, dass beide ethnischen Gruppierungen im Zeitverlauf an politischem Interesse einbüßen. Die Gruppenunterschiede bleiben dennoch weitgehend konstant. In Lettland nimmt hingegen die Divergenz zwischen beiden ethnischen Gruppen zu, denn der Rückgang politischen Interesses ist lediglich für ethnische Russen, nicht aber für ethnische Letten zu diagnostizieren. In Litauen sind die Gruppenunterschiede während der ersten Jahre des Erhebungszeitraums minimal; im Jahr 1996 bekunden ethnische Russen sogar größeres politisches Interesse als ethnische Litauer. Zu einem merklichen Auseinanderdriften kommt es erst zum Ende der NBB-Erhebungen, das zudem mit dem Eintritt Litauens in die Europäische Union zusammenfällt. Ob und in welcher Form sich diese Unterschiede und gegenläufigen Tendenzen in weiteren Bereichen der politi-

Tabelle 1   Politisches Interesse, New Baltic Barometer und European Social Survey

	NBB				ESS		
	1993	1995	1996	2004	2004	2006	2008
Estland	0,53	0,52	0,50	0,41	0,41	0,45	0,47
Lettland	0,50	0,46	0,50	0,47		0,35	0,41
Litauen	0,49	0,48	0,48	0,56			0,37
Estland							
ethnische Esten	0,55	0,55	0,53	0,43			
ethnische Russen	0,49	0,46	0,46	0,37			
Lettland							
ethnische Letten	0,52	0,48	0,53	0,51			
ethnische Russen	0,47	0,43	0,46	0,41			
Litauen							
ethnische Litauer	0,50	0,48	0,48	0,58			
ethnische Russen	0,48	0,47	0,50	0,47			

Anmerkungen: Daten gewichtet; Durchschnittswerte auf einer Skala von 0 bis 1 (Codierung siehe Appendix).

schen Kultur(en) niederschlagen, werden die nachfolgenden Untersuchungen genauer ermitteln.

Wenngleich die Auswertungen der ESS-Erhebungen keinen unmittelbaren Vergleich mit den Befunden der NBB-Wellen zulassen, verweisen die estnischen Befunde auf einen stetigen Anstieg politischen Interesses. Dies gilt gleichermaßen für Lettland, wo zwischen 2006 und 2008 ein nennenswerter Zuwachs an politisch Interessierten zu verzeichnen ist. Die verfügbaren litauischen Daten ermöglichen zwar keinen Zeitvergleich – eine Analyse der Länderniveaus offenbart jedoch deutliche Unterschiede. Demnach wäre zum Zeitpunkt des letzten ESS-Erhebungszeitraums das politische Interesse in Estland am stärksten und in Litauen am schwächsten ausgeprägt. Interessanterweise entspricht dieser Befund einer exakten Umkehrung der auf Basis der letzten NBB-Erhebung ermittelten Rangfolge.

4.2 Politisches Vertrauen und Demokratiezufriedenheit

Politisches Vertrauen gilt als ein weiterer wesentlicher Bestandteil politischer Einstellungen und repräsentiert den affektiven Zugang des Bürgers zur Politik. Die Vertrauensitems, die in den verschiedenen Wellen des NBB erhoben wurden, umfassen Vertrauen in regulative Institutionen, wie Polizei und Gerichte sowie Vertrauen in repräsentative Institutionen, wie Parlament, Präsident und politische Parteien. Beim Vergleich der Kennzahlen ist zu berücksichtigen, dass die Messinstrumente ab der Erhebung des Jahres 2001 leicht abgeändert wurden.[4]

Die Entwicklungen im Zeitverlauf weisen im Ländervergleich interessante Gemeinsamkeiten auf (Tabelle 2). So zeigen die Befunde, dass Vertrauen in Polizei und Gerichte in keinem der drei Länder rückläufig ist; stattdessen sind in Estland und Lettland sogar Steigerungen zu verzeichnen. Zwar sind die ermittelten Werte angesichts der zugrundeliegenden Messskala nicht sonderlich beeindruckend und belegen zudem kein ausgeprägtes Vertrauen in regulative Institutionen, dennoch fällt Vertrauen in regulative Institutionen im Unterschied zu Vertrauen in repräsentative Institutionen vergleichsweise hoch aus. Einzig das ermittelte höhere Vertrauen in das Staatsoberhaupt fällt positiv aus dem Rahmen. Obwohl für Lettland im Zeitverlauf deutliche Schwankungen und zum Zeitpunkt der letzten NBB-Erhebungswelle im Jahr 2004 ein deutlicher Vertrauensschwund gegenüber 1993 erkennbar sind, liegen auch die lettischen Befunde über den Auswertungen der übrigen Vertrauensobjekte repräsentativer Demokratie. Zu vermuten wäre, dass die Stellung des Präsidenten in allen drei Ländern mehr einem unparteiischen Mittler zwischen Politik und Gesellschaft entspricht als andere repräsentative politische Institutionen. Ein eindeutig negativer Trend lässt sich demgegenüber in allen drei baltischen Staaten im Hinblick auf Vertrauen in die nationalen Parlamente und po-

---

4 Für den genauen Wortlaut siehe Appendix.

litische Parteien konstatieren. Besonders bemerkenswert erscheint der zu Beginn der Erhebungen in allen drei Ländern existierende Vertrauensbonus nationaler Parlamente, der aber im Zeitverlauf erkennbar schwindet. Demgegenüber ist ein vergleichbar deutlicher Vertrauensschwund für politische Parteien nicht beobachtbar. Allerdings bewegen sich deren durchschnittliche Vertrauenswerte ohnehin von Anbeginn an auf niedrigem Niveau.

Empirische Analysen der ESS-Erhebungswellen zeichnen ein vergleichbares Bild, setzen aber auch eigene Akzente (Tabelle 2). In Estland verfügen Polizei und Gerichte über den höchsten Vertrauensbonus, wobei lediglich die Polizei ihre Vertrauenswürdigkeit im Zeitverlauf ansatzweise stärken kann. Vergleichsweise stabil sind ferner Vertrauen in das nationale Parlament sowie in politische Parteien. Als zentrale Institutionen der repräsentativen Demokratie sind sie allerdings mit einem bescheidenen Vertrauensbonus ausgestattet. Obwohl die Befunde aus Lettland die Ergebnisse aus Estland in einem wesentlichen Punkt bestätigen, existieren markante Unterschiede. Wie in Estland genießen Polizei und Gerichte gegenüber den repräsentativen Institutionen das höchste Vertrauen. Das erzielte Vertrauensniveau fällt allerdings erstaunlich niedrig aus, wobei für die Polizei Lettlands eine aufsteigende Tendenz erkennbar ist. Besorgniserregende Entwicklungen sind zudem für Parlaments- und Parteienvertrauen zu beobachten. Innerhalb von nur zwei Jahren sind starke rückläufige Trends erkennbar. Das ohnehin geringe Ausgangsniveau des Jahres 2006 wird 2008 deutlich unterboten und bescheinigt der lettischen Demokratie nach rund zwanzig Jahren der Transition ein ausgeprägtes und möglicherweise folgenreiches Misstrauensklima. Ähnliches muss auch für Litauen konstatiert werden: regulative Institutionen genießen gegenüber repräsentativen Institutionen einen Vertrauensbonus. Allerdings bewegt sich das Vertrauen in Gerichte in Litauen auf einem derart niedrigen Niveau, dass Zweifel an der uneingeschränkten Funktionsfähigkeit des Rechtswesens angebracht erscheinen. Im Hinblick auf Litauens repräsentative Institutionen existiert, wie bereits in Lettland, ein ausgeprägtes Klima politischen Misstrauens.

Die innerstaatlichen Analysen politischer Orientierungen entsprechen überwiegend dem bereits kurz skizzierten Bild (Tabelle 3). So existieren in Estland zwischen ethnischen Esten und ethnischen Russen über alle Vertrauensobjekte hinweg Divergenzen, die unterschiedlich stark ausfallen können. Der größte Unterschied findet sich bei der Bewertung der Vertrauenswürdigkeit des Präsidenten, der geringste bei der insgesamt ohnehin niedrig ausfallenden Bewertung des Parlaments. Zusätzlich sind gegenläufige Trends beobachtbar. Während ethnische Esten im Zeitverlauf stärkeres Vertrauen zu ihrem Präsidenten und zu Gerichten entwickeln, verharren ethnische Russen auf dem Niveau des Erhebungsbeginns. Dagegen stimmen beide Gruppierungen in ihrer zunehmend negativen Einschätzung gegenüber dem Parlament überein. Die Wahrnehmung der Performanz politischer Parteien ist weniger volatil, allerdings bewegt sie sich auf einem ohnehin sehr niedrigen Niveau.

Tabelle 2 Politisches Vertrauen, New Baltic Barometer und European Social Survey

	NBB				ESS		
	1993	1996	2001	2004	2004	2006	2008
Polizei							
Estland	0,45	0,47	0,38	0,53	0,57	0,55	0,61
Lettland	0,42	0,41	0,42	0,49		0,42	0,46
Litauen	0,45	0,35	0,42	0,46			0,44
Gerichte							
Estland	0,55	0,51	0,49	0,60	0,49	0,51	0,49
Lettland	0,53	0,46	0,47	0,54		0,40	0,40
Litauen	0,49	0,35	0,44	0,51			0,33
Präsident							
Estland	0,57	0,59	0,65	0,68			
Lettland	0,67	0,52	0,64	0,56			
Litauen	0,65	0,50	0,61	0,66			
Parlament							
Estland	0,50	0,46	0,32	0,37	0,42	0,46	0,39
Lettland	0,48	0,35	0,26	0,32		0,30	0,20
Litauen	0,49	0,36	0,29	0,35			0,23
Politische Parteien							
Estland	0,29	0,29	0,30	0,28	0,31	0,35	0,32
Lettland	0,29	0,23	0,26	0,26		0,23	0,16
Litauen	0,33	0,30	0,28	0,31			0,20

Anmerkungen: Daten gewichtet; Durchschnittswerte auf einer Skala von 0 bis 1 (Codierung siehe Appendix).

Tabelle 3   Politisches Vertrauen in Estland, New Baltic Barometer

	1993	1996	2001	2004
Polizei				
ethnische Esten	0,47	0,51	0,40	0,56
ethnische Russen	0,42	0,39	0,35	0,46
Gerichte				
ethnische Esten	0,57	0,55	0,49	0,62
ethnische Russen	0,53	0,45	0,47	0,55
Präsident				
ethnische Esten	0,58	0,64	0,68	0,73
ethnische Russen	0,56	0,47	0,58	0,58
Parlament				
ethnische Esten	0,52	0,49	0,33	0,38
ethnische Russen	0,47	0,40	0,29	0,34
Politische Parteien				
ethnische Esten	0,31	0,31	0,32	0,30
ethnische Russen	0,27	0,24	0,24	0,24

Anmerkungen: Daten gewichtet; Durchschnittswerte auf einer Skala von 0 bis 1 (Codierung siehe Appendix).

Auch in Lettland ist über drei der fünf Vertrauensobjekte hinweg eine Vertrauensdivergenz beobachtbar, bei der sich ethnische Russen als weniger vertrauensvoll gegenüber politischen Institutionen erweisen als ethnische Letten (Tabelle 4). Im Gegensatz zu den Zahlen aus Estland sind jedoch die im Jahr 1993 erhobenen Ausgangswerte in geringerem Umfang von Divergenzen zwischen den beiden Bevölkerungsgruppen gekennzeichnet. Dies veranschaulichen insbesondere die Vertrauenswerte für Polizei und politische Parteien. Dem Parlament bescheinigen zu Beginn der Erhebungen ethnische Russen sogar eine höhere Vertrauenswürdigkeit als ethnische Letten. Im Zeitverlauf schwindet dieser Vertrauensbonus jedoch völlig. Parlamentsvertrauen markiert im Jahr 2004 nun zusammen mit den Werten für den Präsidenten die deutlichste Diskrepanz zwischen beiden ethnischen Gruppierungen. Insgesamt verlaufen jedoch die beobachtbaren rückläufigen und ansteigenden Trends parallel zueinander. Daraus ließe sich schließen, dass sich beide Bevölkerungsgruppen in ihrer Wahrnehmung der Ver-

Tabelle 4   Politisches Vertrauen in Lettland, New Baltic Barometer

	1993	1996	2001	2004
Polizei				
ethnische Letten	0,42	0,41	0,42	0,49
ethnische Russen	0,42	0,43	0,43	0,48
Gerichte				
ethnische Letten	0,54	0,45	0,46	0,55
ethnische Russen	0,52	0,47	0,48	0,54
Präsident				
ethnische Letten	0,69	0,56	0,76	0,65
ethnische Russen	0,64	0,47	0,46	0,42
Parlament				
ethnische Letten	0,47	0,35	0,25	0,34
ethnische Russen	0,49	0,34	0,27	0,29
Politische Parteien				
ethnische Letten	0,29	0,23	0,25	0,27
ethnische Russen	0,29	0,22	0,26	0,25

Anmerkungen: Daten gewichtet; Durchschnittswerte auf einer Skala von 0 bis 1 (Codierung siehe Appendix).

trauenswürdigkeit nationaler politischer Institutionen und Akteure im Zeitverlauf zwar graduell nicht aber grundsätzlich voneinander unterscheiden.

In Litauen verhält es sich gänzlich anders (Tabelle 5). Verglichen mit ethnischen Litauern gewähren ethnische Russen im Jahr 1993 sämtlichen politischen Bezugsobjekten einen größeren Vertrauensbonus. Dieser „Vertrauensvorsprung" bleibt selbst nach elf Jahren für Gerichte, das Parlament sowie politische Parteien bestehen. Die Wahrnehmung der Vertrauenswürdigkeit des Staatspräsidenten scheint dagegen in starkem Maße durch die ethnische Zugehörigkeit geprägt zu sein. Während der Staatspräsident unter ethnischen Russen einen spürbaren Vertrauensverlust erleidet, kann er unter ethnischen Litauern leicht hinzugewinnen. Insgesamt sind jedoch die im Zeitverlauf beobachtbaren Tendenzen der ethnischen Gruppierungen vergleichbar.

Die Fragen zur Demokratiezufriedenheit wurden im Rahmen der NBB-Erhebungen lediglich in den Jahren 2001 und 2004 erfasst. In dieser kurzen Zeitspanne sind sowohl

Tabelle 5 Politisches Vertrauen in Litauen, New Baltic Barometer

	1993	1996	2001	2004
Polizei				
ethnische Litauer	0,45	0,35	0,43	0,46
ethnische Russen	0,49	0,37	0,40	0,46
Gerichte				
ethnische Litauer	0,47	0,34	0,44	0,51
ethnische Russen	0,53	0,41	0,44	0,56
Präsident				
ethnische Litauer	0,64	0,48	0,64	0,67
ethnische Russen	0,70	0,60	0,46	0,55
Parlament				
ethnische Litauer	0,48	0,35	0,29	0,35
ethnische Russen	0,55	0,41	0,29	0,37
Politische Parteien				
ethnische Litauer	0,32	0,31	0,28	0,30
ethnische Russen	0,35	0,24	0,29	0,32

Anmerkungen: Daten gewichtet; Durchschnittswerte auf einer Skala von 0 bis 1 (Codierung siehe Appendix).

für Estland als auch für Litauen leichte Zuwächse beobachtbar, während Lettland keinerlei Tendenz erkennen lässt (Tabelle 6). Insgesamt überwiegt jedoch in allen drei Ländern die Unzufriedenheit. Die Analyse der ethnischen Gruppierungen verrät hingegen, dass die zuvor für Estland und Litauen konstatierten Zuwächse an Demokratiezufriedenheit allein auf ethnische Esten und Litauer zurückzuführen sind, während die Einschätzung ethnischer Russen halbwegs stabil bleibt. In Lettland sind sogar gegenläufige Trends beobachtbar: eine leichte Zunahme unter ethnischen Letten bei gleichzeitig geringfügiger Abnahme unter ethnischen Russen.

Die Auswertungen der ESS-Wellen zeichnen ein eher trübes Bild des Stands der Demokratie im Baltikum (Tabelle 6). Vor dem Hintergrund der besorgniserregend niedrigen politischen Vertrauenswerte in Lettland und Litauen untermauern die Befunde zur Demokratiezufriedenheit diese Entwicklungen. Während sich Esten in der Tendenz leicht unzufrieden über den Stand ihrer Demokratie äußern, dabei im Zeitverlauf allerdings keine Veränderungen beobachtbar sind, ist die Unzufriedenheit in Lettland im

Tabelle 6 Demokratiezufriedenheit, New Baltic Barometer und European Social Survey

	NBB		ESS		
	2001	2004	2004	2006	2008
Estland	0,39	0,43	0,46	0,49	0,45
Lettland	0,40	0,41		0,44	0,33
Litauen	0,43	0,47			0,34
Estland					
ethnische Esten	0,40	0,45			
ethnische Russen	0,38	0,37			
Lettland					
ethnische Letten	0,42	0,45			
ethnische Russen	0,38	0,36			
Litauen					
ethnische Litauer	0,44	0,48			
ethnische Russen	0,41	0,41			

Anmerkungen: Daten gewichtet; Durchschnittswerte auf einer Skala von 0 bis 1 (Codierung siehe Appendix).

Jahr 2008 deutlich stärker ausgeprägt.[5] Interessanterweise ist dieser deutliche Abstand zu Estland allein auf die starken Einbußen der beiden vorangegangenen Jahre zurückzuführen. Eine Trendaussage kann zwar für Litauen nicht getroffen werden, doch lässt die gegenwärtige große Unzufriedenheit mit dem Stand der Demokratie im eigenen Land auf einen noch unvollendeten Demokratisierungsprozess schließen.

4.3 Demokratie-Typologie

Die Demokratie-Typologie gibt Aufschluss über den Anteil zuversichtlicher und besorgter Demokraten sowie über hoffnungsvolle und entmutigte autoritätsaffine Bürger. Trotz starker Schwankungen im Zeitverlauf ist sowohl für Estland als auch für Litauen eine vergleichbare Stärkung zuversichtlicher Demokraten zu beobachten, die 2004 nahezu

---

5 Die Erhebungen des European Social Survey erlauben keine Differenzierungen nach ethnischen Gruppierungen. Die Angaben beziehen sich folglich auf die jeweiligen Gesamtbevölkerungen.

Tabelle 7   Demokratie-Typologie, New Baltic Barometer, Angaben in %

	1993	1995	1996	2000	2001	2004
Estland						
Zuversichtliche Demokraten	56,0	77,5	69,7		65,4	73,2
Besorgte Demokraten	20,8	8,3	8,4		5,6	4,4
Hoffnungsvolle Autoritäre	17,7	6,7	12,5		10,7	8,6
Entmutigte Autoritäre	5,5	7,5	9,4		18,3	13,8
Lettland						
Zuversichtliche Demokraten	66,7	57,8	47,7	53,7	57,9	59,4
Besorgte Demokraten	12,1	10,6	11,8	8,7	5,1	8,0
Hoffnungsvolle Autoritäre	13,1	20,1	24,8	17,5	10,5	10,9
Entmutigte Autoritäre	8,1	11,4	15,7	20,2	26,5	21,7
Litauen						
Zuversichtliche Demokraten	59,4	60,7	72,0	61,0	53,4	73,7
Besorgte Demokraten	19,9	9,6	4,9	4,1	2,4	3,3
Hoffnungsvolle Autoritäre	14,9	16,7	9,9	9,9	8,6	5,2
Entmutigte Autoritäre	5,9	13,0	13,2	25,0	35,6	17,7

Anmerkungen: Daten gewichtet.

drei Viertel der jeweiligen Gesamtbevölkerung ausmachen (Tabelle 7). In Lettland gibt es dagegen zu Beginn der Erhebung erkennbar mehr zuversichtliche Demokraten als zum Zeitpunkt der letzten Erhebungswelle. Ferner gilt für Estland und Litauen, dass in dem Maße, um das sich 2004 der Anteil besorgter Demokraten gegenüber 1993 verringert, der Anteil zuversichtlicher Demokraten anwächst. Für Lettland gilt dies jedoch nicht: zwar verringert sich ebenfalls der Anteil besorgter Demokraten, aber nicht zugunsten des Anteils zuversichtlicher Demokraten. Bezogen auf den Trend hoffnungsvoller Autoritärer ist dagegen für alle drei Länder ein Rückgang zu verzeichnen. Dieser fällt jedoch unterschiedlich stark aus. Obwohl die Ausgangsniveaus halbwegs vergleichbar erscheinen, sind zum Zeitpunkt der letzten Erhebung deutlichere Differenzen zwischen den drei Ländern feststellbar. Nennenswert sind jedoch die starken Schwankungen, die insbesondere in Lettland zu beobachten sind. Dagegen nehmen die prozentualen Anteile derjenigen mit autoritären Präferenzen aber entmutigten Zukunftsaussichten insgesamt zu. Bemerkenswert erscheint, dass eine Summierung sämtlicher Bürger mit autoritären

Tabelle 8 Demokratie-Typologie in Estland, New Baltic Barometer, Angaben in %

	1993	1995	1996	2000	2001	2004
Ethnische Esten						
Zuversichtliche Demokraten	53,4	80,5	71,9		69,5	74,9
Besorgte Demokraten	22,8	8,4	9,9		6,6	6,0
Hoffnungsvolle Autoritäre	19,6	5,8	13,0		10,6	8,6
Entmutigte Autoritäre	4,2	5,3	5,1		13,4	10,5
Ethnische Russen						
Zuversichtliche Demokraten	62,7	69,2	64,4		55,9	69,3
Besorgte Demokraten	15,6	7,9	4,8		3,5	0,9
Hoffnungsvolle Autoritäre	12,8	9,3	11,1		11,0	8,8
Entmutigte Autoritäre	8,9	13,7	19,7		29,6	21,0

Anmerkungen: Daten gewichtet.

Präferenzen sowohl in Estland als auch in Litauen auf nur geringfügige Veränderungen im Erhebungszeitraum hinweisen. Dagegen nimmt deren Anteil in Lettland um knapp elf Prozentpunkte zu. Insgesamt belegt diese Demokratie-Typologie, dass im Baltikum ein breites demokratisches Unterstützerfundament existiert. Lettland bildet hierbei nur in geringfügigem Maße eine Ausnahme.

Sofern man die Entwicklungen der ethnischen Gruppierungen in Estland zu dieser Typologie betrachtet, können ein weiteres Mal interessante Befunde ermittelt werden (Tabelle 8). Im Großen und Ganzen sind zunächst vergleichbare Trends beobachtbar, bei jedoch deutlich voneinander differierenden Ausgangs- und Abschlussniveaus. In beiden Bevölkerungsgruppen nimmt der Anteil zuversichtlicher Demokraten zu, der Anteil besorgter Demokraten gleichsam ab. Hoffnungsvolle Autoritäre sind ebenfalls auf dem Rückzug, und es scheint, als fänden sich deren Anteile in den gestiegenen Werten der entmutigten Autoritären wieder. Dies ist allerdings nur bedingt und weitestgehend nur für ethnische Esten zutreffend. Denn wie ein Blick auf die Gruppe ethnischer Russen zeigt, steigt der Anteil von Bürgern mit autoritären Orientierungen im Zeitverlauf sogar um nahezu zehn Prozentpunkte an. Offensichtlich hat sich dieser Personenkreis im Jahr 2004 von seinen demokratischen Präferenzen zu Beginn der Erhebung bereits distanziert. Trotz dieser Entwicklung existiert auch unter ethnischen Russen eine breite demokratische Unterstützerbasis.

Die Entwicklung in Lettland weist dagegen auf Schwierigkeiten im Verlauf der Demokratisierung hin (Tabelle 9). Sowohl unter ethnischen Letten als auch unter ethni-

Tabelle 9   Demokratie-Typologie in Lettland, New Baltic Barometer, Angaben in %

	1993	1995	1996	2000	2001	2004
Ethnische Letten						
Zuversichtliche Demokraten	65,8	54,8	48,1	53,4	57,2	61,9
Besorgte Demokraten	12,5	12,8	14,1	8,6	4,8	8,5
Hoffnungsvolle Autoritäre	13,8	22,3	22,6	18,7	10,7	12,5
Entmutigte Autoritäre	7,9	10,0	15,3	19,3	27,3	17,2
Ethnische Russen						
Zuversichtliche Demokraten	68,3	62,8	47,2	54,2	59,0	54,9
Besorgte Demokraten	11,4	7,1	8,1	8,7	5,6	7,0
Hoffnungsvolle Autoritäre	11,8	16,5	28,3	15,5	10,3	7,9
Entmutigte Autoritäre	8,5	13,7	16,4	21,6	25,2	30,2

Anmerkungen: Daten gewichtet.

schen Russen nehmen die Anteile zuversichtlicher aber auch besorgter Demokraten erkennbar ab. Zwar ist die demokratische Unterstützerbasis unter ethnischen Letten nach wie vor breit, unter ethnischen Russen hingegen verliert die Demokratie erkennbar an Rückhalt. Hoffnungsvolle Autoritäre sind unter ethnischen Letten erstaunlich stabil, während deren Anteil unter ethnischen Russen leicht abnimmt. Besorgniserregend sind dagegen die deutlichen Zuwächse an entmutigten Autoritären unter beiden ethnischen Gruppierungen, auch wenn sie die Hoffnung auf eine Veränderung der politischen Verhältnisse verloren zu haben scheinen. Die Zunahme fällt allerdings unter ethnischen Russen besonders stark aus. Insgesamt wächst im Zeitverlauf in beiden Gruppierungen der Anteil der Bürger mit autoritären Orientierungen, auch wenn die Mehrzahl im Jahr 2004 nur geringe Hoffnung in einen zukünftigen Systemwechsel setzt.

Die Entwicklung politischer Orientierungen der ethnischen Gruppierungen in Litauen ist dagegen mit denjenigen der beiden anderen baltischen Staaten nur eingeschränkt vergleichbar (Tabelle 10). Dies gilt insbesondere für die Gruppe der ethnischen Russen, die in Litauen zudem einen deutlich geringeren Bevölkerungsanteil bilden als in Estland oder Lettland. Die Entwicklungen unter ethnischen Litauern verlaufen erwartungsgemäß. So nimmt der Anteil zuversichtlicher Demokraten stetig zu und derjenige besorgter Demokraten ab. Interessant erscheint, dass sich im Zeitverlauf die prozentualen Anteile ethnischer Litauer mit demokratischen Präferenzen kaum verändern. Insgesamt gilt dies jedoch nicht für ethnische Russen. Der Anteil zuversichtlicher Demokraten verringert sich im Zeitverlauf, aber auch der Anteil besorgter Demokraten nimmt

Tabelle 10   Demokratie-Typologie in Litauen, New Baltic Barometer, Angaben in %

	1993	1995	1996	2000	2001	2004
Ethnische Litauer						
Zuversichtliche Demokraten	57,4	58,1	71,9	61,2	52,8	75,1
Besorgte Demokraten	21,1	10,5	4,5	3,9	2,2	3,4
Hoffnungsvolle Autoritäre	15,9	17,6	9,9	9,4	8,6	4,7
Entmutigte Autoritäre	5,6	13,9	13,7	25,5	36,4	16,8
Ethnische Russen						
Zuversichtliche Demokraten	71,9	74,2	72,9	60,0	56,8	64,1
Besorgte Demokraten	11,7	5,3	7,1	5,2	3,2	2,7
Hoffnungsvolle Autoritäre	9,6	12,1	10,0	12,8	8,9	8,6
Entmutigte Autoritäre	6,7	8,4	10,0	22,0	31,1	24,6

Anmerkungen: Daten gewichtet.

deutlich ab, so dass sich insgesamt die demokratische Unterstützerbasis dieser ethnischen Gruppierung erkennbar verringert. In dem Maße, in dem der Anteil hoffnungsvoller Autoritärer unter ethnischen Litauern schwindet, erhöht sich der Anteil entmutigter Autoritärer. Insgesamt also bleibt der Anteil ethnischer Litauer mit autoritären Orientierungen stabil. Dies gilt jedoch nicht für ethnische Russen. Während der Anteil hoffnungsvoller Autoritärer mehr oder weniger stabil bleibt, steigt der Anteil entmutigter Autoritärer um nahezu zwanzig Prozentpunkte an.

5   Fazit

Die Kennzeichen und Entwicklungen der politischen Kulturen Estlands, Lettlands und Litauens seit der Wiedererlangung der staatlichen Unabhängigkeit Anfang der 1990er Jahre standen im Fokus dieses Beitrages. Angesichts tiefgreifender politischer, wirtschaftlicher und gesellschaftlicher Veränderungen, die die Transitionsphase der baltischen Gesellschaften prägten, kommt der Frage nach dem Verhältnis zwischen politischer Struktur und politischer Kultur besondere Bedeutung zu.

Auf der Grundlage verfügbarer Daten gaben Zeitreihenanalysen Einblicke in schwierige Phasen während der Transition. Wie die empirischen Befunde zeigten, wechseln sich Phasen der Zufriedenheit und des Vertrauens mit dem zunehmenden Wunsch nach einem starken Führer und der Skepsis gegenüber der Leistungsfähigkeit demokratischer Institutionen ab. Dennoch besaßen alle drei baltischen Staaten zum Zeitpunkt des Beitritts zur EU eine breite demokratische Unterstützerbasis. Dieser augenscheinliche Gleichklang kann aber nicht über die Existenz signifikanter Länderunterschiede hinwegtäuschen. Offenkundig müssten sich insbesondere in Lettland demokratische Wertorientierungen noch stärker konsolidieren.

Darüber hinaus verweisen die Analysen der innergesellschaftlichen Verhältnisse in Estland und Lettland auf weitere Hindernisse auf dem beschwerlichen Weg der Demokratisierung. Wie die empirischen Befunde belegen, steht bislang eine erfolgreiche politische Integration der russischen Minderheiten weithin noch aus. Vielfach zeigen ethnische Russen eine ablehnende Haltung gegenüber demokratischen Regierungsformen. Im Unterschied zu Litauen, wo unter ethnischen Russen keine vergleichbaren mehrheitlich ablehnenden Einstellungen zu beobachten sind. Ganz im Gegenteil: Ethnische Russen gewähren dem demokratischen Wandel zu Beginn der Transitionsphase sogar einen größeren Vertrauensvorschuss als ethnische Litauer. Möglicherweise stehen also die beunruhigenden Befunde aus Estland und Lettland für eine unzureichende Integrationspolitik, die ethnische Russen, als Herrschaftseliten dieser ehemaligen Sowjetrepubliken, auf die Verliererstraße des Systemwechsels entlässt.

Insgesamt ist für alle drei baltischen Länder festzuhalten, dass sich *stabile* demokratische Wertorientierungen bislang nicht etablieren konnten. Zwar überwiegen in allen drei Gesellschaften am Ende des NBB-Erhebungszeitraums die Demokratiebefürworter. Allerdings verdeutlicht die Zeitreihenanalyse ebenfalls die Volatilität demokratischer Unterstützung. Zudem belegen die Typologie-Auswertungen, dass sich das demokratische Fundament nur bedingt aus überzeugten Demokraten speist. Zukünftig wird es wohl darauf ankommen, demokratische Wertorientierungen weiter zu festigen. Wirtschaftliches Wachstum und angemessene Performanz der politischen Institutionen und Akteure sind zentrale Voraussetzungen. Die Bedeutung einer erfolgreichen sozialen Integration darf dabei allerdings nicht aus dem Blick geraten. Als überaus problematisch erscheinen die divergierenden Einstellungsmuster, die insbesondere in Estland und Lettland zwischen den ethnischen Minderheiten und der jeweiligen Mehrheitsbevölkerung vorzufinden sind. Diese gilt es zu überbrücken, denn nachhaltige politisch stabilisierende und demokratieförderliche Einstellungen sind angesichts dieser Divergenzen nicht zu erwarten.

Abschließend bleibt anzumerken, dass die vorliegenden Ergebnisse Catterbergs und Morenos These eines für postkommunistische Gesellschaften typischen „honeymoon effect" (2006) untermauern. Die anfänglichen in die Demokratie gesetzten Hoffnungen zeichnen sich deutlich ab. Dass diese hohen Erwartungen angesichts der darauffolgenden fundamentalen Veränderungen auf einen schweren Prüfstand gestellt werden, belegen die empirischen Analysen mit Nachdruck.

Literatur

Ajzen, Icek. 1988. *Attitudes, personality, and behaviour*. Milton Keynes: Open University Press.
Alisauskiene, Rasa. 2006. Lithuania. Civic society and democratic orientation. In *Democracy and political culture in Eastern Europe*, Hrsg. Hans-Dieter Klingemann, Dieter Fuchs und Jan Zielonka, 256–276 London: Routledge.
Almond, Gabriel A. und Sidney Verba. 1963. *The civic culture. Political attitudes and democracy in five nations*. Princeton: Princeton University Press.
Catterberg, Gabriela und Alejandro Moreno. 2006. The individual bases of political trust: Trends in new and established democracies. *International Journal of Public Opinion Research* 18/1: 31–48.
Gabriel, Oscar W. 2005. Politische Einstellungen und politische Kultur. In *Handbuch Politisches System der Bundesrepublik Deutschland*, Hrsg. Oscar W. Gabriel und Everhard Holtmann, 459–522. München: Oldenbourg.
Gabriel, Oscar W. und Sonja Zmerli. 2006. Politisches Vertrauen: Deutschland in Europa. *Aus Politik und Zeitgeschichte* 30-31: 8–15.
Koroleva, Ilze und Ritma Rungule. 2006. Latvia. Democracy as an abstract value. In *Democracy and political culture in Eastern Europe*, Hrsg. Hans-Dieter Klingemann, Dieter Fuchs und Jan Zielonka, 235–255. London: Routledge.
Pickel, Susanne und Gert Pickel. 2006. *Politische Kultur- und Demokratieforschung. Grundbegriffe, Theorien, Methoden. Eine Einführung*. Wiesbaden: VS Verlag für Sozialwissenschaften.
Rose, Richard und William Mishler. 2011. Political trust and distrust in post-authoritarian contexts. In *Political trust: Why context matters*, Hrsg. Sonja Zmerli und Marc Hooghe, 117–140. Colchester: ECPR Press.
Titma, Mikk und Andu Rämmer. 2006. Estonia. Changing value patterns in a divided society. In *Democracy and political culture in Eastern Europe*, Hrsg. Hans-Dieter Klingemann, Dieter Fuchs und Jan Zielonka, 277–307. London: Routledge.
Zmerli Sonja. 2012. Soziales und politisches Vertrauen. In *Deutschlands Metamorphosen: Ein zweiter Blick auf Deutschland in Europa*, Hrsg. Silke I. Keil und Jan W. van Deth, 139–172. Baden-Baden: Nomos.
Zmerli, Sonja. 2004. Politisches Vertrauen und Unterstützung. In *Deutschland in Europa. Ergebnisse des European Social Survey 2002–2003*, Hrsg. Jan van Deth, 229–256. Wiesbaden: VS Verlag für Sozialwissenschaften.

Appendix

Kodierungen

Zur besseren Vergleichbarkeit wurden für die empirischen Analysen alle weiter unten aufgeführten Kodierungen (NBB und ESS) in ein 0–1 Kodierschema umgewandelt, wobei 0 den niedrigsten und 1 den höchsten Wert wiedergeben.

New Baltic Barometer (1993, 1995, 1996, 2000, 2001, 2004).

Die Originalkodierungen der Antworten wurden in den meisten Fällen invertiert, so dass der niedrigste Wert Ablehnung und der höchste Wert Zustimmung abbilden.

Politisches Interesse: How interested would you say you are in politics? 4 = very interested, 3 = somewhat interested, 2 = a little interested, 4 = not at all interested.

Vertrauen in politische Institutionen und Akteure: To what extent do you trust the following public institutions? Do you trust them completely or somewhat trust or somewhat distrust or completely distrust? Parliament, police, president, political parties, courts? 4 = complete trust, 3 = general trust, 2 = general distrust, 1 = complete distrust.

Ab dem Erhebungsjahr 2001 geändertes Frage- und Antwortformat: To what extent do you trust each of these political institutions to look after your interests? Please indicate on a scale with 1 for no trust at all and 7 for great trust: Parliament, police, president, political parties, courts.

Demokratiezufriedenheit: On the whole, are you very satisfied, fairly satisfied, not very satisfied, or not at all satisfied with the way democracy works in our country? 4 = very satisfied, 3 = fairly satisfied, 2 = not very satisfied, 1 = not at all satisfied.

European Social Survey (2004, 2006, 2008)
Die Originalkodierung der Antworten auf „Politisches Interesse" wurde invertiert, so dass der niedrigste Wert nun starkes Desinteresse und der höchste Wert starkes Interesse abbilden.

Politisches Interesse: How interested would you say you are in politics – are you: 4 = very interested, 3 = quite interested, 2 = hardly interested, 1 = or, not at all interested, 8 = don't know.

Vertrauen in politische Institutionen und Akteure: Using this card, please tell me on a score of 0–10 how much you personally trust each of the institutions I read out. 0 means you do not trust an institution at all, and 10 means you have complete trust. Firstly: (country's) parliament, the legal system, the police, political parties.

Demokratiezufriedenheit: And on the whole, how satisfied are you with the way democray works in (country)? Please answer using this card, where 0 means extremely dissatisfied and 10 means extremely satisfied.

Korruption in den baltischen Staaten

Sigita Urdze/Steffen Spendel

In allen drei baltischen Staaten stellt Korruption bis heute ein erhebliches Problem dar. Allerdings sind dabei deutliche Unterschiede zwischen den drei Staaten festzustellen. Das Ausmaß der Korruption in Estland sinkt kontinuierlich und nähert sich allmählich westeuropäischem Niveau an. Die Werte für Lettland und Litauen hingegen haben sich zwar ebenfalls verbessert, liegen aber nach wie vor auf ähnlichem Niveau wie bei dem Großteil der anderen seit 2004 der EU beigetretenen mittelosteuropäischen Staaten. Von dem tatsächlichen Ausmaß der Korruption ist das von der Bevölkerung empfundene Ausmaß der Korruption zu unterscheiden. Die beiden Werte stimmen – wie auch im Falle der baltischen Staaten zu zeigen sein wird – nicht notwendigerweise miteinander überein.

Das Kapitel gliedert sich in drei Teile: Im ersten Teil wird das Ausmaß der Korruption in den baltischen Staaten erläutert. Dabei werden sowohl das tatsächliche als auch das von der Bevölkerung empfundene Ausmaß betrachtet, deren Ursachen im Weiteren getrennt untersucht werden. Im zweiten Teil folgt, in Anlehnung an Treisman (1998, 2000), eine Betrachtung der wichtigsten Ursachen der tatsächlichen Korruption. Dabei werden die folgenden Faktoren näher beleuchtet: (1) Geschichte und Kultur, (2) wirtschaftliche Entwicklung, (3) politische Institutionen. Im dritten Abschnitt wird untersucht, wie sich die Unterschiede im Ausmaß der empfundenen Korruption erklären lassen. Dazu wird eingegangen auf: (1) empfundene Ungleichheit, (2) unterschiedliches Verständnis des Begriffs „Korruption", (3) Problembewusstsein in Bezug auf Korruption, (4) Wahrnehmung der Korruptionsbekämpfung, (5) ethnische Faktoren.

1 Tatsächliche und empfundene Korruption in den baltischen Staaten

Bei der Beurteilung der tatsächlichen Korruption in den baltischen Staaten kommt im Folgenden der „Corruption Perceptions Index" (CPI) von Transparency International zur Anwendung. Darin wird Korruption definiert als „the abuse of entrusted power for private gain. This definition encompasses corrupt practices in both the public and private sectors" (Transparency International 2011). Die Skala des CPI reicht von null bis zehn, wobei zehn für den bestmöglichen Zustand steht. Estland und Lettland wurden seit Beginn der Messung des CPI im Jahr 1998 einbezogen, Litauen seit 1999. In allen drei Staaten ist das Ausmaß der Korruption seit Beginn der Messung insgesamt merk-

Abbildung 1 Werte des Corruption Perceptions Index in den baltischen Staaten, Durchschnitt der alten EU-Mitglieder (bereits vor 2004 in der EU), Durchschnitt der neuen EU-Mitglieder (ab 2004 der EU beigetreten), 10 = bestmöglicher Wert, 0 = schlechtestmöglicher Wert*

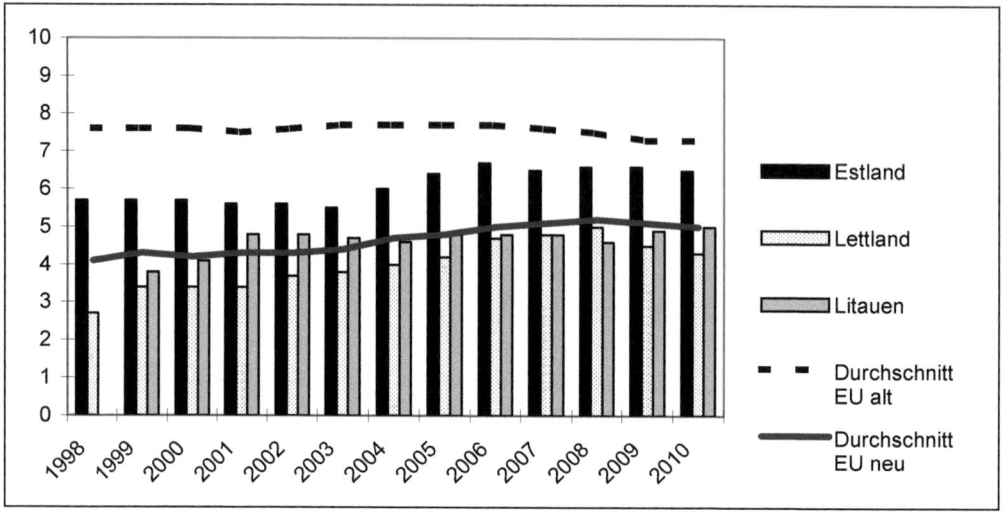

* Litauen und Slowenien werden im CPI erst seit 1999 erfasst, Zypern seit 2003 und Malta erst seit 2004. Bei der Berechnung des Durchschnittswertes finden sie daher auch erst ab dem genannten Jahr Berücksichtigung.

Quelle: (Transparency International 2010)

lich gesunken (vgl. Abb. 1) (Transparency International 2010). Die größte Verbesserung hat dabei Lettland zu verzeichnen, für das ursprünglich ein Wert von 2,7 verzeichnet wurde und im Jahr 2010 ein Wert von 4,3. Der Wert für Litauen ist seit der erstmaligen Messung von 3,8 auf 5,0 gestiegen, der Wert für Estland von 5,7 auf 6,5. Zwar ist Estland damit noch nicht ganz beim dem Korruptionsniveau derjenigen Staaten angelangt, die bereits vor 2004 Mitglieder der EU waren. Mittlerweile weist es jedoch mehr Ähnlichkeit mit diesen auf als mit den anderen beiden baltischen Staaten oder mit dem Durchschnitt der ab 2004 beigetretenen EU-Mitgliedstaaten. Lettland und Litauen hingegen müssen noch einige Anstrengungen unternehmen, um ihr Korruptionsniveau auf das westeuropäischer Staaten zu senken. Aktuell liegen sie sogar unter dem Durchschnitt der neuen EU-Mitgliedstaaten. Für alle drei baltischen Staaten gilt, dass das Absinken der Korruption keineswegs ein kontinuierlicher Prozess ist: In Estland vergingen nach dem Beginn der Messung des CPI zunächst sechs Jahre, bevor eine Verbesserung in diesem Bereich spürbar wurde. Lettland, mit dem schlechtesten Ausgangsniveau, schien hingegen über zehn Jahre hinweg kontinuierlich aufzuholen. Seit 2009 ist jedoch wieder eine deutliche Verschlechterung feststellbar. Im Falle Litauens schließlich zeigen sich zwar Schwankungen, jedoch ist hier insgesamt eine Tendenz zur Verbesserung feststellbar.

Abbildung 2   „Korruption ist ein großes Problem in (UNSER LAND)" – addierter Werte in % für „stimme voll und ganz zu" und „stimme eher zu", Werte für die baltischen Staaten, Durchschnitt der alten EU-Mitglieder (bereits vor 2004 in der EU), Durchschnitt der neuen EU-Mitglieder (ab 2004 der EU beigetreten)

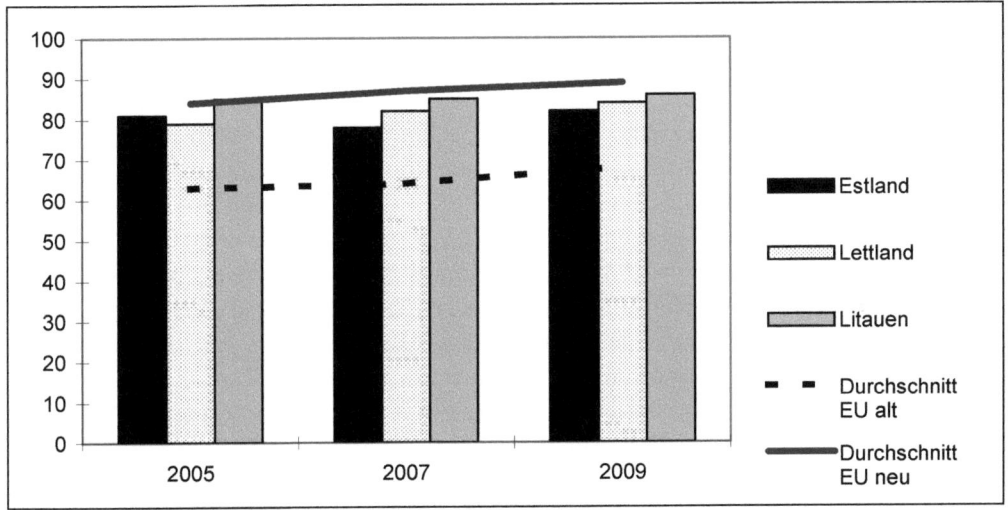

Quellen: Eurobarometer 2006, 2008, 2010 (Bulgarien und Rumänien fließen in den Wert der neuen EU-Mitglieder erst ab 2007 ein)

Von der tatsächlichen Korruption wird in der Literatur die empfundene Korruption unterschieden. Im Gegensatz zur tatsächlichen Korruption ist es nicht möglich, eine Definition für die empfundene Korruption zu geben: Zentral ist bei diesem Wert gerade das Empfinden der Bevölkerung. Jeder Befragte hat potenziell ein anderes Verständnis von Korruption, das aber in den Befragungen von Eurobarometer, die im Folgenden die Grundlage für die Beschreibung des Ausmaßes der empfundenen Korruption darstellen, nicht abgefragt wird. Dementsprechend ist es nicht möglich, zu beurteilen, ob bei den Befragten überhaupt ein einheitliches Verständnis von Korruption vorliegt und wie sich dieses ggf. einheitlich formulieren ließe.[1] Eurobarometer-Befragungen zur empfundenen Korruption liegen aus den Jahren 2005, 2007 und 2009 vor (vgl. Abb. 2) (Eurobarometer 2006, 2008, 2010). Auch bei diesen Werten schneidet tendenziell Estland besser ab als seine beiden Nachbarn, wenngleich die Unterschiede dabei deutlich geringer sind als beim Grad der tatsächlichen Korruption. Seit 2007 wird die Korruption in Litauen geringfügig als problematischer beurteilt als in Lettland. Bei allen drei baltischen Staaten ist eine leicht ansteigende Tendenz zu beobachten. Dies entspricht auch den Verän-

---

1   Zum Verständnis von Korruption speziell in den baltischen Staaten vgl. Abschnitt 3.2.

derungen in der EU insgesamt – sowohl in den alten als auch in den neuen Mitgliedstaaten nimmt die empfundene Korruption tendenziell zu. In Bezug auf die Ebene, auf der Korruption empfunden wird, gilt in allen drei Erhebungen für alle drei baltischen Staaten gleichermaßen, dass dies am häufigsten für die nationalen Institutionen angegeben wird. Lokale und regionale Institutionen schneiden etwas besser ab.[2]

Eine weitere Studie, die sich mit dem Thema der empfundenen Korruption befasst, stammt von Loveless und Whitefield und basiert auf Umfragedaten aus dem Jahr 2007 (Loveless u. Whitefield 2011). Diese Studie kommt zu dem Ergebnis, dass in den baltischen Staaten der Grad der empfundenen Korruption in Estland am niedrigsten und in Litauen am höchsten ist.[3] Im Detail unterscheiden die Autoren zwischen „Common Corruption", „Corruption of Politicians" und „Corruption of Public Officials".[4] Das größte Problem stellt demnach in allen drei Ländern die „Common Corruption" dar, jeweils gefolgt von der „Corruption of Politicians" sowie der „Corruption of Public Officials". Zum insgesamt empfundenen Ausmaß der Korruption in allen von Loveless und Whitefield untersuchten mittelosteuropäischen Staaten stellen die Autoren fest: „The most substantially significant pattern to emerge is that the aggregated levels of individuals' perceptions of all measures of corruption in every country in Eastern Europe are above the midpoint. In other words, corruption is perceived as the more common form of political interaction such that everyone involved in political activity is, on average, more likely to be corrupt than not." (Loveless u. Whitefield 2011)

2 Ursachen der tatsächlichen Korruption

Wie lässt sich das unterschiedliche Ausmaß der tatsächlichen Korruption in den baltischen Staaten erklären? In Anlehnung an Treisman (1998) wird zur Erklärung im Folgenden auf drei zentrale Forschungsstränge zurückgegriffen, die jeweils auf unterschiedliche Faktorenarten fokussieren: (1) Geschichte und Kultur, (2) wirtschaftliche Entwicklung sowie (3) politische Institutionen.

---

2   Der Aussage: „Es gibt Korruption in lokalen Institutionen in (UNSER LAND) stimmten 2009 in Estland 78 %, in Lettland 91 % und in Litauen 93 % der Befragten zu. In Bezug auf regionale Institutionen stimmten dieser Frage in Estland 78 %, in Lettland 88 % und in Litauen 92 % zu, in Bezug auf nationale Institutionen in Estland 84 %, in Lettland 94 % und in Litauen 96 % (Eurobarometer 2010).
3   Genaue Zahlen liefern die Autoren an dieser Stelle nicht, so dass die Darstellung der Ergebnisse entsprechend vage bleiben muss.
4   Den Unterschied zwischen den drei Korruptionsarten erklären Loveless und Whitefield wie folgt: „corruption can include a variety of transgressors. It includes the actions of highly visible political actors (e. g. politicians, party leaders, *inter alia*); less visible political actors (e. g. public officials, civil servants, public employees, etc. ...), and the more pedestrian varieties of common corruption associated with daily life" (Loveless u. Whitefield 2011)

2.1 Geschichte und Kultur

Bezüglich des Einflusses von Geschichte und Kultur auf das Ausmaß von Korruption wird die These vertreten, dass bestimmte Rahmenbedingungen, wie z. B. die ethnische Polarisierung, eine Gesellschaft besonders korruptionsanfällig machen (Treisman 1998, S. 3 ff.). Bezüglich eines Großteils der dabei behandelten Faktoren lassen sich keine Unterschiede zwischen den drei baltischen Staaten feststellen. So verlief ihre (jüngere) Geschichte weitgehend parallel. In Bezug auf die normative Wertorientierung gelten sie, wie zu zeigen sein wird, als homogene Gruppe. Diese Faktoren müssten also das Ausmaß der Korruption in gleicher Weise beeinflussen. Zu erwarten wäre jedoch im Verlaufe der Jahre eine abnehmende Bedeutung des Faktors Geschichte, da die Phase der parallelen Entwicklung zunehmend länger zurückliegt. Ein Einflussfaktor aus dem Kontext „Geschichte und Kultur", der hingegen zwischen den drei baltischen Staaten variiert, ist die ethnische Polarisierung der Gesellschaften. Die in der Literatur vertretene These besagt, dass in ethnisch polarisierten Gesellschaften das Vertrauen niedriger ist und somit Korruption verstärkt auftritt. Da keine generelle Veränderung der ethnischen Polarisierung in den baltischen Staaten festzustellen ist, wäre zu erwarten, dass dieser Faktor das Korruptionsniveau im Gegensatz zur Geschichte dauerhaft beeinflusst.

Generell gilt eine staatlich geförderte Planwirtschaft, wie sie in der Sowjetunion bestand, als äußerst anfällig für Korruption. Wichtige Faktoren sind dabei u. a. der große Einfluss des Staates auf die Wirtschaft (Mauro 2002, S. 341 f.), die ineffiziente administrative Organisation (Heywood 1997, S. 10 ff.) und die Abschottung gegenüber dem Ausland (Sandholtz u. Gray 2003, S. 41 ff.). Diese Umstände führten in der Sowjetunion vor allem zu zwei Arten von Korruption: Zum einen versuchten Bürger, beim Kontakt mit Behörden die zuständigen Beamten zu beeinflussen, um dadurch persönliche Vorteile zu erlangen. Zum anderen sahen sich die Leiter von Wirtschaftsbetrieben zu korrupten Praktiken gezwungen, um den Fortbestand ihres Betriebes sicherzustellen (Kramer 1977, S. 214). Dass auch einfache Beamte das Ziel von Korruption waren, lag vor allem daran, dass sich der staatliche Einfluss im Sowjetsystem nicht nur auf die Wirtschaft erstreckte. Er betraf so gut wie alle Bereiche des Lebens, angefangen von der Zuteilung einer Wohnung über die Arbeitsplatzvergabe bis hin zum Kauf von Gegenständen des täglichen Bedarfs. Daraus entwickelte sich ein als „blat" bezeichnetes System, das von Ledeneva wie folgt definiert wird: „the use of personal networks and informal contacts to obtain goods and services in short supply and to find a way around formal procedures" (Ledeneva 1999, S. 1). Zentral bei diesen Netzwerken war der Umstand, dass „one gave away gifts and services without any specific indication of expected return. If a person helped a friend or a relative to circumvent a queue or to buy a deficit item, a return help could be expected but not demanded. [...] By implementing such principles the high morality of *blat* relationships was ensured" (Sedlenieks 2004, S. 126). Zum genauen Ausmaß der Korruption in der Sowjetunion liegen keine Zahlen vor. Generell bestehen jedoch keine Zweifel daran, dass es sich hierbei um ein weit verbreitetes Phänomen handelte (vgl. hierzu z. B. Karklins 2005; Ledeneva 1999). Nach der Wiedererlangung ihrer Unabhängigkeit hatten die drei baltischen Staaten bezüglich dieses Erbes vergleichbare Rahmenbedingungen. Alle drei standen zudem vor den gleichen Aufgaben: Privatisierung in großem Umfang, fehlendes Problembewusstsein für Korruption, „alte" Eliten in zentralen Machtpositionen (auch Miller et al. 2002). Dieses ähnliche Erbe der Sowjetunion einhergehend mit vergleichbaren Startbedingungen zu Beginn der Wiedererlangung der Unabhängigkeit können als wahrscheinliche Ursache für das insgesamt hohe Korruptionsniveau angenommen werden (vgl. auch Karklins 2005). Auch was die normative Wertorientierung in der Bevölkerung nach der Wiedererlangung der Unabhängigkeit angeht, wird im Rahmen der World Value Surveys eine starke Ähnlichkeit zwischen den drei baltischen Staaten festgestellt. Aufgrund dieser relativ starken Ähnlichkeiten werden sie darin mittlerweile als eine eigene kulturelle Gruppe geführt (Taagepera 2002, S. 244 ff.). Insbesondere für die Erklärung des Korruptionsniveaus in den 1990er Jahren lassen sich diese Faktoren verwenden (vgl. auch King u. Finnie 2004, S. 335 ff.). Erklärungen für die Unterschiede im Ausmaß der Korruption lassen sich jedoch nicht ableiten.

Deutliche Unterschiede lassen sich hingegen in Bezug auf den Faktor der ethnischen Spaltung der Gesellschaften feststellen. Litauen hat diesbezüglich die homogenste Gesellschaft unter den drei baltischen Staaten. Dies gilt sowohl in Bezug auf die ethnische Zusammensetzung der Gesellschaft als auch in Bezug auf formale Teilhabemöglichkeiten, deren Grundlage die Staatsangehörigkeit ist. Die größte Spaltung in Bezug auf beide Aspekte besteht diesbezüglich in Lettland. Estland liegt zwischen Lettland und Litauen, wobei die Ähnlichkeiten zu Lettland größer sind als zu Litauen. Im Hinblick auf die Frage der Staatsangehörigkeit hat – zumindest unter formalen Gesichtspunkten – die Spaltung der Gesellschaft in Estland und Lettland mittlerweile etwas abgenommen, wobei aber nach wie vor zentrale Unterschiede zu Litauen vorhanden sind. Wäre die ethnische Spaltung der Gesellschaft ein entscheidender Einflussfaktor für das Ausmaß der tatsächlichen Korruption in den baltischen Staaten, so stünde zu erwarten, dass Litauen diesbezüglich deutlich weniger Probleme haben müsste als Estland und insbesondere Lettland. Wie im vorigen Abschnitt deutlich geworden ist, trifft dies jedoch nicht zu. Die Ähnlichkeiten im Bereich der Korruption sind zwischen Litauen und Lettland, den beiden Polen bezüglich des Ausmaßes ethnischer Teilung im Baltikum, deutlich größer als zwischen Lettland und Estland. Die ethnische Spaltung kann also nicht das unterschiedliche Ausmaß der Korruption in den baltischen Staaten erklären.

2.2 Wirtschaftliche Entwicklung

Generell gelten, so Treisman, wirtschaftlich weniger entwickelte Staaten als korruptionsanfälliger als stärker entwickelte Staaten. Ein anderer, zum Teil dieser Argumentation entgegenlaufender Forschungsstrang geht nach Treisman davon aus, dass Korruption gerade das Resultat einer zügig verlaufenden Modernisierung ist: „Abuses of public office for private gain become prevalent as new sources of wealth and power seek influence in the political sphere at a time when the regulatory authority of the state is expanding and social norms are in flux [...]. Rising economic elites are likely to bid with money for greater political access and privilege, using their wealth to open doors into the decision-making organs of the state [...]. At the same time, modernization disrupts the political institutions and weakens the social norms that might have restrained officials from selling their authority" (Treisman 1998, S. 5 f.).

In Bezug auf die baltischen Staaten wären diesbezüglich zwei unterschiedliche, sich widersprechende Entwicklungen zu erwarten. Estland gilt generell als das wirtschaftlich am weitesten entwickelte Land, während Lettland und Litauen diesbezüglich hinterherhinken. Dies müsste das Korruptionsniveau senken. Dies scheint weitgehend mit den Werten des CPI zum Ausmaß der tatsächlichen Korruption überein zu stimmen, wonach Lettland und Litauen zumindest in jüngerer Zeit auf ähnlichem Niveau deutlich hinter Estland zu finden sind. Umgekehrt jedoch hat gerade in Estland die Transformation am schnellsten stattgefunden, was dem zweiten Argument zufolge die Korruption steigern müsste. Eine Parallele zum gemessenen Korruptionsniveau in den baltischen Staaten ließe sich hier insofern ziehen als in Estland seit dem Beginn der Messungen durch Transparency International erst im Jahr 2004 eine nennenswerte Verbesserung bezüglich des Korruptionsniveaus stattgefunden hat. Zuvor befand diese sich auf einem

Abbildung 3 Werte des Corruption Perceptions Index in den baltischen Staaten, BIP in Millionen Euro in den baltischen Staaten

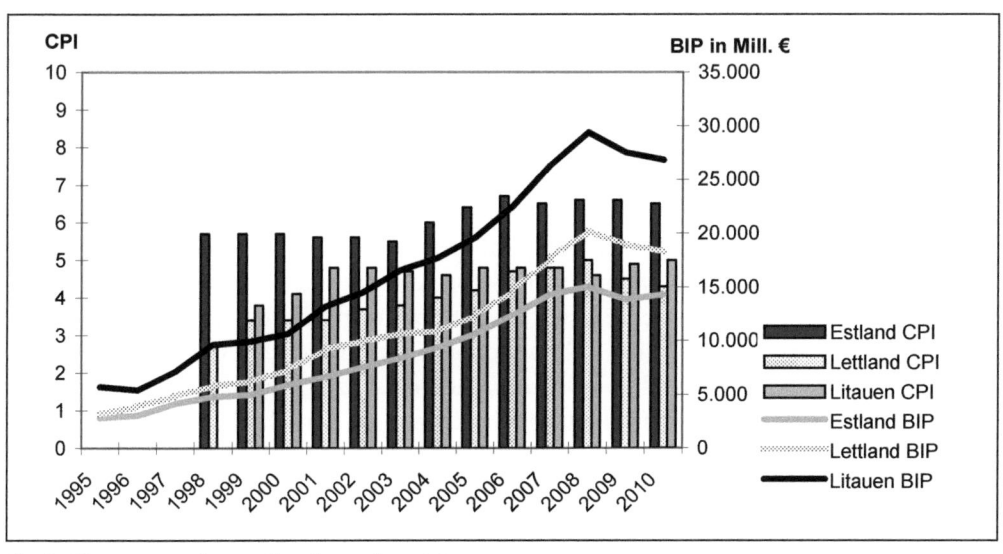

Quelle: Transparency International 2010; Eurostat 2011

weitgehend gleichbleibenden Niveau, während Lettland und Litauen, die die Transformation langsamer vollzogen, in dieser Zeit aufholten. Allerdings wuchs Estlands Wirtschaftskraft auch dann weiterhin schnell als sich das Korruptionsniveau bereits gesenkt hatte (vgl. Abb. 3). Dem zweiten von Treisman genannten Forschungsstrang zufolge wäre eine entsprechende Verbesserung Estlands gerade nicht zu erwarten gewesen.

2.3 Politische Institutionen

Unter „Politische Institutionen" als Einflussfaktor auf das Ausmaß von Korruption fasst Treisman (1998) eine Vielzahl von Aspekten zusammen. Demokratie wird demnach ein korruptionsverringernder Einfluss zugeschrieben, da hierdurch die Transaktionskosten für Korruption stiegen. Dies ist ein Faktor, für den insofern ein Zusammenhang mit der Situation in den baltischen Staaten gezogen werden kann als die Korruption in allen drei Staaten insgesamt gesunken ist. Insofern stellt dies das ergänzende Argument zum bereits behandelten negativen Einfluss der historischen Rahmenbedingungen dar. Ein genereller Unterschied lässt sich bezüglich dieser Faktoren aber zwischen den drei baltischen Staaten nicht feststellen: Von Freedom House werden alle drei Staaten als frei eingestuft, wenngleich gewisse Schwankungen in den Werten im Einzelfall vorhanden sind (Freedom House 2011). Die Unterschiede des Korruptionsausmaßes lassen sich damit also nicht erklären. Hinzu komme, so Treisman weiter, dass „institutions of a free society – free press, secondary associations, etc – may make exposure more likely [...]" (Treisman 1998, S. 6). Die Aufdeckung von Skandalen in der Presse ist in allen drei baltischen Staaten weit verbreitet. Auch diesbezüglich lassen sich keine Unterschiede zwischen diesen Staaten feststellen. Allerdings ist im Gegensatz zu der Argumentation bei Treisman anzumerken, dass gerade die Berichterstattung in der Presse auch zu einer Steigerung der Korruptionsbereitschaft beitragen kann, wie Sedlenieks am Beispiel Lettlands darstellt: „[...] such media reports promote patterns of behaviour as, for example, where to expect to have to bribe an official or what ‚politics is really about'. As a result, people who have not yet been involved in corruption end up feeling that sooner or later they will have to" (Sedlenieks 2004, S. 131).

Als weiterer Faktor im Zusammenhang mit politischen Institutionen gilt die Größe des Staates als Einflussfaktor auf das Ausmaß von Korruption. Demnach steigt das Korruptionsrisiko, je mehr Angestellte ein Staat hat bzw. je größer das zu verteilende BIP ist (Treisman 1998). Daten über die Zahl der öffentlichen Angestellten in den baltischen Staaten im Vergleich liegen nicht vor, so dass sich diesbezüglich kein Zusammenhang feststellen lässt. Jedoch ist festzustellen, dass in Estland, in dem das BIP/Kopf am höchsten ist (vgl. dazu die Ausführungen oben), die Korruption am niedrigsten ist. Dies ist somit kein Faktor, der das Ausmaß der Korruption in den baltischen Staaten erklären könnte. Ebenso wenig helfen Ansätze, bei denen in der einen oder anderen Richtung Zusammenhänge in Bezug auf stärker dezentralisierte Staaten und der Auswirkung der ebenenübergreifenden Politikgestaltung auf Korruption konstruiert werden, da es sich bei allen drei baltischen Staaten um unitarische Staaten handelt.

Die größte Erklärungskraft im Zusammenhang mit politischen Institutionen scheint für die baltischen Staaten der Indikator politischer Stabilität bzw. Instabilität zu besitzen. Diesbezüglich verweist Treisman auf das Vorhandensein zweier gegensätzlicher Argumentationen: „Some authors argue that by shortening the time horizons of those in power, political instability inclines them to make money fast and crudely rather than to moderate their appetites for the sake of future earning. [...] Others have suggested an opposite conjecture: too much *stability* enables officials to reach long-term, relatively secure corrupt bargains with private partners" (Treisman 1998, S. 8, Hervorh. i. Orig.). Extrem lange Phasen, während derer sich die Macht auf eine Personengruppe konzentriert, sind bisher in keinem der drei Länder festzustellen. Hingegen lassen sich in Bezug auf die politische Stabilität Unterschiede zwischen den baltischen Staaten feststellen. Bisher hat Estland mit Abstand die größte Regierungsstabilität unter den baltischen Staaten aufzuweisen. Insgesamt hat das Land seit der Wiedererlangung der Unabhängigkeit elf Regierungen gehabt, die von insgesamt sieben unterschiedlichen Premierministern geführt wurden. Für Lettland liegt die Zahl bei 16 Regierungen unter insgesamt 12 unterschiedlichen Premierministern, für Litauen bei 16 Regierungen unter insgesamt 13 unterschiedlichen Premierministern. Insbesondere in Lettland und Litauen sind die häufigen Regierungswechsel nicht etwa auf entsprechend häufige Neuwahlen zurückzuführen, sondern vielmehr auf das Auseinanderbrechen von Koalitionen. Nur in Estland ist ein Premierminister zweimal in Folge wiedergewählt worden. In Lettland und Litauen ist dies je einem Premierminister erst einmal gelungen (Lagerspetz u. Maier 2010; Schmidt 2010; Tauber 2010).

3 Ursachen der empfundenen Korruption

Bei der Darstellung der tatsächlichen und der empfundenen Korruption ist bereits deutlich geworden, dass die betreffenden Werte nicht vollständig miteinander übereinstimmen. Wie gezeigt, werden von der Bevölkerung wesentlich weniger Unterschiede im Grad der Korruption zwischen den baltischen Staaten wahrgenommen als tatsächlich gemessen werden. Zudem stimmt die Rangfolge in Bezug auf das Ausmaß der tatsächlichen und empfundenen Probleme zwischen den drei Staaten nicht durchgängig überein. Somit ist davon auszugehen, dass das Empfinden der Korruption außer vom tatsächlichen Ausmaß auch von anderen Faktoren beeinflusst wird. Im Einzelnen werden im Folgenden einbezogen: (1) empfundene Ungleichheit, (2) unterschiedliches Verständnis des Begriffs „Korruption", (3) Problembewusstsein in Bezug auf Korruption, (4) Wahrnehmung der Korruptionsbekämpfung sowie (5) ethnische Faktoren.

3.1 Empfundene Ungleichheit

Die Suche nach Ursachen für die Unterschiede im Ausmaß der empfundenen Korruption soll bei den diesbezüglichen Ergebnissen von Loveless und Whitefield – den Autoren der einen in Abschnitt 1 behandelten Studie – beginnen. Loveless und Whitefield erklären die von ihnen festgestellten Unterschiede mit „individual-level perceptions of excessive inequalities in the distribution of goods in society" (Loveless u. Whitefield 2011). Den vermuteten Zusammenhang erklären sie wie folgt: „[…] increasing perceptions that the economy fails to adequately provide and/or distribute public and private goods in society (i. e. inequality) create an appeal to democratic politics to remedy this. Inasmuch as these fail to respond, one can conclude that the institutions of democracy do not function or that they suffer from corrupted activities of the people that inhabit them" (Loveless u. Whitefield 2011). Die Autoren stellen bei ihrer Untersuchung von zwölf mittelosteuropäischen Staaten tatsächlich einen statistischen Zusammenhang fest zwischen dem Empfinden von hoher sozialer Ungleichheit und insbesondere dem Verhalten von politischen Akteuren. Mit anderen Worten: Dieses Ergebnis deutet in die Richtung, dass die empfundene Ungleichheit als Ergebnis korrupten Verhaltens von Politikern wahrgenommen wird. Kein statistisch signifikanter Zusammenhang hingegen wird auf individueller Ebene zwischen der empfundenen sozialen Ungleichheit und „common corruption" gefunden. Die Autoren betonen, dass hier eine „very specific ‚blaming the system' relationship" (Loveless u. Whitefield 2011) deutlich wird. Ein Zusammenhang ist jedoch erkennbar zwischen der „common corruption" und empfundener ökonomischer Ungleichheit. Die Werte für empfundene Einkommensungleichheit schließlich weisen einen Zusammenhang mit allen drei Arten von empfundener Korruption auf – „common corruption", Korruption bei Politikern und Korruption im öffentlichen Dienst (Loveless u. Whitefield 2011). Die Autoren fassen ihre Ergebnisse wie folgt zusammen: „Fundamentally, the perceptions of social inequality […] and income and economic inequalities […] in Europe are predicated and – in many cases – best explained by normative attitudes regarding ‚fairness' in society." (Loveless u. Whitefield 2011). Unterschiede zwischen den baltischen Staaten, die die Unterschiede im empfundenen Ausmaß der Korruption erklären könnten, werden bei Loveless und Whitefield jedoch nicht deutlich. Aus diesem Grund sollen im Folgenden weitere Erklärungsmöglichkeiten behandelt werden.

3.2 Unterschiedliches Verständnis des Begriffs „Korruption"

Bezüglich des unterschiedlichen Verständnisses des Begriffs „Korruption" soll im Folgenden auf das bei der Bevölkerung vorherrschende Verständnis fokussiert werden. Zwar lassen sich in den baltischen Staaten auch im wissenschaftlichen Sprachgebrauch

Unterschiede feststellen,[5] diese spielen aber eine nachgeordnete Rolle in Bezug auf das Ausmaß der empfundenen Korruption. Entscheidend ist hier, dass ein unterschiedliches Begriffsverständnis zu einem unterschiedlichen Antwortverhalten in den Befragungen führen könnte und so die Unterschiede in den Ergebnisse (mit)erklären könnte. Anzumerken ist jedoch, dass zum Alltagsverständnis von „Korruption" länderübergreifende Untersuchungen für die baltischen Staaten fehlen, so dass die Ergebnisse nur bedingt miteinander vergleichbar sind.

In Estland gaben bei einer Befragung im Jahr 2010 54 % der Befragten an, dass es korrupt sei, „if an official accepts a present in return for his or her services" (Justiitsministeerium 2010, S. 61). Ähnlich in Lettland: Dort werteten im Jahr 2008 52,5 % der Befragten „Expensive gifts (trips, car, etc.) for politicians" als Korruption (Kalniņš 2008, S. 19). Auch scheinen in den baltischen Staaten die oben beschriebenen „blat"-Netzwerke weiterhin zumindest z. T. Bestand zu haben – ein Umstand, der Einfluss auf das Verständnis von Korruption hat. Für Lettland wird die Situation wie folgt beschrieben: „[…] in contemporary Latvia […] one just has to make the transactions which might otherwise be treated as corrupt to *look like* an exchange among friends. This means that one has to look actively and consciously for ‚friends' in the state apparatus" (Sedlenieks 2004, S. 127). Auch eine Studie aus Estland aus dem Jahr 2004 macht deutlich, dass Verhalten, bei dem kein Dritter einen direkten Schaden hat, seltener als korrupt empfunden wird als wenn ein geschädigter Dritter offensichtlich erkennbar ist (Justiitsministeerium 2004, S. 3). Von großer Bedeutung ist also weiterhin in beiden Staaten der äußere Anschein der Handlung. Ein weiterer Faktor in Zusammenhang mit dem Verständnis des Begriffs „Korruption" bezieht sich auf die Unklarheit über dessen Bedeutung auf Seiten der Bevölkerung. Verhalten, das nicht notwendigerweise tatsächlich korrupt ist, wird z. T. als solches bewertet. Dies wird ebenfalls bei der genannten Befragung in Lettland aus dem Jahr 2008 deutlich. Dabei stuften 44,0 % der Befragten „the situation when a decision that benefits only a part of society is supported" als korrupt ein, 41,8 % der Befragten hielten „Political decision-making that is influenced by lobbyists" für korrupt (Kalniņš 2008, S. 19). Die ebenfalls bereits behandelte Untersuchung über Estland aus dem Jahr 2010 legt nahe, dass auch dort nach wie vor Unklarheit über die Bedeutung des Begriffs besteht (Justiitsministeerium 2010). Zusammenfassend lässt sich festhalten, dass sich – bei aller Vorsicht hinsichtlich der Vergleichbarkeit der Ergebnisse – auch in Bezug auf das Verständnis von Korruption keine nennenswerten Unterschiede zwischen den baltischen Staaten feststellen lassen, die die Unterschiede im Grad der empfundenen Korruption erklären könnten.

---

5   Zum wissenschaftlichen Sprachgebrauch vgl. z. B. die folgende Feststellung von Sedlenieks: „[…] when Transparency International first published the Corruption Perception Index for Latvia in year 1999, some local analysts were sceptical about the reliability of the results and again insisted that ‚they do not know what is corruption' (in this instance meaning the researchers)" (Sedlenieks 2004, S. 121).

3.3 Problembewusstsein in Bezug auf Korruption

Eng mit dem Verständnis von Korruption verknüpft ist das Problembewusstsein in Bezug auf Korruption. Es unterscheidet sich jedoch insofern von dem eigentlichen Verständnis von Korruption als nicht notwendigerweise jede korrupte Handlung als problematisch beurteilt wird.[6] So verdeutlicht beispielsweise eine 2004 in Estland durchgeführte Befragung, dass korruptes Verhalten z. T. als normales Verhalten empfunden wird (Tavits 2010). Zu erwarten wäre, dass bei höherem Problembewusstsein für Korruption, diese – gerade weil sie als Problem erachtet wird – in stärkerem Ausmaß wahrgenommen wird.

Als Problem wird Korruption in Estland mittlerweile von einer größeren Bevölkerungsgruppe gewertet als früher (68 % äußern eine entsprechende Auffassung) (Justiitsministeerium 2010, S. 62). Dies ließe sich so interpretieren, dass Korruption in Estland aus Sicht der Bevölkerung als Problem wächst. Wird jedoch berücksichtigt, dass gleichzeitig der Anteil derjenigen sinkt, die angeben, direkt mit Korruption in Kontakt gekommen zu sein und zudem eine zunehmend strengere Haltung bei der Bevölkerung gegenüber Korruption festzustellen ist (Justiitsministeerium 2006, 2010), erscheint es wahrscheinlicher, dass das Problembewusstsein in Bezug auf das Thema Korruption zunimmt. Auch in Lettland wird Korruption mittlerweile von großen Bevölkerungsteilen als Problem empfunden. In einer Befragung aus dem Jahr 2009 wurde das „Ausrauben des Staates" als wichtigste Ursache für die Finanzkrise in Lettland gewertet. Korruption rangierte bei der Beurteilung der Auslöser an fünfter Stelle, noch vor Faktoren in Zusammenhang mit dem Immobilienmarkt. Aus derselben Untersuchung ergeben sich jedoch Zweifel an der Ernsthaftigkeit des Problembewusstseins in Bezug auf das Thema Korruption. Denn darin traute die Mehrheit eher den sogenannten Oligarchen – die in Lettland häufig mit Korruption in Verbindung gebracht werden – zu, die Interessen der Bevölkerung besser wahrzunehmen als Politikern im Allgemeinen. So wurde explizit der Wunsch geäußert, ein so genannter Oligarch, der im Zusammenhang mit einem Korruptionsskandal angeklagt ist, möge Premierminister werden (Stafecka 2009, S. 33 ff.). Eine Befragung aus dem Jahr 2009 in Litauen macht deutlich, wie unterschiedlich dort sowohl die Wahrnehmung des Ausmaßes von Korruption als auch die Problematisierung des Themas bei unterschiedlichen Personengruppen ist. So bejahten beispielsweise 54 % der Bevölkerung insgesamt, die Korruption sei in den vergangenen fünf Jahren stark gewachsen. Aber nur 26 % der Angestellten im öffentlichen Dienst und nur 25 % der Unternehmer teilten diese Einschätzung. Die gleiche Befragung macht weiterhin deutlich, dass es in Litauen insgesamt keine wachsende Ablehnung gegenüber Korruption gibt.

---

6 Zu unterscheiden ist das Problembewusstsein in Bezug auf Korruption in dem hier gemeinten Sinne von der bei den Eurobarometer-Befragungen verwandten Formulierung „Korruption ist ein großes Problem". Die Frage bei Eurobarometer zielt auf die Einschätzung des Ausmaßes der vorhandenen Korruption, hier geht es um die normative Beurteilung.

So bejahten im Jahr 2004 59 % der Bevölkerung insgesamt die Frage, ob sie bereit wären, zu bestechen, um ein sehr wichtiges Problem zu lösen, im Jahr 2009 war der Anteil auf 64 % gestiegen. 2009 bejahten 42 % der Angestellten im öffentlichen Dienst und 51 % der Unternehmer[7] diese Frage (Muravjov 2006, S. 68; Transparency International 2009).

Die Daten, die zu den drei baltischen Staaten zum Thema Problembewusstsein in Bezug auf Korruption vorliegen, sind nur sehr bedingt vergleichbar. Vorsichtig lässt sich jedoch schlussfolgern, dass in Estland das ausgeprägteste Problembewusstsein besteht. An dessen Ernsthaftigkeit in Lettland und Litauen ergeben sich Zweifel. Dort scheint Korruption nach wie vor als normales Verhalten empfunden zu werden.

3.4 Wahrnehmung der Korruptionsbekämpfung

Ein weiterer möglicher Faktor, der das Ausmaß der empfundenen Korruption beeinflusst, ist die Wahrnehmung der Korruptionsbekämpfung. Diesbezügliche Bemühungen sind in allen drei Staaten festzustellen (für einen Überblick vgl. Johannsen u. Pedersen 2011). Zu erwarten wäre, dass Bemühungen in diesem Bereich, die als ernstzunehmend eingeschätzt werden, sich in einem Absinken des wahrgenommen Ausmaßes der Korruption niederschlagen müssten.

In den bereits mehrfach zur Anwendung gekommenen Befragungen von Eurobarometer werden von den Befragten die Anstrengungen der jeweiligen Staaten bei der Korruptionsbekämpfung als nicht besonders erfolgreich bewertet. 2009, als diese Frage erstmalig gestellt wurde, äußerten sich in Estland 27 % der Befragten zustimmend, in Litauen 12 % und in Lettland gar nur 7 %. Als zu milde wurden im gleichen Jahr Gerichtsurteile in Lettland von 81 % der Befragten eingeschätzt, in Estland von 77 % und in Litauen von 54 %. In engem Zusammenhang mit diesen Zahlen steht vermutlich, dass in allen drei baltischen Staaten die Verantwortung für „die Verhinderung und die Bekämpfung" von Korruption von einer deutlichen Mehrheit bei den jeweiligen nationalen Regierungen gesehen wird.[8] Problematisch ist dabei, dass Politiker auf nationaler Ebene ihrerseits für eine korrupte Berufsgruppe gehalten werden. Zwar schwanken diese Zahlen stark zwischen den Eurobarometer-Befragungswellen (vgl. Abb. 4), und die Politiker auf nationaler Ebene werden auch nicht durchgängig als die korrupteste Berufsgruppe eingeschätzt. Dennoch ist wenig erstaunlich, dass der Kampf gegen Korruption nicht als besonders erfolgreich gewertet wird, wenn die dafür Verantwortlichen selber für korrupt gehalten werden. Hierzu passt, dass in Estland – dem Land mit der insge-

---

7   Vergleichszahlen aus 2004 werden in den Studien zu diesen beiden Personengruppen nicht genannt.
8   2009 sahen 61 % der Befragten in Estland, 73 % der Befragten in Lettland und 67 % der Befragten in Litauen die Verantwortung „für die Verhinderung und die Bekämpfung von Korruption" bei den nationalen Regierungen. Am zweithäufigsten wurde das Justizsystem genannt: 43 % in Estland, 41 % in Lettland und 53 % in Litauen (Eurobarometer 2010).

Abbildung 4 „Glauben Sie, dass das Anbieten und Annehmen von Schmiergeldern sowie der Machtmissbrauch zur persönlichen Bereicherung unter den folgenden Berufgruppen in (UNSER LAND) weit verbreitet ist?"

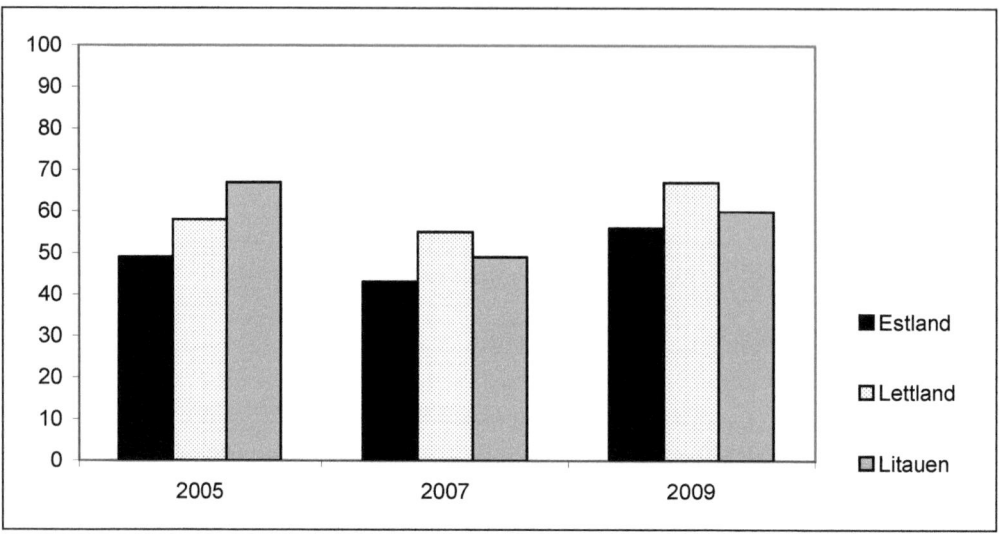

Quellen: Eurobarometer 2006, 2008, 2010.

samt niedrigsten empfundenen Korruption – Politiker am seltensten als korrupt eingeschätzt werden und der Kampf gegen die Korruption noch am häufigsten als erfolgreich eingeschätzt wird. Die Unterschiede zwischen Lettland und Litauen lassen sich jedoch nicht erklären.

3.5 Ethnische Faktoren

Bereits in Abschnitt 2.1 wurde die ethnische Spaltung einer Gesellschaft als ein Faktor thematisiert, der die tatsächliche Korruption beeinflussen kann. Während ein entsprechender Zusammenhang für die baltischen Staaten nicht festgestellt werden konnte, ist an dieser Stelle zu fragen, ob die Ethnizität möglicherweise die Wahrnehmung von Korruption beeinflusst. Hierzu kann auf die regelmäßigen Befragungen „New Baltic Barometer" zurückgegriffen werden. In den beiden jüngsten Erhebungswellen, 2001 und 2004, wird gefragt: „How widespread do you think bribe-taking and corruption are among public officials in this country?" (Rose 2002, S. 20 f., 2005, S. 22) Sowohl von der jeweiligen Titularnation als auch den russischsprachigen Bevölkerungsteilen wird Korruption als Problem gesehen (vgl. Abb. 5). Die Differenzen zwischen den ethnischen Gruppen sind jedoch in Lettland und Litauen deutlich geringer als in Estland. Festzu-

Abbildung 5 „How widespread do you think bribe-taking and corruption are among public officials in our country?" Summe „most officials involved" und „almost all officials involved" in %, Angaben jeweils für Titularnation sowie russischsprachige Bevölkerungsteile.

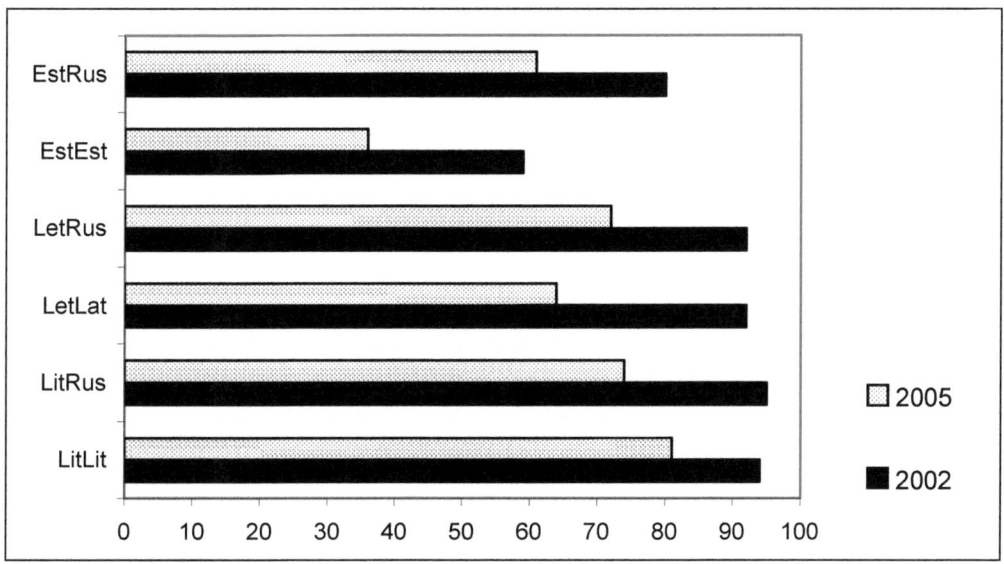

Quellen: Rose 2002, S. 20f., 2005, S. 22.

stellen ist zwar auch, dass der „difference index", der die Ähnlichkeit bzw. Unterschiedlichkeit zwischen den Antworten der jeweiligen ethnischen Gruppen deutlich machen soll, von 2001 auf 2004 in allen drei Staaten deutlich gestiegen ist.[9] Demnach ist der Einfluss ethnischer Faktoren auf die individuelle Wahrnehmung von Korruption insgesamt gewachsen. Wäre dies aber der entscheidende Faktor zur Erklärung des in der Bevölkerung insgesamt wahrgenommenen Ausmaßes der Korruption, so müssten die Werte für Estland wesentlich deutlicher von Lettland und Litauen abweichen als dies bei den Eurobarometer-Befragungen der Fall ist. So kann an dieser Stelle nur festgehalten werden, dass in Estland in erheblich stärkerem Ausmaß eine unterschiedliche Wahrnehmung des Ausmaßes der Korruption besteht als dies in Lettland und Litauen der Fall ist (vgl. hierzu auch Tavits 2010).

---

9 Der „Difference Index" wird wie folgt definiert: „Calculated by summing the difference in replies given to a question by the Baltic nationality and Russians and then dividing by two" (Rose 2002, S. 5) Bei der Frage zu Bestechung und Korruption liefert er die folgenden Werte für die baltischen Staaten. 2001: Litauen 8, Lettland 5, Estland 15; 2005: Litauen 21, Lettland 9, Estland 27.

4 Fazit

Korruption stellt bis heute ein massives Problem in den drei baltischen Staaten dar. Mit Abstand die größten Fortschritte in diesem Bereich hat Estland vorzuweisen. Während sich Litauen und Lettland in den ersten Jahren der 2000er Estland ein wenig annähern konnten, ist eine entsprechende Entwicklung heute nicht mehr festzustellen. Insbesondere im Falle Lettlands ist in den letzten Jahren wieder eine Zunahme der Korruption festzustellen. Zu unterscheiden von dieser messbaren Korruption ist die empfundene Korruption. Diese stimmt nur zum Teil mit dem gemessenen Ausmaß von Korruption überein. Estland hat dabei zwar tendenziell die besten Werte vorzuweisen, die Werte für Lettland und Litauen weichen jedoch vom CPI ab. Zudem sind dabei die Differenzen zwischen den drei baltischen Staaten deutlich schwächer ausgeprägt als beim CPI.

Bezüglich der Ursachen von tatsächlicher Korruption ist als ein zentraler Faktor die ehemalige Zugehörigkeit zur Sowjetunion zu sehen. Für alle drei Staaten gleichermaßen hat sich hieraus eine historische Prägung ergeben, wonach Korruption im gesellschaftlichen Leben weit verbreitet und damit gewissermaßen normal ist. Die demokratische Entwicklung kann, ebenfalls in allen drei Staaten, als der Korruption entgegen wirkender Faktor gesehen werden. Der Grad der ethnischen Spaltung der Gesellschaft hatte keine Erklärungskraft. Ein Zusammenhang zwischen wirtschaftlicher Entwicklung und dem Ausmaß von Korruption lässt sich insofern ziehen als in Estland, dem wirtschaftlich stärksten Land, der Grad der Korruption am niedrigsten ist. Allerdings wäre auf Grund der Geschwindigkeit der wirtschaftlichen Entwicklung ein genau entgegengesetzter Wirkungszusammenhang ebenfalls zu erwarten gewesen. Derjenige Faktor, der – soweit dies in einer groben Analyse wie der vorliegenden überhaupt behauptet werden kann – am ehesten die Differenzen zwischen den drei baltischen Staaten erklären kann, ist die politische Stabilität. Estland hat die wenigsten Regierungswechsel zu verzeichnen. Es ist auch derjenige baltische Staat, in dem bisher am häufigsten eine Regierung über eine Legislaturperiode hinweg Bestand hatte.

Die Unterschiede zwischen den baltischen Staaten beim Ausmaß der empfundenen Korruption sind schwerer nachvollziehbar. Da die empfundene Korruption in den baltischen Staaten nicht vollständig mit der tatsächlichen Korruption übereinstimmt, muss es noch weitere beeinflussende Faktoren geben. Soweit dies möglich war, konnte kein unterschiedliches Verständnis des Begriffs „Korruption" zwischen den baltischen Staaten festgestellt werden. Ethnische Faktoren haben auch keine Erklärungskraft gezeigt, im Gegenteil: Estland weicht bei den Antworten von Esten und russischsprachigen Bevölkerungsteilen in Bezug auf die Einschätzung von Bestechlichkeit und Korruption deutlich stärker von den entsprechenden Werten in Lettland und Litauen ab. Dies schlägt sich aber in keiner Form in den Werten der Eurobarometer-Befragungen nieder. Für alle drei baltischen Staaten gleichermaßen ein beeinflussender Faktor für die empfundene Korruption ist das Ausmaß der empfundenen Ungleichheit. Die größte Erklärungskraft unter den untersuchten Faktoren bezüglich der Unterschiede im Ausmaß der empfundenen Korruption hat das Problembewusstsein sowie die Wahrnehmung der Korruptionsbekämpfung bewiesen. In Bezug auf die beiden Aspekte schneidet Estland, in dem die Korruption tendenziell als am niedrigsten empfunden wird, besser ab als Lettland und Litauen. Offen bleiben muss die Frage, wie die Abweichungen zwischen tatsächlicher und empfundener Korruption in den Fällen Lettlands und Litauens zu erklären sind.

Literatur

Eurobarometer. 2006. *opinions on organised, cross-border crime and corruption*. Brussels.
Eurobarometer. 2008. *The attitudes of Europeans towards corruption*. Brussels.
Eurobarometer. 2010. *Attitudes of Europeans towards Corruption. Full report*. Brussels.
Eurostat. 2011. *Bruttoinlandsprodukt zu Marktpreisen, Millionen €*. http://epp.eurostat.ec.europa.eu. Zugegriffen: 26. 8. 2011.
Freedom House. 2011. *Freedom in the World Country Ratings. 1972–2011*. http://www.freedomhouse.org/images/File/fiw/historical/FIWAllScoresCountries1973-2011.xls. Zugegriffen: 26. 8. 2011.
Johannsen, Lars und Karin Hilmer Pedersen. 2011. The Institutional Roots of Anti-Corruption Policies: Comparing the three Baltic States. *Journal of Baltic Studies* 42/3: 329–346.
Justiitsministeerium. 2004. *Corruption in Estonia: a survey of three target groups in 2004*. http://www.just.ee/orb.aw/class=file/action=preview/id=51298/Korruptsiooniuuringu+kokkuv%F5te+ENG+2004.pdf. Zugegriffen: 20. 5. 2011.
Justiitsministeerium. 2006. *Corruption in Estonia: a survey of three target groups in 2006*. http://www.just.ee/orb.aw/class=file/action=preview/id=51297/Korruptsiooniuuringu+kokkuv%F5te+ENG+2006.pdf. Zugegriffen: 20. 5. 2011.
Justiitsministeerium. 2010. *Summary of the Study „Corruption in Estonia: a survey of three target groups in 2010"*. http://www.korruptsioon.ee/orb.aw/class=file/action=preview/id=50631/Korruptsioon_2010_kokkuvote_eng.pdf. Zugegriffen: 20. 5. 2011.
Kalniņš, Valts. 2008. The Ends Justify the Corruption … up to a Point. In ders.: *Report on Corruption and Anticorruption. Policy in Latvia*, No. 8, 17–33. Rīga: Providus.
Karklins, Rasma. 2005. *The system made me do it. Corruption in post-communist societies*. New York/London: Armonk.
King, Gundar J. und Bruce W. Finnie. 2004. Corruption and Economic Development on The Baltic Littoral: Focus on Latvia. *Journal of Baltic Studies* 35/4: 329–345.
Lagerspetz, Mikko und Konrad Maier. 2010. Das politische System Estlands. In *Die politischen Systeme Osteuropas*, Hrsg. Wolfgang Ismayr, 79–122. Wiesbaden: VS Verlag für Sozialwissenschaften.
Ledeneva, Alena V. 1999. *Russia's Economy of Favours*. Cambridge: University Press.
Loveless, Matthew und Stephen Whitefield. 2011. *Corruption in Central and Eastern Europe: Perceptions, Inequality, and Legitimacy. Prepared for the Mid-west Political Science Association Annual Meeting*. Chicago, IL (USA), 31 March–3 April 2011. http://conference.mpsanet.org/papers/archive.aspx/2011/100162. Zugegriffen: 17. 5. 2011.
Muravjov, Sergej. 2006. *Lithuanian Map of Corruption 2001–2005*. Vilnius: Eugrimas Publishing House.
Rose, Richard. 2002. *New Baltic Barometer V: A Pre-enlargement Survey*. Glasgow: Centre for the Study of Public Policy, Univ. of Strathclyde.

Rose, Richard. 2005. *New Baltic Barometer VI: A Post-Enlargement Survey*. Glasgow: Centre for the Study of Public Policy, Univ. of Strathclyde.

Schmidt, Thomas. 2010. Das politische System Lettlands. In *Die politischen Systeme Osteuropas*, Hrsg. Wolfgang Ismayr, 123–170. Wiesbaden: VS Verlag für Sozialwissenschaften.

Sedlenieks, Klāvs. 2004. Rotten Talk: Corruption as Part of Discourse in Contemporary Latvia. In *Between morality and the law*, Hrsg. Italo Pardo, 119–134. Aldershot: Ashgate.

Stafecka, Līga. 2009. Ar krīzi uz korupciju. *Korupcijas °C* 10: 27–43.

Taagepera, Rein. 2002. Baltic Values and Corruption in Comparative Context. *Journal of Baltic Studies* 33/3: 243–258.

Tauber, Joachim. 2010. Das politische System Litauens. In *Die politischen Systeme Osteuropas*, Hrsg. Wolfgang Ismayr, 171–208. Wiesbaden: VS Verlag für Sozialwissenschaften.

Tavits, Margit. 2010. Why Do People Engage in Corruption?: The Case of Estonia. *Social Forces* 88/3: 1257–1279.

Transparency International. 2010. *Corruption Perceptions Index 2010. Long Methodological Brief*. http://www.transparency.org/content/download/55903/892623/CPI2010_long_methodology_En.pdf. Zugegriffen: 20. 5. 2011.

Transparency International. 2011. *What is the CPI?* http://www.transparency.org/policy_research/surveys_indices/cpi/2010/in_detail#2. Zugegriffen: 19. 5. 2011.

Transparency International, Lietuvos skyrius. 2008. *Diagnostic research. LITHUANIAN MAP OF CORRUPTION 2008*. http://www.transparency.lt/new/images/lt_map_of_corruption_2008_en.pdf. Zugegriffen: 18. 5. 2011.

Treisman, Daniel. 1998. *The causes of corruption: a cross-national study*. http://citeseerx.ist.psu.edu/viewdoc/download;jsessionid=298FA30B35AF9EB1E10FE2E54B634EAF?doi=10.1.1.8.4980&rep=rep1&type=pdf. Zugegriffen: 19. 5. 2011.

Treisman, Daniel. 2000. The causes of corruption: a cross-national study. *Journal of Public Economics* 76/3: 399–457.

Aufbau und Bewährung der Marktwirtschaften im Baltikum

Klaus Schrader/Claus-Friedrich Laaser

Nachdem Estland, Lettland und Litauen im Herbst 1991 ihre Eigenstaatlichkeit wiedererlangt hatten, bedurfte es der raschen politischen und wirtschaftlichen Stabilisierung. Die drei Länder orientierten sich, wie schon nach ihrer erstmaligen Unabhängigkeit zu Beginn der 1920er Jahre, nach Westeuropa – die Vollmitgliedschaft in der Europäischen Union (EU) wurde zum längerfristigen Ziel. Eine Voraussetzung für die Integration in die EU war der Aufbau einer funktionstüchtigen Marktwirtschaft, um am Europäischen Binnenmarkt teilhaben und im europäischen Wettbewerb bestehen zu können. Der Weg in die Union und die damit verbundene Systemtransformation boten die Chance, nach Jahrzehnten der sozialistischen Arbeitsteilung und Isolation auf die Weltmärkte zurückzukehren.

Nachfolgend wird dargestellt, wie es den baltischen Staaten in relativ kurzer Zeit gelungen ist, marktwirtschaftliche Reformen durchzuführen und die Anforderungen für den Beitritt zur EU zu erfüllen. Parallel zur Systemtransformation und schrittweisen Integration in die europäische Arbeitsteilung vollzog sich ein wirtschaftlicher Aufholprozess im Baltikum. Es wird daher analysiert, inwieweit die drei Länder Anschluss an die Wirtschaftsentwicklung in der EU gefunden haben. Ein besonderes Augenmerk gilt dabei der Frage, ob sich die jungen baltischen Marktwirtschaften während der globalen Wirtschaftskrise in den Jahren 2008 und 2009 bewähren konnten.

1 Systemwechsel und marktwirtschaftliche Reformen: Von der sowjetischen Planwirtschaft zum Acquis Communautaire

Von der Unabhängigkeit der drei baltischen Staaten Estland, Lettland und Litauen im Jahr 1991 bis zu ihrem Beitritt als Vollmitglieder zur EU zum 1. Mai 2004 sind keine anderthalb Dekaden vergangen. In dieser relativ kurzen Zeitspanne haben die drei Staaten zwei Aufgaben bewältigt, von denen jede für sich äußerst anspruchsvoll war: (i) die Systemtransformation zu Demokratie und Marktwirtschaft und (ii) die Anpassung der nationalen Regelwerke an den rechtlichen Rahmen und an die Standards der EU *(Acquis Communautaire)*. Estland, Lettland und Litauen schufen durch den völlig neuen institutionellen Rahmen für Wirtschaft und Gesellschaft die Voraussetzungen, ihre Volkswirtschaften auch materiell rasch in die europäische Arbeitsteilung zu integrieren – ein intensiver Außenhandel mit Partnern innerhalb und außerhalb des Europäischen Binnenmarktes sowie das Engagement ausländischer Investoren konnten substantiell zur Wirtschaftsentwicklung im Baltikum beitragen.

Die formalen und materiellen Integrationsfortschritte der baltischen Staaten sind maßgeblich auf das relativ hohe Reformtempo zurückzuführen, das alle drei Länder seit ihrer Unabhängigkeit im Jahre 1991 vorgelegt hatten. Estland benötigte nur sechs Jahre, um eine nach den Kriterien der EU funktionstüchtige Marktwirtschaft zu errichten. Das Land gehörte dabei zur ersten Gruppe osteuropäischer Kandidatenländer, die 1997 von der EU zu Beitrittsverhandlungen eingeladen wurden. Lettland und Litauen gelang dies bis zum Jahr 1999. Die Einladung zu Beitrittsverhandlungen bedeutete im Kern, dass nach Einschätzung der EU die baltischen Volkswirtschaften zu diesem Zeitpunkt in der Lage waren, dem Wettbewerbsdruck und den Marktkräften auf dem Europäischen Binnenmarkt standzuhalten (European Commission 2000a, 2000b, 2000c). Sie hatten große Fortschritte bei allen integralen Bestandteilen einer marktwirtschaftlichen Ordnung gemacht.[1]

Die Rechtsordnung

Eine klar definierte und wirkungsvolle Rechtsordnung ist die unabdingbare Voraussetzung für ein funktionierendes marktwirtschaftliches System. Sie sichert die grundlegenden Menschenrechte und Freiheiten, schützt Individuen vor staatlicher Willkür und garantiert die eigentliche marktwirtschaftliche Ordnung und die private Vertragsfreiheit.

Nach der Unabhängigkeit wurden von allen drei baltischen Staaten neue Verfassungen in Kraft gesetzt, die als Grundlage für die Errichtung pluralistischer Demokratien westlicher Prägung dienten. Zugleich wurden die rechtlichen Voraussetzungen für die Durchsetzung von Ansprüchen aus privaten Verträgen geschaffen und die private Vertragsfreiheit wurde prinzipiell garantiert. Im Gegensatz zu anderen Nachfolgestaaten der ehemaligen Sowjetunion hatten die baltischen Staaten den Vorteil, in dieser Hinsicht das Rad nicht noch einmal erfinden zu müssen: Als hilfreich erwiesen sich historische Erfahrungen und Rechtsvorschriften aus der Zwischenkriegszeit. Lettland etwa griff auf die alte Verfassung von 1922 und auf das Bürgerliche Gesetzbuch von 1937 zurück. Allerdings bestand in allen drei Ländern lange Zeit eine Diskrepanz zwischen formalem Recht und dessen praktischer Anwendung und Durchsetzung in der Rechtspraxis. So wurde bis zur Jahrtausendwende die mangelhafte Durchsetzung von Rechtsvorschriften kritisiert, die auf personelle und organisatorische Defizite in den baltischen Rechtssystemen zurückgeführt werden musste. Allenfalls Estland erhielt in dieser Hinsicht schon damals gute Noten.

---

1 Siehe zum Folgenden ausführlich Schrader und Laaser (1998a, 1998b, 1998c, 1998d), Laaser und Schrader (2003a) und European Commission (2001a, 2001b, 2001c).

Die Eigentumsordnung
Die Existenz privaten Eigentums – vor allem an Produktionsmitteln und Immobilien – ist ein grundlegendes Element einer marktwirtschaftlichen Ordnung und notwendige Bedingung für eine effiziente Allokation der Ressourcen. Einem Eigentümer wird durch die Rechtsordnung das exklusive Recht auf Nutzung und Übertragung des Eigentumsgegenstandes sowie auf das Erwirtschaften von Erträgen garantiert. Diese Verfügungsrechte sind zudem durch eine Bestandsgarantie für das Eigentum zu ergänzen. Beides gibt dem Eigentümer Anreize, eine möglichst rentable Verwendung zu finden und den Eigentumsgegenstand verwendungsfähig zu halten. In den baltischen Staaten umfasste die Schaffung einer marktwirtschaftlichen Eigentumsordnung auch die Privatisierung staatlichen Eigentums, damit privates Eigentum wieder zur dominierenden Eigentumsform werden konnte.

Die Privatisierung staatlichen Eigentums wurde zumindest in Estland zügig durchgeführt – sie war, was die gewerbliche Wirtschaft betrifft, bereits 1996 weitgehend abgeschlossen. Als Vorbild diente hier das deutsche Treuhand-Modell. Die estnische Privatisierungsagentur wurde als alleinig verantwortliche Institution für den Privatisierungsprozess ins Leben gerufen und im Zuge der „großen Privatisierung" wurden Anteile von Staatsunternehmen im Industriesektor auch an internationale Investoren verkauft.[2] Zur Jahrtausendwende begannen darüber hinaus Privatisierungen im Infrastruktur- und Energiesektor, zum Beispiel wurde die estnische Eisenbahn im Jahre 2001 teilprivatisiert. Doch im Jahre 2007 wurde der überwiegende Teil des Streckennetzes, ein Teil der Güterverkehrsdienste sowie der S-Bahn-Verkehr um Tallinn wieder in staatliche Hand genommen, da die privaten Eigentümer ihren Betriebspflichten nicht angemessen nachkamen (vgl. Albrecht 2010; Railroad Development Corporation 2009).

Ein erfolgreicher Abschluss des Privatisierungsprozesses ließ in Lettland und Litauen viel länger auf sich warten als in Estland, auch wenn sich nach der Jahrtausendwende ein höheres Tempo im Privatisierungsprozess einstellte. In beiden Ländern war die Bereitschaft des Staates, sich aus „strategischen" Unternehmen zurückzuziehen, nicht in jedem Fall vorhanden. Lettland hatte in der Frühphase viel Zeit mit halbherzigen Privatisierungsprogrammen, u. a. der Ausgabe von Vouchern an lettische Staatsbürger und einem dezentral organisierten und von Branchenministerien dominierten Privatisierungsmodell vergeudet. Das Land begann erst 1994, das estnische Modell einer zentralen Privatisierungsagentur nachzuahmen. Insofern war sein Rückstand gegenüber dem nördlichen Nachbarn kaum aufzuholen. Der Rückstand Litauens war jedoch noch größer: Hier hatte man sich erst 1996 von der Sackgasse der Voucherprivatisierung verabschiedet, aber weiterhin darauf gesetzt, strategisch wichtige Staatsunternehmen von

---

2   Die „kleine Privatisierung" von Einzelhandels- und Handwerksbetrieben sowie die Bildung privater Bauernhöfe hatten schon in einem frühen Stadium des Transformationsprozesses konkrete Formen angenommen (vgl. Schrader u. Laaser 1992, S. 17).

der Privatisierung auszunehmen. Nur unter dem Druck der EU-Beitrittsverhandlungen wurden endlich substantielle Fortschritte erzielt.

Die Freiheit der Märkte und des Wettbewerbs
Freie Märkte zeichnen sich durch souveräne Entscheidungen von Käufern und Verkäufern aus. Der Preismechanismus koordiniert Angebot und Nachfrage und hilft Gleichgewichtspreise herauszubilden, in denen sich die Wertschätzung von Käufern und Verkäufern widerspiegelt. So kommt es zu einem System von Preisrelationen, das Auskunft über die relativen Knappheiten von Gütern und Dienstleistungen gibt. Wettbewerb als Ordnungsprinzip kommt dabei die Rolle eines umfassenden Anreiz- und Kontrollmechanismus zu. Er sorgt für eine effiziente Kostenkontrolle und für höchstmögliche Produktivität und er zwingt Unternehmen und Individuen dazu, Produkte, Produktionsverfahren und Produktionsstandorte ständig auf den Prüfstand zu stellen.

Der Preismechanismus und der Wettbewerb auf den Märkten wurden in allen drei baltischen Staaten weitgehend von staatlichen Beschränkungen befreit. Einige Preiskontrollen blieben nur in den Sektoren bestehen, in denen zunächst noch weiterhin staatliche Monopolunternehmen tätig waren oder spezielle Marktzugangsregulierungen galten, wie etwa in der Energiewirtschaft, im Transportwesen, in der Telekommunikationsbranche, in der Wohnungswirtschaft und bei öffentlichen Dienstleistungen. Die Stärken und Schwächen verbliebener staatlicher Regulierungen ähnelten bald denen westlicher EU-Länder, auch wenn die EU-Kommission zur Jahrtausendwende die Verbesserung einzelner Vorschriften, wie des litauischen Konkursrechts, oder Änderungen in bestimmten Politikbereichen, wie in der lettischen Telekommunikationspolitik, in ihren Fortschrittsberichten anmahnte. Zudem fehlten in allen drei Ländern politisch unabhängige Kartellbehörden, die für den Schutz des Wettbewerbs zuständig sind. Die Wettbewerbsgesetze erlaubten vielmehr Ausnahmen vom generellen Kartellverbot, sofern dies übergeordneten Zielen, wie z. B. der Erhöhung der internationalen Wettbewerbsfähigkeit, förderlich erschien.

Die makroökonomische Stabilität
Bei der makroökonomischen Stabilität geht es um die wirtschaftspolitische Rolle des Staates in der Marktwirtschaft und um Institutionen und Aufgaben der Wirtschaftspolitik. Im Übergang zu einer marktwirtschaftlichen Ordnung bestand eine wichtige Aufgabe darin, das Geldsystem zu stabilisieren und für Preisstabilität zu sorgen. Dies ist unabdingbar, weil der Preismechanismus seine Funktion als Gradmesser für relative Knappheiten von Gütern und Dienstleistungen nur dann ungehindert wahrnehmen kann, wenn Preise nicht durch hohe Inflationsraten verzerrt sind – es gilt als weithin akzeptiert, dass das Ziel der Preisstabilität am besten durch eine von der Politik unabhängige Zentralbank verfolgt werden kann. Aber nicht nur das Geldwesen, auch die Solidität der Finanzpolitik gehört zur makroökonomischen Stabilisierung. Das betrifft sowohl die Einnahmen- als auch die Ausgabenseite des staatlichen Budgets: Auf der

Einnahmenseite bedarf es eines überschaubaren Systems von Steuern und Gebühren, das die Anreize der Steuerpflichtigen zur Einkommenserzielung nicht beeinträchtigt. Auf der Ausgabenseite hilft eine restriktive Definition öffentlicher Aufgaben – Kennzeichen einer Marktwirtschaft ist die Dominanz von Privatinitiative –, übermäßige Ausgaben, wie z. B. Subventionen, und damit verzerrende Eingriffe des Staates in die Wirtschaft zu vermeiden.

In allen drei Ländern wurden Geldordnungen etabliert, die zu einer nachhaltigen monetären Stabilisierung führten. Estland und Lettland haben dabei unterschiedliche Wege zur Garantie der Geldwertstabilität gewählt. Lettland orientierte sich zuerst am Modell der unabhängigen Zentralbank, die politisch unbeeinflusst für die Garantie der Geldwertstabilität verantwortlich ist; die Wechselkursstabilität sollte durch die Orientierung an einem Wechselkursband zu den Sonderziehungsrechten des Internationalen Währungsfonds gewährleistet werden. Estland dagegen führte ein sogenanntes „Currency Board System" ein, bei dem die Stabilität der heimischen Währung dadurch gewährleistet wird, dass sie zu einem festen Kurs an eine stabile ausländische Währung gebunden wird. Die neu eingeführte estnische Krone wurde im Verhältnis von 8:1 an die ehemalige Deutsche Mark gebunden.[3] Litauen hinkte zunächst auch bei der monetären Stabilisierung hinterher. War die litauische Zentralbank anfangs weder unabhängig noch auf die Garantie der Geldwertstabilität verpflichtet, kopierte man ab 1994 das estnische Modell mit einer Anbindung des Litas an den US-Dollar, was schließlich die erhofften Fortschritte bei der Inflationsbekämpfung brachte. Erst 2005 führte auch Lettland ein „Currency Board System" ein, und alle drei Länder banden ihre Währungen an den Euro.

Hinsichtlich der fiskalischen Disziplin ist es wiederum Estland, das unter den drei Staaten herausragt und lange Zeit einen ausgeglichenen Staatshaushalt präsentieren konnte. Die Staatsverschuldung nahm in den letzten Jahren zwar zu, ist allerdings nach wie vor so niedrig, dass sich das Land 2010 für die Aufnahme in die Eurogruppe qualifizieren konnte. Es fehlt allerdings in allen baltischen Staaten ein gesetzlicher Schuldendeckel, der quasi automatisch der Verschuldung Grenzen setzen könnte. Disziplinierend wirkt stattdessen der Stabilitäts- und Wachstumspakt der EU, der insbesondere die Fiskaldisziplin in Lettland und Litauen gestärkt hat.

Als Gefahr für die makroökonomische Stabilität im Baltikum blieben permanente Leistungsbilanzdefizite, die in allen drei Ländern die Stabilität des Außenwerts der baltischen Währungen in Frage stellten. Generell ist es für wirtschaftlich aufholende Länder mit niedrigem Pro-Kopf-Einkommen nicht ungewöhnlich, dass Leistungsbilanzdefizite entstehen. Die inländische Ersparnisbildung reicht nämlich noch nicht aus, um den Aufbau eines leistungsfähigen Kapitalstocks zu finanzieren, so dass die nötigen Ressourcen aus dem Ausland kommen müssen. Damit aber kein makroökonomisches Ungleichgewicht entsteht, muss eine rentable Anlage der zugeflossenen Ressourcen sicher-

---

3 Nach Einführung des Euros wurde die estnische Krone entsprechend umgerechnet an den Euro gebunden.

gestellt sein. Solange die baltischen Staaten über eine ausreichende Bonität verfügen, ist der Ausgleich über Kapitalimporte möglich, doch kann das Vertrauen der Kapitalgeber auch schnell verspielt sein, wie sich in der Krise der Jahre 2008 und 2009 zeigte.

Die Außenwirtschaftsordnung
Die Ernsthaftigkeit marktwirtschaftlicher Reformen muss sich an der Bereitschaft zeigen, die heimische Volkswirtschaft nach außen zu öffnen und in die internationale Arbeitsteilung einzugliedern. Die Vorteile einer offenen Volkswirtschaft sind offensichtlich: Die Bevölkerung kann dank eines freien Waren- und Dienstleistungsaustauschs sowie bei freien Kapital- und Arbeitskräftewanderungen preislich und qualitativ bestmöglich versorgt werden. Die inländische Produktion, die sich auf den Weltmärkten behaupten muss, kann auf einem international wettbewerbsfähigen Technologieniveau gehalten werden. Des Weiteren erlaubt es die Einbindung in die weltwirtschaftlichen Austauschbeziehungen, einen Anpassungspfad für einen marktgerechten Strukturwandel zu finden und alte Monopolstrukturen, wie sie für Zentralverwaltungswirtschaften typisch waren, zu überwinden. Offenheit im Handel heißt daher Abschaffung aller tarifären und nichttarifären Handelshemmnisse sowie von Subventionen auf der Im- und Exportseite. Auf der monetären Seite muss der freie Handel durch eine freie Konvertibilität der Währung ergänzt werden, um die souveräne Teilnahme der Bürger an Außenhandel und Kapitalverkehr zu ermöglichen. Zugleich werden den inländischen Marktteilnehmern die in den Weltmarktpreisen enthaltenen Informationen über relative Knappheiten auf den Weltmärkten bei einer konvertiblen Währung unverzerrt übermittelt. Zur außenwirtschaftlichen Öffnung gehört schließlich die Bereitschaft, ein Land für ausländische Direktinvestitionen attraktiv zu machen. Diese fördern den notwendigen marktwirtschaftlichen Strukturwandel durch den Aufbau eines wettbewerbsfähigen Kapitalstocks, womit ein Transfer technischen, organisatorischen und unternehmerischen Wissens verbunden ist.

Auch bei diesem konstitutiven Element einer marktwirtschaftlichen Ordnung war es wiederum Estland, das die Rolle des Pioniers übernahm. Die Liberalisierung des Außenhandels wurde von Estland geradezu vorbildlich betrieben, indem quasi ein Freihandelsregime entstand. Für das Land ergab sich beim späteren Beitritt zur EU sogar die bizarre Situation, dass mit Übernahme des gemeinschaftlichen Zolltarifs der Gemeinschaft sowie anderer Regulierungen des *Acquis Communautaire* das Land als Teil des Binnenmarktes gegenüber Nicht-EU-Mitgliedern weniger offen war als zuvor. Das betraf etwa den Handel mit Agrarprodukten. Lettland und Litauen versuchten hingegen vor allem über Importzölle ausgewählte Wirtschaftsbereiche vor dem internationalen Wettbewerb zu schützen. Für ausländische Direktinvestoren entstanden im ganzen Baltikum akzeptable Rahmenbedingungen, die in Lettland und Litauen lediglich durch Restriktionen beim Immobilienerwerb getrübt wurden. In allen drei Ländern wurden die heimischen Währungen prinzipiell konvertibel, wenn auch mit Einschränkungen im Kapitalverkehr.

So kann festgehalten werden, dass es den drei baltischen Staaten innerhalb eines Jahrzehnts gelang, zwar keine idealtypischen, aber dennoch funktionstüchtige Marktwirtschaften zu errichten. Damit war der eigentliche Transformationsprozess in den drei Ländern mehr oder weniger abgeschlossen. In den Vordergrund rückte stattdessen die Anpassung der baltischen Rechtssysteme an das komplexe Regelwerk der EU in Gestalt des *Acquis Communautaire*.

2   Der Weg in die Europäische Union

Der Weg der baltischen Staaten in die Europäische Union zeichnete sich bereits in einem relativ frühen Stadium des Transformationsprozesses ab. Nach der im Herbst 1991 wiedererlangten staatlichen Unabhängigkeit erforderte die wirtschaftliche Überlebensfähigkeit der baltischen Volkswirtschaften eine rasche Systemtransformation und die Reintegration in die weltwirtschaftliche Arbeitsteilung. Als Ostseeanrainer mit historischen Bindungen an den (west-)europäischen Wirtschaftsraum[4] lag es für die baltischen Staaten nahe, Anschluss an den Integrationsprozess im Rahmen der Europäischen Gemeinschaft (EG) bzw. dann der EU zu suchen, der gerade zu dieser Zeit auf vielfältige Weise voranschritt. Zum einen wurde durch den am 1. November 1993 in Kraft getretenen *Vertrag von Maastricht über die Gründung der Europäischen Union* die von der ehemaligen Europäischen Wirtschaftsgemeinschaft (EWG) und den Römischen Verträgen von 1957 herrührende europäische Integration[5] vertieft, d. h. auf weitere Politikbereiche ausgedehnt. Unter anderem kann der Maastrichter Vertrag als Meilenstein auf dem Weg zur Wirtschafts- und Währungsunion und zur Vollendung des Europäischen Binnenmarktes angesehen werden.

Zum anderen wurde bald danach im Jahr 1995 die „zweite Norderweiterung der EU" vollzogen: Die letzten beiden westlichen Ostseeanrainerstaaten Schweden und Finnland[6] wurden in die Gemeinschaft integriert. Die baltischen Staaten hatten vor diesem Hintergrund allen Anlass, eine Annäherung an die EU zu suchen. Für sie war die bis in ihre Nachbarschaft heranrückende Gemeinschaft ein außenpolitischer Stabilitätsanker, der die wieder gewonnene Unabhängigkeit absichern konnte. Zugleich konnten sie von der EU-Integration eine Stabilisierung ihrer innenpolitischen Situation erwarten, was

---

4   Erstmals hatten die baltischen Staaten ihre Unabhängigkeit von Russland nach dem ersten Weltkrieg erlangt. Bis dahin waren sie als russische Gouvernements eng mit dem Zarenreich verflochten gewesen. In der Folgezeit integrierten sie sich in erster Linie in die westeuropäische Arbeitsteilung mit dem Vereinigten Königreich und Deutschland als den wichtigsten Handelspartnern (vgl. Laaser u. Schrader 1992, S. 197 ff.).
5   Neben der EWG gehörten die schon 1951 gegründete Europäische Gemeinschaft für Kohle und Stahl (EGKS) und die Euratom zu den Keimzellen der Europäischen Integration.
6   In transportgeographischer Perspektive wird häufig das am Skagerrak gelegene EFTA- und Nicht-EU-Mitglied Norwegen noch als Teil der Ostseeregion angesehen (vgl. Böhme et al. 1998, S. 1).

den marktwirtschaftlichen Transformationsprozess erleichtern sollte. Unter wirtschaftlichen Aspekten versprach die EU-Integration eine Wohlstandsmehrung durch den freien Warenaustausch und einen Zufluss von Transfermitteln aufgrund des Zugangs zu den Umverteilungsmechanismen der Gemeinschaft (vgl. hierzu Laaser et al. 1993, S. 1 ff.).

Auch seitens der EU war ein grundsätzliches Interesse vorhanden, den Integrationsprozess, der mit der zweiten Norderweiterung auf den nördlichen Teil der Ostseeregion ausgedehnt wurde, auf die baltischen Staaten auszuweiten. Die Systemtransformation in den Nachfolgestaaten der ehemaligen Sowjetunion bot die Möglichkeit, die Ostsee in eine Art EU-Binnenmeer zu verwandeln und damit auch zur wirtschaftlichen Stabilisierung der gesamten Region unter marktwirtschaftlichen Vorzeichen beizutragen. Insofern war es folgerichtig, dass zwischen der EU und den baltischen Staaten schon 1992 sogenannte „Abkommen der ersten Generation" – als Vorstufe zu den Europaabkommen – abgeschlossen wurden. Diese Abkommen boten erste Handelserleichterungen mit der EU. Allerdings zeigte letztere nur wenig Bereitschaft, gerade bei den für EU-Mitgliedsstaaten „sensiblen" und traditionell protektionsanfälligen Waren wie Agrarprodukten oder Erzeugnissen der Textilindustrie allzu große Zugeständnisse beim Abbau der Handelsschranken gegenüber den Noch-Nichtmitgliedern zu machen (Laaser u. Schrader 1992, S. 207).

Schließlich wurden 1995 Europaabkommen – weitreichende Assoziierungsabkommen, wie sie schon mit anderen Reformländern bestanden – zwischen der EU und den einzelnen baltischen Staaten ausgehandelt; sie traten endgültig im Jahr 1998 in Kraft (Europäische Union o. J.[a] sowie Laaser u. Schrader 2003b, S. 405). Diese Abkommen sahen die schrittweise Schaffung von Freihandelszonen innerhalb von zehn Jahren vor und eröffneten grundsätzlich die Möglichkeit eines späteren EU-Beitritts, ohne dieses Ziel allerdings zeitlich zu konkretisieren. Zu diesem Zeitpunkt waren die ersten Weichen in Richtung auf einen späteren Beitritt der baltischen Staaten zur EU bereits gestellt. Denn Estland, Lettland und Litauen hatten Ende 1995 ihre Anträge auf Vollmitgliedschaft eingereicht, und Estland gehörte ebenso wie Polen und Slowenien, die Tschechische Republik und Ungarn zu jenen Transformationsstaaten, die schon 1997 von der EU zu Beitrittsverhandlungen eingeladen wurden. Lettland und Litauen erhielten diese Einladung erst zwei Jahre später (vgl. Höffner 2001).

Damit wandelte der Reformprozess in den baltischen Staaten – wie in den anderen mittel- und osteuropäischen Kandidatenländern – seinen Charakter. Es ging nicht mehr nur um Fortschritte bei der Schaffung einer marktwirtschaftlichen Ordnung, sondern auch um die Anpassung des gesamten Rechtsrahmens an die Vorgaben und Standards der EU – an den *Acquis Communautaire*.[7] Hierbei handelt es sich nunmehr vorrangig

---

7 Der gemeinschaftliche Besitzstand (Acquis Communautaire) ist das gemeinsame Fundament aus Rechten und Pflichten, die für alle Mitgliedstaaten im Rahmen der Europäischen Union verbindlich sind. Dieser Besitzstand entwickelt sich ständig weiter und umfasst: (i) den Inhalt, die Grundsätze und die politischen Ziele der Verträge; (ii) die in Anwendung der Verträge erlassenen Rechtsvorschriften und

um die Umsetzung der vielfältigen EU-Rechtsakte, -Vertragsdokumente, -Richtlinien. In einigen Bereichen bedeutete das unter Umständen die Abkehr vom Weg zu einer konsistenten marktwirtschaftlichen Ordnung, den etwa Estland besonders ausgeprägt verfolgt hatte, zum Beispiel in den Bereichen der gemeinsamen Agrar- und Regionalpolitik oder beim Außenwirtschaftsrecht (Laaser u. Schrader 2003a).

Dieser Harmonisierungsprozess verlangte von Regierungen, Verwaltungen und Parlamenten der baltischen Staaten große Anstrengungen, um die eigenen Rechtsordnungen „EU-fest" zu machen. Gleichzeitig wurde dieser Prozess von der Europäischen Kommission in jährlichen „Accession Reports" kritisch begleitet, wobei nicht allein die Regelwerke, sondern auch der Zustand der Wirtschaft als solcher beurteilt wurde. In den einschlägigen Berichten der Jahre 2000 und 2001 bescheinigte die Kommission den drei baltischen Staaten, die Umsetzung des Regelwerks im Prinzip in Gang gesetzt zu haben, und akzeptierte weitgehend die Ergebnisse der Rechtsangleichung. Zugleich kritisierte sie aber, dass es vielfach nach wie vor in der Praxis an der Durchsetzung der rechtlichen Vorschriften sowie an der nötigen Ausbildung der dazu erforderlichen Verwaltungen mangelte. Kritik wurde zudem an der unzureichenden finanzpolitischen Stabilität und den wenig effektiven Steuerverwaltungen geübt. Im Außenhandelsbereich wurden zu hohe Leistungsbilanzdefizite, die Wechselkursanpassungen erfordern könnten, gerügt. Weiterhin wurden fehlende Flexibilität auf den Arbeitsmärkten und ineffiziente Regelungen in der Regionalpolitik als problematisch angesehen.

Gleichwohl waren in den „Accession Reports" stets Hinweise darauf zu finden, dass die Probleme in Estland leichter und rascher lösbar erschienen und dieses Land daher einen gewissen Vorrang im Beitrittsprozess hätte.[8] So wurde im Bericht des Jahres 2001 bescheinigt, dass in Estland die allgemeinen Vorgaben des gemeinschaftlichen Besitzstands umgesetzt wären; im Bericht 2002 wurde die Rechtsangleichung hinsichtlich der Wirtschafts- und Währungsunion bestätigt; im Bericht 2003 wurde festgestellt, dass die Auflagen aus den Beitrittsverhandlungen erfüllt worden seien. Lettland und Litauen wurden 2001 und 2002 demgegenüber erste Fortschritte auf diesen Gebieten bescheinigt (vgl. Europäische Union o. J.[d, e, f]). So konnten die Beitrittsverhandlungen im Laufe des Jahres 2003 mit allen drei baltischen Staaten abgeschlossen werden. Kaum eineinhalb Jahrzehnte nach ihrer wieder erlangten Unabhängigkeit wurden Estland, Lettland und Litauen am 1. Mai 2004 Vollmitglieder der EU.

Mit der Vollmitgliedschaft hatten die drei Länder das gleiche Integrationsniveau erreicht, die baltischen Staaten schienen trotz unterschiedlicher Geschwindigkeit ge-

---

die Rechtsprechung des Gerichtshofs; (iii) die im Rahmen der Union angenommenen Erklärungen und Entschließungen; (iv) die Rechtsakte der Gemeinsamen Außen- und Sicherheitspolitik; (v) die in den Bereichen Justiz und Inneres vereinbarten Rechtsakte; (vi) die von der Gemeinschaft geschlossenen internationalen Abkommen und die Abkommen, die die Mitgliedsstaaten untereinander in Bereichen schließen, die unter die Tätigkeit der Union fallen (Europäische Union o. J.[b]).

8 Vgl. Laaser und Schrader (2003a, S. 22 f.); eine Zusammenfassung der Kommissionskritik findet sich auf den entsprechenden Länderseiten unter Europäische Union (o. J.[c]).

meinsam ihr Integrationsziel erreicht zu haben. Doch seit Juni 2010 hat Estland erneut eine Vorreiterrolle übernommen (vgl. hierzu Schweickert 2010): Die Finanzminister der EU beschlossen, Estland zum 1. Januar 2011 in die Europäische Währungsunion aufzunehmen. Das Land hat ab diesem Datum den Euro anstelle seiner bisherigen Nationalwährung Krone eingeführt. Die Europäische Kommission hatte Estland zuvor bescheinigt, trotz Wirtschaftskrise die Bedingungen für die Aufnahme in die Euro-Zone erfüllt zu haben, und Bedenken der Europäischen Zentralbank zurückgewiesen, ob die Inflationsbekämpfung in Estland nachhaltig wäre. Da das Land aber kaum langfristige Staatsschulden aufweist und aufgrund seines Currency Board Systems mit einem festen Wechselkurs zum Euro keine eigenständige Geldpolitik treiben konnte, war die Aufnahme in die Eurozone letztlich nur konsequent.[9]

3 Der wirtschaftliche Aufholprozess

3.1 Strukturwandel nach der Unabhängigkeit

Nach der Loslösung von der Sowjetunion im Jahr 1991 durchliefen die baltischen Staaten einen weitreichenden Prozess der Systemtransformation wie auch andere ehemalige Zentralverwaltungswirtschaften Mittel- und Osteuropas. Dieser Prozess war damit verbunden, dass das reale Sozialprodukt mit hohen Raten schrumpfte, die jährliche Inflationsrate im zweistelligen Bereich lag, eine niedrige Arbeitslosenquote über die verdeckte Arbeitslosigkeit und den damit verbundenen Rationalisierungsbedarf hinwegtäuschte sowie das Außenhandelsvolumen rapide zurückging. Doch schon damals gelang es den drei Staaten relativ rasch, sich von dem postsowjetischen Krisenverbund abzukoppeln. Das Ausscheiden aus der Rubelzone durch die Einführung eigener Währungen im Jahr 1992 markierte einen wirtschaftspolitischen Neuanfang und ein Ende des wirtschaftlichen Niedergangs, der sich in den anderen sowjetischen Nachfolgestaaten ungebremst fortsetzte.

So war das Jahr 1993 als erstes volles Jahr monetärer Eigenständigkeit und damit auch wirtschaftspolitischer Eigenverantwortlichkeit in allen drei baltischen Staaten durch ein Mehr an makroökonomischer Stabilität gekennzeichnet. Doch zeigten sich auch Unterschiede: In Estland konnte sowohl die Inflationsrate merklich zurückgeführt als auch der Schrumpfungsprozess der Wirtschaft beendet werden; in Lettland gelang die monetäre Stabilisierung ebenfalls, doch fand die reale Schrumpfung des Sozialprodukts noch kein

---

9 Estland hing ohnehin schon von der Geldpolitik der Europäischen Zentralbank ab. Als kleine offene Volkswirtschaft, die vom Pro-Kopf-Einkommen her einen deutlichen Rückstand zum EU-Durchschnitt aufweist und sich noch in einem lang andauernden wirtschaftlichen Aufholprozess befindet, ist unter diesen Umständen kaum eine Konvergenz der Inflationsraten zu erwarten – das wäre bei gemeinsamer Geldpolitik nur bei relativ homogenen Teilnehmern einer Währungsunion zu erwarten (Schweickert 2010).

Ende; Litauen hinkte der positiven Entwicklung in den beiden Nachbarstaaten deutlich hinterher. Eine gemeinsame Erfahrung war hingegen die zunehmende Arbeitslosigkeit, die aufgrund des großen Rationalisierungsbedarfs in den aus Sowjetzeiten stammenden Industriebetrieben entstand. Massenentlassungen infolge eines rapiden Produktivitätsverfalls wurden nur durch Reallohneinbußen bzw. Lohnverzicht vermieden. Ein gegenläufiger Trend war im Dienstleistungssektor zu beobachten, wo in allen drei Staaten private Unternehmer zum Beschäftigungsaufbau beitrugen.

Da mit dem strukturellen Umbruch der Ausstieg aus der intra-sowjetischen Arbeitsteilung verbunden war, konnte nicht verwundern, dass auch das Außenhandelsvolumen der baltischen Staaten stark schrumpfte. Lediglich Estland gelang es bereits in dieser sehr frühen Phase, den Außenhandel nach Westen umzuorientieren. Währenddessen blieben die alten Ostmärkte für Lettland und vor allem für Litauen von größter Bedeutung.

Der Wandel in den Außenhandelsbeziehungen der baltischen Staaten vollzog sich letztendlich in einer Periode deutlich wachsender Exporte und Importe. Bis Mitte der 1990er Jahre stiegen die EU-Staaten zu den baltischen Haupthandelspartnern auf, wobei wiederum im Falle Estlands der Strukturwandel am ausgeprägtesten war. Die drei Staaten profitierten von den Freihandelsabkommen mit der EU, die den Zugang zum Europäischen Binnenmarkt schrittweise öffneten. Allerdings entwickelten sich die Außenhandelskontakte der Balten zu den einzelnen EU-Staaten sehr unterschiedlich: Die Handelsintensität mit den wohlhabenden, räumlich nahen EU-Staaten im Norden – insbesondere im Ostseeraum – war wesentlich höher als mit den weit entfernten, ärmeren EU-Staaten Südeuropas. Wie vor 70 Jahren bemühten sich die baltischen Staaten um eine wirtschaftliche und politische Integration mit den westeuropäischen Staaten, wobei den westlichen Ostseeanrainern erneut eine besondere Bedeutung zukam. Die bevorzugten Handelspartner Estlands waren Finnland und Schweden, Deutschland kam ein besonderes Gewicht auf der Importseite zu; die lettischen Exporte und Importe entfielen zu einem großen Teil auf deutsche und baltische Handelspartner; Litauens Ostseehandel war eindeutig auf Deutschland fixiert, russische Importe hatten im Vergleich zu den anderen baltischen Staaten aber immer noch ein relativ hohes Gewicht und den baltischen Nachbarstaaten kam auf der Exportseite größere Bedeutung zu.[10]

3.2 Der Anschluss an die europäische Wirtschaftsentwicklung

Im Zuge des Beitrittsprozesses zur EU verwandelten sich die baltischen Volkswirtschaften sukzessive in funktionstüchtige Marktwirtschaften, wie es der Acquis Communautaire verlangte. Dieser Umbau der Wirtschaftsordnungen schlug sich auch in einer positiven realwirtschaftlichen Entwicklung der drei Länder nieder, wenn auch Unterschiede

---

10 Zur wirtschaftlichen Entwicklung der baltischen Staaten nach der Unabhängigkeit vgl. ausführlich Schrader u. Laaser (1994, S. 6 ff.).

im Reformprozess sichtbar wurden: Zwar bremste die russische Krise der Jahre 1998/99 den wirtschaftlichen Aufholprozess der baltischen Staaten, brachte diesen aber nicht zum Erliegen – nach der Jahrtausendwende stieg das relative Pro-Kopf-Einkommen im Baltikum wieder deutlich an (Abb. 1a). Insbesondere Estland gelang es, gegenüber den reichen Volkswirtschaften der EU-15 aufzuholen, 2007 überschritt es die 60 %-Schwelle. Lettland und Litauen konnten ebenfalls spürbar aufholen und zumindest 50 % des durchschnittlichen Pro-Kopf-Einkommens der EU-15 erreichen. Dieser Aufholprozess war mit einem im EU-Vergleich überdurchschnittlichen realen Wirtschaftswachstum verbunden, das in einzelnen Jahren sogar zweistellige Werte erreicht (Abb. 1b). Diese

Abbildung 1a   Entwicklung der relativen Pro-Kopf-Einkommen im Baltikum

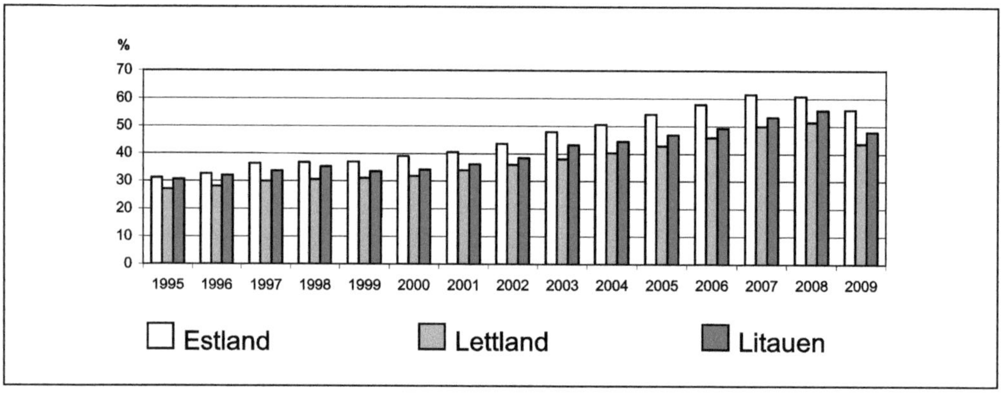

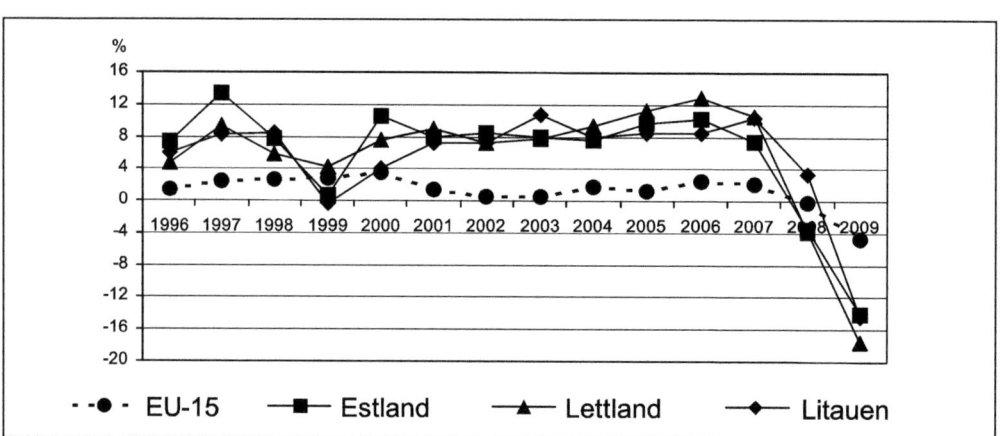

Quelle: Eurostat 2010d

Abbildung 1b   Reales Wachstum der Pro-Kopf-Einkommen im Baltikum 1996–2009

Quelle: Eurostat 2010d

Wachstumsdynamik, die bislang vor allem für asiatische Schwellenländer kennzeichnend war, führte dazu, dass die baltischen Staaten bereits als „Tiger-Staaten" bezeichnet wurden.

Jedoch sollte nicht übersehen werden, dass die baltischen Volkswirtschaften trotz dieser positiven Wirtschaftsentwicklung noch weit davon entfernt waren, mit den reichen Ländern der alten „Kern-EU" gleichzuziehen. Auch zu anderen mittel- und osteuropäischen Reformländern konnte selbst Estland mit seiner dynamischen Wirtschaft nicht in jedem Fall aufschließen; etwa waren Slowenien oder die Tschechische Republik Estland im Pro-Kopf-Einkommen deutlich voraus. Der baltische Aufholprozess war demnach vor der Ende 2008 einsetzenden globalen Wirtschaftskrise keinesfalls abgeschlossen.

Die positive Wirtschaftsentwicklung im neuen Jahrtausend zeigte sich zudem auf den baltischen Arbeitsmärkten. Der Aufholprozess war mit einem Wandel der Wirtschaftsstrukturen verbunden, der die noch aus sowjetischen Zeiten stammende versteckte Arbeitslosigkeit offengelegt hatte. Nicht zuletzt die Abwicklung der Altindustrien und der neue Zuschnitt des öffentlichen Sektors hinterließen ihre Spuren. So wiesen Estland, Lettland und Litauen kurz vor ihrem EU-Beitritt im Jahr 2004 durchweg zweistellige Arbeitslosenquoten auf (Abb. 2). Jedoch schlug sich in den Folgejahren das starke Wirtschaftswachstum auch auf dem Arbeitsmarkt nieder: Die Arbeitslosenquoten sanken bis 2007 deutlich, in Estland und Litauen sogar unter 5 %. Gemessen an der durchschnittlichen EU-Arbeitslosenquote, die in diesem Jahr bei 7 % lag, erschienen die baltischen Arbeitsmärkte besonders aufnahmefähig zu sein und sich der Vollbeschäftigung anzunähern.

Abbildung 2 Arbeitslosigkeit in den baltischen Staaten 2000–2009

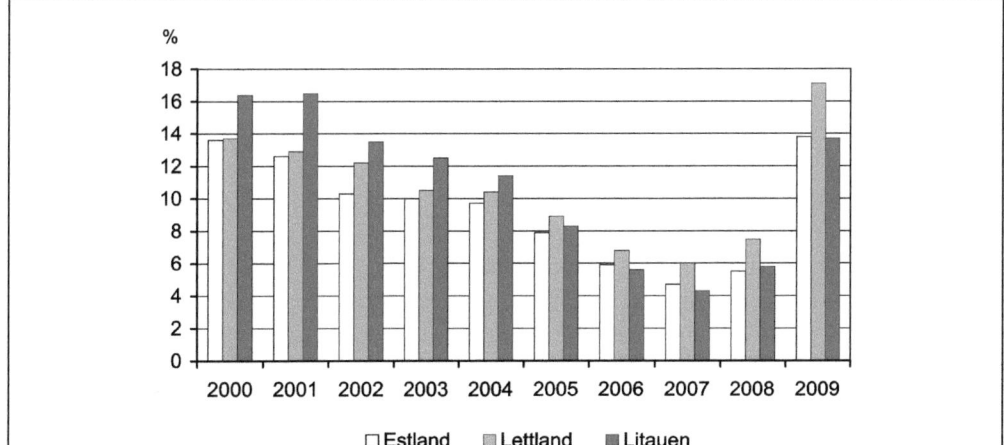

Quelle: Eurostat 2010b

Zum wirtschaftlichen Erfolg hatte maßgeblich beigetragen, dass den drei Ländern im Rahmen ihres Beitrittsprozesses ein hohes Maß an makroökonomischer Stabilität abverlangt wurde. Von besonderer Bedeutung war die fiskalische Stabilität, da aufgrund des Stabilitäts- und Wachstumspakts bestimmte Grenzen für das staatliche Haushaltsdefizit und den Schuldenstand des Staates nicht überschritten werden durften. Tatsächlich bewegten sich die staatlichen Haushaltsdefizite im neuen Jahrtausend unterhalb der vom Pakt vorgegebenen 3%-Defizitgrenze (Abb. 3a, 3b, 3c). Estland erwies sich erneut als vorbildlich, da es in einzelnen Jahren sogar Haushaltsüberschüsse erwirtschaften konnte.

Entsprechend war der estnische Schuldenstand im baltischen Vergleich mit einem Wert von 5% des Bruttoinlandsprodukts (BIP) der geringste. Aber auch Lettland und Litauen blieben weit von dem europäischen Grenzwert in Höhe von 60% des BIP entfernt. Hier machte sich bemerkbar, dass die baltischen Staaten ihre Unabhängigkeit ohne historische Schuldenlasten beginnen konnten. Nur bei der monetären Stabilität zeigen sich Unterschiede: Zwar hatten alle drei Länder die postsowjetische Hyperinflation mit der Einführung eigener Währungen in den frühen 1990er Jahren rasch hinter sich gelassen und vor dem EU-Beitritt eine relative Preisstabilität erreicht. Jedoch blieb nur Estland auf diesem Stabilitätspfad, während in Lettland schon bald nach dem EU-Beitritt die Inflation anstieg und schließlich auch Litauen nach 2006 eine höhere Geldentwertung aufwies (vgl. Eurostat 2010e).

Auf mangelnde makroökonomische Stabilität deuten hingegen die seit den 1990er Jahren zu beobachtenden Leistungsbilanzdefizite hin (Abb. 3). Insbesondere nach dem EU-Beitritt nahmen diese zweistellige Werte an, im Falle Lettlands wurde sogar die Marke von 20% des BIP überschritten. Ursache für dieses Ungleichgewicht war in allen drei Ländern zum einen ein ausgeprägtes Handelsbilanzdefizit. Diesem stand seit Mitte der 1990er Jahre zwar jeweils ein Überschuss im Dienstleistungshandel gegenüber, jedoch reichte dieser nicht aus, um das Handelsbilanzdefizit auszugleichen – der Außenbeitrag aus Waren und Dienstleistungen blieb insgesamt im roten Bereich (Eurostat 2010b). Zum anderen wurden die Leistungsbilanzen durch Abflüsse der Erwerbs- und Vermögenseinkommen von Ausländern belastet, die wesentlich höher als Zuflüsse aus entsprechenden Einkommen von Inländern waren. Die so entstandenen Leistungsbilanzdefizite der baltischen Staaten wären noch größer gewesen, wenn nicht laufende Übertragungen etwa in Gestalt von EU-Mitteln oder Gastarbeiterüberweisungen für einen partiellen Ausgleich gesorgt hätten.[11]

Die Finanzierung der relativ hohen Leistungsbilanzdefizite gelang den drei Ländern auf gleiche Weise: Ein geringerer Teil konnte durch Vermögensübertragungen, insbesondere im Rahmen von EU-Programmen, ausgeglichen werden. Der größere Teil der Mittel wurde bei internationalen Kapitalgebern mobilisiert, die über Direktinvestitionen oder Kredite Kapital für die baltischen Volkswirtschaften bereitstellten. Anders als bei

---

11 Zu den Zahlungsbilanzen der baltischen Staaten siehe Bank of Estonia (2010), Bank of Latvia (2010) und Bank of Lithuania (2010).

Abbildung 3a Die Entwicklung der baltischen Doppeldefizite
und des Schuldenstands: Estland

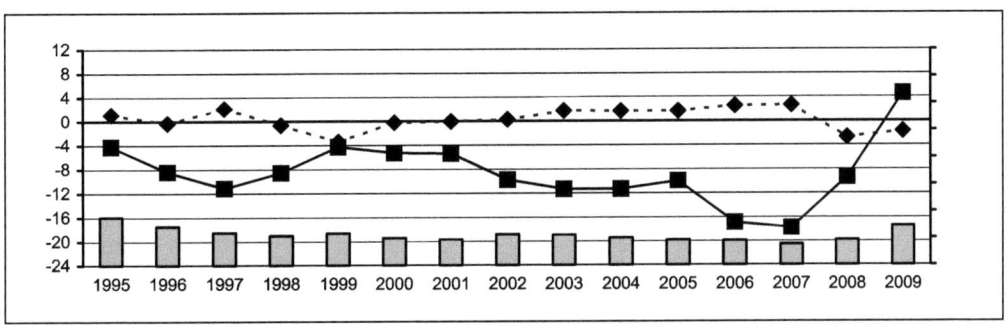

Abbildung 3b Die Entwicklung der baltischen Doppeldefizite
und des Schuldenstands: Lettland

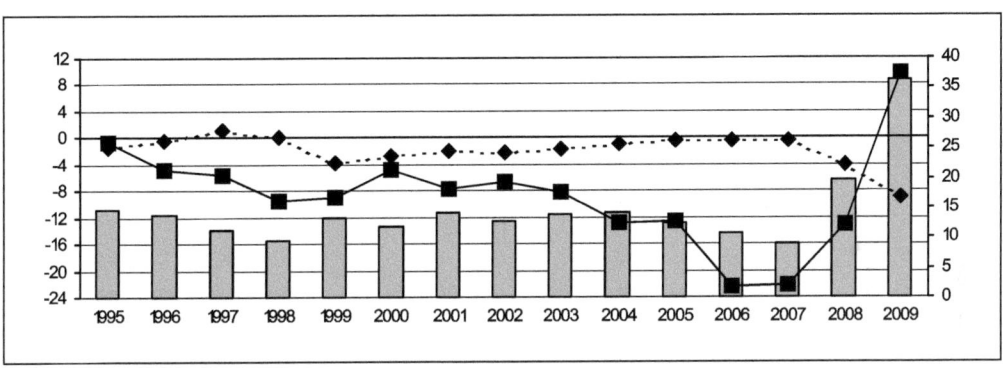

Abbildung 3c Die Entwicklung der baltischen Doppeldefizite
und des Schuldenstands: Litauen

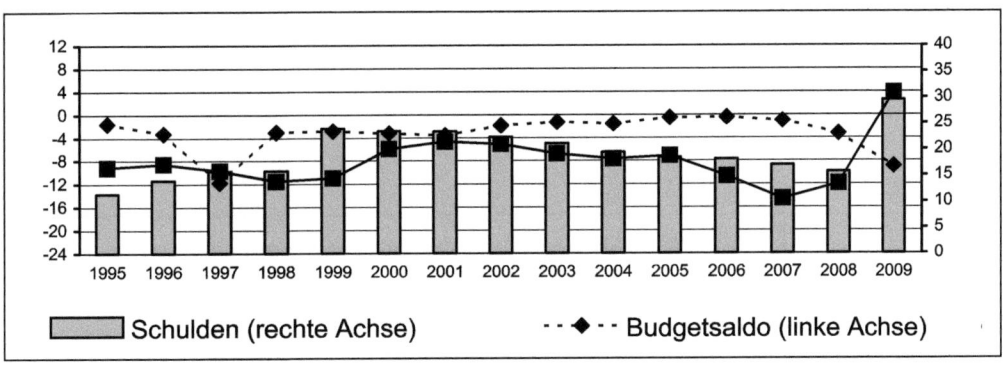

Quellen: Eurostat 2010f, g

Tabelle 1 Die regionalen Außenhandelsstrukturen der baltischen Staaten[a]
2007–2009

	Exporte			Importe		
	2007	2008	2009	2007	2008	2009
Estland						
EU-15	49,7	50,9	51,9	57,2	54,8	50,9
EU-Neumitglieder[b]	20,2	18,8	17,2	21,4	25,0	29,5
Estland	–	–	–	–	–	–
Lettland	11,5	10,0	9,5	7,4	9,1	10,5
Litauen	5,9	5,7	4,8	7,0	8,9	10,9
GUS[c]	11,4	13,4	11,8	13,0	12,1	10,8
Russland	8,8	10,4	9,3	10,1	7,6	8,2
BRIC[d]	10,1	11,5	10,6	12,5	10,1	10,5
Nordamerika[e]	5,0	5,3	6,2	1,4	1,3	1,5
Lettland						
EU-15	40,2	36,3	34,7	44,6	40,7	37,3
EU-Neumitglieder[b]	35,9	36,7	36,9	33,3	35,3	37,9
Estland	14,4	14,0	14,4	8,1	7,1	8,0
Lettland	–	–	–	–	–	–
Litauen	15,8	16,7	16,4	13,9	16,5	17,0
GUS[c]	14,5	15,0	14,0	13,2	15,9	15,9
Russland	9,6	10,0	8,8	8,4	10,6	10,7
BRIC[d]	10,0	10,4	9,3	11,0	13,2	13,1
Nordamerika[e]	1,7	1,7	1,8	1,3	1,1	1,0
Litauen						
EU-15	37,6	35,5	38,1	45,1	36,0	35,8
EU-Neumitglieder[b]	27,1	24,8	26,2	23,2	21,5	23,3
Estland	5,8	5,7	7,0	3,6	2,9	2,6
Lettland	12,9	11,6	10,1	5,5	5,2	6,4
Litauen	–	–	–	–	–	–
GUS[c]	24,5	25,8	23,5	21,9	33,9	32,9
Russland	15,0	16,1	13,2	18,0	29,9	29,9
BRIC[d]	15,2	18,0	14,0	21,1	32,8	32,7
Nordamerika[e]	3,0	4,4	3,5	2,3	1,8	1,3

[a] Anteile in % der Gesamtex-/-importe (Spezialhandel). — [b] Bulgarien, Estland, Lettland, Litauen, Malta, Polen, Rumänien, Slowakei, Slowenien, Tschechische Republik, Ungarn, Zypern. — [c] Armenien, Aserbaidschan, Georgien, Kasachstan, Kirgistan, Moldavien, Russland, Tadschikistan, Turkmenistan, Ukraine, Usbekistan, Weißrussland. — [d] Brasilien, China, Indien, Russland. — [e] Kanada, Vereinigte Staaten.

Quelle: Statistics Estonia (2010); Statistics Latvia (2010); Statistics Lithuania (2010); eigene Zusammenstellung und Berechnungen

Krisenländern wie etwa Griechenland spielte die Finanzierung staatlicher Haushaltsdefizite eine relativ geringe Rolle bei den Kapitalzuflüssen ins Baltikum. Diese Zahlungsströme zeigten vordergründig eine erfolgreiche Integration Estlands, Lettlands und Litauens in die internationale Arbeitsteilung und einen entsprechenden Vertrauensbonus seitens der Kapitalmärkte. Doch zeichnete sich seit 2005 insbesondere in Lettland als Folge des Kapitalzuflusses eine Überhitzung der Volkswirtschaft mit entsprechend inflationären Tendenzen ab. Statt für Investitionen in nachhaltig rentable Anlagen, wie etwa zur Stärkung der Exportbasis, diente der Mittelzufluss zunehmend einer spekulativen Nachfrage nach Immobilien und dem Konsum nichthandelbarer Dienstleistungen – eine Immobilienblase und eine Lohn-Preis-Spirale waren die Folge. Auch der Zustrom von EU-Mitteln und eine gelockerte staatliche Ausgabenpolitik verstärkten das Ungleichgewicht (vgl. Purfield u. Rosenberg 2010, S. 4 ff.).

Erfolgversprechend entwickelte sich die Teilhabe der baltischen Staaten am internationalen Warenaustausch. Diese vollzog sich vornehmlich als Integration in den Europäischen Binnenmarkt – was sich bereits in den ersten Jahren nach der Unabhängigkeit abzeichnete. Bis 2008 betrug der EU-Anteil an den baltischen Exporten teilweise über 70%, die Importe aus der EU erreichten sogar Anteile bis 80%, wobei den Handelspartnern aus dem Kreis der EU-15 jeweils ein besonderes Gewicht zukam (Tabelle 1). Diese „Westintegration" ist besonders bei Estland augenfällig, während Lettland und Litauen intensiver mit der Gruppe der anderen EU-Neumitglieder Handel trieben. Allerdings ist das relativ hohe Gewicht dieser Gruppe auf einen intensiven interbaltischen Warenaustausch zurückzuführen. Augenfällig ist zudem der nach wie vor gewichtige Handel Litauens mit den GUS-Staaten. Doch auch hier dominiert ein einzelner Handelspartner, die Russische Föderation, was nicht zuletzt Folge einer industriellen Verflechtung im Bereich der Mineralölverarbeitung ist (Laaser u. Schrader 2005, S. 17 f.).

Schließlich lässt sich die Qualität der baltischen Integration in die internationale Arbeitsteilung danach beurteilen, in welchem Ausmaß Handel mit wachstumsstarken bzw. reichen Ländern außerhalb der EU getrieben wird: Zum einen zählen dazu die Länder der BRIC-Gruppe, mit denen die baltischen Staaten einen intensiven Austausch betreiben. Doch werden die vergleichsweise hohen Anteile von Exporten und Importen dadurch relativiert, dass diese größtenteils auf den Handel mit Russland zurückzuführen sind; nur China kommt noch eine etwas größere Bedeutung zu. Zum anderen sind die kaufkräftigen nordamerikanischen Märkte ein Gradmesser für die baltischen Globalisierungsanstrengungen: Zumindest für Exporte aus Estland und Litauen haben diese Märkte an Gewicht gewonnen.

3.3 Der Krisentest

Die baltischen Volkswirtschaften sind von der globalen Wirtschaftskrise der Jahre 2008 und 2009 nicht unberührt geblieben. Im Gegenteil: Der drastische Nachfrageeinbruch auf den Weltmärkten hat in der wirtschaftlichen Entwicklung Estlands, Lettlands und Litauens tiefe Spuren hinterlassen. Der Aufholprozess bei den relativen Pro-Kopf-Einkommen kam 2008 zum Stillstand, 2009 erfolgte sogar ein Absturz auf das Niveau des Jahres 2005. Allein 2009 schrumpften die realen Pro-Kopf-Einkommen Estlands und Litauens um mehr als 14 %, in Lettland betrug der Rückgang sogar mehr als 17 % (Abb. 1a und 1b). Hingegen betrug der reale Rückgang in den EU-15-Ländern durchschnittlich weniger als 5 %, auch die anderen EU-Neumitglieder schrumpften weniger stark. Hier schlug sich die Überhitzung der baltischen Volkswirtschaften, die in den Boomjahren seit 2005 ständig angestiegen war, nieder: Ende 2008 platzten, insbesondere in Lettland, die Immobilienblasen, der Kapitalstrom ins Baltikum riss ab und die Binnennachfrage kollabierte. Es wurde offensichtlich, dass die Balten über ihre Verhältnisse gelebt hatten, ihrem rasanten Aufholprozess die realwirtschaftliche Grundlage fehlte.

Der Wachstumseinbruch wurde auch auf den baltischen Arbeitsmärkten spürbar, der über die letzten zehn Jahre sukzessive erfolgte Abbau der Arbeitslosigkeit fand 2009 ein jähes Ende: In allen drei Ländern stieg die Arbeitslosigkeit auf mehr als das Doppelte, insbesondere Lettland verzeichnete einen Anstieg der Arbeitslosenquote auf mehr als 17 % (Abb. 2). Das Niveau der Arbeitslosigkeit im Baltikum erreichte Werte wie sie zuletzt zu Beginn des neuen Jahrtausends beobachtet worden waren.

Ebenfalls unübersehbar ist der Verlust an makroökonomischer Stabilität besonders in Lettland und Litauen im Gefolge der Krise. Die staatlichen Haushaltsdefizite haben sich 2009 mehr als verdoppelt und fast die 10 %-Schwelle erreicht (Abb. 3a, 3b, 3c). Eine Ausnahme bildet Estland, das auch in der Krise die Staatsausgaben reduzierte und so das Defizit begrenzen konnte. Im Gegensatz zu den baltischen Nachbarn wies Estland allerdings zuvor über Jahre hinweg sogar Haushaltsüberschüsse auf und konnte daher in der Krise auf Reserven zurückgreifen. Die unterschiedliche Defizitentwicklung spiegelt sich auch beim Stand der Staatsverschuldung der drei Länder wider. In Lettland und Litauen kam es von 2008 auf 2009 zu einem sprunghaften Anstieg auf 36 bzw. 30 %, während Estland seine Staatsverschuldung deutlich unter 10 % des BIP halten konnte. Wenigstens sind trotz der krisenbedingten Belastungen die baltischen Staaten ausnahmslos von der im Stabilitätspakt vorgegebenen 60 %-Grenze bei der Staatsverschuldung weit entfernt – hier wirkt sich das Fehlen von Altschulden aus. Doch nur Estland konnte die Stabilitätskriterien soweit erfüllen, um sich für die Mitgliedschaft in der Euro-Gruppe zu qualifizieren.

Die globale Wirtschaftskrise spiegelt sich auch in den Zahlungsbilanzen der drei Länder wider. Die Folgen schrumpfender Weltmärkte und der zunehmenden Schieflage der Staatshaushalte sind deutlich erkennbar. Nur auf den ersten Blick scheint sich die Zahlungsbilanzsituation verbessert zu haben: Die Leistungsbilanzen wiesen erstmals seit Mitte der 1990er Jahre Überschüsse auf (Abb. 3a, 3b, 3c). Diese sind darauf zurückzuführen, dass die Handelsbilanzdefizite im Jahr 2009 stark rückläufig waren, während die traditionellen Überschüsse in der Dienstleistungsbilanz weiter stiegen. Allerdings sind diese Entwicklungen kein Hinweis auf die Beseitigung makroökonomischer Ungleichgewichte, sondern sie können vielmehr als weitere Krisenzeichen angesehen werden. Denn die Überschüsse waren Folge eines Nachfrageeinbruchs, von dem insbesondere der Güterhandel betroffen war – hier schrumpften die Importe noch wesentlich stärker als die Exporte. Die stark gesunkene Nachfrage führte aber auch im Dienstleistungshandel zu einer Bilanzverkürzung. Diese Schrumpfung bedeutete einen Verlust an Wirtschaftsintegration, was die baltischen Einkommensverluste im Krisenjahr 2009 mit zu erklären hilft.

Zwar gingen 2009 die Abflüsse durch Erwerbs- und Vermögenseinkommen von Ausländern in den baltischen Staaten spürbar zurück bzw. kehrten sich um. Der Grund dafür waren Verluste ausländischer Investoren im Baltikum, die zudem aus den drei Ländern Kapital abzogen bzw. ihre Investitionstätigkeit signifikant einschränkten. Zuflüsse größeren Umfangs in die drei Länder beschränkten sich auf Kapitalhilfen internationaler Institutionen bzw. auf die Inanspruchnahme der Kapitalmärkte zum Ausgleich der Staatshaushalte. Am stärksten betroffen war Lettland, wo der Zusammenbruch einer Großbank im Jahr 2008 letztendlich ein Rettungspaket von IWF, EU und skandinavischen Ländern erforderlich machte, um Zahlungsverpflichtungen nachzukommen und das wachsende Haushaltsdefizit finanzieren zu können (vgl. Purfield u. Rosenberg 2010, S. 7 f.).

Schließlich hinterließ die globale Wirtschaftskrise auch in den regionalen Außenhandelsstrukturen der drei Länder ihre Spuren (Tabelle 1): Im Jahr 2009 konnte sich auf der estnischen Exportseite trotz Einbußen der Handel mit den westlichen Haupthandelspartnern besser behaupten als der Handel mit den baltischen Nachbarn und Russland; hingegen gab es größere Einbrüche auf der Importseite Estlands, da hier die Einfuhr aus den EU-15-Staaten stark überdurchschnittlich schrumpfte. Lettlands Exporte waren in diesem Krisenjahr insbesondere durch einen Rückgang des Exports nach Deutschland geprägt, während auf der lettischen Importseite, wie im Falle Estlands, der EU-15-Handel deutlich verlor und der Import aus Nordamerika zurückging. In Litauen konnten sich die Ausfuhren in die EU-15 und die EU-Neumitglieder relativ gut behaupten, Exporte nach Russland und Nordamerika nahmen hingegen stark ab; bei ansonsten vergleichsweise stabilen Importstrukturen ging nur der Import aus Nordamerika sehr deutlich zurück. Insgesamt kann festgehalten werden, dass auch in Zeiten schrumpfender Märkte in allen drei baltischen Staaten der Europäische Binnenmarkt prägend für die Außenhandelsstrukturen blieb. Die starke EU-Integration hat sich sogar als stabilisierender Faktor für den baltischen Außenhandel erwiesen.

Es kann festgehalten werden, dass die drei baltischen Staaten den härtesten Krisentest seit der Russlandkrise Ende der 1990er Jahre mehr oder minder gut überstanden haben. Estland, Lettland und Litauen sind im EU-Vergleich stärker als die anderen Neumitglieder geschrumpft. Allerdings hatten sie in den Vorjahren eine wesentlich größere Wachstumsdynamik aufgewiesen, was ihrer gelungenen Integration in die europäische und internationale Arbeitsteilung zu verdanken war. In Zeiten der globalen Wirtschaftskrise hat sich die Kehrseite dieser Medaille gezeigt: Offene Volkswirtschaften mit einem hohen Grad an außenwirtschaftlicher Integration leiden stärker unter globalen Nachfrageschwankungen. In Zeiten des Aufschwungs haben sie allerdings erneut die Chance, eine Globalisierungsprämie zu realisieren, die weniger gut integrierten Volkswirtschaften verwehrt bleibt.

Doch wie sind die Aussichten nach der überstandenen Krise? Estland hat sein höheres Maß an wirtschaftlicher Stabilität geholfen, schneller die Krise zu überwinden und schon 2010 wieder auf den Weg der wirtschaftlichen Erholung zu gelangen. Prognosen für die estnische Wirtschaftsentwicklung deuten 2010 auf ein leichtes Wachstum hin, 2011 wird mit einem realen Zuwachs des BIPs von mehr als 3 % gerechnet. Die trotz Krise geglückte Aufnahme Estlands in die Eurogruppe kann als weiterer Stabilitätsbeweis gelten. Auch in Lettland und Litauen zeichnet sich ein Ende der Krise ab: Das litauische Sozialprodukt wird ebenfalls leicht wachsen, in Lettland wird das BIP 2010 nur noch in geringem Maße schrumpfen. Erst 2011 wird wieder mit einem deutlichen Wachstum gerechnet.[12] Für alle drei Länder aber gilt, dass der Aufholprozess der letzten Jahre noch nicht die notwendige realwirtschaftliche Grundlage hatte. Ausgehend vom Einkommensniveau des Jahres 2005 muss der Aufholprozess von Neuem beginnen.

4   Kein baltisches Wirtschaftswunder

In Anlehnung an die rasch gewachsenen Schwellenländer in Südostasien wurden Estland, Lettland und Litauen aufgrund ihrer zeitweise sehr hohen Wirtschaftsdynamik bereits als „baltische Tigerstaaten" bezeichnet. Tatsächlich können die baltischen Staaten auf eine erfolgreiche Systemtransformation zu marktwirtschaftlichen Ordnungen, die erfolgreiche Aufnahme als EU-Vollmitglieder in der ersten Welle der Osterweiterung sowie auf Fortschritte bei der Wohlstandsentwicklung zurückblicken. Trotz dieser Erfolge stellen die drei Länder keineswegs ein homogenes Gebilde dar, im Baltikum sind die Unterschiede in Wirtschaftspolitik und Wirtschaftsentwicklung unübersehbar.

Estland war seinen baltischen Nachbarn bereits beim Aufbau einer marktwirtschaftlichen Ordnung immer einen Schritt voraus und wies seit der Unabhängigkeit ein höheres Maß an politischer und wirtschaftlicher Stabilität auf. Folgerichtig hat das Land auch bei der Einführung des Euros die Vorreiterrolle im Baltikum übernommen. Lettland und Litauen sind hingegen von einer Mitgliedschaft in der Euro-Zone noch weit entfernt. Den Krisentest der Jahre 2008 und 2009 hat Estland aufgrund seiner besseren Ausgangsbasis besser überstanden als die baltischen Nachbarn. Dennoch war der Einbruch so groß, dass auch Estland nicht länger als „Tigerstaat" erscheint. Dies gilt umso mehr für Lettland und Litauen: Hier wird die wirtschaftliche Erholung noch länger auf sich warten lassen, an ein wirtschaftliches Aufholen ist erst einmal nicht zu denken.

---

12   Zu den Wirtschaftsaussichten der baltischen Länder vgl. im Einzelnen EIU (2010a, 2010b, 2010c).

Vor diesem Hintergrund erscheint es überzogen, länger von Wirtschaftswunderländern oder „Tigerstaaten" im Baltikum zu sprechen – dafür war der Absturz zu tief und die Schwächen der baltischen Volkswirtschaften waren zu offensichtlich geworden. Aber es darf auch nicht übersehen werden, dass es den drei Ländern innerhalb von nur zwei Jahrzehnten gelungen ist, ihre in die intrasowjetische Arbeitsteilung eingebundenen Wirtschaftsstrukturen in funktionierende Marktwirtschaften zu verwandeln. Sie haben beste Aussichten, diese Erfolgsgeschichte fortzuschreiben, wenn sie an ihren marktwirtschaftlichen und demokratischen Grundprinzipien festhalten und es zukünftig vermeiden, über ihre Verhältnisse zu leben. Zudem müssen im Baltikum, wie überall, Vorkehrungen gegen eine erneute spekulationsgetriebene Überhitzung der Volkswirtschaft getroffen werden. Dann werden Estland, Lettland und Litauen von der wieder anziehenden Weltkonjunktur profitieren können, das hohe Maß an außenwirtschaftlicher Offenheit dieser kleinen Volkswirtschaften wird sich erneut auszahlen.

Literatur

Albrecht, Volker. 2010. *Bahnverkehr in Estland.* http://www.estbahn.de. Zugegriffen: 2.1.2012.
Bank of Estonia. 2010. *Balance of payments.* http://www.eestipank.info/dynamic/itp1/itp_report_1a.jsp?reference=541&startDay=1&startMonts=1&startYear=1995&endDay=1&endMonth=12&endYear=2010&reference=541&className=EPSTAT1&step=11&nrOfQuarter=0&commtype=1&lang=en&submit=SHOW. Zugegriffen: 1.9.2010.
Bank of Latvia. 2010. *Latvia's balance of payments.* http://www.bank.lv/LMB/LMB_en.php?table_level_0=19&table_level_1=&tables=2&lang=2&pperio-f=1995&period-t=2010&periodiskums=1&currency=1&mervieniba=2. Zugegriffen: 1.9.2010.
Bank of Lithuania. 2010. *Balance of Payments.* http://www.lb.lt/statistics/statbrowser.aspx?group=7232&lang=en&orient=vert. Zugegriffen: 1.9.2010.
Böhme, Hans, Claus-Friedrich Laaser, Henning Sichelschmidt und Rüdiger Soltwedel. 1998. *Transport in the Baltic Sea Region — Perspectives for the Economies in Transition.* Stockholm: Stockholms Handelskammare/Baltic Sea Business Summit.
EIU (Economist Intelligence Unit). 2010a. Country Report Estonia. August 2010. London.
EIU (Economist Intelligence Unit). 2010b. Country Report Lithuania. August 2010. London.
EIU (Economist Intelligence Unit). 2010c. Country Report Latvia. August 2010. London.
Europäische Union (o.J.[a]). *1990–1999, ein Europa ohne Grenzen* http://europa.eu/about-eu/eu-history/1990-1999/index_de.htm. Zugegriffen: 2.1.2012.
Europäische Union (o.J.[b]). *Glossar. Gemeinschaftlicher Besitzstand (acquis communautaire).* http://europa.eu/legislation_summaries/glossary/community_acquis_de.htm. Zugegriffen 2.1.2012.
Europäische Union (o.J.[c]). *EUROPA, Zusammenfassungen der EU-Gesetzgebung, Erweiterung, Erweiterungen 2004 und 2007.* http://europa.eu/legislation_summaries/enlargement/2004_and_2007_enlargement/index_de.htm. Zugegriffen: 2.1.2012.
Europäische Union (o.J.[d]). *EUROPA, Zusammenfassungen der EU-Gesetzgebung, Erweiterung, Erweiterungen 2004 und 2007, Estland – die Übernahme des gemeinschaftlichen Besitzstandes, Archiv.* http://europa.eu/legislation_summaries/enlargement/2004_and_2007_enlargement/estonia/e01102_de.htm. Zugegriffen: 2.1.2012.

Europäische Union (o. J.[e]). *EUROPA, Zusammenfassungen der EU-Gesetzgebung, Erweiterung, Erweiterungen 2004 und 2007, Lettland – die Übernahme des gemeinschaftlichen Besitzstandes, Archiv*. http://europa.eu/legislation_summaries/enlargement/2004_and_2007_enlargement/latvia/e01104_de.htm. Zugegriffen: 2.1.2012

Europäische Union (o. J.[f]). *EUROPA, Zusammenfassungen der EU-Gesetzgebung, Erweiterung, Erweiterungen 2004 und 2007, Litauen – die Übernahme des gemeinschaftlichen Besitzstandes, Archiv*. http://europa.eu/legislation_summaries/enlargement/2004_and_2007_enlargement/lithuania/e01105_de.htm. Zugegriffen: 2.1.2012.

European Commission. 2000a. *2000 Regular Report From The Commission On Estonia's Progress Towards Accession*. Brussels: KOM, 8 November. http://ec.europa.eu/enlargement/archives/pdf/key_documents/2000/es_en.pdf. Zugegriffen: 2.1.2012.

European Commission. 2000b. *2000 Regular Report From The Commission On Latvia's Progress Towards Accession*. Brussels: KOM, 8 November. http://ec.europa.eu/enlargement/archives/pdf/key_documents/2000/lv_en.pdf. Zugegriffen: 2.1.2012.

European Commission. 2000c. *2000 Regular Report From The Commission On Lithuania's Progress Towards Accession*. Brussels: KOM, 8 November. http://ec.europa.eu/enlargement/archives/pdf/key_documents/2000/lt_en.pdf. Zugegriffen: 2.1.2012.

European Commission. 2001a. *2001 Regular Report On Estonia's Progress Towards Accession. SEC (2001) 1747*. Brussels: KOM, 13 November. http://ec.europa.eu/enlargement/archives/pdf/key_documents/2001/ee_en.pdf. Zugegriffen: 2.1.2012.

European Commission. 2001b. *2001 Regular Report On Latvia's Progress Towards Accession. SEC (2001) 1749*. Brussels: KOM, 13 November. http://ec.europa.eu/enlargement/archives/pdf/key_documents/2001/lv_en.pdf. Zugegriffen: 2.1.2012.

European Commission. 2001c. *2001 Regular Report On Lithuania's Progress Towards Accession. SEC (2001) 1750*. Brussels: KOM, 13 November. http://ec.europa.eu/enlargement/archives/pdf/key_documents/2001/lt_en.pdf. Zugegriffen: 2.1.2012.

Eurostat. 2010a. *Statistiken: Volkswirtschaftliche Gesamtrechnungen (einschließlich BIP)*. http://epp.eurostat.ec.europa.eu/portal/page/portal/national_accounts/data/database. Zugegriffen: 20.7.2010.

Eurostat. 2010b. *Statistiken: Beschäftigung und Arbeitslosigkeit, Arbeitslosenquoten, Jahresdurchschnitte, nach Geschlecht und Altersgruppe*. http://epp.eurostat.ec.europa.eu/portal/page/portal/employment_unemployment_lfs/data/database. Zugegriffen: 30.8.2010.

Eurostat. 2010c. *Zahlungsbilanz – Internationale Transaktionen*. http://epp.eurostat.ec.europa.eu/portal/page/portal/balance_of_payments/data/database. Zugegriffen: 22.7.2001.

Eurostat. 2010d. *Statistiken: Volkswirtschaftliche Gesamtrechnungen*. http://epp.eurostat.ec.europa.eu/portal/page/portal/euroindicators/national_accounts/database. Zugegriffen: 22.7.2010.

Eurostat. 2010e. *Statistiken: Jährliche Inflationsrate: Veränderungsrate des Jahresdurchschnitts der Harmonisierten Verbraucherpreisindizes (HVPI)*. http://epp.eurostat.ec.europa.eu/tgm/table.do?tab=table&language=de&pcode=tsieb060&tableSelection=1&footnotes=yes&labeling=labels&plugin=1. Zugegriffen: 1.9.2010.

Eurostat. 2010f. *Zahlungsbilanz – Internationale Transaktionen*. http://epp.eurostat.ec.europa.eu/portal/page/portal/balance_of_payments/data/database. Zugegriffen: 22.7.2010.

Eurostat. 2010g. *Schuldenstand des Staates*. http://epp.eurostat.ec.europa.eu/portal/page/portal/euroindicators/national_accounts/database. Zugegriffen: 22.7.2010.

Höffner, Eckhard. 2001. *Die Entwicklung der EU und die Osterweiterung*. FiFoOst. http://www.fifoost.org/EU/geschichte/EU.pdf. Zugegriffen 2.1.2012.

Laaser, Claus-Friedrich und Klaus Schrader. 1992. Zur Reintegration der baltischen Staaten in die Weltwirtschaft. *Die Weltwirtschaft* 2: 189–211.

Laaser, Claus-Friedrich und Klaus Schrader. 2003a. Knocking on the Door: The Baltic Rim Transition Countries Ready for Europe? In *The NEBI Yearbook 2003 — North European and Baltic Sea Integration*, Hrsg. Lars Hedegaard und Bjarne Lindström, 21–45. Berlin/Heidelberg: Springer.

Laaser, Claus-Friedrich und Klaus Schrader. 2003b. Neue Partner in Europa: Der baltische Außenhandel im Umbruch. *Die Weltwirtschaft* 4: 404–421.

Laaser, Claus-Friedrich und Klaus Schrader. 2005. Baltic Trade with Europe: Back to the Roots? *Baltic Journal of Economics* 5/2: 15–37.

Laaser, Claus-Friedrich, Rüdiger Soltwedel, Alfred Boss, Henning Klodt, Härmen Lehment, Jörg-Volker Schrader und Jürgen Stehn. 1993. *Europäische Integration und nationale Wirtschaftspolitik. Kieler Studien, 255*. Tübingen: Mohr.

Purfield, Catriona und Christoph B. Rosenberg. 2010. Adjustment under a Currency Peg: Estonia, Latvia and Lithuania during the Global Financial Crisis 2008–09. *IMF Working Paper 10/213*. Washington, D.C.: International Monetary Fund.

Railroad Development Corporation. 2009. Sold January 9, 2007. Estonia: Eesti Raudtee (Estonian Railways). Pittsburgh, Pennsylvania.

Schrader, Klaus und Claus-Friedrich Laaser. 1992. Kompromisse statt Marktwirtschaft – Reformdefizite in der Russischen Föderation, der Ukraine, Weißrußland und den baltischen Staaten. *Kieler Diskussionsbeiträge, 186/187*. Kiel: Institut für Weltwirtschaft.

Schrader, Klaus und Claus-Friedrich Laaser. 1994. *Die baltischen Staaten auf dem Weg nach Europa: Lehren aus der Süderweiterung der EG. Kieler Studien, 264*. Tübingen: Mohr.

Schrader, Klaus und Claus-Friedrich Laaser. 1998a. Core Elements of Successful Reform in Baltic Rim Countries. In *The NEBI Yearbook 2003 — North European and Baltic Sea Integration*, Hrsg. Lars Hedegaard und Bjarne Lindström, 33–45. Berlin/Heidelberg: Springer.

Schrader, Klaus und Claus-Friedrich Laaser. 1998b. Wirtschaft Litauens. In *Handbuch Baltikum heute. Nordeuropäische Studien 14*, Hrsg. Heike Graf und Manfred Kerner, 151–180. Berlin: Arno Spitz.

Schrader, Klaus und Claus-Friedrich Laaser. 1998c. Wirtschaft Lettlands. In *Handbuch Baltikum heute. Nordeuropäische Studien 14*, Hrsg. Heike Graf und Manfred Kerner, 181–210. Berlin: Arno Spitz.

Schrader, Klaus und Claus-Friedrich Laaser. 1998d. Wirtschaft Estlands. In *Handbuch Baltikum heute. Nordeuropäische Studien 14*, Hrsg. Heike Graf und Manfred Kerner, 211–240. Berlin: Arno Spitz.

Schweikert, Rainer 2010. Zweifel an Estlands Nachhaltigkeit der Inflationsbekämpfung. *IfW-Fokus, 79*. Kiel: Institut für Weltwirtschaft, http://www.ifw-kiel.de/medien/fokus/2010/fokus79. Zugegriffen: 2.1.2012.

Statistics Estonia. 2010. *FT09: Foreign Trade*. http://pub.stat.ee/px-web.2001/Dialog/varval.asp?ma=FT09&ti=EXPORTS+AND+IMPORTS+BY+COUNTRY+%28MONTHS%29&path=./I_Databas/Economy/11Foreign_trade/03Foreign_trade_sinde_2005/&lang=1. Zugegriffen: 8.9.2010.

Statistics Latvia. 2010. *Exports and Imports by Countries and Territories*. http://data.csb.gov.lv/DATABASEEN/atirdz/Annual%20statistical%20data/Foreign%20trade/Foreign20trade.asp. Zugegriffen: 8.9.2010.

Statistics Lithuania. 2010. *Exports and imports by measure unit, country, statistical indicator and year*. http://db1.stat.gov.lt/statbank/SelectVARVal/saveselections.asp. Zugegriffen: 9.9.2010.

Wohlfahrtsregime in den baltischen Staaten: gemeinsame Vergangenheit, unterschiedliche Zukunft

Anu Toots

Aufgrund ihrer gemeinsamen historischen Vergangenheit werden die drei baltischen Staaten oft als einheitliche Gruppe von Wohlfahrtsstaaten betrachtet. In der Tat führten alle drei Staaten in der frühen Phase der Transition von einem kommunistischen System zu einer liberalen Demokratie Sozialversicherungssysteme ein, die typisch für das Bismarcksche Wohlfahrtsmodell sind. Im späteren Verlauf wurde die neoliberale Ausrichtung immer deutlicher, jedoch blieben auch korporatistische Elemente bestehen. In der Forschungsliteratur wird daher meist davon ausgegangen, dass alle baltischen Länder sowohl Elemente liberaler als auch konservativer Wohlfahrtsarrangements aufweisen, allerdings in unterschiedlicher Ausprägung (Aidukaite 2006; Cerami 2005; Potůček 2008; Aidukaite 2009).

Die liberale Orientierung zeigt sich vor allem in den geringen und sogar sinkenden Ausgaben für den Wohlfahrtssektor. Estland, Lettland und Litauen geben für die öffentliche Wohlfahrt weniger als halb so viel aus wie die EU-Länder im Durchschnitt, und der Abstand nimmt weiter zu. Im Jahr 2000 gaben die baltischen Länder im Durchschnitt 15,0 % ihres BIP für die sozialen Sicherungssysteme aus, in den EU-15 betrug der Durchschnittswert dagegen 26,8 %. 2007 verwendeten die baltischen Länder nur noch 12,6 % des BIP, in den EU-15 stieg der Wert auf 27,5 %. Ein schnelles Wirtschaftswachstum in der Region zwischen 2005 und 2007 führte – entgegen einiger Erwartungen (Orenstein 2008) – nicht zu einer Erhöhung der Sozialausgaben und auch der EU-Beitritt 2004 hatte keine positiven Effekte in diesem Bereich.

Die baltischen Volkswirtschaften befanden sich zu Beginn der 2000er Jahre in einer Wachstumsphase, die 2008 bis 2010 durch eine schwere Rezession beendet wurde. Angesichts der globalen Wirtschaftskrise entschieden sich die Regierungen der baltischen Staaten für eine drastische Kürzung der Sozialausgaben, um einen möglichst ausgeglichenen Staatshaushalt zu bewahren. Diese Entwicklungen hatten jedoch unterschiedliche Auswirkungen auf die grundlegenden sozio-ökonomischen Indikatoren. Estland weist trotz geringerer Sozialausgaben eine Abnahme sozialer Ungleichheiten auf. Für Litauen trifft genau das Gegenteil zu (vgl. Tab. 1). Insgesamt kann eine zunehmende Differenzierung der baltischen Länder im Hinblick auf allgemeine sozio-ökonomische Indikatoren beobachtet werden.

Neben der Variation in der wirtschaftlichen Entwicklung gibt es zwischen den baltischen Staaten auch signifikante Unterschiede in politischer Hinsicht. Obwohl der Zu-

Abbildung 1   Reale BIP-Wachstumsrate und Veränderung der Ausgaben für soziale Sicherungssysteme in den baltischen Staaten, Angabe der Veränderung zum Vorjahr in %.

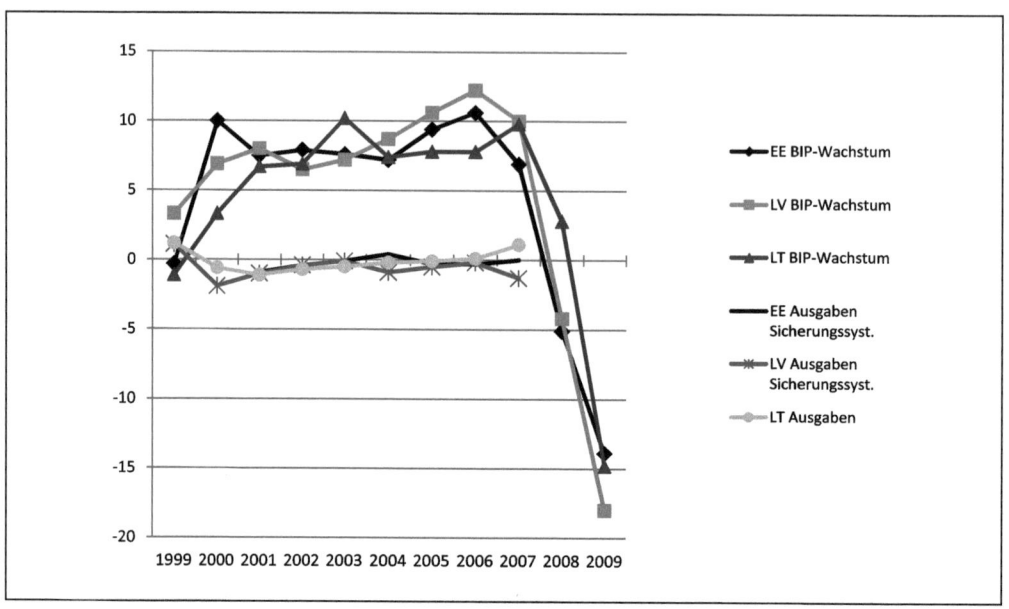

Quelle: Eurostat 2009

sammenbruch der Sowjetunion eine gemeinsame Ausgangslage darstellte, entwickelten sich die politischen Landschaften in Estland, Lettland und Litauen sehr unterschiedlich. Während kommunistische Nachfolgeparteien in Estland und Lettland keinen Erfolg hatten, konnten sie in Litauen weiterhin eine bedeutende Stellung bewahren (Aidukaite 2009). Der Wahlerfolg der Sozialdemokraten in Litauen kann zumindest teilweise die im Vergleich zu Lettland und Estland relativ späte Implementation marktorientierter Sozialreformen erklären. Estland hingegen verfolgt stärker rechts-konservative Ideen. Der Grund liegt vermutlich darin, dass die Regierungskoalitionen seit 1999 stets von Christdemokraten oder Neoliberalen geführt werden. Linksgerichtete Parteien waren zwar auch an Regierungskoalitionen in Lettland und Estland beteiligt, diese Beteiligung beeinflusste jedoch nicht die grundlegende Ausrichtung der lettischen und estnischen Sozialpolitik.

Insgesamt war der Einfluss linker Parteien auf die Entwicklung der baltischen Wohlfahrtsstaaten eher gering. Zum einen hatten die linken Parteien in Estland, Lettland und Litauen nicht das Ziel, einen sozialdemokratischen Wohlfahrtsstaat zu etablieren, da eine zu große Nähe zum kommunistischen Regime befürchtet wurde. Daher bevorzugten sie das kontinentaleuropäische „Sozialstaats"-Modell (Toots u. Bachmann 2010).

Tabelle 1   Trends in der Entwicklung sozio-ökonomischer Indikatoren, 1995–2009

Land	1995	2000	2004	2009
	BIP pro Kopf in KKS (EU-27=100)			
Estland	36	45	57	63
Lettland	31	37	46	49
Litauen	36	39	50	53
	Gini-Koeffizient			
Estland	–	36	37,4	31,4
Lettland	–	34	36,1*	37,4
Litauen	–	31	36,3*	35,5

*Daten beziehen sich auf 2005

Quelle: Eurostat 2010

Zum anderen weisen politische Parteien in postkommunistischen Ländern, anders als in etablierten westeuropäischen Demokratien, keine klaren sozialpolitischen Schwerpunkte in ihren Parteiprogrammen auf (Aidukaite 2009). Eher vergleichbar mit ostasiatischen Wohlfahrtsregimen werden sozialpolitische Maßnahmen vor allem als Nebenprodukt wirtschaftlicher Entwicklung betrachtet. Daraus folgt, dass sich sozialpolitische Standpunkte der unterschiedlichen Parteien oft ähneln bzw. überschneiden.

Obwohl der Ausbau des Wohlfahrtsstaates in den baltischen Staaten während der Demokratisierungsphase keine hohe Priorität hatte, wurden bis heute alle sozialpolitischen Bereiche umfassend reformiert. Die folgenden Abschnitte bieten einen Überblick über die wichtigsten Änderungen, Ergebnisse und Herausforderungen.

1   Rentensystem

Alle postkommunistischen Länder in Mittel- und Osteuropa, mit Ausnahme von Tschechien und Slowenien, implementierten zu Beginn der 2000er Jahre tiefgreifende Rentenreformen. Kern dieser Reformen war die Einführung eines Mehrsäulen-Modells, gemäß der Empfehlungen der Weltbank (Hacker 2009). Während Estland und Lettland eine Vorreiterrolle besonders im Hinblick auf Schnelligkeit und Tiefe der Reformen einnahmen, verfolgte Litauen einen gemäßigteren Ansatz.

Mit der Reform des Rentensystems sollten zwei Ziele erreicht werden. Zum einen sollte angesichts einer zunehmenden Alterung der Bevölkerung die Nachhaltigkeit des

Tabelle 2   Struktur der reformierten Rentensysteme

	1. Säule, Umlageverfahren, Jahr der jüngsten Reform	2. Säule, kapitalfundiert, Jahr der Einführung	3. Säule, freiwillige private Vorsorge, Jahr der Einführung
Estland	2010	2002 (freiwillig für alle, die vor 1983 geboren wurden)	1998
Lettland	1996	2001 (freiwillig für alle, die zwischen 1971 und 1952 geboren wurden)	1998
Litauen	1995	2004 (freiwillig)	2000

Quelle: Matthes et al. 2007, aktualisiert

Sicherungssystems garantiert werden. Das zweite Ziel umfasst die Stärkung der individuellen Wahlfreiheit und der Eigenverantwortung bei der Altersvorsorge (Matthes et al. 2007).

Um diese Ziele zu erreichen, wurde in Lettland 2001 ein „notional defined contribution scheme" eingeführt. Estland und Litauen etablierten 2002 bzw. 2004 eine zweite, kapitalfundierte Säule. In Estland und Lettland wurde das kapitalgedeckte Schema ab einem bestimmten Alter als verpflichtend vorgeschrieben. In Litauen ist die Nutzung der zweiten Säule freiwillig. Die Rentensysteme aller baltischen Länder weisen zudem eine kapitalfundierte Säule auf, die freiwillig und privatfinanziert ist, diese deckt jedoch nur einen geringen Teil des Bedarfs.

Der paradigmatische Wandel bezüglich des Rentensystems machte auch eine Reformierung der Beitragszahlungsmodelle notwendig. In postkommunistischen Ländern tragen üblicherweise die Arbeitgeber die Hauptlast der Sozialversicherungsbeiträge. Dies gilt auch für die Rentenbeiträge in den baltischen Staaten. Die Einführung der zweiten Säule änderte dieses Verhältnis nur geringfügig (vgl. Tab. 3). Der gesamte Beitragssatz stieg nur in Estland. In Lettland und Litauen wurde der Arbeitgeberbeitrag auf umlagefinanzierte und kapitalgedeckte Verfahren aufgeteilt.

Im Rahmen der Reformen wurde insbesondere über die Aufteilung der Beiträge auf die erste (Umlageverfahren) und zweite Säule (Kapitaldeckung) intensiv diskutiert. Linke Parteien und Gewerkschaften befürchteten eine Gefährdung der aktuellen Rentenzahlungen durch eine teilweise Umschichtung der Beiträge in die zweite Säule. Aufgrund ausreichender Reserven, die in der Zeit des starken Wirtschaftswachstums angelegt wurden, konnten aktuelle Rentenzahlungen jedoch auf dem bisherigen Niveau gehalten werden. Die aggregierte Ersatzrate betrug 2009 in Estland 52 % und in Litauen 48 %. Dies entspricht ungefähr dem EU-15-Durchschnitt von 51 %. Lettland hatte die niedrigste Rate mit 35 %.

Durch die Wirtschaftskrise 2008 bis 2010 wurde das finanzielle Gleichgewicht der Sozialversicherungsfonds gefährdet. Aus Angst vor einer Abstrafung durch ältere Wäh-

Tabelle 3 Rentenversicherungsbeiträge des Arbeitnehmers/Arbeitgebers in % der Lohnsumme

	vor Einführung der 2. Säule	nach Einführung der 2. Säule
Estland	0/20	2/20 (davon 16 % in 1. Säule und 4 % in 2. Säule)
Lettland	0/20	0/20 (davon 12–18 % in 1. Säule und 2–8 % in 2. Säule)*
Litauen	2,5/22,5	2,5/22,5 (davon 17 % in 1. Säule und 5,5 % in 2. Säule)

*Das Verhältnis zwischen den Säulen ändert sich jährlich im Zeitraum 2007–2012.

Quelle: Matthes et al. 2007; MW 2007; MSSL 2009

ler nahmen die Regierungen kaum Rentenkürzungen vor. Vielmehr wurde eine Umgestaltung der kapitalgedeckten Sicherungsverfahren durchgeführt, die in jedem Land etwas anders ausfiel. In Lettland sollte der Anteil der Beiträge zur zweiten Säule, die aus der 20prozentigen Lohnsteuer transferiert werden, im Jahr 2001 von 2 % auf 10 % angehoben werden. Diese Regelung wurde jedoch überarbeitet, und zwischen 2009 und 2010 flossen nur 2 % in die zweite Säule, während der Anteil 2008 noch 8 % betrug (VSAA 2010). Litauen reduzierte den Anteil der Rentenbeiträge zur kapitalgedeckten Säule zunächst von 5,5 % auf 3 % und im Jahr 2009 auf 2 % (MSSL 2009). Estland stellte den staatlichen Beitrag zur zweiten Säule zwischen 2009 und 2010 ein. Versicherten Bürgern wurde freigestellt, weiterhin 2 % beizutragen oder die Zahlungen ebenfalls zu stoppen.[1] Alle Länder betrachten diese Maßnahmen als temporäre Lösungen; bis 2011 sollen alle Zahlungen wieder auf dem bisherigen Niveau etabliert werden. Spezielle Mechanismen sollen dann die während der wirtschaftlichen Krise abnehmenden oder ausbleibenden Beiträge kompensieren.

Für eine abschließende, umfassende Bewertung der Rentenreformen ist es jetzt, weniger als zehn Jahre nach ihrer Einführung, noch zu früh. In allen drei Ländern sank der Anteil der staatlichen Ausgaben für die Rentenzahlungen stetig und betrug 2007 nur noch 4–5 % des BIP, dies entspricht etwa der Hälfte des europäischen Durchschnitts. Der Anteil der Renten an den gesamten Sozialleistungen sank jedoch nur in Lettland (von 55 % auf 45 %) – in Estland und Litauen blieb das Verhältnis konstant bei ca. 43 %. Ein positives Ergebnis der Reformen ist die Umorientierung der Bürger hin zur freiwilligen, individuellen Altersvorsorge. Die Mehrheit der Personen, die nicht zur Teilnahme an einer kapitalgedeckten Rentenversicherung verpflichtet waren, entschied sich freiwillig für private Vorsorgemaßnahmen. In Litauen entschlossen sich 71 % der Bürger, die über die erste Säule versichert waren, für zusätzliche Maßnahmen aus der zweiten

---

1 Gesetz zur kapitalgedeckten Altersvorsorge der Republik Estland http://www.riigiteataja.ee/ert/act.jsp?id=13334277. Zugegriffen: 30.10.2010.

Säule (MSSL 2009). Kapitalgedeckte Versicherungsformen sind bei jungen Menschen und Menschen mit höherem Bildungsniveau stärker gefragt. Insgesamt ist die finanzielle Ausgestaltung der baltischen Rentensysteme durchaus positiv zu bewerten.

Die Rentenreformen konnten jedoch nicht zu einer Verminderung der Altersarmut in den baltischen Ländern beitragen. Trotz einer schrittweisen Erhöhung der Renten sind noch immer zahlreiche Menschen über 65 Jahren – 30 % in Estland, 48 % in Lettland und 27 % in Litauen – von Armut bedroht. Diese Zahlen übersteigen deutlich den EU-Durchschnitt von 17 %. Interessanterweise lösten jedoch weder die aktuell niedrigen Rentenleistungen noch die harten Sparmaßnahmen der Regierung zur Stabilisierung der Rentenkassen öffentliche Proteste in den baltischen Staaten aus. Das gleiche gilt für die Anhebung des Rentenalters, die in Westeuropa auf starken Widerspruch in der Bevölkerung stieß.

2 Gesundheitswesen

Wie viele andere osteuropäische Staaten haben auch die baltischen Länder aus der Zeit des Kommunismus ein umfassendes und kostenintensives Gesundheitssystem mit zahlreichen Kliniken, Krankenhausbetten und Ärzten geerbt. Die Umwandlung zu einer liberalen Marktwirtschaft machte jedoch eine radikale Umgestaltung der Finanzierung und der Bereitstellung von Gesundheitsleistungen notwendig. Meist wurde dabei zunächst das bismarck'sche Krankenversicherungssystem als Vorbild genommen. Estland, Lettland und Litauen weisen heute jedoch nur zum Teil Elemente des bismarck'schen Modells auf.

Bezüglich der Finanzierung und des Versicherungsschutzes ist Estland bis heute dem Modell des deutschen Krankenversicherungssystems am ähnlichsten. Die Gesundheitsvorsorge wird fast vollständig durch Sozialversicherungsbeiträge finanziert. Die Beiträge umfassen 13 % der Lohnsumme und werden vom Arbeitgeber gezahlt. Weder lokale Behörden noch die Zentralregierung spielen eine bedeutende Rolle im estnischen Gesundheitswesen. Der Versicherungsschutz hängt direkt vom Beschäftigungsstatus ab. Nicht erwerbstätige Personen zwischen 20 und 60 Jahren haben keinen Zugang zu kostenloser medizinischer Versorgung, mit Ausnahme von Vollzeitstudenten. Die Krankenversicherungsbeiträge für Rentner, Kinder und Studenten werden vom Staat gezahlt. Der Anteil der Bevölkerung ohne staatliche Krankenversicherung beträgt 6–7 %. Anders als in Westeuropa sind in Estland meist Personen aus den unteren sozialen Schichten davon betroffen (Koppel et al. 2008). Die Bereitstellung von Gesundheitsleistungen wird von der halb-öffentlichen Nationalen Krankenkasse verwaltet. Diese überwacht das Budget und kauft jährlich Dienstleistungen von privaten Krankenhäusern und niedergelassenen Ärzten, die ihrerseits auf der Grundlage bürgerlichen Rechts tätig sind. Die Verträge mit Krankenhäusern basieren auf dem Konzept der Einzelleistungsvergütung („fee for service"), während Allgemeinmediziner nach einer Pro-Kopf-Gebühr bezahlt werden.

In Litauen wird das Gesundheitswesen sowohl durch Versicherungsbeiträge als auch durch Steuergelder finanziert. Ein besonderes Merkmal ist das Fehlen eines festen Beitragssatzes. Die Höhe des Versicherungsbeitrags wird jährlich durch das Parlament im Rahmen der Haushaltsdebatte festgelegt und umfasst ca. 3 % der Lohnsumme. Somit setzt sich das Gesundheitsbudget aus drei Hauptquellen zusammen: zu 55 % aus der Einkommensteuer, zu 24 % aus staatlichen Transferzahlungen für die Krankenversicherung von Kindern und Rentnern und zu 21 % aus den Sozialversicherungsbeiträgen. Das Gesundheitsbudget wird durch eine Krankenkasse verwaltet, die dem Gesundheitsministerium unterstellt ist. Anders als in Estland gibt es in Litauen auch regionale Krankenkassen auf Bezirksebene. Bezirksverwaltungen und Kommunen spielen eine wichtige Rolle bei der Organisation der Gesundheitsfürsorge.

Lettland ist eines der wenigen osteuropäischen Länder, dessen Gesundheitssystem nicht über Versicherungsbeiträge getragen wird. Das lettische Gesundheitssystem wird durch Steuereinnahmen finanziert, und das Finanzministerium legt die Höhe des Budgets fest. Die Staatliche Krankenversicherungsagentur verwaltet das Budget und schließt Verträge mit Leistungsanbietern, wie im Bismarck'schen Krankenversicherungsmodell. Ein weiteres spezielles Merkmal des lettischen Gesundheitssystems ist der deutliche Anstieg der Beiträge im Bereich der freiwilligen Krankenversicherung. Zwischen 1997 und 2005 stiegen Versicherungsprämien und -ansprüche effektiv fast um das Fünffache. Der Anteil privater Krankenversicherungen am gesamten Gesundheitsbudget beträgt gegenwärtig 5 % (Tragakes et al. 2008).

Die Gewährleistung einer ausreichenden Finanzierung des Gesundheitssystems war in den drei Ländern stets ein wichtiges Thema. Der Anteil der Gesundheitsausgaben am BIP beträgt nur die Hälfte des EU-Durchschnitts und zählt somit zu den geringsten Budgets in der EU. Die geringen öffentlichen Einnahmen sind zumindest teilweise für das hohe Niveau an Eigenleistungen in den baltischen Staaten verantwortlich (siehe Tab. 4).

Tabelle 4   Struktur der Einnahmen für das Gesundheitsbudget, 2008

	Anteil der Gesamtausgaben für das Gesundheitswesen am BIP in %	Anteil der öffentlichen Gesundheitsversorgung an den gesamten Gesundheitsausgaben in %	Anteil der Eigenleistungen an den gesamten Gesundheitsausgaben in %
Estland	6,2	78,7	20,0
Lettland	5,0	59,6	39,0
Litauen	6,0	73,0	26,6
Deutschland	10,4	76,8	13,1

Quelle: WHO 2010

Die Erhöhung von Steuern oder Versicherungsbeiträgen wird von den regierenden Parteien als nicht realisierbar eingeschätzt. Angesichts eines sehr begrenzten Budgets müssen daher andere Möglichkeiten für eine finanzielle Stabilisierung des Gesundheitssystems in Betracht gezogen werden. In den 1990er Jahren wurde dies relativ leicht durch die Reformierung des umfangreichen krankenhausorientierten Gesundheitssystems aus Sowjetzeiten erreicht. Die Reformbemühungen resultierten in einer Halbierung der Zahl der Krankenhausbetten, einer Kürzung der durchschnittlichen Dauer von Krankenhausaufenthalten, der Schließung kleinerer Allgemeinkliniken und der Zunahme des Anteils von Grund- bzw. Erstversorgung. Estland führte 1997 ein Familienarztsystem ein. Die betreffenden Ärzte fungieren als erste Anlaufstellen für Patienten und regulieren die Überweisung an Krankenhäuser und Fachärzte. Hinsichtlich der Leistungsfähigkeit haben die baltischen Gesundheitssysteme heute etwa das Niveau der etablierten Gesundheitssysteme Kontinentaleuropas erreicht.

Die organisatorischen Umstrukturierungen konnten jedoch das Defizit des Gesundheitsbudgets nicht beseitigen. Daher wurden in der zweiten Hälfte der 2000er Jahre neue Maßnahmen zur Kosteneinsparung ergriffen. Dazu zählten beispielsweise verschärfte Voraussetzungen für den freien Zugang zu Gesundheitsleistungen, die Reduzierung des Krankengeldes und die Senkung der Ausgleichszahlungen für Medikamente. Die Verschlechterung der wirtschaftlichen Situation 2008–2010 erhöhte den Druck auf das Gesundheitssystem zusätzlich. Die Bereitstellung von Gesundheitsdiensten für die Bevölkerung erscheint daher gefährdet. Schon 2006, als die Wirtschaftskrise noch weit entfernt war, konnten 11 % der Teilnehmer einer Befragung in Lettland wegen zu hoher Kosten keine Gesundheitsdienste in Anspruch nehmen. Mit diesem Wert übertraf Lettland die anderen EU-Mitgliedstaaten bei weitem. In Estland betrug der Anteil nur 2,5 %, in Litauen 4,5 %. Etwa 4–6 % der Teilnehmer der Befragung in den baltischen Staaten beklagten, dass sie aufgrund langer Wartelisten oder großer Entfernungen zu ihren Heimatorten keine medizinischen Dienste in Anspruch nehmen konnten (Masseria et al. 2009).

Tabelle 5   Effizienz der Krankenhausbehandlung, 2008

	Anteil der Ausgaben für stationäre Patienten an den Gesamtausgaben in %	Akut- bzw. Notfallbetten je 100 000	Belegungsgrad der Betten in %	Durchschnittliche Dauer eines Krankenhausaufenthaltes (in Tagen)
Estland	33,0	385	69,7	5,75
Lettland	51,5	517	75,6	7,19
Litauen	k. A.	504	72,7	6,30
Deutschland	34,1	562	76,2	7,60

Quelle: WHO 2010

3 Beschäftigungsstrukturen und sozialer Dialog

Der Zusammenbruch der Marktwirtschaft hatte großen Einfluss auf die Größe und die Struktur des Arbeitsmarktes. In den baltischen Staaten erreichte die Beschäftigungsquote nie die Höchstwerte aus den 1980er Jahren und die Arbeitslosenrate schwankte stark von 3-4 % bis zu 18–19 % in den Jahren zwischen 1990 und 2010. Im Gegensatz zum beschäftigungsneutralen Wachstum in hochentwickelten postindustriellen Volkswirtschaften war die Entwicklung der Arbeitsmärkte in den baltischen Staaten eng mit dem wirtschaftlichen Wandel verknüpft. Nach einem kurzen Rückgang während des Konjunkturabschwungs 1999–2001 stieg die Beschäftigungsrate in allen drei baltischen Ländern stetig an. Bereits 2006 befanden sich Estland, Lettland und Litauen in allen beschäftigungsrelevanten Kennzahlen der Lissabon-Strategie über dem EU-Durchschnitt. Eine Ausnahme bildet die Gesamtbeschäftigungsrate in Litauen (European Commission 2007). Jedoch überhitzten die regionalen Märkte schnell, und die Weltwirtschaftskrise 2008-2010 wirkte sich auf die baltischen Volkswirtschaften besonders negativ aus. Auf die Phase des Wirtschaftswachstums folgte eine scharfe wirtschaftliche Talfahrt, begleitet von einem Anstieg der Arbeitslosigkeit. In weniger als einem Jahr (zwischen Herbst 2008 und Frühling 2009) stieg die Arbeitslosenrate um 10 % und damit EU-weit am stärksten.

Abbildung 2 Arbeitslosenrate der Bevölkerung zwischen 25 und 74 Jahren im Jahresdurchschnitt in %.

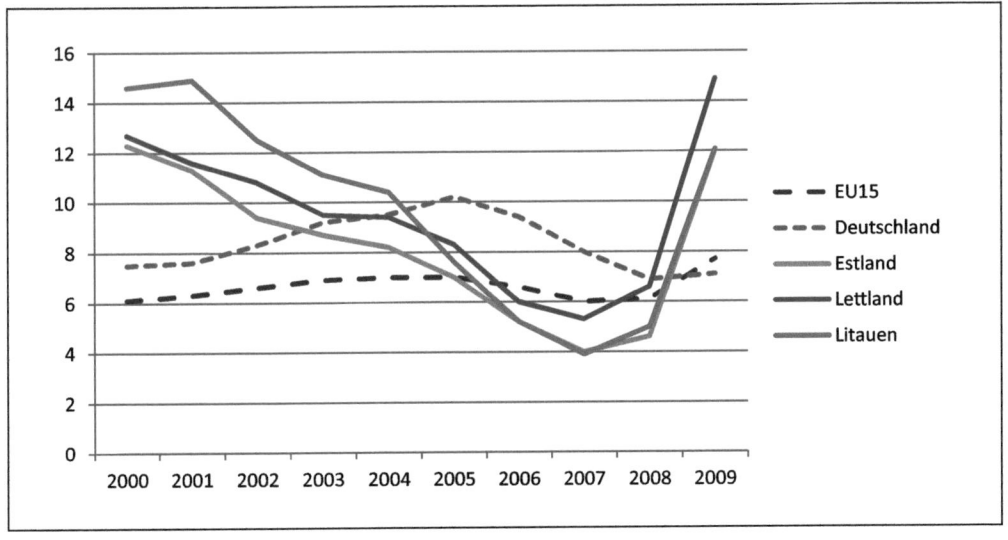

Quelle: Eurostat 2010

Abbildung 3 Arbeitslosenrate der Bevölkerung unter 25 Jahren im Jahresdurchschnitt in %.

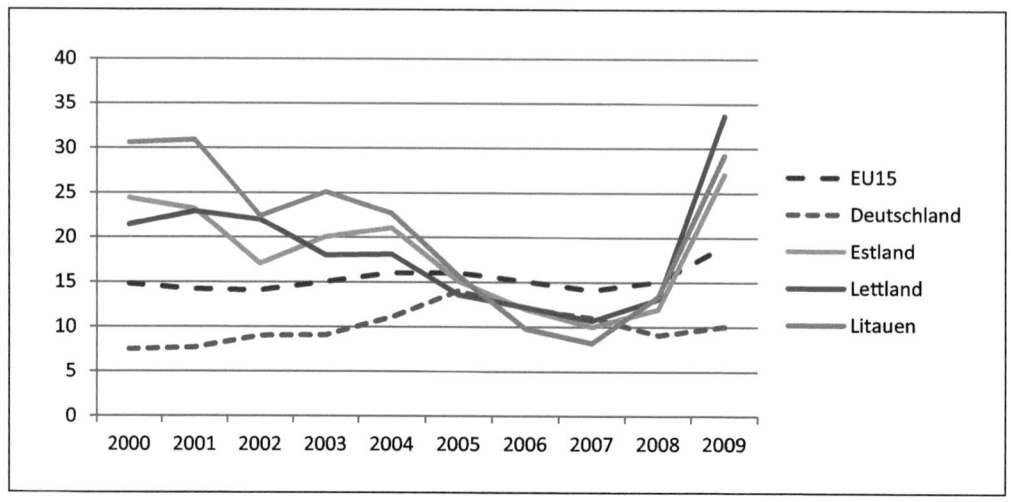

Quelle: Eurostat 2010

Anders als in der ersten Phase hoher Arbeitslosigkeit zwischen 1999 und 2000 kann die gegenwärtige Krise nicht mehr allein durch strukturelle Arbeitslosigkeit erklärt werden. Arbeitsplätze in allen Branchen sind gefährdet. Dies betrifft gleichermaßen städtische und ländliche Regionen sowie Angestellte und Arbeiter. Jedoch sind insbesondere junge Leute sowie ältere Personen kurz vor dem Rentenalter von Arbeitslosigkeit betroffen. In dieser Hinsicht unterscheiden sich die baltischen von den westeuropäischen Staaten. In letzteren stellt die Jugendarbeitslosigkeit schon seit langem ein dauerhaftes Problem dar, während ältere Arbeitnehmer mit langer Berufserfahrung besser gegen den Verlust ihres Arbeitsplatzes geschützt waren. In den baltischen Staaten befinden sich beide Gruppen in einer ähnlich unsicheren Position auf dem Arbeitsmarkt: In Phasen wirtschaftlichen Wachstums können sie relativ leicht in den Arbeitsmarkt eintreten, bei schlechter wirtschaftlicher Lage werden sie meist zuerst entlassen.

Eine weitere Besonderheit der baltischen Staaten betrifft die Beschäftigungssituation der Frauen. Europäische Wohlfahrtsstaaten, vor allem des kontinentalen Modells, waren ursprünglich auf den männlichen Vollzeitbeschäftigten ausgerichtet. Der Anteil der Frauen am Arbeitsmarkt war daher typischerweise geringer und die Arbeitslosenrate höher. In den baltischen Staaten ist eine entgegengesetzte Situation zu beobachten. Die Beschäftigungsquote von Frauen liegt in Estland und Lettland EU-weit am höchsten. In der Literatur wird dies meist mit dem sowjetischen Erbe begründet (Pascall u. Manning 2000; Cerami 2008). Dies erklärt jedoch nicht, warum das Beschäftigungswachstum bei Frauen stärker ist als bei männlichen Arbeitnehmern und warum die Arbeitslosenrate von Frauen im Baltikum niedriger ist als in den westeuropäischen Staaten. Beispielsweise wuchs die Beschäftigungsrate von Frauen in Estland und Lettland zwischen 2000 und 2006 um mehr als 8 %. Das durchschnittliche Wachstum in den EU-15 betrug in diesem Zeitraum nur 3,4 % (European Commission 2007, S. 24). 2006 betrug die Arbeitslosenrate von Frauen in den baltischen Staaten 5,6 %, in den EU-15-Staaten dagegen durchschnittlich 8,7 % (European Commission 2007, S. 29). Zur Erklärung dieser Entwicklungen können zwei unterschiedliche Argumentationsgänge herangezogen werden, die sich z. T. widersprechen. Erstens weisen Frauen in Estland, Lettland und Litauen ein höheres Bildungsniveau auf als Männer und somit auch eine bessere Beschäftigungsfähigkeit (Saar et al. 2008; Cerami 2008). Zweitens neigen Frauen aus dem baltischen Raum eher dazu, auch weniger attraktive Arbeitsangebote zu akzeptieren, die von Männern abgelehnt werden. Das Lohngefälle zwischen den Geschlechtern ist in Estland mit 28 % EU-weit am höchsten und stärkt implizit letztere Annahme.

Um die Jahrtausendwende wurde der Fokus europäischer Arbeitsmarktpolitik zunehmend auf Flexibilität gelegt. Eine höhere Flexibilität des Arbeitsmarktes sollte die Beschäftigungsmöglichkeiten auch für diejenigen erhöhen, die keine Vollzeitstelle annehmen können. Früher waren Arbeitnehmer in befristeten Arbeitsverhältnissen stärker gefährdet, in Arbeitslosigkeit oder Armut zu geraten. Teilzeitarbeit, befristete Verträge und freiberufliche Tätigkeit wurden in den 1980er Jahren noch als „untypisch" bzw. als Ausnahme von der Regel betrachtet. Heute spielen diese Beschäftigungsformen eine zunehmend wichtige Rolle in politischen Strategie- und Grundsatzpapieren. Die Verbreitung der neuen Beschäftigungsformen variiert jedoch innerhalb Europas sehr stark. Bismarck'sche Wohlfahrtsregime weisen aufgrund starker Gewerkschaften und weitreichender arbeitsrechtlicher Bestimmungen meist nur einen geringen Anteil an Teilzeitstellen oder befristeten Arbeitsverträgen auf (Ebbinghaus 2006; Clegg 2008).

In Estland, Lettland und Litauen fehlten diese Faktoren, da es zu Sowjetzeiten weder einen echten industriellen Arbeitsmarkt noch einen stabilen Sozialdialog gab. Es wäre daher zu vermuten, dass sich die baltischen Arbeitsmärkte relativ schnell auf Flexibilitätsanforderungen einstellen konnten. Dies geschah jedoch nicht. Vielmehr sind Teilzeitarbeit und befristete Verträge in den postkommunistischen Staaten signifikant seltener vorhanden als in den EU-15-Staaten (Gebel 2008). In den EU-15-Staaten stieg der Anteil von Teilzeitstellen seit den 1990ern stetig an. 2009 basierten 21,6 % aller Beschäftigungsverhältnisse auf Teilzeitverträgen. In den postkommunistischen Staaten betrug der Anteil nur etwa die Hälfte des europäischen Durchschnitts. Das ausgewogenere Verhältnis von Arbeitsplätzen und Arbeitsuchenden in der Phase des starken Wirtschaftswachstums 2005-2007 trug nicht dazu bei, den Anteil von Teilzeitstellen zu erhöhen, sondern hatte eher einen gegensätzlichen Effekt. Diese Ergebnisse deuten an, dass die Arbeitnehmer im Baltikum Teilzeitstellen nur unfreiwillig akzeptieren.

Zur Erklärung der geringen Verbreitung von Teilzeitbeschäftigung in Estland, Lettland und Litauen können verschiedene Gründe genannt werden. Insbesondere die ungünstige Wirtschaftsstruktur, konservative Geschlechterstereotypen und das niedrige

Abbildung 4 Anteil der Teilzeitbeschäftigung an der Gesamtbeschäftigung

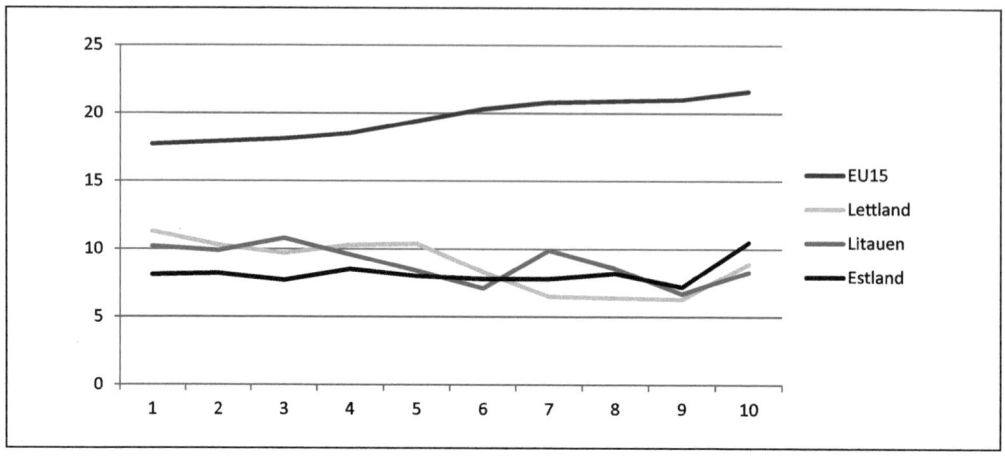

Quelle: Eurostat 2009

Lohnniveau sind hier zu nennen. Zudem behindert das unflexible Arbeitsrecht die Zunahme von Teilzeitstellen und die Flexibilität des Arbeitsmarktes allgemein. Trotz radikaler neoliberaler Reformen in vielen Politikfeldern blieb das Arbeitsrecht in den baltischen Staaten lange Zeit unangetastet (Eamets u. Masso 2005; Gebel 2008). Daher formen Grundelemente des sowjetischen Arbeitsrechts – beispielsweise Vollzeitbeschäftigung als Normalfall und strenge Vorgaben zu Einstellung und Kündigung – noch immer die heutigen Arbeitsbeziehungen im Baltikum. Dies spiegelt sich auch im „Employment Protection Legislation (EPL) Index" wider. Demnach haben Lettland und Litauen jeweils deutlich strengere Vorschriften zum Kündigungsschutz als die EU-15-Staaten, während Estland ungefähr dem westeuropäischen Durchschnitt entspricht. Dies mag widersprüchlich erscheinen angesichts des geringen und weiter sinkenden Organisationsgrades der Gewerkschaften in den baltischen Staaten. In Estland, Lettland und Litauen sind weniger als 20% der Arbeitnehmer in Gewerkschaften organisiert. Damit gehören die drei Staaten EU-weit zur Ländergruppe mit dem geringsten gewerkschaftlichen Organisationsgrad (European Commission 2009). Auch die Arbeitgeber als Gegenpart in den Arbeitsbeziehungen sind kaum organisiert. Der Organisationsgrad der baltischen Arbeitgeberverbände zählt EU-weit ebenfalls zu den geringsten (European Commission 2009).

Somit blieb die Bildung von mächtigen Interessengruppen im arbeitsmarktpolitischen Bereich bisher aus und ist auch in Zukunft eher unwahrscheinlich, da große Unternehmen, die eine Basis für Gewerkschaften und Arbeitgeberverbände darstellen, nur einen geringen Teil aller Unternehmen in den baltischen Volkswirtschaften ausmachen. Der geringe Organisationsgrad der Gewerkschaften und Arbeitgeberverbände trug jedoch weder zu einer Flexibilisierung der baltischen Arbeitsmärkte noch zu einer Etablierung von neuen Akteuren bzw. Reformbefürwortern bei. Interessant ist in diesem Zusammenhang, dass einigen aktuellen Studien zur Bismarckschen Arbeitsmarktpolitik zufolge Gewerkschaften und Arbeitgeberverbände heute eher zu den Unterstützern von Arbeitsmarktreformen zählen und nicht länger eine blockierende Position einnehmen, wie es der klassische Ansatz üblicherweise impliziert (Clegg 2008).

4 Familienpolitik

Im Gegensatz zu den Arbeitsbeziehungen wurde die Familienpolitik der baltischen Staaten im Rahmen der Transitionsphase tiefgreifend umgestaltet. Der Politikwandel war dabei von zwei Hauptaspekten geprägt. Zum einen war die öffentliche Kinderbetreuung ein wichtiges Element der beruflichen Fürsorge in der Sowjetunion. Mit dem Scheitern der Planwirtschaft brach auch das ehemalige Kindergartensystem zusammen. Die meisten Parteien betrachteten die staatliche Unterstützung der Kinderbetreuung als „kommunistisch" und bevorzugten direkte Geldleistungen als Hauptinstrument der Familienpolitik. Zum anderen richtete sich die Politik aufgrund der signifikanten Bevölkerungsabnahme zunehmend in Richtung Geburtenförderung aus. Diese Ausrichtung entsprach zudem den Anschauungen nationalistisch orientierter, konservativer politischer Kräfte.

Verglichen mit früheren sozialen Risiken wie Arbeitslosigkeit oder Altersarmut wurden familienpolitische Themen im letzten Jahrzehnt deutlich bevorzugt behandelt. Zwischen 1996 und 2006 stiegen die Ausgaben für Familien und Kinder in Estland und Litauen und blieben nur in Lettland konstant. Im selben Zeitraum nahmen die Ausgaben für das Rentensystem in Lettland deutlich und in Litauen geringfügig ab. Die Ausgaben in Estland blieben auf dem gleichen Niveau. Trotz dieser Variation innerhalb der baltischen Staaten ist doch ein deutlicher Unterschied zwischen der Entwicklung im gesamten baltischen Raum und Trends in Westeuropa zu erkennen. In den EU-15-Staaten nehmen die Ausgaben für das Rentensystem zu, während das familienpolitische Budget sinkt. In den baltischen Staaten ist ein entgegengesetzter Trend zu beobachten. Konkret verwenden die baltischen Regierungen circa 2–3 % mehr von ihrem gesamten Wohlfahrtsbudget für Familien und Kinder als die EU-Länder im Durchschnitt. Dies ist der einzige Bereich der Sozialausgaben, in dem Estland, Lettland und Litauen die meisten europäischen Länder übertreffen.

Das Ziel der Vereinbarkeit von Arbeit und Familie hat – anders als in Westeuropa – in den baltischen Staaten erst seit kurzem Eingang in familienpolitische Überlegungen gefunden. Das Hauptaugenmerk liegt noch immer auf geburtenfördernden Maßnahmen, die zu Beginn der 1990er Jahre ausgestaltet wurden und das natürliche Bevölkerungswachstum steigern sollen. Daher wurden mögliche Auswirkungen familienpolitischer Instrumente auf die Beschäftigungssituation von Frauen bisher kaum beachtet.

Tabelle 6	Sozialleistungen für Familien in Euro pro Einwohner (in Preisen von 2000)			
	2000	2002	2004	2007
Ohne Bedürftigkeitsprüfung				
Estland	68,5	68,4	99,9	118,8
Lettland	44,4	44,6	44	61,5
Litauen	33,5	31,4	37,8	62,7
Deutschland	597,6	635,1	620,3	542,8
EU-15	368,1	380	383,4	364,1
Mit Bedürftigkeitsprüfung				
Estland	4,7	5,7	3,8	5,7
Lettland	9,7	11,2	10,0	12,9
Litauen	14,2	16,0	21,9	28,0
Deutschland	196,9	200,9	200,4	212,0
EU-15	127,2	140,3	151,3	167,7

Quelle: Eurostat 2010

Aktuelle Daten zeigen, dass die Bereitstellung von Kindergärten und die Höhe des Kindergeldes unterschiedliche Effekte auf die Motivation der Mütter haben, in den Arbeitsmarkt einzutreten. Litauen hat den geringsten Anteil von Kindern, die in Kindergärten betreut werden, und zeigt gleichzeitig keine signifikant niedrigere Beschäftigungsrate von Frauen. Estland hat die höchste Rate von Vierjährigen in Betreuungseinrichtungen und führte 2004 zudem ein großzügiges, einkommensbezogenes Elterngeld ein. Die Leistung wird nach der Geburt für anderthalb Jahre gezahlt und deckt 100 % des vorigen Einkommens. Dies führt dazu, dass Estland als einziger baltischer Staat eine abnehmende Beschäftigungsrate von Frauen aufweist, die zwischen 25 und 49 Jahre alt sind und daher häufig kleine Kinder betreuen. Litauen führte erst 2008 ähnlich großzügige Leistungen ein. Für die Untersuchung des Einflusses auf die litauischen Arbeitsmarktstatistiken ist es daher noch zu früh.

Insgesamt ist ein Wandel in der Familienpolitik der baltischen Staaten von umfassenden öffentlichen Leistungen des sowjetischen Systems hin zu konservativen geburtenfördernden Maßnahmen zu beobachten. Die jüngsten Reformen von Familienhilfen haben zudem verstärkt das bisher geltende Universalitätsprinzip revidiert und zahlreiche Leistungen entweder an das Einkommen oder an die individuelle Bedürftigkeit gekoppelt.

Tabelle 7 Familienpolitische Maßnahmen und Beschäftigungssituation von Frauen

	Anteil von Vierjährigen in Kindergärten in %	Elterngeld: Dauer der Zahlung in Tagen, Verhältnis zum vorherigen Lohn in %	Beschäftigungsrate von Frauen zwischen 25 und 49 Jahren in %
Estland	86,1	575 Tage, 100 %	83,1
Lettland	73,5	112 Tage, 100 %	86
Litauen	59,7	365 Tage 100 % ; weitere 365 Tage 85 %	84,7

Quellen: Eurostat 2009, MISSOC 2009, MSSL 2009, MW 2007

5 Armutsbekämpfung

Die Sicherung eines angemessenen Lebensstandards für alle Bürger ist eine der klassischen und immer noch wichtigsten Aufgaben des Wohlfahrtsstaates. Die meisten postkommunistischen Staaten haben erhebliche Probleme in diesem Bereich. Auch fünf Jahre nach dem EU-Beitritt liegt der Lebensstandard in den baltischen Staaten trotz einiger Fortschritte noch immer deutlich unter dem EU-15-Durchschnitt, obwohl einige Fortschritte erzielt worden sind. Die Einkommensunterschiede stiegen im Zuge der

Abbildung 5 Armutsrisikoquote vor und nach Sozialtransferzahlungen in % (Einkommen unterhalb 50 % des durchschnittlichen Einkommens).

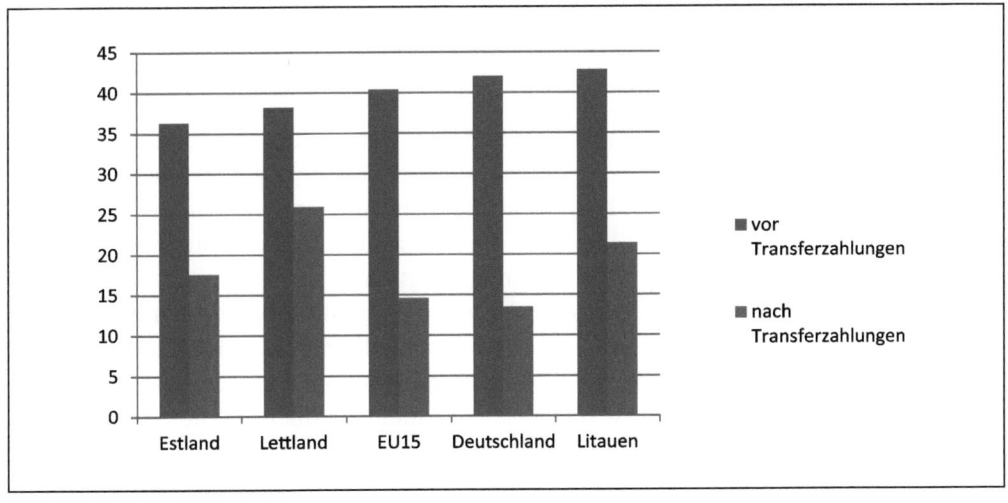

Quelle: Eurostat 2010

marktorientierten Reformen jedoch nur geringfügig an. In Estland nahm der Anteil der von Armut bedrohten Bevölkerung seit 2004 stetig ab und betrug 2009 17,6 %. Lettland und Litauen waren weniger erfolgreich. Hier schwankte die Quote des Armutsrisikos stärker und steht nun bei 21,4 % in Litauen und 25,9 % in Lettland.

Der entscheidende Unterschied zwischen den baltischen Staaten und Westeuropa liegt in der Wirkung von Sozialleistungen auf die Armutsreduzierung. In den EU-15-Staaten senken soziale Transferleistungen das Armutsrisiko um 64 %. In Estland wird es dagegen nur um 52 % und in Lettland um 32 % gesenkt. Da die Sozialleistungen in Litauen stärker bedürfnisorientiert sind als in den anderen baltischen Staaten (Aidukaite 2009), ist die Wirkung von Transferzahlungen auf das Armutsrisiko in Litauen ähnlich hoch wie im europäischen Durchschnitt. Im Allgemeinen wird jedoch das finanzielle Wohlergehen der Bürger in Estland, Lettland und Litauen nicht so stark vom Wohlfahrtsstaat bestimmt wie es in anderen europäischen Staaten der Fall ist.

Angesichts der vergleichsweise geringen Rolle der Sozialpolitik bei der Armutsbekämpfung kann vermutet werden, dass ein angemessener Lebensstandard vielmehr durch den Arbeitsmarkt realisiert werden kann. Wenn Sozialtransfers keine signifikante Wirkung haben, dann kommt vor allem dem Erwerbseinkommen eine zentrale Rolle zu. Überaschenderweise ist der Anteil der „Working Poor"[2] in Estland und Litauen mit 8 % etwa auf dem Niveau der EU-15-Staaten. Ein Vergleich der Armutsrisikoquoten von Männern und Frauen mit der Quote bei Erwerbstätigen zeigt, dass eine Beteiligung am Arbeitsmarkt zur Gleichstellung der Geschlechter beiträgt. Im Allgemeinen ist das Armutsrisiko von Frauen um 4 % höher als das von Männern. Zwischen erwerbstätigen Frauen und Männern insgesamt besteht in Lettland und Litauen dabei jedoch kein Unterschied in der Armutsgefährdung. In Estland liegt das Armutsrisiko erwerbstätiger Frauen jedoch um 3 % höher als bei erwerbstätigen Männern. Dies verweist auf die schwächere Stellung von Frauen im estnischen Arbeitsmarkt im Vergleich zu den anderen baltischen Staaten.

Die Bedeutung von Bildung für die Armutsbekämpfung bei der erwerbstätigen Bevölkerung ist in den baltischen Staaten ähnlich hoch wie in Westeuropa. Wie auch in den EU-15-Staaten sind in den baltischen Ländern weniger als 4 % der Personen mit Hochschulbildung armutsgefährdet. Jedoch bestehen bei Arbeitnehmern mit geringerer oder höherer weiterführender Bildung deutliche Unterschiede zwischen den baltischen Staaten. Der positive Effekt von Bildung auf die finanzielle Situation von Erwerbstätigen ist in Lettland am größten und in Estland am geringsten.

Grundsätzlich gilt, dass Beschäftigung der wichtigste Faktor bei der Armutsbekämpfung ist. Der Effekt variiert jedoch je nach unterschiedlichen sozialen Risikofaktoren. Während erwerbstätige Frauen kein erhöhtes Armutsrisiko haben, ist diese Gefahr bei geringem Bildungsniveau deutlich höher. Diese unterschiedlichen Effekte werden im

---

2 Als „Working Poor" werden Personen bezeichnet, die trotz Erwerbstätigkeit armutsgefährdet sind, da sie nur eine geringen Lohn erhalten.

Abbildung 6 Armutsgefährdete Erwerbstätige nach unterschiedlichen Bevölkerungskategorien in %, Daten von 2008 (ISCED 5-6: weiterführende Schulbildung, Berufsausbildung und Hochschulstudium, ISCED 0-2: geringe Schulbildung bzw. keine Berufsausbildung).

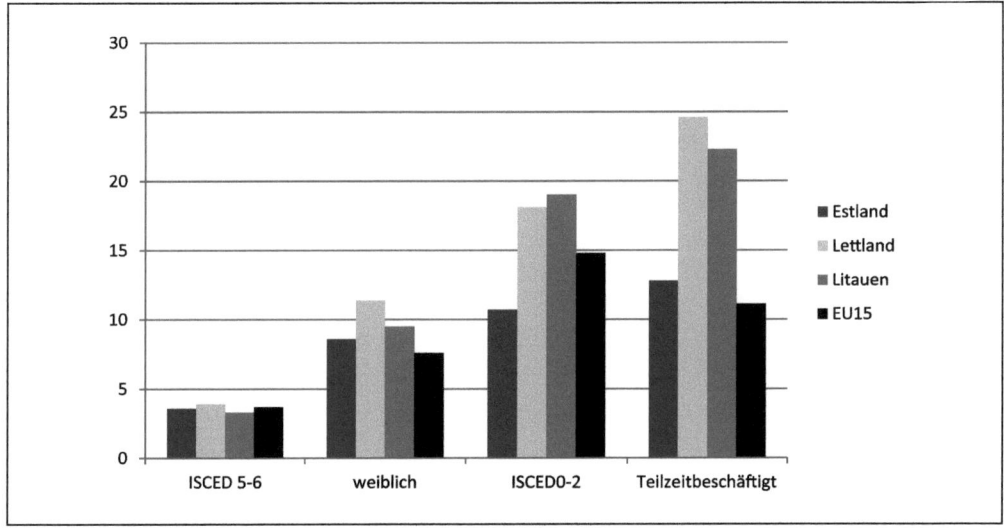

Quelle: Eurostat 2009

Vergleich zwischen Voll- und Teilzeitbeschäftigung deutlicher. Bei Erwerbstätigen in Teilzeitstellen ist das Armutsrisiko höher als bei Beschäftigten mit Vollzeitverträgen. Anders als bei den Faktoren Geschlecht und Bildung wirken sich die Beschäftigungsverhältnisse in den baltischen Staaten doppelt so stark aus wie in den EU-15. Diese Befunde bieten eine zusätzliche Erklärung für den Anstieg der Beschäftigungsrate von Frauen und die Stagnation bei der Zunahme von Teilzeitverträgen in den baltischen Staaten. Für Frauen bedeutet eine Vollzeitbeschäftigung, dass sie ein geringeres Armutsrisiko haben. Die Situation für Teilzeitbeschäftigte ist dagegen noch immer prekär.

Zusammenfassend kann gesagt werden, dass Estland, Lettland und Litauen zumindest bei der Stabilisierung der Armutsrate gute Ergebnisse erzielt haben. Zwischen den Ländern existieren dabei nur geringe Unterschiede. Die wichtigste Absicherung gegen Armut für die erwerbsfähige Bevölkerung in allen drei baltischen Staaten ist eine Vollzeitbeschäftigung. Bei der Absicherung von sozialen Risiken, die mit Teilzeitbeschäftigung oder niedrigem Bildungsstand einhergehen, sind die baltischen Staaten weniger erfolgreich. Zudem bestehen hier deutliche Unterschiede zwischen Estland, Lettland und Litauen.

6 Fazit

Postkommunistische Staaten stellen interessante, aber umstrittene Untersuchungsobjekte für Studien zum Wohlfahrtsstaat dar. In diesem Beitrag wurden sozialpolitische Entwicklungen in den baltischen Ländern untersucht, die aufgrund der schnellen marktorientierten Reformen und der eindrucksvollen Wachstumsphase in den 2000er Jahren international Aufmerksamkeit auf sich gezogen haben. Aufgrund dieser Entwicklungen erfolgte eine Einordnung der baltischen Staaten in die Kategorie der liberalen Wohlfahrtsregime. Zudem können korporatistisch-konservative Strukturen beobachtet werden, die ihren Ursprung in der kommunistischen Vergangenheit haben.

Eine detaillierte Analyse zeigt, dass Estland, Lettland und Litauen sich bezüglich ihrer Sozialpolitik in den letzten 20 Jahren in unterschiedliche Richtungen, entwickelt haben – sowohl hinsichtlich der sozialpolitischen Arrangements als auch der erzielten Ergebnisse. Zum jetzigen Zeitpunkt kann nur begrenzt von einem gemeinsamen „baltischen Wohlfahrtsstaat" gesprochen werden. Die wichtigste Gemeinsamkeit der baltischen Staaten, die trotz unterschiedlicher sozio-ökonomischer Entwicklung und politischer Ausrichtung der Regierungen besteht, ist die starke Unterstützung der Idee eines „developmental welfare state". Dieses Wohlfahrtstaatmodell tritt besonders in ostasiatischen Ländern, beispielsweise in Japan, Korea, Singapur und Taiwan, auf. Charakteristisch ist zum einen die Priorität von Haushaltsdisziplin vor dem Konzept der sozialen Staatsbürgerschaft. Ein zweites Merkmal sind die detaillierten politischen Antworten auf die Alterung der Bevölkerung (Peng 2008). In den Jahren der wirtschaftlichen Rezession 2009 bis 2010 stand für die baltischen Staaten die Haushaltsstabilität an erster Stelle. Alle öffentlichen Ausgaben wurden dementsprechend stark gekürzt. Estland gelang es durch diese Politik, bereits zum 1. Januar 2011 der Eurozone beizutreten.

Überraschenderweise haben sich die baltischen Wohlfahrtsstaaten gegenüber externen Schocks als krisenfest erwiesen. Das Armutsproblem konnte trotz sinkender Sozialausgaben und hoher Arbeitslosenzahlen unter Kontrolle gehalten werden. Andere Bereiche, die entscheidend für die Nachhaltigkeit des Wohlfahrtsstaates sind, stagnieren hingegen. Dazu zählt unter anderem die mangelnde Flexibilität der Arbeitsbeziehungen und der Beschäftigungsverhältnisse. Obwohl die Partizipation von Frauen am Arbeitsmarkt den europäischen Durchschnitt deutlich übertrifft, resultiert dies eher aus früheren Traditionen und wirtschaftlicher Not als aus fortschrittlichen Maßnahmen zur Vereinbarkeit von Beruf und Familie. Man könnte argumentieren, dass die politischen Eliten der baltischen Länder bisher noch nicht den nötigen Paradigmenwechsel vom Konzept der Einnahme und Umverteilung von Steuern hin zu einer strategischen Anpassung an den dynamischen Arbeitsmarkt und die Alterung der Bevölkerung durchlaufen haben. Die Regierungen versuchen vielmehr, an alten Instrumenten und Strategien festzuhalten und diese bei ausbleibendem Erfolg noch nachdrücklicher einzusetzen. Dies wird jedoch nicht ausreichen, um die westlichen Wohlfahrtsstaaten einzuholen oder einen effizienten „social investment state" aufzubauen (Giddens 1998).

Literatur

Aidukaite, Jolanta. 2006. The Formation of Social Insurance Institutions of the Baltic States in the Post-socialist Era. *Journal of European Social Policy* 16/3: 259–270.
Aidukaite, Jolanta. 2009. The Transformation of Welfare Systems in the Baltic States: Estonia, Latvia and Lithuania. In *Post-Communist Welfare Pathways. Theorizing Social Policy Transformations in Central and Eastern Europe*, Hrsg. Alfio Cerami und Pieter Vanhuysse, 96–111. Houndmills/Basingstoke/New York: Palgrave Macmillan.
Cerami, Alfio. 2005. *Social Policy in Central and Eastern Europe. The Emergence of a New European Model of Solidarity?* Paper to be presented at the Third ESPAnet Conference „Making Social Policy in the Post Industrial Age" University of Fribourg, 22–24.9.2005, Fribourg.
Cerami, Alfio. 2008. The New Social Risks in Central and Eastern Europe: The Need for a New Empowering Politics of the Welfare State. *Czech Sociological Review* 44/6: 1089–1110.
Clegg, Daniel. 2008. „Continental Drift: On unemployment Policy Change in Bismarckian Welfare States". In *Reforming the Bismarckian Welfare Systems*, Hrsg. Bruno Palier und Claude Martin, 62–81. Oxford: Blackwell.
Eamets, Raul und Jaan Masso. 2005. The Paradox of the Baltic States: Labour Market Flexibility but Protected Workers. *European Journal of Industrial Relations* 11/1: 71–90.
Ebbinghaus, Bernhard. 2006. Trade Union Movements in Post Industrial Welfare States: Opening up to New Social Interests? In *The Politics of Post-Industrial Welfare States. Adapting Post-war Social Policies to New Social Risks*, Hrsg. Klaus Armingeon und Giuliano Bonoli, 123–142. London/New York: Routledge.
European Commission. 2007. *Employment in Europe 2007*. Luxembourg: Office for Official Publications of the European Communities.
European Commission. 2009. *Industrial Relations in Europe 2008*. Luxembourg: Office for Official Publications of the European Communities.
Eurostat. 2009/2010. *Statistics Database.* http://epp.eurostat.ec.europa.eu/portal/page/portal/eurostat/home. Zugegriffen: 11.5.2011.
Gebel, Michael. 2008. Labour Markets in Central and Eastern Europe. In *Europe Enlarged. A Handbook of Education, Labour and Welfare Regimes in Central and Eastern Europe*, Hrsg. Irena Kogan, Michael Gebel und Clemens Noelke, 35–62. Bristol: Policy Press.
Giddens, Anthony. 1998. *The Third Way: the renewal of social democracy.* Cambridge: Polity Press.
Hacker, Björn. 2009. Hybridization instead of Clustering: Transformation Processes of Welfare Policies in Central and Eastern Europe. *Social Policy and Administration* 43/2: 152–169.
Koppel, Agris, Kristiina Kahur, Triin Habicht, Pille Saar, Jarno Habicht und Ewant van Ginneken. 2008. Estonia: Health system review. *Health Systems in Transition* 10/1: 1–230.
Masseria, Cristina, Rachel Irwin, Sarah Thomson, Marin Gemmill und Elias Mossialos. 2009. *Primary Care in Europe.* Policy brief. ec.europa.eu/social/BlobServlet?docId=4739&langId=en. Zugegriffen: 25.10.2010.
Matthes, Claudia-Yvette, Monika Kačinskienė, Feliciana Rajevska und Anu Toots. 2007. „Rentenreform im Baltikum. Neue Modelle im Praxistest" *Osteuropa* 57/7: 47–56.
MISSOC. 2009. *Mutual Information System on Social Protection. Comparative tables on social protection.* http://ec.europa.eu/employment_social/missoc/db/public/compareTables.do?lang=en. Zugegriffen: 2.1.2012.
MSSL. 2009. *Social Report 2008–2009.* Vilnius: Ministry of Social Security and Labour of the Republic of Lithuania.

MW. 2007. *Social Report for 2006*. Rīga: Ministry of Welfare of the Republic of Latvia.
Orenstein, Mitchell. 2008. Poverty, Inequality, and Democracy. *Journal of Democracy* 19/4: 80–94.
Pascall, Gillian and Nick Manning. 2000. Gender and Social Policy: Comparing welfare States in Central and Eastern Europe and the Former Soviet Union. *Journal of European Social Policy* 10/3: 240–266.
Peng, Ito. 2008. Welfare Policy Reforms in Japan and Korea: Cultural and Institutional Factors. In *Culture and Welfare State. Values and Social Policy in Comparative Perspective*, Hrsg. Wim van Oorshot, Michael Opileka und Birgit Pfau-Effinger, 162–184. Cheltenham/Northampton: Edward Elgar.
Potůček, Martin. 2008. Metamorphoses of Welfare States in Central and Eastern Europe. In *Welfare State Transformations: Comparative Perspectives*, Hrsg. Martin Seeleib-Kaiser, 79–96. Basingstoke/New York: Palgrave Macmillan.
Riigi Teataja. 2010. *Act on Funded Pensions of the Estonian Republic*. http://www.riigiteataja.ee/ert/act.jsp?id=13334277. Zugegriffen: 30. 10. 2010.
Saar, Ellu, Marge Unt und Irena Kogan. 2008. Transition from Educational System to Labour Market in the European Union: A Comparison between the New and Old Members. *International Journal of Comparative Sociology* 49/1: 31–59.
Toots, Anu und Janika Bachmann. 2010. Beyond the Neoliberal Transition: Adjustment of the Baltic Welfare States to the Post-modernity. *Studies in Transition States and Societies* No. 3 (im Erscheinen).
Tragakes Ellie, Girts Brigis, Jauntite Karaskevica, Aiga Rurane, Artis Stuburs, Evita Zusmane, Olga Avdeeva und Marco Schäfer. 2008. Latvia: Health system review. *Health Systems in Transition* 10/2: 1–253.
VSAA. 2010. *Three levels of Pension System. State Social Insurance Agency of the Republic of Latvia*. www.vsaa.lv/vsaa/content/?cat=698. Zugegriffen: 30. 10. 2010.
WHO Regional Office for Europe. 2010. *Health for All Database*. www.euro.who.int/en/what-we-do/data-and-evidence/databases/european-health-for-all-database-hfa-db2. Zugegriffen: 11. 5. 2011.

Doch eine Erfolgsgeschichte? Zur wirtschaftlichen und sozialen Entwicklung in den baltischen Staaten

Andrejs Urdze

Mit der Unabhängigkeit der baltischen Staaten vor 20 Jahren eröffnete sich ihnen nach 50 Jahren wieder die Möglichkeit, Anschluss zu finden an eine Entwicklung, die durch die Angliederung an die Sowjetunion gewaltsam unterbrochen worden war. Im Unterschied zu allen anderen ostmitteleuropäischen Ländern mussten die baltischen Staaten auf vielen Gebieten einen Neubeginn vollziehen, während etwa Länder wie Polen, Tschechien und Ungarn auf bestehende eigene staatliche Strukturen aufbauen konnten. Die ganze Wirtschaft der baltischen Staaten hingegen war auf die Belange der gesamten Sowjetunion ausgerichtet, über 90 % des Handels wurden mit anderen Republiken der Sowjetunion abgewickelt. Damit ergab sich nach 1990 die Notwendigkeit, die gesamte Wirtschaft radikal umzustrukturieren. In Folge des radikalen wirtschaftlichen Umbruchs kam es zunächst in den Jahren 1991 bis 1993 zu massiven wirtschaftlichen Einbrüchen. 1993 betrug das Bruttosozialprodukt der baltischen Staaten nur mehr rund die Hälfte des Wertes von 1990. Dieser Beitrag beschäftigt sich mit der wirtschaftlichen und sozialen Entwicklung in den baltischen Staaten nach der Unabhängigkeit.

1 Der wirtschaftliche Höhenflug

In den baltischen Staaten fand ab 1993 eine wirtschaftliche Konsolidierung statt, der ein rasanter Wirtschaftsaufschwung folgte. Dabei wirkten viele Faktoren zusammen. Entscheidend war die Einführung einer eigenen Währung – in Estland in Anlehnung an die DM, in Lettland in Anlehnung an die Sonderziehungsrechte, später an den Euro und in Litauen zunächst in Anlehnung an den US Dollar, später gleichfalls an den Euro. Die Privatisierung staatlichen Eigentums auf marktwirtschaftlichen Grundlagen wurde in kürzester Zeit vollzogen. Die Durchsetzung einer liberalen Wirtschaftspolitik mit niedrigen Steuern und geringen Zöllen schuf auch für ausländische Unternehmen ein günstiges Investitionsklima. Es fand eine grundlegende Umorientierung des Außenhandels statt. Nicht mehr Russland, sondern die Staaten der EU wurden Haupthandelspartner.

Die wirtschaftliche Entwicklung erreichte 1997/98 ihren ersten Höhepunkt. Gestoppt wurde diese Aufwärtsentwicklung 1998/99 durch die Wirtschaftskrise in Russland, die auch im Baltikum schwerwiegende Auswirkungen hatte. Vor allem exportorientierte Bereiche mit Fokus Russland brachen zusammen. Diese Krise führte zu einer noch stär-

Tabelle 1   Außenhandelsstrukturen der baltischen Staaten 1991–2001 in %

Handelspartner	Estland			Lettland			Litauen		
	1991	1996	2001	1992	1996	2001	1991	1996	2011
Export – EU	3,7	56,9	69,5	39,9	44,7	61,3	3,0	38,5	50,1
Export – Russland	56,5	14,2	2,7	26,0	22,8	5,8	57,0	21,3	9,5
Import – EU	6,1	68,3	56,5	29,5	49,2	52,6	2,9	42,8	44,0
Import – Russland	46,2	11,2	8,1	27,9	20,2	9,2	49.6	27,7	25,8

Quelle: Laaser u. Schrader 2003, S. 407

keren Abkoppelung von Russland und einer verstärkten Außenwirtschaftsorientierung in Richtung EU.

Bereits ab 2000 setzte sich die Aufwärtsentwicklung wieder fort, wobei Estland durch seine sehr frühe klare Westausrichtung und liberalere Gesetzgebung eine Vorreiterrolle übernahm. Ein wahrer Boom setzte ein mit dem Anschluss der baltischen Staaten an die EU 2004. Durch den Beitritt kam neues Kapital ins Land; die baltischen Staaten wurden attraktiver für ausländische Investoren und Banken. Ab 2005 betrugen die jährlichen Zuwachsraten in Estland und Lettland jeweils über 10 %. Lettland hatte damit die höchsten Zuwachsraten des Bruttoinlandsprodukts in ganz Europa. Die Rede war von „Mini-Tigern", die der EU „das Fürchten" lehren würden (Leidel 2005).

Dabei muss natürlich die relativ niedrige Ausgangslage der baltischen Staaten berücksichtigt werden. Im Jahr 1995 betrug das BIP pro Kopf noch etwa ein Drittel des EU-Durchschnitts. Zum Zeitpunkt des EU-Beitritts hatten Lettland und Litauen etwa die Hälfte und Estland weit über die Hälfte des EU-Durchschnitts erreicht (vgl. auch Abb. 1a im Beitrag von Schrader u. Laaser in diesem Band).

Dieser Wirtschaftsboom schlug sich auch auf die Entwicklung der Löhne nieder, wobei auch hier Estland den beiden südlichen Ländern vorausging.

Betrug das Bruttodurchschnittseinkommen 2002 in Lettland und Litauen noch knapp 300 Euro, so waren es in Estland zu der Zeit bereits knapp 400 Euro. In allen drei Ländern haben sich die Löhne in den folgenden sechs Jahren mehr als verdoppelt. Insbesondere in den Jahren 2007 und 2008 kam es in einzelnen Branchen, insbesondere in der Bauwirtschaft, zu gewaltigen Lohnsteigerungen von 35 % und mehr innerhalb eines Jahres (Hassel 2009; vgl. auch Abb. 1b im Beitrag von Schrader u. Laaser in diesem Band).

Auch wenn man die Inflation, die ebenfalls nach dem EU-Betritt 2004 in Gang kam (s. u.), mit berücksichtigt, so kann man selbst in Lettland, wo die höchsten Preissteigerungen zu verzeichnen waren, von 2002 bis 2009 immer noch einen Reallohnzuwachs von etwa 25 % feststellen.

Abbildung 1 Wachstumsraten des realen BIP – prozentuale Veränderung relativ zum Vorjahr

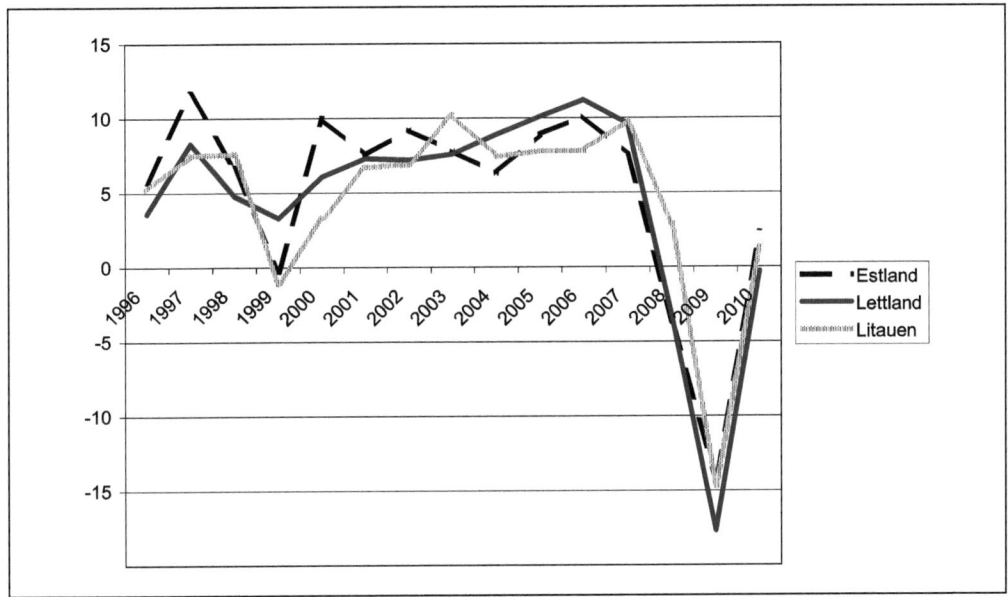

Quelle: Eurostat 2011a

Entsprechend sank auch die Zahl der Arbeitslosen. Hatte Litauen z. B. 2000 noch eine Arbeitslosenquote von über 16 %, so schrumpfte die Rate der Arbeitslosen bis 2007 auf fast 4 % und war somit nahe an der Vollbeschäftigung. Ähnlich verlief die Entwicklung in Estland und Lettland. In vielen Branchen fehlten plötzlich Arbeitskräfte, so dass sogar Gastarbeiter aus Weißrussland, aus der Ukraine, aber auch aus dem EU-Beitrittsland Bulgarien angeworben wurden. Sie arbeiteten für Löhne, für die einheimische Fachkräfte nicht mehr tätig sein wollten (Eurostat 2011c, vgl. auch Abb. 2 im Beitrag von Schrader u. Laaser in diesem Band).

Auch Rentner profitierten von diesem Wirtschaftsaufschwung. So lagen die Renten in Lettland 1995 im Durchschnitt noch bei 50 Euro, Anfang 2005 betrugen diese immerhin schon 115 Euro und wurden dann in den nächsten drei Jahren bis 2009 noch einmal auf 230 Euro verdoppelt (Latvijas statistika 2011b). In Estland lag die Durchschnittsrente 2009 bei 300 Euro (Statistics Estonia 2011a) und in Litauen bei 235 Euro (Statistics Lithuania 2011). Während die Renten in den 1990er Jahren noch weit unter dem Existenzminimum lagen, hat sich die Durchschnittsrente in allen drei Ländern in den letzten Jahren immer mehr dem Existenzminimum angenähert.

Diese außergewöhnliche Einkommensentwicklung förderte wiederum den privaten Konsum. So nahm 2005 allein der Verkauf von Autos in Lettland um 50 % zu. Insbesondere die Baubranche erlebte einen ungeahnten Aufschwung. Alle diejenigen, denen dies möglich war, nahmen Kredite auf, um Wohnungen oder Häuser zu kaufen bzw. zu bauen. In Lettland hatte so fast die Hälfte der Bevölkerung bis 2008 größere Kredite überwiegend für Baumaßnahmen aufgenommen. Die Gesamtsumme dieser Kredite lag bei rund neun Mrd. Euro (Celle 2008).

In dieser Entwicklung gibt es nicht nur Unterschiede zwischen den drei Ländern, sondern auch große regionale Unterschiede. Die Metropolen Tallinn, Rīga und Vilnius sind in vielerlei Hinsicht bevorzugt. Die Löhne in den Zentren liegen um mindestens ein Drittel höher als in ländlichen Regionen. Während z. B. der Durchschnittslohn in Rīga auf dem Höchststand 2009 bei 780 Euro lag, betrug der Durchschnittslohn in der östlichen Region Latgale rund 480 Euro (Latvijas Statistika 2011e). In den Hauptstädten bestand zudem eine deutlich geringere Arbeitslosenquote als in den ländlichen Regionen oder auch in den früheren Industriegebieten im Nordosten Estlands.

Der wirtschaftliche Aufschwung weckte in allen drei baltischen Staaten schon kurz nach dem Beitritt zur EU die Hoffnung auf eine baldige Aufnahme auch in die Euro-Zone. Dies umso mehr, als zunächst alle drei Länder auch in einem weiteren Punkt die Maastricht-Kriterien zur Aufnahme in die Euro-Zone erfüllten, nämlich in Bezug auf das Staatsbudget.

In Estland muss jede Regierung per Gesetz auf einen ausgeglichenen Staatshaushalt achten. Dieses Ziel verfolgte man zunächst auch in Litauen und Lettland. Doch während

Abbildung 2 Haushaltsüberschuss/-defizit in % des BIP

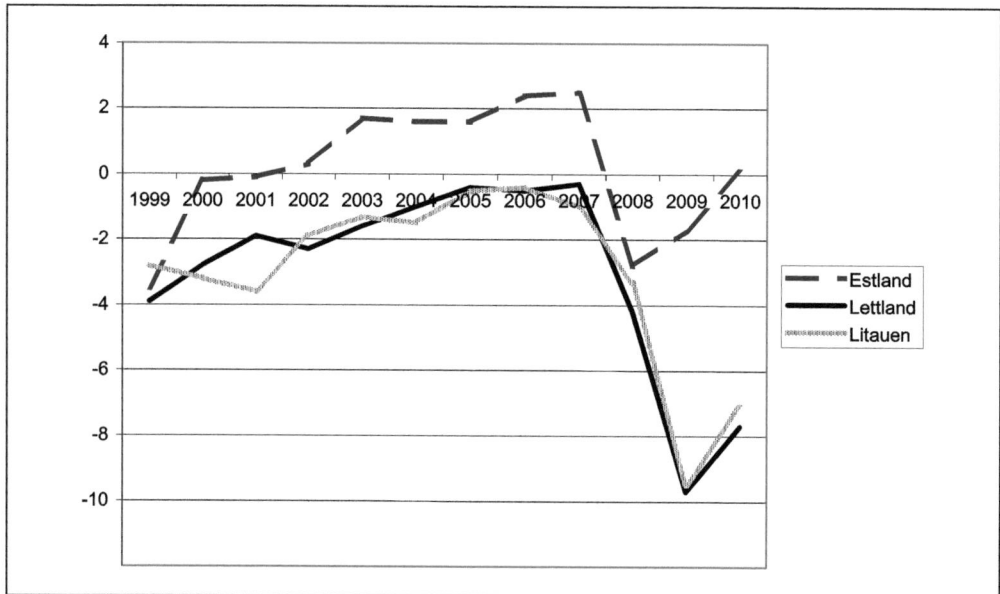

Quelle: Eurostat 2011d

Estland die Zeit der überhitzten Konjunktur nutzte, um sogar Rücklagen zu bilden, wurden in Lettland und Litauen jeweils auch die Ausgaben erhöht, mit der Folge eines negativen Saldos. Das Staatsbudget Lettlands wuchs allein zwischen 2006 und 2008 um mehr als 25 % von rund 6 Mrd. Euro auf 7,5 Mrd. Euro, immer in der Erwartung, dass sich dieser Boom weiter fortsetzen würde. So erklärte der ehemalige Verkehrsminister Šlesers: „Ein ausgeglichener Staatshaushalt kann nicht unsere Zielsetzung sein. Das Budget muss der Entwicklung des Staates dienen. Wir, die ‚Erste Partei Lettlands' haben keine Angst zu sagen, dass man nicht vor einer Überhitzung der Konjunktur warnen soll, sondern wir müssen das Gaspedal bis zum Boden durchdrücken" (Raudseps 2009, Übers. A. U.).

Der Traum von einem baldigen Beitritt zur Euro-Zone endete für Lettland und Litauen aber schon bald angesichts einer gleichzeitig mit dem Beitritt zur EU einsetzenden inflationären Entwicklung. Noch bis 2004 konnte man auch in Bezug auf die Preisentwicklung von einer Erfolgsgeschichte sprechen. In Lettland stieg die Inflationsrate von 3 % 2003, über sechs bis 7 % in den Jahren 2004 bis 2006 auf ein Rekordhoch von über 15,3 % 2008. In Estland und Litauen war die Entwicklung etwas günstiger, doch auch dort kam man 2008 in den zweistelligen Bereich (Eurostat 2011e). Ursachen für die Preissteigerungen waren Anpassungsprozesse an das EU-Preisniveau, die überhitzte Binnenkonjunktur, die sehr starke Inlandsnachfrage nach Konsumgütern aller Art, so auch die sprunghaft gestiegenen Wohnungsmieten und -preise und schließlich auch stark gestiegene Energiekosten.

Abbildung 3 Die Entwicklung der Verbraucherpreise in % gegenüber dem Vorjahr

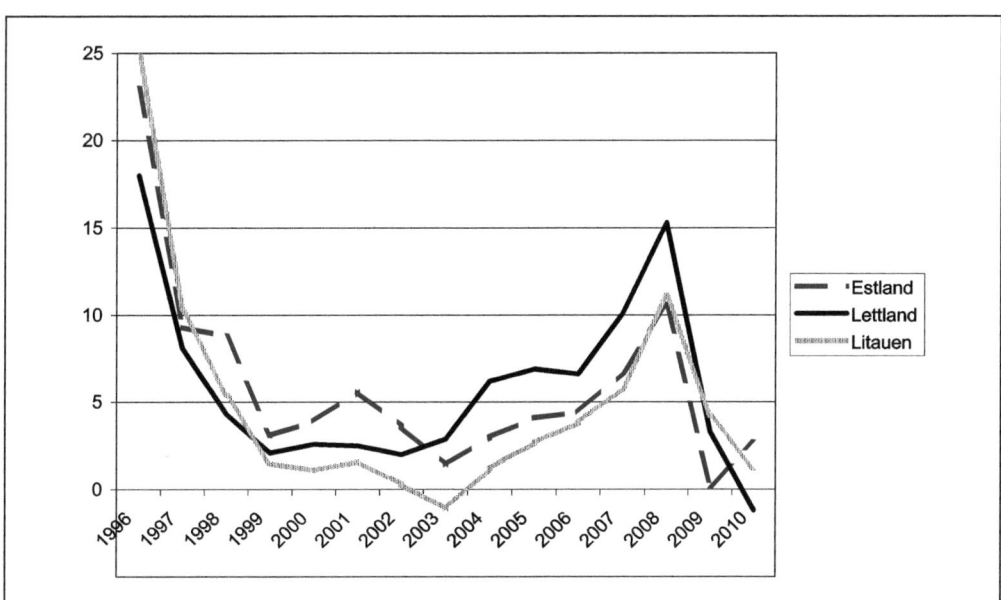

Quellen: Laaser u. Schrader 1994, S. 7 ff.; Borrmann et al. 1999; Eurostat 2011e, 2011m

So positiv sich die wirtschaftliche Entwicklung in den baltischen Staaten lange Zeit auch darstellte, so hatte diese, zumindest auf die rasante Entwicklung der Jahre 2005 bis 2008 bezogen, keine reale Grundlage. Die Einkommenssteigerungen lagen weit über der Steigerung der Produktivität. Der außergewöhnlich große Wirtschaftsboom gründete sich weitgehend auf günstige, leicht zu erlangende Kredite, die vor allem von schwedischen Banken (Swedbank, Nordea, SEB) und ihren Tochterbanken in den baltischen Staaten vergeben wurden.

2 Vom Boom zum Bankrott

Die Abschwächung des Wirtschaftswachstums setzte im Frühjahr 2008 ein. Einer der Auslöser waren die erschwerten Bedingungen bei der Vergabe von Krediten. Davon betroffen war als erstes die Baubranche, aber bald auch schon die gesamte Industrie. Gleichzeitig erreichte die Inflation im Mai/Juni 2008 (in Lettland mit rund 18 %) ihren Höhepunkt. Im Herbst 2008 spitzte sich die Entwicklung dann mit Einsetzen der weltweiten Wirtschafts- und Finanzkrise noch einmal sehr zu.

Für Lettland wirkte sich der Zusammenbruch der zweitgrößten Bank – der Parex Bank – im November 2008 besonders dramatisch aus. Dadurch, dass bei dieser Bank viele staatliche und kommunale Gelder sowie Gelder von einheimischen Unternehmern und Privatpersonen auf über 500 000 Einzelkonten deponiert waren, sah sich die Regierung gezwungen, die Bank durch Übernahme der Mehrheitsbeteiligung zu retten. Damit musste der Staat zudem auch für die Schulden der Bank in Höhe von 775 Millionen Euro bei einem ausländischen (vor allem skandinavischen) Bankensyndikat aufkommen (Diena[1] 10. 11. 2008, 11. 3. 2009).

Die ganze Dramatik der Entwicklung wird deutlich, wenn die Entwicklung des BIP ab 2007 betrachtet wird (s. Abb. 1). Während das BIP für das gesamte Jahr 2007 in Lettland noch ein Plus von 10,0 % auszuweisen hatte, wies es im zweiten Quartal 2009 ein Minus von 19,6 % auf. In Estland und Litauen verlief die Entwicklung etwas weniger dramatisch. Aber auch dort waren massive Einbrüche festzustellen (Eurostat 2011a). Die Wirtschaftskrise schlug sich auch auf die Einkommensentwicklung nieder. Der Durchschnittslohn sank in allen drei Ländern um etwa 10 %, wobei Staatsbedienstete und Arbeiter der Baubranche am stärksten von den Lohnkürzungen betroffen waren. Dies führte wiederum dazu, dass viele plötzlich große Schwierigkeiten hatten, ihre während der Boomphase aufgenommenen Kredite zurück zu zahlen. In Lettland war z. B. 2009 jeder Zehnte nicht mehr in der Lage, die laufende Tilgung zu bezahlen (Liepa 2009).

Das gravierendste gesamtwirtschaftliche Problem war jedoch für alle drei Länder der mit dem wirtschaftlichen Einbruch einhergehende Anstieg der Arbeitslosigkeit (vgl. auch Abb. 2 im Beitrag von Schrader u. Laaser in diesem Band), vor allem im Bereich

---

1 „Diena" ist der Name der größten lettischen Tageszeitung.

der Jugendarbeitslosigkeit. So waren im zweiten Quartal 2010 in allen drei baltischen Staaten jeweils mehr als 37 %, also mehr als jeder dritte Jugendliche unter 25 Jahren arbeitslos (Eurostat 2010u). Mit Arbeitslosigkeit sind im Baltikum teilweise existenzbedrohende Einkommenseinbußen verknüpft. In Lettland kann man z. B. zwar noch in den ersten 2–3 Monaten mit 50 bis 65 % des bisherigen Einkommens rechnen, doch danach reduziert sich die Arbeitslosenunterstützung von Monat zu Monat. Nach sechs Monaten erhält man schließlich nur mehr einen Pauschalbetrag in Höhe von 65 Euro und nach neun Monaten läuft die Unterstützung ganz aus (Valsts sociālās apdrošināšanas aģentūra 2011). Danach gibt es die Möglichkeit, Sozialhilfe zu beantragen, für deren Berechtigung jedoch strenge Kriterien erfüllt werden müssen. 2008 betrug diese 34 Euro monatlich (Rajevska 2008, S. 427). So erstaunt es nicht, dass sich teilweise auch hochqualifizierte Personen um Arbeitsstellen mit einfachen Tätigkeiten bemühen. Hier sei auf das Beispiel eines Ingenieurs verwiesen, der sich gemeinsam mit 30 anderen Bewerbern um die Stelle eines Garderobiers bewarb.

Wirtschaftliche Probleme und vor allem die Arbeitslosigkeit wurden bereits vor der Krise durch eine starke Abwanderung abgeschwächt. Durch die Möglichkeit der Arbeitsmigration eröffneten sich für viele Menschen gerade aus strukturschwachen Regionen neue Möglichkeiten und Chancen. Dies insbesondere nach der Aufnahme in die EU 2004, bei der die westeuropäischen Staaten nicht nur ihre Grenzen öffneten, sondern nach und nach auch freien Zugang zu ihrem Arbeitsmarkt schufen. Aus Litauen sind zwischen 1990 und 2008 bereits insgesamt 470 000 Menschen ins westliche Ausland ausgewandert, d. h. etwa 12 % der gesamten Bevölkerung, davon 26 % nach England, 12 % nach Irland, 10 % in die USA und 8 % nach Deutschland, wobei die Mehrzahl der Auswanderer junge Menschen im Alter von 20 bis 34 Jahren waren. Nach 2008 ist die Zahl der Auswanderer noch einmal stark angewachsen. Allein 2010 haben nach offiziellen Angaben über 80 000 Menschen das Land verlassen (Statistikos departamentas 2011).

In Lettland haben nach vorsichtigen Schätzungen allein in den ersten beiden Jahren nach der Aufnahme in die EU, d. h. von 2004 bis 2006, rund 100 000 oder 4–5 % der Bevölkerung das Land verlassen, um in anderen Ländern, überwiegend in England und Irland, aber auch in Skandinavien, tätig zu werden. Während in der Boom-Phase die Zahl der Auswanderer zurück ging, stieg sie seit 2009 wieder stark an, obwohl es auf Grund der auch in anderen Ländern bestehenden Wirtschaftskrise nicht mehr so einfach war, im Ausland einen geeigneten Arbeitsplatz zu finden. Während nach offiziellen Angaben z. B. 2008 noch rund 6 000 Menschen ausgewandert sind, so waren es 2009 rund 7 400 und 2010 bereits wieder über 10 000 (Latvijas statistika 2011d).

Auch aus Estland wandern viele Bürger aus, wenn auch in geringerem Umfang als aus den südlichen Nachbarstaaten. So betrug die Zahl der Auswanderer im Jahr 2008 aus Estland 4406; im Jahr 2009 stieg die Zahl auf 4658. Für die meisten Esten besitzt insbesondere Finnland durch die geographische Nähe und die sprachliche Verwandtschaft die größte Attraktivität und ist daher das beliebteste Auswanderungsland. Beispielsweise wanderten im Zeitraum von 2004 bis 2009 70 % der Emigranten aus Estland nach Finnland aus (Statistics Estonia 2011b).

Das von den Emigranten im Ausland erwirtschaftete Geld wurde in den ersten Jahren zu einem großen Teil ins Baltikum transferiert und konnte dort zum Aufbau kleiner Unternehmen verwandt werden. Doch auch dies hat sich in den letzten Jahren verändert. Während in den ersten Jahren nur einzelne Familienmitglieder ins Ausland gingen, um Geld zu verdienen, sind es jetzt immer mehr ganze Familien, die sich im Ausland eine neue Existenz aufbauen. Somit entfällt der Geldtransfer ins Heimatland. Mittlerweile betrifft die Emigration vor allem auch die höher qualifizierte Elite des Landes. Dies könnte dazu führen, dass in den baltischen Staaten trotz hoher Arbeitslosigkeit in vielen Bereichen auf längere Sicht Fachkräftemangel entstehen wird (Krasnopjorovs 2010).

Ein weiteres mit der Auswanderung verbundenes langfristiges Problem ist die zunehmende Überalterung der Gesellschaft durch die Emigration vorwiegend jüngere Staatsbürger. Diese Tendenz wird noch durch einen sehr starken Geburtenrückgang verstärkt. Während z. B. am Ende der Sowjetzeit 1987 in Lettland noch 42 000 Kinder geboren wurden, so waren es 2010 nicht mal mehr 20 000. Lettland hatte 2009 mit einer zusammengefassten Geburtenziffer von 1,15 Kindern pro Frau die niedrigste Geburtenrate unter den EU-27 Staaten (Eurostat 2011g).

Einen positiven Nebeneffekt hatte die Krise insofern, als die inflationäre Entwicklung der Boom-Phase in kürzester Zeit gestoppt wurde und sich teilweise sogar in eine De-

Abbildung 4   Wachstumsraten des BIP Volumens – prozentuale Veränderung zum vorangegangenen Quartal

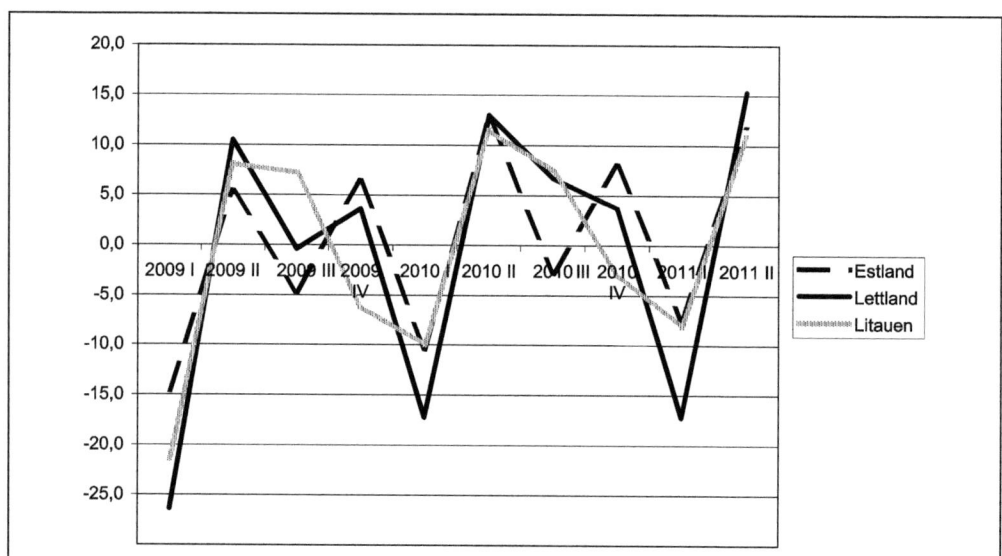

Quelle: Eurostat 2011i

flation wandelte. Während Lettland 2008 noch eine Rekordinflationsrate von über 15 % hatte, so betrug die durchschnittliche Preissteigerung 2009 nur mehr 3,3 %. In Litauen sank die Inflationsrate von 11,1 % auf 4,2 %, in Estland von 10,6 % auf 0,2 %. Im Jahr 2010 konnte man in vielen Einzelbereichen und zeitweise sogar gesamtwirtschaftlich eine Deflation verzeichnen (Eurostat 2011e). Am deutlichsten sichtbar wird die rückläufige Preisentwicklung auf dem Wohnungsmarkt, auf dem die Preise um bis zu 50 % eingebrochen sind.

Ein weiterer positiver Nebeneffekt ist im Falle Estlands und Lettlands auch in der Zahlungsbilanz zu sehen. Auf Grund des starken Rückgangs der Nachfrage nach Importgütern wurde ab 2009 mehr exportiert als importiert und so erstmals ein Zahlungsbilanzüberschuss erzielt (Eurostat 2011h).

Zu einer gewissen wirtschaftlichen Konsolidierung kam es in allen drei baltischen Staaten spätestens ab Ende 2009. Diese Entwicklung wird besonders deutlich, wenn man die quartalsmäßigen Veränderungen des BIP betrachtet.

Während noch 2009 in allen drei baltischen Staaten die Wirtschaftsleistung jeweils um weit mehr als 10 % zurückging, ist Anfang 2010 schon ein deutlicher Umschwung erkennbar, und im dritten Quartal 2010 ist in allen drei baltischen Staaten schon wieder Wirtschaftswachstum zu erkennen.

3 Konsequenzen der Krise

Im Folgenden soll dargestellt werden, wie und mit welchen Maßnahmen die drei Staaten auf die Krise reagiert haben, welche Konsequenzen dies für einzelne soziale Bereiche hatte und auf welchem Weg versucht wurde, die Krise zu überwinden. Schwerpunktmäßig soll dabei zunächst die Entwicklung in Lettland, als am stärksten von der Krise betroffen, betrachtet werden. Kürzere Informationen über Litauen und Estland ergänzen das Bild.

3.1 Lettland

In Lettland wurde lange Zeit durch die seinerzeit auf Kredit gegründete, uneingeschränkte Wachstumspolitik und durch die immer rasantere Aufblähung des Staatshaushalts zwischen 2006 und 2008 der Anschein einer aufblühenden Wirtschaft vermittelt. Gleichzeitig führte diese Politik nach Einsetzen der Wirtschaftskrise und nach dem Zusammenbruch der größten Bank zu der tiefsten Krise innerhalb der baltischen Staaten. Ein Umdenken setzte bereits Ende 2008 noch unter der Regierung Godmanis ein, aber erst mit der Bildung einer neuen Regierung unter dem Ministerpräsidenten Valdis Dombrovskis bekam das Land die wirtschaftliche Entwicklung durch einen drastischen Sparkurs langsam wieder in den Griff.

Die Regierung Godmanis versuchte zunächst, der Krise durch einen Maßnahmenkatalog entgegen zu wirken, der u. a. die Reduzierung der staatlichen Gehälter um 15 %, die Erhöhung der Mehrwertsteuer ab dem 1.1.2009 von 18 % auf 21 % und die Aufhebung des ermäßigten Steuersatzes für kulturelle Zwecke vorsah, was bedeutete, dass die Mehrwertsteuer für Bücher, Zeitschriften, Theater, Kino etc. von 5 % auf 21 % erhöht wurde. Doch diese Maßnahmen hatten nicht den gewünschten Effekt, sondern lösten im Gegenteil eine Welle von Protesten aus (Diena 11.12.2008). Schließlich kam es im Januar 2009 erstmals auch zu gewalttätigen Protesten vor dem lettischen Parlament.

Massive Einbrüche im Einzelhandel waren die Folge der Mehrwertsteuererhöhung, wobei Lettland den stärksten Rückgang des Einzelhandels von allen Ländern Europas zu verzeichnen hatte. Der Umsatz des Einzelhandels schrumpfte im Januar 2009 um rund 20 %, im April sogar um 30 % gegenüber dem Vorjahr (Eurostat 2011j). Gleichfalls betroffen war das Hotel- und Gaststättengewerbe, das ebenfalls eine Erhöhung der Mehrwertsteuer von 5 % auf 21 % zu verkraften hatte. Der erwartete Effekt der Einnahmenerhöhung blieb jedoch aus, sie gingen im Gegenteil durch die Maßnahmen noch weiter zurück. Es wurde deutlich, dass all diese Maßnahmen nicht ausreichen würden, um den Staat vor dem Bankrott zu retten. In Folge dessen sah sich die Regierung gezwungen, bei der EU und dem IWF um Hilfe nachzusuchen. Die Europäische Kommission, der IWF und Schweden gewährten schließlich zur Rettung des Staates über mehrere Jahre verteilt 7,5 Mrd. Euro Kredit, verknüpft mit der Auflage, das Defizit des Staatsbudgets auf 5 % des BIP zu reduzieren (Diena 11.3.2009). Und selbst damit war nicht sicher, ob es gelingen würde, den Staatshaushalt zu konsolidieren. Während in anderen europäischen Staaten Maßnahmen ergriffen wurden, um die Wirtschaft anzukurbeln, sollte der lettische Staat gezwungen werden, Maßnahmen zu ergreifen, die eigentlich genau das Gegenteil bewirkten.

In zähen Verhandlungen gelang es der neuen lettischen Regierung unter dem Ministerpräsidenten Dombrovskis, die Auflagen abzumildern, nämlich die Absenkung des Haushaltsdefizits über mehrere Jahre zu verteilen: 2010 auf 8 %, 2011 auf 6 % und 2012 auf 3 % des BIP (Latvijas Republikas Ministru kabinets 2010). Um diese Vorgaben einhalten zu können, mussten weitere Sparmaßnahmen getätigt werden.

Städte und Gemeinden wurden verpflichtet, 20 % ihrer Ausgaben einzusparen. Angestellte wurden entlassen oder mussten Gehaltskürzungen hinnehmen. Soziale Einrichtungen wurden geschlossen oder verfielen. Innerhalb von zwei Jahren wurden mehr als ein Viertel der Krankenhäuser geschlossen. Auch wenn diese Schließungen auf Grund der mangelnden Effizienz ökonomisch sinnvoll gewesen sein mögen, so bedeutete das doch, dass rund 1 500 Ärzte in die Arbeitslosigkeit entlassen wurden und sich die ärztliche Versorgung vor allem im ländlichen Raum verschlechterte. Durch die Kürzungen im Gesundheitsbudget hatten auch die verbliebenen Krankenhäuser um ihre Existenz zu kämpfen und sahen sich gezwungen, Gehälter zu kürzen und Personal zu entlassen (Jolly 2009; Hurley 2010).

2009 wurde das Gehalt der Lehrer um weitere 20 % gekürzt; über 100 Schulen, das sind mehr als ein Zehntel aller Schulen, vor allem im ländlichen Raum, wurden geschlossen und über 5 000 Lehrer entlassen (Latvijas Statistika 2011f, 2011g). Auch die Universitäten hatten mit Budgetkürzungen von 20 % zu kämpfen. Hinzu kam ein Rückgang der Studentenzahlen und vor allem der Studiengebühren zahlenden Studenten. Wurden 2006/07 an lettischen Hochschulen noch 45 000 Studenten neu immatrikuliert, so waren es drei Jahre später 2009/10 mit 31 000 Studenten um ein Viertel weniger (Dreijere 2010). In Folge dessen kam es zu Streichungen von Fächern und zur Zusammenlegung von Fakultäten und ganzen Universitäten.

Von allen Wirtschaftsbereichen war die Bauwirtschaft, die zuvor in den Jahren 2005 bis 2008 den größten Boom erlebt hatte, am stärksten von der Krise betroffen. Aber auch der gesamte Dienstleistungsbereich musste starke Einschränkungen hinnehmen (Ajwad et al. 2010). Selbst die Landwirtschaft war von der Krise betroffen. Viele Landwirte, die während des wirtschaftlichen Aufschwungs größere Investitionen auf Kredit getätigt hatten, konnten wegen der einsetzenden Krise und dem damit verbundenen rapiden Preisverfall ihre Kredite nicht mehr zurückzahlen oder sahen sich gar vom Bankrott bedroht (Rizga 2009).

Die Rentner sollten zunächst von den Kürzungen verschont bleiben. Als sich die Lage jedoch immer mehr zuspitzte, erfolgte im Juli 2009 eine allgemeine Rentenkürzungen um 10 % und Rentner, die nebenbei noch berufstätig waren, mussten gar Rentenkürzungen von 70 % hinnehmen. Ende 2009 mussten diese Maßnahmen, per Gerichtsbeschluss als verfassungswidrig erklärt, wieder zurückgenommen werden, was sich so im Nachhinein für die Rentner lediglich als ein „Zwangssparen" erwies (Apollo 2009, 2010).

Wenn man das Pro-Kopf-Einkommen der Bevölkerung zu Grunde legt, d. h. unter Berücksichtigung der Kinder und alten, nicht mehr berufstätigen Menschen, so lebte 2010 mehr als ein Drittel der Bevölkerung in Lettland, trotz der positiven Entwicklung der Wirtschaft in den fetten Jahren, unter dem Existenzminimum, das für 2010 auf etwa 240 Euro festgelegt worden war und etwa ein Fünftel der Bevölkerung unter der Armutsgrenze, die mit 140 Euro definiert war. Dies betraf vor allem Arbeitslose, Pensionäre, kinderreiche Familien und einen großen Teil der ländlichen Bevölkerung (Eurostat 2011k, 2011l; Latvijas statistika 2011a).

So schmerzlich viele der genannten Maßnahmen auch waren, so konnte die Regierung dem Großteil der Bevölkerung die Notwendigkeit dieser Regelungen doch vermitteln, so dass der Prozess der wirtschaftlichen Konsolidierung ohne größere Proteste ablief. Mehr noch, die Anerkennung dieses Kurses durch die Bevölkerung zeigte sich bei den Parlamentswahlen im Oktober 2010, aus denen die „Partei der Einheit" des Ministerpräsidenten Dombrovskis als stärkste Kraft hervorging.

Der ab 2010 einsetzende Wirtschaftsaufschwung war in erster Linie auf ein Wachstum im Bereich der verarbeitenden Industrie und auf den Anstieg des Exports zurückzuführen. Neben den traditionellen Zweigen der Holzwirtschaft war auch ein deutliches

Wachstum in der chemischen, pharmazeutischen und elektrotechnischen Industrie zu verzeichnen. Auch die Nahrungsmittelindustrie hatte sich erholt. Die gesamte verarbeitende Industrie verzeichnete im August 2010 ein Wachstum gegenüber dem Vorjahr von 22 % und lag damit sogar über dem Niveau vor der Krise (Ekonomijas Ministrija 2010, S. 7). Auf Grund der Erholung der Weltwirtschaft und der damit verbundenen wachsenden Auslandsnachfrage verbuchte die gesamte Exportwirtschaft die größten Steigerungsraten. Diese Entwicklung setzte bereits im zweiten Halbjahr 2009 ein und hat sich 2010 noch verstärkt, so dass der gesamte Export Lettlands in den ersten zehn Monaten 2010 um 28 % über dem entsprechenden Vorjahreszeitraum lag. Auch hier liegt der Holzexport an erster Stelle. Positiv ist zu vermerken, dass der Export jetzt viel breiter gefächert ist, so dass der Anteil der Holzindustrie am Gesamtexport von etwa 40 % auf ca. 20 % zurückgegangen ist. Der gesamte Exportwert betrug 2010 weit über fünf Mrd. Euro (Brauna 2010).

Eines der Hauptprobleme ist und bleibt die Arbeitslosigkeit, auch wenn diese 2010 wieder rückläufig ist von knapp 20 % Anfang des Jahres auf 14,5 % im September 2010 (Ekonomijas Ministrija 2010, S. 7). Zusammen mit der Weltbank hat die Regierung deshalb sogenannte 100-Lat-Jobs (140-Euro-Jobs) geschaffen, bei denen Arbeitslose kommunale Grünanlagen pflegen oder Straßen reinigen. Dadurch wurden rund 50 000 Minijobs geschaffen, die Arbeitslosen einen gewissen eigenen Verdienst ermöglichen und von denen ein Teil anschließend auch fest angestellt werden konnte (Steuer 2010).

3.2 Litauen

In Litauen wurden unter der Mitte-Rechts-Regierung von Andrius Kubilius Ende 2008 und 2009 die Staatsausgaben um 30 % reduziert, die Löhne im öffentlichen Dienst um 20 bis 30 % gesenkt und die Renten um 10 % gekürzt. Gleichzeitig wurde die Mehrwertsteuer von 18 auf 21 % und die Körperschaftssteuer von 15 % auf 20 % erhöht (Landon 2010). Diese Maßnahmen lösten zunächst große Proteste aus. So kam es nach Aufrufen der Gewerkschaft am 16. Januar 2009 zu der größten Protestdemonstration seit der Wiedererlangung der Unabhängigkeit, an der sich etwa 10 000 Demonstranten beteiligten. Ein Teil von ihnen versuchte schließlich sogar, das Parlament zu stürmen. Um dies zu verhindern, setzte die Polizei Tränengas und Gummikugeln ein. Diese Bilder lösten bei der Bevölkerung, aber auch bei der Regierung, Entsetzen aus. In der Folge kam es zu Gesprächen zwischen Arbeitgebern, Gewerkschaften sowie Sozialverbänden und der Regierung. Als Resultat dieser Gespräche wurde schließlich im Herbst 2009 von allen Beteiligten eine „Nationale Übereinkunft" unterschrieben, „in der sich die Regierung verpflichtet, die Sozialpartner in allen sie betreffenden Fragen zu konsultieren und in der die Verbände das Ziel der Regierung unterstützen, die Staatsfinanzen in der Krise zu konsolidieren" (Veser 2010).

Trotz aller Anstrengungen und Einsparungen betrug das Haushaltsdefizit Litauens 2009 9,5 % und lag 2010 noch immer bei 7,1 % (Eurostat 2011f). Das heißt, Litauen wird auch weiterhin einen Teil des Staatshaushalts über Kreditaufnahmen finanzieren müssen. Dabei verzichtete Litauen bewusst auf eine Unterstützung durch den IWF, um nicht die damit verbundenen Auflagen erfüllen zu müssen sowie um seine eigene Problemlösungsfähigkeit zu demonstrieren. Somit war Litauen gezwungen, auf dem Kapitalmarkt Kredite zu Zinsen aufzunehmen, die weit über dem Zinssatz der Kredite des IWF für Lettland lagen. So ist damit zu rechnen, dass die Staatsverschuldung Litauens von knapp 30 % des BIP 2009 auf über 40 % 2011 anwachsen wird (Germany Trade & Invest 2010a).

Neben der allgemeinen Wirtschaftskrise wurde die wirtschaftliche Situation Litauens auch dadurch stark belastet, dass Litauen auf Druck der EU zum 31.12.2009 das Atomkraftwerk „Ignalina" abschalten musste, aus dem Litauen bis dahin 80 % des Stroms bezog und auch z. B. nach Weißrussland exportierte. Jetzt ist es gezwungen, Strom teuer aus anderen Ländern, hauptsächlich aus Russland zu importieren, so dass die Strompreise in kürzester Zeit um 30 % anstiegen (Stasaityte 2010). War man schon in der Vergangenheit in Bezug auf die Gas- und Ölversorgung von Russland abhängig, so dehnt sich diese Abhängigkeit nun auch auf die Stromversorgung aus. Um die Abhängigkeit von Russland zu mindern, sind die Verlegung eines unterirdischen Stromkabels nach Schweden und der Bau einer neuen Überlandleitung nach Polen geplant.

3.3 Estland

Estland hat schon frühzeitig einen etwas anderen wirtschaftspolitischen Weg eingeschlagen als seine südlichen Nachbarn. In Estland achteten die Regierungen seit Beginn der Unabhängigkeit auf einen ausgeglichenen Staatshaushalt, und sie haben diese Haltung auch in der wirtschaftlichen Boomphase beibehalten. Es war sogar möglich, in dieser Zeit Rücklagen in Höhe von 10 % des BIP zu bilden.

In den Jahren der Krise 2008 und 2009 hatte Estland zwar auch erstmals ein Defizit des Staatshaushalts von 2,8 % bzw. 1,7 % hinzunehmen und war so auch gezwungen, Kredite aufzunehmen, doch die gesamte Staatsverschuldung Estlands betrug 2010 lediglich 7,2 % des BIP, während z. B. Deutschland zur gleichen Zeit eine Staatsverschuldung von 75 % hinzunehmen hatte. Estland hat damit sogar die weitaus geringste Staatsverschuldung von allen EU-Staaten. Und selbst diese Schulden könnte Estland durch die angehäuften Reserven auf ein Mal zurückzahlen (Hassel 2010).

In Estland beruht das Wachstum vor allem auf einer Ausweitung des Exports, insbesondere von Strom und Holz (Gamillscheg 2010). Zudem besitzt Estland mit der Tallink-Reederei die größte Fährreederei an der Ostsee; die estnische Baltische Werft hat die litauischen Werften in Klaipėda übernommen. Eine weitere bedeutende Einnahmequelle ist der Tourismus, hauptsächlich aus Finnland, dessen Einnahmen bis zu 15 % vom BIP ausmachen (Auswärtiges Amt 2010).

Estlands positives Image ist aber vor allem der Tatsache zu verdanken, dass es Erfolge in neuartigen Wirtschaftsbereichen, wie in der Biotechnologie und insbesondere in der Informationstechnologie, vorzuweisen hat. So wurde die Telekommunikationstechnologie Skype, die jetzt weltweit Anwendung findet, in Estland entwickelt, und auch heute noch befindet sich dort das Hauptentwicklungszentrum mit 380 Mitarbeitern aus aller Welt. Insgesamt sind rund 2 000 IT-Firmen in Estland gemeldet (Müller 2009). Alle Bürger Estlands haben überall im Land kostenlosen Internetzugang und fast jeder hat auch die Möglichkeit, online zu gehen. In Estland ist die Informationstechnologie bereits so weit, dass der Personalausweis nicht nur zur Identifizierung dient, sondern auch für Wahlgänge, Banküberweisungen, beim Arzt oder auch in der Apotheke benutzt werden kann.

Trotz dieser sichtbaren und immer wieder hervorgehobenen wirtschaftlichen Erfolge kämpft auch Estland mit großen Problemen. Auf Grund des rigiden Sparkurses der Regierung betrug auch in Estland die Arbeitslosigkeit 2010 noch immer 16,9 % (Eurostat 2011c), wobei auch hier die Jugendarbeitslosigkeit mit über 30 % das größte Problem darstellt. Jeder fünfte Este lebt in Armut (Eurostat 2010b). Davon betroffen sind vor allem die ländlichen Regionen wie auch die nordöstlichen ehemaligen Industrieregionen um Narva und Kohtla Järve.

Mit der Aufnahme in die Euro-Zone zum 1.1.2011 wurde eine noch größere wirtschaftliche Stabilität erwartet. Zudem wird erwartet, dass durch die Einführung des Euro Estland noch attraktiver für ausländische Investoren wird und auch der Außenhandel noch weiter beflügelt wird. Die Euphorie über die Einführung des Euro hielt sich bei der Bevölkerung allerdings in Grenzen. Noch im September 2009 gaben 54 % der Esten an, sie seien nicht glücklich über die Einführung des Euro. Etwas schwächer ausgeprägt war die Befürchtung von negativen Konsequenzen auf nationaler (42 %) bzw. persönlicher Ebene (43 %) (European Commission 2010, S. 39 ff.). Nachdem es gelang, die eigene Währung über zwei Jahrzehnte stabil zu halten, sollte man nun für die Schulden anderer Länder wie Griechenland, Spanien oder Irland mit aufkommen. Insbesondere wurde aber befürchtet, dass mit der Einführung des Euro eine massive Preissteigerung einhergehen würde. Dass diese Befürchtungen nur zu berechtigt waren, zeigt bereits die Preisentwicklung der letzten Monate 2010, in denen die Preise der Waren bereits in Euro ausgezeichnet werden mussten. Während Ende 2009 noch eine Deflation zu verzeichnen war, stiegen die Preise ab dem Sommer 2010 wieder stark an, so zum Ende des dritten Quartals bereits um 3,8 % und im Dezember 2010 sogar um 5,4 % gegenüber dem Vorjahr, womit Estland die weitaus höchste Inflationsrate im Baltikum hatte (Eurostat 2011m).

4 Fazit

Die Entwicklung der letzten 20 Jahre ist, trotz der Rückschläge der letzten Jahre, als eine Erfolgsgeschichte zu werten, insbesondere die Estlands als „Musterschüler" (Bohne 2011) sticht hier hervor. Dies umso mehr, wenn man die Ausgangsbedingungen aller drei Länder berücksichtigt.

So schmerzhaft die Rückschläge der letzten Jahre und die damit verbundenen Sparmaßnahmen auch waren, so wurden diese doch vom größten Teil der Bevölkerung mitgetragen und als notwendig akzeptiert. Im Unterschied zu früheren Jahren, in denen Regierungswechsel an der Tagesordnung waren, haben die in den letzten zwei Jahren regierenden und die Maßnahmen zu verantwortenden Parteien derzeit noch immer einen großen Rückhalt in der Bevölkerung. Dies zeigte sich sowohl bei den Parlamentswahlen im Oktober 2010 in Lettland als auch im März 2011 in Estland, bei denen die jeweils regierende Partei als stärkste Kraft aus den Wahlen hervorging.

Es gibt eine Reihe von Aspekten, die eine positive, optimistische Sicht der weiteren wirtschaftlichen Entwicklung stützen. Die Wettbewerbsfähigkeit der Unternehmen aus den baltischen Staaten ist wieder angestiegen, insbesondere auf Grund der gesunkenen Löhne (Statistisches Bundesamt 2010). Es gibt viele junge, gut ausgebildete, leistungsbereite Fachkräfte, die zudem über eine hohe Sprachkompetenz (Muttersprache plus Englisch und Russisch) verfügen.

Die EU-Fördermittel aus dem Kohäsionsfonds und dem Fonds für regionale Entwicklung, die den baltischen Staaten für die Förderperiode von 2007 bis 2013 zur Verfügung stehen – 2,2 Mrd. Euro für Estland, 2,8 Mrd. für Lettland und 4,1 Mrd. Euro für Litauen – sind bei weitem noch nicht ausgeschöpft (Germany Trade & Invest 2010b). Diese Mittel könnten u. a. zum weiteren Ausbau der Via Baltica, zur Sicherung der Energieversorgung und zur Entwicklung des Bildungs- und Gesundheitswesens verwendet werden. Die Beziehungen zu Russland haben sich in den letzten Jahren wieder verbessert.

Doch gibt es auch eine Reihe von Aspekten, die die weitere wirtschaftliche und soziale Entwicklung negativ beeinflussen können. Für Litauen und Lettland sind hier vor allem die Staatsschulden zu nennen. Lettland hatte 2010 Schulden in Höhe von 8 Mrd. Euro, Litauen sogar in Höhe von 10,5 Mrd. Euro (Eurostat 2011f). Diese Summe übersteigt die gesamten Einnahmen des Staatsbudgets, die 2010 in Lettland bei 6,3 Mrd. Euro und in Litauen bei 9,4 Mrd. Euro lagen (Eurostat 2011b). Mit dieser Sorge hat Estland nicht zu kämpfen. Als einziges Land der EU-27 hatte es im Jahr 2010 sogar einen Haushaltsüberschuss (Eurostat 2011f).

Ein großes Problem, das aus der hohen Arbeitslosigkeit im Baltikum hervorgeht, ist die hohe bestehende und weiter zu erwartende Abwanderung vor allem von Fachkräften. Eines der größten Probleme ist die Schattenwirtschaft. Es ist noch immer weit verbreitete Praxis, dass der Lohn völlig oder teilweise unversteuert in bar ausgezahlt wird. Die Schätzungen über den Umfang der Schattenwirtschaft reichen von 16 % bis 32 % des BIP (Raudseps 2010, S. 8; Diena 2.10.2010). Umgekehrt wird gerade in der Eindämmung der Schattenwirtschaft durch stärkere Kontrollen ein großes, bisher wenig ausgeschöpftes wirtschaftliches Potential gesehen. In Lettland wurde so auch die Bekämpfung der Schattenwirtschaft im Budgetentwurf für 2011 zu einem vordringlichen Ziel erhoben (Latvijas Republikas Ministru kabinets 2010).

Ein weiteres großes Problem in allen drei baltischen Staaten ist die weit verbreitete Korruption im Großen wie im Kleinen, deren Bekämpfung schon seit Jahren immer wieder gefordert aber bisher kaum realisiert worden ist.

Insgesamt gesehen scheinen sich alle drei baltischen Staaten wieder auf einem guten Weg in der Überwindung der Krise zu befinden. Dabei ist Estland den beiden anderen Ländern durch die Aufnahme in die Euro-Zone voran geschritten. Aber auch in Lettland und Litauen bestehen starke Bemühungen, um 2014 den Euro einführen zu können.

Literatur

Ajwad, Mohamed Ihsan, Francisco Haimovich und Mehtabul Azam. 2010. *The Employment and Welfare Impact of the Financial Crisis in Latvia*. http://siteresources.worldbank.org/INTPSIA/Resources/490023-1120841262639/LV_PSIA.pdf. Zugegriffen: 25. 5. 2011.

Apollo. 2009. *Pensionāri uzvar valsti Satversmes tiesā*. http://www.apollo.lv/portal/news/articles/189183. Zugegriffen: 25. 5. 2011.

Apollo. 2010. *Pensionāri no atmaksātajām pensijām veidos uzkrājumus*. http://www.apollo.lv/portal/news/articles/190511. Zugegriffen: 25. 5. 2011.

Auswärtiges Amt. 2010. *Estland, Wirtschaft*. http://www.auswaertiges-amt.de. Zugegriffen: 25. 5. 2011.

Bohne, Martin. 2011. *Ein Musterschüler als Mitglied im Euro-Klub,* tagesschau.de 1. 1. 2011. http://www.tagesschau.de/wirtschaft/estlandeuro100.html. Zugegriffen: 25. 5. 2011.

Borrmann, Christine, Peter Plötz und Andreas Polkowski. 1999. *Wirtschaftslage und Reformprozesse in Mittel- und Osteuropa. Estland – Lettland – Litauen*: HWWA-Report.

Brauna, Anita. 2010. Mazais pielāgojās. „*Ir*" 29. 12. 2010.

Celle, Ojars. 2008. Saimnieciskais atslābums ietekmē Latviju. *Brīvā Latvija* 7. 6. 2008.

Dreijere, Vita. 2010. Bedres dibens vēl priekšā. *Diena* 16. 9. 2010.

Ekonomijas Ministrija. 2010. *Informatīvais ziņojums Par makroekonomisko situāciju valstī, oktobris*. Rīga.

European Commission. 2010. *Introduction of the euro in the new Member States. Analytical Report*. http://ec.europa.eu/public_opinion/flash/fl_307_en.pdf. Zugegriffen: 25. 5. 2011.

Eurostat. 2010. *Arbeitslosenquote des Euroraums stabil bei 10,1 %, eurostat pressemitteilung 142/2010, 1. Oktober 2010*. http://epp.eurostat.ec.europa.eu/cache/ITY_PUBLIC/3-01102010-AP/DE/3-01102010-AP-DE.PDF. Zugegriffen: 25. 5. 2011.

Eurostat. 2010b. *In der EU27 waren 116 Millionen Personen im Jahr 2008 von Armut oder sozialer Ausgrenzung gefährdet, eurostat pressemitteilung 190/2010, 13. Dezember 2010*. http://epp.eurostat.ec.europa.eu/cache/ITY_PUBLIC/3-13122010-AP/DE/3-13122010-AP-DE.PDF. Zugegriffen: 25. 5. 2011.

Eurostat. 2011a. *Wachstumsrate des realen BIP*. http://epp.eurostat.ec.europa.eu/tgm/graph.do?tab=graph&plugin=1&language=de&pcode=tsieb020&toolbox=type. Zugegriffen: 25. 5. 2011.

Eurostat. 2011b. *Staatseinnahmen, -ausgaben und Hauptaggregate.* http://epp.eurostat.ec.europa. eu/portal/page/portal/eurostat/home. Zugegriffen: 25. 5. 2011.

Eurostat. 2011c. *Arbeitslosenquote nach Geschlechtern.* http://epp.eurostat.ec.europa.eu/tgm/ graph.do?tab=graph&plugin=1&language=de&pcode=tsiem110&toolbox=type. Zugegriffen: 25. 5. 2011.

Eurostat. 2011d. *Defizit (−)/Überschuß (+) des Staates.* http://epp.eurostat.ec.europa.eu/tgm/ graph.do?tab=graph&plugin=1&pcode=teina200&language=de&toolbox=data. Zugegriffen: 25. 5. 2011.

Eurostat. 2011e. *HVPI − Gesamtindex − Inflationsrate des Jahresdurchschnitts.* http://epp.eurostat.ec.europa.eu/tgm/graph.do?tab=graph&plugin=1&pcode=tsieb060&language=de&toolbox=data. Zugegriffen: 25. 5. 2011.

Eurostat (2011g): *Fruchtbarkeitsziffern.* http://epp.eurostat.ec.europa.eu/portal/page/portal/eurostat/home. Zugegriffen: 25. 5. 2011.

Eurostat. 2011h. *Aussenhandel der EU27 − Monatliche Daten.* http://epp.eurostat.ec.europa.eu/ portal/page/portal/eurostat/home. Zugegriffen: 25. 5. 2011.

Eurostat. 2011i. *BIP und Hauptkomponenten − Volumen.* http://epp.eurostat.ec.europa.eu/portal/page/portal/eurostat/home. Zugegriffen: 25. 5. 2011.

Eurostat. 2011j. *Groß und Einzelhandel, Umsatz und Verkaufsvolumen Indizes − monatliche Daten − Indizes.* http://epp.eurostat.ec.europa.eu/portal/page/portal/eurostat/home. Zugegriffen: 25. 5. 2011.

Eurostat. 2011k. *Armutsrisikogrenze.* http://epp.eurostat.ec.europa.eu/portal/page/portal/eurostat/home. Zugegriffen: 25. 5. 2011.

Eurostat. 2011l. *Quote der von Armut bedrohten Personen auf Basis des Alters und des Geschlechts.* http://epp.eurostat.ec.europa.eu/portal/page/portal/eurostat/home. Zugegriffen: 25. 5. 2011.

Eurostat. 2011m. *Jährliche Inflationsrate im Euroraum auf 2,2 % gestiegen, eurostat pressemitteilung 9/2011, 14. Januar.* http://epp.eurostat.ec.europa.eu/cache/ITY_PUBLIC/2-14012011-BP/DE/2-14012011-BP-DE.PDF. Zugegriffen: 25. 5. 2011.

Eurostat. 2011f. *Defizit/Überschuss, Schuldenstand des Staates und damit zusammenhängende Daten.* http://epp.eurostat.ec.europa.eu/portal/page/portal/eurostat/home. Zugegriffen: 25. 5. 2011.

Gamillscheg, Hannes. 2010. Skepsis trotz Aufschwung, *Die Presse* 19. 8. 2010. http://diepresse. com/home/wirtschaft/eastconomist/588743/Skepsis-trotz-Aufschwungs?from=suche.intern.portal. Zugegriffen: 25. 5. 2011.

Germany Trade & Invest. 2010a. Litauen. *Wirtschaftstrends kompakt* Jahresmitte 2010.

Germany Trade & Invest. 2010b. *Wirtschaft in den baltischen Staaten stabilisiert sich.* https:// www.gtai.de/ext/Export-Einzelsicht/DE/Content/__SharedDocs/Links-Einzeldokumente-Datenbanken/fachdokument,templateId=renderPrint/MKT201003058002.pdf. Zugegriffen: 25. 5. 2011.

Hassel, Florian. 2009. Ausgerechnet Lettland steht nun vorm Kollaps. *Welt Online* 25. 4. 2009. http://www.welt.de/wirtschaft/article3622608/Ausgerechnet-Lettland-steht-nun-vorm-Kollaps.html. Zugegriffen: 25. 5. 2011.

Hassel, Florian. 2010. „Estland wird bereit sein, anderen zu helfen". *Welt Online* 18. 10. 2010. http://www.welt.de/print/die_welt/wirtschaft/article10366589/Estland-wird-bereit-sein-anderen-zu-helfen.html. Zugegriffen: 25. 5. 2011.

Hurley, John, Stuart Craig, Magdalena Bober, Sebastian Schulze-Marmeling und Sara Riso. 2010. Current restructuring developments in local government − *Background paper.* Dublin: European Foundation for the Improvement of Living and Working Conditions.

Jolly, David. 2009. Latvian Health Official Resigns Over Cuts. *New York Times* 17. 06. 2009.
Krasnopjorovs, Oļegs. 2010. *Migrācija – izaicinājumi un iespējas, delfi* 30. 10. 2010. http://www.delfi.lv/news/comment/comment/olegs-krasnopjorovs-migracija--izaicinajumi-un-iespejas.d?id=30924335. Zugegriffen: 25. 5. 2011.
Laaser, Claus-Friedrich und Klaus Schrader. 1994. *Die baltischen Staaten auf dem Weg nach Europa: Lehren aus der Süderweiterung der EG. Kieler Studien 264.* Tübingen: Mohr.
Laaser, Claus-Friedrich und Klaus Schrader. 2003. Neue Partner in Europa; Der baltische Außenhandel im Umbruch. *Die Weltwirtschaft* Heft 4: 404–421.
Landon, Thomas. 2010. From Lithuania, a View of Austerity's Costs. *New York Times* 1. 4. 2010.
Latvijas Republikas Ministru kabinets. 2010. *Ministru prezidenta Valda Dombrovska runa Saeimas plenārsēdē, izskatot 2011. gada valsts budžeta projektu 1.lasījumā.* www.mk.gov.lv. Zugegriffen: 1. 6. 2011.
Latvijas Statistika. 2011a. *Iedzīvotāju naudas ieņēmumi (vidēji mēnesī, latos).* http://www.csb.gov.lv/iedzivotaju-naudas-ienemumi-videji-menesi-latos. Zugegriffen: 1. 6. 2010.
Latvijas Statistika. 2011b. *Average Size of Pensions Paid.* http://www.csb.gov.lv/en. Zugegriffen: 25. 5. 2011.
Latvijas Statistika. 2011c. *Households Disposable Income in Statistical Regions of Latvia.* http://www.csb.gov.lv/en. Zugegriffen: 25. 5. 2011.
Latvijas Statistika. 2011d. *International Long-Termin Migration by Country.* http://www.csb.gov.lv/en. Zugegriffen: 25. 5. 2011.
Latvijas Statistika. 2011e. *Strādājošo mēneša vidējā darba samaksa Latvijas reģionos pa mēnešiem.* http://www.csb.gov.lv. Zugegriffen: 1. 6. 2010.
Latvijas Statistika. 2011f. *General Schools.* http://www.csb.gov.lv/en. Zugegriffen: 25. 5. 2011.
Latvijas Statistika. 2011g. *General Schools by Statistical region, City and District at the Beginning of the School Year.* http://www.csb.gov.lv/en. Zugegriffen: 25. 5. 2011.
Leidel, Steffen. 2005. *Baltische Mini-Tiger lehren EU das Fürchten, DW-World* 19. 5. 2005. http://www.dw-world.de/dw/article/0,,1588216,00.html. 24. 5. 2011.
Liepa, Ilze. 2009. *Kredītņēmēju atbalsta programma – glābšanas riņķis bankām, ne cilvēkiem, ekonomika.lv* 7. 8. 2009. http://www.ekonomika.lv/kreditnemeju-atbalsta-programma-%E2%80%93-glabsanas-rinkis-bankam-ne-cilvekiem/. Zugegriffen: 25. 5. 2011.
Müller, Tilmann. 2009. *Vom Boom zum Bankrott, stern.de* 8. 6. 2009. http://www.stern.de/wirtschaft/news/maerkte/baltische-staaten-vom-boom-zum-bankrott-703022.html. Zugegriffen: 25. 5. 2011.
Rajevska, Feliciana. 2008. Vom Sozialstaat zum Wohlfahrtsmix: Das lettische Wohlfahrtssystem nach Wiedererlangung der Unabhängigkeit. In *Europäische Wohlfahrtssysteme. Ein Handbuch,* Hrsg. Klaus Schubert, Simon Hegelich und Ursula Bazant, 423–442. Wiesbaden: VS-Verlag.
Raudseps, Paulis. 2009. Šlesera 500 – un krahs. *Diena* 4. 3. 2009.
Raudseps, Paulis. 2010. Ēnainie risinājumi. „Ir" 2. 9. 2010.
Rizga, Kristina. 2009. *Latvia: Small Farmers Weather the Economic Storm, Large Farmers Hit Hard.* http://pulitzercenter.org/blog/untold-stories/latvia-small-farmers-weather-economic-storm-large-farmers-hit-hard?format=print. Zugegriffen: 25. 5. 2011.
Stasaityte, Vytene. 2010. *Warum Litauen die Atomkraft liebt, Stern.de* 22. 05. 2010. http://www.stern.de/politik/ausland/energiepolitik-warum-litauen-die-atomkraft-liebt-1568318.html. Zugegriffen: 25. 5. 2011.
Statistics Estonia. 2011a. *SW153: Monthly Average Pension and Monthly Average Old-Age Pension by Type of Pension, Year and Quarter.* http://www.stat.ee/en. 25. 5. 2011.

Statistics Estonia. 2011b. *POR05: External Migration by Indicator, Year, Sex and Country*. http://www.stat.ee/en. Zugegriffen: 25. 5. 2011.

Statistics Lithuania. 2011. *Average old-age, disability and work incapacity pension paid by the State Social Insurance Fund by type of benefit*. http://db1.stat.gov.lt/statbank/SelectVarVal/Define.asp?MainTable=M3160405&PLanguage=1&PXSId=0. Zugegriffen: 25. 5. 2011.

Statistikos departamentas. 2011. *Demografinės tendencijos*. http://www.stat.gov.lt/lt/news/view/?id=9318. Zugegriffen: 25. 5. 2011.

Statistisches Bundesamt. 2010. *Arbeitskosten im 2. Quartal 2010: + 0,4 % gegenüber Vorquartal, Pressemitteilung Nr. 311 vom 8. 9. 2010*. http://www.destatis.de/jetspeed/portal/cms/Sites/destatis/Internet/DE/Presse/pm/2010/09/PD10__311__624,templateId=renderPrint.psml. Zugegriffen: 25. 5. 2011.

Steuer, Helmut. 2010. Lettland schüttelt die Krise ab. *Handelsblatt* 24. 8. 2010.

Valsts sociālās apdrošināšanas aģentūra. 2011. *Unemployment Benefit*. http://www.vsaa.lv/en/services/employees/unemployment-benefit. Zugegriffen: 25. 5. 2011.

Veser, Reinhard. 2010. Die eigenen Probleme lieber selbst lösen. *Frankfurter Allgemeine Zeitung* 28. 04. 2010.

Wirtschaftsmodell und Integrationsprozess der baltischen Staaten. Die Finanzkrise und ihre Konsequenzen

Ognian Hishow[1]

Die drei baltischen Republiken sind geographisch eine mittelgroße und bevölkerungsmäßig eine kleine Wirtschaftsregion im nordöstlichen Teil der EU. Mit sieben Millionen Einwohnern und einem Territorium von 173 000 km² sind sie aber in ihrer Gesamtheit mit dem benachbarten Finnland vergleichbar (entsprechend 5,2 Millionen Einwohner und 304 500 km²). Wirtschaftlich haben alle drei Länder einen großen Nachholbedarf: Der Lebensstandard, gemessen am Pro-Kopf-Einkommen zu Kaufkraftstandards in Estland, Lettland und Litauen wird von der EU-Kommission aktuell mit jeweils 56, 44 und 51 % des Durchschnitts der alten EU-Mitgliedsstaaten beziffert (Finnland: 102 %). Damit liegen sie in der Mitte der Gruppe der ost- und südosteuropäischen Transformationsländer.[2] Allerdings haben die drei Volkswirtschaften seit der Erlangung der Unabhängigkeit von der ehemaligen Sowjetunion eine gute Wachstumsleistung erbracht. Der Einkommensabstand zum Durchschnitt der Altmitglieder hat sich zwischen 1993 und 2010 am sichtbarsten in Estland verringert, gefolgt von Lettland und Litauen. Dabei hatten die drei baltischen Republiken einen ungünstigen Start in die Marktwirtschaft: Nach 1993 vergrößerte sich im Zuge der Neuausrichtung der Wirtschaftsintegration – weg von der GUS – der Abstand zu der damaligen EG erst einmal. Erst ab Mitte der 1990er Jahre setzte der echte Aufholprozess ein und der relative Abstand zum Durchschnittseinkommen der Altmitglieder verringerte sich kontinuierlich.

Insgesamt gelten die drei baltischen Ökonomien als dynamisch und fähig, den Anschluss an ihre westlichen Partner zu schaffen. Schon zu Beginn ihrer Wirtschaftstransformation haben Tallinn, Rīga und Vilnius Mut zum Risiko und Willen zum Erfolg gezeigt. Das markanteste wirtschaftspolitische Merkmal seit der Erlangung der Unabhängigkeit ist zweifelsohne ihre bis heute durchgezogene Linie fester Wechselkurse.

Die Transformation der zentralistisch gelenkten Wirtschaften der ehemaligen Sowjetrepubliken in funktionierende Marktökonomien setzte eine neue Wechselkurspolitik voraus, um einerseits „richtige" relative Preise zu ermitteln und andererseits wirtschaftspolitisch eine weitere Stabilitätskomponente einzuführen. Der Stabilitätsaspekt kommt insbesondere in einer von den drei Ländern praktizierten Wechselkursbindung

---

1   Stiftung Wissenschaft und Politik, Berlin
2   Statistische Daten aus: EU-Kommission DG EcFin 2010.

zum Ausdruck. Die kleinen baltischen Ökonomien weisen mit einem bedeutenden Export- und Importanteil am BIP nämlich einen hohen Offenheitsgrad auf. Estland, Lettland und Litauen exportieren etwa je 80, 50 und 60 % ihres BIP.

Volkswirtschaften dieses Typs tendieren zu einem System fester Wechselkurse. Sie versprechen sich eine Vermeidung von Beschäftigungs- und Einkommensverlusten, die nominale Kursschwankungen sonst nach sich ziehen. Voraussetzung ist allerdings, dass die Länder eine solide Stabilitätspolitik praktizieren, ausgedrückt in niedrigen Inflationsraten bzw. geringen Inflationsdifferentialen zum Ankerwährungsland. Nach Konsultationen insbesondere mit dem Internationalen Währungsfonds (IWF) und der Deutschen Bundesbank hat Tallinn im Juni 1992 einen sogenannten Currency Board mit Wechselkursbindung an die damalige D-Mark eingeführt. Rīga und Vilnius folgten Anfang 1994 mit einer ebenfalls festen Bindung an die IWF-Sonderziehungsrechte bzw. den US-Dollar. Mit der Schaffung einer gemeinsamen europäischen Währung und dem Beitritt zur EU wurden die jeweiligen Anker auf den Euro umgestellt.

War die Entscheidung für eine strikte Wechselkursbindung „richtig"? Eine konsequente Stabilisierung im Kontext der Integration des Baltikums in die EU-Wirtschaft setzt einen hohen Grad an realwirtschaftlicher Konvergenz der baltischen Volkswirtschaften voraus. Sie bezieht sich auf eine Preisniveauentwicklung wie jene im Euroraum und die Fähigkeit, exogene Schocks symmetrisch zu absorbieren. Insbesondere muss ein Auseinanderdriften der nationalen Produktivitäts- und Kostenentwicklung vermieden werden. Dann liegt ein optimaler Währungsraum vor, in welchem die Volkswirtschaften des Baltikums trotz Einschränkung der eigenen Wechselkurs- und Geldpolitik alternative Anpassungsmechanismen einsetzen. Um Arbeitslosigkeit und langfristige Einkommenseinbußen zu vermeiden, stehen im Wesentlichen zwei Instrumente zur Verfügung.

Zum einen kommt in den drei baltischen Volkswirtschaften insbesondere der Arbeitsmarktpolitik eine zentrale Rolle zu. Der hohe Stellenwert der Arbeitsmarktpolitik resultiert aus dem Wesen des nominellen Ankers, weil jetzt die Anpassung an externe reale und monetäre Schocks ausschließlich vom Flexibilitätsgrad des Arbeitsmarktes abhängt. Steigen die Nominallöhne und Preise in einem baltischen Land schneller als in der EU, ziehen die Importe an. Dagegen werden die Exporte für die Abnehmer in den anderen EU-Ländern zu teuer und daher rückläufig. Folglich müssen die Löhne hinreichend nach unten flexibel sein. Nur hat das hohe Wachstum der letzten Jahre die Nominallöhne sehr gefördert und eine Lohnzurückhaltung kam nie zustande. Allerdings ist das Baltikum keine Ausnahme: Erfahrungsgemäß sind Lohnkürzungen zumindest bei den Nominallöhnen in jedem Land sehr schwer durchzusetzen.

Zum anderen – und das ist eine wichtige Alternative – müssen die Produktivitätsfortschritte ähnlich sein wie in den Referenzökonomien des Westens. Das würde den Standort Baltikum attraktiv für Kapitalimport machen und die Handels- sowie Leistungsbilanzdefizite finanzieren helfen.

Estland, Lettland und Litauen haben bis kurz vor der globalen Wirtschaftskrise beträchtliche Leistungsbilanzdefizite gemeldet. Zugleich waren die Wechselkurse aller drei

Währungen nicht signifikant unter Druck geraten. Ist das gewählte Wachstumsmodell der Balten demnach optimal?

1 Wirtschaftsmodell und Wirtschaftspolitik der Baltischen Staaten

Die drei kleinen Ökonomien im Nordosten der EU weisen kein baltisch-spezifisches Wirtschafts- und Wachstumsmodell auf. Das anfänglich gravierende Wirtschaftsgefälle zwischen ihnen und den alten Mitgliedsstaaten war und ist – wenn sich die Marktkräfte entfalten – die beste Voraussetzung für eine erfolgreiche reale Konvergenz. Wegen der freien Kapitalmobilität innerhalb der EU fließen aus der kapitalreichen Region „Westeuropa" Investitionen ins relativ kapitalarme Baltikum mit seinen höheren Renditen und sorgen für einen Ausbau der Kapitalausstattung pro Arbeiter und für Produktivitätswachstum. Aus ihm folgt ein Ausgleich der Güter- und Faktorpreise, insbesondere der Löhne, die sich auch ohne Arbeitsmobilität allmählich angleichen.

Die Entwicklung in Estland, Lettland und Litauen ist seit der Wende im Allgemeinen nach diesem Muster verlaufen. Graphik 1 veranschaulicht, dass die Arbeitsproduktivität in den drei betrachteten Ländern tatsächlich schneller gewachsen ist als der Durchschnitt der Altmitglieder. Auch sind die Produktivitätsgewinne im Baltikum größer als in den „Altmarktwirtschaften" Zypern und Malta sowie den meisten mitteleuropäischen Neumitgliedern der EU. Bis kurz vor der Weltwirtschaftskrise wiesen Estland und Lett-

Abbildung 1 Reales Produktivitätswachstum, Jahresdurchschnitt 1994–2007 in %.

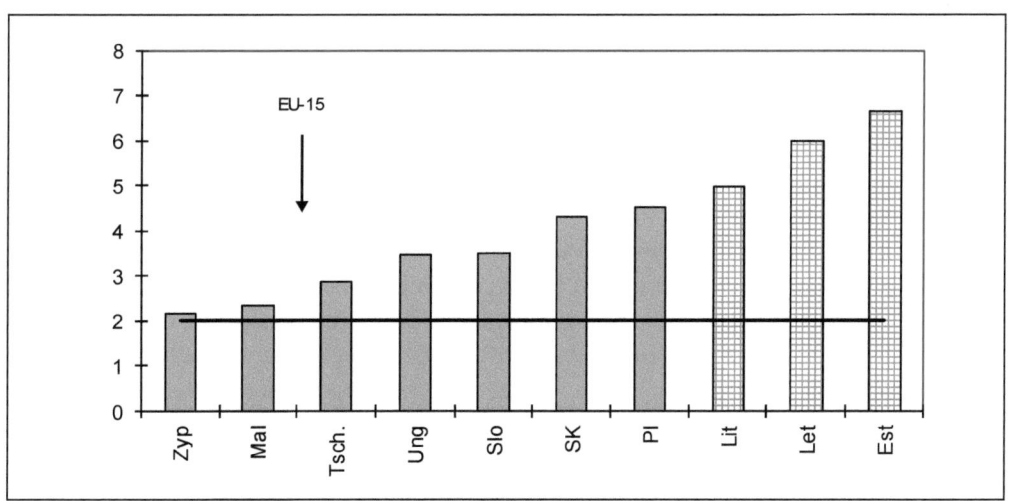

Anmerkung: Um die störende Wirkung der Finanzkrise auszuklammern, wurde nur der Zeitraum bis 2007 herangezogen. Quelle: EU-Kommission DG EcFin 2010.

land – wohl wegen ihres sehr kleinen Kapitalstocks je Beschäftigten – den größten Zuwachs unter allen neuen EU-Mitgliedsstaaten auf.

Die Wachstumstheorie geht von einer Faustregel aus, wonach Volkswirtschaften mit aufholendem Wachstum die Pro-Kopf-Einkommensdifferenz zu den entwickelten Ländern mit einer Rate von 2 % im Jahr verringern. (Barro 1997; Sala-I-Martin 1994) Eine solche Konvergenz ist jedoch nicht zwingend: Sie kommt nur zustande, wenn die führenden und die aufholenden Ökonomien ähnliche Investitionsquoten aufweisen und Zugang zu den gleichen Technologien haben. In der EU holten Estland und Lettland seit 1994 mit einer Rate von etwa 4 % p. a. auf. Litauen hat bisher dagegen mit ca. 3 % p. a. aufgeholt; seine Startposition war aber etwas besser. In der Europäischen Union eliminiert die Integration etwaige Marktzugangshemmnisse für Kapital und so können auch Nationen mit geringen Sparquoten eine hohe Investitionsquote erreichen. Den drei baltischen Ökonomien ist es in den letzten 15 Jahren gelungen, Auslandskapital anzuziehen und ihre Investitionsquoten aufzustocken. Durch Kapitalimporte waren die Investitionsquoten im Durchschnitt der letzten 15 Jahre doppelt so hoch wie die nationalen Sparquoten. Davon hat der Verbrauch profitiert: Die kleinen baltischen Republiken mit ihren begrenzten Sparressourcen konnten auf diese Weise ihre Konsumquote erweitern.

1.1 Ist das Wachstum effizient/optimal?

Die Produktivität in den baltischen Ökonomien wächst schneller als der Durchschnitt der EU, weil der Kapitalstock je Beschäftigten, die Kapitalintensität, hier relativ gering ist. Die hohe Grenzproduktivität des Kapitals führte jedoch dazu, dass die Wirtschaft der drei Länder auf ein kapitalbasiertes Wachstum umgeschwenkt ist. Investitionsquoten von bis zu 40 % in Estland und Lettland erinnern an die Verhältnisse in den sogenannten „Asiatischen Tigerstaaten". Dagegen liegt die Investitionsquote der alten EU-Mitgliedsstaaten im Durchschnitt um 15 bis 20 Prozentpunkte darunter. Das einströmende ausländische Kapital hat somit den Balten zu großen Investitionsquoten und zu einer höheren Wachstumsrate verholfen.

Zugleich ist das kapitalbasierte Wachstumsmodell mit Widersprüchen verbunden. Zum einen war das Wachstum in den letzten eineinhalb Jahrzehnten im Baltikum von einer abnehmenden Kapitalproduktivität begleitet. Negative Wachstumsraten der Kapitalproduktivität deuten darauf hin, dass der Kapitalstock schneller gewachsen ist als das jeweilige BIP. Um weiteres Wachstum zu erzeugen, müssen immer größere BIP-Anteile investiert werden. Im Extremfall müsste sogar das gesamte BIP investiert werden, was natürlich nicht möglich ist. Eine Korrektur des Wachstumsmodells – beispielsweise basierend auf Innovation und Technologie – ist erforderlich.

Zum anderen ziehen die baltischen Republiken, wie bereits ausgeführt, viel Auslandskapital an und konnten so ihre Investitionsquoten beträchtlich steigern. Warum sind aber Volkswirtschaften mit einer fallenden Kapitalproduktivität attraktiv für heimische und ausländische Investoren?

Die sinkende Kapitalproduktivität ist aus der Sicht der Investoren kein Problem, wenn gleichzeitig die Zinssätze für Investitionskredite zurückgehen. Genau das war in Estland, Lettland und Litauen der Fall: Die Nominalzinsen sind im Laufe der 1990er Jahre stark gefallen und haben sich im Zuge der Öffnung und EU-Annäherung bzw. -Mitgliedschaft bis kurz vor der Weltwirtschaftskrise an das niedrige westeuropäische Zinsniveau angeglichen.

Ferner sind Kapitalstock, Investitionsquoten und Konsumniveau in den baltischen Ländern noch weit entfernt vom volkswirtschaftlichen Optimum. Im Optimum ist bei einer gegebenen Investitionsquote die Konsumquote maximiert, was den materiellen Lebensstandard hebt. Theoretisch und empirisch kann jede Ökonomie bei einer gegebenen Investitionsquote einen Optimalzustand mit Konsummaximierung erreichen.

Eine überschlägige Überprüfung des Wachstums in Estland, Lettland und Litauen macht deutlich, dass die baltischen Volkswirtschaften noch nicht mit der optimalen Kapitalmenge funktionieren. Lediglich Estlands Ökonomie hat seit der Erlangung der Unabhängigkeit von der Sowjetunion nah am optimalen Bereich operiert. Dagegen ist Litauen recht weit davon entfernt, während Lettland in der Mitte liegt.[3]

1.2 Arbeitsinput und technologischer Fortschritt – noch ausbaufähig

Aus den bisherigen Ausführungen geht hervor, dass die Wachstumsraten der drei betrachteten Volkswirtschaften voneinander abweichen. Um die abweichende Wachstumsdynamik zu verstehen, müssen nun die Beschäftigungsentwicklung und das Tempo des technologischen Fortschritts in die Betrachtung einbezogen werden.

Die Einbeziehung der Beschäftigungsentwicklung ist wichtig, weil die baltischen Länder zwar eine steigende Kapitalintensität (Kapital je Beschäftigten) und Arbeitsproduktivität (BIP je Beschäftigten) seit 1993 aufweisen. Sie haben aber zugleich Stellen abgebaut und die Beschäftigung zurückgefahren, bzw. konnten die Jobverluste der frühen 1990er Jahre bis heute, d. h. kurz vor der globalen Krise, nicht kompensieren. Aus volkswirtschaftlicher Sicht sind Produktivitätsgewinne allein nicht ausreichend für die Wohlstandsentwicklung bzw. für das BIP-Wachstum je Einwohner Auch das Beschäftigungswachstum spielt eine wichtige Rolle. Die Zufuhr von Arbeit bewirkt, dass Länder mit einer positiven Beschäftigungsentwicklung *ceteris paribus* ein höheres BIP-Wachstum erzielen als Länder mit stagnierender oder abnehmender Beschäftigung. Seit Beginn der 1990er Jahre war das im Baltikum nicht der Fall. In den baltischen Ländern hat bislang das Produktivitätswachstum überwogen. Das ausbleibende Beschäftigungswachstum hat somit dazu geführt, dass die Erwerbsquote in den drei Ländern um bis zu zehn

---

3 Vgl. ausführlich Hishow 2005.

Tabelle 1 Jahresdurchschnittliche Wachstumsraten makroökonomischer Indikatoren 1993–2007, in %.

	Arbeitsproduktivität	Kapitalintensität	Beschäftigung	BIP
Tschech. Republik	2,86	5,63	−0,12	2,7
Ungarn	3,45	5,87	0,69	4,1
Polen	4,50	8,23	−0,60	3,9
Slowakei	4,32	4,03	−0,04	4,3
Slowenien	3,49	8,98	0,30	3,8
Estland	6,67	9,92	−1,44	5,2
Lettland	6,02	17,36	−1,59	4,4
Litauen	5,00	11,85	−0,77	3,9
Zypern	2,15	1,89	1,33	3,5
Malta	2,35	0,58	0,75	3,1

Anmerkung: Um die störende Wirkung der Finanzkrise auszuklammern, wurde nur der Zeitraum bis 2007 herangezogen. Eigene Berechnungen. Quelle: EU-Kommission, DG EcFin, European Economy, Statistical Annex, verschiedene Ausgaben.

Prozentpunkte unter dem Wert der benachbarten alten und neuen Mitglieder der EU liegt. Die abnehmende Arbeitszufuhr hat das BIP-Wachstum je Einwohner und damit die Anhebung des Lebensstandards verlangsamt.

Nun ist theoretisch möglich, dass Volkswirtschaften auch ohne Zufuhr von physischen Inputfaktoren (in der Regel Produktionskapital und Arbeit) wachsen. Es genügt, dass die Wirtschaft innovativ bleibt. Dann ist das BIP-Wachstumstempo vom Wachstumstempo des technologischen Fortschritts (TFP) abhängig. Spiegelbildlich dazu kann es Situationen geben, bei denen die Wirtschaft ohne einen Beitrag der Technologie wächst – nur aufgrund der Zufuhr sonstiger Inputs. Die baltischen Länder bieten Beispiele für die unterschiedlichsten Varianten. In Estland weist der technologische Fortschritt bzw. die totale Faktorproduktivität (TFP) eine hohe Dynamik auf, während in Lettland und Litauen deren Wachstum unbedeutend bzw. negativ ist. Da in diesen beiden Ländern auch die Beschäftigung mit einer durchschnittlichen Jahresrate von −1,59 und −0,77 bis vor der Finanz- und Wirtschaftskrise kontinuierlich abgenommen hat, war das Wirtschaftswachstum ausschließlich kapitalbasiert. Damit sind Lettland und Litauen noch weit entfernt von der Idee eines wissensbasierten Wachstums wie es in der früheren Lissabon-Strategie und derzeit im EU-2020-Wirtschaftsprogramm anvisiert war und ist. Noch besser wäre freilich ein ausgeglichenes Wachstum, weil es unter Zufuhr aller Faktoren – physisches Kapital, Arbeit und Technologie – stattfindet.

2 Auf dem Weg zur Euroübernahme

Die Euroübernahme durch die EU-Mitgliedsstaaten ist aus vertraglichen und integrationspolitischen Gründen mit Ausnahme Großbritanniens und Dänemarks bindend. Für die baltischen Staaten ergäben sich Spielräume nur bei der Entscheidung, ob eine schnelle oder eine spätere Einführung der gemeinsamen Währung von Vorteil ist. Um dem Eurowährungsgebiet bzw. der Wirtschafts- und Währungsunion (WWU) beizutreten, müssen Tallinn, Rīga und Vilnius die im Artikel 140 AEUV (Ex-Artikel 121, Absatz 1 EGV) formulierten Konvergenzkriterien einhalten. Allerdings erregte im Sommer 2006 der Konflikt zwischen der EU-Kommission und den WWU-Anwärtern Estland und Litauen Aufsehen. Diese beiden erfolgreichen Nachfolgerepubliken der Sowjetunion hatten im Vertrauen auf ihre guten Wirtschaftsdaten mit einer schnellen WWU-Aufnahme gerechnet, wurden aber von Kommission und EZB für zunächst nicht tauglich befunden, um der Eurozone beizutreten. Insbesondere die Begründung der Ablehnung des Antrags von Vilnius sorgte für Unmut: Litauen verfehlte lediglich ein Kriterium – das Inflationskriterium – um marginale 0,1 Prozentpunkte, wobei die Kerninflation (die Inflationsrate nach Abzug der Preissteigerungsrate für Energie) bereits gering war.[4] Ähnlich verhielt es sich bei Estland – dem „Baltischen Tiger" mit einem erfolgreichen Strukturwandel seit den 1990er Jahren und beeindruckendem Wirtschaftswachstum. Der Druck der EU-Stellen wurde so lange aufgebaut, bis Tallinn entnervt einlenkte und seinen Antrag auf WWU-Mitgliedschaft 2007 erst gar nicht stellte.[5]

Der Beitritt zur WWU ist ökonomisch gerechtfertigt, wenn die Eurozone und das betreffende baltische Land einen integrierten Währungsraum bilden. Seine Schaffung wird dadurch begünstigt, dass die beteiligten Volkswirtschaften durch Handel und anpassungsfähige Arbeitsmärkte eng miteinander verflochten sind.

Die *Handelsbeziehungen* der baltischen Länder mit der EU/WWU sind inzwischen entwickelt, da West- und Nordeuropa deren Hauptexport- und Importmarkt ist. Der Grad der Handelsverflechtung Estlands und Lettlands ist dabei höher als der westeuropäische Durchschnitt oder die Verflechtung der Bundesrepublik Deutschland mit ihren EU-/WWU-Partnern (Tabelle 2).

Wichtig ist aber weniger der Umfang, sondern mehr die Qualität des bilateralen Handels. Sie steigt, wenn der Anteil des intraindustriellen Handels (IIH) groß ist. Der IIH

---

4 Quelle: EU-Kommission DG EcFin 2006, S. 8. Fairerweise muss erwähnt werden, dass die Kommission mit dem Trend zur Inflationsbeschleunigung in Litauen und Estland argumentiert hat, der sich später auch bestätigte.
5 Dazu riet ihm die EZB: „Moreover, it needs to be borne in mind that enlargement, in particular euro area enlargement, could also bear some risks if a country were to rush too quickly to join the euro area. To illustrate this point let me return to sporting imagery. While it is fully understandable for a young, ambitious and talented sportsperson to want to join the champion's league as soon as possible, this person might sometimes be better off taking a bit more time for training in order to further develop and strengthen his talents in a favourable environment" (Trichet 2006).

Tabelle 2   Anteile der EU am Warenexport und -import in %, Vorkrisenstand 2007.

Land	EU-Exportanteil	EU-Importanteil	Land	EU-Exportanteil	EU-Importanteil
Estland	81	73	Slowenien	68	77
Lettland	70	69	Tschechien	86	79
Litauen	60	54	Ungarn	77	69
Malta	47	75	Zypern	72	76
Polen	75	74	*Deutschland*	*63*	*63*
Slowakei	88	75	*EU-15*	*64*	*61*

Anmerkung: Um die störende Wirkung der Finanzkrise auszuklammern, wurde nur der Zeitraum bis 2007 herangezogen. Quelle: EU-Kommission, DG EcFin, European Economy, Statistical Annex, verschiedene Ausgaben.

ist der Tausch von Gütern und Dienstleistungen innerhalb eines Sektors – Computer, Maschinen, Transportleistungen etc. Damit unterscheidet er sich vom intersektoralen Handel – zwischen Industrie und Landwirtschaft, oder dem Rohstoffsektor und der Industrie. Der IIH zwischen den baltischen Volkswirtschaften und der EU ist aber immer noch geringer als der IIH innerhalb der OECD. Mehr noch, der Anteil des Austausches von Industriegütern mit unterschiedlicher Qualität und damit unterschiedlichem Technologiestandard – der so genannte vertikale IIH – ist mit gut vier Fünftel noch hoch.

Die indirekte (derzeit Lettland und Litauen) oder unmittelbare (Estland seit dem 1.1.2011) Zugehörigkeit zum Euroraum macht ferner den realen Sektor der baltischen Volkswirtschaften zum wichtigsten „Stoßdämpfer" von asymmetrischen Schocks. Um wettbewerbsfähiger zu werden, können diese Länder ihre Währungen nicht abwerten, sondern sie müssen ihre Kosten im Zaum halten, insbesondere ihre Arbeitskosten. Die internationale Erfahrung zeigt, dass eine Korrelation zwischen der Anpassungsfähigkeit der Wirtschaft einerseits und den Arbeitsmärkten andererseits, vorliegt. Hierbei ist die Arbeitslosenquote ein zentrales Kriterium: In Rezessionsphasen steigt sie naturgemäß an. Flexible und anpassungsfähige Arbeitsmärkte sorgen jedoch für einen baldigen Rückgang und damit für eine Rückkehr zur Voll- oder nahezu Vollbeschäftigung. Es ist folglich zu erwarten, dass die baltischen Staaten die fehlende geldpolitische Souveränität mit einer liberalen Arbeitsmarktpolitik ausgleichen. Dann müssten sie eine geringe Arbeitslosigkeit aufweisen.[6] Eine empirische Überprüfung dieses direkten Zusammenhangs liefert jedoch kein eindeutiges Ergebnis.

---

6   Entsprechend der Phillips-Kurve müsste auch – bei geringen Inflationserwartungen – das aktuelle Wachstum nah am Potentialwachstum liegen. Letzteres ist aus Gründern der bereits diskutieren hohen Kapitalgrenzprodukte in den drei Ländern groß.

Auch der Grad der Regulierung und Institutionalisierung der Arbeitsmärkte in den baltischen Ländern (hire and fire; Entlastung der Arbeit) liegt im Mittelfeld der meisten EU-Mitgliedsstaaten. Damit dürfte die reale Anpassungsfähigkeit der Wirtschaft ebenfalls mittelmäßig sein. Die Arbeitsmärkte in der Region sind kein vollwertiger Ersatz für die weggefallene monetäre Anpassung. Die intensiv diskutierten Auswirkungen der Lohnnebenkosten auf die Beschäftigung können ebenfalls nicht als gesichertes Erklärungsmuster für die Arbeitslosigkeit in den baltischen Ländern herangezogen werden. Das Baltikum zeichnete sich bis vor der Krise nämlich durch relativ rigide Arbeitsmarktregulierung und durch von hohen Lohnnebenkosten belastete Beschäftigungsverhältnisse aus.[7] Als die Krise insbesondere Lettland traf, war der Arbeitsmarkt nicht in der Lage, vollwertig als Dämpfer zu wirken und ausreichend Druck vom Wechselkurs zu nehmen. Rīga war auf externe Hilfe angewiesen. (Vilnius und Tallinn kamen nur ohne externe Unterstützung aus, weil ihre Bankensysteme in ausländischer Hand sind und nicht kollabierten).

Wie verhält sich das alles mit dem Fakt der nominalen (Estland) und faktischen (die beiden anderen Länder) Zugehörigkeit zur WWU? Die Theorie der optimalen Währungsräume postuliert, dass die Aufgabe der Wechselkursflexibilität in Abhängigkeit vom Offenheitsgrad der Wirtschaft unterschiedliche Auswirkungen haben kann. Kleine und damit eng spezialisierte und offene Volkswirtschaften wie die baltischen profitieren exportseitig von einer Abwertung, leiden zugleich importseitig darunter. Grund ist ihre eingeschränkte Fähigkeit zur Importsubstitution, so dass die abwertungsbedingte Importpreissteigerung einen gesamtwirtschaftlichen Nachfragerückgang bewirkt. Dieser kann den Wachstumsgewinn der Exportbelebung wettmachen. Folglich haben kleine offene Volkswirtschaften wenig Anlass, nicht einer WWU anzugehören (das Gegenteil gilt für große, d. h. geschlossene Ökonomien)[8]. Daher ist die Einschätzung für Estland, Lettland und Litauen, die allesamt einen hohen Offenheitsgrad im Intra-EU-Handel aufweisen, dass die Kosten-Nutzen-Bilanz ihrer Wechselkursbindung bzw. Euroübernahme langfristig positiv ausfällt.

Während Estland am 1. Januar 2011 als 17. Mitgliedsland den Euro eingeführt hat, verharren Lettland und Litauen weiterhin im sogenannten „Wechselkursmechanismus 2" (WKM2). Dabei sind sie verpflichtet, den Wechselkurs stabil zu halten. Wegen des hohen Anteils an Fremdwährungsverbindlichkeiten des Privatsektors in beiden Ländern ist ein zu langer Verbleib im WKM2 nur die zweitbeste Option. Die Euroübernahme könnte aber an den langfristigen Zinssätzen scheitern, die in Lettland und Litauen in den kommenden Jahren wohl relativ hoch bleiben werden. Damit werden beide Länder noch

---

7   Die Weltbank untersucht seit mehreren Jahren in ihrer Reihe „Doing Business: Economy Rankings" den Grad der Freundlichkeit des Geschäftsklimas in 175 Ländern nach verschiedenen Indikatoren und Subindikatoren. Danach war die Arbeitsmarktregulierung in den drei Ländern bis Mitte der 2000er Jahre relativ rigide (World Bank 2006).
8   Darauf hat MacKinnon hingewiesen und Mundells Ansicht bezüglich der Abwertungseffekte hinterfragt. Vgl. ausführlich McKinnon 1963.

eine Weile im Vorzimmer der WWU ausharren müssen – im ungünstigsten Fall auf Kosten der Vollmitglieder, die ihnen aus dem 50 Milliarden Euro schweren Notfallfonds Unterstützung gewähren müssen.

3   Zu den Auswirkungen der Finanz- und Wirtschaftskrise

Die weltweite Krise hat die baltischen Ökonomien unterschiedlich getroffen. Zwar haben alle drei Länder einen massiven BIP-Rückgang zu verkraften, und die Arbeitslosenraten haben sich seit 2008 in allen drei Ländern verdreifacht. Allerdings hat lediglich Lettland eine signifikante Bankenkrise erlebt und die heimische Währung Lats musste mit Sofortkrediten der EU und des Internationalen Währungsfonds vor einer Abwertung gerettet werden. Ist der lettische Bankensektor schlecht auf externe Schocks vorbereitet?

In Bezug auf die Eigentumsstrukturen im Bankensektor der drei Länder fällt auf, dass der Bankensektor Estlands und Litauens von ausländischen, insbesondere westeuropäischen Muttergesellschaften stark dominiert ist. Praktisch alle Aktiva des Sektors in Estland sind in ausländischer Hand. Mit nur rund 40 % ist der ausländische Anteil in Lettland dagegen klein (Graphik 2). Während die ausländisch dominierten Bankensysteme in Estland und Litauen auf Finanzhilfen der Muttergesellschaften vertrauen konnten, brach die lettische Großbank Parex-Banka zusammen und brachte den Currency Board – den makroökonomischen Stabilitätsanker – in Gefahr. Den wollen aber die Letten nicht aufgeben (die Esten und Litauer wollten ebenfalls keine Abkehr von ihrer Wechselkursbindung), auch wenn Ökonomen gelegentlich gegenteilige Empfehlungen unterbreiten.[9]

Eine durchgreifende Regulierung hätte dazu beitragen können, die Bankenkrise in Lettland abzuwenden: Das sehr niedrige Ausgangsniveau der Kreditmärkte der baltischen Staaten hat bewirkt, dass die Kreditexpansion seit etwa 2000 deutlich höhere Wachstumsraten aufweist als in den alten Mitgliedsländern. Mitte der 2000er Jahre beschleunigte sich die Kreditvergabe insbesondere an den privaten Haushaltssektor in allen drei Ländern und erreichte jährliche Raten um 75 % in Lettland und Estland sowie um 30–40 % in Litauen. Solche Wachstumsraten sind auf Dauer nicht haltbar, und eine Korrektur war notwendig. Die Korrektur trat Mitte 2008 in Form einer Immobilien- und Kreditkrise ein. Vermutlich wäre sie auch unabhängig von der weltweiten Finanzkrise gekommen. Die fallenden Immobilienpreise und die anschließende Kreditklemme in Lettland (und zu einem geringeren Grad auch in Estland und Litauen) haben das BIP 2009 außerordentlich stark – um 18 % in Lettland und etwa 15 % in den anderen beiden Republiken – schrumpfen lassen. Auch ist eine Wechselkursrise in Lettland und Litauen immer noch möglich: In diesen Ländern sind die Kredite an den Privatsektor

---

9 Oft wird von einem zu langen Festhalten an einem fest fixierten Wechselkurs abgeraten. Vgl. Brezinski 2009.

Abbildung 2 Aktiva des Bankensektors in ausländischem Besitz in % aller Aktiva, 2007.

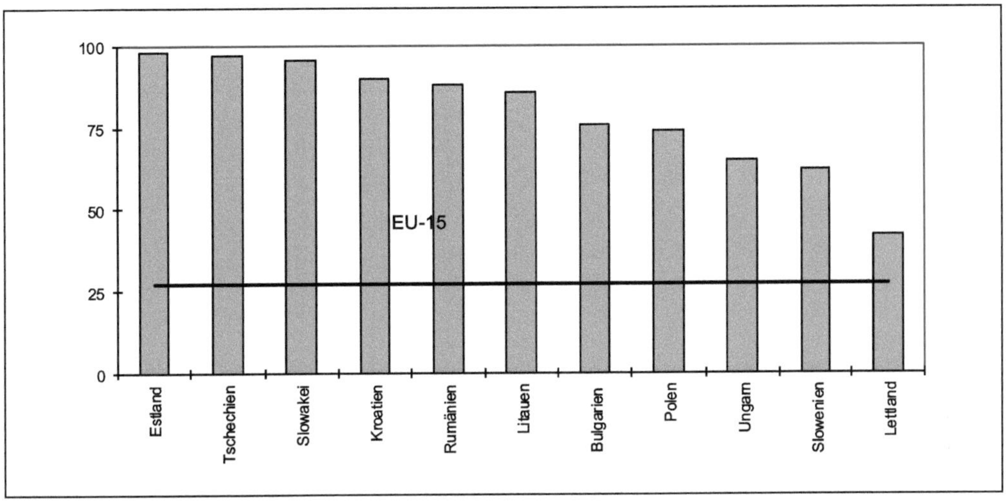

Anmerkung: Um die störende Wirkung der Finanzkrise auszuklammern, wurde nur der Zeitraum bis 2007 herangezogen. Quellen: Deutsche Bank Research, 2006; EU Kommission, DG EcFin, European Economy, Statistical Annex, verschiedene Ausgaben.

hauptsächlich auf Euro denominiert. Die Zahlungsbilanzkrise in Lettland lässt die diesbezüglichen Gefahren erkennen: Wäre der Lats abgewertet, hätten sich die Schulden der Haushalte und Unternehmen verteuert, so dass der Schuldendienst nicht mehr geleistet werden könnte. Eine Welle von Zusammenbrüchen mit noch größerer Arbeitslosigkeit und schwerer Wirtschaftskrise wäre die Folge.

Hinzu kommt die bereits erwähnte Besonderheit, dass sich in den baltischen Ländern öffentliche und private Auslandsverschuldung gegenläufig entwickelt haben mit einer schnellen Zunahme der Schuld von Banken, Unternehmen und Haushalten in Euro, Dollar, Yen und Schweizer Franken (vgl. Tabelle 3). Zugleich garantiert der Staat weitgehend die Einlagen der Privaten und damit die Schuld des Bankensystems, da eine Bankenkrise vermieden werden soll. Eine Nationalisierung der Privatschuld bedeutet ein Hochschnellen der öffentlichen Schuldenquote mit Konsequenzen für die Liquidität der Länder und der Möglichkeit der Insolvenz nach irischem Muster. In Irland geriet der Bankensektor mit dem Platzen der Immobilienblase in die Krise und der Staat entschied sich für die Übernahme der Verbindlichkeiten des Sektors, was eine Verfünffachung der öffentlichen Schuld bewirkte. Unter ihrer Last brachen die Finanzen des irischen Staates Ende 2010 zusammen. Überschuldung führte auch in Griechenland zur Insolvenz des Staates. Hier war jedoch nicht der Privatsektor daran schuld, sondern das laufende Haushaltsdefizit der öffentlichen Hand.

Hohe Schuldenstände – ob privat oder staatlich – können folglich immer zu einem finanziellen Zusammenbruch führen, auch im Baltikum. Zudem ergeben sich Probleme

Tabelle 3   Auslandsverschuldung in den NMS nach Eigentumsform
in % des BIP, 2007.

	öffentlich	privat	Gesamt
Lettland	5	135	140
Estland	1	108	109
Bulgarien	10	95	105
Ungarn	32	70	102
Litauen	13	55	68
Rumänien	5	45	50
Polen	23	35	58
Tschechien	7	35	42

Anmerkung: Um die störende Wirkung der Finanzkrise auszuklammern, wurde nur der Zeitraum bis 2007 herangezogen. Quelle: Deka-Bank Macro Research, 2009.

aus der Produktivitätswirkung der Kreditvergabe. Das ist der Fall, wenn Kredite überwiegend in den Dienstleistungssektor fließen, da dieser relativ unproduktiv ist. In den baltischen Ländern war der Dienstleistungssektor unterentwickelt und expandierte im Zuge der marktwirtschaftlichen Transformation. Da die Produktivitätszuwächse in diesem Sektor weit hinter den Kreditzuwächsen bleiben, verschlechtern sich tendenziell die Bedingungen für den Schuldendienst und seine Krisenanfälligkeit nimmt zu. Diese Entwicklung ist in den kleinen, dienstleistungsbasierten baltischen Wirtschaften ausgeprägter als in den mittelosteuropäischen neuen Mitgliedsstaaten der EU mit ihrem größeren industriellen Sektor. Im Baltikum sind die Lohnstückkosten stärker gestiegen als in den letzteren Ländern mit entsprechender Minderung ihrer Wettbewerbsfähigkeit. Eine Erklärung dafür sind die strukturellen Unterschiede zwischen den Ländern: In den kleinen baltischen Ökonomien existiert kaum ein nennenswerter verarbeitender Sektor und die Unternehmensgröße im Sektor ist gering. Die Kreditbereitstellung an viele kleine und mittlere Unternehmen (KMU) belastet die Banken kostenseitig stärker als die Kreditvergabe in einem Strukturmix aus kleinen und großen Unternehmen. Daher ist der Zugang zu Krediten insbesondere für Industrieunternehmen, die meist KMU sind, in Estland, Lettland und Litauen erschwert.

Die Krise hat die Anfälligkeit der kleinen Wirtschaft der baltischen Länder deutlich offengelegt. Die fortschreitende Wirtschaftsintegration zwischen den alten Mitgliedsländern und den baltischen Staaten fordert ihren Tribut: Das Erfolgsmodell der Balten, das auf vertiefter Arbeitsteilung innerhalb der EU- und der Weltwirtschaft, auf Liberalisierung der Güter- und Kapitalmärkte und auf Wettbewerbsvorteilen durch sektorale

Spezialisierung beruht, erweist sich in Krisenzeiten als anfällig. Das beginnt bereits im realen Sektor: Exportvolumina von derzeit bis zu 80 % des BIP in den baltischen Staaten sind im Aufschwung vorteilhaft, werden aber in Krisenzeiten zum Problem. Dann treffen schrumpfende Exportnachfrage und reduzierte externe Finanzierung die kleinen baltischen Volkswirtschaften schwerer als große und geschlossene Ökonomien.

Eine weitere Lehre ist, dass die aufkommende Krise im Baltikum durch die mangelhafte Korrekturfunktion der Finanzmärkte zu spät erkannt wurde. Funktionierende Finanzmärkte reagieren auf mögliche Finanzprobleme mit Aufschlägen bei den Kreditzinsen von Staaten und Banken. Weil die öffentliche Auslandsschuld in Estland, Lettland und Litauen Mitte der 2000er Jahre außerordentlich niedrig war – rund 4, 15 und 20 % des jeweiligen BIP – waren noch bis 2008 die Zinsen bei baltischen Schuldtiteln gering. Die Märkte haben kaum Befürchtungen um Zahlungsschwierigkeiten der Regierungen im Bereich der Auslandsschuld gehabt. Allerdings haben Tallinn, Rīga und Vilnius in den letzten Jahren Fremdwährungsschuld akkumuliert. Der Löwenanteil der Fremdwährungsschuld in den baltischen Ländern entfällt auf den Privatsektor, insbesondere auf den Bankensektor. Dieser Umstand wurde erst spät erkannt und die Sätze der kurzfristigen Zinsen, die Banken für Refinanzierung entrichten, schossen erst Mitte 2009 in die Höhe. Hohe Bankzinsen sind aber eine Bremse für das Wachstum und das lässt erahnen, warum sich die Rezession im Jahr 2009 weiter verschärft hat.

Auch haben die Finanzmärkte keine Vorwarnung gegeben angesichts der alarmierenden Leistungsbilanzdefizite der baltischen Wirtschaften. Die Leistungsbilanzsalden dort sind seit Jahren besonders stark negativ und erreichten vor der Krise bis zu einem Fünftel des jeweiligen BIP. In der ersten Hälfte der 2000er Jahre konnten sie relativ leicht finanziert werden – entweder über ausländische Direktinvestitionen, über Portfolioanlagen, oder als Kombination der beiden Möglichkeiten. Dass die Deckung der Negativsalden der Leistungsbilanz kein großes Problem war, zeigt zum einen die Statistik der Devisenreserven, die ausgebaut worden sind. Auch mussten die fixierten Wechselkurse der baltischen Länder lange Zeit nicht durch Einsatz der Devisenreserven verteidigt werden; allerdings werteten sie real auf. Die damit verbundenen Wettbewerbsnachteile dürften zur Verschlechterung der Leistungsbilanz beigetragen haben. Große Leistungsbilanzdefizite müssen aber nicht per se problematisch sein, solange ausreichend ausländisches Kapital in Form von Maschinen und Anlagen für die Produktion fließt. Dann dient es der Modernisierung des Kapitalstocks und die Produktivität steigt, d.h. die Wettbewerbsfähigkeit der Wirtschaft nimmt künftig zu. Als Faustregel gilt, dass die Leistungsbilanzdefizite mindestens zur Hälfte (50 %) auf diese Weise gedeckt sein müssen, um eine Währungskrise und darüber hinaus eine Liquiditäts- und Insolvenzkrise zu vermeiden. Das ist in keinem der drei Länder der Fall gewesen – überall liegt der Wert deutlich darunter ohne jedoch politisches Handeln auszulösen.

In diesem Zusammenhang gilt, dass auch die innereuropäischen Ungleichgewichte Schuld an der Leistungsbilanzsituation haben: Die am intraeuropäischen Handel beteiligten baltischen Nationen erzielen chronische Handelsdefizite, die über Kapitalimporte aus ebenfalls chronischen Handelsüberschussländern finanziert werden. Für die baltischen Defizitökonomien bedeutet ein dauerhafter Nettoimport, dass sie auf ausländisches Kapital angewiesen sind, um Investitionen, Wachstum und Beschäftigung aufrechtzuerhalten. Auf dem Höhepunkt der Kapitalzuflüsse im Jahr 2007 erreichte die Investitionsquote Lettlands 40,4 % des BIP bei einer Sparquote von nur 17,9 % des BIP. Die Differenz war ein Leistungsbilanzdefizit von 22,5 % des BIP. Mit Ausbruch der Finanzkrise versiegten die Kapitalimporte und die lettische Wirtschaft rutschte in die Rezession. Die Investitionsquote fiel 2010 auf 17,9 % zurück. Dieser dramatische Verlust zeichnet verantwortlich für die ausufernde Arbeitslosigkeit – von 6 % 2007 auf bedenkliche 20,6 % 2010. Ähnliche Krisen machen auch Tallin und Vilnius durch. Der Catching up-Charakter der baltischen Wirtschaften macht sie empfindlich für exogene Schocks, ohne dass sie sie aus eigener Kraft leicht abwenden können.

4   Fazit

Die baltischen Länder hatten nach dem Auseinanderbrechen der Sowjetunion einen schwierigen Start. Trotzdem waren sie in der Lage, ihre Wirtschaft erfolgreich umzustellen. Das rasche Wachstum hat zur Folge, dass das Wachstum der Kapitalproduktivität teilweise rückläufig ist und dass eine optimale Akkumulation – gemäß der „goldenen Regel" – nicht ganz erreicht ist. Das Wachstum ist stark kapitalbasiert und wenig wissensbasiert, wie es das Wirtschaftsprogramm EU-2020 verlangt. Angesichts einer rückläufigen Bevölkerungszahl und damit eines rückläufigen Arbeitsinputs und wegen der abnehmenden Kapitalgrenzprodukte ist aber eine Umstellung auf ein wissensbasiertes Wachstum unumgänglich.

Wirtschaftspolitisch wurde zugelassen, dass sich der Privatsektor massiv in Fremdwährungen verschuldet. Das macht in Krisenzeiten den Stabilitätsanker – den fest fixierten Wechselkurs – anfällig für spekulative Attacken. Positiv ist dagegen, dass die Europäische Union willig und finanziell fähig ist, in solchen Fällen einen Schutzschirm aufzuspannen, wie z. B. Mittel aus dem 50 Milliarden Euro schweren Krisenfonds für Nichtmitglieder der WWU bereitzustellen. Das ist auch angesichts der Tatsache wichtig, dass die baltischen Länder aufgrund ihres kleinen Kapitalstocks je Beschäftigten noch länger Defizitwirtschaften bleiben werden. Die Leistungsbilanzdefizite gehen auf die hohen Investitionsquoten zurück, was in „guten Zeiten" willkommen ist. Ein Versiegen der Kapitalströme in Krisenzeiten trifft solche Volkswirtschaften allerdings hart. Erschwerend kommt hinzu, dass die baltischen Länder wegen ihrer allgemeinen Stabilität attraktiv für Kapital aus Russland und anderen GUS-Regionen sind. In der Zahlungsbilanz schlagen sich solche Kapitalmehrimporte in größeren Leistungsbilanzdefiziten nieder.

Weil die Finanzmärkte für EU-Mitgliedsländer eine laxe Regulierungsfunktion ausüben und zu spät Krisenalarm im Baltikum geschlagen haben, ist die Finanzmarktregulierung in den drei Ländern aufgefordert, energischer durchzugreifen. Es muss vermieden werden, dass sich spekulative Blasen, vor allem im Immobilien- und Konsumgütersektor, aufbauen. Solche Blasen müssen selbst zum Preis einer vorübergehenden Wachstumsverlangsamung vermieden werden. Andernfalls sind die volkswirtschaftlichen Kosten eines plötzlichen Kreditausfalls größer.

Alles in allem ist der langfristige Catching-up – Prozess im Baltikum erfolgreich. In Krisenzeiten sind die drei Länder aber auf die Solidarität der EU-Partner angewiesen.

Literatur

Barro, Robert J. 1997. *Determinants of Economic Growth: A Cross-Country Empirical Study*. Cambridge: MIT-Press.
Brezinski, Horst. 2009. Die Weltwirtschaftskrise: Ein Katalysator für die wirtschaftlichen Probleme Estlands. In *Freiberger Osteuropa-Report, Nr. 13*, Hrsg. Technische Universität Bergakademie Freiberg, Lehrstuhl für Internationale Wirtschaftsbeziehungen, 1–2. Freiberg: Medienzentrum TU BAF.
Deka-Bank Macro Research. 2009. *Emerging Markets Insight, Mittel- und Osteuropa in Bedrängnis: Steigende Gefahr von Schulden- und Währungskrisen*. http://www.dekabank.de/globaldownload/de/economics/emerging_markets_insight/09-02-23-EMI-Laenderbonitaeten.pdf. Zugegriffen: 2.1.2012.
EU-Kommission DG EcFin. 2010. *Statistical annex of European economy, Spring 2010, Tabelle 9*. http://ec.europa.eu/economy_finance/publications/european_economy/2010/pdf/statistical_annex_spring2010_en.pdf. Zugegriffen: 28.3.2011.
EU-Kommission, DG EcFin, European Economy, Statistical Annex, Brüssel, verschiedene Jahrgänge.
EU-Kommission DG EcFin. 2006. Convergence Report on Lithuania/Slovenia, Brussels.
Hishow, Ognian. 2005. Wachstumspolitik in der EU: Wirtschaftsleistung, Beschäftigung und Innovation vor dem Hintergrund der Lissabon-Agenda. *SWP-Studie 2005*. Berlin: Stiftung Wissenschaft und Politik, Deutsches Institut für Internationale Politik und Sicherheit.
McKinnon, Ronald. 1963. Optimum Currency Areas. *American Economic Review* 53: 717–725.
Mühlberger, Marion. 2006. *Osteuropa: Makroökonomischer Ausblick, Finanzsektor und Konvergenz*. http://www.dbresearch.de/PROD/DBR_INTERNET_DE-PROD/PROD0000000000202155.pdf. Zugegriffen: 2.1.2012.
Sala-I-Martin, Xavier. 1994. Cross-sectional Regressions and the Empirics of Economic Growth. *European Economic Review* 38 (3/4): 739–747.
Trichet, Jean Claude. 2006. *Looking at EU and euro area enlargement from a central banker's angle: the views of the ECB*. http://www.ecb.int/press/key/date/2006/html/sp060227.en.html. Zugegriffen: 28.3.2011.
World Bank. 2006. *Doing Business– Economy Rankings*. http://www.doingbusiness.org/EconomyRankings/. Zugegriffen: 28.3.2011.

Ostseekooperation im Schatten der EU. Baltische Regionalpolitik mit unterschiedlichen Akzenten

Claudia Matthes

Nach dem Systemwechsel in Mittel- und Osteuropa sahen viele Akteure – Wissenschaftler wie Politiker, Unternehmer wie NGO-Vertreter – die Ostseeregion als eine Modellregion an. Sie ist ausschließlich von europäischen Staaten bzw. dem europäischen Teil Russlands umgeben, zentriert sich um das einzige wirkliche Binnenmeer Europas und ihre Anrainerstaaten begannen schon vor 1989 in Umweltfragen zusammen zu arbeiten. Gerade weil auch Russland an die Ostsee grenzt, bietet diese Region die Möglichkeit, verschiedene Formen der Kooperation und Integration zu praktizieren und somit zu einer Verständigung mit Russland jenseits der EU zu kommen. Einige Autoren bezeichneten die Ostseekooperation deshalb als Laboratorium der künftigen Ordnung Europas, in dem verschiedene Akteure verschiedene Formen zwischenstaatlicher und transnationaler Kooperation einüben oder ausprobieren können, bevor sie gegebenenfalls auf EU-Ebene übertragen werden oder parallel dazu weiter existieren (Hubel 2002 u. Henningsen 2008).

Für die baltischen Staaten hatte die regionale Kooperation, mit den nordischen Nachbarn sowie untereinander, stets einen ambivalenten Charakter. Auf der einen Seite war es für alle drei Länder Teil ihrer Sicherheitsstrategie, sich durch die intensive regionale Verflechtung vor erneutem russischem Expansionsstreben zu schützen, zumal die nordischen Staaten aufgrund ihrer frühen und deutlichen Sympathie für die baltische Unabhängigkeit sowie ihres gesellschaftlichen Wohlstandes als geeignete Partner galten. Auf der anderen Seite sollten diese Aktivitäten nicht den Eindruck erwecken, dass eine Mitgliedschaft in NATO und EU womöglich nicht mehr notwendig sei (Ozoliņa 1999, S. 53). Die Strategien der baltischen Staaten waren dabei nicht nur multilateraler, sondern auch bilateraler Natur: Estland versuchte sich als nordischer Staat zu präsentieren, an Finnland anzuschließen und baltische Gemeinsamkeiten eher zu negieren.[1] Litauen suchte die Nähe zu Polen. Einzig Lettland gelang es nicht, eine Anwaltsbeziehung aufzubauen, weder zu einem skandinavischen Land, trotz hoher schwedischer Direktinvestitionen, noch zu Deutschland (Schmidt 2003, S. 255, 262; Ozoliņa 1999, S. 42 ff.).

---

1 Nicht nur Außenpolitiker betonten aus strategischen Gründen die Gemeinsamkeiten mit dem Norden, auch bei der Gründung des Goethe-Instituts in Rīga, das für alle drei Staaten zuständig sein sollte, erklärte Estland, dass es lieber aus Helsinki mitbetreut werden möchte (Nikžentaitis 2000, S. 140).

Inzwischen sind alle Anrainerstaaten der Ostsee bis auf Russland Mitglied der Europäischen Union geworden. Der Beitritt der baltischen Staaten und Polens zur EU 2004 bedeutete eine Zäsur für die Ziele und die Art der Zusammenarbeit im Ostseeraum, die sich nicht ganz so erfolgreich entwickelt hatte, wie zu Beginn der 1990er erhofft. Für die baltischen Staaten jedoch lässt sich feststellen, dass die regionale Dimension der Außenpolitik seit dem EU-Beitritt an Bedeutung gewonnen hat. In den folgenden Abschnitten des Artikels werden nach einer Einführung zunächst die verschiedenen politischen, umweltpolitischen, ökonomischen und kulturellen Kooperationsforen im Ostseeraum dargestellt und anschließend die durch die EU eröffneten makroregionalen Strategien – Nördliche Dimension und Ostseestrategie – beleuchtet. Dabei wird jeweils das Engagement der baltischen Staaten, insbesondere Lettlands, bei dieser Zusammenarbeit herausgearbeitet.

1 Arenen und Etappen der regionalen Kooperation

Die Vielfältigkeit der Zusammenarbeit rund um die Ostsee, hinsichtlich der Themen sowie der beteiligten Akteure, zeigt sich bereits bei dem Versuch, die Region zu definieren. So findet sich eine geographisch enge Definition, welche nur die tatsächlichen Anrainerstaaten zählt, mit denjenigen Verwaltungseinheiten, die direkt an der Küste liegen; ein Kriterium, das die EU für die Teilnahme am INTERREG-Programm für die Ostseeregion heranzieht. Die ökologische Definition nimmt nicht allein das Meer und seine Küsten in den Blick, sondern auch den Verlauf aller in die Ostsee mündenden Flüsse von ihrer Quelle her, wonach auch die Slowakei oder Norwegen zur Region zählen. Aus ökonomischer Perspektive ist die Ostsee eine Markt- und Handelsregion, in der wirtschaftliche Interdependenz zwischen Teilregionen der Anrainerstaaten betrachtet wird. Die politische Definition hingegen ist wiederum recht weit und umfasst alle Mitglieder des Ostseerates, dem zentralen regionalen Kooperationsmechanismus, als Teil der Ostseeregion. Auch hiernach gehören Norwegen und Island dazu, ebenso wie die Anrainerstaaten in ihrer Gesamtheit (Schymik 2009, S. 142 ff.). Geprägt ist die Kooperation durch von unten wachsende, partiell miteinander verwobene Netzwerke, die nur zu einem geringen Teil durch staatliche Aktivitäten initiiert worden sind. Diese Dichte der Beziehungen macht die Ostseeregion im Vergleich zu anderen europäischen Großregionen besonders; in der Praxis bedeutet sie aber auch ein gewisses Problem, weil die Vielzahl an Foren für regionale Zusammenarbeit dazu führt, dass diese teilweise überlappend und wenig zielgerichtet arbeiten.

Kooperation in der Ostseeregion erfolgte lange Zeit ohne die EU. Die nordischen Staaten hatten eigene Zusammenschlüsse ausgebildet wie den Nordischen Rat (gegründet 1952) bzw. den Nordischen Ministerrat (gegründet 1971), zudem waren bis 1994 nur zwei der Anrainer – Dänemark und die alte Bundesrepublik – Mitglied der EU. Mit dem Fall der Mauer und dem Systemwechsel in Mittel- und Osteuropa erlebte die Zusammenarbeit zwischen den Anrainern der Ostsee eine neue Blüteperiode. Mit dem bereits 1987 formulierten Schlagwort der „neuen Hanse" versuchte Schleswig-Holstein unter Ministerpräsident Björn Engholm neue Akzente zu setzen und den zunehmend aus der substaatlichen Ebene hervorgehenden Kooperationen einen Rahmen zu geben (Williams 2005). Zwar setzte sich diese Idee, auch wegen der Vorbehalte der Skandinavier, nicht in institutioneller Form durch, doch in der „Gründungsperiode" zwischen 1989 und 1992 bildeten sich über 600 neue Netzwerke und Organisationen in Kultur, Politik und Wirtschaft sowie der Ostseerat (gegründet 1992), der die Foren der Zusammenarbeit im Ostseeraum überspannt (Schymik 2009, S. 145; Stålvant 2000, S. 12 f.).

In der „Aufbauphase" ab 1993 verbesserten sich die Beziehungen zu Russland; die baltischen Staaten erlebten den Abzug der russischen Truppen, wurden wieder in internationale Organisationen aufgenommen und intensivierten ihre Beziehungen zu den nordischen Staaten. Infrastrukturprojekte wurden aufgebaut und zahlreiche Übereinkommen im Bereich Handel und Wirtschaft geschlossen. Parallel zur Kooperation im Ostseerat treffen sich die drei baltischen Staaten untereinander einmal jährlich im Baltischen Rat, bestehend aus der Baltischen Versammlung (gegründet 1991) auf Parlamentsebene analog zu den Treffen im Nordischen Rat sowie dem Baltischem Ministerrat (gegründet 1994) auf Regierungsebene. Zwischen der Baltischen Versammlung und dem Nordischen Rat wurden 1992 und 1997 Kooperationsabkommen geschlossen und mehrere Sitzungen gemeinsam abgehalten, in den letzten Jahren jedoch vorwiegend kleinere gemeinsame Arbeitsgruppen gebildet. Mit ihren fünf nördlichen Nachbarn treffen sich die Balten als „Nordic-Baltic 8", um Positionen in Klima- und Energiefragen abzustimmen und gemeinsame Haltungen in internationalen Organisationen (UNO, OSZE, Europarat) vorzubereiten (Estonian Embassy 2009).[2]

Als die neuen regionalen Kooperationsforen etabliert waren, bestimmten schließlich zwei Prozesse die Tagesordnung: Erstens die EU-Integration, denn nach der Norderweiterung um Finnland und Schweden 1995 strebten auch Polen und die baltischen Staaten in die EU, sowie zweitens die transatlantische Annäherung (NATO/USA),[3] welche gerade für die baltischen Staaten anfangs die größere Relevanz hatte (Stålvant 2000, S. 13). Die Interessenlagen sind und waren dabei nicht immer deckungsgleich: Hinsichtlich der EU-Erweiterung versuchten die Balten, eine Allianz mit Dänemark, Finnland und Schweden aufzubauen, hinsichtlich des NATO-Beitritts fanden sie vor allem bei Dänemark und Norwegen Unterstützung, während die neutralen Staaten Schweden und

---

2 In der später gegründeten Runde Nordic-Baltic 6, ohne Norwegen und Island, besprechen die Länder EU-bezogene Themen (Ministry of Foreign Affairs of the Republic of Latvia 2010a). Diese Teilkooperation in der Ostsee, von den nordischen Staaten als „Nahgebietspolitik" konzipiert, sollte dazu beitragen, erst die drei baltischen Staaten, später auch den Nordwesten Russlands sowie Weißrussland, zu unterstützen, um auf friedlichem Weg Demokratie und Marktwirtschaft einzuführen bzw. zu verfestigen. Dazu genauer siehe Schymik i. E.
3 2002 gab Moskau schließlich seinen Widerstand gegen den EU- und den NATO-Beitritt der baltischen Staaten auf, nachdem die NATO Zugeständnisse gemacht und den NATO-Russland Rat etabliert hatte.

Finnland sich in dieser Frage zurückhielten, so dass sich die Balten zudem an den USA orientierten (Ozoliņa 1999, S. 45).

In dieser Periode wuchs die Aufmerksamkeit der EU für die Region, die zu einer Konsolidierung der Ostseekooperation beitrug: 1997 konnte Finnland während seiner EU-Ratspräsidentschaft die Nördliche Dimension, an der auch Russland, Island und Norwegen partizipieren, als Strategie der EU begründen und verankern. Seit 1997 stehen zudem INTERREG-Mittel für die transnationale Zusammenarbeit im Bereich räumliche Entwicklung in der Ostseeregion zur Verfügung, die es vielen Ostseeorganisationen ermöglichen, Schlüsselprojekte auf den Weg zu bringen. Zwischen 1997 und 2004 wurde die Kooperation in der Ostsee von den Beitrittsverhandlungen mit der EU bestimmt und teilweise überschattet. Erst 2007 belebte die schwedische Regierung angesichts ihrer für 2009 anstehenden Ratspräsidentschaft die Beziehungen im Ostseeraum mit ihrer Initiative für eine EU-Ostsee-Strategie. Zudem brachten einige Ostseeinstitutionen interne Reformen auf den Weg, um sich weiter zu professionalisieren (Schymik u. Krumrey 2009, S. 5; Görmar 2007, S. 163).

1.1 Politische Kooperation

Die politische Kooperation im Ostseeraum erfolgt zum einen zwischen Vertretern der Nationalstaaten im Ostseerat und in der Ostseeparlamentarierkonferenz, aber ebenso zwischen substaatlichen Akteuren, den Städten, Gemeinden und Regionen.[4]

Ostseerat
Der Ostseerat oder „Council of Baltic Sea States" (CBSS) ist das übergeordnete Gremium staatlicher Kooperation im Ostseeraum. Er entstand 1992 auf Initiative der ehemaligen Außenminister Dänemarks und Deutschlands, Uffe Ellemann-Jensen und Hans-Dietrich Genscher. Neben den neun Anrainerstaaten der Ostsee waren auch die Europäische Union und Norwegen seit der Gründung sowie später Island[5] – durch die Zugehörigkeit zum Nordischen Rat – dabei.[6] Diese Länder gestalteten, auch mit Rücksicht auf Russland, den Ostseerat nicht auf der Basis eines völkerrechtlichen Vertrages, sondern durch eine politische Resolution, die Kopenhagener Deklaration, und eine gemeinsame Geschäfts-

---

4   1991 gründete sich in Danzig die „Union of Baltic Cities" (UBC), der inzwischen über 100 Städte angehören. 2002 formierte sich in Kopenhagen das „Baltic Metropoles Network" (Baltmet). Auch die sieben Ostseeinseln (B7) arbeiten zusammen sowie seit 1993 die Subregionen in der „Baltic Sea States Subregional Co-operation" (BSSSC). Ein Vorstoß des BSSSC zum „clean shipping" fand sogar Eingang in die entsprechende Strategie der EU-Kommission und die Ostseeregion wurde dazu als Modellregion deklariert (Görmar 2007, S. 162, Baltic Development Forum 2010a, S. 50).
5   Island ist seit 1995 Mitglied des Ostseerates.
6   Darüber hinaus haben Frankreich, Großbritannien, Italien, die Niederlande, die Ukraine, die Slowakei und die USA Beobachterstatus (Hubel u. Gänzle 2002, S. 6) und seit 2009 auch Weißrussland, Rumänien und Spanien.

ordnung. Dieses spezifische institutionelle Format sollte den Wunsch der Mitgliedsländer widerspiegeln, ein flexibles, nachfragegesteuertes und ergebnisorientiertes Forum einzurichten. Der Verzicht auf einen völkerrechtlichen Vertrag implizierte zudem, dass ein langwieriges Ratifikationsverfahren in den nationalen Parlamenten vermieden werden konnte (Schymik 2009, S. 146; Hubel u. Gänzle 2002, S. 1; Williams 2005).

Thematisch konzentriert sich die Arbeit des Ostseerates auf sechs Bereiche: humanitäre Fragen und Gesundheit; Umweltschutz und Energie; Kultur, Bildung, Tourismus und Information; Transport und Kommunikation; wirtschaftliche und technologische Zusammenarbeit[7] sowie insbesondere auf den Aufbau demokratischer Institutionen in den post-sozialistischen Staaten. Er befasst sich weiterhin damit, die Begleiterscheinungen der Transformation wie Menschenhandel, Korruption und andere Formen organisierter Kriminalität zu bekämpfen. Alle Aspekte harter, d. h. militärischer, Sicherheitspolitik blieben unberücksichtigt, vielmehr sollten Sicherheit und politische Stabilität im umfassenden Sinne auch durch die Kooperation mit der EU erzielt werden. Vor allem die baltischen Staaten waren gegen eine stärker sicherheitspolitisch orientierte Ausrichtung des Ostseerates, um nicht den Eindruck zu erwecken, er könne eine Alternative zur angestrebten NATO-Mitgliedschaft darstellen (Stålvant 2000, S. 20).[8] Sie versuchten zwar, Beistand von Seiten des Ostseerates für den russischen Truppenabzug zu erhalten, und Russland forderte im Gegenzug die Einrichtung eines hohen Kommissars für Minderheiten, beiden Anliegen verweigerten sich die übrigen Ostseeratsmitglieder jedoch (Schmidt 2003, S. 287).

Die Arbeit des Ostseerates wird vom Außenminister des jeweils für ein Jahr den Vorsitz führenden Staates geleitet und von einem Ausschuss Hoher Beamter aus den jeweiligen Außenministerien koordiniert, was seit Oktober 1998 von einem Sekretariat in Stockholm aus erfolgt. Jedes Jahr treffen sich die Außenminister, bei Bedarf auch die Minister anderer Ressorts, und alle zwei Jahre die Regierungschefs der Mitgliedsländer, welche die allgemeinen politischen Zielsetzungen vorgeben (Schymik 2009, S. 146; Hubel u. Gänzle 2002, S. 6 f.). Was den Ostseerat als Kooperationsforum besonders macht, ist die Tatsache, dass er durch die enge Zusammenarbeit mit NGOs sowie sub- und transnationalen Kooperationsforen nicht nur auf die staatliche Ebene fokussiert und damit sehr innovative Dimensionen außenpolitischen Handelns etablierte (Hubel u. Gänzle 2002, S. 5).

---

7   Die ökonomische Zusammenarbeit wurde allerdings zunehmend über das Baltic Development Forum (s. u.) koordiniert (Etzold 2010, S. 98).
8   Die militärische Zusammenarbeit zwischen den drei baltischen Staaten erfolgte im Rahmen des Baltischen Bataillons zur Friedenssicherung (BALTBAT) im Dezember 1997 und ihr Ausbau fand mit starker Unterstützung der nordischen Staaten statt: Dänemark koordinierte die Arbeit, lettische und litauische Truppen engagierten sich in dänischen und schwedischen Einheiten bei IFOR und estnische im Libanon. Auch beim Küstenschutz begann eine enge Kooperation zwischen Schweden und den baltischen Staaten (Kerner et al. 1998, S. 130 f., 146 f.).

Für die baltischen Staaten hatte der Ostseerat im Hinblick auf die EU-Beitrittsverhandlungen größere strategische Bedeutung als die OSZE oder der Europarat, weil sie in dem kleineren Gremium, mit Beteiligung der EU-Kommission, eher ihre Beitrittsfähigkeit unter Beweis stellen konnten (Schmidt 2003, S. 290; Ozoliņa 1999, S. 58). 1996/97 fiel der Vorsitz des Ostseerates an Lettland, das im Januar 1998 bei dem Treffen der Ostsee-Regierungschefs erstmals Bundeskanzler Helmut Kohl und den russischen Ministerpräsidenten Viktor Tschernomyrdin in Rīga empfangen und sich auf diese Weise der Weltöffentlichkeit präsentieren konnte (Schmidt 2003, S. 289). Konkrete Initiativen hat Lettland in dieser Zeit nicht angestoßen, weder im Infrastrukturbereich (Via Baltica) noch in der Kooperation mit seinen direkten Nachbarn (Nikžentaitis 2000, S. 143). Das Land betrieb während seiner Präsidentschaft jedoch aktiv die Umsetzung der zuvor unter der schwedischen Ägide gefassten Beschlüsse, die den Ostseerat zu einer regionalen Organisation umwandeln sollten. Dazu wurden die permanent arbeitenden Arbeitsgruppen, wie diejenige für ökonomische und technische Kooperation, die für nukleare Sicherheit und die zur Unterstützung demokratischer Institutionen, weiter entwickelt und gestärkt (Ozoliņa 1999, S. 55). Für Litauen hatte der Ostseerat eine geringere Priorität. Zum einen lässt der starke Zentralismus den Küstenregionen weniger Spielraum für eigene Aktivitäten, zum anderen zeigten seine Regierungen auch immer eine kontinentale Orientierung und suchten die Anbindung an die Mitteleuropäische Freihandelszone (CEFTA) oder auf bilateraler Ebene an Polen und Deutschland (Nikžentaitis 2000, S. 141 ff.).

Wie sehr die Zusammenarbeit im Ostseerat und im Baltischen Rat in der Praxis auch vom Stand der Verhandlungen mit der EU geprägt war, zeigt sich darin, dass sich nach der Entscheidung der EU von 1997, Estland womöglich vor Lettland und Litauen aufzunehmen, die Kooperationsbereitschaft zwischen den baltischen Staaten für einige Zeit verringerte (Hubel u. Gänzle 2002, S. 4), zumal estnische Politiker schon die Aufnahme der Beitrittsverhandlungen mit der EU als Erfolg der nordischen (und nicht der baltischen) Orientierung des Landes gewertet hatten (Schmidt 2003, S. 255). Als seine südlichen Nachbarn im Verhandlungs- und Anpassungsprozess wieder aufholten und schließlich gleichzeitig aufgenommen wurden, veränderte sich dies wieder. Als Anhängsel der EU hat sich der Ostseerat jedoch nie verstanden und sich z. B. auch im Rahmen der Nördlichen Dimension[9] (s. u.) nicht als Regionalgremium der EU definieren wollen. Gleichwohl hat der Ostseerat im Rahmen des Aktionsplans aktiv zur Realisierung der Nördlichen Dimension beigetragen (Hubel u. Gänzle 2002, S. 6).

Erfolge in der Arbeit des Ostseerates sind erstens darin zu sehen, die eigene Tätigkeit zu professionalisieren und sich von einem Konsultationsgremium zu einer internationalen Institution zu entwickeln, die sich konkrete Projekte vornimmt. Dazu gehörte u. a. die Einrichtung des permanenten Sekretariats in Stockholm sowie die Reform der Arbeitsgruppen zu Expertengruppen, die zielorientierter arbeiten können (Ozoliņa 1999,

---

9 Zur Nördlichen Dimension siehe genauer Kapitel 2.

S. 54; Etzold 2010, S. 160 ff.). Zweitens zeigt die Arbeit des Ostseerates vor allem bei der Bekämpfung organisierter Kriminalität positive Wirkungen. Die 1996 eingerichtete Task Force etablierte gemeinsame Kontrollmaßnahmen und koordinierte Aktivitäten gegen Frauenhandel oder Waffen- und Drogenschmuggel (Adolph u. Naujeck-Höhner 2002). Sie hat außerdem mit zum erfolgreichen Abschluss der Beitrittsverhandlungen der baltischen Staaten im Bereich Justiz und Inneres, inklusive des Ausbaus der Kapazitäten bei Polizei und Zoll, beigetragen (Merker 2007). Auch im Bereich Umweltschutz und Schutz vor nuklearem Abfall ist die Tätigkeit entsprechender Arbeitsgruppen des Ostseerates positiv zu beurteilen (Etzold 2010, S. 99 f.).

Weniger erfolgreich waren die Bemühungen des Ostseerates um die Integration der russischsprachigen Bevölkerung in den baltischen Staaten. Im Mai 1994 berief der Ostseerat, trotz der zögerlichen Haltung von Estland und Lettland, den früheren dänischen Justizminister und Professor für Verfassungsrecht Øle Espersen als „Kommissar für demokratische Institutionen und Menschenrechte, einschließlich der Rechte von Personen, die zu einer Minderheit gehören".[10] Die Ausgestaltung des Amtes fiel in die Periode der estnischen Präsidentschaft des Ostseerates, die es ebenso wie Lettland als Erfolg verstand, dass der Kommissar nur schwache Kompetenzen erhielt. Er wurde lediglich dazu befugt, Eingaben von sich benachteiligt fühlenden Personen zu sammeln, diesen nachzugehen und schließlich einen Bericht mit Vorschlägen zur Beseitigung dieser Benachteiligungen zu erarbeiten. Offiziell hieß es, die Funktionen des Ostseerat-Kommissars sollten sich nicht mit denen des Hohen Kommissars der OSZE überschneiden (Schmidt 2003, S. 288). 1997 wurde Espersens Mandat verlängert, doch als er 2000 erneut berufen werden sollte, kam es zum Streit. Lettland und Estland warfen ihm vor, er würde zu einseitig die Rechte der russischen Einwohner einfordern, so dass sich beide Länder weigerten, Espersen im Amt zu belassen und der Ostseerat schließlich Helen Degn, die frühere Vertreterin Dänemarks bei der OSZE, ernannte. Bis heute hat der Ostseerat insgesamt wenig zur Lösung der russisch-baltischen Konflikte beigetragen, sondern diese vielmehr ausgeklammert. Zur Problemregion des Ostseeraums, für die der Ostseerat nach wie vor kein Konzept hat, zählt Kaliningrad, das mit einer hohen Arbeitslosenquote, schlechten Bildungsmöglichkeiten und der höchsten HIV-Rate des Ostseeraums zu kämpfen hat (Gehrmann 2007).

Auch insgesamt wurde die Funktionsweise des Ostseerates nach einigen Jahren als eher unzureichend bewertet, weil es zu viele Projekte gab, die schlecht miteinander vernetzt und wenig erfolgreich waren. Zudem sind die Beschlüsse des Ostseerates nur politische Empfehlungen und nicht rechtlich bindend. Ferner erschwerte die finanzielle Abhängigkeit von EU-Mitteln die Umsetzung mancher Projekte (Steuer u. Rinke 2008; Ozoliņa 1999, S. 53). Bei ihrer Sitzung in Malmö im Juni 2007 beschlossen die Außenminister, eine Strukturreform des Ostseerates einzuleiten. Lettland ging während seiner nachfolgenden zweiten Präsidentschaft 2007/08 deren Umsetzung an und stellte bei

---

10 2000 wurde das Amt umbenannt in „Kommissar für demokratische Entwicklung" (Stålvant 2000, S. 18).

dem Treffen der Regierungschefs im Juni 2008 in Rīga die Inhalte der Reform vor. Seitdem werden mehr Spezialisten einbezogen und die Arbeit des Ostseerates wird projektbezogener gestaltet, langfristige Zielvorgaben werden deutlicher formuliert und zivilgesellschaftliche Akteure stärker eingebunden (Estonian Embassy 2009).

Treibende Kraft bei der Reformdebatte war der von Juli 2004 bis Oktober 2007 amtierende Außenminister Lettlands, Artis Pabriks. Er bewertete den Ostseerat als eine „geniale Idee", um die neuen Demokratien rund um die Ostsee schneller „in den freien Markt" zu integrieren, die Reformen in den Transformationsländern voranzubringen und die Kooperation mit den nördlichen Nachbarn, auch aus sicherheitspolitischen Erwägungen, zu stabilisieren (Pabriks 2007). Zusätzlich versuchte Lettland, während seiner Präsidentschaft die Idee einer baltischen Identität zu festigen, indem es das Schlagwort der „Balticness" als spezielles Marketing-Konzept kreierte.[11] Damit verbunden war eine Reihe kultureller Veranstaltungen in allen Ostsee-Hauptstädten, um das Zusammengehörigkeitsgefühl im Ostseeraum zu erhöhen und ihn als kreative, dynamische, multikulturelle Region zu vermarkten (Etzold 2010, S. 127).

Das verstärkte Interesse an und das Engagement für die Ostseezusammenarbeit waren schon in Lettlands neuer, 2005 nach dem EU-Beitritt veröffentlichter, außenpolitischer Strategie deutlich geworden. Hierin erhalten die regionale Politik und mit ihr die nordisch-baltische Kooperation insofern eine größere Bedeutung, als sie genutzt werden soll, um im Vorfeld bestimmter Entscheidungen Allianzen schmieden und damit die EU-Mitgliedschaft aktiv gestalten zu können. Daneben soll sie weiterhin dazu beitragen, die Modernisierung des Landes voranzubringen. Mit der Zugehörigkeit zu den westlichen Bündnissen veränderte sich auch der Umgang mit den russischen Nachbarn. Schutz vor noch immer befürchtetem Expansionsstreben soll auch dadurch erreicht werden, dass Lettland die Demokratisierungs- und Europäisierungsprozesse in der Ukraine, in Moldova und Georgien offensiv unterstützt (Galbreath 2006, S. 457). Gleichwohl und trotz der Verankerung in europäischen Institutionen wünscht Lettland nach wie vor ein langfristiges Engagement der USA in der Region (Ministry of Foreign Affairs of the Republic of Latvia 2010b).

Parlamentarische Konferenz im Ostseeraum
1991 schlossen sich auf Initiative Finnlands nationale wie regionale Parlamente[12] des Ostseeraums zusammen, um ihren Beitrag zur Demokratisierung der Region zu leisten und die staatliche Kooperation mit zusätzlicher demokratischer Legitimation zu unterfüttern. Die einmal jährlich tagende „Baltic Sea Parliamentary Conference" (BSPC) will

---

11 Seit 2008 heißt auch das Bulletin des Ostseerates „Balticness", zuvor hieß es schlicht „Baltinfo".
12 An der BSPC sind elf nationale Parlamente beteiligt sowie elf Länderparlamente föderaler Staaten und die Parlamente der autonomen Gebiete (Åhlandinseln und die dänischen westnordischen Inseln). Außerdem nehmen Mitglieder des Nordischen Rates, des Baltischen Rates, des Europaparlaments und der parlamentarischen Versammlungen des Europarates sowie der OSZE teil (Stålvant 2000, S. 15).

ein Diskussionsforum sein, das politische Aktivitäten anregt und eine gemeinsame Identität im Ostseeraum stärkt. Ein ständiges Sekretariat, das der Nordische Rat finanziert, arbeitet in Kopenhagen. Es hat für die Umsetzung der bei den Konferenzen im Konsens verabschiedeten Resolutionen zu sorgen (Schöning 2004; Bördlein 2004, S. 72 f.). Unterstützt wurde die Parlamentarisierung der Ostseezusammenarbeit sehr stark von deutscher Seite und vornehmlich vom Bundesland Schleswig-Holstein.[13]

Die Zusammenarbeit der Parlamente hat sich über die Jahre verändert. Zuerst standen der Austausch und das Kennenlernen an erster Stelle, später wurde daraus eine Arbeitsplattform, die in ihren Resolutionen konkrete politische Aktivitäten formulierte (Arens 2000, S. 6). Daneben gab es Initiativen, einen regionalen Verbund der Parlamente von unten aufzubauen. So schlossen sich im April 2004 die regionalen Parlamente von Pommern und Westpommern (Polen) sowie Mecklenburg-Vorpommern und Schleswig-Holstein zum „Parlamentsforum Südliche Ostsee" zusammen. 2003 und 2004 forderten die Konferenzen in ihren Schlussresolutionen, die BSPC zur parlamentarischen Dimension des Ostseerates weiter zu entwickeln, was dieser jedoch nicht unterstützte (Schöning 2004; Ritzek 2004). Inzwischen hat der Ostseerat einen Beobachterstatus bei der BSPC und diese ist im Gegenzug offiziell strategische Partnerin des Ostseerates. Zudem hat die BSPC vier ständige Arbeitsgruppen etabliert,[14] von denen zwei (Bekämpfung von Menschenhandel und Meeresschutz) seit 2010 eng mit ihren Pendants im Ostseerat zusammen arbeiten (Gestrin 2010, S. 13). Parallel dazu kooperieren die baltische Versammlung und der Nordische Rat bei jährlichen Treffen, bei denen sie unter anderem die Positionen der Parlamente im Ostseeraum zur EU-Ostseestrategie miteinander abstimmen.

1.2 Kooperation im Umweltbereich: Die Helcom

Die Helsinki-Kommission oder kurz Helcom genannte Organisation für die Zusammenarbeit im Umweltbereich („Baltic Marine Environment Protection Commission") ist die älteste, schon während der Teilung Europas gegründete Organisation im Ostseeraum.[15]

---

13 In dem Lenkungsgremium, dem zweimal jährlich tagenden ständigen Ausschuss der BSPC, koordiniert Schleswig-Holstein sogar federführend die teilnehmenden deutschen Landesparlamente (Hamburg, Mecklenburg-Vorpommern, Bremen) sowie den Deutschen Bundestag.
14 Deren Themen sind: „Arbeitsmarkt und Soziale Wohlfahrt" (eingerichtet 2007), „Energie und Klimawandel" (2007), „Zivile Sicherheit" (2010), „Integrierte Meerespolitik" (2010).
15 Vertreter nationaler Ministerien und subnationaler Behörden aller Ostseeanrainer sowie Norwegens und Weißrusslands im Bereich Raumplanung und Umweltschutz begründeten 1992 in Karlskrona/Schweden die „Visions and Strategies around the Baltic Sea 2010" (VASAB 2010). Sie half, die INTERREG-Programme der EU zu optimieren (Schymik 2009, S. 147; Görmar 2007, S. 160 f.; Stålvant 2000, S. 23). 1996 initiierten die Umweltminister der Anrainerstaaten die „Baltic 21", an der sich neben VASAB auch Helcom und Ostseerat sowie Umweltverbände, Unternehmen und wissenschaftliche Einrichtungen beteiligen. Sie arbeitet recht erfolgreich (Jahn 2002), und ihr Sekretariat wurde 2010 als

Sie basiert auf der im März 1974 beschlossenen und 1980 in Kraft getretenen Helsinki-Konvention zum Schutz der Meeresumwelt, d. h. Gewässer, Meeresgrund und -untergrund sowie Küste, die alle sieben Anrainerstaaten, inklusive der Sowjetunion, Polen und der DDR unterschrieben haben. Aufgrund der erleichterten Kooperation in der Region im Zuge des KSZE-Prozesses bestand einige Hoffnung darauf, dass es der Helcom gelingen könnte, die Umsetzung und Einhaltung der Konvention zu überwachen, doch sie agierte zunächst eher erfolglos (Görmar 2007, S. 160). Nachdem sich die ökologische Situation in der Ostsee weiter verschlechtert hatte, beschlossen die Umweltminister der Anrainerstaaten 1988 ein erneutes Abkommen. Darin verpflichteten sich die Mitgliedstaaten, die organische Verschmutzung der Ostsee bis 1995 um 50 % zu reduzieren. Dieses Ziel war wichtig, weil die Ostsee als sehr flaches und wenig salzhaltiges Meer, das nur wenig Wasser mit der Nordsee austauschen kann, stark unter Gewässerverschmutzungen aller Art leidet. Es wurde jedoch nicht erreicht. Nachdem 1992 auch die baltischen Staaten und die EU Mitglied der Helcom wurden, verabschiedete sie im selben Jahr eine neue Helsinki-Konvention, die 2000 in Kraft trat.

Diese Konvention wird bei den jährlichen Treffen der Helcom in Empfehlungen für Schutzmaßnahmen umgesetzt, welche die Mitgliedsländer dann in Gesetze und Verordnungen übertragen sollen. Deren Erfolg überwachen nachgeordnete Behörden, teilweise auch die Helcom selbst. Der Vorsitz der Kommission rotiert alle zwei Jahre zwischen den Mitgliedstaaten gemäß der alphabetischen Reihenfolge ihrer englischen Länderbezeichnungen. Im Jahr 2010 übernahm Schweden den Vorsitz von Russland. Unterstützt wird die Arbeit des Vorsitzenden von einem Sekretariat und den im Laufe der Jahre etablierten fünf permanenten Arbeitsgruppen. Damit hat sich die Arbeit der Helcom zunehmend professionalisiert, zumal die Vereinbarungen zur Umsetzung seit 1992 präziser formuliert werden. Hinzu kommt, dass NGOs und andere transnationale Verbünde an den jährlichen Sitzungen teilnehmen und damit eine gewisse Kontrollfunktion ausüben können (Kaim 2009, S. 26 ff.; Helcom 2010).

Dass nun alle Mitgliedsländer der Helcom bis auf Russland der EU angehören, erleichtert die Arbeit nicht unbedingt. Vielmehr muss das Land, das jeweils den Vorsitz führt, besondere Sensibilität walten lassen. Denn bei Helcom-Sitzungen werden vermehrt Maßnahmen vereinbart, die ebenso auf EU-Ebene Gültigkeit erlangen, wie die Meeresstrategierichtlinie, und für sie muss auch in Russland die nötige Akzeptanz erreicht werden.[16] Um die Gemeinsamkeiten der Helcom-Mitglieder und den gleichberechtigten Charakter ihrer Bemühungen hervorzuheben, verabschiedete die Helcom unter polnischem Vorsitz im Herbst 2007 den „Baltic Sea Action Plan", welcher später in die EU-Ostseestrategie integriert wurde (Röver 2007, S. 35 f.; Kaim 2009, S. 29).

Expertengruppe in das Sekretariat des Ostseerates integriert (Baltic Development Forum 2010a, S. 45). Weitere Organisationen zum Schutz der maritimen Umwelt sind die Coalition Clean Baltic (CCB) und die Conference on Peripheral Maritime Regions (CPMR) (Graudiņš et al. 2006, S. 81 f.).

16 Dies gilt natürlich auch für die anderen Kooperationsforen im Ostseeraum (Gehrmann 2007).

1.3 Kooperation der ökonomischen Akteure

1992 schlossen sich die Handelskammern im Ostseeraum zu einer Vereinigung zusammen, der „Baltic Sea Chambers of Commerce Association" (BCCA). Die Arbeitgeberverbände der Region gründeten ebenfalls 1992 das „Baltic Sea Forum/Pro Baltica". Das „Baltic Development Forum" (BDF), 1998 auf Initiative des ehemaligen dänischen Außenministers Uffe Ellemann-Jensen entstanden, ist ein weiterer Verbund. Heute ist das BDF das größte und bedeutendste Forum zur Artikulation ökonomischer Interessen in der Ostseeregion. Die Gewerkschaften im Ostseeraum organisierten sich 1999 im „Baltic Sea Trade Union Network" (BASTUN) (Schymik 2003, S. 228; Görmar 2007, S. 162). Seit dem 1. Januar 2005 sind die baltischen Staaten Mitglied der Nordischen Investitionsbank (Estonian Embassy 2009).

Die wirtschaftliche Verflechtung innerhalb der Ostseeregion ist enorm angestiegen, so erfolgen z. B. 55 % der Ausfuhren der estnischen Wirtschaft und 43 % der Einfuhren in bzw. aus den baltischen und nordischen Staaten. Fast drei Viertel der Auslandsinvestitionen in Estland kommen aus den nordischen und baltischen Staaten, und zwei Drittel der estnischen Investitionen gehen dorthin. Lettlands Exporte gingen 2009 sogar zu 65 % in die Ostseeregion, die Importe kommen zu 66 % aus ihr, wobei jeweils Litauen, Deutschland, Russland und Estland einen höheren Anteil haben als die nordischen Staaten (Baltic Development Forum 2010a; LIAA 2009).[17] Die am schnellsten wachsende Region jedoch ist die zwischen Malmö und Kopenhagen, wozu der Bau der Öresundbrücke 2000 einen wesentlichen Beitrag geleistet hat. Vor allem Biotech- und Pharmaunternehmen haben sich beiderseits der Brücke niedergelassen. In diesem „Medicon Valley" arbeiten mehr als 30 000 Menschen, und mehr als 2,5 Milliarden Euro wurden investiert. Von diesem Boom profitiert der Hafen in Kopenhagen, dessen Umschlag sich um 10 % erhöht hat; ähnliche Entwicklungen zeichnen sich in Travemünde und Stockholm ab (Steuer u. Rinke 2008; Henningsen 2008, S. 33). Die globale ökonomische Krise in den Jahren 2008/09 hat jedoch auch in der Ostseeregion, vor allem in den baltischen Staaten, für Schwierigkeiten gesorgt. Während Polen oder auch Deutschland recht gut aus der Krise kamen, sind im Baltikum und in Island, wegen des viel stärker durch privaten Konsum induzierten Wachstums[18] und wegen des instabilen Bankensektors, die Probleme schärfer (Baltic Development Forum 2010a, S. 78). Die bestehenden sozioökonomischen Unterschiede in der Ostseeregion haben sich durch die Krise weiter vergrößert,

---

17 Bei den Exporten beträgt die Verteilung 16 % Litauen, 14 % Estland, 9 % Russland, 9 % Deutschland, 6 % Schweden, 4 % Dänemark, 4 % Polen, 3 % Finnland und bei den Importen 16 % Litauen, 11 % Deutschland, 11 % Russland, 8 % Estland, 9 % Polen, 4 % Schweden, 4 % Finnland und 3 % Dänemark (LIAA 2009).
18 In Lettland war der Anstieg der Privatkredite mehr als doppelt so hoch wie der der Industrie. Im Dezember 2008 musste die Regierung aufgrund der Krise ein Hilfspaket von EU, IWF, EBRD und Weltbank erbitten, um den Finanzsektor zu stabilisieren (Baltic Development Forum 2010a, 81).

gleichwohl ist das 2010 zu beobachtende Ausmaß der Erholung hier größer als bei den EU15 allein (Baltic Development Forum 2010a, S. 15).

1.4 Zivilgesellschaftliche Netzwerke

Wesentliches Merkmal der Kooperation im Ostseeraum sind die Aktivitäten nicht-staatlicher Akteure. 2003 existierten ca. 300 tatsächlich aktive Netzwerke, die sich vor allem im Bildungssektor engagieren, also Zusammenschlüsse von Schulen, Hochschulen oder Forschungsinstituten darstellen. Die übrigen NGO-Netzwerke konzentrieren sich auf Jugendarbeit, Umweltschutz oder nachhaltige Entwicklung (Schymik 2003, S. 220 ff.).

Im März 2001 trafen sich zahlreiche NGOs zum ersten Baltic Sea NGO Forum in Kopenhagen, im Mai desselben Jahres erneut unter der Schirmherrschaft des Ostseerates und seitdem jährlich im Land des Ostseerats-Vorsitzes. Diese Treffen bleiben aber als loses Netzwerk konstituiert, das kein ständiges Sekretariat oder andere permanente Strukturen aufweist. Der Bezug zum Ostseerat ist für die transnationalen NGO-Netzwerke nach wie vor essentiell, zumal in den baltischen Staaten oder in Polen weiterhin die seit dem Systemwechsel fortbestehenden Hemmnisse wirken, die die Ausbildung einer breiten NGO-Landschaft beschränken. Dazu gehören die knappe finanzielle Ausstattung bzw. die gleichzeitige Abhängigkeit vom Staat, sowie die nur geringen Aktionsmöglichkeiten auf der lokalen Ebene, obwohl hier viel Potential bestünde (Schymik 2009, S. 148; Matthes 2003). Auf ähnlich lose, aber doch zielorientierte Weise arbeiten die Universitäten im Ostseeraum zusammen. Der Ostseerat unterstützt und finanziert das „Eurofaculty-Programʻʻ, das von 1993–2005 in Rīga, Tartu und Vilnius, von 2000–2007 in Kaliningrad und seit 2009 in Pskov durch verschiedene Maßnahmen[19] zur Reform des universitären Bildungswesens beiträgt (Schmidt 2003, S. 288). Seit 2005 sind die baltischen Staaten am Nordischen Forschungsrat durch einen Beobachter vertreten und 2008 dem Stipendienprogramm der nordischen Länder, „Nordplus 2008–2011ʻʻ, beigetreten (Estonian Embassy 2009).

2 Nördliche Dimension und Ostseestrategie der EU

Kurz nach seinem EU-Beitritt übernahm Finnland 1997 die Ratspräsidentschaft und initiierte die Nördliche Dimension (ND). Geographisch fokussiert sie auf den Nordwesten Russlands, Kaliningrad, die Ostsee und die Barentssee sowie die arktischen und sub-arktischen Gebiete, beteiligt sind auch Island und Norwegen. Mit der Nördlichen

---

19 Dabei wird Lehrpersonal aus CBSS-Mitgliedstaaten entsandt, die technische Ausstattung verbessert, der Austausch von Studierenden ermöglicht und Curricula werden überarbeitet (Council of the Baltic Sea States 2010; Etzold 2010, S. 100 f.).

Dimension verfolgten vor allem die nordischen Staaten das Ziel, sozioökonomische Unterschiede in und zwischen diesen Regionen zu minimieren, Stabilität und soziale Sicherheit zu erhöhen und die wirtschaftliche Zusammenarbeit zu intensivieren (Hubel u. Gänzle 2002, S. 5). Darüber hinaus soll sich auch der Dialog zwischen der EU und ihren Mitgliedern bzw. lokalen Behörden oder wissenschaftlichen Einrichtungen verbessern, wobei regionale Kooperationen im Mittelpunkt stehen (Archer u. Etzold 2008).

Mit dieser Initiative musste der Ostseerat sein Verhältnis zur EU neu definieren, wobei Finnland zunächst das einzige Mitgliedsland war, das dafür plädierte, der Ostseerat solle sich im Rahmen der Nördlichen Dimension stärker zur EU hinwenden. Der im Juni 2000 verabschiedete Aktionsplan der Nördlichen Dimension ermöglicht dem Ostseerat, sich aktiv an der ND zu beteiligen, seine Expertise einzubringen, gemeinsame Interessen und Prioritäten zu formulieren und entsprechende Maßnahmen mit umzusetzen. Da zudem im Rahmen der Nördlichen Dimension keine neuen Institutionen gegründet wurden (Hubel u. Gänzle 2002, S. 4f.), wurde und wird ein Großteil der Maßnahmen über den Ostseerat sowie die Helcom abgewickelt.[20]

In Lettland stieß die finnische Initiative zur Nördlichen Dimension anfangs auf keine große Begeisterung. Eines ihrer wesentlichen Ziele, die Beziehungen mit Russland in wirtschaftlicher Hinsicht zu verbessern, ließ in Lettland Befürchtungen laut werden, dass seine Rolle als Transitland zwischen Ost und West, wozu es die Häfen in Ventspils und Liepāja ausgebaut hatte, nicht mehr in dem Maße gebraucht werden könnte. Als die Nördliche Dimension offiziell zur EU-Strategie deklariert wurde, begann auch Lettland sich stärker darin zu engagieren (Ozoliņa 1999, S. 57).

Zwei Partnerschaften der Nördlichen Dimension haben sich als besonders erfolgreich erwiesen: Der Unterstützungsfonds für die Umweltpartnerschaft, der 2002 eingerichtet wurde, hat bereits große Summen für die Durchführung relevanter Projekte in der Region bereitgestellt, und die Arbeitsgruppe Gesundheit und Soziales fokussiert auf Probleme wie den Kampf gegen ansteckende Krankheiten, z. B. Tuberkulose und AIDS. Aufgrund dieser Erfolge ist eine dritte Partnerschaft im Bereich Transport und Logistik im Sommer 2010 eingerichtet worden (Northern Dimension 2010; Archer u. Etzold 2008).

Ansonsten zeigte sich im Zuge der Umsetzung der Nördlichen Dimension die generell im Ostseeraum bestehende Problematik, dass sich Zuständigkeiten überlappen, weil viele ähnliche Institutionen in Nordosteuropa bestehen. Die Beteiligten erkannten dies jedoch recht schnell und schufen bei der ersten Reformrunde institutionelle Routinen für den Informationsaustausch zwischen den Gremien im Ostseeraum. Auch das

---

20 Die Aktivitäten im Bereich der Nördlichen Dimension werden im Rahmen bestehender Vertragswerke (Europäische Verträge, EU-Russland Partnerschafts- und Kooperationsabkommen, Europäischer Wirtschaftsraum, Russlandstrategie) mit bestehenden Finanzmitteln (PHARE/ISPA/SAPARD, TACIS, INTERREG) und durch bestehende regionale Organisationen realisiert.

von der EU Kommission betreute „Northern Dimension Information System"[21] hat einiges zur besseren öffentlichen Sichtbarkeit der Projekte, aber auch zu ihrer besseren Abstimmung beigetragen. Da zudem Russland eine gleichwertige Behandlung im Vergleich zu den EU-Mitgliedstaaten einforderte, schlugen Finnland und Schweden vor, keinen neuen Aktionsplan zu verabschieden, sondern stattdessen eine allgemeine strategische Grundlage für die Umsetzung der Nördlichen Dimension zu erarbeiten. Daraufhin veröffentlichte die EU-Kommission im März 2005 ein Dokument namens „Northern Dimension options beyond 2006", in dem sie ein flexibleres System vorschlug, das regelmäßig eine Neujustierung der Prioritäten in den einzelnen Projekten ermöglichen würde. Diese Neuausrichtung unterstützen alle Staaten einschließlich Russland (Estonian Ministry of Foreign Affairs 2010). Was vielfach gefordert, jedoch noch nicht eingerichtet wurde, ist ein ständiges Koordinationskomitee, das die unter dem Schirm der Nördlichen Dimension stattfindenden Aktivitäten zielgerichtet bündelt und koordiniert (Etzold 2006).

Parallel zur Diskussion um die ersten Erfahrungen mit der Nördlichen Dimension erhoben manche beteiligten Akteure auch die Forderung, eine Strategie speziell zum Ostseeraum auszuarbeiten. Damit sollte neben der breit angelegten Nördlichen Dimension, die sich zudem immer mehr zu einem Instrument für die Kooperation mit Russland entwickelte, die Aktivitäten stärker konzentriert und die nach der Erweiterung fortbestehenden oder neu aufgetretenen Probleme der Region gezielter bearbeitet werden (Etzold 2010, S. 252). 2005 schlug die interfraktionelle Arbeitsgruppe des Europaparlaments für die Ostseeregion unter dem Vorsitz des britischen Abgeordneten Christopher Beazley vor, eine EU-Strategie für den Ostseeraum auszuarbeiten. Nach einem entsprechenden Beschluss des Europaparlaments von 2006 nahm sich die schwedische Regierung angesichts ihrer für 2009 anstehenden Ratspräsidentschaft dieses Vorstoßes an (Schymik u. Krumrey 2009, S. 5). Diese Idee korrespondierte mit Plänen der EU, ihre Konzepte für die regionale Entwicklung in Europa stärker an Makroregionen auszurichten und ein funktionales statt administratives Regionenverständnis an ihre Politik anzulegen. Damit sollte die Ostseeregion tatsächlich Modellcharakter für die Kooperation in und mit anderen Großregionen wie der Donauregion oder der Schwarzmeerregion erhalten (Buzek 2010).

Nach der Eröffnung des Verfahrens in Stockholm im September 2008 erfolgten bis Mitte 2009 zahlreiche öffentliche Konsultationen über die in den Aktionsplänen der EU formulierte Zielrichtung der Ostseestrategie. Vier Themen sollte sie ansprechen: Umwelt, Wirtschaft, Sicherheit und Infrastruktur. NGOs, Experten, subnationale Entscheidungsträger, Mitgliedstaaten, Institutionen der Zielregion und andere Akteure waren aufgefordert, dazu Meinungsbilder einzureichen. Am Ende des Verfahrens legte die EU-

---

21 Dieses Informationssystem ist eine Internetseite, welche die nationalen Kontaktstellen der Mitgliedstaaten mit Inhalten füllen und die öffentlich zugänglich ist. Sie präsentiert alle Projekte, die im Rahmen der Nördlichen Dimension umgesetzt werden (Northern Dimension 2010).

Kommission schließlich 80 Hauptprojekte in 15 Schwerpunktbereichen fest, die sich den vier Oberthemen zuordnen lassen. Auch im Rahmen der Ostseestrategie sollten weder neue Institutionen geschaffen und neue Gesetze auf EU-Ebene erlassen, noch neue EU-Fördergelder zur Verfügung gestellt werden, da sowohl Projektmittel aus bestehenden EU-Fonds vorhanden sind als auch die Institutionen im Ostseeraum eingebunden werden sollten (Kaim 2009, S. 37 ff.).

Im Einzelnen sehen die Projekte folgende Aktivitäten vor: Umwelt – weitere Umsetzung des Helcom-Ostsee-Aktionsplans von 2007 und der integrierten Meerespolitik der EU; Wirtschaft – Vertiefung des Binnenmarktes in der Ostseeregion, Stärkung der Wettbewerbsfähigkeit der Region, wozu die Kommission zahlreiche Vorschläge der Anrainerstaaten aufnahm; Infrastruktur – konkrete Maßnahmen im Bereich Energieversorgung zur Optimierung der Transportwege, um insbesondere die baltischen Staaten besser an die europäischen Netze anzuschließen. Vorschläge der Anrainer zum Ausbau der Kommunikationsstrukturen ignorierte die Kommission hingegen; Sicherheit – hier steht die Verbesserung der Schifffahrtssicherheit und der Bekämpfung der organisierten Kriminalität im Vordergrund (Schymik u. Krumrey 2009, S. 7 f.). Nachdem der Europäische Rat diese Maßnahmen im Oktober 2009 billigte, setzte die Implementation ein. Im Oktober 2010 erfolgte bei einer großen Konferenz aller beteiligten Organisationen in Tallinn eine erste Bestandsaufnahme und Zwischenbilanz.

Eine Neuerung ist die Ostsee-Strategie insofern, als sie erstmals mehrere Ressorts überspannt und auf eine Makroregion bezogen ist. Durch die Umsetzung der Ostseestrategie wird jedoch weniger die Rolle regionaler Akteure gestärkt als die der Nationalstaaten, denn obwohl substaatliche Akteure die Projekte vor Ort realisieren sollen, verbleibt die allgemeine Koordination bei nationalstaatlichen Einheiten (Kaim 2009, S. 41). Noch unklar ist allerdings, ob die Nördliche Dimension künftig den externen Pfeiler der Ostsee-Strategie bilden soll und welche Auswirkungen dies auf das Verhältnis zu Russland hätte. Entsprechende Überlegungen zur Justierung der Nördlichen Dimension äußerte die EU-Kommission jedenfalls bereits 2006 im Rahmen der Diskussion um den zweiten ND-Aktionsplan, der schließlich nicht erneuert, sondern in ein Rahmendokument mit flexibleren Projektplänen umformuliert wurde, das die ND-Kooperation auf Dauer stellte. Die nordischen Staaten sprachen sich jedoch gegen die Pläne der EU aus (Graudiņš et al. 2006, S. 29).

3 Fazit

Der Wunsch nach intensiver Kooperation im Ostseeraum erwuchs für die meisten Anrainerstaaten zunächst aus umweltpolitischen und später wirtschaftlichen Interessen, um sich der Konkurrenz aus anderen Regionen der Welt erwehren zu können. Nach dem Fall des Eisernen Vorhangs kamen sicherheitspolitische Anliegen hinzu, wobei auch die Zusammenarbeit im Bereich der Bildung und der Kultur als Abwehrmaßnahme gegen zunehmende Kriminalität und soziale Konfliktlagen gesehen wurde. Trotz kriegerischer Erfahrungen in der Geschichte ließ sich an positiv besetzte historische Zusammenhänge wie die Hanse anknüpfen, um daraus Ansätze für eine kollektive baltische oder nordische Identität zu konstruieren. Hinzu kam die gemeinsame Abhängigkeit vom Meer als Lebensraum, dessen immenser Verschmutzungsgrad Kooperation unabdinglich machte.

Die anfänglich geringe Orientierung der baltischen Staaten auf die Ostseeregion resultierte erstens aus einem eher eindimensionalen Sicherheitsverständnis, das vorrangig in dem Wunsch bestand, EU und NATO beizutreten und das auf der Angst vor erneuter Bedrohung durch Russland basierte. Für diese Länder war in den ersten zehn Jahren nach dem Systemwechsel das „nation-building" relevanter als das „region-building" (Tassinari 2005, S. 391). Zweitens waren teilweise Abstimmungsprobleme zwischen den außenpolitischen Akteuren in den Ländern, d. h. eine unklare Arbeitsteilung zwischen Staatspräsident, Außenministerium und Regierung, ursächlich dafür. Mit zunehmender Integration in die EU im Zuge des Beitrittsprozesses wurden die regionale Perspektive und die Arbeit im Ostseerat für die baltischen Regierungen attraktiver, wenn auch in den beschriebenen Abstufungen. Dieses Interesse wurde noch verstärkt dadurch, dass Regionalisierung für die EU ein relevantes Politikinstrument geworden war. Für Lettland kam hinzu, dass es im Gegensatz zu seinen beiden Nachbarn keine bilaterale Partnerschaft – wie Estland mit Finnland und Litauen mit Polen – entwickeln konnte. Die Ostseekooperation mit ihrem Fokus auf weiche Sicherheit wurde für lettische politische Akteure eine Ergänzung zur Gewährleistung harter Sicherheit durch die NATO (Ozoliņa 1999, S. 60). Dieser Entwicklung trägt auch die modifizierte Sicherheitsstrategie Lettlands von 2005 Rechnung.

Die Bilanz der Ostseekooperation und der Arbeit der an ihr beteiligten Institutionen ist aus heutiger Sicht eher gemischt. Positiv ist zu konstatieren, dass sie zur Verringerung verschiedener Formen der Organisierten Kriminalität beigetragen hat und zivilgesellschaftliche Akteure eine besonders große Rolle bei der transnationalen Kooperation spielen. Hinzu kommt, dass diese Zusammenarbeit durch die Ostsee-Strategie eine politische und institutionelle Aufwertung erfahren hat. Im Bereich des Umweltschutzes sowie der Beziehungen zu Russland besteht jedoch weiterhin erhöhter Handlungsbedarf. Auch ist der Ostseerat trotz seiner Koordinations- und Netzwerkfunktion noch immer keine wirkliche gemeinsame Plattform geworden, in der sich alle Aktivitäten im Ostseeraum bündeln. Diese trotz aller Erfolge fortbestehende Schwäche ist unter anderem darin begründet, dass die drei baltischen und die fünf nordischen Staaten ihre parallel ausgerichtete Kooperation unter- und miteinander in intensivem Maße weiterführen, auch wenn deren Ziel in jüngerer Zeit darin besteht, die gesamte Ostseeregion zu einem dynamischen Zentrum in Europa („Top of Europe") zu machen (Schymik i. E.).[22] Zum

---

22 Wobei es auch hier eine gewisse Zielsuche gibt, verursacht durch den Wandel in der NB8 von der „Nahgebiets-" zur „Nachbarschafts-" oder „Nachbarländerpolitik" und einer etwas nachlassenden Kooperation nach dem EU-Beitritt der baltischen Staaten. Doch der „wise-men report", den der ehema-

anderen zeigt sich bei den großen Ländern Deutschland, Polen und Russland auf nationaler Ebene häufig ein geringes Interesse an der Kooperation im Ostseeraum. Angela Merkel schickte 2008 ihren Außenminister Frank-Walter Steinmeier als Vertretung zur Sitzung des Ostseerates, ebenso verhielt sich Russlands Präsident Vladimir Putin. Auch dass Deutschland den Ostseerat nicht nutzte, um die Konflikte über die Gaspipeline in der Ostsee[23] auszuräumen, zeigt dessen relative politische Wertschätzung (Henningsen 2008, S. 30 f.; Steuer u. Rinke 2008).

Manche Autoren meinen daher, der Ostseerat an sich und damit auch die Ostseekooperation insgesamt hätten seit der EU-Erweiterung an Bedeutung verloren, da die Beschlüsse des Ostseerates im Gegensatz zu denen der EU rechtlich nicht bindend sind (Hubel zit. in Gehrmann 2007) und die EU über INTERREG u. a. Programme einer der größten Financiers der Ostseekooperation ist. Kritisch zur Ostseekooperation äußern sich daher Browning und Joenniemi (2004). Sie vertreten die These, dass die Konzentration der Zusammenarbeit auf sicherheitspolitische Fragen und die „Versicherheitlichung" anderer Themen der regionalen Kooperation wie Umweltschutz, soziale oder ökonomische Fragen am Ende der Ausbildung einer gemeinsamen Identität abträglich sind. Tassinari (2005, S. 398, 404) zeigt hingegen, dass gerade die Vielfalt der Kooperation in der Region und deren Offenheit den Zusammenhalt vielmehr stärkte, Russland vor der Ausgrenzung bewahrte und die Transformation der neuen Demokratien deutlich beförderte.

Eine allein regionale, von den nordischen Staaten stark geprägte Ostseekooperation wird es nicht mehr geben. Weder die Nördliche Dimension noch die Ostseestrategie lassen sich als Projekte verstehen, zu deren Realisierung die nordischen Staaten die EU nur als institutionelle Hülle instrumentalisiert hätten. Vielmehr ist die EU zu einem eigenständigen Akteur in der Region geworden, nicht zuletzt durch ihre immensen Finanzmittel, die sie zur Implementation der geplanten Maßnahmen zur Verfügung stellt. Gleichzeitig zeigen die baltischen Staaten, speziell Estland und Lettland, ein größeres Engagement in der Ostseekooperation erst seitdem sie der EU beigetreten sind. Dies bewies sich nicht zuletzt während der sehr aktiven lettischen Ostseeratspräsidentschaft oder auch in Form des Engagements des ehemaligen lettischen Außenministers Valdis Birkavs bei der Reform der Kooperation mit den nordischen Staaten (Baltic Development Forum 2010b).

---

lige lettische Premierminister Valdis Birkavs und der dänische Verteidigungsminister Søren Gade im August 2010 vorlegten, sieht weiterhin eine solide Basis für eine enge Zusammenarbeit (Schymik, i. E.).
23 Dazu siehe genauer Graudiņš et al. (2006, S. 44 ff.).

Literatur

Adolph, Bernd Peter und Jens Naujeck-Höhner. 2002. Task Force on Organised Crime in the Baltic Sea Region. In *Politische Systeme und Beziehungen im Ostseeraum*, Hrsg. Detlef Jahn und Nikolaus Werz, 233–243. München: Olzog.

Archer, Clive und Tobias Etzold. 2008. The EU's Northern Dimension: Blurring Frontiers between Russia and the EU North? *Nordeuropa Forum* 18/1: 7–28.

Arens, Heinz-Werner. 2000. Der Beitrag der Parlamente zur Ostseezusammenarbeit: Rückschau und Ausblick. *SCHIFF-texte* Nr. 61: 4–10.

Baltic Development Forum. 2010a. *State of the Region Report. The Top of Europe Recovering: Regional Lessons from a Global Crisis.* http://www.bdforum.org/download/Files/PDFContent/bdf_sorr_2010.pdf.aspx. Zugegriffen: 26. 10. 2010.

Baltic Development Forum. 2010b. *Nordic-Baltic cooperation (NB8) is going to be strengthened, 30. 8. 2010.* http://www.bdforum.org/show/english/news/nordic-baltic_cooperation.aspx. Zugegriffen: 26. 10. 2010.

Bördlein, Ruth. 2004. Regionale und transnationale Zusammenarbeit im Ostseeraum. In *Der Bürger im Staat. Die baltischen Staaten*, Hrsg. Landeszentrale für politische Bildung Baden-Württemberg 54/2: 147–153.

Browning, Christopher S. und Pertti Joenniemi. 2004. Regionality beyond Security? The Baltic Sea Region after Enlargement. *Cooperation and Conflict* 39/3: 233–253.

Buzek, Jerzy. 2010. The Baltic Sea Region: What Europe can do for it and what it can do for Europe. *Balticness* spring/summer: 3–5.

Council of the Baltic Sea States. 2010. *An Assessment of the Status and Progress of the CBSS EuroFaculty Project in Pskov.* http://www.cbss.org/Education-Culture/eurofaculty-pskov. Zugegriffen: 15. 9. 2010.

Estonian Embassy. 2009. *Regionale Zusammenarbeit im Ostseeraum und innerbaltische Kooperation.* http://www.estemb.de/regionale_zusammenarbeit. Zugegriffen: 5. 8. 2010.

Estonian Ministry of Foreign Affairs. 2010. *Regional Co-operation.* http://www.vm.ee/?q=en/taxonomy/term/56. Zugegriffen: 23. 9. 2010.

Etzold, Tobias. 2006. Regional Organisation and the future Northern Dimension: Challenges, opportunities and cooperation. *Baltinfo Newsletter* February: 10–11.

Etzold, Tobias. 2010. *Live and Let Die: Adaptability and endurance of Regional Organisations in Northern Europe.* Unpublished Doctoral Thesis at the Manchester Metropolitan University.

Galbreath, David J. 2006. Latvian Foreign Policy after Enlargement. Continuity and Change. *Cooperation and Conflict* 41/4: 443–462.

Gehrmann, Alva. 2007. Unübersichtliche Sitzordnung. Kooperation. *Das Parlament* Nr. 35/36: 3.

Gestrin, Christina. 2010. Baltic Sea Region Synchronization. Chair of the Baltic Sea Parliamentary Conference. *Balticness* spring/summer: 13.

Görmar, Wilfried. 2007. Die Ostseekooperation. Eine Blaupause für transnationale Zusammenarbeit zwischen der EU und ihren Nachbarn? *Osteuropa* 57/2-3: 159–171.

Graudiņš, Raimonds, Kristīne Krūma, Žaneta Ozoliņa, Toms Rostoks, und Gatis Pelnēns. 2006. *Baltic Sea Region after the Enlargement of the European Union. Future Prospects.* Rīga: Zinātne.

Helcom. 2010. *About Us.* http://www.helcom.fi/helcom/en_GB/aboutus/. Zugegriffen: 3. 9. 2010.

Henningsen, Bernd. 2008. A Model Region. The Baltic Sea. *Baltic Worlds* 1/1: 30–35.

Hubel, Helmut. 2002. Die Ostsee-Subregion. Laboratorium der künftigen Ordnung Europas. *Internationale Politik* 10: 33–40.

Hubel, Helmut und Stefan Gänzle. 2002. Der Ostseerat: Neue Funktionen subregionaler Zusammenarbeit im Kontext der EU-Osterweiterung. *Aus Politik und Zeitgeschichte* B 19-20: 3–11.
Jahn, Detlef. 2002: Die lokale Agenda 21 im Ostseeraum. In *Politische Systeme und Beziehungen im Ostseeraum*, Hrsg. Detlef Jahn und Nikolaus Werz, 205–218. München: Olzog.
Kaim, Nicole. 2009. *Umweltschutz innerhalb der EU-Ostseestrategie für den Ostseeraum: Impuls für Politik und Forschung*. Unveröffentlichte Masterarbeit. Humboldt-Universität zu Berlin.
Kerner, Manfred, Mārcis Gobiņš, Frank Möller und Robert Ernecker. 1998. Außen- und Sicherheitspolitik. In *Handbuch Baltikum heute*, Hrsg. Manfred Kerner und Heike Graf, 113–147. Berlin: Arno Spitz.
LIAA – Investment and Development Agency of Latvia. 2009. *Foreign Trade Statistics*. http://www.liaa.gov.lv/eng/trade_with_latvia/foreign_trade_statistics/. Zugegriffen: 5.11.2010.
Matthes, Claudia-Yvette. 2003. The Economic Foundations of Civil Society: Empirical Evidence from New Democracies in the Baltic Sea Region. In *Civil Society in the Baltic Sea Region*, Hrsg. Norbert Götz und Jörg Hackmann, 83–94. Aldershot: Ashgate.
Merker, Michael. 2007. Schmuggler und Produktpiraten. Schattenseiten. *Das Parlament* Nr. 35/36: 6.
Ministry of Foreign Affairs of the Republic of Latvia. 2010a. *Cooperation of Baltic and Nordic Countries*. http://www.mfa.gov.lv/en/eu/BalticSeaRegion/NordicStates/. Zugegriffen: 26.10.2010.
Ministry of Foreign Affairs of the Republic of Latvia. 2010b. *Latvia's Foreign Policy Guidelines 2006-2010*. http://www.mfa.gov.lv/en/policy/guidlines/#43. Zugegriffen: 4.10.2010.
Nikžentaitis, Alvydas. 2000. Ostseeregion: Kooperation und Konflikte. In *Jenseits der Westpolitik. Die Außenpolitik der osteuropäischen Staaten im Wandel*, Hrsg. Magarditsch Hatschikjan, 135–146. Opladen: Leske + Budrich.
Northern Dimension. 2010. *Northern Dimension*. http://www.eeas.europa.eu/north_dim/. Zugegriffen: 5.11.2010.
Ozoliņa, Žaneta. 1999. The Regional Dimension in Latvian Security Policy. *Harmony Papers No. 8*. Groningen: Center for European Security Studies.
Pabriks, Artis. 2007. Eine geniale Idee. *Das Parlament* Nr. 35/36: 2.
Ritzek, Manfred. 2004. Zur Rezeption der Ostseekooperation im Schleswig-Holsteinischen Landtag. *SCHIFF-texte* Nr. 75: 14–16.
Röver, Manuela. 2007. Die internationale Putzkolonne. Helsinki-Kommission. *Das Parlament* Nr. 35–36: 7.
Schmidt, Thomas. 2003. *Die Außenpolitik der baltischen Staaten. Im Spannungsfeld zwischen Ost und West*. Wiesbaden: Westdt. Verlag.
Schöning, Jürgen. 2004. Die Ostseeparlamentarierkonferenz auf dem Weg zur parlamentarischen Dimension des Ostseerates? *SCHIFF-texte* Nr. 75: 3–13.
Schymik, Carsten. 2003. Networking Civil Society in the Baltic Sea Region. In *Civil Society in the Baltic Sea Region*, Hrsg. Norbert Götz und Jörg Hackmann, 217–234. Aldershot: Ashgate.
Schymik, Carsten. 2009. Im Vergleich: Der Ostseeraum als Region – Strukturen, Aktivitäten und Entwicklungstendenzen. In *Der Mittelmeerraum als Region*, Hrsg. Rudolf Hrbek und Hartmut Marhold, 140–154. Tübingen: Europ. Zentrum für Föderalismus-Forschung.
Schymik, Carsten. 2010. Nordische Interessen im Ostseeraum. In *Mare nostrum? Die Ostsee zwischen Herausforderungen und Chancen*, Hrsg. Eckart D. Stratenschulte. Berlin: Berliner Wissenschafts-Verlag (im Erscheinen).

Schymik, Carsten und Peer Krumrey. 2009. EU-Strategie für den Ostseeraum. Kerneuropa in der nördlichen Peripherie? *SWP-Diskussionspapier*. Berlin: Stiftung Wissenschaft und Politik.

Stålvant, Carl-Einar. 2000. Zehn Jahre Ostseekooperation: Was wurde erreicht – was bleibt zu tun? *SCHIFF-texte* Nr. 61: 11–23.

Steuer, Helmut und Moritz Rinke. 2008. Ostseerat muss sich neu erfinden. *Handelsblatt* 4.6.2008.

Tassinari, Fabrizio. 2005. The European Sea: Lessons from the Baltic Sea region for security and cooperation in the European neighbourhood. *Journal of Baltic Studies* 36/(4): 387–407.

Williams, Leena-Kaarina. 2005. Post-modern and intergovernmental paradigms of Baltic Sea co-operation between 1988 and 1992. The genesis of the Council of the Baltic Sea States (CBSS) as a historical case study. *Nordeuropa Forum* 15/1: 3–20.

Die konzentrierte Außenpolitik der baltischen Staaten

Michèle Knodt/Sigita Urdze

Die Außenpolitik der baltischen Staaten ist stark geprägt von ihrer Okkupation und Annexion durch die Sowjetunion im Zweiten Weltkrieg, die bis heute eine besondere Bedeutung Russlands in diesem Politikbereich bedingt. Durch ihren Beitritt zur EU im Mai 2004 sind sie in der Gemeinsamen Außen- und Sicherheitspolitik (GASP) sowie der Gemeinsamen Sicherheits- und Verteidigungspolitik (GSVP) formal gleichberechtigte Mitglieder, was z. T. eine thematische Erweiterung der Außenpolitik zur Folge hat. Dieses Kapitel will zunächst die Hauptlinien der Außenpolitik der baltischen Staaten ab der Wiedererlangung der Unabhängigkeit aufzeigen, um anschließend zu verdeutlichen, welche Möglichkeiten und Beschränkungen der EU-Beitritt auf Seiten der baltischen Staaten in diesem Politikfeld zur Folge hatte. In einem letzten Schritt soll unter Rückgriff auf die politikwissenschaftliche Literatur zu kleinen Staaten gezeigt werden, wie die baltischen Staaten, die nach den gängigen Definitionen[1] zur Kategorie der kleinen Staaten gezählt werden, ihrerseits mittels ihrer besonderen Verhandlungsart die Außenpolitik der EU gestalten und für sich nutzen können bieten.

1 Schwerpunkte der Außenpolitik der baltischen Staaten seit der Wiedererlangung der Unabhängigkeit

Vor dem Hintergrund der speziellen geschichtlichen Erfahrungen der baltischen Staaten – der Okkupation und Annexion in den Jahren 1939/40 durch die Sowjetunion im Anschluss an den Hitler-Stalin-Pakt – liegt es nahe, dass Fragen der Sicherheit und nationalen Unabhängigkeit eine besondere Bedeutung für die Außenpolitik dieser Staaten besitzen. Dies bestätigte sich in der Gestaltung ihrer Außenpolitiken nach der de facto Wiederherstellung der Unabhängigkeit im Sommer 1991.

Die Beziehungen zur damals noch bestehenden Sowjetunion bzw. später zu Russland haben seitdem durchgängig besondere Priorität erfahren. Das drängendste Sicher-

---

1 Hier soll kein weiterer Beitrag zur Debatte der Definition von Kleinstaaten erfolgen, sondern die baltischen Staaten sollen als kleinere Staaten angenommen werden. Sie entsprechen den von v. Steindorff mit Verweis auf Geser sehr schön aufgeschlüsselten Kriterien für kleine Staaten in den Merkmalen (1) substanziell, (2) relational im Vergleich mit ihrer direkten Umwelt und (3) attributiv als Selbst- und Fremdwahrnehmung (v. Steindorff 2006, S. 25).

heitsproblem nach der Wiederherstellung der Unabhängigkeit waren die verbleibenden Truppen auf dem Territorium der drei baltischen Staaten, die erst im August 1994 abgezogen wurden (Lamoreaux u. Galbreath 2008, S. 8). Erst dieser Truppenabzug wird im Baltikum häufig als das eigentliche Ende des Zweiten Weltkrieges interpretiert (Lehti 2005, S. 97). Aber auch nach dem Truppenabzug blieben sicherheitspolitische Fragen im Hinblick auf Russland eines der Hauptthemen der baltischen Außenpolitiken. Russland versteht sich selber als Nachfolger der Sowjetunion und übernahm nach deren Auflösung die entsprechenden völkerrechtlichen Rechte und Pflichten (Fofanova u. Morozov 2009, S. 23). Die baltischen Staaten werden, wie andere Nachfolgestaaten der Sowjetunion auch, in russischer Sprache nicht als „Ausland", sondern als „nahes Ausland" bezeichnet. Es wird also immer noch eine spezielle Beziehung zu diesen Staaten unterstellt und diese Staaten der russischen Einflusssphäre zugerechnet (Jonson 1998, S. 112 ff.). Auch von baltischer Seite wird eine Kontinuität zwischen Russland und der Sowjetunion gesehen. Die historische Rolle Russlands wird verstanden als die eines „authoritarian, non-European state which has repeatedly colonized its weaker European neighbours" (Fofanova u. Morozov 2009, S. 28). Besonders deutlich wird der Widerspruch zwischen russischen und baltischen Positionen an der Weigerung Russlands, die ehemalige Okkupation der baltischen Staaten als historischen Tatbestand anzuerkennen (Fofanova u. Morozov 2009, S. 28; vgl. auch Haukkala 2009, S. 163).

Ein zweiter Schwerpunkt der baltischen Außenpolitiken war lange Zeit der im Frühjahr 2004 erfolgte zeitgleiche Beitritt zu EU und NATO (Galbreath et al. 2008, S. 125). Ein ernsthaftes Bemühen um eine Positionierung als neutrale Staaten hatte es nie gegeben. Ebenso wenig wurde die Option eines rein baltischen Bündnisses oder eines Bündnisses mit anderen nordeuropäischen Staaten angesichts negativer historischer Erfahrungen in der Zeit der ersten Unabhängigkeit zwischen den beiden Weltkriegen als ausreichend empfunden, um Schutz vor der Übermacht Russlands zu gewährleisten.[2] Sicherheitspolitische Abkommen mit Russland wurden von vorneherein ausgeschlossen. Insbesondere die NATO wurde als der einzige wirkliche Schutz vor potentiellen Übergriffen Russlands empfunden (Haab 1998, S. 4 f.). Der Beitritt zur EU wurde als notwendig für die wirtschaftliche Unabhängigkeit der baltischen Staaten gesehen (Haab 1998, S. 16). In den Kategorien von Vital, der sich mit der Außenpolitik kleiner Staaten beschäftigt, lässt sich die außenpolitische Strategie der baltischen Staaten bis zum erfolgten EU- und NATO-Beitritt als eine „active strategy" bezeichnen (Vital 1972). Zwar hatten die baltischen Staaten nicht die Möglichkeit, das Gefälle zwischen sich und dem als Bedrohung wahrgenommenen großen Nachbarn Russland zu verringern. Sie versuch-

---

2 Verschiedene Ansätze der baltischen Staaten zu einer engeren Zusammenarbeit und zur Bildung eines baltischen Bündnisses zwischen den beiden Weltkriegen entwickelten sich nur mühsam. Die 1934 gegründete „Baltische Entente" wurde sowohl von Deutschland als auch von der Sowjetunion als weitgehend bedeutungslos angesehen und bot letztlich keinen Schutz vor den Angriffen (Schmidt 2003, S. 39 ff.).

ten es aber über einen Umweg, indem sie sich, wie von Vital auf lange Sicht als einzige Möglichkeit für kleine Staaten beschrieben, um das Eingehen von Allianzen mit anderen großen Staaten bzw. internationalen Organisationen bemühten. Die Strategie der Beitritte sollte das Gefälle zwischen Russland und den baltischen Staaten und somit die Bedrohung durch Russland verringern. Dieses Interesse der baltischen Staaten an einem Beitritt zur EU, das primär auf dem Bedürfnis nach Schutz gründet, wird noch verstärkt durch die sich aus dem Beitritt eröffnende Möglichkeit der Beeinflussung der EU-Russland-Politik im Hinblick auf Stabilität und weitere Demokratisierung Russlands, womit ein Mehr an eigener Sicherheit verbunden wird (Galbreath u. Lamoreaux 2007a, S. 120).

Ebenfalls durch das Interesse an Sicherheit gegenüber Russland sind die Beitritte der baltischen Staaten zu anderen Organisationen Anfang der 1990er Jahre motiviert, beispielsweise im September 1991 zur UNO und KSZE und im Sommer 1993 zum Europarat. Primäres Ziel war es dabei stets, den eigenen Sicherheitsinteressen ein internationales Forum zu geben (Haab 1998, S. 8). Mit dieser zunehmenden Westintegration verbunden war die Erwartung eines Schutzes vor der Gefährdung durch Russland, also das Bemühen um mächtige Verbündete. Auch nach erfolgtem NATO- und EU-Beitritt gehört die Intensivierung der Beziehungen im Rahmen dieser Organisationen zu den Hauptzielen der Außenpolitik der baltischen Staaten (Galbreath et al. 2008, S. 127).

Seit dem Beitritt zur EU und zur NATO ist die Außenpolitik der baltischen Staaten weiterhin geprägt von einem Blick sowohl nach Osten als auch nach Westen. Einerseits ist ihre Gestaltung der Außenpolitik bestimmt von dem Wunsch, sich den westlichen Partnerländern gegenüber als verlässliche und kompetente Partner zu präsentieren. Andererseits ist festzustellen, dass trotz der durch die internationale und supranationale Einbindung gewonnenen zusätzlichen Sicherheit Russland auch weiterhin als Bedrohung wahrgenommen wird. Somit ist weiterhin eine Konzentration der Außenpolitik auf zwei Schwerpunktthemen festzustellen. Ihre Sichtweise der ständigen Bedrohung versuchen die baltischen Staaten den Partnerländern in EU und NATO zu vermitteln. Gleichwohl wird anerkannt, dass die Einflussmöglichkeiten Russlands im Ostseeraum durch die Einbindung der baltischen Staaten deutlich gesunken sind, obwohl Russland vergeblich versucht hatte, die Beitritte – insbesondere zur NATO – zu verhindern (Galbreath u. Lamoreaux 2007a, S. 117 ff.). Darüber hinaus ist jedoch eine Erweiterung der außenpolitischen Zielsetzungen festzustellen. Um das Jahr 2004 herum veröffentlichten alle drei Staaten Positionspapiere, die u.a. die Gestaltung der Außenpolitik in den nächsten Jahren zum Inhalt hatten. Darin finden sich neben der weiteren Integration in EU und NATO als prioritäre Ziele die Förderung der Aufnahme weiterer Mitglieder zu diesen Organisationen sowie die Förderung der Demokratie in Nachbarstaaten (Government of the Republic of Lithuania 2004; Estonian Government 2004; Ministry of Foreign Affairs of the Republic of Latvia 2006). Besonders drängend wurden die baltischen Sorgen in Bezug auf ihre Sicherheit angesichts der Übermacht ihres großen Nachbarn nach der Invasion Russlands in Georgien im August 2008. Dies bestätigte das Gefühl einer nicht wirklich vorhandenen Sicherheit. Hinzu kommen Zweifel daran, ob Russland die baltischen Staaten wirklich als unabhängig akzeptiert hat[3] und an den Möglichkeiten der NATO zur Unterstützung im Ernstfall. Ein weiteres Problem stellt die starke Abhängigkeit von den Energieressourcen Russlands dar, die von Moskau bereits während der Unabhängigkeitsbewegungen in den 1990er Jahren insofern als politisches Druckmittel verwendet wurden, als zeitweise die Öllieferungen unterbrochen wurden, um die baltischen Staaten zu einem Nachgeben zu bewegen (King u. McNabb 2009, S. 29 ff.; Rostoks 2009, Giedraitis 2007).

Im Hinblick auf die außenpolitische Orientierung der baltischen Staaten in östlicher Richtung ist festzustellen, dass sich deren Blickrichtung infolge des EU-Beitrittes insofern erweitert hat als der Fokus nunmehr nicht mehr nahezu ausschließlich auf Russland gerichtet ist, sondern zunehmend auch andere Staaten des post-sowjetischen Raumes einbezieht. So machten die baltischen Staaten unmittelbar nach ihrem EU-Beitritt deutlich, dass ihre Aufmerksamkeit im Rahmen der GASP insbesondere der Europäischen Nachbarschaftspolitik (ENP) gewidmet sein würde – vor allem dem Südkaukasus, der Ukraine, Weißrussland und Moldawien (Jakniūnaitė 2009, S. 117; Galbreath u. Lamoreaux 2007b, S. 27). Die Politik der baltischen Staaten im Rahmen der EU zielt darauf ab, den osteuropäischen Partnerstaaten in der ENP den Weg in die EU offen zu halten sowie die Unterstützungszahlungen an diese zu erhöhen (Lehti 2009, S. 142; Rostoks u. Graudiņš 2008, S. 4). Auch dies entspricht dem baltischen Wunsch nach Stabilität und damit gesteigerter Sicherheit in der eigenen Nachbarschaft (Galbreath u. Lamoreaux 2007a, S. 128) durch Schwächung des russischen Einflusses in den von russischer Seite als „nahes Ausland" bezeichneten Staaten (Galbreath u. Lamoreaux 2007a, S. 120). Darüber hinaus würde ein potenzieller zukünftiger Beitritt weiterer postsowjetischer Staaten rein geographisch bedeuten, dass die baltischen Staaten näher zur Mitte der EU rücken würden. Damit widersprechen die baltischen Staaten dem Ziel insbesondere westeuropäischer EU-Mitgliedstaaten, zu endgültigen Grenzen für die EU zu gelangen (Jakniūnaitė 2009, S. 127 ff.; Lotherington 2006). Angesichts der Befürchtung, die EU könne, um Konflikte mit Russland zu vermeiden, zu einer zurückhaltenderen Gestaltung der ENP neigen, wird es als wichtig angesehen, gerade die ENP als Thema der EU-Außenpolitik zu stärken (Ozoliņa u. Rostoks 2006, S. 99). Allerdings sind Unterschiede im Ausmaß des Engagements zwischen den einzelnen baltischen Staaten festzustellen. Während sich Litauen am stärksten im Bereich der ENP engagiert, ist Lettland diesbezüglich der zögerlichste unter den drei baltischen Staaten. Dies wird so erklärt, dass Litauen in seinem Handeln an die historischen Verbindungen mit Polen und damit an das Großfürstentum Litauen anknüpft, das im Mittelalter bis an das Schwarze Meer reichte und das bis heute ein besonderes Gefühl der Verbundenheit auch mit den süd-

---

3 Als Beispiel für Äußerungen von russischer Seite, die Zweifel an der Anerkennung der Unabhängigkeit der baltischen Staaten durch Russland begründen, vgl. z. B. die Darstellung eines Planes des Beraters des russischen Botschafters in Lettland, Lettland in Russland einzugliedern (King u. McNabb 2009, S. 34).

östlichen Nachbarn begründet (Jakniūnaitė 2009, S. 127 ff.; Lotherington 2006; vgl. auch Budrytė 2006).

Deutlich geworden ist in Bezug auf die außenpolitischen Zielsetzungen der baltischen Staaten, dass die Bedrohung durch Russland sowie Möglichkeiten zur Verringerung dieser Bedrohung durch einen Beitritt zu EU und NATO bedingt durch den historisch kulturellen Kontext und die Pfadabhängigkeit dieser Staaten im Mittelpunkt stehen. Auch nach dem Beitritt zu diesen beiden Organisationen sind die Beziehungen zu Russland ein zentraler Aspekt der außenpolitischen Orientierung der baltischen Staaten geblieben, obwohl diese Bedrohung fortan als geringer erachtet wird. Zudem wurde auch die Bedeutung einzelstaatlicher historischer Bezüge zur Erklärung der Unterschiede in der außenpolitischen Haltung in der EU deutlich.

2 Möglichkeiten und Beschränkungen der Außenpolitik der baltischen Staaten als Folge ihres EU-Beitritts

Mit dem Beitritt zur EU mussten sich die baltischen Staaten den Strukturen der EU anpassen. Wie bereits angesprochen, ist durch den Beitritt eine teilweise Neuorientierung in der Außenpolitik der baltischen Staaten festzustellen. Insbesondere haben sich den drei Staaten als Folge des EU-Beitritts in dem Maße neue Möglichkeiten für ihre Außenpolitik eröffnet, in dem die wahrgenommene Bedrohung durch Russland durch die Einbindung abnahm. Es wurden zusätzliche Kapazitäten frei, um die Aufmerksamkeit auch auf andere Belange zu richten (Galbreath u. Lamoreaux 2007a, S. 120). Die sich neu eröffnenden Möglichkeiten des europäischen Mehrebenensystems stellen jedoch gleichzeitig mit seinen multiplen Arenen enorme Anforderungen gerade an kleinere Staaten mit beschränkten administrativen Kapazitäten. So machten Interviews in Brüssel deutlich, dass der Einfluss der baltischen Staaten vor allem durch die geringe Anzahl an Personal, das diesen kleinen Staaten zur Verfügung steht, limitiert wird (Interview mit einem Vertreter von RELEX, Brüssel, 21. 9. 2006).

Die neuen Möglichkeiten der außenpolitischen Themenwahl unter dem „Schirm" der EU wurden jedoch auch gleichzeitig mit neuen durch die EU vorgegebenen Themen belegt. Zum einen mussten die baltischen Staaten ihre eigene Politik durch den EU-Beitritt den EU-Positionen unterordnen. Zum anderen war die Möglichkeit, sich mit neuen Themen in der Außenpolitik auseinanderzusetzen, ebenfalls determiniert. Denn aufgrund der bereits bestehenden Ausrichtung der Außenpolitik der EU ergibt sich auch für neue Themen ein gewisser Zwang der Auseinandersetzung, um überhaupt zu spezifischen Positionen in Bezug auf außenpolitische Fragen kommen zu können (Galbreath et al. 2008, S. 119 ff.).

Das europäische Mehrebenensystem gründet stark auf Expertenwissen. Kleine Staaten haben den Vorteil, durch ihre Konzentration auf einige wenige Themen einen Expertenstatus zugeschrieben bekommen zu können. Auch im Fall der baltischen Staaten kann dies beobachtet werden: Wie in Abschnitt 1 deutlich geworden, ist neben der vom Sicherheitsdenken geprägten Außenpolitik gegenüber Russland vor allem die Europäische Nachbarschaftspolitik (ENP) zu einem Schwerpunktthema der baltischen Staaten geworden (Jakniūnaitė 2009, S. 125 ff.; Rostoks 2009). Bei ihrem Status als Experten für dieses Themenfeld geht es darum, andere Staaten in ihrer Transformation von den baltischen Erfahrungen profitieren zu lassen. Betont wird dabei von baltischer Seite die Notwendigkeit, diesen Expertenstatus nach Möglichkeit weiter auszubauen (Rostoks 2009).

Am Beispiel der Orangenen Revolution in der Ukraine Ende 2004 zeigt sich deutlich, dass die EU bereit ist, besondere Kenntnisse oder besondere Erfahrungen der baltischen Staaten für die osteuropäischen Partnerstaaten der ENP anzuerkennen. So wurden die Präsidenten Litauens und Polens – Litauen war vor der EU zu dem Entschluss gekommen, die Orangene Revolution zu unterstützen (Budrytė 2006, S. 73) – auf Wunsch der Ukraine und mit Unterstützung der anderen EU-Mitgliedstaaten in den Konflikten um die Präsidentenwahlen vermittelnd tätig. Zwar wird eingeräumt, dass die Vermittlung Litauens und Polens vermutlich weniger erfolgreich gewesen wäre, wenn sie nicht als EU-Mitglieder aufgetreten wären bzw. nicht die Unterstützung der anderen EU-Mitgliedstaaten gehabt hätten (Vitkus 2006, S. 127; Linkevičius 2008, S. 74). Das Beispiel macht jedoch deutlich, dass die EU bereits kurz nach dem Beitritt Litauens und Polens auf besondere Kenntnisse in diesen Staaten zurückgegriffen und somit von diesen profitiert hat. Der Nutzen besonderer Expertise der baltischen Staaten wird auch in Zusammenhang mit der Operation EUJUST THEMIS in Georgien unterstrichen, die zum Ziel hatte, die georgische Regierung bei den Reformen ihres Rechtssystems zu unterstützen und die maßgeblich auf litauische Initiative zurückgeht (Budrytė 2006, S. 77). Die Leiterin dieser Mission betonte, wie hilfreich die Erfahrungen ihrer Mitarbeiter aus den baltischen Staaten mit Transformationsprozessen waren (Vitkus 2006, S. 128).

Ein Vorteil, der den kleinen baltischen Staaten nach ihrer Unabhängigkeit und beim Eintritt in die EU aus dem nationalen institutionellen Kontext erwuchs, bestand darin, dass es ihnen während und nach ihrer Transformation gelang, ihre Auslandselite zu mobilisieren, die über ausreichend Erfahrung und Sprachkenntnisse im internationalen Umfeld verfügte. Eine besondere Rolle bei der Gestaltung der Außenpolitik der baltischen Staaten und der Nutzung der Spielräume im Kontext der EU kommt dabei einzelnen herausragenden Politikern zu. Beispielhaft sei hier auf die ehemalige lettische Präsidentin, Vaira Vīķe-Freiberga verwiesen. Die ehemalige Psychologieprofessorin, die erst ein Jahr vor ihrer Wahl zur Präsidentin aus Kanada nach Lettland zurückkehrte und fünf Sprachen fließend spricht sowie zwei weitere versteht, genießt auch außerhalb Lettlands hohes Ansehen. So stand sie nach dem Ende ihrer Amtszeit an zweiter Stelle der von den USA befürworteten Kandidaten für die Amtsnachfolge des damaligen UNO-Generalsekretärs Annan (Der Spiegel 2006) und wurde als ernstzunehmende Kandidatin für das Amt des ständigen Ratspräsidenten der EU geführt (Charter 2009; Gammelin 2009). Formal hat der Präsident Lettlands überwiegend repräsentative Aufgaben, dies gilt insbesondere auch für die hier interessierende Außenpolitik (Schmidt

2004, S. 117 ff.). Dennoch gelang es Vīķe-Freiberga, besondere Aufmerksamkeit für den Standpunkt Lettlands zu gewinnen. Zwar waren die Aussagen Vīķe-Freibergas nicht immer zielführend, insgesamt gelang es ihr aber in einem Maße Aufmerksamkeit für die Belange Lettlands zu erregen, wie sie ohne ihr deutliches Auftreten vermutlich nicht vorhanden gewesen wäre.

Zudem besteht für die baltischen Staaten die Möglichkeit, über die Kommission Einfluss auf die Außenpolitikgestaltung der EU zu gewinnen. Zwar richten die Kommissare ihre Tätigkeit nicht nach den Interessen ihrer Herkunftsländer aus, eine gewisse Prägung ihrer Politik lässt sich jedoch nicht leugnen. Als Beispiel sei hier der lettische Kommissar Andris Piebalgs genannt, der von 2004 bis 2009 der Generaldirektion Energie vorstand. Dieser thematisierte immer wieder die starke Abhängigkeit der baltischen Staaten von russischen Energielieferungen – eine Abhängigkeit, die auch westeuropäische Staaten Anfang 2006 während des zeitweiligen Gaslieferstopps seitens Russlands zu spüren bekamen. Seit diesem Zeitpunkt gewann das Thema Energiesicherheit innerhalb der EU verstärkte Aufmerksamkeit (Proissl 2006, o. A. 2009b). Die Situation speziell in den baltischen Staaten wird aufgrund der fehlenden Anbindung an europäische Energienetze von der Kommission mittlerweile mit dem von Piebalgs eingeführten Begriff einer „Insellage" beschrieben (vgl. z. B. Collier 2007a, 2007b; eurogas 2006). In der Amtszeit von Kommissar Piebalgs wurde von den acht EU-Anrainern der Ostsee ein „Verbundplan für den baltischen Energiemarkt" von der Kommission initiiert und im April 2009 unterzeichnet. Auch bei dieser Gelegenheit betonte Piebalgs erneut die Notwendigkeit, die baltischen Staaten aus ihrer energiepolitischen Insellage zu lösen (o. A. 2009a). Ebenso in Bezug auf das Projekt der Erdgaspipeline Nabucco, die Erdgas aus dem kaspischen Raum unter Umgehung Russlands nach Europa leiten soll, betonte Piebalgs die Notwendigkeit der Energiediversifizierung der EU (vgl. z. B. o. A. 2008). Auch an dieser Stelle ging es dem baltischen Vertreter in erster Linie um Bestrebungen, sich von der starken Abhängigkeit von Russland zu lösen. Hier handelt es sich zwar zweifellos nicht um direkt oder ausschließlich von den baltischen Staaten beeinflusste Positionen in Bezug auf energiepolitische Fragen oder auf die Positionierung gegenüber Russland. Gleichzeitig ist aber nicht zu übersehen, dass sich Parallelen zur außenpolitischen Ausrichtung der baltischen Staaten wiederfinden (vgl. auch King u. McNabb 2009, S. 37).

Deutlich wird an dieser Stelle auch, dass aufgrund der geringen Größe der baltischen Staaten die personellen Netze in diesen stark ausgeprägt sind. Dies verdeutlicht beispielsweise eine Betrachtung der Lebensläufe der aktuellen Kommissare Estlands, Lettlands und Litauens. Siim Kallas aus Estland, aktuell Vizepräsident der Kommission und verantwortlich für den Bereich Transport, war bereits zu Sowjetzeiten in der Politik aktiv, später Präsident der Bank Estlands, Außen- und Finanzminister sowie Premierminister (European Commission 2010c). Andris Piebalgs – Kommissar für Entwicklung – war vor seiner Tätigkeit in der Kommission in Lettland als Minister zuständig für Bildung und für Finanzen, stellvertretender Staatssekretär im Außenministerium sowie in Estland und bei der EU als außerordentlicher und bevollmächtigter Botschafter (European

Commission 2010b). Algirdas Šemeta aus Litauen – derzeit Kommissar für Steuern und Zollunion, Audit und Betrugsbekämpfung – schließlich hat in der Privatisierungsagentur Litauens, in der Sicherheitsagentur Litauens sowie in der Staatskanzlei Litauens gearbeitet und war zweimal Finanzminister (European Commission 2010a). Alle drei Kommissare haben somit trotz ihrer aktuellen Einsatzbereiche, die nicht durchgängig direkt mit Außenbeziehungen der EU zusammenhängen, bereits Erfahrungen im Bereich der Außenpolitik sammeln können.

3 Möglichkeiten der Einflussnahme der baltischen Staaten als kleinen Staaten auf die Gestaltung der Außenpolitik der EU

Bereits in den vorangegangenen Abschnitten sind die baltischen Staaten mehrfach der Kategorie der kleinen Staaten zugeordnet worden. Viele Autoren, die sich mit kleinen Staaten im internationalen System nach 1990 beschäftigen, stoßen auf das Paradox, dass kleine Staaten trotz offensichtlicher Schwäche starke Verhandler besonders innerhalb der EU sein können. Joenniemi hat dies 1998 mit der Gleichsetzung von small und smart auf den Punkt gebracht (Joenniemi 1998). Hieran soll mit Rückgriff auf Rosenau (1966) und Baillie (1998a, b) angeknüpft werden. So werden kleine Staaten häufig aufgrund fehlender Ressourcen kaum als „Konkurrenten" der großen Staaten eingeschätzt, zumal sie eine weitgehende Flexibilität in vielen Fragen an den Tag legen. Zum anderen jedoch gelingt es ihnen in den wenigen prioritären Fragen, auf die sie sich konzentrieren, ihre Standpunkte durchzusetzen. Dies vor allem, da sie in kleinen eng begrenzten Fragen starre Präferenzen kommunizieren, sich aber in vielen anderen Punkten als kompromissbereit und flexibel zeigen können (vgl. zu diesen Argumenten Baillie 1998a; Thorhallsson 2000). In der Regel gelingt es kleineren Staaten auch eher, „Gemeinschaftspositionen" zu verkörpern und ob ihrer ausgewählten Themenfelder und der größeren Kompromissbereitschaft als gemeinschaftsorientierte und „ehrliche Makler" (Baillie 1998b, S. 204) wahrgenommen zu werden. Dies hat zur Zuschreibung der Europäischen Kommission als natürliche Verbündete der kleinen Staaten geführt (vgl. Geurts 1998). Ein Punkt, der kaum Beachtung findet, ist die Koalitionsfähigkeit der kleinen Staaten, die durch gemeinsames Vorgehen ihre Verhandlungsposition erhöhen wollen. Viele der in der Literatur beschriebenen Verhaltensmuster kleiner Staaten lassen auch die baltischen Staaten in der EU erkennen.

Die Hoffnungen der baltischen Staaten darauf, in der Folge ihres Beitritts zur EU von Russland als „normale" Staaten behandelt zu werden und nicht als Staaten, die zum „nahen Ausland" Russlands zählen, haben sich nicht bestätigt. So ist es auch in der Nachfolge des Beitrittes zu zahlreichen Unstimmigkeiten zwischen der baltischen und der russischen Seite gekommen. Prominente Beispiele hierfür sind der Versuch Russlands, die Verlängerung des Partnerschafts- und Kooperationsabkommens (PKA) mit der EU an Bedingungen in Bezug auf die baltischen Staaten zu knüpfen oder die Verletzungen des Luftraumes der baltischen Staaten durch russische Kampfflugzeuge. Aber auch umgekehrt haben die baltischen Staaten ihren neuen Einfluss innerhalb der EU auszunutzen gewusst. So verknüpfte Litauen zu einem späteren Zeitpunkt seinerseits Verhandlungen über das PKA mit Russland mit den Konflikten in Georgien und Moldawien (Ehin u. Berg 2009, S. 3 ff.). Insgesamt resultierte aus dem EU-Beitritt für die baltischen Staaten jedoch eine deutlich erkennbare Stärkung ihrer Position in den Beziehungen zu Russland. Russland hat auf der einen Seite Einflussverluste in der Ostseeregion hinnehmen müssen. Auf der anderen Seite haben die baltischen Staaten bei verschiedenen Kontroversen mit Russland Unterstützung der EU hinzugewinnen können. Als Beispiel ist auf die widersprüchlichen Positionen zwischen Russland einerseits und Estland und Lettland andererseits im Zusammenhang mit der Unterzeichnung und Ratifikation eines Grenzabkommens in den Jahren 2004/05 zu verweisen. Bei diesem Grenzabkommen ging es um Fragen in Zusammenhang mit Gebieten, die nach der Annexion der baltischen Staaten durch die Sowjetunion und ihrer anschließenden Eingliederung in diese von der estnischen bzw. lettischen Sowjetrepublik abgetrennt worden waren und formal zu einem Bestandteil der russischen Sowjetrepublik gemacht worden waren. Estland und Lettland wollten Russland dazu zwingen, anzuerkennen, dass die betreffenden Gebiete in der Zwischenkriegszeit Teil ihres Territoriums darstellten. Zwar bemühte sich die EU darum, sich aus diesen Streitigkeiten ihrer neuen Mitglieder mit Russland herauszuhalten, indem sie darauf verwies, es handele sich hierbei um bilaterale Fragen. Gleichzeitig erging nach der Unterzeichnung des estnisch-russischen Abkommens von Brüssel die Aufforderung, auch das noch nicht unterzeichnete lettisch-russische Abkommen abzuschließen. Estland und Lettland ist es in diesem Fall somit durch das Beharren auf dieses für sie zentrale Thema gelungen, die Aufmerksamkeit der EU auf Fragen zu lenken, für die keine europäischen Kompetenzen existieren (Socor 2005b, 2005c; vgl. auch Galbreath u. Lamoreaux 2007a, S. 120 f.).

In Bezug auf die Sicherheitsinteressen der baltischen Staaten gegenüber Russland ist klar, dass einer der baltischen Staaten alleine wenig Möglichkeiten hat, die Außenpolitik der EU in seinem Interesse zu beeinflussen. Gelingt es jedoch den drei kleinen Staaten gemeinsam und/oder in Koalition mit einem oder zwei größeren Mitgliedstaaten (wie etwa Polen), die Aufmerksamkeit der EU u. a. auf die Steigerung der Stabilität und Demokratisierung Russlands zu lenken oder zumindest diesem Aspekt bei EU-internen Überlegungen zusätzliches Gewicht zu verleihen, sind die Aussichten auf Erfolg in dieser Hinsicht größer (Galbreath u. Lamoreaux 2007a, S. 128). Hierdurch soll im Vorfeld eine Abstimmung der Positionen erreicht werden, um im Rahmen der EU mit geeinter Stimme aufzutreten und so den gemeinsamen Einfluss auf die Gestaltung der EU-Außenpolitik zu vergrößern (King u. McNabb 2009, S. 34). Dieses Vorgehen würde auch dem von Baillie prognostizierten Verhalten kleinerer Staaten entsprechen, sich auf wenige prioritäre Fragen zu konzentrieren und so ihre Standpunkte durchzusetzen. Im Fall der Haltung der baltischen Staaten zur Russlandpolitik der EU wird von diesen jedoch bemängelt, dass einige größere EU-Mitgliedstaaten angesichts ihrer speziellen Interessen in den Beziehungen zu Russland – beispielhaft sei die maßgeblich von Deutschland favorisierte Ostseepipeline genannt, die baltisches Territorium umgehen würde – Sonderbeziehungen zu Russland pflegen und daher der Demokratieförderung in Russland zu wenig Aufmerksamkeit widmen. Dies führt dazu, so die Befürchtung, dass die EU als Verhandlungspartner Russlands von diesen Staaten unterminiert wird. Letztlich kommt dies einer Schwächung des potenziellen Einflusses der baltischen Staaten auf die Gestaltung der Beziehungen zu Russland gleich, da ein entsprechender Einfluss nur in viel begrenzterem Ausmaß auf bilaterale Beziehungen zwischen einzelnen EU-Mitgliedstaaten einerseits und Russland andererseits ausgeübt werden kann. Somit muss es im Interesse der baltischen Staaten sein, Russland zu einem EU-weiten Thema zu machen und es auch als solches beizubehalten, auch in Bereichen, die nur indirekt mit der Stabilität Russlands zusammenhängen, wie in der Energiepolitik (Vare 2005). Dabei wird auch von Seiten der baltischen Staaten selbst eingeräumt, dass sie als kleine EU-Mitgliedstaaten kaum die Möglichkeit haben, sich gegen einen der einflussreicheren EU-Mitgliedstaaten durchzusetzen, wenn dessen Interessen denjenigen der baltischen Staaten widersprechen (Interview mit Mitglied des lettischen Parlamentes, 8.3.2007 sowie Interview mit Mitglied des lettischen Parlaments, 17.4.2007). Auch eine Koordinierung der Interessen von mehreren kleinen Staaten im Vorfeld wird als wenig erfolgversprechende Strategie beschrieben, da dies nur so lange Erfolge zeige, bis die Interessen einflussreicherer Staaten gefährdet sind. Soweit ein Einfluss von baltischer Seite auf die Gestaltung der GASP erkannt wird, erstreckt dieser sich demnach, vor allem bei Interessengegensätzen zwischen kleinen und großen Staaten, eher auf die Expertenebene wie bereits oben dargestellt. Demnach werden die baltischen Staaten in Expertenrunden durchaus zu Rate gezogen und können hier durch Ratschläge beeinflussend wirksam werden, jedoch nicht auf der konkreten Entscheidungsebene (Interview mit Mitglied des lettischen Parlamentes, 8.3.2007 sowie Interview mit Mitglied des lettischen Parlaments, 17.4.2007). So wird die Politik der EU gegenüber Russland von lettischer Seite wie folgt beschrieben: „One of the main problems of the EU in its relations with Russia is that its policies almost completely miss the target and thus do not challenge Russia's vertical power structure. The EU tries to apply the same set of policies and measures in Russia as proved to be effective in other post-communist countries" (Ozoliņa u. Rostoks 2006, S. 93). Anstatt einer Beeinflussung der EU durch Russland wird von einer umgekehrten Beziehung zwischen diesen beiden ausgegangen: "[…] Russia has been able to manipulate the EU […]" (Ozoliņa u. Rostoks 2006, S. 94).

Der Einfluss kleinerer Staaten kann auch dadurch eingeschränkt werden, dass sie einem der großen Lager zugerechnet werden und dadurch ihre unabhängige, unauffällige Position verlieren. Dies war im Fall der baltischen Staaten durch ihre Zurechnung zum Lager der Atlantizisten in der europäischen Außenpolitik der Fall. Grund hierfür war ihre Haltung zu den USA, obgleich sich diese Unterschiede in den vergangenen Jahren verringert haben. Angesprochen ist hier die vom ehemaligen US-Verteidigungsminister Rumsfeld Anfang 2003 angestoßene Auseinandersetzung um ein „altes Europa" bzw. „neues Europa" (o. A. 2003; Budrytė 2006). Die Bezeichnung „neues Europa" wurde z. T. identisch mit dem Status der betreffenden Länder als Protegés der USA gebraucht – eine Bezeichnung, die von den baltischen Staaten so nicht als angemessen gesehen wird (Vitkus 2006, S. 119 ff.). Aufgrund der – aus Sicht der Balten – zunehmend „schwächelnden" Performanz der USA suchten diese im Laufe der Zeit eine größere Nähe zur EU und entkräfteten somit die Zuordnung zum atlantischen Lager etwas (King u. McNabb 2009, S. 34). Dennoch werden die baltischen Staaten weiterhin als besonders verlässliche Unterstützer von US-Positionen gesehen (Vitkus 2006, S. 119 ff.). Jedoch wird betont, dass die Unterstützung der USA nicht automatisch eine Übereinstimmung mit allen US-Positionen bedeutet. Gleichzeitig gelten die Beziehungen zu den USA jedoch als umso enger, je größer die Probleme eines Staates mit Russland sind (Lehti 2007, S. 132 ff.). Den Hintergrund für diese enge Anlehnung der baltischen Staaten an die USA stellt die Unterstützung bzw. empfundene Unterstützung dieser Staaten während des kalten Krieges durch die USA dar. So erkannten die USA – allerdings auch eine Vielzahl westeuropäischer Staaten (Rauch 1974, S. 234) – offiziell nie die Annexion der baltischen Staaten durch die Sowjetunion an, was einen wichtigen Bezugspunkt bei den Unabhängigkeitsbemühungen darstellte (Lehti 2007, S. 138). An dieser Stelle kommt auch wieder die ENP ins Spiel. Bei ihren Bemühungen um eine Stabilisierung ihrer Nachbarschaft und bei dem Drängen darauf, die EU auch weiterhin für östliche Beitrittskandidaten offen zu halten, entsprechen die baltischen Staaten dem Konzept des „wider Europe" der USA (Lehti 2009, S. 143; vgl. auch Holtom 2005).

Neben der Außenpolitik der baltischen Staaten innerhalb des EU-Kontextes spielt die EU auch in den bilateralen Verhandlungen der baltischen Staaten vor allem mit Russland eine Rolle. Das folgende Beispiel Litauens soll den strategischen Umgang kleiner Staaten mit der EU in bilateralen Verhandlungen verdeutlichen. Ein Punkt, der für Litauen von besonderer Bedeutung in den Beziehungen zu Russland ist, ist die Frage des Transits von Russland nach Kaliningrad, bei dem durch den EU-Beitritt Litauens und Polens eine Durchquerung von zur EU gehörigem Territorium notwendig wird (Janukonis 2010). Der direkteste Weg von Russland nach Kaliningrad verläuft durch Litauen. Die EU drängte darauf, diese Frage noch vor den entsprechenden Beitritten zu klären (vgl. z. B. Commission of the European Communities 2001, 2002). Von Seiten Russlands und Litauens waren verschiedene Vorschläge im Gespräch, wie sich der Zugang zur russischen Exklave möglichst sinnvoll regeln lassen könnte. Die von Russland favorisierte Transitregelung über so genannte Korridore, für die von russischer Seite ein „vereinfachtes Verfahren" vorgeschlagen wurde, lehnte Litauen ab. Litauen seinerseits wehrte sich gegen jegliche Lösungsmöglichkeiten, die eine Einschränkung des *acquis communautaire* bedeutet hätten und somit letztlich zu Verzögerungen bei der Aufhebung von Grenzkontrollen zu Litauen als Teil der EU hätten führen können – eine Möglichkeit, die als Ergebnis der Korridore hätte resultieren können. Litauen verknüpfte die Verhandlungen geschickt mit dem EU-Beitritt und berief sich auf den gemeinsamen Besitzstand der EU, hinter den es nicht bereit war, zurückzugehen. Durch dieses Junktim gelang es Litauen, den Druck für eine schnelle Lösung zu erhöhen. Dies insbesondere im Hinblick darauf, um als zukünftiges Mitglied der EU nicht bedingt durch die Kaliningrad-Frage vom gemeinsamen Binnenmarkt ausgenommen zu sein (Commission of the European Communities 2002, S. 3; Romanovsky et al. 2002). Ende 2002 nahmen die EU und Russland ein „Joint Statement" zur Transitfrage nach Kaliningrad an. Darin wurde ausdrücklich vermerkt, dass die gefundenen Transitregelungen „will not infringe upon the sovereign right of the Republic of Lithuania to exercise the necessary controls and to refuse entry into its territory" (European Union/Russian Federation 2002). Zudem wurde eine Einigung über eine vereinfachte Einreise von russischen Staatsbürgern von und nach Kaliningrad gefunden, nach der ggf. zusätzlich entstehende Kosten von der EU übernommen werden sollten (European Union/Russian Federation 2002). Bezüglich des Inhaltes der Einigung lässt sich festhalten, dass diese der ursprünglichen russischen Position sehr nahe kam, während die EU zu starken Zugeständnissen bereit war. Dennoch wird die Einigung von litauischer Seite als Erfolg gewertet. Zum einen handelte es sich bei der Transitfrage um ein Problem, das bereits seit dem Beginn der Unabhängigkeit bestanden hatte. Mit der Vorbereitung Litauens auf den EU-Beitritt wurde diese Frage drängender. Allein dies ist bereits als Erfolg für die litauische Seite festzuhalten, da sich die Problemlösung andernfalls hätte langwieriger gestalten können. Zudem ist es Litauen gelungen, die EU als Verhandlungspartner bei dieser Problemlösung einzubeziehen bzw. die Verhandlungen sogar weitgehend auf die EU zu übertragen. Darüber hinaus wird von litauischer Seite als Erfolg gewertet, dass in der Einigung zwischen Russland und der EU sich die EU bereit erklärt hat, die für Litauen durch den Transit entstehenden Kosten zu übernehmen – hier also ein finanzieller Erfolg für die litauische Seite zu verbuchen ist. Letztendlich ist es Litauen gelungen, zu einer Anerkennung seiner Grenzen durch Russland zu kommen (Vilutytė 2006; vgl. auch Valionis 2001).

4 Fazit: Besonderheiten in der Gestaltung der Außenpolitik der baltischen Staaten als kleiner Staaten

Die Analyse der Außenpolitik der baltischen Staaten innerhalb der europäischen Außenpolitik hat gezeigt, dass die Beziehungen zur damals noch bestehenden Sowjetunion bzw. später zu Russland als historisch-geopolitischer Kontext der Staaten sowie ihre geopolitische Lage prägend sind für ihre heutigen Interessen. Damit erweisen sich die baltischen Staaten als ein typischer Fall von kleinen Staaten, für die eine starke Konzentration auf ausgewählte Themen in der Außenpolitik charakteristisch ist. Absolute Priorität hat im Falle der baltischen Staaten das Sicherheitsinteresse gegenüber dem Nachbar Russland. Der Beitritt zur EU und NATO hat die Bedrohung durch Russland zwar verringert, aber nicht beseitigt.

Durch die Einbindung der baltischen Staaten in die EU ergab sich zum einen eine Ausweitung der Möglichkeit außenpolitischen Handelns als auch gleichzeitig deren Einschränkung. Neben den allgemeinen Vorteilen der Beteiligung an einer gemeinsamen Außenpolitik, wie der Senkung von Transaktionskosten, der Informationssteigerung und der Steigerung von Erwartungssicherheit, die vor allem kleinen Staaten zu Gute kommen, stellt die komplexe Politikgestaltung in multiplen Arenen hohe Anforderungen an kleinere Staaten mit beschränkten administrativen Kapazitäten. Durch ihre Beschränkung auf spezifische Politikfelder, insbesondere auf Russland und die Europäische Nachbarschaftspolitik, gelingt es den baltischen Staaten, sich als Experten für ein bestimmtes Themenfeld zu präsentieren – was im institutionellen Kontext des europäischen Mehrebenensystems als eine gute Voraussetzung für die Beeinflussung der europäischen Politik gilt. Gleichzeitig waren sie bis zu einem gewissen Grad erfolgreich darin, durch diese Konzentration auf wenige Themen bei flexibler Handhabung der meisten anderen Fragen ihre Standpunkte besser durchzusetzen. So versuchten sie insbesondere, ihre Interessen untereinander und durchaus auch mit Koalitionspartnern aus dem Lager der größeren Mitgliedstaaten wie Polen zu koordinieren. Diese Strategie erfährt jedoch immer an dem Punkt ihre Grenzen, an dem die Interessen einflussreicher, meist größerer Staaten berührt sind und den Interessen der kleinen Staaten entgegenstehen. Begrenzend wirkt auch die Zurechnung der kleineren Staaten zu einem der großen Lager und dadurch der Verlust ihrer Neutralität. Ein besonderer Vorteil, der den kleinen baltischen Staaten nach ihrer Unabhängigkeit und beim Eintritt in die EU aus dem nationalen institutionellen Kontext erwuchs, bestand darin, dass es ihnen während und nach ihrer Transformation gelang, ihre Auslandselite zu mobilisieren. Nachgezeichnet wurde zudem die Bedeutung personeller Netzwerke, die aufgrund der geringen Größe der baltischen Staaten in diesen stark ausgeprägt sind. Insgesamt haben sich die baltischen Staaten in der Gestaltung ihrer Außenpolitik auf dem Weg zur EU und in dieser als typische Fälle für kleine Staaten erwiesen, bei denen bedingt durch ihren historisch-geopolitischen Kontext die Konzentration auf geopolitische Ziele in der Außenpolitik besonders stark ausfällt.

Literatur

Baillie, Sasha. 1998a. The Position of Small States in the EU. In *Small States Inside and Outside the European Union. Interests and Policies*, Hrsg. Laurent Goetschel, 193–205. Boston, Mass./London: Kluwer Academic.
Baillie, Sasha. 1998b. A Theory of Small State Influence in the European Union. *Journal of International Relations and Development* 1 A: 195–219.
Benz, Arthur. 2000. Entflechtung als Folge von Verflechtung: Theoretische Überlegungen zur Entwicklung des europäischen Mehrebenensystems. In *Wie problemlösungsfähig ist die EU? Regieren im europäischen Mehrebenensystem*, Hrsg. Edgar Grande und Markus Jachtenfuchs, 141–164. Baden-Baden: Nomos.
Budrytė, Dovilė. 2006. New Initiatives in Lithuania's Foreign Policy after the Dual Enlargement. In *Global and Regional Security Challenges: A Baltic Outlook*, Hrsg. Heli Tiirmaa-Klaar und Tiago Marques, 63–85. Tallinn: Tallinn University Press.

Charter, David. 2009. Latvian's ‚Iron Lady' slams EU's male elite. *TimesOnline, 18. 11. 2009.*
Collier, Mike. 2007a. Leaders warn of Baltic ‚energy island'. *The Baltic Times, 12. 10. 2007.*
Collier, Mike. 2007b. Island in a Storm. *Transitions Online, 30. 10. 2007.*
Commission of the European Communities. 2001. *The EU and Kaliningrad,* 17. 02. 2001, COM (2001) 26 final.
Commission of the European Communities. 2002. *Kaliningrad: Transit, 18. 09. 2002,* COM(2002) 510 final.
Cooper, Rachel. 2009. Lithuania, Poland and Ukraine create a joint military brigade. *Telegraph. co.uk, 18. 11. 2009.*
Der Spiegel. 6. 3. 2006. 108–109. *Wer beerbt Annan?*
Ehin, Piret und Eiki Berg. 2009. Incompatible Identities? Baltic-Russian Relations and the EU as an Arena for Identity Conflict. In dies.: *Identity and Foreign Policy. Baltic-Russian Relations and European Integration,* 1–14. Farnham, England/Burlington, VT: Ashgate.
Elman, Miriam Fendius. 1995. The Foreign Policies of Small States: Challenging Neorealism In Its Own Backyard. *British Journal of Political Science* 25/H. 2: 171–217.
Estonian Government. 2004. *The Estonian Government's European Union Policy for 2004–2006.* http://www.riigikantselei.ee/failid/The_Government_s_European_Policy_for_2004_2006_FINAL.pdf. Zugegriffen: 3. 3. 2010.
Estonian Ministry of Foreign Affairs. o. J. *Priority Partner Countries.* http://www.vm.ee/?q=en/taxonomy/term/75. Zugegriffen: 3. 3. 2010.
eurogas. 2006. *Eurogas/Baltic Gas/Basrec Conference with the Participation of EU Commissioner Piebalgs and Lithuanian Prime Minister Brazauskas.* http://www.eurogas.org/uploaded/06P280%20-%20Eurogas-Basrec-Baltic%20Gas%20%20conference%208%20May%2020062.pdf. Zugegriffen: 9. 3. 2010.
European Commission. 2010a. *Member of the European Commission. Algirdas Semeta.* http://ec.europa.eu/commission_2010-2014/semeta/about/cv/index_en.htm. Zugegriffen: 9. 4. 2010.
European Commission. 2010b. *Member of the European Commission. Andris Piebalgs. CV.* http://ec.europa.eu/commission_2010-2014/piebalgs/about/cv/index_en.htm#top, Zugegriffen: 9. 4. 2010.
European Commission. 2010c. *Vice-President of the European Commission. Siim Kallas. Profile.* http://ec.europa.eu/commission_2010-2014/kallas/about/profile/index_en.htm, Zugegriffen: 9. 4. 2010.
European Union/Russian Federation. 2002. *Joint Statement of the European Union and the Russian Federation on Transit between the Kaliningrad Region and the Rest of the Russian Federation.* http://www.google.de/url?sa=t&source=web&ct=res&cd=1&ved=0CAkQFjAA&url=http%3A%2F%2Fwww.delrus.ec.europa.eu%2Fen%2Fimages%2FpText_pict%2F575%2Fsum%2520jointst.doc&rct=j&q=agreement+eu+russia+kaliningrad+2002&ei=leGUS-K9IaehsQbllrmTAw&usg=AFQjCNHgJ5dkjRtcRwikKn21sjB29geCFQ. Zugegriffen: 8. 3. 2010.
Eurostat. 2005. *Eurobarometer 62: Die öffentliche Meinung in der Europäischen Union.* http://ec.europa.eu/public_opinion/archives/eb/eb62/eb_62.de.pdf. Zugegriffen: 6. 4. 2010.
Eurostat. 2006. *Eurobarometer 64: Die öffentliche Meinung in der Europäischen Union.* http://ec.europa.eu/public_opinion/archives/eb/eb64/eb64_de.pdf. Zugegriffen: 6. 4. 2010.
Eurostat. 2007. *Eurobarometer 66: Die öffentliche Meinung in der Europäischen Union.* http://ec.europa.eu/public_opinion/archives/eb/eb66/eb66_de.pdf. Zugegriffen: 6. 4. 2010.
Eurostat. 2008. *Eurobarometer 68: Die öffentliche Meinung in der Europäischen Union.* http://ec.europa.eu/public_opinion/archives/eb/eb68/eb_68_de.pdf. Zugegriffen: 6. 4. 2010.

Eurostat. 2009. *Eurobaromètre 70: 3. L'Union européenne d'aujourd'hui et de demain.* http://ec.europa.eu/public_opinion/archives/eb/eb70/eb70_part3_fr.pdf. Zugegriffen: 6. 4. 2010.

Eurostat. 2010. *Table of Results Standard Eurobarometer 72.* http://ec.europa.eu/public_opinion/archives/eb/eb72/eb72_anx_vol1.pdf. Zugegriffen: 6. 4. 2010.

Fofanova, Elena und Viatcheslav Morozov. 2009. Imperial Legacy and the Russian-Baltic Relations: From Conflicting Historical Narratives to a Foreign Policy Confrontation? In *Identity and Foreign Policy. Baltic-Russian Relations and European Integration*, Hrsg. Piret Ethin und Eiki Berg. 15–31. Farnham, England/Burlington, VT: Ashgate.

Frey, Bruno und Reiner Eichenberger. 1999. *The New Democratic Federalism for Europe. Functional, Overlapping, and Competing Jurisdictions.* Cheltenham: Edgar Elgar.

Galbreath, David J. und Jeremy W. Lamoreaux. 2007a. Bastion, Beacon or Bridge? Conceptionalising the Baltic Logic of the EU's Neighbourhood. *Geopolitics*, 12/1: 109–132.

Galbreath, David J. und Jeremy Lamoreaux. 2007b. Punching above your Weight? The Baltic States as 'Small States' and the European Neighbourhood Policy. In *Uncertain Transformations – New Domestic and International Challenges. Proceedings of the International Conference, Rīga, November 9–11, 2006,* Hrsg. Žaneta Ozoliņa und Nils Muižnieks, 21–33. Rīga: LU Akadēmiskais apgāds.

Galbreath, David J., Ainius Lašas und Jeremy W. Lamoreaux. 2008. *Continuity and Change in the Baltic Sea Region. Comparing Foreign Policies.* Amsterdam/New York: Rodopi.

Gammelin, Cerstin. 2009. Fraktionsübergreifender Frauenaufstand. *sueddeutsche.de, 18. 11. 2009.*

Geurts, Charles-Michel. 1998. The European Commission: A Natural Ally of Small States in the EU Institutional Framework? In *Small States Inside and Outside the European Union. Interests and Policies*, Hrsg. Laurent Goetschel, 49–64. Boston: Kluwer Academic Publishers.

Giedraitis, Vincentas Rolandas. 2007. Power Lines and Pipe Dreams: Energy and Politics in Lithuania. *Lithuanian Quarterly Journal of Arts and Sciences* 53/2.

Government of the Republic of Lithuania. 2004. Programme of the Government of the Republic of Lithuania for 2004 – 2008. http://www.lrv.lt/bylos/vyriausybes/en_13_programa.pdf. Zugegriffen: 3. 3. 2010.

Haab, Mare. 1998. Potentials and vulnerabilities of the Baltic States. Mutual competition and cooperation. In *The Baltic States in World Politics,* Hrsg. Birthel Hansen und Bertel Heurlin, 1–23. Richmond: St. Martin's Press.

Haukkala, Hiski. 2009. Contextualizing and Qualifying Identities: Baltic-Russian Relations in the Context of European Integration. In *Identity and Foreign Policy. Baltic-Russian Relations and European Integration*, Hrsg. Piret Ethin und Eiki Berg. 161–170. Farnham, England/Burlington, VT: Ashgate.

Hey, Jeanne A. K. 2003. Introducing Small State Foreign Policy. In dies.: *Small States in World Politics. Explaining Foreign Policy Behaviour*, 1–12. Boulder, Co./London: Lynne Rienner Publishers.

Holtom, Paul. 2005. The gatekeeper 'hinge' concept and the promotion of Estonian, Latvian and Lithuanian new/postmodern security agendas. In *The Baltic States and Their Region. New Europe or Old?* Hrsg. David Smith, 293–312. Amsterdam/New-York: Rodopi.

Jakniūnaitė, Dovilė. 2009. Neighbourhood Politics of Baltic States: Between the EU and Russia. In *Identity and Foreign Policy. Baltic-Russian Relations and European Integration*, Hrsg. Piret Ethin und Eiki Berg. 117–131. Farnham, England/Burlington, VT: Ashgate.

Janukonis, Marius. 2010. *Five Years of Membership. Lithuanian EU Experience.* Tagung Außenpolitik baltischer Staaten Berlin.

Joenniemi, Pertti. 1998. From Small to Smart: Reflections on the Concept of Small States. *Irish Studies in International Affairs* 9: 61–62.
Jonson, Lena. 1998. Russia and the ‚near abroad'. Concepts and Trends, In *The Baltic States in World Politics*, Hrsg. Birthel Hansen und Bertel Heurlin, 112–132. Richmond: St. Martin's Press.
Katzenstein, Peter. 1985. *Small States in World Markets*. Ithaca/London: Cornel University Press.
King, Gundar J. und David E. McNabb. 2009. Crossroads Dynamics in Foreign Policy. The Case of Latvia. *Problems of Post-Communism* 56/3: 29–41.
Knodt, Michèle. 2003. Vom „Europa der Regionen" zum „Europa mit den Regionen". Eine Reise durch die regionale Europaforschung. In *Regieren unter neuen Herausforderungen: Deutschland und Europa im 21. Jahrhundert. Festschrift für Rudolf Hrbek zum 65. Geburtstag*, Hrsg. Matthias Chardon, Ursula Göth, AR Dr. Martin Große Hüttmann und Christine Probst-Dobler, 161–176. Baden-Baden: Nomos.
Knodt, Michèle und Sigita Urdze. 2009. *Europeanization of Federal and Unitary States within the EU, Paper for Panel: Federal, regional, and decentralized systems and the dynamics of the distribution of powers in Europe*. Panel No. 394, 5th ECPR General Conference, 10–12 September, 2009 Potsdam.
Kohler-Koch, Beate. 1999. Evolution and Transformation. In *The Transformation of Governance in the European Union*, Hrsg. Beate Kohler-Koch und Reiner Eising, 14–35. London: Routledge.
Lamoreaux, Jeremy W. und David J. Galbreath. 2008. The Baltic States as ‚Small States': Negotiating the ‚East' by engaging the ‚West'. *Journal of Baltic Studies* 39/1: 1–14.
Latvijas Republikas Ārlietu ministrija. 2009. *Latvijas dalības Eiropas Savienībā pieci gadi: ieguvumi un izaicinājumi ārējo attiecību jomā*. http://www.am.gov.lv/lv/eu/Latvija-ES-5/ieguvumi-arejas-attiecibas/. Zugegriffen: 10.3.2010.
Lehti, Marko. 2005. Estonia and Latvia: A ‚new' Europe challenges the ‚old'? In *The Baltic States and Their Region. New Europe or Old?* Hrsg. David Smith, 87–114. Amsterdam/New-York: Rodopi.
Lehti, Marko. 2007. Protégé or go-between? The role of the Baltic states after 9/11 in EU-US relations. *Journal of Baltic Studies* 38/2: 127–151.
Lehti, Marko. 2009. Baltic Region in Becoming: From the Council of the Baltic Sea States to the EU's Strategy for The Baltic Sea Area. *Lithuanian Foreign Policy Review* 22: 9–27.
Lietuvos Respublikos Užsienio reikalų ministerija. o.J.. *Lithuanian Development Cooperation*. http://www.orangeprojects.lt/site/. Zugegriffen: 9.3.2010.
Linkevičius, Linas. 2008. The European Union Neighbourhood Policy towards Ukraine. *Lithuanian Foreign Policy Review* 21: 62–85.
Lotherington, John. 2006. *Ukraine: what have been the consequences of the Orange Revolution?* http://www.johnsmithmemorialtrust.org/nmsruntime/saveasdialog.asp?lID=354&sID=966. Zugegriffen: 10.3.2010.
Lucius, Robert von. 2003. Unerschrocken. *FAZ.NET, 20.6.2003*.
Ministry of Foreign Affairs of the Republic of Latvia. o.J. *Development co-operation priority countries*. http://www.mfa.gov.lv/en/DevelopmentCo-operation/info/?print=on. Zugegriffen: 3.3.2010.
Ministry of Foreign Affairs of the Republic of Latvia. 2006. LATVIA'S FOREIGN POLICY GUIDELINES 2006–2010, 6.6.2006. *Ministru kabineta 2006. gada 6.jūnija rīkojums Nr.417*.
Ministry of Foreign Affairs of the Republic of Lithuania. o.J. *Lithuanian Development Cooperation Policy*. http://www.urm.lt/index.php?472771401. Zugegriffen: 3.3.2010.

o. A. 2003. ‚New Europe' backs EU on Iraq. *BBC News, 19. 2. 2003.*
o. A. 2008. EU's Piebalgs Seeks Political Push For Nabucco Gas. *Radio Free Europe/Radio Liberty, 04. 09. 2008.*
o. A. 2009a. The Baltic Sea Region States reach agreement on the Baltic Energy Market Interconnection Plan, 17. 6. 2009, IP/09/945.
o. A. 2009b. Mr. Atomkraft wird EU-Energiekommissar. *EurAktiv.de, 27. 11. 2009.*
Ostrom, Vincent. 1999. Polycentricity (Part I and II). In *Polycentricity and Local Public Economies. Readings from the Workshop in Political Theory and Policy Analysis*, Hrsg. Michael McGinnis, 52–74, 119–38. Ann Arbor: University of Michigan Press.
Ozoliņa, Žaneta and Toms Rostoks. 2006. Latvian Outlook on the European Union Common Foreign and Security Policy. In *Global and Regional Security Challenges: A Baltic Outlook*, Hrsg. Heli Tiirmaa-Klaar und Tiago Marques, 86–101. Tallinn: Tallinn University Press.
Proissl, Wolfgang. 2006. Andris Piebalgs – Der Elektroschocker. *Financial Times Deutschland, 18. 9. 2007.*
Romanovsky, Viktor und Andrei Stepanov, Mikhail Tsikel. 2002. The Perspective of Kaliningrad's Policy Makers and Practitioners. *Russian Regional Perspectives Journal* 1/3.
Rosenau, James. 1966. Pre-Theories and Theories of Foreign Policy. In *Approaches to Comparative and International Politics*, Hrsg. Barry R. Farrell, 27–93. Evanston: Northwestern University.
Rostoks, Toms und Graudiņš, Māris. 2008. *Riga Conference. The Contribution of the European Neighbourhood Policy to the Development of Eastern Neighbours*, 25. 4. 2008, Rīga.
Rostoks, Toms. 2009. Krievijas un Gruzijas konflikts un Latvijas drošība. *Diena, 3. 1. 2009.*
Rothstein, Robert Lewis. 1968. *Alliances and Small Powers*. New York: Columbia University Press.
Rothstein, Robert Lewis. 1977. *The Weak in the World of the Strong*. New York: Columbia University Press.
Schmidt, Thomas. 2004. Das politische System Lettlands. In *Die politischen Systeme Osteuropas*, Hrsg. Wolfgang Ismayr, 111–151. Opladen: Leske + Budrich.
Schmidt, Thomas. 2003. *Die Außenpolitik der Baltischen Staaten*. Wiesbaden: VS Verlag für Sozialwissenschaften.
Singer, Marshall R. 1972. *Weak States in a World of Powers*. New York/London: Collier-Macmillan.
Socor, Vladimir. 2005a. Poland, Lithuania, Ukraine create inter-parliamentary Assembly, Joint Battalion. *Eurasia Daily Monitor 2/96, 16. 5. 2005.*
Socor, Vladimir. 2005b. Moscow Signs Border Agreement with Estonia. *Eurasia Daily Monitor 2/99, 19. 5. 2005.*
Socor, Vladimir. 2005c. Moscow Stonewalling on Border Agreements with Latvia, Estonia. *Eurasia Daily Monitor 2/85, 1. 5. 2005.*
Steindorff, Silvia v. 2006. EU-Kleinstaaten. Motoren der Integration? *Aus Politik und Zeitgeschichte (APuZ)* 4: 23–30.
Thorhallsson, Baldur. 2000. *The Role of Small States in the European Union*. Aldershot: Ashgate.
Valionis, Antanas. 2001. *Lithuania on its way to a United Europe*. http://www.ieis.lu/lectures/Lithuania.PDF. Zugegriffen: 8. 3. 2010.
Vare, Raivo. 2005. Towards an EU Baltic Eastern Policy – a sceptical viewpoint. In *Russia, the EU and the Baltic States. Enhancing the Potential for Cooperation*, Hrsg. Matthes Buhbe und Iris Kempe, 17–22. Moscow: Friedrich-Ebert-Foundation.
Vilutytė, Monika. 2006. *The European Union is not afraid of the Russian transit through Lithuania*. http://www.vrm.lt/index.php?id=671&type=98. Zugegriffen: 8. 3. 2010.

Vital, David. 1971. *The Survival of Small States. Studies in Small Power/Great Power Conflict*. London: Oxford University Press.

Vital, David. 1972. *The Inequality of States. A Study of Small Power in International Relations*. Oxford: Clarendon Press.

Vitkus, Gediminas. 2006. Three Western Myths about Security and Defense Policy of the EU New Member States: Lithuania's Case. In *The Future of the European Foreign, Security and Defence Policy after Enlargement*, Hrsg. Gisela Müller-Brandeck-Bocquet, 111–131. Baden-Baden: Nomos.

Wehner, Markus. 2006. Prügelknaben Moskaus? Estland und Lettland und ihr Verhältnis zum russischen Nachbarn. *Ost-West* 1: 30–36.

Autorenübersicht

Ognian Hishow ist wissenschaftlicher Mitarbeiter der Forschungsgruppe EU-Integration der Stiftung Wissenschaft und Politik und Visiting Professor, University of Rochester, New York.

Marianne Kneuer ist Professorin für den Vergleich politischer Systeme und Internationale Beziehungen an der Universität Hildesheim.

Michèle Knodt ist Professorin für Vergleichende Analyse Politischer Systeme und Integrationsforschung an der Technischen Universität Darmstadt.

Algis Krupavičius ist Professor für Politische Wissenschaften an der Technischen Universität Kaunas, Litauen.

Claus-Friedrich Laaser ist Mitarbeiter am Zentrum Wirtschaftspolitik sowie am Public Relations Zentrum des Instituts für Weltwirtschaft.

Tove Lindén ist Geschäftsführerin eines Bildungsinstituts in Schweden.

Konrad Maier ist wissenschaftlicher Mitarbeiter am Institut für Kultur und Geschichte der Deutschen in Nordosteuropa e. V. (IKGN) an der Universität Hamburg.

Claudia Matthes ist wissenschaftliche Leiterin der Internationalen Masterprogramme am Institut für Sozialwissenschaften der Humboldt-Universität zu Berlin.

Vello Pettai ist Professor für Vergleichende Politikwissenschaft an der Universität Tartu, Estland.

Juris Rozenvalds ist Dekan der Sozialwissenschaftlichen Fakultät sowie Programmdirektor des politikwissenschaftlichen Doktorstudiums der Universität Lettlands.

Klaus Schrader ist Stellvertretender Leiter des Zentrums Wirtschaftspolitik am Institut für Weltwirtschaft.

Steffen Spendel ist freischaffender Journalist.

Michael Stoiber ist Professor für Vergleichende Politikwissenschaft an der FernUniversität in Hagen.

Joachim Tauber ist Direktor des Nordost-Instituts (Institut für Kultur und Geschichte der Deutschen in Nordosteuropa e. V.) an der Universität Hamburg.

Anu Toots ist Professorin für Vergleichende Public Policy an der Universität Tallinn, Estland.

Andrejs Urdze ist Geschäftsführer der Baltischen Tagungsstätte „Haus Annaberg" in Bonn und Generalsekretär des Baltischen Christlichen Bundes e. V.

Sigita Urdze ist wissenschaftliche Mitarbeiterin im Arbeitsbereich Vergleichende Analyse Politischer Systeme und Integrationsforschung an der Technischen Universität Darmstadt.

Vaidotas A. Vaičaitis ist assoziierter Professor an der juristischen Fakultät, Abteilung Öffentliches Recht der Universität Vilnius, Litauen.

Sonja Zmerli ist wissenschaftliche Mitarbeiterin im Arbeitsbereich Vergleichende Analyse Politischer Systeme und Integrationsforschung an der Technischen Universität Darmstadt und im Arbeitsbereich Soziologie mit dem Schwerpunkt Soziale Konflikte und soziokultureller Wandel der Goethe-Universität Frankfurt am Main.

Neu im Programm Politikwissenschaft

Ulrich von Alemann
Das Parteiensystem der Bundesrepublik Deutschland
Unter Mitarbeit von Philipp Erbentraut | Jens Walther
4., vollst. überarb. u. akt. Aufl. 2011. 274 S. (Grundwissen Politik) Br. EUR 24,95
ISBN 978-3-531-17665-9

In der parlamentarischen Demokratie nehmen Parteien eine zentrale Vermittlerrolle zwischen Staat und Gesellschaft ein. Deshalb ist es wichtig, ihre historische Entwicklung, die rechtlichen Rahmenbedingungen sowie ihre soziologischen Besonderheiten näher zu beleuchten. Über diese Grundfragen hinaus widmen sich die Autoren des Lehrbuchs auch aktuellen Herausforderungen, wie etwa der Parteienverdrossenheit oder der Diskussion um eine gerechte Parteienfinanzierung. Damit bietet dieses Standardwerk eine fundierte, aber zugleich kompakte und verständliche Einführung in das Parteiensystem der Bundesrepublik Deutschland.

Oliver W. Lembcke | Claudia Ritzi | Gary S. Schaal
Zeitgenössische Demokratietheorie
Band 1: Normative Demokratietheorien
ca. EUR 49,95
ISBN 978-3-531-19292-5

Das Buch diskutiert die zentralen Demokratietheorien der letzten Jahrzehnte nach einem einheitlichen Analyseschema. Die Einzeldarstellungen sind eingebettet in die Erörterung der größeren Entwicklungslinien innerhalb der vier zentralen demokratietheoretischen Paradigmen.

Udo Kempf | Jürgen Hartmann
Staatsoberhäupter in der Demokratie
2012. 329 S. mit 21 Tab. Br. EUR 24,95
ISBN 978-3-531-18290-2

Das Staatsoberhaupt zeichnet sich in den etablierten Demokratien durch den größten Variantenreichtum aus. Das konstitutionelle und das politische Format des Amtes klaffen teilweise weit auseinander. Dieses Buch schildert die Rolle des Staatsoberhauptes in Deutschland, Finnland, Frankreich, Italien, Österreich, Polen, den USA und in den europäischen Monarchien. Die an die Typologie demokratischer Regierungssysteme angelehnten Fallstudien erörtern unter anderem die historische Prägung des Staatsoberhauptes und sein Verhältnis zu Parlament und Regierung.

Erhältlich im Buchhandel oder beim Verlag.
Änderungen vorbehalten. Stand: Januar 2012.

Einfach bestellen:
SpringerDE-service@springer.com
tel +49(0)6221/345-4301
springer-vs.de

Neu im Programm Politikwissenschaft

Jahn, Detlef
Vergleichende Politikwissenschaft
2011. 124 S. (Elemente der Politik) Br.
EUR 12,95
ISBN 978-3-531-15209-7

Die Vergleichende Politikwissenschaft ist eines der bedeutendsten und innovativsten Teilgebiete der Politikwissenschaft, das durch die Fokussierung auf die vergleichende Methode eine besonders ausgeprägte Analysekraft besitzt. Dieser Band führt auf knappen Raum und in verständlicher Form in alle wichtigen Aspekte der Vergleichenden Politikwissenschaft ein und weist auf die neuesten Entwicklungen der Disziplin hin.

Schmid, Josef
Wohlfahrtsstaaten im Vergleich
Soziale Sicherung in Europa: Organisation, Finanzierung, Leistungen und Probleme
3., überarb. u. akt. Aufl. 2011. 546 S. Br.
EUR 24,95
ISBN 978-3-531-17481-5

Ein Lehrtext zum Problemkreis: Wie funktioniert der Wohlfahrtsstaat in verschiedenen Ländern, mit welchen Problemen und Perspektiven? Untersucht werden unterschiedliche Fälle, Felder und Probleme der Sozialen Scherung, wobei eine enge Verbindung wissenschaftlicher Analyse mit politisch-praktischen Aspekten verfolgt wird. Die vorliegende 3. Auflage wurde umfassend aktualisiert und erweitert.

Theunert, Markus
Männerpolitik
Was Jungen, Männer und Väter stark macht
2012. 300 S. mit 20 Abb. Br. EUR 24,95
ISBN 978-3-531-18419-7

Die rechtliche Gleichstellung ist weit gehend verwirklicht. Bis zur gelebten Chancengleichheit bleibt ein langer Weg. Um ihn zu gehen, braucht es beide Geschlechter. Darin besteht Einigkeit. Doch was ist nun genau der gleichstellungspolitische Beitrag der Jungen, Männer und Väter? Welche Herausforderungen stellen sich ihnen? Welche Anliegen und Perspektiven haben sie? Mit dem vorliegenden Buch liegt erstmals für den deutschen Sprachraum ein Referenzwerk vor, das die Legitimation von Jungen-, Männer- und Väterpolitik(en) klärt; männerpolitische Konzeptionen, Ansätze und Anliegen fachlich fundiert und differenziert; die institutionellen Akteure und deren Politik(en) in Deutschland, Österreich und der Schweiz vorstellt; den Geschlechterdialog stärken und auf Männerseite Leidenschaft für das „Projekt Gleichstellung" entfachen will.

Erhältlich im Buchhandel oder beim Verlag.
Änderungen vorbehalten. Stand: Januar 2012.

Einfach bestellen:
SpringerDE-service@springer.com
tel +49 (0)6221 / 3 45 – 4301
springer-vs.de

MIX
Papier aus verantwortungsvollen Quellen
Paper from responsible sources
FSC® C105338

If you have any concerns about our products,
you can contact us on
ProductSafety@springernature.com

In case Publisher is established outside the EU,
the EU authorized representative is:
**Springer Nature Customer Service Center GmbH
Europaplatz 3, 69115 Heidelberg, Germany**

Printed by Libri Plureos GmbH
in Hamburg, Germany